北京卓纬律师事务所　编

重塑金融规则

《民法典》对金融业务的影响及应对

RECONSTRUCTING FINANCIAL NORMS

The Impact of Civil Code on Financial Business and the Response

郑小敏　主　编
胡宇翔　副主编

北京大学出版社
PEKING UNIVERSITY PRESS

图书在版编目(CIP)数据

重塑金融规则:《民法典》对金融业务的影响及应对 / 郑小敏主编. —北京: 北京大学出版社, 2021.12

ISBN 978-7-301-32763-0

Ⅰ. ①重… Ⅱ. ①郑… Ⅲ. ①金融法—研究—中国 Ⅳ. ①D922.280.4

中国版本图书馆 CIP 数据核字(2021)第 259230 号

书　　名 重塑金融规则:《民法典》对金融业务的影响及应对
CHONGSU JINRONG GUIZE:《MINFADIAN》DUI JINRONG YEWU DE YINGXIANG JI YINGDUI

著作责任者 郑小敏　主编

责任编辑 刘文科　刘　照

标准书号 ISBN 978-7-301-32763-0

出版发行 北京大学出版社

地　　址 北京市海淀区成府路 205 号　100871

网　　址 http://www.pup.cn　http://www.yandayuanzhao.com

电子信箱 yandayuanzhao@163.com

新浪微博 @北京大学出版社　@北大出版社燕大元照法律图书

电　　话 邮购部 010-62752015　发行部 010-62750672　编辑部 010-62117788

印 刷 者

经 销 者 新华书店

730 毫米×1020 毫米　16 开本　29.5 印张　572 千字

2021 年 12 月第 1 版　2021 年 12 月第 1 次印刷

定　　价 98.00 元

重塑金融规则：
《民法典》对金融业务的影响及应对

编委会

目 录

序

王利明

《民法典》是新中国第一部以典命名的法律。习近平总书记指出:“民法典在中国特色社会主义法律体系中具有重要地位,是一部固根本、稳预期、利长远的基础性法律。”这就高度概括了《民法典》在法律体系中的地位。《民法典》作为“社会生活的百科全书”,关系到我们每一个人的切身利益,更关系到每一个行业的发展、每一项具体业务的开展。因而,《民法典》在金融行业中同样也发挥基础而重要的作用,为金融业务提供了基础性的法律制度支持,影响了整个金融市场活动,并为金融监管体系构建了基本框架。金融行业的实务操作和争议解决都离不开《民法典》的规范和指引。

自 2021 年 1 月 1 日《民法典》施行后,各行业都针对《民法典》对本行业的影响进行了思索与研究。金融业务属于在国民经济发展中占据着重要地位的业务领域,眼前这本《重塑金融规则:民法典对金融业务的影响及应对》便从法律和金融的视角深入解读了《民法典》对金融业务的影响,并对由此产生的新问题给出了切实可行的建议。

金融对法律具有高度的敏感性,最需要法律予以规范。金融业务具有专业性强、业务类型新颖、交易结构多元、法律关系复杂等特点,因而,金融法律业务也始终面临两个难题:一是金融交易实践、交易结构、交易范式始终处于不断变化之中,多变的金融业务创新让金融、法律从业者们目不暇接。二是我国的金融法律规范性文件纷繁复杂,新规层出不穷,政策更替频繁,对分散、庞杂的法律规范进行体系化并在此基础上找寻共同的规律难谓容易。虽然金融业务纷繁复杂,但各类金融活动与金融创新都建立在基础的民事法律关系之上,金融业务难以脱离民法具体规则和基本原则的规范指引。一方面,我国采民商合一体例,在民法总则之外不另设商法总则,而由民法典总则编从民事主体、民事权利、民事法律行为、民事责任、诉讼时效等多个方面为民事生活和商事交易提供共同适用的基本规则,有效地协调了民法和商法之间的关系,为金融业务的开展和不断创新提供了制度基础。另一方面,民法典各个分则编又对具体法律关系中当事人的权利义务关系进行调整,弥补了当事人意思自治和商事特别立法在具体问题上可能存在的空白或者不周延,从而将民法与商法有机地结合在一起。虽然《民法典》中鲜有直接指向具体金融业务的法条,但《民法典》各编又与金融业务联系密切,甚至直接影响到金融交易结构中的每一个环节,这就凸显了《民法典》在金融业务中的重要作用。

《民法典》的实施有力地促进了民事立法的体系化,也必将对金融业务的开展提供基本的规则。虽然在《民法典》之外虽然有大量的涉及金融业务的单行法,但这些单行法的适用必须要以《民法典》为基本遵循。同时,《民法典》对单行法的修改和完善也对金融实践与金融创新带来诸多变化,这就需要金融法律从业者全面掌握《民法典》的变化及其背后的价值理念。《民法典》时代的金融法律从业者需要从整个《民法典》体系出发,全面理解金融交易架构,及时发现和防范可能的交易风险。本书在对此问题进行深入解读的基础上,难能可贵地提出了具有可操作性的应对建议,为阅读本书的金融法律服务从业者提供参考,具有一定启发意义。

“凡贵通者,贵其能用之也。”本书撰写团队均由长期专注于金融法律实务的律师组成,撰写过程中,他们坚持从实务中来到实务中去的方式,使得理论与实务相得益彰,值得肯定。同时,也希望包括撰写团队在内的金融法律服务从业者,在金融法律实践中学以致用、融会贯通,以发挥《民法典》在金融行业中的治理效能。

“道无定体,学贵实用”。《民法典》的生命力在于实施,宣传好、普及好、实施好《民法典》,使民法典形成的制度优势转化为治理效能,将是今后法治建设的一项重要任务。期盼更多的法律人投身于宣传普及民法典的实践之中,真正使《民法典》走到群众身边,走进群众心里。

是为序。

2021 年 11 月于北京

前言:《民法典》对金融业务的影响及应对

金融一词,本质是资金融通,是出资方与融资方之间的资金流动,所有的金融业务基本都围绕资金流动而展开。在资金流动的过程中,金融机构大多数情况是出资方或资产管理方的角色。担任出资方的时候,主要涉及的是与融资方和担保方的法律关系。担任资产管理方时,主要涉及的是与出资方、融资方和担保方的法律关系。当然,在融资方存在其他债务时,还涉及金融机构与该融资方其他债权人的法律关系。

很多人认为,金融机构的业务都是非常成熟的标准化业务,在相关法律关系的处理过程中不会存在很多争议。但事实上,金融领域恰恰争议频发,且随着宏观经济波动,近年来涉诉案件量快速增加。总体来看,争议频发的原因有三个:一是金融业务的创新速度很快,创新可能早已成为行业内的普遍实践,但立法和司法层面对于创新产物应当对应民法体系中的哪个法律概念或制度未有定论。比如实践中大量采用的股权收益权转让及回购合同,是应当按照买卖合同予以规制,还是应当定性为借款合同?若按照买卖合同规制,回购溢价可以超过24%,若按照借款合同规制,则不得超过24%。这个问题直到2019年《全国法院民商事审判工作会议纪要》(以下简称《九民纪要》)出台后才最终明确。二是金融机构与其他主体之间的谈判地位天然存在不平等性,导致很多条款涉及格式条款,效力存在不确定性。例如,金融机构通常会与融资方签署财务顾问协议,收取财务顾问费。如果是非金融机构签署的财务顾问协议,法院一般不会对该机构提供的财务顾问服务是否能够匹配约定的费用进行实质判断,仅依据合同约定进行判决即可。那么对于金融机构签署的协议,法院是否应当实质判断该服务是否匹配费用?这个实践中存在的争议,也是在2019年《九民纪要》出台后才最终明确的。三是金融业务通常都非常重视担保,而担保因横跨物权法、公司法、合同法等多个领域,所以实务中有许多的争议。比如最高额抵押登记的债权限额,是指本金的限额还是本金、利息、违约金等债权总额的限额?多年来在实务中这个问题存在较大争议,直到《民法典》出台才尘埃落定。除此之外,《民法典》颁布后,动产担保和权利担保发生了体系性变革,这又将产生诸多争议。

在这样的大背景下,2020年颁布、2021年实施的《民法典》对金融业务的影响是全面且深刻的。全面性是指对各类金融机构的各类业务都产生了影响,如《民法典》合同编新增的融资租赁合同章和保理合同章直接针对的就是银行、金融租赁公司和商业保理公司的此类业务;又如《民法典》担保制度的变化直接影响银行、信托公司、证券公司的一般贷款业务、供应链金融贷款业务、融资融券业务、股票质押式回购业务中的担保措施。这种影响的全面性要求各类金融机构都需要根据《民法典》的规定重新梳理自己的业务流程,防范潜在风险。深刻性是指对特定业务实操的影响是深层次的,如《民法典》中格式条款规定的变化对保险业务中的主要合同条款(尤其是免责条款)会产生深远的影响,现有免责条款亟须大幅度修改;又如《民法典》对增信措施的规定会直接影响流动性支持函、差额补足协议的性质和效力。《民法典》规定的实质性变化要求金融机构对具体业务文件进行重新审查并根据《民法典》的新要求进行细致调整,其影响是深刻的。

事实上,《民法典》并非单独的一部法典,《民法典》颁布前最高人民法院出台的2019年《九民纪要》,颁布后出台的《全国法院审理债券纠纷案件座谈会纪要》,以及一系列基于《民法典》的司法解释和司法政策文件,都直接受到《民法典》的影响,然后又直接作用于各种类型的金融业务。

基于上述影响的全面性及深刻性,本书主要有以下特点:

第一,本书立足于金融机构的业务模式和业务流程,从业务实践中总结"真"问题,杜绝空谈。

第二,本书不仅研究了《民法典》实施前的海量相关金融案例,而且系统检索了《民法典》实施后的最新司法实践,从司法实践中梳理争议焦点和主流司法观点。

第三,本书立足于《民法典》,同时覆盖了《九民纪要》《全国法院审理债券纠纷案件座谈会纪要》《最高人民法院关于适用〈中华人民共和国民法典〉有关担保制度的解释》等一系列直接或间接受到《民法典》影响的司法文件,并系统研究了最高人民法院法官对相关问题的司法实务文章和发言稿。

第四,本书梳理了理论界对于相关争议问题的文献成果,研究了法学学者对于相关问题的不同观点。

第五,在上述研究的基础上,本书针对业务实践和司法实践中的争议问题,为金融机构提出了具有可操作性的应对建议。

本书一共分为九章,由郑小敏、胡宇翔统稿、审定,第一章至第三章系所有金融业务均可能会涉及的法律问题,第四章至第九章聚焦具体的金融业务。

本书第一章为金融消费者保护,由周蔓仪、徐根生主笔,重点分析近年金融消费者保护面临的主要问题与解决实践,《民法典》对金融机构适当性义务的影响与应对(《民法典》确立的基础权利义务关系、公平原则对金融机构损失赔偿数额的影响),《民法典》对格式条款规则的影响与应对(重复利用的概念,与对方有重大利害关系的条款,未履行提示或说明义务的法律后果,免责、限责格式条款无效的合理性要件)。

本书第二章为增信措施,由周蔓仪、吴炎主笔,重点研究增信措施的内涵界定及类型,《民法典》实施前司法实践对增信措施的性质认定和《九民纪要》对增信措施的性质认定原则,《民法典》对增信文件性质认定的影响与应对,《民法典》对增信文件被认定为保证后法律后果的影响与应对,《民法典》对增信文件被认定为债务加入后法律后果的影响与应对,《民法典》对增信文件被认定为独立合同后法律后果的影响与应对。

本书第三章为名股实债,由魏朦璐、吴炎、王正川、王根泽主笔,主要分析名股实债的概念,典型的名股实债业务模式及交易结构,名股实债与对赌、可转债、股权让与担保等相关概念的区分,《民法典》对认定名股实债具体因素的影响,《民法典》的担保理念对名股实债的影响,《民法典》对名股实债中股东权利义务认定的影响(谁是股东、名义股东能否行使股东权利、名义股东是否负有出资责任、名义股东处分股权的法律后果),《民法典》对执行中名股实债问题的影响(执行异议之诉中的权利对抗、关于转让人和受让人对标的股权享有的权利性质的争议、受让人是否有权排除转让人的债权人对股权的执行、转让人是否有权排除受让人的债权人对股权的执行),《民法典》的金融监管理念对名股实债的影响。

本书第四章为贷款及担保业务,由杨飞飞、刘泽西、王正川、刘昊洋主笔,主要分析《民法典》对金融机构贷款及担保业务的影响,内容主要包括《民法典》与贷款业务(贷款业务发展概况、主要类型及《民法典》关于贷款业务的重大修改),《民法典》对贷款本身的影响及应对(对于贷款合同效力、利息的影响),《民法典》对不动产抵押的影响(涉及《民法典》关于不动产抵押的重大变化、不动产抵押物的核查、抵押登记的办理以及后《民法典》时代的主要争议问题),《民法典》对动产抵押与质押的影响(涉及《民法典》关于动产抵押与质押的重大变化、动产担保物的核查、动产抵押、质押的设定与管控以及后《民法典》时代的主要争议问题),《民法典》对保证的影响(涉及《民法典》关于保证制度的重大变化、保证合同的订立、保证责任的催收及后《民法典》时代的主要争议问题),《民法典》对公司对外担保的影响(涉及《民法典》关于公司对外担保的规则的变化、后《民法典》时代的主要争议问题及对外担保的设定)。

本书第五章为融资租赁业务,由高舒阳、杨飞飞主笔,主要研究融资租赁业务的主要交易模式及交易流程和《民法典》生效后融资租赁相关规则的重大变化。包括融资租赁业务的承揽(租赁物的选择、租赁物的核查、租赁物价值与合同金额的确定),融资租赁合同的签订与履行(收益的约定与支付,融资租赁的登记,承租人有权不受干扰地使用租赁物,承租人对租赁物的留购权,租赁物被查封、扣押、司法处置时的救济措施),承租人违约时出租人的救济方式(请求支付全部租金并以租赁物价值优先受偿、解除合同行使取回权、承租人破产时出租人权利的行使)。

本书第六章为保理业务,由高舒阳主笔,重点分析保理与我国保理行业发展(保理业务概述、我国保理行业发展现状及业务创新、保理纠纷的司法实践概况),《民法典》与保理相关的主要条文概述,可叙作保理的应收账款与应收账款的核查(未来应收账款保理、虚构应收账款保理),保理合同履行中的相关问题(应收账款转让对债务人的通知、基础交易合同的履行对保理合同的影响、登记与同一应收账款的多重融资),保理人的债权清收与资产保全(有追索权保理业务中的债权清收、无追索权保理业务中的债权清收、应收账款或收取应收账款的账户被第三方冻结)。

本书第七章为保险业务,由魏朦璐、吴炎主笔,主要分析《民法典》对保险利益的影响及应对(担保制度扩张、新增土地经营权制度、新增居住权制度、新增人格权授权使用制度),对保险展业的影响及应对(保险合同的订立方式、形式、成立时间、格式条款、个人信息保护),对保险中介业务的影响及应对(保险代理业务、保险居间业务),对保单相关问题的影响及应对(保单现金价值的归属、保单的转让、保单的质押、保单的保全与执行),对保险合同解除的影响及应对(解除条件、解除期限),对保险理赔业务的影响及应对(保险合同与利他合同、保险金赔偿请求权与债权人代位权、保险金赔偿请求权的诉讼时效、多数人侵权中保险人责任的认定、侵权损害赔偿的修订对责任险赔偿范围的影响),对保险追偿业务的影响及应对(保险人代位求偿权理论基础、行使保险代位求偿权所依据的基础法律关系、保险代位求偿权"第三人"的界定及限制、保险代位求偿金额的确定及限制)。

本书第八章为资产证券化业务,由罗文慧主笔,重点分析资产证券化业务类型,资产证券化基本交易流程,《民法典》对资产证券化发行期常见问题的影响及应对(筛选基础资产、基础资产转让、交易架构及机制的设计),《民法典》对资产证券化终止后相关问题的影响及应对(资产证券化产品终止及其法律效力、资产证券化产品清算与分配、资产证券化产品违约处置),《民法典》对证券化产品相关问题的解决与留白。

本书第九章为债券违约处置业务,由周蔓仪、徐根生主笔,主要研究债券的违约处置及面临的主要问题,《民法典》对债券违约处置的整体影响,《民法典》合同制度对债券违约处置的具体影响与应对(募集说明书与认购协议、预期违约与交叉违约),《民法典》侵权制度对债券违约处置的具体影响与应对(欺诈发行、虚假陈述民事责任性质认定及构成要件)。

缩略语表

简称	文件全称
《民法典》	中华人民共和国民法典
《民法典》(草案)	中华人民共和国民法典(草案)
《民法总则》	中华人民共和国民法总则
《民法通则》	中华人民共和国民法通则
《民通意见》	关于贯彻执行《中华人民共和国民法通则》若干问题的意见(试行)
《民事诉讼法》	中华人民共和国民事诉讼法
《刑法》	中华人民共和国刑法
《合同法》	中华人民共和国合同法
《物权法》	中华人民共和国物权法
《担保法》	中华人民共和国担保法
《侵权责任法》	中华人民共和国侵权责任法
《婚姻法》	中华人民共和国婚姻法
《公司法》	中华人民共和国公司法
《破产法》	中华人民共和国企业破产法
《证券法》	中华人民共和国证券法
《信托法》	中华人民共和国信托法
《保险法》	中华人民共和国保险法
《票据法》	中华人民共和国票据法
《消费者权益保护法》	中华人民共和国消费者权益保护法
《著作权法》	中华人民共和国著作权法
《商标法》	中华人民共和国商标法

(续表)

简称	文件全称
《专利法》	中华人民共和国专利法
《证券投资基金法》	中华人民共和国证券投资基金法
《商业银行法》	中华人民共和国商业银行法
《银行业监督管理法》	中华人民共和国银行业监督管理法
《民用航空法》	中华人民共和国民用航空法
《个人信息保护法》	中华人民共和国个人信息保护法
《电子商务法》	中华人民共和国电子商务法
《中外合作经营企业法》	中华人民共和国中外合作经营企业法
《税收征收管理法》	中华人民共和国税收征收管理法
《农村土地承包法》	中华人民共和国农村土地承包法
《药品管理法》	中华人民共和国药品管理法
《诉讼时效制度司法解释》	《最高人民法院关于审理民事案件适用诉讼时效制度若干问题的规定》
《民法典担保制度解释》	最高人民法院关于适用《中华人民共和国民法典》有关担保制度的解释
《民法典担保部分解释》(稿)	最高人民法院关于适用〈中华人民共和国民法典〉担保部分的解释(征求意见稿)
《合同法司法解释一》	最高人民法院关于适用《中华人民共和国合同法》若干问题的解释(一)
《合同法司法解释二》	最高人民法院关于适用《中华人民共和国合同法》若干问题的解释(二)
《担保法司法解释》	最高人民法院关于适用《中华人民共和国担保法》若干问题的解释
《人身损害赔偿司法解释》	最高人民法院关于审理人身损害赔偿案件适用法律若干问题的解释
《精神损害赔偿司法解释》	最高人民法院关于确定民事侵权精神损害赔偿责任若干问题的解释
《医疗损害责任司法解释》	最高人民法院关于审理医疗损害责任纠纷案件适用法律若干问题的解释

（续表）

简称	文件全称
《民间借贷司法解释》	最高人民法院关于审理民间借贷案件适用法律若干问题的规定
《关于对企业间借贷问题的答复》	中国人民银行关于对企业间借贷问题的答复
《公司法司法解释三》	最高人民法院关于适用《中华人民共和国公司法》若干问题的规定(三)
《保险法司法解释二》	最高人民法院关于适用《中华人民共和国保险法》若干问题的解释(二)
《保险法司法解释三》	最高人民法院关于适用《中华人民共和国保险法》若干问题的解释(三)
《保险法司法解释四》	最高人民法院关于适用《中华人民共和国保险法》若干问题的解释(四)
《融资租赁司法解释》	最高人民法院关于审理融资租赁合同纠纷案件适用法律问题的解释
《民诉法司法解释》	最高人民法院关于适用《中华人民共和国民事诉讼法》的解释
《执行规定》	最高人民法院关于人民法院执行工作若干问题的规定(试行)
《执行异议和复议规定》	最高人民法院关于人民法院办理执行异议和复议案件若干问题的规定
《查封、扣押、冻结财产的规定》	最高人民法院关于人民法院民事执行中查封、扣押、冻结财产的规定
《九民纪要》	全国法院民商事审判工作会议纪要
《九民纪要》(稿)	全国法院民商事审判工作会议纪要(最高人民法院民二庭向社会公开征求意见稿)
《第八次全国法院民事商事审判工作会议(民事部分)纪要》	最高人民法院第八次全国法院民事商事审判工作会议(民事部分)纪要
《债券纠纷会议纪要》	全国法院审理债券纠纷案件座谈会纪要
《虚假陈述若干规定》	关于审理证券市场因虚假陈述引发的民事赔偿案件的若干规定
《企业所得税法实施条例》	中华人民共和国企业所得税法实施条例

(续表)

简称	文件全称
《船舶登记条例》	中华人民共和国船舶登记条例
《资管新规》	关于规范金融机构资产管理业务的指导意见
《外汇管理条例》	中华人民共和国外汇管理条例
《金融消保意见》	关于加强金融消费者权益保护工作的指导意见
《金融消保办法》	中国人民银行金融消费者权益保护实施办法
《尽职调查指引》	公司债券承销业务尽职调查指引(修订稿)
《资产证券化业务管理规定》	《证券公司及基金管理公司子公司资产证券化业务管理规定》
《挂牌指南》	《深圳证券交易所企业应收账款资产支持证券挂牌条件确认指南》
《资产证券化尽调指引》	《证券公司及基金管理公司子公司资产证券化业务尽职调查工作指引》

第一章　金融消费者保护

- 近年金融消费者保护面临的主要问题与解决实践
- 《民法典》对金融消费者保护的影响与应对

第一节　近年金融消费者保护面临的主要问题与解决实践

近几年,国内金融消费市场实现了跨越式发展,世界银行发布的《全球营商环境报告 2020》①显示,中国保护少数投资者指标全球排名已从第 36 位提升至第 28 位,可见金融消费者保护亦取得了一定成就。但也应看到,近年来,数字金融的兴起提升了大众的金融服务可得性、丰富了金融产品的供给方式,同时也带来新的挑战。金融产品的专业性和复杂程度普遍较高,加之消费者金融素养参差不齐、部分从业机构经营管理不规范等问题导致金融消费者合法权益受到侵害的现象频繁发生,金融消费者保护仍面临一些问题。

从近年的司法实践来看,金融消费者保护存在的问题主要集中在金融消费者适当性义务、格式条款的订立与履行两个方面,《民法典》生效之前的监管和司法实践业已确立了一些基本规则,但仍有部分问题未得到解决。具体如下:

一、金融机构适当性义务:金融消费者权益保护亟待强化

实践中,一些金融机构为了追求更多的市场份额,在证券或理财产品销售和提供投资咨询服务过程中并未严格履行适当性义务,金融消费者以其违反该义务为由提起诉讼,要求赔偿损失,导致了大量金融纠纷的产生。这些纠纷中,金融消费者相较于金融产品销售者或服务提供者而言,处于相对弱势地位。此外,随着多样化的金融创新产品的发展,金融服务机构和金融消费者之间在信息获取、投资结构设计、专业知识掌握方面都存在巨大差距。这样的差异已经突破了传统合同法的平等主体原则,使得该原则难以针对性地解决金融消费者纠纷。因此,多样的金融产品在给金融消费者带来选择的同时,也凸显了法律规范的滞后,使得涉及金融消费者的金融纠纷案件频发,这会给金融秩序稳定、社会稳定埋下风险,不利于金融业的持续发展和良好营商环境的构建。

---

①　参见世界银行:《世界银行:2020 年营商环境报告》,https://chinese. doingbusiness. org/zh/reports/global-reports/doing-business-2020,2021 年 9 月 3 日访问。

为解决此问题,近年来司法机关和监管机构都做出了很多努力。从规范层面,金融消费者保护的内容见于《消费者权益保护法》《商业银行法》《证券法》等法律中。2015 年 11 月,国务院办公厅印发《金融消保意见》,这是中央首次对金融消费者保护做出全面系统的部署;2019 年,最高人民法院出台《九民纪要》,并在其中设专章讨论金融消费者保护;央行于 2016 年 12 月颁布了《金融消保办法》,并于 2020 年 9 月进行修订,将其由规范性文件升格为部门规章,提升了法律位阶。可见,目前的金融消费者权益保护制度正处于不断健全的阶段。

《九民纪要》的发布从审判实践方面强化了金融消费者权益保护,并通过第五章以专章形式对金融消费者权益保护中的一个关键环节即"金融机构的适当性义务"进行了较为明晰的梳理,正是从司法层面适应金融消费者权益保护需求的体现。那么,什么是金融机构的适当性义务?《九民纪要》第 72 条规定:"适当性义务是指卖方机构在向金融消费者推介、销售银行理财产品、保险投资产品、信托理财产品、券商集合理财计划、杠杆基金份额、期权及其他场外衍生品等高风险等级金融产品,以及为金融消费者参与融资融券、新三板、创业板、科创板、期货等高风险等级投资活动提供服务的过程中,必须履行的了解客户、了解产品、将适当的产品(或者服务)销售(或者提供)给适合的金融消费者等义务。"

此外,《证券法》第 88 条①、《证券投资基金法》第 98 条②、《证券期货投资者适当性管理办法》第 3 条③、《证券公司监督管理条例》第 29 条④、《中国银监会关于规

---

① 《证券法》第 88 条规定:"证券公司向投资者销售证券、提供服务时,应当按照规定充分了解投资者的基本情况、财产状况、金融资产状况、投资知识和经验、专业能力等相关信息;如实说明证券、服务的重要内容,充分揭示投资风险;销售、提供与投资者上述状况相匹配的证券、服务。投资者在购买证券或者接受服务时,应当按照证券公司明示的要求提供前款所列真实信息。拒绝提供或者未按照要求提供信息的,证券公司应当告知其后果,并按照规定拒绝向其销售证券、提供服务。证券公司违反第一款规定导致投资者损失的,应当承担相应的赔偿责任。"

② 《证券投资基金法》第 98 条规定:"基金销售机构应当向投资人充分揭示投资风险,并根据投资人的风险承担能力销售不同风险等级的基金产品。"

③ 中国证监会《证券期货投资者适当性管理办法》第 3 条规定:"向投资者销售证券期货产品或者提供证券期货服务的机构(以下简称经营机构)应当遵守法律、行政法规、本办法及其他有关规定,在销售产品或者提供服务的过程中,勤勉尽责,审慎履职,全面了解投资者情况,深入调查分析产品或者服务信息,科学有效评估,充分揭示风险,基于投资者的不同风险承受能力以及产品或者服务的不同风险等级等因素,提出明确的适当性匹配意见,将适当的产品或者服务销售或者提供给适合的投资者,并对违法违规行为承担法律责任。"

④ 国务院《证券公司监督管理条例》第 29 条规定:"证券公司从事证券资产管理业务、融资融券业务,销售证券类金融产品,应当按照规定程序,了解客户的身份、财产与收入状况、证券投资经验和风险偏好,并以书面和电子方式予以记载、保存。证券公司应当根据所了解的客户情况推荐适当的产品或者服务。具体规则由中国证券业协会制定。"

范商业银行代理销售业务的通知》第 1 条[1]、《商业银行理财业务监督管理办法》第 26 条[2]，均规定了适当性义务。《九民纪要》与上述法律规范、监管规定一起共同构建了金融消费者适当性义务的审判和监管体系，而《民法典》为上述体系中法律关系的确定提供了原则性依据。

二、格式条款：基本规则体系亟待完善

金融实践中，以格式条款方式对反复使用的合同预先拟定，对节约合同订立成本、提高交易效率有着积极的作用。但近年来，不乏金融机构在与金融消费者特别是作为自然人的金融消费者签署协议时，滥用格式条款来规避自身责任、损害投资者利益，因此也产生了大量的诉讼争议。针对此问题，原《合同法》第 39 条[3]、第 40 条[4]、第 41 条[5]以及原《合同法司法解释二》第 6 条[6]、第 9 条[7]关于"格式条款"的规定，建立了"格式条款"的基本规则体系。然而实践中，该规则体系在运行中产生了如下问题：

---

① 《中国银监会关于规范商业银行代理销售业务的通知》第 1 条规定："……（三）商业银行开展代销业务，应当加强投资者适当性管理，充分揭示代销产品风险，向客户销售与其风险承受能力相匹配的金融产品。"

② 中国银保监会《商业银行理财业务监督管理办法》第 26 条规定：商业银行销售理财产品，应当加强投资者适当性管理，向投资者充分披露信息和揭示风险，不得宣传或承诺保本保收益，不得误导投资者购买与其风险承受能力不相匹配的理财产品。商业银行理财产品宣传销售文本应当全面、如实、客观地反映理财产品的重要特性，充分披露理财产品类型、投资组合、估值方法、托管安排、风险和收费等重要信息，所使用的语言表述必须真实、准确和清晰。商业银行发行理财产品，不得宣传理财产品预期收益率，在理财产品宣传销售文本中只能登载该理财产品或者本行同类理财产品的过往平均业绩和最好、最差业绩，并以醒目文字提醒投资者"理财产品过往业绩不代表其未来表现，不等于理财产品实际收益，投资须谨慎"。

③ 原《合同法》第 39 条规定："格式条款是当事人为了重复使用而预先拟定，并在订立合同时未与对方协商的条款。采用格式条款订立合同的，提供格式条款的一方应当遵循公平原则确定当事人之间的权利和义务，并采取合理的方式提请对方注意免除或者限制其责任的条款，按照对方的要求，对该条款予以说明。"

④ 原《合同法》第 40 条规定："格式条款具有本法第五十二条和第五十三条规定情形的，或者提供格式条款一方免除其责任、加重对方责任、排除对方主要权利的，该条款无效。"

⑤ 原《合同法》第 41 条规定："对格式条款的理解发生争议的，应当按照通常理解予以解释。对格式条款有两种以上解释的，应当作出不利于提供格式条款一方的解释。格式条款和非格式条款不一致的，应当采用非格式条款。"

⑥ 原《合同法司法解释二》第 6 条规定："提供格式条款一方对已尽合理提示及说明义务承担举证责任。"

⑦ 原《合同法司法解释二》第 9 条规定："提供格式条款的一方当事人违反合同法第三十九条第一款关于提示和说明义务的规定，导致对方没有注意免除或者限制其责任的条款，对方当事人申请撤销该格式条款的，人民法院应当支持。"

关于格式条款的提示说明义务,原《合同法》第 39 条将附加提示说明义务的条款限制于“免除或限制其责任的条款”,使得在司法实践中,对于一些重要条款,例如标的、数量、质量、价款或者报酬、履行期限、地点和方式、违约责任、争议解决方法等,是否必须提示说明,法院不得不对“免除或限制其责任的条款”进行解释。

关于没有及时尽到对格式条款提示说明义务的法律后果,原《合同法》第 39 条没有做任何规定,此后,《合同法司法解释二》做了补充,认为当事人可以撤销格式条款,但是这种撤销有局限性。对此,有学者[①]认为,第一,撤销要形成诉讼,主张形成诉权,增加了相对人的负担,单纯的抗辩是没有用的;第二,撤销会涉及撤销权的除斥期间,撤销权不可能无限期持续,这也影响到对相对人的保护。

关于格式条款的效力,原《合同法》第 40 条后段规定:“提供格式条款一方免除其责任、加重对方责任、排除对方主要权利的,该条款无效。”实际上,该条款的表述存在一定问题,崔建远教授指出,本条必须结合原《合同法》第 39 条以确定免责格式条款的效力。因为该条规定文义涵盖过宽,若严格依照文义解释,将得出免责的格式条款在合同法上全部无效的结论,这显然不符合客观实际的,也违反生活常识,背离了立法目的。依据立法目的,此类免责条款若系企业的合理化经营所必须,或免除的是一般过失责任,或是轻微违约场合的责任等,并且提供者又履行了提请注意的义务,那么此类条款就应当有效。[②] 此外,该条并未穷尽列举相关情况,如对于“减轻责任”“限制对方主要权利”等情形并未有明确列举。

实际上,上述困扰实践和学界的问题在《民法典》格式条款部分也得到了部分解决。《民法典》合同编的一大亮点即在于统一了之前散落在原《合同法》以及相关司法解释中的关于“格式条款”的规定,完善了“格式条款”规定的内容与逻辑,这对金融消费者保护有着重要影响。

第二节 《民法典》对金融消费者保护的影响与应对

在金融消费者维权案件频发的当下,本章第二节将从《民法典》的立法情况和立法变化切入,从金融业务实践的角度探究《民法典》对金融机构适当性义务、格式条款的具体影响,并给出建议。具体而言:

---

① 参见李宇:《民法典合同订立制度中格式条款的重要变化!》,载微信公众号“杜威法律公社”2020 年 6 月 22 日。

② 参见崔建远:《论格式条款的解释》,载《经贸法律评论》2019 年第 3 期。

一、《民法典》对金融机构适当性义务的影响与应对

如前所述,关于金融机构的适当性义务,《民法典》的意义之一在于为确定金融消费者与金融服务提供者,金融产品销售者、发行者的法律关系以及基于法律关系的处理原则提供了基石,具体而言:

(一)《民法典》确立基础权利义务关系

1. 金融机构违反适当性义务的民事责任性质为缔约过失责任

按照《九民纪要理解与适用》一书的观点①,法律、行政法规未规定的适当性义务属先合同义务,金融机构违反适当性义务承担的民事责任,性质为缔约过失责任。关于缔约过失责任的规定见于《民法典》第 500 条:“当事人在订立合同过程中有下列情形之一,造成对方损失的,应当承担赔偿责任:(一)假借订立合同,恶意进行磋商;(二)故意隐瞒与订立合同有关的重要事实或者提供虚假情况;(三)有其他违背诚信原则的行为。”该条与此前的法律条文一脉相承,根据该条,金融机构在推介、销售金融产品或者提供服务过程中,未尽到适当性义务,属于该条规定的“有其他违背诚信原则”的行为。

2. 金融产品销售者与金融消费者构成服务合同法律关系

《民法典》第 469 条规定:“当事人订立合同,可以采用书面形式、口头形式或者其他形式。”依据该规定,合同的成立并不限于书面形式和口头形式。司法实践中,仅以事实行为亦可建立合同关系。例如,在(2017)粤 01 民终 268 号案中,广州市中级人民法院认为:“由此可知合同关系的成立,不唯通过书面形式、口头形式,通过其他形式比如事实行为亦可建立合同关系,如乘客通过上车刷公交卡乘坐公共巴士、消费者前往餐馆点菜消费等事实行为,虽无合同书等书面形式、也通常缺乏要约、承诺的一般口头形式,仍得以事实行为建立合同关系。”②

具体到金融消费者保护领域,虽然金融消费者与金融产品的销售方(以代销银行为代表)往往不签订书面合同,但因金融消费者事实上接受了销售方提供的销售服务,法院可能认为双方之间存在金融产品服务合同法律关系。例如,在(2019)皖 01 民终 8546 号案中,虽然投资者与销售金融产品的银行未签订书面的金融产品销售服务合同,但是合肥市中级人民法院认为,刘奇并非委托民生银行马鞍山路支行理财,而系通过民生银行马鞍山路支行的渠道购买第三方发行、管理的案涉基金产品,民生银行马鞍山路支行仅是案涉基金产品的销售方,故刘奇与民生银行马鞍山

---

① 参见最高人民法院民事审判第二庭编著:《〈全国民商事审判工作会议纪要〉理解与适用》,人民法院出版社 2019 年版,第 412—413 页。

② 广东省广州市中级人民法院民事判决书(2017)粤 01 民终 268 号。

路支行之间成立的并非委托理财合同关系而是金融产品销售服务合同关系,该金融产品销售服务合同关系合法有效。①

3. 金融产品发行人与金融产品销售者构成委托代理关系

《民法典》第 919 条规定:"委托合同是委托人和受托人约定,由受托人处理委托人事务的合同。"在金融产品代销模式下,金融产品销售者系受金融产品发行人委托,向金融消费者宣传推介并销售金融产品。② 因此,金融产品发行人与金融产品销售者之间成立委托代理法律关系。

《民法典》第 167 条规定:"代理人知道或者应当知道代理事项违法仍然实施代理行为,或者被代理人知道或者应当知道代理人的代理行为违法未作反对表示的,被代理人和代理人应当承担连带责任。"《民法典》第 178 条第 1 款规定:"二人以上依法承担连带责任的,权利人有权请求部分或者全部连带责任人承担责任。"

在金融产品销售者未尽到适当性义务情形下,因金融产品发行人同样对投资者负有适当性管理的法定义务或者先合同义务,发行人在法律上对销售者的违法代理行为属于"应当知道",根据前述规定,发行人与销售者应当承担连带责任。金融消费者既可以要求发行人赔偿损失,也可以要求销售者赔偿损失,还可以要求发行人、销售者连带赔偿损失。

(二)《民法典》公平原则影响金融机构损失赔偿数额

金融机构违反适当性义务造成投资者损失,应承担赔偿责任。《九民纪要》第 77 条规定:"卖方机构未尽适当性义务导致金融消费者损失的,应当赔偿金融消费者所受的实际损失。实际损失为损失的本金和利息,利息按照中国人民银行发布的同期同类存款基准利率计算。"根据该规定,违反适当性义务的金融机构应当赔偿投资者"全部本金+利息"。

如前所述,金融机构违反适当性义务承担的民事责任为缔约过失责任,而非侵权责任。因为过失相抵原则仅适用于侵权责任,而不适用于缔约过失责任,所以严格来讲,即使投资者自身存在过错,金融机构的责任也不应当减少。最高人民法院民事审判第二庭在《九民纪要理解与适用》一书中论述:"对此,本书认为,过失相抵原则适用范围仅限于侵权责任,而卖方机构违反适当性义务的民事责任性质属缔约过失责任。虽然从最终裁判结果上,在金融消费者具有过错的情况下,适当减轻卖方机构的赔偿责任并无不当,但从法理适用逻辑的角度讲,对于缔约过错责任

---

① 参见安徽省合肥市中级人民法院民事判决书(2019)皖 01 民终 8546 号。

② 参见最高人民法院民事审判第二庭编著:《〈全国民商事审判工作会议纪要〉理解与适用》,人民法院出版社 2019 年版,第 419 页。

的减免,仍不应适用过失相抵原则。”①

尽管有前述规定,司法实践中,部分法院仍然会依据公平原则确定金融机构的赔偿比例。例如,在(2019)浙0784民初2946号案中,永康市人民法院认为:“原告胡胜利作为完全民事行为能力人,理应知晓投资基金产品的风险,其应依照自身的风险承受能力进行合理投资,但其在购买案涉基金时,未充分考虑自身的财务状况,且疏于对金融产品的了解和关注,对本案损失的发生亦具有较小的过错。因此,为了体现公平原则,考虑本案原告已实际收回84784.47元,以及本案的实际情况,本院酌情确定由两被告赔偿原告胡胜利投资本金200万元,其余利息损失由原告胡胜利自行承担。”②

公平原则主要规定在《民法典》第6条:“民事主体从事民事活动,应当遵循公平原则,合理确定各方的权利和义务。”在司法实践中,法院在酌定金融机构违反适当性义务承担的民事责任时,从公平原则出发,可能会参考以下要素:

1. 投资者自身的过错

例如,在(2019)京02民终15312号案中,北京市第二中级人民法院认为:“鉴于其此前亦有过投资理财经验,作为有一定投资认知水平的完全民事行为能力人,王会兰更应当知晓签字确认行为之效力……故本院认定王会兰亦应对自己投资之损失承担一定的责任。”③

2. 损失是否是由金融市场的正常变化所致

例如,在前述(2019)京02民终15312号案中,北京市第二中级人民法院认为:“考虑到投资发生亏损的直接原因是金融市场的正常变化和波动所致,并非工商银行龙潭支行的代理行为导致,故本院认定王会兰亦应对自己投资之损失承担一定的责任。”④

(三)金融机构履行适当性义务的相关建议

从《九民纪要》到《民法典》,司法部门和监管部门对金融机构适当性义务将日益重视,对于金融机构而言,应注意以下几点:

基于可能承担的连带责任,金融机构的销售部门应建立完善的风险评估管理制度;无论是自销产品还是代销产品,销售部门都要对营销推介、相关风险和关键信息提示、消费者确认和反馈等重点销售环节进行完整录音录像(双录),并妥善保

---

① 参见最高人民法院民事审判第二庭编著:《〈全国民商事审判工作会议纪要〉理解与适用》,人民法院出版社2019年版,第432页。

② 浙江省永康市人民法院民事判决书(2019)浙0784民初2946号。

③ 北京市第二中级人民法院民事判决书(2019)京02民终15312号。

④ 同上注。

管视频、文件等全过程资料,妥善保管销售过程资料和录音录像资料(至少20年);在按照监管部门规定的要求履行告知说明义务的同时,销售部门还应针对个体情况设置更多的告知程序;在证券产品销售流程中设置教育背景和投资背景调查环节,收集金融消费者具有较强的金融知识和成功投资经验的相关资料,发生诉讼时可以此主张即使销售者未履行适当性义务也未影响金融消费者作出自主决定。

除了金融产品销售之外,金融机构提供证券经纪、投资顾问、融资融券、资产管理、柜台交易等金融服务也应遵循适当性义务的相关要求。对于机构投资者,金融机构在销售和推介金融产品时,稳妥的做法是将机构合格投资者视同普通金融消费者,从宽解释、从严操作。

二、《民法典》对格式条款规则的影响与应对

《民法典》的出台对于金融消费者权益保护有重要指导意义。具体而言,《民法典》第496条规定:"格式条款是当事人为了重复使用而预先拟定,并在订立合同时未与对方协商的条款。采用格式条款订立合同的,提供格式条款的一方应当遵循公平原则确定当事人之间的权利和义务,并采取合理的方式提示对方注意免除或者减轻其责任等与对方有重大利害关系的条款,按照对方的要求,对该条款予以说明。提供格式条款的一方未履行提示或者说明义务,致使对方没有注意或者理解与其有重大利害关系的条款的,对方可以主张该条款不成为合同的内容。"

此外,《民法典》第497条规定:"有下列情形之一的,该格式条款无效:(一)具有本法第一编第六章第三节和本法第五百零六条规定的无效情形;(二)提供格式条款一方不合理地免除或者减轻其责任、加重对方责任、限制对方主要权利;(三)提供格式条款一方排除对方主要权利。"

值得一提的是,在业界认为的《民法典》第一案①中,上海金融法院即是根据《民法典》第496条的规定,认定:"因贷款人(信托公司)对利率格式条款未予披露和详细说明的原因,致使借款人没有注意或者理解借款合同的实际利率,应当认为双方就'按照该实际利率计算利息'未达成合意,贷款人无权据此收取利息。"

因此,对金融机构而言,在涉及自然人投资者的金融投资领域,当提供的合同条款符合《民法典》496条第1款项下格式条款的特征时,应当充分注意《民法典》对格式条款规则的如下影响:

(一)"为了重复使用"仍为《民法典》识别格式条款的要件之一

一般而言,格式条款需满足三个要件:一是为了重复使用,二是预先拟定,三是订立时未与对方协商。"为了重复使用"是否为格式条款要件学界一直存在争议。

---

① 上海金融法院民事判决书(2020)沪74民终1034号。

例如,王利明教授指出,理解格式条款的定义时不能将"反复使用"作为格式条款的特征,因为反复使用并不是格式条款的本质特征,而仅仅是为了说明预先制定的目的。"反复使用"不能作为单独的特征存在,原因是有的格式条款仅使用一次,并没有重复使用。"反复使用"只是其经济功能,而不是其法律特征。审判实务中也有相同的观点,认为审判实践不应过分强调重复使用的特征。[①] 故实践中有观点认为,"重复使用"不应成为司法认定格式条款的必要条件。如果将其作为格式条款的构成要件,那么当事人在主张某条款为格式条款时就负有这样的举证责任,需证明该条款已经被重复使用的事实。让当事人承担这样的举证责任,显然过于严苛,有违立法本意。[②]

这种争议也体现在《民法典》合同编的编纂过程中,《民法典》草案中有"为了重复使用",而二审稿中将其删除,但最后成稿中又恢复了该要件,说明立法机关认为重复使用系格式条款的实质特征。

(二)明确要求就"与对方有重大利害关系的条款"进行提示说明

此前,关于应当提示说明的合同条款,《合同法》只要求金融机构提示、说明"免除或者限制其责任的条款";如今,《民法典》将提示、说明的义务范围扩展到"与对方有重大利害关系的条款"。具体而言:

1. 哪些条款会被认定为"与对方有重大利害关系的条款"

从法律条文出发,《民法典》第470条规定了合同通常应包含的条款。因此,最高人民法院认为,一般来说,该条列举的标的、数量、质量、价款或者报酬、履行期限、地点和方式、违约责任、解决争议的方法等条款均属于"与对方有重大利害关系的条款"。其中的加重对方责任、限制对方主要权利的条款,当然属于"与对方有重大利害关系的条款"[③]。因此,在金融领域,金融借款合同的目的、期限、利率、违约金、争议解决方式等条款,担保合同中的担保额度、违约条款都属于"与对方有重大利害关系的条款"。

实践中,因为合同条款与内容的多元化,对于"与对方有重大利害关系的条款"的认定,法院多会结合案件具体情况来判断。例如,在(2021)闽05民终554号[④]案中,泉州市中级人民法院认为,案涉《金融信用卡申请表》中关于保证人的担保额度、声明条款中的授信额度等条款都属于"与对方有重大利害关系的条款";在

---

① 参见王利明:《对〈合同法〉格式条款规定的评析》,载《政法论坛》1999年第6期。

② 参见最高人民法院研究室编著:《最高人民法院关于合同法解释(二)理解与适用》,人民法院出版社2009年版,第82页。

③ 最高人民法院民法典贯彻实施工作领导小组主编:《中华人民共和国民法典合同编理解与适用(一)》,人民法院出版社2020年版,第246页。

④ 参见福建省泉州市中级人民法院民事判决书(2021)闽05民终554号。

(2021)豫0191民初3410号[①]案中,郑州高新区法院认为,金融借款合同中的违约责任、违约金属于“与对方有重大利害关系的条款”;在(2021)晋05民终120号[②]案中,晋城市中级人民法院认为,案涉《贷款合同》对贷款用途记载为“归还还贷周转金”,表述粗略、模糊,不能明确体现出案涉三方以新贷偿还旧贷的“过桥贷”事实,而贷款用途属于应该提示及说明的“与对方有重大利害关系的条款”;在(2020)沪74民终1034号[③]案中,上海金融法院认为,贷款实际利率属于“与对方有重大利害关系的条款”。

基于法律和实践,合同的主要条款、与合同目的有关的条款以及影响合同当事人权利义务平衡的条款,通常会被认定为“与对方有重大利害关系的条款”。故,金融机构在设定该类条款时,应结合条款重要性,履行提示说明义务。

2. 金融机构如何履行提示说明义务

《民法典》第496条对提示说明义务履行方式的要求承袭了《合同法》的“合理方式”要求,即要求格式条款提供方采取合理的方式提示对方注意,并按照对方的要求对该条款予以说明。根据该规定,银行、保险、证券、信托等金融企业不管采取电子合同形式还是采取纸质合同形式订立合同,对免除或者减轻其责任等“与对方有重大利害关系的条款”,必须采用足以引起对方注意的文字、符号、字体等特别标识,并按照对方要求对该格式条款予以说明。

实践中,合同常以加粗、黑体等方式将“与对方有重大利害关系的条款”予以强调,采用这种方式通常会被法院认定已尽到合理的提示说明义务。例如,在(2021)闽05民终554号案中,泉州市中级人民法院认为,案涉《金融信用卡申请表》中关于保证人的担保额度、声明条款中的授信额度等条款都用加粗形式进行明确提示,符合《民法典》第496条中关于“采取合理的方式提示对方”的规定;在(2021)豫0191民初3410号[④]案中,郑州高新区法院认为,在合同中以黑体加粗形式约定违约责任及违约后费用承担属于对“与对方有重大利害关系的条款”的明确提示;在(2021)鲁1426民初217号[⑤]案中,德州平原法院认为,保险公司对于免赔事项没有作出足以引起投保人注意的提示,并且对于拒赔情形保险公司也未向投保人作出明确说明,法院据此认定保险公司未对上述格式条款向投保人履行提示和说明义务;在(2021)皖01民终412号[⑥]案中,合肥市中级人民法院认为,当格式

① 参见河南省郑州市高新技术产业开发区人民法院民事判决书(2021)豫0191民初3410号。
② 参见山西省晋城市中级人民法院民事判决书(2021)晋05民终120号。
③ 参见上海金融法院民事判决书(2020)沪74民终1034号。
④ 参见河南省郑州市高新技术产业开发区人民法院民事判决书(2021)豫0191民初3410号。
⑤ 参见山东省德州市平原县人民法院民事裁定书(2021)鲁1426民初217号。
⑥ 参见安徽省合肥市中级人民法院民事判决书(2021)皖01民终412号。

条款与非格式的承诺书相冲突时,银行作为专业的金融机构,应向担保人履行释明义务。

针对履行提示说明义务的合理方式,司法实践逐渐树立了“明确性”的标准。例如,在(2020)粤0103民初14125号[①]案中,广州荔湾法院认为,专业从事小额贷款业务的金融机构有义务以借款人易于接收、理解的方式向借款人明确与其切身利益相关的利率、费用等的相关信息。具体而言,在金融借款合同中如非特别说明,即使明确标示了利息及每月还款金额的计算公式,作为一般公民并不能在签订合同的短暂期间内即能明确清楚知道月利息金额计算公式中所对应的实际借款本金和实际贷款利率。法院认为金融机构需要采取合理的方式提示或明确告知金融消费者以该计息方式,按照日常交易习惯(实际尚欠借款本金为基数)实际计算所得的利率。在(2020)沪74民终1034号案中,上海金融法院认为,贷款产品的提供者即金融机构应当向金融消费者(借款人)明确披露实际利率,利率作为借款合同的核心要素,关系到借款人在合同项下的根本利益,利率的高低将直接影响借款人作出是否立约的决策。在将竞争机制引入贷款业务、贷款利率市场化的大背景下,如果将贷款视为商品,那么利率即是其价格,贷款人有义务如实披露利率,为其提供的贷款商品“明码标价”,以通俗易懂的语言,及时、真实、准确、全面地向金融消费者披露可能影响其决策的信息,使用有利于金融消费者接收、理解的方式进行信息披露,对利率、费用等与金融消费者切身利益相关的重要信息进行解释说明,不得有虚假、欺诈、隐瞒或引人误解的宣传,以破除“利率幻觉”。

总之,《民法典》更新扩大了提示及说明义务的射程范围,有利于合同相对方更加全面地获取合同重要信息、缩小与格式条款提供者之间信息获取、认知能力的差距;同时合同相对方也可将时间成本更精确地安排在提示及说明的重要条款上,有助于节省交易成本,提高交易效率。

(三)明确未履行提示或说明义务的法律后果

对于未履行提示或说明义务的法律后果,《民法典》明确相对方有权主张该格式条款不成为合同内容的一部分,即经相对方主张后,该格式条款不成为合同内容,对合同双方均没有约束力,而无须向法院提起诉讼请求撤销相关条款。

如前所述,此前《合同法司法解释二》第9条规定,未履行提示或说明义务的法律后果为当事人可提起诉讼请求撤销相关条款,与之相比,《民法典》的规定更为清晰,无论从程序简便还是实体处理都有优势,具体而言:其一,当事人无需再去起诉,减轻了负担,只需进行抗辩;其二,该规定也解决了撤销权的除斥期间问题,无疑更能保护格式合同相对方的权益,体系上也更为科学、严谨。

---

① 参见广东省广州市荔湾区人民法院民事判决书(2020)粤0103民初14125号。

(四)新增免责、限责格式条款无效的合理性要件

相比于《合同法》将免责、限责的格式条款一律认定为无效,《民法典》对此情形新增了“不合理”要件,即前述格式条款仅在人民法院进行合理性审查后认为不合理时方才无效。

该修改也是对此前司法实践的总结。例如,在(2020)鄂0202民初782号[①]案中,黄石港区法院认为罚息、复利等约定是金融借款合同应具备的合理内容,并非免除自身责任、加重对方责任的格式条款;在(2021)豫0191民初3410号[②]案中,郑州高新区法院认为,按月还本付息是金融借款合同借款人的基本义务,据此约定违约责任及违约后费用承担,不属加重合同相对方义务和排除合同相对方主要权利的格式条款无效情形。

《民法典》在《合同法》第40条规定的基础上,对“免除或减轻格式条款提供方责任、加重对方责任、限制对方主要权利”增加了“不合理”的限制,这样的修改也是必要的。对此,最高人民法院[③]解释,如果本条没有该限制条件,仅就字面意思而言,很容易导致本条的内容与本法第496条规定的格式条款提供者对该类条款应履行的提示及说明义务的法律效果产生混淆。

关于合理性的判断标准,最高人民法院[④]解释,格式条款是否合理要结合格式条款的具体约定和具体合同的性质作出判断——该条款的约定是否导致双方当事人权利义务关系过于失衡,违反了《民法典》第496条规定的格式条款提供方确定双方权利义务关系应遵循的公平原则。

(五)金融机构制定格式条款及履行提示说明义务的相关建议

《民法典》生效后,司法实践中格式条款的审查将有更明确的依据,即首先审查哪些条款构成格式条款,其次审查格式条款是否构成合同内容,再审查成为合同内容的格式条款是否有效。针对此变化,金融机构可从格式条款的制定与提示说明义务的履行两方面进行如下应对,具体而言:

1. 关于格式条款的制定

金融机构作为格式条款的提供方,应当依据《民法典》以及相关监管规定的要求,在拟定相关合同时遵循诚实信用原则,综合考量双方当事人之间的权利义务,避免制定出过分有违公平原则的合同内容。例如,可以充分借鉴所签合同相关

---

① 湖北省黄石市黄石港区人民法院民事判决书(2020)鄂0202民初782号。

② 河南省郑州市高新技术产业开发区人民法院民事判决书(2021)豫0191民初3410号。

③ 最高人民法院民法典贯彻实施工作领导小组主编:《中华人民共和国民法典合同编理解与适用(一)》,人民法院出版社2020年版,第252页。

④ 同上书,第253页。

领域和区域的生效判决,避免使用不利判决所涉合同中的类似表达。

此外,关于“与对方有重大利害关系的条款”,由于《民法典》没有明确规定,因此,对于作为格式条款提供方的金融机构而言,可以结合《资管新规》《商业银行理财管理办法》《金融消保办法》等部门规章及规范性文件参考理解履行提示说明义务的范围。

例如,针对商业银行理财子公司、金融资产管理公司、信托公司、汽车金融公司、消费金融公司以及征信机构、个人本外币兑换特许业务经营机构等,《金融消保办法》第 21 条对“与金融消费者有重大利害关系的内容”进行了列举:银行、支付机构向金融消费者提供金融产品或者服务时使用格式条款的,应当“提请金融消费者注意金融产品或者服务的数量、利率、费用、履行期限和方式、注意事项、风险提示、纠纷解决等与金融消费者有重大利害关系的内容”。

此外,金融机构的格式合同拟定也应遵循《民法典》总则编关于民事法律行为的效力规定、合同编关于格式合同的效力规定,避免格式条款无效的法律风险。

2. 关于提示说明义务的履行

在履行提示说明义务时,应加强对相关人员的培训,规范人员意识,从流程上制定规则保证签署的每份合同以穷尽方式尽到说明与提示义务。例如,应当在合同订立之前提请消费者注意具有重大利害关系条款(例如利率、复利、罚息等)以及其他限制权利条款的存在及其含义,提示消费者了解签字及其法律后果,有条件的可以与金融适当性义务的“双录”相结合,保留视频和音频资料备查,降低自身法律风险。

此外,如金融机构采取在线电子签署方式订立合同,金融机构要高度重视合同格式条款法律风险,对格式条款的识别、拟定、效力评估、提示与说明等进行全链条式的闭环管理。除了对电子合同中的格式条款采取黑体加粗、加下划线等传统方式进行醒目标识外,还要考虑综合运用集中展示、设置合理的强制阅读时间、语音特别提示、设计磋商程序、在线交流录音录像、人脸识别等方式履行提示或说明义务。

第二章　增信措施

- 增信措施的内涵界定及类型
- 增信措施的性质认定
- 《民法典》对非典型增信措施的具体影响及应对建议

第一节　增信措施的内涵界定及类型

一、增信措施的内涵界定

(一)学界和业务实践中的“增信”

增信并非严格的法律概念,而是实践中的惯常称呼。关于增信的内涵和外延,学界存在以下不同观点。具体而言,有观点①(以下简称观点一)认为,增信措施是指债务人为了改善融资条件、降低融资成本,通过各种手段和措施来降低债务违约概率或减少违约损失率,以提高债务信用等级的行为,不仅包括典型担保方式,还包括新型担保方式,以及通过特定的交易结构安排来保障债权实现的方式。有观点②(以下简称观点二)认为,增信措施是指典型的保证方式以外、第三方提供的能够增加债务人信用和保障债权人债权实现的措施或方式,包括但不限于债务加入、第三方差额补足、到期回购以及流动性支持等;故宜将增信措施定性为非典型保证,并被《公司法》第16条所涵摄,公司对外提供增信措施时均应遵循公司对外担保的规则。

上述两种观点在概念界定方式方面的区别在于,观点一是从功能角度作出定义,凡为提高债务信用等级的手段和措施,均为增信措施;观点二则从内容的角度界定“增信”,认为增信措施是一种与保证类似的承诺,承诺的内容包括但不限于第三方差额补足、到期回购以及流动性支持等,典型的保证则不属于增信范畴。可见,观点一与观点二的显著区别在于保证等典型担保措施是否属于“增信”范畴。

关于何为“增信措施”,根据讨论领域/角度的不同,业务实践中存在如下界定方式:关于“债券的增信”,是指债券发行人通过对产品结构进行设计和特定的协议安排,或运用各种有效手段和金融工具,以提高债券信用等级,增强债券发行成功

---

① 参见马荣伟:《信托产品非法定担保类增信措施性质研究》,载《财经法学》2017年第2期。

② 参见刘保玉、梁远高:《“增信措施”的担保定性及公司对外担保规则的适用》,载《法学论坛》2021年第2期。

概率,确保投资人按时获取本息的行为。债券增信措施分为:一般保证、第三方连带责任、银行流动性支持、政府承诺等外部增信,以及以抵押质押为主的内部增信。[①] 关于“资管产品的增信”,分为产品端的产品增信和投资端的交易增信,其中交易增信主要是指发行人或管理人与交易对手在资管产品的投资端为减少投资风险所架构的各种背书或保障措施的总称,包括但不限于回购、第三方收购以及为此而设定的担保等。[②] 关于“资产证券化的增信”,是指通过各种有效手段和设置增强资产证券化产品信用。常见的内部增信措施包括优先/次级安排、超额利差、超额抵押、保证金/现金储备账户、现金流超额覆盖;常见的外部增信措施包括第三方担保、差额支付承诺、回购承诺、流动性支持等。[③]

综合上述观点可见,对于何为“增信”,从广义上可做如下理解:增信措施,系指为了降低债务违约概率或减少违约损失率、提高债务信用等级、增加债务人信用和保障债权人实现债权而采取的各种措施的总称。不同分类维度下,又可以有不同的分类方式:

其一,以增信主体分类:分为内部增信和外部增信。

从提供增信的主体来看,增信措施可以分为内部增信和外部增信。内部增信包括债务人提供的抵押、质押、保证金等担保措施以及资管产品内部进行的结构化分级等措施;外部增信则指第三方提供的担保、回购承诺、差额补足承诺、流动性支持、第三方连带责任承诺等措施。

其二,以增信发生的交易阶段分类:分为资金端增信和资产端增信。

从增信发生的交易阶段来看,可以分为保障资管产品认购人、委托人利益的资金端(或称“产品端”)增信以及为了保障资管产品交易对手兑付收益的资产端(或称“投资端”)增信。

其三,以增信效果强弱分类:分为强增信措施和弱增信措施。

从增信效果强弱的角度,增信措施又可以分为担保、回购承诺、差额补足承诺等直接的强增信措施,以及账户监管、人员委派、章证管理、安慰函等间接的弱增信措施。

(二)司法解释及《九民纪要》中的“增信”

《九民纪要》第91条所涉“增信文件”指向的是“信托合同之外的当事人提供第三方差额补足、代为履行到期回购义务、流动性支持等类似承诺文件作为增信措

---

① 参见李环、邓婕:《增信措施如何影响债券风险与信用评级?》,载《金融市场研究》2016年第1期。

② 参见杜晶:《论资管产品刚性兑付和增信措施在概念上的区分》,载《上海金融》2019年第12期。

③ 参见张连娜:《我国资产证券化业务增信措施及其评级分析探讨》,载《清华金融评论》2015年第10期。

施”;《民法典担保制度解释》第36条所涉“增信措施”则指“第三人向债权人提供差额补足、流动性支持等类似承诺文件”。

由上述二条文可知,司法解释及《九民纪要》拟规制的“增信措施”具有如下特征:提供主体为第三方,即“外部增信”;增信文件形式为“承诺文件”,即以人的保证或非保证性质承诺为主,区别于抵押、质押、保证金账户等物的担保措施;典型的增信内容包括差额补足、流动性支持、代为履行到期回购义务等,即增信法律关系不属于具有法律明文规定的某一种特定的性质及效力的法律关系,而是具有非典型特征,进而在性质认定上可能属于保证,也可能属于债务加入或者其他有名或无名合同;对于增信发生的交易环节,《九民纪要》和《民法典担保制度解释》均没有作出限制,因此增信措施既可以发生在资金端,又可以发生在资产端。对此,《民法典担保制度解释理解与适用》中,最高人民法院对金融机构投资时要求第三方提供增信措施的商业安排作出如下描述:“很多金融机构在投资各类资产管理产品时,往往要求产品发行人或者实际用资人在出现约定条件时,能够提供资信等级较高的第三方承诺补足差额或者提供流动性支持……”①,也对增信既可以发生在资金端,又可以发生在资产端进行了肯定。

(三)本章所讨论的“增信”

本章所讨论的“增信措施”指的是民事主体基于特定的交易目的或者商业安排,采取的由第三方向债权人提供的以差额补足、流动性支持、代为履行到期回购义务等非典型担保措施为内容的,通常以承诺文件形式作出,并用以提高债权实现可能性的措施。根据不同的情形,此类增信措施法律性质上可能属于保证、债务加入或者独立合同。为区别于担保等典型的增信措施,本章将差额补足、流动性支持、代为履行到期回购义务等外部的第三方非典型增信措施统称为“增信措施”。

综上所述,在厘清相关概念与内涵后,因典型增信措施以及内部增信非本章主要讨论对象,同时为简化语言、方便论述,下文如无特别说明,“增信措施”在文字含义上均仅指“第三方的非典型增信措施”。

二、增信措施的主要类型

实践中,本章所讨论的非典型增信虽然在功能上与担保大致相同,在形式上却无法完全归入典型担保措施,甚至有时相关措施背后的真实、直接的意思并非提供担保,而是为了实现个案交易结构下的特殊交易目的或者提高杠杆以获取更多收益等。因此,该种增信措施引发的纠纷应当适用何种法律规定处理,在实践中不无

① 参见最高人民法院民事审判第二庭:《最高人民法院民法典担保制度司法解释理解与适用》,人民法院出版社2021年版,第338页。

疑问。故,有必要结合理论与实践对其性质进行类型化的分析。

根据司法解释及《九民纪要》并结合业务实践,通常所说的非典型增信措施主要有以下几种常见类型:

(一)差额补足承诺文件

关于差额补足承诺文件,最高人民法院在对《民法典担保制度解释》第36条进行解释时认为,当事人关于差额补足义务的约定一般分为两个层次:"一是融资双方之间成立的差额补足协议,主要见于各类结构化分层设计的资管产品,双方约定劣后级受益人对优先级受益人的本金及收益提供差额补足;二是由第三方为融资方提供差额补足承诺,主要表现为以资管产品募集的资金进行特定资产收益权转让及回购交易,或者是在优先和劣后的受益权分层安排的情况下,由第三人为债务人的还本付息义务或者为债务人履行回购特定资产或其受益权而形成的债务提供差额补足。"①

综上,这两个层次可以进一步概括为差额补足的两种类型:在资金端,劣后级受益人/收益权人对优先级受益人/收益权人提供的结构化差额补足;在资产端,第三人为债务人提供的差额补足。

1. 资金端的差额补足(结构化安排)

资金端的结构化差额补足,属于优先和劣后受益人/收益权人之间的结构化安排,系内部增信措施,不属于本文所论及《九民纪要》《民法典担保制度解释》所欲涵摄、规制的对象,因而不属于本章的重点讨论范畴。但是,结构化安排本身作为资管产品设计中最基础也是最典型和相当普遍的信用增级措施之一,客观上具有保障优先级受益人/收益权人实现收益的功能,亦与外部增信措施共同发挥着作用。

根据《九民纪要》第90条的规定,结构化增信安排合法有效。信托或资管计划到期后,优先级受益人/收益权人请求劣后级受益人/收益权人按照信托或资管文件的约定对其本金及收益承担差额补足义务,人民法院应予支持。但值得注意的是,结构化交易安排并不具有法定的担保效力,也不属于《民法典担保制度解释》第36条下的增信措施。

2. 资产端的差额补足

根据交易结构和差补条件的不同安排,实践中对于资产端的第三方差额补足承诺主要按照股权交易和债权交易进行分类:

2.1　股权交易中的差额补足

在股权投资交易中,差额补足承诺通常作为对赌交易的一个环节。若标的公

---

① 最高人民法院民事审判第二庭:《最高人民法院民法典担保制度司法解释理解与适用》,人民法院出版社2021年版,第339页。

司未完成业绩承诺或未能上市,则由标的公司控股股东或者其他利益相关的第三方承诺对投资方不能收回的投资收益承担差额补足责任,本质上是投资方的退出保障机制或预期收益实现机制。

因在股权投资交易中,通常不存在被担保或加入的主债务,故该类差额补足承诺往往被认定为独立合同。例如,在(2018)皖17民初251号[①]案中,法院认为,《差补协议》中关于最低投资收益承诺及差额补足义务的约定,实质系为吸引投资人认购上市公司发行的股票而对决定上市公司股价的核心因素即上市公司经营业绩的承诺,以及对对赌失败补偿措施即差额补足的承诺,无保证的意思表示,且不具有从属性和依附性,因而属于独立的承诺行为,《差补协议》属于无名合同。又如,在(2018)鄂民初117号[②]案中,发行人控股股东在定向增发股票阶段与投资者签署《差补担保协议》,对投资者作出保底承诺,法院认为该差额补足承诺义务以投资者投资义务为"对价",并非单务合同,因而不属于保证。在(2020)浙民终525号案中,第三方主体承诺对投资者在股票解禁后8个月内的投资收益承担补足赔偿责任,因保障对象系未来一定时间内的股票可得收益,法院认为不存在主债权债务关系,因而不属于保证合同。

2.2 债权交易中的差额补足

在债权投资交易中,若增信文件中具有无条件、无对价、立即承担差额补足责任的意思,则往往被认定为连带保证合同,反之则可能属于独立的合同。例如,在(2019)最高法民终560号[③]案中,《差额补足合同》约定债权人有权不经任何前置程序要求差额补足义务人立即支付主债务人应付未付债务;在(2020)京民终287号案中,《投资框架补充协议一》约定若主债务人未能还本付息,则差额补足义务人应当立即无条件履行偿付义务;在(2018)渝民初165号[④]案中,差额补足义务人承诺无条件提供差额补足;在(2020)豫民终414号案中,差额补足义务人在《承诺函》中承诺,若保证人未足额承担保证责任,债权人有权直接要求差额补足义务人以现金方式补足不足部分……上述案例中差额补足增信文件均被认定为连带保证合同。而在(2019)最高法民终1524号[⑤]案中,差额补足义务人同时承诺了对信托投资本金及收益的全额补充责任和信托受益权的受让义务,即所承诺的差额补足义务以受让信托受益权为对价,属于有对价的财产受让合同,因而属于独立的合同,而非担保合同。

---

① 参见安徽省池州市中级人民法院民事判决书(2018)皖17民初251号。

② 参见湖北省高级人民法院民事判决书(2018)鄂民初117号。

③ 参见最高人民法院民事判决书(2019)最高法民终560号。

④ 参见重庆市高级人民法院民事判决书(2018)渝民初165号。

⑤ 参见最高人民法院民事判决书(2019)最高法民终1524号。

综上所述,若承诺人无条件、无对价地对特定主债务承担差额补足义务,则通常被认定为担保合同,此种情形常见于债权投资交易中;若承诺人承担差额补足义务以一定的对赌条件触发为前提、以取得特定财产/权利为对价,或者所保障的系未来产生的投资收益的,则可能被认定为独立的合同,此种情形常见于股权投资交易当中。

(二)流动性支持文件

从筹资的角度看,流动性是指以合理的代价筹集资金的能力。① 因此,可以将流动性支持简单理解为是由第三方为债务人提供的,当债务人的自有资金无法偿付到期债务时,第三方为债务人提供资金,用于解决债务人偿付困难问题的手段。其特征在于:(1)"支持"的对象为偿付义务主体,即债务人,区别于到期回购和差额补足承诺的对象是债权人;(2)"支持"的方式系向债务人提供现金资金,而非其他形式的财产。

根据资金来源的不同,流动性支持机制可以分为内部流动性储备和外部流动性支持两类。内部流动性储备是指从基础资产产生的回款中截取一定的资金储存在流动性储备账户中,用于弥补可能产生的现金流短缺;外部流动性支持是指由外部流动性支持机构提供流动性支持资金,通常由信用等级较高的机构与相关机构签署交易文件,约定在发生流动性支持触发事件后,由流动性支持机构划入相应数额资金,以弥补当期现金流短缺。② 作为本章所述"增信措施"的"流动性支持"指的是第三方提供的"外部流动性支持"。

在司法实践中,"流动性支持"的概念并未有严格的内涵边界。对此,最高人民法院在《民法典担保制度解释》第 36 条的理解与适用中认为,流动性支持常常表现为由第三方如融资人的大股东或实际控制人为融资人出具"愿意为融资人履行合同提供流动性支持"等义务内容不甚明确的增信文件的做法。③ 司法案例中,作为增信措施的"流动性支持"通常由融资方的股东、实际控制人等关联方向融资方提供,具体有以下三种情况:

其一,名为提供"流动性支持",实为提供担保或者其他增信措施(如回购承诺)。例如,在(2019)最高法民终 1487 号④案中,融资方的全资母公司出具《关于向子公司提供的流动性支持的说明》,承诺"为本次信托贷款提供流动性支持,即到期

---

① 参见 MBA 智库"流动性风险"词条,网址链接:https://wiki.mbalib.com/wiki/%E6%B5%81%E5%8A%A8%E6%80%A7%E9%A3%8E%E9%99%A9,2021 年 8 月 26 日访问。

② 参见左英利、李奇、闫瑾:《信贷资产证券化流动性支持机制国内外实践与启示》,载《债券》2017 年第 6 期。

③ 参见最高人民法院民事审判第二庭:《最高人民法院民法典担保制度司法解释理解与适用》,人民法院出版社 2021 年版,第 339 页。

④ 参见最高人民法院民事判决书(2019)最高法民终 1487 号。

回购剩余债权余额”。又如，在（2017）沪 01 民终 14320 号[①]案中，程园园（甲方、受让方）与实鑫公司（乙方、服务商）签署《合同书》，实鑫公司承诺“通过回购债权方式将未偿还债权本金和预期收益全额先垫付给甲方”的方式提供流动性支持。二者均系名为提供流动性支持，实为作出回购承诺，应当按照回购承诺的内容确定法律关系的性质。

其二，同时约定提供流动性支持与提供保证、债务加入、回购、差额补足或其他增信承诺。例如，在（2019）沪 74 民初 104 号[②]案中，华信控股出具《共同还款承诺函》，承诺：作为共同还款人承担不可撤销的还款责任；通过代偿还款，或者集团内资金拆借等方式为上海华信提供流动性支持。又如，在（2019）浙 01 民初 353 号[③]案中，顺钠公司向南金交公司出具《流动性支持函》，承诺：采取包括但不限于通过提供借款、安排其他流动性解决方案等方式提供流动性支持；若未按时履行上述流动性支持承诺，则顺钠公司承诺将不晚于“应收账款到期日+1 日”履行足额支付义务。法院依据该函认定顺钠公司系为底层资产中债权人对债务人的应收账款债权提供担保。

其三，明确约定提供流动资金的支持，以支付抵扣金或补足保证金的方式保障本金及收益。例如，在（2020）鲁 01 民初 88 号[④]案中，华隆祥公司以支付抵扣金及补足保证金的方式提供流动性资金支持，保证山高卓越投资中心的本金及收益，并对抵扣金或保证金的具体支付方式、计算方式、划扣方式等进行了约定。法院认为，华隆祥公司未能依约补足保证金，构成违约，应当承担连带保证责任。

此外，实践中还有一种情况，即相关主体仅是笼统地出具流动性支持文件，承诺提供资金支持，但并无提供担保的意思表示，也没有对具体的流动性支持的提供方式作出具有可操作性的约定。因此种情况在法律上缺乏可执行性，能否对此类流动性支持函的提供人产生法律约束力存在不确定性。

（三）到期回购或受让承诺文件

实践中，回购或受让承诺的增信措施是指融出方购买融资方的资产或资产收益权，并在增信文件中约定，融资方应当在一定期限届满时回购，当融资方无法履行回购义务时，由第三方代为履行回购或受让义务。通常情况下，该类增信文件的常见名称包括“回购承诺函”“代为履行到期回购义务承诺函”“赎回承诺函”“以第三方远期受让为内容的转让协议”“收益权转让协议”等。

---

① 参见上海市第一中级人民法院民事判决书（2017）沪 01 民终 14320 号。

② 参见上海金融法院民事判决书（2019）沪 74 民初 104 号。

③ 参见浙江省杭州市中级人民法院民事判决书（2019）浙 01 民初 353 号。

④ 参见山东省济南市中级人民法院民事判决书（2020）鲁 01 民初 88 号。

在投资附加回购或第三方受让承诺的交易模式下,资产或资产收益权的投资或买卖往往并非交易真实目的。实际上,为保障融出方债权实现,交易各方往往事先在交易文件中约定无论到期时资产价值为何,融资方均按照合同约定的价格回购,若回购方不予回购,则由承诺受让的第三方代为履行回购义务。因此,通常情况的到期回购或受让承诺本质上仍是一种到期还本付息的借贷法律关系。

到期回购或受让承诺文件在符合让与担保特征的情况下,亦可能构成让与担保。其中,最显著的标志在于到期回购或受让的标的财产需是以交付或登记为权利变动公示的物权性权利,让与担保的设立需要完成法定权利变动公示。如构成让与担保,则产生对抗第三人的担保性物权的效力,债务人不履行到期债务的,根据《民法典担保制度解释》第 68 条,债权人有权对财产折价或者以拍卖、变卖该财产所得价款偿还债务,或者以司法处置的方式请求就该财产优先受偿。

此外,值得注意的是,《九民纪要》第 91 条在列举增信措施时,明确将“代为履行到期回购义务”列举为三类承诺文件的一项,而《民法典担保制度解释》第 36 条并未列入该项,仅剩两类,即差额补足文件、流动性支持文件。对此,最高人民法院并未给出明确解释,但关于《民法典担保制度解释》第 36 条理解与适用指出:“实践中,民事主体基于特定的交易目的或商业安排,采取向债权人提供差额补足、流动性支持等类似承诺文件作为增信措施以提高债权实现可能性的情形颇为常见。”由此可以看出,最高人民法院可能认为到期回购或受让承诺文件在常见度上略逊于前两者。

(四)安慰函/维好函

安慰函,系指政府或企业关联方为融资人融资而向权利人出具的表示愿意维持融资人正常运营、协助融资人履行义务的函件。安慰函一般采取笼统、模糊的措辞方式,基本不直接约定具函主体负有任何偿债义务,多为表达其在道义或政策上的协助或支持。司法案例中关于安慰函的定义可见(2016)京民申 3103 号①案件,从该案以及其他司法案例可看出,被认定为安慰函的文件通常具有两个特征:第一,出具的主体通常为政府;第二,内容较为模糊,并未明确有为债务人承担债务的意思表示,通常表述为“协助解决”“确保/推动债务人偿还债务”等。

以往和现行的法律均禁止机关法人提供担保,具体而言:《担保法》第 8 条规定国家机关不得作为保证人,《民法典担保制度解释》第 5 条规定机关法人提供担保的担保合同无效,《国务院关于加强地方政府性债务管理的意见》第 4 条第 3 款规定地方政府不得违法为任何单位和个人的债务以任何方式提供担保。

基于此,各级政府无论从合法性还是合规性的角度,均无法出具有担保效力的增信文件。然而实践中,在部分以政府为主导的融资交易活动中,融资双方可能存

---

① 北京市高级人民法院民事裁定书(2016)京民申 3103 号。

在希望政府为该融资行为背书的需求，此时政府往往会出具意思表示较为笼统、模糊的安慰函或维好函作为替代。例如，在(2014)民四终字第37号[①]案中，辽宁省政府向原新华银行香港分行出具一份《承诺函》，同意原新华银行香港分行向中辽公司提供及/或继续提供一般开出信用证额度港币5000万元整，并表示将尽力维持借款人的存在及日常营运，竭尽所能确使借款人履行其责任义务，如借款人不能偿还债务，将协助解决借款人拖欠的债务，不让银行在经济上蒙受任何损失。从《承诺函》的名称与内容看，辽宁省政府仅承诺"协助解决"，没有代为清偿或提供担保的意思表示，不构成保证担保，未违反法律法规的禁止性规定。

维好函，亦不是一个具有独立、确切内涵的法律概念，在实践中可能以"维好承诺""维好协议""承诺函"等方式命名。与安慰函相区别，维好函通常会出现在跨境交易结构中，尤其是在境内企业发行境外债券的过程中，受到《外汇管理条例》《跨境担保外汇管理规定》和《外债登记管理办法》等监管规定的影响，境内外企业在担保履约时资金流动存在不确定性，因此在跨境的交易结构中往往无法直接设置担保，转而只能采取维好承诺的方式进行增信。实践中，维好函通常为融资方的关联方针对融资方财务状况、报表结构等经营、财务指标承诺维持一定标准，并进一步承诺在融资方流动性资产出现不足时以适当方式向融资方提供流动资金的函件。[②] 因政策法律规定和司法实践，维好函的性质和效力的认定可能存在不确定性。

第二节　增信措施的性质认定

实践中，主要存在以差额补足、回购/远期受让承诺以及流动性支持为内容的增信文件。本节将在第一节内涵界定和类型化的基础上，对《民法典》生效前增信文件性质识别的规则与原则进行归纳和总结，主要分为两个维度：一是《民法典》施行前，司法案例中的认定规则；二是《民法典》施行前，《九民纪要》确立的认定原则。

一、《民法典》施行前，司法案例对于增信文件的性质认定

(一)增信文件被认定为独立合同的情形

司法实践中，被认定为独立合同的增信文件，通常具有以下特征：

---

① 参见最高人民法院民事判决书(2014)民四终字第37号。

② 参见金杜研究院：《咬文嚼字说金融：函函函函含什么——各类增信函效力最全分析》，载http://kwm.com/2h/cn/knowledge,2021年11月23日访问。

第一,增信主体所承诺的义务内容与主债务内容、性质明显不同,也不属于为债务人在主合同项下的债务承担保证责任,难以被认定为保证合同,更不属于债务内容同一性要求更高的债务加入。因此,以承诺到期回购为主要内容的增信文件所产生的法律关系,在实践中被认定为独立的合同关系的情形较为常见。例如,在(2019)最高法民终 1524 号①案中,第三人在增信协议中所负担的义务为支付差额收益、信托贷款本金和受让信托受益权,并非债务人在主合同项下的债务内容,亦非为主债务的履行承担保证责任,故该份协议不构成债务加入,也不构成保证,而是独立的合同。

第二,如果增信文件与主合同虽存在关联性,但相关合同约定较为独立,不存在被担保或加入的主债务,内容并不具有从属性,一般构成独立合同。例如,在(2018)最高法民终 667 号②案中,最高人民法院认为,《资产管理合同》系中安消公司作为委托人,将其设立的员工持股计划委托国金证券公司管理,由浦发银行南京分行作为托管人,三方为规范集合计划运作,明确各方权利义务而签订。其中虽约定了中恒汇志公司与风险级 C 份额委托人共同连带承担补偿责任,但中恒汇志公司未参与《资产管理合同》的签订。在此前提下,中恒汇志公司作为中安消公司的控股股东,又与中安消公司(代表员工持股计划)、国金证券公司(代表集合计划)另行签订了《差额补足合同》,明确了中恒汇志公司对集合计划应承担的补偿和补仓等责任。从合同订立的主体和内容看,两份合同虽然具有关联性,但主体并不一致,内容也无从属性,中恒汇志公司主张其依据《差额补足合同》应承担的差额补足义务属于《担保法》上的保证责任性质,理据不足。此外,在(2019)最高法民申 4830 号③案中,法院亦持有类似观点。

第三,若增信承诺人提供增信以取得一定对价为前提,或者其承担责任后可以取得相应资产作为对价,则因其双务性和等价有偿性,性质上更类似于债权或资产的转让,因而不构成担保合同,亦非债务加入,更容易被认定为独立的合同。例如,在(2020)京民终 319 号④案中,第三人出具《承诺函》,承诺代债务人以现金收购债权人持有的合伙企业份额。一审法院北京市第一中级人民法院认为,第三人支付现金系取得合伙企业份额的对价,故该《承诺函》不构成公司对外担保,亦非严格意义上的债务加入。二审法院北京市高级人民法院认为,该《承诺函》仅是具有担保性质的单方赎回承诺,并非单纯意义上的对外担保。类似的,在(2019)最高法民

① 参见最高人民法院民事判决书(2019)最高法民终 1524 号。
② 参见最高人民法院民事判决书(2018)最高法民终 667 号。
③ 参见最高人民法院民事裁定书(2019)最高法民申 4830 号。
④ 参见北京市高级人民法院民事判决书(2020)京民终 319 号。

终 1524 号[①]案中，增信文件明确约定，承诺人提供完毕差额补足义务后，即视为支付完毕信托受益权转让价款，信托终止时，信托受益人(债权人)应当将信托财产转让给承诺人；若承诺人未按照协议约定履行差额补足义务，信托受益人(债权人)有权要求其补足差额、受让信托受益权。该案的增信文件虽然约定了差额补足义务，但仍以信托受益权的转让为履行后果和最终目的，在性质上认定为独立合同为宜。此外，应当注意的是，随着实践中投融资模式创新，交易结构越来越复杂，交易主体在一份交易文件项下自愿背负的义务可能以在另一份交易文件项下享有权利为前提，一份表面上无对价的单务合同，其实际上的对价可能来自另一份合同的履行利益，从而形成多份看似独立、实则相互联系的合同群，进一步模糊相关增信文件的性质认定。

当然，即使是典型的被认为具有单务性的担保或者债务加入，一般情况下也并非完全的无对价，担保方/债务加入主体通常与债务人存在其他利益关系或关联关系。因此，无需过分拘泥于为增信行为寻找对价。只是若该增信文件本身即可被相对清晰地识别为有对价的资产或权利的转让合同，则该增信文件有较大可能性被认定为独立合同。

(二)增信文件被认定为保证的情形

当增信文件的独立性不强时，该增信承诺文件是构成保证还是债务加入往往成为案件的争议焦点。判断增信文件的性质系保证抑或债务加入，应考虑增信文件所使用的文字表述。如果增信文件中出现“保证”等文字表述，应首先考虑能否将其认定为保证。但即便没有“保证”的文字表述，从文义解释来看，若相关增信文件约定如主债务人未能偿付主债务，增信主体代为履行债务或者承担责任，则其通常会被认定为保证。

一般认为，成立保证关系的前提是增信主体具有明确的提供保证担保的意思表示。在《民法典》生效前，最高人民法院认为，判断一个行为究竟是保证，还是并存的债务承担(债务加入)，应根据具体情况确定：如承担人承担债务的意思表示中有较为明显的保证含义，可以认定为保证；如果没有，则应当从保护债权人利益的立法目的出发，认定为并存的债务承担，此观点可见(2005)民二终字第 200 号案。[②]

值得注意的是，该司法裁判规则已经被《民法典担保制度解释》第 36 条所取代，对于 2021 年 1 月 1 日以后作出的增信承诺，从平衡当事人利益角度出发，若保证或者债务加入性质认定不明的，应认定为保证而非债务加入。

---

① 最高人民法院民事判决书(2019)最高法民终 1524 号。

② 参见最高人民法院民事判决书(2005)民二终字第 200 号。

若增信文件约定,当债务人不履行或不能履行债务时由承诺人履行,应当属于较为明显的保证含义的约定。例如,在(2018)京民初58号①案中,北京市高级人民法院认为,被告中弘控股公司分别向原告东方景翌和大连银行北京分行出具的《承诺函》系被告中弘控股公司真实意思表示,承诺为被告三亚鹿湾公司按时、足额支付全部委托贷款本金、利息、罚息、滞纳金、违约金及《人民币委托贷款合同》项下其他应付款提供流动性支持;被告中弘控股公司违反本《承诺函》第一条任何内容的,原告东方景翌与大连银行北京分行有权直接向被告中弘控股公司进行追偿、要求被告中弘控股公司代为偿还被告三亚鹿湾公司应付未付款。该《承诺函》实际上具有若债务人不履行债务,债权人有权直接要求承诺人履行的意思表示,因此法院认为构成连带保证。此外,在(2019)最高法民终560号②案中最高人民法院亦持有类似观点。

关于增信文件的性质构成一般保证还是连带责任保证,法院通常会考虑约定内容是否符合一般保证或连带保证的特征。若约定承诺人承担责任以债务人"不能履行债务"或"经依法强制执行仍不能履行债务"为前提,相当于赋予承诺人先诉抗辩权,属于一般保证;若约定承诺人"不履行债务"则承诺人应"直接向债权人履行"或"立即承担责任"等,则可能构成连带保证。例如,在(2018)渝民初165号③案中,增信文件约定"在支付当期贷款本息前3个工作日,若新恒韵医疗公司在偿债专用账户内的存款余额低于《并购借款合同》项下当期应支付的贷款本金、利息及罚金(如有),则由捷尔医疗公司无条件提供差额补足,在支付当期贷款本息及罚金(如有)前3个工作日内将不足部分资金划入新恒韵医疗公司在工行开立的偿债专用账户",重庆市高级人民法院据此认定该增信文件属于连带责任保证。

(三)增信文件被认定为债务加入的情形

从文字表述来看,如果仅出现"连带清偿、共同清偿"或直接出现"债务加入"的表述,则有可能会被认定为债务加入。对于债务加入和保证的区分,通常情况下,保证是为保证他人的债务而为自己设定负担,保证之债仍然从属于主债务,尤其是在一般保证中保证人享有先诉抗辩权。而债务加入又称并存的债务承担,承担人承担的是自己的债务,独立于原来的债务关系。此外,对于承担人履行债务后是否有权向原债务人追偿,保证人享有法定追偿权,除非合同另有约定;而债务加入中,承担人履行债务后是否有权向原债务人追偿,法律并无明文规定,因而存在不同观点。有观点认为,债务加入人是否享有追偿权取决于双方之间是否存在追

① 参见北京市高级人民法院民事判决书(2018)京民初58号。

② 参见最高人民法院民事判决书(2019)最高法民终560号。

③ 参见重庆市高级人民法院民事判决书(2018)渝民初165号。

偿的约定,还有观点认为因债务加入人与债务人承担的是连带之债,应准用连带保证责任的相关规定,债务加入人有权向债务人追偿。

如增信文件中约定,增信主体承担债务不以强制执行债务人无结果为前提,且不享有先诉抗辩权,其与债务人在责任承担上不具有顺位先后次序,法院通常会认为该增信文件的性质为债务加入。例如,在(2018)最高法民终 867 号①案中,最高人民法院认为,合同约定如河南中城建公司不回购安信公司的股权收益权,则由中城建公司回购。从该约定中可知,中城建公司在河南中城建公司未付款或者安信公司按照约定未获得回购总价款时,即负有回购义务,并不以强制执行河南中城建公司无效果为前提。即,中城建公司不享有先诉抗辩权,其在责任承担上不具有顺位性,债务加入下承担人的债务,是与原债务并立的自己债务;而保证债务则为保证他人的债务,是附属于主债务的债务……综上,综合判断《承诺函》的出具过程及约定内容,认定中城建公司构成债务加入更为适宜。此外,在(2014)民二终字第 13 号②案、(2015)浙商初字第 15 号③案、(2014)鄂武汉中民商终字第 00921 号④案中,法院亦持有类似观点。

(四)增信文件的法律性质认定原则

如上所述,法院在识别和认定个别增信文件法律性质时,并不会拘泥于该文件名称是流动性支持、差额补足还是回购承诺等,而是综合多因素的考量,将其纳入最相类似的法律制度予以定性和规制。

具体而言,认定增信文件法律性质时,首先应当遵循文义解释原则,以约定的具体内容作为判断标准探求当事人真实的意思表示。具体而言,若从增信文件本身的约定内容可以判断其具有提供保证的意思表示,比如当事人对债务履行顺序作出约定,则应适用保证的相关规定。而若明确约定承诺人作为“共同还款人”“共同债务人”履行债务,则难以认定为“保证”的意思表示。以“流动性支持函为例”,因“流动性支持函”并非法律概念且内容指向宽泛,在认定其性质时,尤其应当首先以当事人书面意思表示传达的意思为准。在(2018)京民初 58 号⑤案中,双方当事人就流动性支持函约定的内容为:“为目标公司按时、足额支付全部委托贷款本金、利息、罚息、滞纳金、违约金及委贷合同项下其它应付款提供流动性支持,即被告中弘控股公司将为目标公司筹集资金以保证目标公司按时足额支付前述款项……中弘控股违反本承诺函第一条任何内容的,东方景翌和大连银行股份有限

① 参见最高人民法院民事判决书(2018)最高法民终 867 号。
② 参见最高人民法院民事判决书(2014)民二终字第 13 号。
③ 参见浙江省高级人民法院民事判决书(2015)浙商初字第 15 号。
④ 参见湖北省武汉市中级人民法院民事判决书(2014)鄂武汉中民商终字第 00921 号。
⑤ 参见北京市高级人民法院民事判决书(2018)京民初 58 号。

公司北京分行有权要求中弘控股纠正其违反行为、并有权直接向中弘控股进行追偿、要求中弘控股代为偿还目标公司在本承诺函第一条约定中的应付未付款。"该约定文义符合"连带责任保证"的定义,故其文件性质应被认定为保证。但在(2019)最高法民终1487号①案中,双方当事人在流动性支持函中约定"到期回购剩余债权余额",法院认为,在没有其他约定的情况下,该种表述并不存在保证或债务加入的意思,因此应为独立的合同关系。因此,由于增信文件的实质内容和具体表述往往并不具有统一性或相似性,即存在"名不副实"的情况,在实践中应当首先根据约定的具体内容对当事人的真实意思表示进行解释,并结合合同履行的过程等其他因素来判断增信措施的性质。

其次,进行从属性/独立性的认定。具体而言,担保的从属性本质决定了若相关增信措施被认定为担保,将在合同效力、保障的主债权范围、保证期间、诉讼时效、公司对外担保程序、先诉抗辩权等方面受到法律的诸多规制。因此,是否构成担保往往成为此类纠纷中当事人争议的焦点问题。实践中,若存在可识别的、确定的主债权,且增信承诺明显依附或从属于该主债权,则被认定为保证关系的可能性较大。例如,在(2016)京03民初135号②案中,《差额补足协议》被认定为保证合同,主要是因为《差额补足协议》约定的补足条件和补足金额直接与《信托贷款合同》项下底层债权债务关系相关,且不存在信托受益权作为对价。法院通过穿透审查,相对容易地为差额补足义务找到主债权,进而将《差额补足协议》定性为保证担保。又如,在(2017)最高法民终353号③案中,存在性质争议的《承诺函》系某事业单位出具,该事业单位主张《承诺函》仅为道义上的安慰函。对此主张,法院从文义解释和目的解释两方面入手,认为《承诺函》的内容明确表明当主债务人没有按时履行到期债务的,该事业单位承诺以回购经营权的方式确保债权人(银行)的债权实现。同时,《承诺函》出具于《人民币资金银团贷款合同》之前,结合背景情况及双方当事人的陈述可知,《承诺函》的出具目的就是为了保障出借人(银行)的信贷资金安全,化解贷款风险,确保债务人获得贷款,保证债权能够实现。因此,该事业单位通过出具《承诺函》的形式为自身设定的代为清偿义务的意思表示具体明确,故《承诺函》具有保证担保性质。上述案例的裁判思路对于如何识别增信文件的"从属性"具有参考和借鉴意义。

再次,即使相关增信措施不构成担保,其也并不当然就构成债务加入。从同一性看,若增信承诺之债与被承诺的"主债务"在内容或种类上看具有同一性和关

---

① 参见最高人民法院民事判决书(2019)最高法民终1487号。
② 参见北京市第三中级人民法院民事判决书(2016)京03民初135号。
③ 参见最高人民法院民事判决书(2017)最高法民终353号。

联性,增信主体承诺对债权人负有与债务人相同的债务,即加入既有债务,履行期届满时,债权人可直接向债务人或承诺人请求履行债务,被认定为债务加入的可能性较大。

若增信承诺的内容与主债权内容并不一致,改变了原债权的内容、性质或者创设了新的法律关系,使得增信承诺具有明显的独立性,则法院更有可能将其识别为独立的合同。如在(2019)最高法民终1524号①案中,第三人与信托受益人签订《差补和受让协议》,约定若受益人未能按照年化13%的信托收益率按时、足额获得信托利益分配的,第三人应就差额部分承担全额补充责任;同时约定,第三人有以履行差额补足义务的方式受让信托受益权的义务,受益人有权要求第三人受让信托受益权。法院据此认为,该《差补和受让协议》既具有信托受益权转让的债权转让法律关系,又具有增信担保作用的差额补充法律关系,系无名合同,相对于被补充之债权具有新的权利义务关系,与通常情况下具有从属性、补充性的保证担保明显不同。因此,即使增信承诺在客观上具有与“担保”相类似的对主债权的保障作用,若其在内容上具有区别于主债权的权利义务内容,在形式上又区别于担保债权的从属性,该增信承诺法律性质应当为独立的合同。本案中,主债权为信托受益权,即信托受益人请求受托人按照信托合同的约定给付信托利益的权利(实践中对于信托受益权的性质是否属于债权抑或属于传统物、债二分之外的独立权利类型存在争议,因不属于本文讨论范围,为方便论述和理解,暂作上文表述),而增信承诺的内容是以差额补足的方式受让信托受益权,明显超出了“当债务人不履行到期债务,保证人履行债务或者承担责任”的保证合同范畴。同时,根据《差补和受让协议》,信托受益人有权主张承诺人履行受让信托受益权的义务,而非主张承诺人承担信托利益差额给付的义务。法院将《差补和受让协议》认定为独立之合同,依据较为充分。因此,若增信的内容是第三人应当实施另外的交易行为,而不是代债务人履行清偿债务的义务,则具有独立合同的属性。

最后,若增信承诺的内容较为独立,且约定了明显的对价,在形式上可能符合股权转让、收益权转让等权利让与交易的特征,因而构成股权转让合同、信托受益权转让合同或者其他类似的无名合同,该增信文件的性质有较大可能性被识别为独立的合同。如(2018)最高法民终867号②案中,增信文件的名称为《承诺函》,内容为若河南中城建公司在向安信公司回购股权收益权并支付回购总价款过程中任一付款日未付款的,则中城建公司将在安信公司发出《股权收益权受让通知书》后5个工作日内无条件收购安信公司所持有的本案系争股权收益权。即中城建公司以单方允

---

① 参见最高人民法院民事判决书(2019)最高法民终1524号。

② 参见最高人民法院民事判决书(2018)最高法民终867号。

诺的方式为自己设定了义务,履行承诺的方式系以自己的名义向安信公司收购股权收益权,收购完成后,中城建公司持有股权收益权,不存在与其他主体之间内部追偿的问题。而在担保合同与债务加入中,尽管担保人/债务加入人在承担差额补足责任后,通常情况下可向债务人追偿,但在担保合同/债务加入文件中,一般不会约定对价,而是表现为一方获利的单务合同,债权人无需向承诺人支付对价。

此外,一般认为,当事人所追求的效果意思是判断法律关系性质的决定性因素,措辞笼统、不涉及具体的权利义务安排的安慰函或者维好函并无发生具体法律效果的意思,难以构成法律意义上的担保或债务加入。从单方允诺层面考虑,其民事责任也无法明确进而难以成立,因此其不具备法律约束力,仅构成道义或政策上的协助或支持。例如,在(2014)民四终字第37号①案中,法院认为,安慰函不构成担保函。从名称上看,安慰函并非担保函,其是否能构成担保应根据其内容来认定;而从安慰函的内容看,其没有作出代为清偿所涉债务的意思表示,故该安慰函不构成法律意义上的保证,出具人不用承担保证责任。

需要提醒的是,若书面函件的内容明确了相关权利义务,无论其形式及名称为何,均应遵循实质高于形式的原则认定其构成保证担保或产生其他法律效力。此外,因安慰函与维好函的出具主体多为地方政府,还需重点关注地方政府违规担保导致无效的风险。

二、《民法典》施行前,《九民纪要》对于增信文件性质认定的原则

在《民法典》生效以前,《九民纪要》的相关规定是对增信文件进行定性的重要依据。关于《九民纪要》第91条,此前的征求意见稿中表述为:"当事人提供第三方差额补足、到期回购、流动性支持等类似承诺文件作为增信措施,其内容符合《担保法》第十七条、第十八条规定的,人民法院应当认定当事人之间成立保证合同法律关系,并根据《担保法》和《担保法司法解释》的相关规定,确定当事人的责任承担。不符合《担保法》第十七条、第十八条规定的,依当事人合同约定的内容确定相应的责任承担。"征求意见稿对于如何认定第三方差额补足、到期回购、流动性支持等增信措施的性质的逻辑,似乎是先行判断其是否属于保证,如属于保证,则根据保证相关的规定确认双方责任的承担;如不属于保证,则根据当事人的意思自治确定各方的权利义务。对比征求意见稿,《九民纪要》正式稿第91条的规定改变了征求意见稿仅对保证进行认定的情况,要求人民法院在判断增信措施是否成立保证合同关系之外,也要分析可能成立的其他法律关系,如独立无名合同或债务加入法律关系等。

《九民纪要》关于增信文件性质认定的原则可以结合《会议纪要理解与适用》

① 最高人民法院民事判决书(2014)民四终字第37号。

一书做进一步的理解,在区分保证与债务加入时,应当重点考察以下几个方面:

首先,必须坚持文义优先原则。在个案中,判断第三人承诺履行债务之意思表示究系保证还是债务加入,首先应从第三人出具的承诺函或当事人签订的协议所使用的文字词句出发。如果承诺函或协议明确使用"保证"或"债务加入"的措辞,原则上应依其表述进行相应的定性,除非存在足以支持偏离文义进行解释的特别情事。即,词句文义优先。

其次,判断第三人愿意承担的债务内容与原债务是否具有同一性。第三人愿意承担的债务内容是具有从属性的债务还是与原债务具有同一性的债务,成为区分保证和债务加入的重要标准。这种区分可以从两个方面加以把握:一方面,从债务数额来说,保证人往往约定的是承担主债务人不能履行的差额部分,而债务加入的约定数额往往是加入债务时的既有债务,与主债务人嗣后的履行情况没有关系。另一方面,保证范围的约定往往包括了违约金、损害赔偿金和实现债权的费用,而在债务加入中,债务加入人负担债务之范围以加入时原债务的内容为限,对原债务人的违约责任不予负责。因此,在个案中判断第三人的行为究系债务加入抑或保证,最重要的是探究第三人的真实意思,以确定其意欲承担的是独立的还是从属的债务。

最后,判断当事人关于义务履行顺位的真实意思。在实践中,如果相关增信文件将第三人履行债务的前提界定为债务人届期"不能""无法""无财产"履行债务,此时存在明显的履行顺位,符合《担保法》第 17 条关于一般保证的定义,应当认定为一般保证,而不得认定为债务加入。应予注意的是,《担保法》第 17 条规定的"债务人不能履行债务"与该法第 6 条规定的"债务人不履行债务"之间存在差别,由保证的补充性所决定,即便是连带责任保证的约定,也有以债务人不履行债务作为承担责任前提条件的空间。因此,当增信文件中出现以债务人到期不履行义务作为增信机构履行义务前提条件的约定时,尚不能单独以此约定认定是否构成保证。当然,如果第三人履行债务并不以债务人届期未履行为前提,而是直接表明第三人代替债务人履行,则可以直接认定为债务加入。

第三节　《民法典》对非典型增信措施的具体影响及应对建议

一、《民法典》对增信文件性质认定的影响与应对

(一)《民法典》对增信文件性质认定的影响

在《九民纪要》和案例的基础上,《民法典》和《民法典担保制度解释》对增信文

件性质认定有如下影响:

1. 为定义"债务加入"提供法律依据

如前所述,根据《九民纪要》及《会议纪要理解与适用》一书的观点,增信文件的性质可以被认定为担保、债务加入或独立合同关系。然而,此前我国相关法律并无债务加入的概念,虽然《合同法》第 84 条(《民法典》第 551 条)规定了免责的债务承担,但并未规定有并存的债务承担——债务加入,该概念仅在法学理论及司法案例中提及。官方文件中《江苏省高级人民法院关于适用〈中华人民共和国合同法〉若干问题的讨论纪要(一)》对于债务加入问题也通过 3 个条文做了原则性规定,但对于争议问题并不能提供有效指引。

基于此,《民法典》第 552 条规定:"第三人与债务人约定加入债务并通知债权人,或者第三人向债权人表示愿意加入债务,债权人未在合理期限内明确拒绝的,债权人可以请求第三人在其愿意承担的债务范围内和债务人承担连带债务。"该条正式将债务纳入法律明文规定的范畴,首次在法律层面对"债务加入"这一概念进行了定义。根据《民法典》第 552 条的规定及实践情况,满足下列情形可认定为"债务加入":第三人与债务人双方约定加入债务并通知(无需债权人同意)债权人,原债务人并不退出;第三人向债权人表示愿意加入债务,债权人未在合理期限内明确拒绝的;第三人与债权人双方或第三人、债务人与债权人三方订立债务加入合同。值得注意的是,此前司法实践中,部分法院认为,债务加入系单方法律行为①,可以预见到的是,该种裁判观点在《民法典》生效后将会发生变化。

《民法典》首次引入"债务加入"规则后,《民法典担保制度解释》也相应规定了增信文件被认定为"债务加入"的规则,《民法典担保制度解释》第 36 条第 2 款规定:"第三人向债权人提供的承诺文件,具有加入债务或者与债务人共同承担债务等意思表示的,人民法院应当认定为民法典第五百五十二条规定的债务加入。"据此,法院将第三人提供的增信措施认定为"债务加入"将有据可依。

此外,根据《民法典》第 552 条的规定,增信文件被认定为"债务加入",应以债权人知晓且未拒绝为生效条件,且该条规定债权人可以通过默示的方式认可,即"未在合理期限内明确拒绝",但并未对合理期限予以明确,未来司法实践可能会对此产生争议。

2. 确立存疑优先认定为保证的规则

除《九民纪要》以外,《民法典担保制度解释》也对认定增信文件的性质作出了规定,并将增信文件的性质认定规则从仅具有裁判指导意义的关于营业信托纠纷案件的会议纪要形式的审理规则上升为具有普遍法律约束力的司法解释规定,实

---

① 参见安徽省合肥市瑶海区人民法院民事判决书(2016)皖 0102 民初 1010 号。

现了法院审理相关案件的有法可依，能够为商主体的交易行为提供更明确的实践指导。《民法典担保制度解释》第 36 条第 1 款对担保类型的识别作出规定：“第三人向债权人提供差额补足、流动性支持等类似承诺文件作为增信措施，具有提供担保的意思表示，债权人请求第三人承担保证责任的，人民法院应当依照保证的有关规定处理。”尽管删去了《九民纪要》明确列举的“代为履行到期回购义务”的增信形式，但仅从条文表述来看，仍存在将该类文件归入“等类似承诺文件”的兜底表述中的空间。除此之外，《民法典担保制度解释》仍确认了第三方差额补足、流动性支持等类似承诺文件属于增信措施，并进一步明确了两条规则：一是增信承诺可构成《民法典》第 552 条规定的债务加入，二是难以确定是保证还是债务加入的，应当认定为第三人保证的规则。

关于如何判断第三人是否具有提供担保的意思表示，《民法典》合同编新增“保证合同”作为第 13 章，其中第 681 条规定，“保证合同是为保障债权的实现，保证人和债权人约定，当债务人不履行到期债务或者发生当事人约定的情形时，保证人履行债务或者承担责任的合同”。《民法典担保制度解释》第 25 条进一步明确了连带保证和一般保证的区分规则。

关于债务加入与保证，有学者认为：“第三人加入债务与保证人提供保证的方式亦极为相似，通常采取单方面向债权人出具承诺函或与债权人签订协议的方式。这就导致在个案中殊难识别第三人承诺履行债务究竟意在提供保证抑或加入债务。尽管二者在学理上泾渭分明，即保证人系为他人债务负责，保证债务系从债务，而债务加入人系为自己的债务负责，其负担的债务与债务人的债务并无主从之分。”①事实上，在责任形式同为“连带”的情况下，债务加入和连带责任保证在实践中的识别确实困难，某些情况下难以作出文本解释。《民法典》颁布后，债务加入与保证的区分问题在一定程度上得到了解答。《民法典担保制度解释》第 36 条第 3 款在《民法典》第 552 条对“债务加入”进行了明确规定的基础上，进一步规定，若增信文件难以确定是保证还是债务加入，应认定为保证，确立了存疑优先认定为保证的规则。据此，如果当事人对是连带责任保证还是债务加入存在分歧，用合同解释方法难以作出有说服力的解释时，应按连带责任保证对待。

《民法典担保制度解释》第 36 条所确立的保证与债务加入存疑应当优先认定为保证的规则，与保证推定规则的修改所体现出的立法理念相互呼应。与《担保法》第 19 条相比，《民法典》第 686 条将保证方式没有约定或者约定不明情况下的性质推定由连带责任保证修改为一般保证，此处重大调整表明《民法典》在立法倾

① 夏昊晗：《债务加入与保证之识别——基于裁判分歧的分析和展开》，载《法学家》2019 年第 6 期。

向上已发生了变化,即已由更注重对债权人的保护向平衡债权人和担保人的利益转变。因此,在无法作出有说服力的合同解释的情况下,应向增信承诺人责任较轻的方向进行推定。

但是仍应强调的是,尽管《民法典》和《民法典担保制度解释》已经确立了存疑优先认定为保证的规则和保证推定规则,但不应成为增信承诺人逃避或者减轻自己责任的借口。若通过增信文件的文义解释,并结合合同签订、履行的过程,能够确定承诺人具有债务加入或承担连带责任的真实意思表示,则并无上述推定规则适用的余地。

3.《民法典担保制度解释》明确增信文件可以构成独立合同

《民法典担保制度解释》第36条第4款明确规定,不符合保证或债务加入情形的,第三人无需承担保证责任或者连带责任,但是不影响其依据承诺文件履行约定的义务或者承担相应的民事责任。据此,增信文件可以产生不属于保证或债务加入情形的独立合同法律关系,并对提供增信措施的第三人以及相关债权人产生相应合同上的约束力。

相比于《九民纪要》第91条"其内容不符合法律关于保证的规定的,依据承诺文件的具体内容确定相应的权利义务关系,并根据案件事实情况确定相应的民事责任"的模糊表述,《民法典担保制度解释》第36条第4款的表述无疑更具体和明确。

据此,如果说《民法典》生效前,实践中还存在"增信措施应当认定为债务加入或者保证担保"的观点,那么在《民法典》生效后,增信措施在不符合担保或者债务加入的特征的情况下,也可以作为独立合同约束增信提供方和债权人,将成为共识。

《民法典担保制度解释》明确增信文件可以构成担保/债务加入以外的独立合同的规定,对实践可能产生的影响在于:实体上,还原当事人真实缔约目的和交易安排,避免强行适用担保或债务加入规则给当事人造成的不利影响和额外负担;程序上,由于独立合同情形下的增信法律关系与主债权债务法律关系并非必要共同诉讼,债权人若同时起诉债务人和增信人,将面临被驳回部分起诉的风险。例如,在(2020)沪74民初1529号[①]案中,法院即以《股权回购协议》的法律关系与《贷款合同》法律关系并非同一法律关系,认为《股权回购协议》项下的权利义务关系不属于信托贷款合同法律关系处理范围,当事人可以另行处理解决。

综上所述,《民法典担保制度解释》明确了增信文件的性质认定可以有保证、债务加入和独立合同三种性质,同时,在司法解释层面规定了通过意思表示解释无法

---

① 参见上海金融法院民事判决书(2020)沪74民初1529号。

判断属于保证还是债务加入情形时,应当优先认定为保证的规则,将对司法实践中的增信文件性质认定产生较大的影响。所确立的法律关系性质不明时按照有利于提供担保或增信措施的主体的原则确定法律性质的立法理念和价值取向,也会在一定程度上影响法院对于类似情形的处理与认定。

(二)《民法典》对增信文件性质认定的应对建议

在投融资的过程中,若需要引入增信措施,为避免后续履行过程中发生争议,建议在增信文件中对其性质作出较为明确的表述。具体而言,一方面,考虑到保证推定规则的改变,融出方在接受第三方作出的保证承诺函时,可对连带责任相关的文本表述作出要求;另一方面,若增信措施有较大可能被认定为独立的合同,建议债权人单独就增信文件另起诉讼,或者在主债权诉讼中对诉讼请求进行调整,避免采用请求增信第三方承担保证或连带责任的表达方式,否则根据《民法典担保制度解释》第 36 条第 4 款的规定,将面临较大的被驳回的风险。

二、《民法典》对增信文件被认定为保证后法律后果的影响与应对

非典型增信措施被认定为不同性质的情况下,法律后果亦会有不同。如前所述,实践中大量的增信文件可能会被认定为保证,而此次《民法典》和《民法典担保制度解释》较大程度地改变了保证部分的内容,保证制度的变化将对增信文件的法律后果产生深远影响,具体而言:

(一)被认定为保证的影响

1. 保证形式推定:约定不明时,增信主体按照一般保证承担责任

一般保证,是指当事人在保证合同中约定,在债务人不能履行债务时,保证人承担保证责任的保证;连带责任保证,是指当事人在保证合同中约定保证人与债务人对债务承担连带责任的保证。一般保证和连带责任保证的主要区别在于:在债务人不能履行债务时,连带责任保证人并不享有先诉抗辩权,而一般保证人享有先诉抗辩权,即一般保证人在就债务人的财产被依法强制执行仍不能履行债务前,可以拒绝承担保证责任。因此,与一般保证相比,连带责任保证是一种加重责任。

《民法典》施行前,《担保法》第 19 条规定,当事人对保证方式没有约定或者约定不明确的,按照连带责任保证承担保证责任。该条确定了连带责任保证推定规则,即,当事人在没有约定或者约定不明的情况下,保证人承担的是较重的保证责任。该推定规则的确立存在较为浓重的时代因素。《担保法》立法时,我国市场经济处于起步阶段,经济秩序并不完善,存在市场主体以保证合同未作约定为由逃避保证责任的现象,从保障债权实现、加强保证人责任意识的目的出发,立法确定了连带责任保证推定规则。随着市场经济的发展和市场主体经济活动越来越规

范,该连带责任保证推定规则的科学性也遭到了质疑。

《民法典》语境下,《民法典担保制度解释》修改了上述连带责任保证推定规则,从"被保证债务是债务人的债务而不是保证人的债务"这一基本事实出发确立了一般保证推定规则。《民法典担保制度解释》第 25 条规定,若约定"在债务人不能履行债务或者无力偿还债务时"承担保证责任的,为一般保证;若约定"在债务人不履行债务或者未偿还债务时即承担保证责任"或者"无条件"承担保证责任的,为连带保证;而对于保证的意思表示明确,只是保证的形式约定不明或未作约定时的推定规则,《民法典》第 686 条改连带责任保证推定规则为一般保证推定规则,是担保制度的重大变化。

但是值得注意的是,只有在对保证方式"没有约定"或者"约定不明确"的时候才适用此规则。最高人民法院对上述规则进行解释时,也强调了《民法典》规定的推定规则只有在依据上述意思表示解释规则难以确定保证人真实意思表示的情况下才能适用。也就是说,如果可以通过意思表示解释规则,确定当事人承担的是连带保证责任的,就不能简单地根据推定规则将其认定为一般保证。具体而言,若"保证合同含有债务人应当先承担责任的意思表示的,人民法院应当将其解释为一般保证,如约定保证人在债务人不能履行或无力偿还债务时才承担保证责任等类似内容"①;若"保证合同含有债权人可以选择债务人或者保证人承担责任的意思表示的,应当将其解释为连带责任保证,如约定保证人在债务人不履行债务或未偿还债务时即承担保证责任、无条件承担责任等类似内容"②。

2. 诉讼时效起算时点:被认定为一般保证的增信措施,诉讼时效从保证人先诉抗辩权消灭之日起计算

基于保证债务的从属性,与债务加入和独立合同相比,保证在诉讼时效起算点的确定上也具有特殊的规则。因此,若增信措施被认定为保证,诉讼时效起算点的确定是一个不可回避的问题。

《民法典》施行前,针对保证诉讼时效的起算时点,《担保法司法解释》第 34 条规定,一般保证诉讼时效从债权人对债务人的"判决或者仲裁裁决生效之日"起算,连带保证诉讼时效从"债权人要求保证人承担保证责任之日"起算。

《民法典》语境下,《民法典》第 694 条对一般保证的诉讼时效起算点作出了实质性修改,规定"一般保证的债权人在保证期间届满前对债务人提起诉讼或者申请仲裁的,从保证人拒绝承担保证责任的权利消灭之日起,开始计算保证债务的诉讼

---

① 最高人民法院民事审判第二庭:《最高人民法院民法典担保制度司法解释理解与适用》,人民法院出版社 2021 年版,第 263 页。

② 同上注。

时效”。进行这一修改的主要原因在于:判决或者仲裁裁决生效以后,主债务人是否有足够的责任财产可供执行,尚不确定,相当于在实质上使保证合同诉讼时效起算点提前,与先诉抗辩权制度存在一定的冲突;从保证人拒绝承担保证责任的权利消灭之日起开始计算保证债务的诉讼时效,则与先诉抗辩权制度完全吻合。《民法典》这一条规定,可以理解为一般保证人先诉抗辩权消灭之日起,起算保证的诉讼时效。

值得注意的是,关于“保证人拒绝承担保证责任的权利消灭之日”如何确定,根据《民法典》第687条、《民法典担保制度解释》第28条第1款、第2款的规定,存在以下六种情形:其一,债权人知道或应当知道债务人下落不明,且无财产可供执行之日;其二,债权人知道或应当知道人民法院受理债务人破产案件之日;其三,债权人知道或应当知道且有证据证明债务人的财产不足以履行全部债务或者丧失履行债务能力之日;其四,债权人知道或应当知道保证人书面表示放弃先诉抗辩权之日;其五,债权人依据生效法律文书对债务人的财产申请强制执行,人民法院作出终结本次执行程序的裁定,该裁定送达债权人之日;其六,债权人依据生效法律文书对债务人的财产申请强制执行,人民法院自收到申请执行书之日起一年内未作出终结本次执行程序裁定的,该一年期限届满之日,但债务人仍有财产可供执行的除外。此外,根据《民法典担保制度解释》第27条的规定,债权人对债务人申请公证债权文书强制执行的,也适用上述一、二两种情形的确定规则。

3. 保证期间推定:被认定为保证的增信措施,对保证期间未作约定或约定不明时,保证期间均为主债务履行期限届满之日起6个月

保证期间,又称“保证责任的存续期间”“承担保证责任的期间”,保证期间制度的意义在于合理限制作为单务合同的保证合同项下保证人的责任,同时督促债权人行使权利,保证期间一旦经过,保证人不再承担保证责任。保证期间制度是增信措施被认定为保证与被认定为债务加入或者独立的合同情形下的又一重要区别。

《民法典》第692条及《民法典担保制度解释》第32条对原《担保法司法解释》关于保证期间的推定规则进行了重大的实质性修改。具体而言,《担保法司法解释》第32条对担保期间的推定设置了两种情况:没有约定的,推定为6个月,约定不明的则推定为2年。《民法典》将保证期间推定规则修改为:没有约定或者约定不明的,保证期间自债权人请求债务人履行债务的宽限期届满之日起计算。其中,约定的保证期间早于主债务履行期限或者与主债务履行期限同时届满的,视为没有约定;保证合同约定保证人承担保证责任直至主债务本息还清时为止等类似内容的,视为约定不明。

此外,《民法典》新增以下两个规则,有必要予以充分注意:其一,法院应当主动对保证期间是否届满进行审查。其理由在于,保证期间届满将导致保证责任本身

的消灭,属于法院支持或者驳回原告诉讼请求必须查明的案件基本事实,自应主动审查。其二,保证期间届满后,保证人在要求承担保证责任的通知书上签章,原则上不应承担保证责任,除非有证据证明,保证人与债权人重新达成了保证合同,债权人请求保证人按照新的保证合同承担保证责任。该条规则事实上在一定程度上改变了最高人民法院在法释〔2004〕4 号批复中所确立的关于保证人超过保证期间后又在催款通知书上签字的性质认定规则。根据该批复,若催款通知书中明确要求保证人继续承担保证责任,保证人签字的,应当承担保证责任。① 但根据《民法典担保制度解释》第 34 条第 2 款,即使催款通知书具有要求保证人承担保证责任的内容,保证人签字的,保证人原则上也不承担保证责任。

4. 非上市公司为增信主体:应审查公司对外提供担保的内部决议

当第三方增信措施被认定为保证,面对债权人要求其履行承诺的诉讼请求,作为增信提供方的非上市公司常常提出增信文件无效的抗辩,理由通常为:未经公司董事会或者股东会决议通过,保证合同因违反《公司法》第 16 条第 2 款的强制性规定而无效。

《公司法》第 16 条第 2 款规定,公司为公司股东或者实际控制人提供担保的,必须经股东会或者股东大会决议。同时,根据《民法典》第 61 条、第 504 条规定,公司的法定代表人超越权限对外提供具有保证性质的增信行为,除相对人知道或者应当知道其超越权限外,该代表行为有效,订立的合同对法人或者非法人组织发生效力。《民法典》的上述规定并未构成对原《合同法》第 50 条实质意义上的修改。

《民法典担保制度解释》第 7 条在此基础上对法定代表人违反公司对外担保决议的规定与相对人订立担保合同的效力认定规则作出了进一步的规定。据此,融出方在接受增信承诺时对公司决议进行了合理审查的,为善意,保证合同对公司发生效力,公司应当履行增信承诺;融出方接受增信承诺时未对公司决议进行审查的,非善意,保证合同对公司不发生效力,此时增信方承担的赔偿责任不应超过主债务人不能清偿部分的二分之一。

举例而言,在(2019)最高法民终 560 号②案中,华融公司与凯迪生态公司签订了《差额补足合同》,合同约定:差额补足义务人为凯迪生态公司,债权人为华融公司。最高人民法院从《差额补足合同》的内容即差额补足责任性质进行界定,认为该增信合同系保证合同,由凯迪生态公司为其股东凯迪能源公司、关联公司凯迪电

---

① 参见最高人民法院民法典贯彻实施工作领导小组主编:《中华人民共和国民法典合同编理解与适用(二)》,人民法院出版社 2020 年版,第 1349 页。

② 参见最高人民法院民事判决书(2019)最高法民终 560 号。

力公司提供担保。由于该《差额补足合同》未经股东大会决议，仅经董事会决议，故法定代表人对外签订的保证合同，属于未经授权擅自为他人提供的担保，构成越权代表。同时，华融公司作为专业的金融机构，应当知悉《公司法》要求公司关联担保须经股东大会审议通过的内部决议程序，而华融公司对此未尽审慎注意义务，并非善意第三人，在凯迪生态公司对此不予追认的情况下，该《差额补足合同》无效。在(2019)最高法民终877号[1]案中，最高人民法院亦持有相同观点。由于《民法典》施行后，在完善既有规则的基础上并未在实质意义上修改原来的法律规定，故此前的裁判规则在《民法典》施行后仍然具有参考意义。

仍需引起注意的是，《民法典担保制度解释》第8条[2]对无需机关决议的例外情况作出穷尽式列举规定，发生所列举情形的，即使公司并未作出内部决议，也应当按照增信文件的规定履行相应的承诺。

5. 上市公司为增信主体：应审查上市公司公开披露公告

基于上市公司主体的特殊性，同时配合相应的监管要求，正式颁布的《民法典担保制度解释》对上市公司担保规则作出了新规定，以求充分尊重上市公司公众性以及规范体系多层次性，并妥善平衡上市公司及其中小股东与债权人的利益保护。具体而言，需着重注意以下几点：

首先，上市公司、上市公司已公开披露的控股子公司和非上市的公众公司作为增信主体对外提供担保时，相对人应审查上市公司是否就相关决议发布公告，否则担保合同不生效。

其次，除金融机构开立保函或者担保公司提供担保外，上市公司作为增信公司为全资子公司提供担保的，仍需作出决议。

最后，若相对人未审查上市公司公开披露的关于担保事项已经相关决议通过的信息，担保合同对上市公司不生效，上市公司不承担担保责任，亦不承担赔偿责任。

据此，若债权人没有证据证明上市公司进行了对外担保决议的公告，则债权人应当被认定为对相关担保越权是“明知”，上市公司可据此主张不承担担保责任，也不承担担保无效后的民事赔偿责任。

---

① 参见最高人民法院民事判决书(2019)最高法民终877号。

② 《民法典担保制度解释》第8条规定：“有下列情形之一，公司以其未依照公司法关于公司对外担保的规定作出决议为由主张不承担担保责任的，人民法院不予支持：(一)金融机构开立保函或者担保公司提供担保；(二)公司为其全资子公司开展经营活动提供担保；(三)担保合同系由单独或者共同持有公司三分之二以上对担保事项有表决权的股东签字同意。上市公司对外提供担保，不适用前款第二项、第三项的规定。”

6. 公司分支机构为增信主体:应审查该分支机构所属公司相关决议

《公司法》第 14 条规定,“分公司不具有法人资格,其民事责任由公司承担”。原则上,公司分支机构不具有法人主体资格,因而也不具有对外提供担保的主体资格,但通常情况下分支机构的经营管理活动具有一定的独立性,分支机构本身持有一定的责任财产且具有诉讼法上的主体资格。因此,有限地赋予其在特定条件下提供担保的主体资格并不违背法理,又能满足现实交易的需求。

《担保法司法解释》第 17 条规定,企业法人的分支机构只有在经企业法人书面授权的情况下,其对外提供担保的保证合同才有效。《担保法司法解释》第 17 条明显的逻辑漏洞在于,在《公司法》第 16 条已经明确规定公司对外提供担保必须经过公司董事会或者股东会/股东大会决议的前提下,公司的分支机构却只需要经过公司的授权而无需经过决议就可开展对外提供担保的业务,无疑与《公司法》第 16 条的规定相矛盾。

《民法典担保制度解释》第 11 条的规定不仅填补了上述立法漏洞,而且还对分支机构对外提供担保的情形进行了类型化细分,根据担保主体的特殊性区分为“需决议”和“需授权”两种类型,对商事交易实践形成了更具针对性的指导。首先,一般公司的分支机构以自己的名义对外提供担保应当经过公司的董事会或者股东(大)会决议,其余规则均与公司对外提供担保保持一致。其次,对于金融机构的分支机构,若对外提供保函以外的担保,需经金融机构授权;若对外开立保函,则需符合其营业执照记载的范围或者经有权从事担保业务的上级机构授权。最后,担保公司的分支机构对外提供担保,经过担保公司授权即可。

7. 共同保证主体间内部追偿权:增信主体对其他担保人不当然享有追偿权

《民法典》实施前,根据《担保法》第 12 条和《担保法司法解释》第 21 条的规定,承担了保证责任的连带共同保证人,对债务人及其他连带共同保证人享有追偿权;承担了约定份额保证责任的按份共同保证人,仅对债务人享有追偿权。

《民法典》在保证合同部分删除了连带共同保证人之间可当然相互追偿的规定。《民法典》第 700 条规定保证人承担保证责任后,有权在其承担保证责任的范围内向债务人追偿。《民法典担保制度解释》第 13 条进一步明确了担保人之间的追偿规则,依据该规定,除非是担保人之间(1)约定相互追偿及分担份额;(2)约定承担连带共同担保;(3)约定相互追偿但是未约定分担份额;(4)各担保人在同一份合同书上签字、盖章或者按指印的,承担了保证责任的保证人不能向其他保证人行使追偿权。换言之,只有在上述四种情形,承担了担保责任的担保人才可以请求其他担保人按照约定或比例分担向债务人不能追偿的部分。据此,被认定为保证人的增信主体与其他连带共同保证人之间不再当然享有内部追偿权。

(二)被认定为保证的应对建议

1. 关于保证推定规则

考虑到保证性质推定规则的确立,融出方在接受第三方作出的具有保证内容的增信承诺文件时,可对责任连带性相关的文本表述作出要求,如明确只要主债务人到期不履行义务,债权人就可"立即""无条件"请求增信主体代为履行相应义务、承担相应责任。而对于增信方,为避免自身责任过重,可尽量避免上述表述。

2. 关于诉讼时效起算时点

在增信措施有较大可能被认定为保证尤其是一般保证的情况下,为避免日后另行向增信主体请求承担责任的麻烦,可在主债务诉讼中,一并起诉增信主体。若仅起诉主债务人,在增信主体构成一般保证的情况下,为积极促进增信主体履行增信承诺的条件达成,可积极推进案件进入执行程序,在收到法院作出的终结本次执行程序的裁定后在诉讼时效内要求增信主体履行相应的义务或者承担相应的责任。

此外,鉴于《民法典》第 687 条第 2 款从实质公平的角度将债务人破产等全部或部分丧失履行能力的情形作为一般保证人先诉抗辩权的例外,为把握向增信主体主张权利的时间、尽快实现债权,融出方除向债务人提起诉讼,还应重点关注债务人是否确实已经丧失履行能力或出现下落不明、破产等特殊情形并妥善收集证据,为下一步的权利主张或破产债权申报做好准备。

3. 关于保证期间推定

鉴于《民法典》将保证期间约定不明情况下的保证期间推定规则从 2 年修改为 6 个月,大大缩减了债权人可请求保证人承担保证责任的期间,融出方应当予以注意,及时行权,请求增信主体履行相应的承诺。当超过保证期间后,如仍欲向提供保证的增信主体主张权利,融出方向增信方发送的催款通知或者要求履行承诺的通知应当尽可能具有与其重新达成协议的意思表示,并能够取得增信方的签字盖章以示承诺。此外,若增信方履行义务后又以保证期间已届满、其未在具有新要约内容的通知书上签字为由,主张债权人不当得利,要求融出方返还财产的,融出方可以《民法典》第 490 条抗辩,增信方已经履行主要义务,新保证合同已经成立,因此无需返还财产。

4. 关于公司作为增信主体的特殊规则

实践中,融出方接受融入方的关联公司提供的增信承诺的情况并非少数,建议融出方在接受承诺时可对增信文件可能构成的法律性质进行预判。若判断属于或有较大可能被认定为保证的,为避免增信文件被认定为无效的风险,应当及时向增信方索要公司内部决议及相应章程文件进行审查。但对于公司为其全资子公司开展经营活动提供增信的,或者增信文件由单独或者共同持有公司三分之二以上对担保事项有表决权的股东签字同意的,可不予审查公司决议文件。

若接受上市公司提供的增信,则应审查上市公司是否就此履行了信息披露程序并对外发布公告。上市公司有法定的信息披露要求和平台,如果债权人没有证据证明上市公司进行了对外担保决议的公告,那么债权人就很有可能被认定为对相关担保越权"明知",上市公司可据此主张不承担担保责任和担保无效后的民事赔偿责任。

5. 关于共同保证主体间的内部追偿权

考虑到实践中关联方为债务人履行债务提供增信时,一般均单独出具增信承诺文件,较少出现各主体之间对是否追偿、是否为连带共同担保以及分担份额进行约定的情形,因此被认定为保证的增信主体难以取得对其他共同保证人的追偿权。鉴此,若债务人的违约可能性较高,为较少损失和控制责任大小,提供了具有保证性质的增信承诺的主体,可在增信承诺文件外,积极与其他担保主体达成关于相互追偿、内部分担份额及责任连带性等方面的共识,并签署相应的文件。特别值得注意的是,若交易各方在一份交易合同上签字的,可以直接在合同中作出相关约定,作为日后相互追偿的依据。

三、《民法典》对增信文件被认定为债务加入后法律后果的影响与应对

(一)被认定为债务加入后的影响

《民法典》语境下,如增信文件被认定为债务加入,需注意如下问题:

1. 增信主体应承担重于连带责任保证的连带清偿责任

如果增信文件被认定为债务加入,根据《民法典》第552条的规定,其法律后果为提供增信的第三人与债务人承担连带清偿责任,同时,连带债务的范围应当限制在第三人愿意承担的范围内。需要注意的是,由于在债务加入中,债务人并未被取代而摆脱债务,仍然要对债权人负有债务。

此外,债务加入人承担的责任重于连带责任保证。例如,最高人民法院认为,债务加入人与原债务不是主从关系,债务加入合同不具有从属性、不是原合同的从合同。因此,在原合同无效的情况下,债务加入合同如果没有其他无效事由,债务加入合同有效。又如,债务加入没有保证期间的保护,而保证合同有保证期间的保护。①

第三人愿意承担的债务内容是具有从属性的债务还是与原债务具有同一性的债务,是区分保证和债务加入的重要标准,也是认定增信措施构成保证还是债务加

---

① 参见最高人民法院民事审判第二庭:《最高人民法院民法典担保制度司法解释理解与适用》,人民法院出版社2021年版,第175页。

入的重要因素。

与连带责任保证相比,债务加入主要有如下几个特点:其一,从债务数额来说,保证往往约定的是承担主债务人不能履行的差额部分,而债务加入的约定数额往往是加入债务时的既有债务,与主债务人嗣后的履行情况没有关系;其二,保证范围的约定往往包括了违约金、损害赔偿金和实现债权的费用,而债务加入中,债务加入人负担债务之范围以加入之时原债务的内容为限,对原债务人的违约责任不予负责;其三,担保规则中,追偿权是连带共同保证人的重要权利,保证人在承担保证责任后,享有对主债务人的追偿权,而债务加入人承担债务后,是否可以向原债务人追偿,实践中存在一定争议。倾向性观点认为,根据连带责任一般规则,应当赋予债务加入人对债务人追偿的权利,但是,与保证人可向债务人全额追偿不同,根据《民法典》第 519 条的规定,连带债务人之间的追偿权应属于份额追偿。

2. 增信主体加入债务,原保证人的责任不受影响

根据《民法典》第 697 第 2 款的规定,第三人加入债务的,保证人的保证责任不受影响。因此,为债务人提供的担保也不因提供增信的第三人加入债务而受到影响,但该担保仅对债务人发生担保效力,而对加入的增信主体不发生担保效力。

值得注意的是,这里的"不受影响",是指如果加入债务的第三人是仅仅加入债务,还没有履行义务的情形。如果第三人履行了部分义务,债务人的债务因此就相应减少,基于保证合同是主合同的从合同的原理,保证的范围也具有从属性,保证责任也应相应减少。如果第三人履行了全部义务,主债务消灭,那么担保责任也就随之消灭。①

3. 债务加入准用担保规则,需审查内部决议程序

《九民纪要》第 23 条规定,债务加入准用担保规则;《民法典担保制度解释》第 12 条规定,公司法定代表人以公司名义加入债务的,人民法院在认定债务加入行为的效力时,可以参照公司为他人提供担保的有关规则处理。二者在法律逻辑上保持了一致性。

如前所述,实践中普遍认为债务加入具有类似于担保且更强于担保的保障债权实现的效果,即,债务加入人实际承担比担保人更重的责任与负担,处于更加不利的法律地位。根据举轻以明重的原理,上文所述公司对外提供担保所应当履行的内部决议程序要求理应适用于公司对外承诺债务加入的情形。增信文件被认定构成债务加入时,未经公司内部决议且相对人未对公司决议进行合理审查的,相关

---

① 参见最高人民法院民事审判第二庭:《最高人民法院民法典担保制度司法解释理解与适用》,人民法院出版社 2021 年版,第 181 页。

承诺无效。此种设置,无论从法理上抑或从保护中小股东、债权人利益的角度考量,均具有合理性和必要性。

(二)被认定为债务加入后的应对建议

1. 应审查增信主体的公司决议或上市公司公告

考虑到对于增信主体而言,债务加入实际上是一种重于担保的责任形式,对公司对外提供担保行为进行规制的公司法规则理应对公司对外承诺债务加入的行为具有约束力。因此,融出方在接受增信主体作出的具有债务加入性质的增信承诺时,应当对是否经过公司决议进行合理审查。类似的,若增信主体为上市公司,还应对是否通过上市公司公告对承诺事项进行公开披露进行审查。

2. 尽量与债权人、原债务人签署三方债权债务合同

如上文所述,有观点认为,债务加入后,加入人承担的债务与原债务没有主从关系,债务加入合同的效力不受原合同效力的影响,其效力是独立存在的。[①] 因此,为了防止出现债权人主张主合同无效,债务加入合同继续有效的情况,建议增信主体在提供增信时,尽量与债权人、原债务人签署三方债权债务合同。

四、《民法典》对增信文件被认定为独立合同后法律后果的影响与应对

根据《民法典担保制度解释》第 36 条,在不符合保证或者债务加入的特征且无法适用存疑推定为保证的规则的情况下,增信主体应当“依据承诺文件”履行约定的义务或者承担相应的民事责任。

据此,当增信文件构成独立的合同,融出方与增信方的法律关系不同于融出方与融入方之间的投资或借贷法律关系且主体也不相同,若增信主体系于主债权债务合同签订后,另行向融出方作出承诺或者签订合同,不构成《民事诉讼法》第 52 条规定的共同诉讼,也不属于可以进行诉的客体合并的情形。此时,融出方可能无法以一份合同为基础事实关系请求增信方和融入方承担责任,而应就两份合同分别提起诉讼。

(一)被认定为独立合同后的影响

增信文件被认定为独立合同的,司法实践的争议焦点多集中于对合同效力的判定。一方面,作为独立合同的增信文件效力受到《民法典》第 143 条一般民事法律行为效力判断规则的规制,当事人意思表示真实、不违反法律和行政法规的强制性规定、不违反公序良俗即为有效;另一方面,《九民纪要》第 31 条使得较低位阶的公法规范文件得以借助价值判断并以“公序良俗”为路径对合同效力的认定产生影

---

① 参见最高人民法院民事审判第二庭:《最高人民法院民法典担保制度司法解释理解与适用》,人民法院出版社 2021 年版,第 177 页。

响。因此，对于特定处于金融监管下的金融交易行为中由第三方提供的增信文件，其效力可能会受到各类监管规章甚至规范性文件的影响。

例如，(2021)最高法民终 423 号[①]案中，融出方方正东亚信托公司认购信托单位并交付认购资金于国民信托公司，由国民信托公司将信托资金委托金元顺安基金公司进行专户理财，投资于金元顺安基金公司恺英定增 1 号资产管理计划，由资管计划认购上市公司非公开发行的股票。同时，上市公司控股股东与方正东亚信托公司签署《差额补足协议》，承诺对方正东亚信托公司在信托计划项下信托资金本金的顺利收回及预期基本收益的实现承担差额补足义务。上市公司控股股东以其承诺违反《上市公司非公开发行股票实施细则》第 29 条关于"上市公司及其控股股东、实际控制人、主要股东不得向发行对象作出保底保收益或变相保底保收益承诺，且不得直接或通过利益相关方向发行对象提供财务资助或者补偿"的规定，主张《差额补足协议》应属无效。最终，法院以《上市公司非公开发行股票实施细则》第 29 条属于 2020 年 2 月 14 日新增加条款，《差额补足协议》签订于该条款新增之前，认为该条款不适用本案，故案涉《差额补足协议》有效。

关于民事法律行为无效的情形规定，《民法典》中相关条文与《民法总则》相比并无变化。在形式上，《民法典》承继《民法总则》的规定，将原来主要集中规定于《合同法》第 52 条的合同无效规则拆分为多个条文，单独规定。《民法典》第 153 条第 2 款增加了"违背公序良俗的民事法律行为无效"的规定，作为"违反法律、行政法规的强制性规定"的补充。如上文所述，"公序良俗"系指公共秩序和善良风俗，其内涵和外延均不确定，因而存在一定的解释空间。一方面，对于民商事合同纠纷应当遵循"鼓励交易"的原则，法院审理案件应当尽可能尊重当事人基于意思自治达成的合意；另一方面，在尊重当事人意思自治的前提下，法院对合同是否存在违反法律、行政法规强制性规定或者违背公序良俗的无效情形，应当依职权进行审查，若发现合同无效事由，应当依职权认定合同无效。

尽管《合同法司法解释二》第 14 条对"强制性规定"进行了解释，但从解释上仍仅包括法律、行政法规效力层级的规定。直至《九民纪要》颁布，肯定了实践中法院通过援引《合同法》或《民法典》"公序良俗"条款认定相关违反监管政策的行为无效的裁判路径，并提出了具有指导性的裁判思路和尺度，即"违反规章一般情况下不影响合同效力，但该规章的内容涉及金融安全、市场秩序、国家宏观政策等公序良俗的，应当认定合同无效。人民法院在认定规章是否涉及公序良俗时，在考察规范对象基础上，兼顾监管强度、交易安全保护以及社会影响等方面进行慎重考量，并在裁判文书中进行充分说理"。

---

① 参见最高人民法院民事判决书(2021)最高法民终 423 号。

就第三方金融机构提供差额补足、回购承诺等外部增信或第三方为结构化资管产品提供增信而言,相关增信文件的效力在司法实践中面临的最常见的挑战系监管部门规章中有关"保本保收益"的禁止性规定。增信承诺主体常常以其出具的增信文件违反"保本保收益"的监管规定为由主张合同无效,其不应承担相应法律后果。除上文提及的(2021)最高法民终423号①案,在(2019)最高法民终400号②案中,增信承诺主体也提出了案涉《差额补足协议》违反《证券发行与承销管理办法》第17条关于发行人不得直接或通过其利益相关方向参与认购的投资者提供财务资助或者补偿的规定而无效的抗辩。但从两案裁判结果来看,免责抗辩均未得到法院支持。在(2019)最高法民终400号案中,最高人民法院认为,案涉《差额补足协议》关于"……收回的本金及收益率不足年化10%的部分进行补足"的约定系案涉资产管理计划的股票发行人升达林业公司的利益相关方对参与认购的劣后级投资人的投资收益作出了保本保收益的补偿安排,的确违反了证监会《证券发行与承销管理办法》(2015年修订)第17条关于"发行人和承销商及相关人员……不得直接或通过其利益相关方向参与认购的投资者提供财务资助或者补偿……"的规定,但证监会《证券发行与承销管理办法》的效力级别为部门规章,并非法律或行政法规,不应作为否定案涉《差额补足协议》效力的依据。

此外,应当注意的是,部分观点认为,即使增信措施被认定为独立合同,在公司对外担保的决议程序要求上,因其给公司带来额外的债务负担,故应做目的性扩张解释,认定其应参照公司对外提供担保,经过公司决议程序以及上市公司公告程序。③

(二)被认定为独立合同后的应对建议

《九民纪要》以来,立法及司法政策层面对金融规章及政策的肯定,释放了行政监管强化的信号,金融机构需及时梳理现有业务的合规性,同时为即将到来的精细化监管及时规划业务方向,在寻找新的增长点时也应未雨绸缪;在已经开展和即将开展的增信业务中综合考量规范对象、交易安全保护、监管强度以及社会影响等法益,加深对监管重点和国家金融政策的理解,如增信文件被认定为独立合同,要防止因违反监管规定致使违背公序良俗的合同在司法层面被认定为有效。

此外,无论是否可能被认定为独立合同,本书都建议金融机构参照公司对外担保的决议程序,要求增信措施的出具主体提供董事会或股东(大)会决议,上市公司

---

① 参见最高人民法院民事判决书(2021)最高法民终423号。

② 参见最高人民法院民事判决书(2019)最高法民终400号。

③ 参见李志刚等:《差额补足的性质、效力与担保的从属性》,载《人民司法·应用》2021年第25期。

应发布相关公告。

综上所述，基于审计报告、上市年报、业绩考评等各类综合因素的影响，表面上法律属性不明的增信文件可能将继续在实务中大量应用。但鉴于不同性质对不同法律后果的影响，司法实务对于增信文件性质的关注并不会停止，本章所论述的问题也会继续成为从业人员避不开的难题。如果在项目中遇到类似的难题，各方对增信文件中真实意思表示的探究会是争辩的一个核心因素。因此，在增信文件拟定之初，各方应选择适当而准确的表述，精准地表明各方需要达成的法律效果究竟是保证、债务加入或者独立合同，以防止增信文件成为“薛定谔的猫”，为后续各方权利义务的确定和合同的履行带来麻烦；争议出现之后，各方更要深入解读每一个文本，并围绕文本搜集洽商证据，拨开表述的迷雾，为探究真实意思表示及最终定性提供证据。

增信文件定性后，对于法律后果的争辩，就需要对《民法典》施行前后的法律观点及规定进行全面而综合的把握，详细可见上文各部分的论述，在这里本书也用一个简单的表格进行总结，具体如下：

项目	保证	债务加入	独立合同
法律地位	从属地位	与主债务具有同一性，但为同等法律地位	独立法律地位
责任形式	一般保证：补充责任 连带保证：连带责任	连带责任	独立责任
有无先诉抗辩权	一般保证：有 连带保证：无	—	—
可否向债务人追偿	全额追偿	份额追偿①	依约确定
是否需要股东(大)会/董事会决议	需要	需要	存在不确定性，建议提供

总之，实践中，增信措施将继续存在并大量使用，故，增信文件的各方参与者及法律从业者一方面需对现有法律和司法观点进行深入研究，另一方面也要对最新的司法动向时刻保持关注。

---

① 《民法典》第519条规定：“连带债务人之间的份额难以确定的，视为份额相同。实际承担债务超过自己份额的连带债务人，有权就超出部分在其他连带债务人未履行的份额范围内向其追偿，并相应地享有债权人的权利，但是不得损害债权人的利益。其他连带债务人对债权人的抗辩，可以向该债务人主张。被追偿的连带债务人不能履行其应分担份额的，其他连带债务人应当在相应范围内按比例分担。”

第三章　名股实债

- 何为名股实债
- 《民法典》对认定名股实债具体因素的影响
- 《民法典》的担保理念对名股实债的影响
- 《民法典》对名股实债中股东权利义务认定的影响
- 《民法典》对执行中名股实债问题的影响
- 《民法典》在金融监管层面对名股实债的影响

第一节　何为名股实债

一、概念

名股实债并非严格的法律概念，而是对实务中存在的某种创新型投资模式的总称。司法实践中，法院通常认为“名股实债”是指投资人将资金以股权投资的方式投入目标公司，并约定在一定期限届满或者一定条件下收回投资本金和获得固定的利益回报的投资模式。[①]

监管实践中，通常认为“名股实债”是指投资回报不与被投资企业的经营业绩挂钩，不是根据企业的投资收益或亏损进行分配，而是向投资者提供保本保收益承诺，根据约定定期向投资者支付固定收益，并在满足特定条件后由被投资企业赎回股权或者偿还本息的投资方式，常见形式包括回购、第三方收购、对赌、定期分红等。[②]

上述定义，均揭示了名股实债实为通过股权投资形式进行债权投资的本质。相较于债权投资，股权投资的收益和风险都较高，退出机制较为复杂，清偿顺序劣后。为了平衡股权投资的收益和风险，在实践中，有大量的投资方选择名股实债的投资方式，以保障收益、控制投资风险。

此外，应当区别会计层面的“名股实债”和法律层面的“名股实债”。财政部《金融负债与权益工具的区分及相关会计处理规定》规定：“企业应当按照金融工具准则的规定，根据所发行金融工具的合同条款及其所反映的经济实质而非仅以法律形式，结合金融资产、金融负债和权益工具的定义，在初始确认时将该金融工具或其组成部分分类为金融资产、金融负债或权益工具。”法律与会计不同，会计层面的股债区分是事前区分，依据是相关会计文件的直接规定，目的是为了规范和统一新

---

① 参见贺小荣主编：《最高人民法院民事审判第二庭法官会议纪要——追寻裁判背后的法理》，人民法院出版社 2018 年版，第64 页。

② 参见《证券期货经营机构私募资产管理计划备案管理规范第 4 号——私募资产管理计划投资房地产开发企业、项目》注释 3。

型金融工具的会计处理;法律层面的股债区分则是事后区分,依据是合同当事人的真实意思表示,目的是为了明确双方的权利义务,达到定纷止争的效果,不能以会计判断替代法律判断。

二、典型的名股实债业务模式及交易结构

(一)金融领域的典型业务模式

在金融领域中,名股实债的业务模式主要有以下几种①:

第一种模式:全部投资均为股权投资。信托公司发行信托计划募集资金,运用信托资金对目标公司进行股权投资,约定固定的收益回报。关于信托计划资金本金和固定收益的获得方式,主要有以下方式:(1)约定目标公司股东或实控人在固定期限届满后以本金和固定收益对投资人的股权进行回购;(2)设置对赌条款,如果目标公司不能满足其中任一条款,则触发对赌,后果是需要以固定溢价回购信托计划所持有的股权。回购方通常约定为目标公司、目标公司股东/实控人或者是目标公司的关联方;(3)约定在目标公司股权分红以及相关收益不足以保证投资本金和固定收益时,由目标公司或其股东承担补足投资本金和固定收益的差额补足义务,并对差额补足责任约定担保责任。

第二种模式:部分股权投资+部分债权投资。信托计划用少量资金去受让目标公司股权,剩余信托计划资金则以股东贷款的名义发放给目标公司或者以委托贷款的方式发放给目标公司。

第三种模式:证券公司或者基金公司设立专项资管计划向目标公司进行股权投资,或者股权投资加委托贷款模式。在退出方式上,债权部分还本付息退出,股权股份通过项目分红、股权回购、股权转让等方式获得固定投资回报。

第四种模式:多层嵌套,出资方通过通道进行股权投资,约定收取固定收益回报。

(二)名股实债的一般交易结构

作为融资工具的"名股实债"兼具股权和债权的双重性质。其股权性质表现在项目公司作为融资主体通过增资或者原有股东让渡股权的方式引入投资者,投资者作为股东被记载于股东名册、在公司章程上签字盖章并办理工商变更登记,满足《公司法》第32条规定的股东资格要件,投资者在法律外观上可被直接识别为股东。其债权性质体现在为保证投资方的顺利引入及如期退出,项目公司的股东或实际控制人往往向投资方承诺远期回购股权。此外,为进一步增进信用,有时还约

---

① 参见贺小荣主编:《最高人民法院民事审判第二庭法官会议纪要——追寻裁判背后的法理》,人民法院出版社2018年版,第65—66页。

定由特定的高信用等级主体作出对固定收益或对回购价款的差额补足承诺或者提供担保等。在股权投资基金层面上,还可采取由相关增信主体承购劣后级基金份额,为优先级份额的退出提供流动性支持等措施。此类保本、增信措施使得融资交易本身从风险特征上看具有债权的性质。

三、名股实债与相关概念的区分

(一)名股实债与对赌的联系与区别

从法律性质上来看,名股实债是名为股权投资实为债权投资,本质上是债权关系,而对赌协议是包含了股权回购、金钱补偿等对未来目标公司的估值进行调整的股权性融资协议,本质上是股权关系。从投资人的地位上来看,名股实债中投资人仅具有债权人身份,而对赌协议中的投资人在股权回购前具有公司股东身份,回购发生后具有债权人身份。从投资目的上看,名股实债的投资目的在于取得固定收益,而投资者获得股东身份往往是为了以目标公司股权担保其债权的实现,因而投资者通常不参与经营管理,股权到期回购也与目标公司经营业绩无关,而是到期即回购。对赌投资人的目的则在于获得目标公司股权,并谋求股权升值,是否触发回购与目标公司经营业绩或能否上市有关。相应地,对赌协议所约定的对赌目标越难以达到、回购条件越容易满足,对赌协议被认定为借贷关系的可能性也越大,此时的"对赌协议"更靠近"名股实债"。

具体而言,在(2019)赣民终677号①案中,长城公司主张兴宁企业与鑫磊公司之间约定了强制回购条款,双方之间实为名股实债的关系。对此,江西省高级人民法院认为:"名股实债即名为股权投资实为债权投资,其特征是当事人约定到期无条件回购或溢价回购投资人的股权,投资人取得固定收益,其收益不与公司业绩挂钩,投资人亦不追求对目标公司的股权进行管领和支配。本案双方虽然在合同中约定了强制回购条款,但并非无条件适用强制回购条款,只有在符合约定的条件时才适用强制回购条款,且双方并未约定兴宁企业到期取得固定收益而不与公司业绩挂钩,故不符合名股实债的特征。"与之相对,在(2015)闽民终字第822号②案中,福建省高级人民法院认为,案涉《股权转让合同书》中虽然针对目标公司能否在境内外合格的资本市场上市作出对赌约定,但双方并无实际履行合同的行为,也不存在共同经营公司的意思表示,"讼争法律关系名为股权转让和公司股权增资,实为晋江市红桥创业投资有限公司与陈玲霞、达嘉公司之间的民间借贷"。可见,司法实践中将名股实债与对赌协议分别作为债权关系和股权关系进

---

① 参见江西省高级人民法院民事判决书(2019)赣民终677号。

② 参见福建省高级人民法院民事判决书(2015)闽民终字第822号。

行识别,二者具有完全不同的法律性质。

(二)名股实债与可转债的联系与区别

如前所述,名股实债并非严格的法律概念,而是对实务中存在的某种创新型投资模式的总称,而可转债(或称"可转换为股票的公司债券")是一个较为明确的法律概念,本质属于一种特殊的公司债券。对可转债的顶层制度设计,早在《公司法》(2013 修正)第 161、162 条中就已经完成,现行《公司法》(2018 修订)亦有规定。根据 2015 年证监会发布的《公司债券发行与交易管理办法》第 12 条,上市公司、股票公开转让的非上市公众公司发行的公司债券,可以附认股权、可转换成相关股票等条款;上市公司、股票公开转让的非上市公众公司可以发行附可交换成上市公司或非上市公众公司股票条款的公司债券。其中,上市公司发行可转债应当符合《上市公司证券发行管理办法》《创业板上市公司证券发行管理暂行办法》等相关规定,非上市公司非公开发行可转债应当符合《非上市公司非公开发行可转换公司债券业务实施办法》等相关规定。

如果说名股实债是融资双方通过一般的合同安排来实现股与债的混用,那么可转债就是当事人通过更具有标准化的"合同"来实现股与债的并存。① 二者的区别体现在:(1)适用范围不同。可转债通常适用于上市公司,而名股实债通常适用于有限责任公司;(2)适用法律不同。可转债属于有价证券,其发行和交易应当遵循《公司法》《证券法》及监管部门、证券交易所、全国股转公司、中国结算等机构、部门制定的相关规则。而名股实债属于合同安排,合同的成立、生效与解除,双方权利义务的行使,违约责任的认定,都主要受到《合同法》的规制;(3)交易方式不同。可转债作为"可转换债券"应当在专门的证券交易所挂牌交易,而名股实债实为融资双方的私下交易安排;(4)监管力度不同。企业可转债的发行需要符合《证券法》等相关规定的发行主体资质要求、投资者适当性管理、信息披露等规定,并经过企业内部的债券发行程序以及企业外部的监管部门核准或者备案,接受严格的事前审核和事中监控。而名股实债在合同履行的过程中不涉及第三方机构的监管,仅需履行公司内部关于增资或股权转让的决议程序,国家的监管仅在裁判机构运用相关法律、政策,在诉讼程序中区分股债性质、评价合同效力时才体现出来;(5)股债性质转换不同。根据《非上市公司非公开发行可转换公司债券业务实施办法》,发行可转换债券应当向上交所或深交所提交挂牌转让申请文件,申请转股时应当委托主办券商或者受托管理人代办转股业务,转换后,债券持有人成为公司持股人。名股实债中则是投资人经过工商登记形式上取得公司股东的地位,待投资期限届满或者其他退出机制触发则通过股权转让等方式实现投资退出。从形式上

---

① 参见许德风:《公司融资语境下股与债的界分》,载《法学研究》2019 年第 2 期。

看，可转债和名股实债的股债性质转换方向正好相反。

此外，还应注意区分可转债、名股实债与商业性债转股的区别。商业性债转股，本质上是《公司法》（2018 修正）第 27 条规定的以非货币财产出资。根据《公司债权转股权登记管理办法》（已被《公司注册资本登记管理规定（2014）》废止）第 2 条，“本办法所称债权转股权，是指债权人以其依法享有的对在中国境内设立的有限责任公司或者股份有限公司（以下统称公司）的债权，转为公司股权，增加公司注册资本的行为”。商业性债转股通常是一种将债权作价入股的事后安排，与包含转股或转债期权安排的可转债和名股实债具有本质上的不同。

（三）名股实债与股权让与担保/股权转让担保的联系与区别

所谓让与担保，是指债务人或第三人为担保债务人的债务，将担保标的物的所有权等权利转移予担保权人，债务不履行时，担保权人得就该标的物，在不超过担保范围的情况下，就该标的物优先受偿，在债务正常履行时，担保标的物返还于债务人或第三人。

名股实债本质上是对一类交易的描述，更侧重于该种交易的债权属性，并未突出股权在其中的担保属性，亦不能直接得出在债权无法实现时可以通过处置股权清收债权的结论。股权让与担保本身是一个法律概念，更侧重于债权的实现和其具备的担保属性。在名股实债的交易安排中，股权让与担保作为债权实现的担保方式，居于重要地位。在司法实践中，名股实债和股权让与担保面临的争议问题往往相同。

如无单独区分，本书将名股实债和股权让与担保视作同一事项，对其中所涉问题逐一讨论。

第二节　《民法典》对认定名股实债具体因素的影响

登记股东享有的究竟是股权还是债权，取决于当事人的真实意思表示。关于意思表示如何确定，《民法典》规定，“应当按照所使用的词句，结合相关条款、行为的性质和目的、习惯以及诚信原则，确定意思表示的含义”。

关于合同条款的解释规则，从该规定来看，合同条款解释的诸多方式中，应当以文义解释为先，即从合同条款所使用的词句进行解释。其次，要结合其他条款、行为的性质和目的、习惯以及诚实信用原则，综合判断、确定争议条款的含义。相比《合同法》第 125 条第 1 款的规定，《民法典》的相关规定将“所使用的词句”区别于“相关条款、行为的性质和目的、习惯以及诚信原则”，将“所使用的词句”放在合同解释规则中更基础的位置。

具体到名股实债的认定中,如何运用《民法典》确立的合同解释规则判断当事人之间的合同是否构成名股实债,值得探讨和考量。判断当事人的真实意思是“股权”投资还是“债权”投资时,法院不仅仅依据案涉合同的名称进行判断,而是结合合同条款的解释、合同的履行情况等对当事人签订合同的真实目的进行认定。司法实践中法院对合同目的进行解释时一般考察如下因素:

一、投资方的收益是否与公司的经营业绩有关

还本付息的必然性是债权的重要特征,反映在名股实债交易中即为投资方收益与公司经营状况的脱钩,对此在投资合同中一般有两种表述方式。第一种表述是投资方不承担目标公司经营过程中产生的任何法律责任,如(2018)鄂民终 12 号①案中,《合作协议书补充协议》约定“美世界公司在经营期间产生的债权等纠纷均与隆华公司无关,隆华公司不承担任何责任”。又如(2019)最高法民终 793 号②案中,《合作协议》约定“由于甲方是中途进入合伙,所以甲方不承担乙方及该项目公司所有的债权债务及法律责任。甲方只派专人监管账目,不承担其他任何法律责任”。第二种表述为目标公司的盈亏状况不影响对投资方的收益承诺,投资方入股后不负责公司盈亏。如(2016)最高法民终 306 号③案中,《协议书》约定“高候拼不参与兴无煤矿的生产经营管理,其投资回报采取按吨提取固定回报的方法,兴无煤矿的经营盈亏不影响高候拼投资归还及收益提取额度和年限”。

二、投资方是否参与公司的经营管理

投资方参与公司经营管理所涉及的具体权利义务安排,一般包括投资方是否享有公司法层面的重大事项表决权等共益权,是否向公司派驻董事、财务等人员,能否控制项目公司公章或者财务章,可否行使资金审批权、监管权等。一般而言,在“债权”投资关系中,投资方的目的在于到期回收本息,并无意参与公司的实际经营管理,虽有可能派人监管账目,享有有限的“股东权利”,但并不实际行使权利或参与项目经营,也不承担经营过程中产生的风险或企业法律责任。而在“股权”投资关系中,投资方的目的在于取得股东身份,享有并行使股东身份之上的各种权利,尤其是对公司经营事项管理控制的各项权利。例如(2019)最高法民终 355

---

① 参见湖北省高级人民法院民事判决书(2018)鄂民终 12 号。

② 最高人民法院民事判决书(2019)最高法民终 793 号。

③ 最高人民法院民事判决书(2016)最高法民终 306 号。

号①案中,最高人民法院认为,“农发公司增资入股后,汉川公司修改了公司章程、农发公司取得了股东资格并享有表决权,虽然不直接参与汉川公司日常经营,但仍通过审查、审批、通知等方式在一定程度上参与管理,这也是基金投资模式中作为投资者的正常操作,显然不能以此否定其股东身份”。

从案例检索结果来看,约定投资人享有知情权大概率不会导致该笔投资直接被认定为股权交易,但约定投资人享有其他股东权利则存在一定的风险。若投资人不想被认定为股东,建议在投资合同中避免对投资人参与管理的方式进行约定,或约定对公司经营管理影响不大的权利,例如知情权。

三、是否约定退出方式

是否约定投资到期,或特定条件触发后获取固定收益退出,或者按期返还投资款,是认定名股实债的又一要素。投资人采用股权的形式进行债权投资时,退出方式的约定处于整个交易结构中的核心地位,双方通常会约定投资方以到期获取固定收益、按期返还投资款、股权远期回购等方式退出目标公司。

就股权回购条款而言,附条件的回购可能被认定为股权投资,而到期无条件回购则更有可能被认定为债权投资。有一些观点认为,虽然是有条件的回购,但该条件非常容易被触发,如约定了明显不能实现的业绩目标或难以完成的上市承诺,则交易双方本意并非进行对赌和股权买卖,而是到期还本付息的借贷关系。

在司法实践中还有一种观点认为,即使案涉协议对固定收益、逐年退出、到期回购作出明确的约定,只要双方当事人之间作出某些个性化的权利义务安排超过了“借款人向贷款人借款,到期返还借款并支付利息”的借款法律关系的内容,仍然有可能被识别为股权投资关系。

在上文提到的(2019)最高法民终355号案中,投资方系基金公司,以向被投资方增资1.87亿元的方式取得31.86%的股权,同时约定年收益率1.2%的固定回报,以及被投资方发生财务危机情况下的强制回购条件,同时区政府对投资方取得固定收益及收取目标股权收购款承担差额补足义务。一审法院认为,即使投资方收益为固定收益,“但该收益是基于农发公司所持汉川公司股权而获得的收益,因此,其性质为股权收益”;案涉投资协议的内容还包括“对公司章程修改等公司重大事项享有表决权,故双方约定的权利义务的内容已超出借款法律关系的内容”,故,本案不属于借款合同法律关系。二审法院从交易习惯出发,认为,首先,“本案系按照国家发改委等四部委联合印发《专项建设基金监督管理办法》(发改投资〔2016〕1199号)的规定通过增资方式向汉川公司提供资金,该投资方式符合国家政

---

① 最高人民法院民事判决书(2019)最高法民终355号。

策”,且“基金通过增资入股、逐年退出及回购机制对目标公司进行投资,是符合商业惯例和普遍交易模式的,不属于为规避监管所采取的名股实债的借贷情形”。其次,投资方“虽然不直接参与汉川公司日常经营,但仍通过审查、审批、通知等方式在一定程度上参与管理,这也是基金投资模式中作为投资者的正常操作,显然不能以此否定其股东身份”。最后,“虽然案涉协议有固定收益、逐年退出及股权回购等条款,但这仅是股东之间及股东与目标公司之间就投资收益和风险分担所作的内部约定,并不影响交易目的和投资模式”。进一步,案涉协议所约定的固定收益仅为年 1.2%,远低于一般借款利息,明显不属于通过借贷获取利息收益的情形,“其本质仍是农发公司以股权投资方式注入资金帮助企业脱困的投资行为”,案涉协议系股权投资协议。

因此,即使投资协议对固定收益、到期回购、投资方不参与经营管理等名股实债中的标志性条款作出约定,若双方在股东权利、收益率等方面作出特殊性约定,结合交易模式的一般特征和对政策等因素的综合考量,法院仍有可能否定案涉投资关系的债权属性,认定为股权投资。

最后,需要指出的是,无论是投资还是借贷,按合同约定使用资金是用款人及相关方的基本义务。投资方向相关企业提供巨额资金支持帮助相关行业和地区发展,被投资方作为资金使用人,以较低的成本获得投资,应正确、充分地利用资金,勤勉经营,诚实守信,遵守合同约定和承诺,而不应以资金性质用途、资金监管为由逃避付款责任。无论是认定为债权投资还是股权投资,只要案涉协议约定的回购条件满足、被投资方确实构成违约,从实质公平的角度看,回购义务人、被投资方仍应当分别承担合同约定的回购义务及相应的违约责任。

四、是否提供担保

担保是与债这种信用安排相伴而生的交易需求①,担保具有从属于主债权的法律性质。《民法典》第 388 条规定:“担保合同是主债权债务合同的从合同。”名股实债合同中有时会附带担保条款,约定被投资方不能还本付息的,由担保人承担担保责任。而在股权投资或者增资协议中,出资并完成变更登记交易即完成,通常无需设置相应担保条款。《民法典》第 387 条规定,债权人在借贷、买卖等民事活动中,为保障实现其债权,需要担保的,可以设立担保物权;第 681 条规定,保证合同是为保障债权的实现,保证人和债权人约定,当债务人不履行到期债务或者发生当事人约定的情形时,保证人履行债务或者承担责任的合同;第 682 条规定,保证合同是主债权债务合同的从合同。因此,法院判断股债性质往往将是否设置担保作为识

① 参见许德风:《公司融资语境下股与债的界分》,载《法学研究》2019 年第 2 期。

别因素之一。

实践中,关于是否设置担保对股债性质的认定影响存在两种裁判观点,一种观点将是否提供担保作为借贷合同的重要识别特征,另一种则认为不能仅以提供了担保就认定不构成股权法律关系。具体而言,在(2016)最高法民终306号[①]案中,最高人民法院从投资方不参加共同经营、收取固定收益,以及由保证人提供连带责任担保三个角度出发,认为案涉协议"不符合投资行为共负盈亏、共担风险的构成要件,而符合借贷合同的特征,应认定为借贷协议"。类似地,在(2014)渝高法民初字第00010号[②]案中,重庆市高级人民法院以当事人在案涉合同项下作出提供抵押、质押的意思表示,认为案涉合同不属于股权转让合同。法院认为:"江峰房地产公司庭审中主张《合作协议》的性质应为股权转让合同,这与当事人签订《合作协议》并办理相关担保财产的抵押、质押手续的意思表示不符。"

而在(2009)民申字第1068号[③]案中,投资方以他人为该合同履行提供了担保为由主张案涉合同为借款合同,最高人民法院则认为,根据《担保法》第2条第1款的规定,"仅列举了适用担保的部分情形,不能根据该款规定得出只能为借贷、买卖、货物运输、加工承揽提供担保的结论。股权(权益)转让合同属于民法上的债,为其履行设定担保符合法律规定",因此,不能根据他人为股权转让合同的履行提供了担保就认定该合同只能是借款合同。

结合《民法典》相关规定可以发现,上述两种观点并不具有本质分歧,是否提供担保可以作为借贷合同的重要识别特征,但不宜仅以是否存在担保作为股债区分的主要理由。《民法典》第387条规定,债权人在借贷、买卖等民事活动中,为保障实现其债权,需要担保的,可以依照本法和其他法律的规定设立担保物权。本条虽然仅列举了借贷、买卖两种典型的可以设定担保物权的民事活动,但是可以设定担保物权的民事活动很广泛,不仅限于借贷和买卖,货物运输、加工承揽、无因管理、补偿贸易中都可以设定担保物权。"可以依照本法和其他法律的规定"的"其他法律",就现行立法而言,可以包括海商法、民用航空法、农村土地承包法等,此种表述方式的开放性本身就为今后相关特别法不断扩充新类型的担保物权需要留下接口。此外,《民法典》第388条规定,"设立担保物权,应当依照本法和其他法律的规定订立担保合同。担保合同包括抵押合同、质押合同和其他具有担保功能的合同"。除了明确规定的抵押合同、质押合同外,还有其他具有担保功能的合同,如融资租赁合同、所有权保留合同等非典型担保合同。随着担保的种类、形式、功能越

① 参见最高人民法院民事判决书(2016)最高法民终306号。

② 参见重庆市高级人民法院民事判决书(2014)渝高法民初字第00010号。

③ 参见最高人民法院民事裁定书(2009)民申字第1068号。

来越多,是否设置担保对名股实债性质区分提供的参考性可能会越来越弱,不应夸大担保关系对股债区分的影响。

五、是否存在主债权债务安排

《民法典》第667条、第668条规定,借款合同是借款人向贷款人借款,到期返还借款并支付利息的合同,借款合同的内容一般包括借款种类、币种、用途、数额、利率、期限和还款方式等条款。若当事人在案涉合同项下对本金、利息、复利等内容作出约定,有较大可能性被认定为债权法律关系。

在(2014)渝高法民初字第00045号案中,案涉《信托融资合同》约定了融资期内的综合融资利率、信托融资本金的偿还和利息的支付、债权处置期内的综合融资利率、因违约产生的利息和复利等。重庆市高级人民法院认为:"以上约定明确了新华信托公司向叶罕嗣、叶忠真及强人置业公司提供资金,叶罕嗣、叶忠真及强人置业公司按期向新华信托公司支付固定金额的溢价款、期限届满后支付固定金额的本金,违约时支付利息、复利的合同权利义务。虽然该合同名为信托融资合同,但其实质内容符合《中华人民共和国合同法》第一百九十六条规定的借款合同,应当认定为借款合同。"

六、交易对价是否合理

关于股权转让价格对股债区分的影响,司法实践中有两种裁判观点。第一种观点认为,若约定的股权转让价格过低、不明确,或与股权价值无直接关系,或未对交易对价作出约定,通常可以表明双方并无进行股权交易的意思,相关股权转让协议要么仅为工商备案所设,要么构成名股实债的合同。如在(2014)渝高法民初字第00010号案中,重庆市高级人民法院认为,《合作协议》约定新华信托公司"以1亿元资金受让江峰房地产公司原股东持有的90%股权""显然与该股权的实际市场价值不符,也不符合常理"。在(2016)最高法民终435号①案中,最高人民法院认为:"在股权转让合同中,股权转让的价金亦应明确而具体,而在本案中,股权转让的价金以实际收款数额为准,实际上是以刘忠山出借给李金喜的具体金额作为确认本案本金的基础,该条款的约定,亦不符合股权转让合同的特征。"

另一种观点认为,股权转让价格不影响合同性质和合同效力,且股权转让价格的高低应当综合交易时的各种公司内外因素综合判断。在(2017)云民终237号②案中,大成房地产主张股权转让价格过低,可以印证合同形式实际为借款担保。

---

① 参见最高人民法院民事判决书(2016)最高法民终435号。

② 参见云南省高级人民法院民事判决书(2017)云民终237号。

对此，云南省高级人民法院认为，“股权转让价格并不影响合同效力”，且“股权转让价格的高低并不能仅以公司注册资本来认定，应当综合考虑公司资产负债情况、经营管理情况和相关市场环境做出综合判断”，故对大成房地产名股实债的主张不予采信。

七、是否及时办理股权变更登记

《公司法》第32条规定，股东身份未经登记或者变更登记的，不得对抗第三人。及时办理股权变更登记，是股权转让交易的重要特征，也是实际完成股权交付的重要标志。在(2016)最高法民终435号案中，最高人民法院认为：“即时交付股权，是股权转让合同的重要特征之一……《股权转让合同》签订之时，李金喜具备向刘忠山交付案涉5%股权的条件，但未即时约定办理股权工商变更登记的时间，而是约定履行期间届满，李金喜丧失所谓回购权之日起一个月内办结股东、股权的工商变更登记，该约定亦与股权转让法律关系的特征及其交易惯例不符。”在(2018)鄂民终12号案中，湖北省高级人民法院认为：“从合作协议、补充协议以及付款行为的时间顺序来看，付款行为均发生在两份协议签订之后，且协议中约定有保底条款、履行期限、不承担经营风险等内容。加之，双方当事人至今也未到工商管理部门办理股权变更登记手续。上述协议约定的权利义务表明双方当事人之间名为股权转让合同关系，实为借款合同关系。”可见，是否实际办理股权变更登记手续，是法院探求当事人的真实意思表示是股权投资还是债权投资的重要因素之一。

司法追求法律适用的稳定性和法律关系的确定性，故司法裁判往往热衷于对“名股实债”究竟是股还是债作出清晰的法律性质认定。但无论是从当事人的真实意思表示上看，还是从整体交易架构体现出的经济实质上看，完全可能出现股债混用情况。司法强行作出股债区分很可能并不是当事人的真实意思表示。事实上，已经有部分判决不拘泥于明确的法律定性，而是从纠纷解决和实质公平的角度，直接对法律后果进行认定。在(2016)最高法民终435号案中，关于解除合同的诉讼请求，最高人民法院认为：“无论认定案涉合同为民间借贷合同还是股权转让合同，刘忠山是否享有解除权应依据合同的约定及双方的履行行为判断。认定为民间借贷合同，因李金喜未能如约偿还借款及利息导致合同目的不能实现，刘忠山有权解除合同；认定为股权转让合同，因李金喜未能如约履行交付股权及办理股权变更登记手续导致合同目的不能实现，刘忠山亦有权解除合同。合同解除后，根据《中华人民共和国合同法》第九十七条的规定，李金喜负有偿还所收到的款项本金及利息的义务。”由此可见，当股债性质不影响合同解除以及违约责任的法律适用时，法院在某些个案中会不作出性质认定而直接作出支持与否的判决。

第三节 《民法典》的担保理念对名股实债的影响

一、股权让与担保效力如何

《民法典担保制度解释》第68条对股权让与担保的效力作出了明确规定,其内容为"债务人或者第三人与债权人约定将财产形式上转移至债权人名下,债务人不履行到期债务,债权人有权对财产折价或者以拍卖、变卖该财产所得价款偿还债务的,人民法院应当认定该约定有效……债务人或者第三人与债权人约定将财产形式上转移至债权人名下,债务人不履行到期债务,财产归债权人所有的,人民法院应当认定该约定无效,但是不影响当事人有关提供担保的意思表示的效力……债务人与债权人约定将财产转移至债权人名下,在一定期间后再由债务人或者其指定的第三人以交易本金加上溢价款回购,债务人到期不履行回购义务,财产归债权人所有的,人民法院应当参照第二款规定处理……"

(一)股权让与担保合同的效力

有观点认为,签订股权转让合同担保债权实现,构成通谋虚伪的意思表示,根据《民法典》第146条,行为人与相对人以虚假的意思表示实施的民事法律行为无效。而在(2019)最高法民终133号[①]案中,最高人民法院认为:"是否为'以虚假的意思表示实施的民事法律行为',应当结合当事人在主合同即借款合同和从合同即让与担保合同中作出的真实意思表示,统筹作出判断。约定将债务人或第三人股权转让给债权人的合同目的是设立担保,翠宏山公司64%股权转让至闽成公司代持股人刘志平名下是为西钢公司向闽成公司的巨额借款提供担保,而非设立股权转让民事关系。对此,债权人、债务人明知。从这一角度看,债权人、债务人的真实意思是以向债权人转让翠宏山公司股权的形式为债权实现提供担保,'显现的'是转让股权,'隐藏的'是为借款提供担保而非股权转让,均为让与担保既有法律特征的有机组成部分,均是债权人、债务人的真实意思,该意思表示不存在不真实或不一致的瑕疵,也未违反法律、行政法规的效力性强制性规定。"也就是说,股权让与担保作为一种不为法律所禁止的合法有效的非典型担保形式,无论是"股权转让",还是"为借款提供担保",都是股权让与担保的组成部分,都是当事人的真实意思表示,不属于"通谋虚伪"。退一步讲,即使股权转让构成虚伪意思表示,根据《民

---

① 参见最高人民法院民事判决书(2019)最高法民终133号。

法典》第146条第2款,隐藏的为借款提供担保的民事法律行为的效力不当然无效,应当依照有关法律规定处理。

此外,由于我国《物权法》上禁止流质,让与担保中如约定债务不能清偿时债权人可直接取得担保物所有权,则违反该规定,流质条款应归于无效。鉴于此,《民法典担保制度解释》第68条明确认可关于清算型让与担保的约定的效力,否认让与担保中的流质条款的效力。需注意的是,流质条款无效不影响当事人有关提供担保的意思表示的效力。

(二)股权让与担保的物权效力

物权法定原则为我国物权法的基本原则。一直以来,由于让与担保并非典型担保,其效力备受争议。当事人设定让与担保系利用担保物权以外之现有法律制度,实现担保债务清偿之目的,亦即据此取得与担保物权相同担保作用之法律利益,成为非典型担保之一种,然其并非创设法律所谓规定之担保物权,因此,不发生违反物权法定主义之问题。①

《民法典担保制度解释》第68条对让与担保的效力作了明确规定,认可了在当事人已经完成财产权利变动的公示的情况下,债权人有权参照《民法典》关于担保物权的有关规定主张就标的财产优先受偿。具体到股权让与担保领域,实际是将股权质押的法律结构和效力进行了类推,赋予股权让与担保等同于股权质押的物权效力。②

应对建议:首先,建议在股权让与担保合同中尽量明确股权变更登记系作担保之用的意思表示。例如,明确股权需转让至债权人名下,如债务人逾期清偿,债权人有权对财产折价或者以拍卖、变卖该财产所得价款偿还债务。其次,建议完成对股权的过户登记,以便对财产权利的变动进行公示。

二、如何识别股权让与担保与股权转让

作为一种权利移转型担保,让与担保是以转让标的物权利的方式来达成债权担保的目的,包含让与和担保两个基本要素,故相关定性争议也集中在担保抑或转让的性质之争。

---

① 参见司伟、陈泫华:《股权让与担保效力及内外部关系辨析——兼议〈民法典担保制度解释〉第68、第69条》,载《法律适用》,2021年第4期。

② 参见司伟、陈泫华:《股权让与担保效力及内外部关系辨析——兼议〈民法典担保制度解释〉第68、第69条》,载《法律适用》,2021年第4期。

一般而言,法院在认定某一交易是股权转让还是以股权转移至债权人名下的方式为债务履行提供担保时,需要综合考察以下因素:(1)是否存在被担保的主债权债务关系;(2)是否存在股权回购条款;(3)股东是否享有并行使股东权利。

司法实践中,法院区分股权转让和股权让与担保时,会结合上述名股实债的具体认定因素进行综合考量,对合同条款中显示的当事人的真实意思作出认定。举例而言,在(2014)闽民终字第360号①案中,福建省高级人民法院认为,首先,从股权转让价格上看,"协议约定的股权转让价格是浮动的,即不超过1500万元,并且由丁建辉确定。渝商公司向丁建辉支付股权转让款的目的并不在于受让地利公司的股权,而在于按季度收取一定比例计息的'股权回购款'"。其次,从股东权利的角度来看,"渝商公司在受让股权后对于股东决议事项,仍应依照丁建辉的意见行使股东权利,且在股权回购期内和股权回购宽限期内,股权的分红收益权仍归丁建辉所有,渝商公司不享有分红收益权"。由此,福建省高级人民法院认为:"双方当事人缔约目的在于借款而非转让股权,讼争协议虽名为股权转让协议,实际是丁建辉以转让股权的形式对渝商公司提供的借款提供的让与担保。丁建辉与渝商公司之间实际是民间借贷关系。"

为统一各级人民法院对股权让与担保和股权转让区分的裁判标准,《民法典担保部分解释》(稿)提出了三点具体考察因素,即是否存在被担保的主债权债务关系;是否存在股权回购条款;股东是否享有并行使股东权利。在(2018)最高法民终119号②案中,最高人民法院正是通过这三个维度的分析得出案涉《股权转让合同》构成股权让与担保而非股权转让的结论。该案中,法院认定让与担保的理由如下:

第一,稀土公司与修水巨通之间存在债权债务关系,《股权转让协议》"背景情况"约定中铁信托向修水巨通提供8亿元的融资贷款。"需要指出的是,虽该债权系具有不特定性的将来债权,但在让与担保的设定中,被担保债权不以已经存在的现实债权为必要,将来变动中的不特定债权,亦可成为担保对象。"

第二,债务人修水巨通与债权人稀土公司之间具有转让案涉股权的外观,案涉股权已经公示、变更登记至受让人名下,在外观上实现了权利转移。虽然《民法典担保部分解释》(稿)没有将股权转让外观纳入明示要素之一,但是结合"让与"的内涵,相关股权需已经完成权利变动公示。

第三,结合多要素进行目的考察,认为该转让系以担保债权实现为目的。主要考察:案涉股权转让与借款债务是否清偿、担保责任承担与否密切关联;案涉股权转让附有解除条件;股权转让价款受合同是否解除等因素影响,并未确定;稀土公

---

① 参见福建省高级人民法院民事判决书(2014)闽民终字第360号。

② 参见最高人民法院民事判决书(2018)最高法民终119号。

司不享有利润分配请求权、股东权利受到限制等。

综上,最高人民法院认为案涉《股权转让协议》在转让目的、交易结构以及股东权利等方面,均具有不同于单纯的股权转让的特点,其权利义务内容及实际履行情况符合让与担保的基本架构,系以股权转让的方式实现担保债权的目的,其性质应认定为股权让与担保。

此外,在"转让+回购"型交易中,如果出让人与回购人并非同一主体,则法院可能会根据出让人的意思认定为股权转让法律关系。如在(2019)最高法民终 688 号①案中,最高人民法院认为,潘某签订协议时不是标的股权持有人,不具备以该股权提供让与担保的条件和可能;而原股东作为标的股权持有人和出让人,无论其真实的交易对象是某信托公司还是潘某,真实意思都是出让股权,而不是提供股权让与担保。

应对建议:股权让与担保双方当事人在合同中明确约定担保物清算和实现方式,避免因退出机制约定不明而"被迫"成为公司股东、承担公司经营风险的情况。具体而言包括:以书面形式确立被担保的主债权债务关系;设定股权回购条款,约定出让人为回购义务人;视情况减少约定债权人享有并行使股东权利的合同条款等。

三、股权让与担保是否具有优先于一般债权的物权效力?

最高人民法院《关于进一步加强金融审判工作的若干意见》第 3 条规定:"依法认定新类型担保的法律效力,拓宽中小微企业的融资担保方式……除符合合同法第五十二条规定的合同无效情形外,应当依法认定新类型担保合同有效;符合物权法有关担保物权的规定的,还应当依法认定其物权效力……"

实践中,法院对股权让与担保是否具有物权效力的把握取决于是否已经公示,根据《公司法》的规定,工商登记为股权变更的公示方式,亦为股权实际交付的方式,完成工商变更登记后的该股权让与担保具有物权效力。(2019)最高法民终 133 号②案中,最高人民法院认为:"翠宏山公司 64%股权设定的让与担保是否具有物权效力,让与担保权人是否可因此取得就该股权价值优先受偿的权利。对于前述股权让与担保是否具有物权效力,应以是否已按照物权公示原则进行公示,作为核心判断标准。本案讼争让与担保中,担保标的物为翠宏山公司 64%股权……公司登记机关变更登记为公司股权变更的公示方式。《物权法》第二百零八条第一款、第二百二十六条第一款及第二百二十九条规定,在股权质押中,质权人可就已

---

① 参见最高人民法院民事判决书(2019)最高法民终 688 号。

② 参见最高人民法院民事判决书(2019)最高法民终 133 号。

办理出质登记的股权优先受偿。举轻以明重,在已将作为担保财产的股权变更登记到担保权人名下的股权让与担保中,担保权人形式上已经是作为担保标的物的股份的持有者,其就作为担保的股权享有优先受偿的权利,更应受到保护,原则上具有对抗第三人的物权效力。这也正是股权让与担保的核心价值所在。本案中,债权人闽成公司代持股人刘志平和债务人西钢公司协调配合已依约办妥公司股东变更登记,形式上刘志平成为该股权的受让人。因此,刘志平依约享有的担保物权优于一般债权,具有对抗西钢公司其他一般债权人的物权效力。”

应对建议:在合同中约定到期债务人不履行债务,债权人有权自行处置名下股权,或者请求其他股东、第三方回购,并由相关主体承担差额补足责任等。另外,签订合同后需及时办理工商登记。

四、股权让与担保中投资方如何实现债权

《九民纪要》第 71 条规定:“债务人或者第三人与债权人订立合同,约定将财产形式上转让至债权人名下,债务人到期清偿债务,债权人将该财产返还给债务人或第三人,债务人到期没有清偿债务,债权人可以对财产拍卖、变卖、折价偿还债权的,人民法院应当认定合同有效。合同如果约定债务人到期没有清偿债务,财产归债权人所有的,人民法院应当认定该部分约定无效,但不影响合同其他部分的效力。”《民法典担保制度解释》第 68 条第 1 款规定:“当事人已经完成财产权利变动的公示,债务人不履行到期债务,债权人请求参照民法典关于担保物权的有关规定就该财产优先受偿的,人民法院应予支持。”

当债务履行期限届满,债务人仍不能清偿债务或履行约定义务时,就存在让与担保的实现问题。有观点认为,股权让与担保并非法定担保物权,不具有法定担保物权优先受偿的权利内容。这种观点已经被司法实践所否定,亦为相关法律规定所否定。在上述(2014)闽民终字第 360 号①案中,一审法院说理部分指出,股权让与担保具有优先于一般债权人受偿的效力,“让与担保作为一种物的担保制度,担保标的物通常为设定人所直接占有,不发生物的留置效力问题,仅存在优先受偿问题。让与担保权人取得担保物的财产权,有排除第三人的优先效力,让与担保权人在债务人不履行债务时,可以以担保物获得优先受偿”。

在实践中,股权让与担保的实现方式主要有两种:一种是“归属清算型”,即让与担保权人对标的物进行估价后取得标的物所有权,并将超过担保债权数额的部

---

① 参见福建省高级人民法院民事判决书(2014)闽民终字第 360 号。

分返还担保人；另一种是“处分清算型”，即让与担保权人将标的物予以拍卖、变卖，以卖得价金用以清偿债务，余额返还担保人。无论选择哪种实现方式，债权人都必须通过清算程序，才能取得股权。

事前归属型让与担保因违反法律禁止流质的规定而无效。在(2020)浙民终384号[①]案中，浙江省高级人民法院认为，当事人之间明确标的股权归债权人王某所有并由借款人黄某和张某代持以及王某最终选择按标的股权价格计算约定的相应赔偿金，该内容与债务人在到期没有清偿债务时财产归债权人所有的本质没有区别，符合让与担保的法律特征，但违反了在债务到期前不得约定股权归债权人所有的禁止性规定，应当认定该部分约定无效。

但是当事人签订股权让与担保协议并依约完成股权登记变更后，因借款人未能按期还款，又约定对目标公司的股权及资产进行评估、抵销相应数额债权、确认此前的股权变更有效，并实际转移目标公司控制权的，法院认定该以股抵债合法有效且已实际履行。在(2019)最高法民终133号[②]案中，一审法院认为，西钢公司与刘志平之间没有真实转让翠宏山公司64%股权的意思，案涉翠宏山公司64%股权的实际权利人仍为西钢公司。因西钢公司已进入重整程序，如闽成公司以翠宏山公司64%股权优先受偿，构成对个别债权人的债务清偿，违反《企业破产法》第16条关于“人民法院受理破产申请后，债务人对个别债权人的债务清偿无效”的规定，故对闽成公司关于以翠宏山公司64%股权优先受偿的诉讼主张不予支持。对此，二审法院改判闽成公司对案涉股权享有优先受偿权：“本院认为，认定刘志平对讼争股权享有优先受偿权，不构成《企业破产法》第十六条规定所指的个别清偿行为。《企业破产法》第十六条之所以规定人民法院受理破产申请后的个别清偿行为无效，一是，因为此种个别清偿行为减少破产财产总额；二是，因为此类个别清偿行为违反公平清偿原则。在当事人以股权设定让与担保并办理相应股权变更登记，且让与担保人进入破产程序时，认定让与担保权人就已设定让与担保的股权享有优先受偿权利，是让与担保法律制度的既有功能，是设立让与担保合同的目的。”

关于确定股权价格的问题，如果是股份公司的股份，部分可按照公开市场价格确认股份价格。但股份价格可能发生短时波动，股份清算时间点的确定较为重要。而有限公司的股权不具有市场价格，若不能协商确定转让价格，只能通过拍卖、变卖等方式实现。

应对建议：本书建议，如以有限公司的股权进行让与担保的，约定处分清算型

① 参见浙江省高级人民法院民事判决书(2020)浙民终384号。

② 参见最高人民法院民事判决书(2019)最高法民终133号。

或归属清算型条款;如以股份公司的股份进行让与担保的,应根据市场波动情况,审慎确定股份清算时点。

五、股权让与担保的其他注意事项

出于监管的需要,部分法律对特定类型公司股权转让作出限制性规定,或者需要经过审批方能生效,若未经监管部门审批,可能影响合同效力。《九民纪要》第37条[未经批准合同的效力]规定:“法律、行政法规规定某类合同应当办理批准手续生效的,如商业银行法、证券法、保险法等法律规定购买商业银行、证券公司、保险公司5%以上股权须经相关主管部门批准,依据《合同法》第44条第2款的规定,批准是合同的法定生效条件,未经批准的合同因欠缺法律规定的特别生效条件而未生效……”《民法典》第502条规定,依法成立的合同,自成立时生效,但是法律另有规定或者当事人另有约定的除外。依照法律、行政法规的规定,合同应当办理批准等手续的,依照其规定。未办理批准等手续影响合同生效的,不影响合同中履行报批等义务条款以及相关条款的效力。在(2018)最高法民终1353号①案中,因《中外合作经营企业法》已就中外合作企业中权利义务的转让作出审批之规定,而豫新国际投资公司通过《转让及抵押契约》转让其在合作公司中的股权未履行审批手续,故最高人民法院认定《转让及抵押契约》未生效。

此外,还应注意,未生效合同不等于无效合同,未生效合同已具备合同的有效要件,对双方具有一定的约束力,任何一方不得擅自撤回、解除、变更,但因欠缺法律、行政法规规定或当事人约定的特别生效条件,在该生效条件成就前,不能产生请求对方履行合同主要权利义务的法律效力。根据《民法典》第502条的规定,未履行报批义务影响合同效力的,不影响合同中履行报批等义务条款以及相关条款的效力。即,未经审批而未生效的合同中,当事人仍可以主张负有报批义务的当事人履行报批义务,或者主张未履行报批义务的当事人承担违约责任。

第四节 《民法典》对名股实债中股东权利义务认定的影响

名股实债/股权让与担保与一般的让与担保相比,由于“股权”的特殊性,使得股权让与担保的相关问题更加复杂。股权置于《公司法》视角下,将会产生几个问

---

① 参见最高人民法院民事判决书(2018)最高法民终1353号。

题：(1)谁是股东？(2)谁有权行使股东权利？(3)谁负有出资责任？(4)谁可以处分股权？针对这些问题，实践中往往是从名义股东的维度进行探讨，例如名义股东是否有权行使股东权利、名义股东是否负有出资责任、名义股东处置股权的后果。下文将对该等问题逐一探讨。

一、谁是股东

股东身份的认定是一个公司法问题。对于股东资格认定，我国采取内外有别的登记制度，即对内采登记生效主义，对外采登记对抗主义。[①] 根据《公司法》第32条的规定，在公司内部，“应置备股东名册”“记载于股东名册的股东，可以依股东名册主张行使股东权利”；在公司外部，“应当将股东的姓名或者名称向公司登记机关登记”“未经登记或者变更登记的，不得对抗第三人”。

在股权让与担保的构造中，由于股权进行了过户登记，从外观上看，已具备名义享有股权的表征。但是，过户登记的表征与当事人之间的真实意思并不一致，名义股东是否具有股东资格存在争议。这一争议的核心其实在于，名义股东是否能够完全以股东身份行事？在内部关系上，以股东身份行事包括行使股东所享有的权利，例如知情权、经营管理权、决策权、请求分红的权利等；亦体现为是否对公司负有出资的责任；在外部关系上，以股东身份行事亦涉及是否能够处分股权，或者是否能够给第三人带来其是股东的信赖。虽看似谁是股东与股东权利、股东的出资责任、谁可以处分股权等问题在逻辑上存在先后次序，但司法实践中，当探讨谁是股东时，往往与当事人的主张息息相关。而当事人的主张，并非仅单一地确认股东是谁，而是最终指向权利、义务、责任的划分。

有鉴于此，股权让与担保中谁是股东的问题，本质上无法脱离对权利、义务、责任的讨论。本部分将于下文对相关问题进行探讨。其中，关于股东身份在外部关系上的体现，前已论及，可体现为名义股东是否能够处分股权，亦可体现为名义股东是否能给第三人造成其是股东的信赖。就后一问题，在执行程序中更加突出，因此笔者将此问题与执行程序中可能遇到的其他问题一并探讨。

二、名义股东能否行使股东权利

在名股实债的交易模式下，如股权让与担保的效力被肯认，名义股东作为担保权人、债权人的身份将更加清晰。名义股东受让股权，是基于担保债权的目的，即在债权无法清偿时，就股权在担保范围内优先受偿，而非行使股东权利的目的。担保人亦基于担保之目的，向债权人转让股权，而非具有转让股权的目的。因此，受

---

① 参见邓峰：《普通公司法》，中国人民大学出版社2009年版，第347—348页。

让人应仅以担保债权的目的受让股权,而不能因此享有股权。

司法实践中,法院往往基于对股权让与担保效力的认可,认为受让人并未完全受让股权,进而不认可名义股东可以完整地行使股东权利,尤其是身份权。在(2019)京01民终2736号[①]案中,一审法院认为:“有限公司股权权能中包含财产权及社员权,而股权让与担保本身仅涉及其中的财产权部分,但不应影响实际股东社员权利的行使。”西藏信托公司依据股权转让协议在工商登记中公示为股东,但相关记载应为名义股东性质,并非实际股东,其权利的行使应受到实际股东权利的合理限制。名义股东与实际股东并存之情形并不违反公共利益及法律、行政强制性规范,“系双方为实现债权担保及特定商业目的自主安排,符合常见的商业惯例,故应尊重当事人的商业判断和权利处分”。类似裁判文书还有(2015)民申字第3620号[②]民事裁定书、(2020)赣民终294号[③]民事判决书等。

对于公司而言,由于公司才是申请和办理工商变更登记的主体,一般而言,公司应了解担保人与债权人之间关于股权转让登记的真实目的,且应获取其他股东放弃优先购买权的声明。有观点认为,如股权让与担保交易当事人向公司及其他股东披露其真实交易和目的,即便股东名册进行了记载、工商进行了变更登记,受让人仍然不享有股东资格;若未披露,一旦完成了股东名册的变更登记,则应推定受让人具有股东资格,可以行使股东权利。[④]

事实上,在很多存在名股实债争议的情形中,合同内容上股权转让抑或股权让与担保性质不明,公司治理层面股权受让方又实际享有有限的股东权利,脱离具体案件对是股是债、是否具有股东身份的标准进行抽象的归纳和总结不具有个案适应性。已经有学者指出,分红权、投票权、表决权等公司组织法层面的权利,只是传统公司法框架下股东“专享”的权利。债权人不享有上述股东权利,只是公司法上的默认规则,并非强制性规定,在具体的交易框架下,当事人可能兼具债权人身份和股东身份,股与债还会随着公司经营状况的变化而变化,乃至相互转换。

应对建议:考虑到交易文本的约定会影响交易股债性质的认定,若受让人在约定层面有权行使超越担保目的的股东权利,或者事实上行使该种权利,法院可能将股权受让人识别为股东,并基于此赋予其股东权利或要求其承担相应的股东责任。在进行名股实债交易时,可根据缔约目的,进行相应的约定和交易行为。

---

① 参见北京市第一中级人民法院民事判决书(2019)京01民终2736号。

② 参见最高人民法院民事裁定书(2015)民申字第3620号。

③ 参见江西省高级人民法院民事判决书(2020)赣民终294号。

④ 参见高圣平、曹明哲:《股权让与担保效力的解释论——基于裁判的分析与展开》,载《人民司法(应用)》2018年第28期。

三、名义股东是否负有出资责任

关于股权让与担保结构下名义股东的出资责任问题,《民法典担保制度解释》第69条规定,"股东以将其股权转移至债权人名下的方式为债务履行提供担保,公司或者公司的债权人以股东未履行或者未全面履行出资义务、抽逃出资等为由,请求作为名义股东的债权人与股东承担连带责任的,人民法院不予支持"。

《公司法司法解释三》(2020修正)对此问题亦有规定,其第26条规定,"公司债权人以登记于公司登记机关的股东未履行出资义务为由,请求其对公司债务不能清偿的部分在未出资本息范围内承担补充赔偿责任,股东以其仅为名义股东而非实际出资人为由进行抗辩的,人民法院不予支持。名义股东根据前款规定承担赔偿责任后,向实际出资人追偿的,人民法院应予支持"。

名义股东是否应当承担出资瑕疵责任,其核心是第三人和名义股东之间,何者的权利应予以优先保护的问题。仅从结论上看,《民法典担保制度解释》与《公司法司法解释(三)》(2020修正)的规定之间似乎有冲突。实际上,二者的适用前提和基础存在一定区别。

《民法典担保制度解释》规定的是将名义股东和实际股东作为共同被告的情形,在此情况下名义股东承担的是连带责任。在此情况下,一方面,从该条规定的语境来看,公司或公司的债权人实际已知道名义股东和实际股东并非同一主体,名义股东仅为名义股东,并非股权的实际享有者,不负有出资义务,在此情况下令名义股东承担出资瑕疵责任将造成权利义务不对等;另一方面,从该条规定的情境来看,在已要求实际股东承担出资责任的情况下,再行要求名义股东承担连带责任,似乎无必要。

而细察《公司法司法解释(三)》(2020修正)第26条的规定,该条规定的是仅以名义股东为被告的情形,似乎默认适用该条的前提是,债权人并不知道或应当知道名义股东并非实际股东。基于登记的公示效力,如此时不支持债权人的请求,将会导致其信赖利益落空。

应对建议:作为名股实债的投资一方时,建议查明实际股东的出资情况,如无法确定是否完成出资,应要求实际股东立即履行出资义务、作出不存在抽逃出资的承诺。如遇债权人单独诉讼,尽可能地申请追加实际股东为当事人。

四、名义股东处分股权的法律后果

《公司法司法解释三》(2020修正)第25条规定:"名义股东将登记于其名下的

股权转让、质押或者以其他方式处分,实际出资人以其对于股权享有实际权利为由,请求认定处分股权行为无效的,人民法院可以参照民法典第三百一十一条的规定处理。名义股东处分股权造成实际出资人损失,实际出资人请求名义股东承担赔偿责任的,人民法院应予支持。”

前已论及,名义股东受让股权的目的应限于担保债权的实现,故其无权处分股权。根据《公司法司法解释三》(2020 修正)的规定,名义股东处分其名下的股权,属于无权处分,适用善意取得制度。如受让人对股权实情明知的,属于恶意串通,未经实际股东同意的合同部分可能会无效。

第五节 《民法典》对执行中名股实债问题的影响

执行程序中,名股实债这一交易结构的基础性问题为,股权归属于谁?相比于股东权利的行使、股东责任的承担,执行程序中股权归属的问题更多地集中于股东资格的外部关系。在名股实债/股权让与担保的交易中,从权利外观上看,受让人在工商登记上呈现为股东,名义上享有的股权。因对外公示内容与对内担保目的不一致,在对外关系上,涉及标的股权被强制执行时的执行异议问题。股权让与担保涉及的执行异议主要包括两种类型,第一类是转让人的债权人申请查封、强制执行标的股权,受让人以股权登记在其名下为由提出执行异议和执行异议之诉,第二类是受让人的债权人申请查封、强制执行标的股权,转让人以自己为股权的实际权利人为由提出执行异议和执行异议之诉。①

一、案外人执行的权利对抗

案外人异议的实质是案外人对执行标的所享有实体权益与申请执行人在生效裁判文书等执行依据项下请求权的优先效力纠纷。② 因此,案外人提起执行异议的,首先应当查明案外人是否对执行标的享有合法真实的权利。但享有执行标的实际权利只是排除强制执行的必要条件,并不是排除强制执行的充分条件;实际权利人如需排除强制执行,则执行标的不能存在需要让位的优先权利和需要保护的信赖利益,必须达到足以排除强制执行的权利保护程度。③ 优先效力的比较,需要厘清各自

---

① 参见司伟、陈泫华:《股权让与担保效力及内外部关系辨析——兼议〈民法典担保制度解释〉第68、第69条》,载《法律适用》2021年第4期。

② 参见最高人民法院民事裁定书(2020)最高法民申203号。

③ 参见最高人民法院民事判决书(2019)最高法民终287号。

权利的性质、归属，进而根据法律规定作出何者优先的判断。

关于优先效力的比较，《执行异议和复议规定》（2020 修正）第 26 条及《九民纪要》第 123 条、124 条作出了规定。根据上述规定，首先，对非金钱债权的执行提起执行异议之诉的，如果案外人提起执行异议之诉依据的裁判是确权裁判，而作为执行依据的生效裁判是给付标的物的裁判，应据此排除执行；如果两个裁判均属于给付标的物的裁判，人民法院需依法判断哪个裁判所认定的给付权利具有优先性，进而判断是否可以排除执行。其次，对金钱债权的执行提起执行异议之诉的，如果案外人提起执行异议之诉依据的生效裁判为确权裁判或判令案外人享有物权请求权的裁判，则可以排除执行；如果案外人依据的生效裁判为向案外人交付标的物的，其性质属于债权请求权，不能排除执行。故，执行异议之诉中权利优先效力的比较实际上遵循了物权优先于债权的基本原则。①

此外，实际权利人对执行标的享有的权利优先于申请执行人亦不是实际权利人排除强制执行的充分条件，还需执行标的不存在需要保护的信赖利益，也即外观主义原则的适用。外观主义原则是对实质权利义务关系的例外和背反，即权利外观决定法律效果，以外观真实代替实质真实。② 其本质是信赖保护，要求法律应保护正常交易中对外观事实的合理信赖，无论这一外观事实与真实状况是否一致。③

具体到股权让与担保涉及的执行异议之诉中，首先需要判断受让人、转让人对股权是否实际享有权益、所享有的权利性质是什么；其次判断执行依据的生效裁判确定的针对股权的请求权性质，是物权请求权还是债权请求权，或只是执行中为实现金钱债权对特定标的物采取了执行措施；最后进而判断权利的优先效力，据此判断能否排除强制执行。另外，如若存在需要保护的信赖利益，实际权益人应承担过错导致虚假权利外观的不利后果，亦不能排除强制执行。

二、关于转让人和受让人对标的股权享有的权利性质的争议

执行标的异议中，侧重于探究执行标的物的实质归属，因此，在股权让与担保的纠纷中，首先应对标的股权的实际归属，也即转让人和受让人对标的股权所享有的权利进行定性。受让人究竟是享有担保权的债权人，仅对股权的财产权享有支配权，还是根据公示情况认定其为股东，享有股权的财产权及股东资格。关于此问

---

① 参见胡鹰、陈颖：《执行异议和破产程序中涉股权代持纠纷裁判规则初探——结合〈民法典〉新规定》，载《法律适用》2021 年第 4 期。

② 参见张亮、孙恬静：《案外人执行异议之诉中债权人与隐名股东保护的价值衡量——兼论商事外观主义在强制执行中的运用边界》，载《法律适用》2021 年第 8 期。

③ 参见葛伟军：《股权代持的司法裁判与规范理念》，载《华东政法大学学报》2020 年第 6 期。

题,法学界存在一定争议。这个问题的根源在于,股权的取得,依据的是当事人之间真实的意图,还是登记或记载。[①] 或者说,股权登记是设权行为还是证权行为。

第一种观点认为,股权登记在受让人名下,股权归属于受让人,转让人对股权仅享有依据股权让与交易合同产生的债权请求权。股东身份认定属于公司法问题,合同和合同法都不能为“谁是股东”的问题提供规范依据,只有公司法才是确定谁是股东的规范依据。[②] 根据《公司法》之规定,在公司内部,确定股东身份的依据是股东名册;在公司外部,确定股东身份的依据是法定登记机关的登记。[③] 就公司外部法律关系而言,外部主体无法查阅公司股东名册,只能依据公司法定登记机关的外部登记确定“谁是股东”。至于股权让与担保交易主体双方之间的合同,并不能为公司内部其他主体所知晓,更无法为公司外部的其他主体所知晓,不应作为确定股东身份的依据。[④] 因此,受让人登记为股东,享有公司法意义上的股权。而转让人所享有的权利并不源于工商登记或股东名册登记,仅来源于股权让与担保交易合同,若以合同约定作为确定股东身份的依据与公司法的法定标准不符合,因此其权利性质为债权。[⑤] 故,在公司法视角下,在回购条件未具备、回购义务未履行之前,股权归属于受让人。在此阶段,受让人作为登记股东,其对外处置股权,为有权处分。[⑥]

按照第一种观点,股权的财产性权利和股东资格均归属于受让人,转让人对股权仅享有债权请求权,因此,若受让人的债权人申请强制执行股权的,转让人的债权不足以对抗执行。

笔者对第一种观点持有异议。首先,有限责任公司的股权具有财产权和人身权双重属性,享有股东资格并不等于拥有完全的股权所有权。即使认为依据公司法的规定,确定股东身份的依据是工商登记或股东名册进而认定受让人享有股东资格,但并不等于股权的财产性权利亦归属于受让人、受让人有权处分股权。如从股权让与担保可以类推适用的股权代持规范来看[⑦],公司法未否定实际出资人对股权享有的财产权利。按照《公司法司法解释三》(2020 修正)第 24 条第 2 款、第 3 款的规定,投资收益归属于实际出资人,只是实际出资人未经公司其他股东半数以上同意,并不能享有股东资格。也就是说,名义股东仍然是公司法意义上的股东,但

---

① 参见葛伟军:《股权让与担保的内外关系与权利界分》,载《财经法学》2020 年第 6 期。

② 参见李志刚:《股权让与担保的多维透视与法律适用》,载《法律适用》2021 年第 5 期。

③ 同上注。

④ 同上注。

⑤ 参见李志刚:《股权让与担保的多维透视与法律适用》,载《法律适用》2021 年第 5 期。

⑥ 同上注。

⑦ 参见杨立新、李怡雯:《让与担保的权利受让人对受让权利支配的限制》,载《中国应用法学》2018 年第 4 期。

其所持股权的财产性权利归属于实际出资人，股权的财产性权利与股东资格分属于实际出资人和名义股东。[①] 另外，《公司法司法解释三》（2020 修正）第 25 条第 1 款规定："名义股东将登记于其名下的股权转让、质押或者以其他方式处分，实际出资人以其对于股权享有实际权利为由，请求认定处分股权行为无效的，人民法院可以参照民法典第三百一十一条的规定处理。"《民法典》第 311 条是关于善意取得的规则，因此，从上述规定来看，名义股东的行为属于无权处分[②]，与上述观点认为登记股东对外处置股权为有权处分有所矛盾。

其次，上述观点与《民法典》及《九民纪要》的规定并未保持一致。《九民纪要》第 71 条第 1 款以及《民法典担保制度解释》第 68 条第 1 款分别采用了"将财产形式上转让至债权人名下""将财产形式上转移至债权人名下"的表述，此外，《九民纪要》第 71 条第 2 款以及《民法典担保制度解释》第 68 条第 2 款规定，当事人已经完成财产权利变动的公示，债务人不履行到期债务，债权人请求对该财产享有所有权的，人民法院不予支持。上述规定意在将股权让与担保中已经完成股权变动的受让人定位成有担保权的债权人。[③]

第二种观点认为，股权让与担保名为股权转让，实为股权质押。公示显示的是股权变动，但受让人实际享有的是担保物权，受让人仅针对股权的财产权享有优先受偿权。目前的司法政策以及法律规定采用的是第二种观点。笔者认为，从股权财产权的归属认定上，第二种观点与公司法规范保持一致，在下文讨论执行标的异议的对抗问题时，亦采用此观点；但对于股东资格的认定存在的争议，暂不予讨论。

三、受让人的权利是否有权排除转让人的债权人对股权的强制执行

执行程序采用外观主义判断权利人，因此，在一般情况下，转让人的债权人难以就登记在受让人名下的股权申请强制执行。[④] 但在股权让与担保可以类推适用的股权代持交易中，亦存在实际股东的金钱债权人对股权申请强制执行，名义股东提起执行异议的案件。在此类案件中，最高人民法院及各地法院有观点认为，实际股东为股权的实际持有人，执行标的为实际股东的责任财产，因此，执行法院有权

---

① 参见钱玉林：《股权转让行为的属性及其规范》，载《中国法学》2021 年第 1 期。

② 参见毛海波：《〈民法典〉框架下司法对外观主义理论的精准把握与限缩适用》，载《法律适用》2021 年第 9 期。

③ 参见刘国栋：《民法典背景下股权让与担保案件裁判路径的反思与再造——基于全国 187 份裁判文书的调查和分析》，载《北京理工大学学报（社会科学版）》2021 年第 6 期。

④ 参见司伟、陈泫华：《股权让与担保效力及内外部关系辨析——兼议〈民法典担保制度解释〉第 68、第 69 条》，载《法律适用》2021 年第 4 期。

执行其名下(通过名义股东代持)的股权。[①] 笔者认为,上述裁判观点与《公司法司法解释三》(2020 修正)第 24 条关于股权的财产性权利归属于实际出资人的规定保持一致。

另外,《江苏省高级人民法院执行异议及执行异议之诉案件审理指南(三)》第 19 条第 1 款规定:“执行法院对被执行人登记在案外人名下的股权采取查封或冻结措施,该案外人提出执行异议,请求解除查封或冻结措施的,应予以支持。但同时符合下列情形的,应裁定驳回案外人的异议请求:(1)申请执行人提供的证据能够证明或者依据其提供的线索能够查明被执行人确系该股权的隐名股东或实际出资人;(2)被执行人实际行使股东权利的。”

类推到股权让与担保交易中,受让人对股权所享有的担保物权亦不能在执行标的异议中对抗股权的强制执行。但基于受让人为担保物权人,其可以参与到执行程序中,就股权价款优先受偿。[②] 因此,受让人的实际权益并不会因为强制执行程序而受损。

应对建议:如受让人担心转让人的债权人执行股权,可以采取以下措施:(1)在股东名册上记载受让人的股东身份;(2)实际行使股东权利(如参与股东(大)会表决、选举董事、分配红利等);(3)要求其他股东书面同意受让人系实际股东而非名义股东。

四、转让人的权利是否有权排除受让人的债权人对股权的强制执行

因受让人为登记股东,是外部登记显示的权利人,因此,在执行程序中,受让人的债权人申请强制执行标的股权而转让人提出执行异议的情形应更为常见。关于受让人的债权人,应包括非金钱债权人和金钱债权人两种类型。前一种是指作为执行依据的生效裁判涉及股权,后一种是指作为执行依据的生效裁判并未涉及股权,只是执行中为实现金钱债权对股权采取了执行措施。

(一)转让人的权利是否有权排除受让人的交易债权人对股权的强制执行

如前所述,根据《公司法司法解释三》(2020 修正)第 25 条第 1 款之规定,在股权代持交易中,名义股东对外处分股权构成无权处分。类推适用股权代持规范,受让人处置登记在其名下的股权构成无权处分,并参照善意取得规则判断交易第

---

① 参见最高人民法院民事判决书(2017)最高法民终 100 号。

② 参见司伟、陈汯华:《股权让与担保效力及内外部关系辨析——兼议〈民法典担保制度解释〉第 68、第 69 条》,载《法律适用》2021 年第 4 期。

三人是否取得股权。如若受让人善意取得股权,则转让人的权利不能排除强制执行。

（二）转让人的权利是否有权排除受让人的金钱债权人对股权的强制执行

关于隐名股东的权利是否足以对抗登记股东的金钱债权人的强制执行的问题,最高人民法院曾尝试在《九民纪要》(稿)中予以解决,《九民纪要》(稿)第119条[案外人系实际出资人的处理]规定:“在金钱债权执行过程中,人民法院针对登记在被执行人名下的房产或者有限责任公司的股权等实施强制执行,案外人有证据证明其系实际出资人,与被执行人存在借名买房、隐名持股等关系,请求阻却执行的,人民法院应予支持。另一种观点:不予支持。”但在《九民纪要》正式稿中并未解决此问题。

首先,在认定股权财产性权利归属于转让人的前提下,毋庸置疑的是,转让人的权利优先于受让人的金钱债权人的权利。但是,对受让人的金钱债权人是否受信赖利益保护,司法实践以及司法文件中均存在争议,而这个争议根源在于对外观主义的适用范围的争议。有观点认为,外观主义适用范围包括因合理信赖权利外观而产生的交易行为以及非交易行为。另有观点认为,外观主义仅适用于交易行为,因此,金钱债权人非基于交易行为申请强制执行的,并不享有信赖利益。

1. 观点一:金钱债权人适用信赖保护规则

有观点认为,商事外观主义适用的范围包括因合理信赖权利外观而产生的交易行为以及非交易行为。

有法院认为,根据公示公信原则,对股权的强制执行,涉及外部关系的,根据工商登记来处理。工商登记是对公司股权情况的公示,与登记股东进行交易的善意第三人及登记股东的债权人有权信赖工商机关登记的股权情况,该信赖利益应当得到法律的保护。换言之,根据《公司法》的规定,经过公示体现出来的权利外观,导致第三人对该权利外观产生信赖,即使真实状况与第三人的信赖不符,只要第三人的信赖合理,第三人的信赖利益就应当受到法律的优先保护。这里所说的优先保护,是指在案涉股权的实际出资人与公示出来的登记股东不符的情况下,法律优先保护信赖公示的与登记股东进行交易的善意第三人及登记股东的债权人的权利,而将实际投资人的权利保护置于这些人之后。据此,由于股权的实际出资人在对外关系上不具有登记股东的法律地位,所以其不能以其与登记股东之间的内部约定,来对抗与登记股东进行交易的善意第三人及登记股东的债权人。另外,申请执行人即使并未就股权与名义股东进行交易,但其在与名义股东进行其他交易时,必然将名义股东的财产支付能力纳入考虑范围,名义股东名下的所有财产均存在承担还款责任的可能,申请执行人对名义股东名下的财产存有信赖利益。

亦有司法文件的规定与上述观点保持一致。如《江苏省高级人民法院执行异议及执行异议之诉案件审理指南(三)》第 18 条规定:“执行法院对登记在被执行人名下的股权实施强制执行,案外人以其系真实股东或实际出资人为由提出执行异议,请求排除执行或一并提出确认其股东资格的,不予支持。案外人因此提起的执行异议之诉,如其提供的证据能够充分证明申请执行人明知或应知其是隐名股东或实际出资人的,应予以支持;否则,不予支持。”

2. 观点二:金钱债权人应排除在信赖保护规则之外

另有观点认为,外观主义是指当事人基于法律和交易观念,信赖他人的主体资格、权利状态和表意行为等法律上视为重要因素之外部要件事实,而与之为法律行为时,如该要件事实确有可信赖性,那么基于信赖所为之法律行为应受法律保护。[①] 外观主义仅应适用于基于法律行为发生的物权变动,而非基于法律行为而发生的物权变动,如强制执行,应排除出外观主义适用范围。[②] 根据此观点,受让人的金钱债权人应排除在信赖保护规则之外,即不适用外观主义,而应遵循实事求是原则,只要有充分、确切的证据能证明标的股权并不属于受让人而系归属于转让人,转让人的权利就可以对抗强制执行。

司法实践中有不少判例持上述观点,如(2020)闽民终 400 号案中,福建省高级人民法院认为,执行异议之诉中,对被执行人责任财产权属判断不应只予以形式审查,而应当兼顾实质与形式审查。外观主义旨在保护第三人基于股权工商登记的外观而产生交易信赖,与登记股东发生股权转让、股权质押等交易行为,从而维护商事交易安全。对于非基于上述行为与登记股东发生法律关系的第三人,由于工商登记公示的股权不是其交易标的,其没有基于工商登记产生交易信赖,不存在交易安全的问题,因此不属于上述法律条文所规定的第三人范围。因此,受让人的债权人并非是就该股权而与被执行人进行商事交易,故其不具有因股权工商登记而产生的信赖利益,亦不存在保护商事交易安全的必要,认定股权归属时,应当采用实质审查的标准判定股权归属。

亦有司法文件的规定与上述观点保持一致。如山东省高级人民法院在《山东省高级人民法院民二庭关于审理公司纠纷案件若干问题的解答》中规定,名义股东因借款、买卖等非股权交易纠纷而成为被执行人时,名义股东债权人依据工商登记中记载的股权归属,申请对该股权强制执行。实际出资人以其实际享有股东权

---

① 参见毛海波:《〈民法典〉框架下司法对外观主义理论的精准把握与限缩适用》,载《法律适用》2021 年第 9 期。

② 同上注。

利，提起案外人执行异议之诉，要求停止对该股权的强制执行，应予支持。根据《公司法司法解释三》（2020 修正）第 25 条的规定，股权善意取得制度的适用主体仅限于与名义股东存在股权交易的第三人。商事外观主义原则的适用范围不包括非股权交易第三人。在外观权利与实际权利不一致的情况下，根据权利外观理论，善意第三人基于对权利外观的信赖而与名义权利人进行民事法律行为的，该民事法律行为效力受法律的优先保护。但如果名义股东债权人申请执行的是其与名义股东因借款关系等而形成的一般债权，债权人并没有与名义股东从事涉及股权交易的民事法律行为，从权利外观原则来看，此时的债权人不是基于信赖权利外观而需要保护的民事法律行为之善意第三人，故其债权请求不能受到优先于实际权利人的保护。但是，审理此类案件时，应当对实际出资人所提交的证明权利存在的证据进行严格审查，查明权利的真实性，既要防止虚假诉讼以逃避债务，也要防止侵犯了实际出资人的实际权利。

此外，值得注意的是，《九民纪要》对于外观主义的适用问题，作出了特别说明："特别注意外观主义系民商法上的学理概括，并非现行法律规定的原则，现行法律只是规定了体现外观主义的具体规则……从现行法律规则看，外观主义是为保护交易安全设置的例外规定，一般适用于因合理信赖权利外观或意思表示外观的交易行为。实际权利人与名义权利人的关系，应注重财产的实质归属，而不单纯地取决于公示外观。总之，审判实务中要准确把握外观主义的适用边界，避免泛化和滥用。"因此，《九民纪要》虽未明确规范隐名股东的权利是否足以对抗登记股东的金钱债权人的强制执行的问题，但似乎确立了外观主义不适用于非交易行为的精神。

应对建议：如转让人担心受让人的债权人执行股权，可以采取以下措施：(1)在股东名册上记载转让人的股东身份；(2)实际行使股东权利［如参与股东（大）会表决、选举董事、分配红利等］；(3)要求其他股东书面同意转让人系实际股东，受让人仅为名义股东。

第六节　《民法典》在金融监管层面对名股实债的影响

一、金融监管政策对名股实债相关合同的影响

在案涉合同被认定为借款合同的情况下，根据不同时期金融监管政策的变

化,法院对企业间借贷合同的效力也存在不同的认识和处理。具体而言,根据最高人民法院法〔经〕发〔1990〕27 号《关于审理联营合同纠纷案件若干问题的解答》(以下简称《解答》)第 4 条,联营合同中的保底条款,通常是指联营一方虽向联营体投资,并参与共同经营,分享联营的盈利,但不承担联营的亏损责任,在联营体亏损时,仍要收回其出资和收取固定利润的条款。《解答》认为,保底条款违背了联营活动中应当遵循的共负盈亏、共担风险的原则,损害了其他联营方和联营体的债权人的合法权益,因此,应当确认无效。最高人民法院于 2008 年修订的《关于对企业借贷合同借款方逾期不归还借款的应如何处理的批复》也规定:"企业借贷合同违反有关金融法规,属无效合同。"但随着社会的发展和市场主体经济交往的频繁,企业间借贷需求愈发旺盛,为解决中小企业融资困难的问题,"企业间借贷无效"作为短期刚性监管措施逐渐淡出,附条件认可企业间借贷合同的效力越发成为主要的裁判观点。直到 2015 年,最高人民法院发布《民间借贷司法解释》(2015),第 11 条明确规定,企业之间为生产、经营需要订立的民间借贷合同,除存在《合同法》第 52 条、本规定第 14 条规定的情形外,一般应认定为有效,该条成为法院据以认可相关借款合同效力所援引的主要法律依据。

(一)违反规章政策的合同的效力如何

虽然名股实债模式本身并未被法律法规禁止,但约定名股实债的合同内容可能受规章、政策所管制。关于若约定名股实债的合同违反规章、政策,其效力应当如何认定的问题,《民法典》第 143 条规定,"具备下列条件的民事法律行为有效:(一)行为人具有相应的民事行为能力;(二)意思表示真实;(三)不违反法律、行政法规的强制性规定,不违背公序良俗";第 153 条规定,"违反法律、行政法规的强制性规定的民事法律行为无效。但是,该强制性规定不导致该民事法律行为无效的除外"。可以看出,《民法典》并未直接明确违反规章、政策的合同的效力,只能从其他法律法规及司法实践中进行推敲。

金融领域长期以来一直存在诸多的金融监管政策,在"法无禁止即可为"的传统私法领域,行政权与司法权泾渭分明、互不干预。但是金融交易结构复杂,金融风险具有不确定性、系统性、隐蔽性以及跨时间、跨地域的特性,金融风险一旦爆发,可能在整个市场迅速传递,最终导致经济危机和社会动荡,因此司法审判必须把识别和防控金融风险作为裁判的着眼点之一。而金融立法存在严重的滞后性,审判中常常出现"无法律、有政策"的现象。以私募基金为例,虽然资产规模体量巨大,但是在法律层面上却仅有《证券投资基金法》(2015 修正)可供援引,大量为《民法典》第 153 条第 1 款所排斥的规范性文件和行业自律规则成为我国私募基金规制体系的主要组成部分。在面对显而易见的金融风险时,如果法院恪守法律和行政法规作为裁判依据的原则,可能有错失风险处置时机的危险,陷入法律形式主义的窠臼。

实践中,关于规章政策性文件是否影响合同效力,主要有两种裁判思路。一种裁判思路为,由于相关文件不属于法律、行政法规的强制性规定,故不得作为认定合同效力的依据。如在(2018)最高法民申2739号①中,最高人民法院认为:"《贷款通则》中的条款不属于法律、行政法规的强制性规定,不能作为认定合同效力的依据。"再如在(2019)最高法民申5973号②案中,最高人民法院认为:"重庆市沙坪坝区城乡开发管理办公室《关于对小龙坎危房改造工程(原小职中改扩建工程)的部分商品用房进行监控的函》中载明的对部分楼层'限制开发商销售',不属于法律、行政法规的强制性规定,故不影响《协议书》的效力。"

另一种裁判思路是将重要的金融监管政策借由公共利益和公序良俗间接作为认定合同效力的依据,向"金融司法监管化"③转变。《合同法》第52条将"损害社会公共利益"作为合同无效的法定理由之一,《民法总则》和《民法典》第153条第2款规定"违背公序良俗的民事法律行为无效",均成为"金融司法监管化"的法源基础。在(2017)最高法民终529号④案中,最高人民法院认为:"由于双方签订的《信托持股协议》违反了中国保险监督管理委员会《保险公司股权管理办法》的禁止性规定,损害了社会公共利益,依法应认定为无效。"

该案中,最高人民法院并非直接适用《保险公司股权管理办法》来否定案涉《信托持股协议》的有效性,而是从《保险公司股权管理办法》禁止代持保险公司股权规定的规范目的、内容实质,以及实践中允许代持保险公司股权可能出现的危害后果等因素综合认定,并得出违反保监会有关禁止保险公司股权代持的规定的行为,在一定程度上可产生与违反《保险法》等法律、行政法规一样的法律后果,且还会出现破坏国家金融管理秩序等损害社会公共利益的危害后果,进而,依据《合同法》第52条第4项的规定认定案涉合同无效。具体而言,最高人民法院首先从规范制定的依据和目的层面分析,认为《保险公司股权管理办法》是保监会依据《保险法》的授权作出,与《保险法》立法目的一致。其次,最高人民法院从内容上分析,认为《保险公司股权管理办法》不与上位法和同位法相冲突,制定发布程序均合法,故,该规章的规定具有实质上的正当性和合法性。最后,最高人民法院从违反规章代持股权的危害后果上分析,认为其导致的潜在经营风险将危及金融秩序和社会稳定,进而损害社会公共利益。因此,司法机关在面对金融风险畸高而缺乏法律或行政法规强制性规定作为裁判依据的情形

① 最高人民法院民事裁定书(2018)最高法民申2739号。

② 最高人民法院民事裁定书(2019)最高法民申5973号。

③ 赵尧:《金融司法监管化的逻辑审视》,载《华中科技大学学报(社会科学版)》2020年第5期。

④ 最高人民法院民事裁定书(2017)最高法民终529号。

时,不宜断然否定或接受金融监管政策在司法领域的适用价值,而应当从规范性文件本身以及违反该文件可能导致的后果等多角度,充分、独立辨析并详细说明论证其介入金融裁判的可能与限度。

《九民纪要》第31条规定:"违反规章一般情况下不影响合同效力,但该规章的内容涉及金融安全、市场秩序、国家宏观政策等公序良俗的,应当认定合同无效。人民法院在认定规章是否涉及公序良俗时,要在考察规范对象基础上,兼顾监管强度、交易安全保护以及社会影响等方面进行慎重考量,并在裁判文书中进行充分说理。"该条明确将规章有条件地作为合同效力判定依据,在涉及"金融安全、市场秩序、国家宏观政策等公序良俗"的情况下,法院可以规章为依据判定相关合同无效。《民法典》第153条第2款规定,违背"公序良俗"的民事法律行为无效。故而若以规章作为合同无效的依据,仍应以"公序良俗"为解释路径,综合考察规范对象、监管强度、交易安全和社会影响等方面,并结合充分的说理后作出裁判。

(二)企业间借贷合同的效力如何

随着股权让与担保的法定化,关涉名股实债案件的审判逻辑可能会更加范式化,从以往的侧重交易文本的约定转向"债+担保"。此时,在投资人与被投资人皆为企业时,不排除当事人可能主张名股实债相关合同是企业间借贷合同,应当认定无效。例如(2018)川执复208号①案中的申请人就主张相关合同"是'名股实债'的企业间借贷合同,此种企业间借贷行为损害国家金融秩序、违反信托法的规定,是无效的借贷"。因此,法院如何认定企业间借贷合同的效力可能也影响着名股实债案件的审理。

如上文所述,随着我国经济金融生活的发展,对企业间借贷合同效力的态度也发生了变化。1998年,中国人民银行在《关于对企业间借贷问题的答复》中明确指出:"企业间订立的所谓借贷合同(或借款合同)是违反国家法律和政策的,应认定无效。"《银行业监督管理法》(2006修正)第19条规定:"未经国务院银行业监督管理机构批准,任何单位或者个人不得设立银行业金融机构或者从事银行业金融机构的业务活动。"2008年12月16日,最高人民法院在《最高人民法院关于对企业借贷合同借款方逾期不归还借款的应如何处理的批复》(2008修订)中指出:"企业借贷合同违反有关金融法规,属无效合同。"最高人民法院2011年12月10日《关于认定企业间借贷合同无效法律依据的答复》指出:"企业借贷合同违反了有关金融法规,属无效合同。"

2015年8月6日,最高人民法院公布了《民间借贷司法解释》(2015),第11条

---

① 参见四川省高级人民法院民事裁定书(2018)川执复208号。

规定:“法人之间、其他组织之间以及它们相互之间为生产、经营需要订立的民间借贷合同,除存在合同法第五十二条、本规定第十四条规定的情形外,当事人主张民间借贷合同有效的,人民法院应予支持。”该条成为企业间正当的资金拆借借款合同有效的法律依据。

实践中,对于企业间借贷合同的效力,往往区分借贷目的和资金来源进行不同的规制。一般而言,高利转贷、职业放贷行为无效。《民间借贷司法解释》(2020 修正)第 14 条,删除了“借款人事先知道或者应当知道的”的合同无效限制要件以及非法转贷的“牟利”要件,扩大非自有资金来源,新增职业放贷合同无效情形。《民间借贷司法解释》(2020 第二次修正)第 13 条延续了该条规定。

修正后的《民间借贷司法解释》扩大了对非法民间借贷行为的打击面,以《民间借贷司法解释》(2020 第二次修正)第 13 条第 1、2 款为例。第 1 款最大的变化在于将“信贷资金”修改为“贷款”并删除了“高利”和借款人主观知情的要件,立法打击范围从严重扰乱信贷资金市场秩序、破坏国家对信贷发放及利率管理的行为,扩大到不限于信贷市场的扰乱金融市场秩序的行为。以具体案例为例,在(2018)最高法民终 264 号[①]案中,最高人民法院认为,商投石化公司请求商投集团公司向银行申请抵押贷款而非信用贷款再进行转贷,且不能证明商投石化公司事先知道或应当知道商投集团公司取得银行信用贷款,因此商投集团公司未违反法律规定变相从事金融业务。若以《民间借贷司法解释》(2020 第二次修正)第 13 条第 1 款为裁判依据,上述两点理由都不能成为肯定合同效力的依据。

类似的,《民间借贷司法解释》(2020 第二次修正)第 14 条第 2 款增加了“以向公众非法吸收存款等方式”,据此,非法转贷的资金来源将不限于向金融机构贷款、向其他营利法人借贷、向职工集资三种形式,法院对其他来源资金转贷情形下的合同效力享有较大的自由裁量空间。以具体案例为例,在(2019)云民终 155 号[②]案中,借款人以出借人套取信用社资金 1000 万元作为出借款本金为由,认为构成《民间借贷司法解释》(2015)第 14 条第 1 款的情形,借款合同无效。云南省高级人民法院以向农村信用社贷款与向金融机构申请的信用贷款性质不同为由,认为案涉借款合同不具有无效事由。但是《民间借贷司法解释》(2020 第二次修正)实施后,对于类似情形法院是否会适用第 2 款的“以其他方式取得的资金转贷”认定借贷合同无效,对于“其他方式”应该作何解释和理解,在缺乏足够案例支撑的情况下还难以作出断言。

---

① 参见最高人民法院民事判决书(2018)最高法民终 264 号。

② 参见云南省高级人民法院民事判决书(2019)云民终 155 号。

◇ 立法变化

最高人民法院关于审理民间借贷案件适用法律若干问题的规定	
2015 年版	2020 年第二次修正版
第十四条　具有下列情形之一，人民法院应当认定民间借贷合同无效： （一）套取金融机构~~信贷资金又高利~~转贷给借款人~~，且借款人事先知道或者应当知道的~~； （二）以向其他企业借贷或者向本单位职工集资取得的资金又转贷给借款人~~牟利，且借款人事先知道或者应当知道的~~； （三）出借人事先知道或者应当知道借款人借款用于违法犯罪活动仍然提供借款的； （四）违背社会公序良俗的； （五）其他违反法律、行政法规效力性强制性规定的。	第十四条[1]　具有下列情形之一的，人民法院应当认定民间借贷合同无效： （一）套取金融机构贷款转贷的； （二）以向其他营利法人借贷、向本单位职工集资，或者**以向公众非法吸收存款等方式**取得的资金转贷的； （三）**未依法取得放贷资格的出借人，以营利为目的向社会不特定对象提供借款的**； （四）出借人事先知道或者应当知道借款人借款用于违法犯罪活动仍然提供借款的； （五）违反法律、行政法规强制性规定的； （六）违背公序良俗的。

（三）企业使用非自有资金借贷是否影响合同效力

《民间借贷司法解释》（2020 修正）对企业使用非自有资金借贷的情形作出开放式规定，套取金融机构贷款转贷、向其他营利法人借贷后转贷、向本单位职工集资后转贷，或者以向公众非法吸收存款等方式取得的资金转贷的，民间借贷合同无效。《民间借贷司法解释》（2020 第二次修正）延续了上述规定。《九民纪要》第 52 条亦明确规定："民间借贷中，出借人的资金必须是自有资金。"2018 年中国银行保险监督管理委员会、公安部、国家市场监督管理总局、中国人民银行联合发布的《关于规范民间借贷行为维护经济金融秩序有关事项的通知》也规定，民间借贷中，出借人的资金必须是其合法收入的自有资金，禁止吸收或变相吸收他人资金用于借贷。可见，监管部门、司法机关对企业使用非自有资金借贷均持严厉打击态度，但从体系解释上看，之所以禁止非自有资金借贷是为了防范重大金融风险，故不应得出所有非自有资金借贷合同均属无效的结论。

实践中，法院对借款方主张出借方系非自有资金借贷导致合同无效的认定尺度一般为，除非借款人能够对出借资金来源作出充分举证，否则不轻易认定借款合

① 同《民间借贷司法解释》（2020 第二次修正）第 13 条。

同无效。在(2020)最高法民申4338号①案中,最高人民法院认为,被告虽然主张"出借资金来源不明存在非法转贷情形,但其并未提供证据予以证明",认定为非法转贷依据不足。在(2019)云民终358号②案中,云南省高级人民法院认为:"因非自有资金借贷并不导致《借款合同》当然无效,钻福公司对其主张的款项非法来源未能举出充分证据证实,《借款合同》不存在《民间借贷司法解释》第十四条规定的合同无效的情形。"

对于实践中常见的集团公司从银行获取贷款再转借给其下属公司或关联公司的行为,是否构成《民间借贷司法解释》(2020第二次修正)第13条下的"非法转贷",一种观点认为属于非法转贷,借款合同应当无效,另一种观点认为关联公司或集团公司内部的转贷行为系借款方内部资金流转关系,不构成合同无效事由。在(2015)昆民四初字第616号③案中,原告提交人民币资金借款合同和保证合同,要求喜联丰公司承担还款责任,茅琼、陈敏承担连带保证责任。喜联丰公司、茅琼、陈敏则主张,本案所涉借款为邦格农业实际控制使用,涉及非法高利转贷,系无效合同,故保证合同也无效。昆明市中级人民法院认为:"喜联丰公司、茅琼、陈敏主张款项的使用流转问题,系各被告内部关系,不能对抗原告,故本院对喜联丰公司、茅琼、陈敏的前述抗辩主张不予支持。"

对于转贷人能否主张实际用款人作为最终借款主体承担还款义务,自己不承担借款合同项下的还款义务的问题,一般认为,借款的实际用途不影响借款主体的确定,即使名义借款人与实际使用人不一致,根据合同相对性原则,仍应由名义借款人承担偿还责任。但是实际借款人以自己的名义提供保证等担保的,应承担相应的责任。名义借款人与实际借款人之间的争议可通过另案解决。此外,对于款项直接汇至关联公司名下的情形,若符合交易安排和行业特征,仍以合同约定的名义借款人为借款主体。在(2019)最高法民终133号④案中,对于部分借款未支付至西钢公司账户中的情形,最高人民法院认为:"本案借款合同中,签约履约具有多种形态,包括:先支付借款后,再签约确认;以关联公司名义付款或收款后,通过债权或债务转让协议形式确认真实债权人或真实债务人;对一定时期发生的多笔借款本息进行对账,列明数笔借款本息数额明细,对续借或还款作出安排等,符合民间借贷签约履约特征,属司法实践中常见的交易模式,也是民间借贷有别于金融借款的行业特征。"

---

① 参见最高人民法院民事裁定书(2020)最高法民申4338号。

② 参见云南省高级人民法院民事判决书(2019)云民终358号,本案适用《民间借贷司法解释》(2015)。

③ 参见云南省昆明市中级人民法院民事判决书(2015)昆民四初字第616号。

④ 参见最高人民法院民事判决书(2019)最高法民终133号。

(四)如何认定构成非自有资金借贷

货币为种类物,要认定企业放贷的钱究竟是从银行贷款而来,还是从其他企业所借,抑或在单位内部集资所得,具有相当大的难度。故实践中法院通常采用推定的方式,若出借方在合同签订前后均有贷款未还,同时借款合同对资金来源作出约定,双方在取得银行贷款后实际履行借款合同,则推定构成"套取银行贷款"。在(2020)川民终500号①案中,四川省高级人民法院认为:"民间借贷中,出借人的资金必须是自有资金。从本案借款资金来源看,核工业西南公司虽然举证以证明其出借资金来源于其他公司或者其下属公司,其在取得银行贷款后也有向其他公司支付款项的情况,但金钱系种类物,而在案涉合同签订时和履行前后,核工业西南公司均在银行有贷款未还,同时,案涉合同明确约定资金来源为以核工业西南公司名义申请的部分银行贷款,故可以推定核工业西南公司套取信贷资金。"

(五)企业从事经常性借贷订立的借贷合同效力如何

若企业经常性借贷且借款利率违反有关规定,则高利借贷合同无效,这一点在法律界已成共识,《民法典》也进行了明确规定。其第680条第1款规定:"禁止高利放贷,借款的利率不得违反国家有关规定。"若企业经常性借贷,但贷款性质并非为高利贷时,相关借贷合同效力又当如何认定?

《民间借贷司法解释》(2015)中仅规定了"法人之间、其他组织之间以及它们相互之间为生产、经营需要订立的民间借贷合同"一般有效,并未对企业从事经常性借贷行为是否影响合同效力作出明示规定。但实践中,法院对"为生产、经营需要"往往从是否具有"临时性"的角度进行把握,并认为企业从事经常性放贷业务所签订的民间借贷合同应当认定无效。如四川省高级人民法院《关于审理民间借贷纠纷案件若干问题的指导意见》第13条规定,非金融机构法人和其他组织之间以自有资金对外进行的偶发性和临时性贷款的,借贷合同有效;若是从事经常性放贷业务而签订的合同,当事人主张有效的,人民法院不予支持。

这一观点具有一定合理性,因为企业之间为生产、经营需要订立借贷合同通常是为解决一时的资金困难或者生产急需,与金融机构经批准从事的放贷业务相比,具有偶发性、非经营性和对象的特定性等特征。即,企业间"为生产、经营需要"订立的借贷合同,通常情况均具有临时性的特征。作为生产经营型企业,如果以经常放贷为主要业务,或者以此作为主要收入来源,则有可能导致该企业的性质发生变异,质变为未经金融监管部门批准从事专门放贷业务的金融机构,这将严重扰乱我国金融市场,扰乱金融秩序,造成金融监管紊乱。因此,如果企业从事经常性放

① 四川省高级人民法院民事判决书(2020)川民终500号。

贷,依据《银行业监督管理法》《商业银行法》等法律规定,未经国务院银行业监督管理机构批准,任何单位或者个人不得设立银行业金融机构或者从事银行业金融机构的业务活动,否则即视为"非法金融业务活动"。这种行为损害了社会公共利益,必须对从事经常性放贷业务从效力上作出否定性评价。[①]

企业从事经常性放贷行为通常与职业放贷行为相关,最高人民法院对职业放贷向来持否定态度。《九民纪要》第53条规定,"未依法取得放贷资格的以民间借贷为业的法人,以及以民间借贷为业的非法人组织或者自然人从事的民间借贷行为,应当依法认定无效"。

《民间借贷司法解释》(2020修正)第14条[②]新增职业放贷无效的情形的三个要件,即"未依法取得放贷资格""以营利为目的""向社会不特定对象提供借款"。就放贷资格来看,除银行业存款类金融机构、信托公司、汽车金融公司、消费金融公司和小贷公司等,其他主体均不具备合法审批的放贷资质。同一出借人在一定期间内多次反复从事有偿民间借贷行为的,一般可以认定为是职业放贷人。"以营利为目的"要件一般不存在认定困难。"向社会不特定对象提供借款"则可以参考非法放贷刑事案件的相关认定标准。2019年最高人民法院、最高检、公安部、司法部印发《关于办理非法放贷刑事案件若干问题的意见》,明确"经常性地向社会不特定对象发放贷款",是指2年内向不特定多人(包括单位和个人)以借款或其他名义出借资金10次以上。对于职业放贷的具体认定标准,最高人民法院规定,民间借贷比较活跃的地方的高级人民法院或者经其授权的中级人民法院,可以根据本地区的实际情况制定具体的认定标准。

(六)企业从事经常性放贷业务应当如何认定

《民间借贷司法解释》(2020修正)第14条新增第3款职业放贷人的规定,"(三)未依法取得放贷资格的出借人,以营利为目的向社会不特定对象提供借款的"。此后,法院认定未经批准从事职业放贷所签订的民间借贷合同无效有了直接的法律依据。《民间借贷司法解释》(2020第二次修正)第13条延续了该款规定。对于以借贷为业的认定,应当考量同一出借人是否在一定期间内多次反复向不特定对象从事有偿民间借贷行为。即放贷人未经批准,向不特定对象反复性、经常性放贷,贷款目的具有经营性。经营即常态模式,如果是偶尔为之,则不能认定为经营。实践中法院通常结合企业的注册资本、流动资金、借贷对象、借贷次数、借贷利息的约定、借贷收益占收入的比例、出借人与借款人之间的关系等因素进行综合认定。

---

① 参见最高人民法院民事审判第一庭编著:《最高人民法院新民间借贷司法解释理解与适用》,人民法院出版社2021年版,第232页。

② 《民间借贷司法解释》(2020第二次修正)第13条。

在(2017)最高法民终647号①案中,法院结合借贷主体数量众多、利息高额、出借行为的经常反复性、借款目的的营业性对"经常性放贷"行为作出综合认定:"高金公司贷款对象主体众多,除了本案债务人德享公司以外,高金公司于2009年至2011年间分别向新纪元公司、金华公司、荟铭公司、鼎锋公司和顺天海川公司等出借资金,通过向社会不特定对象提供资金以赚取高额利息,出借行为具有反复性、经常性,借款目的也具有营业性,未经批准,擅自从事经常性的贷款业务,属于从事非法金融业务活动……金融业务活动系国家特许经营业务,故应认定案涉《借款合同》无效。"

相应地,若借贷行为并非反复经常,或借贷对象特定,通常不认为构成经常性放贷行为。在(2020)最高法民申2541号案中,铸邦公司提交了四份民事判决书及一份民事调解书,拟证明寿康公司从事经营性放贷业务。但该法律文书载明的借款时间为2011年至2015年,前后长达四年之久,且部分文书的案由亦非民间借贷纠纷,并不足以证明寿康公司从事经营性放贷业务。在(2018)最高法民申5422号案中,最高人民法院认为,经常性放贷业务系针对社会不特定对象,以放贷为主业,而上述《采购合同》均发生在大连隆裕公司与上海桐佳公司特定主体之间,杨宗权以此为由主张借款合同无效缺乏充分的事实和法律依据。

(七)借款合同被认定为无效后,出借人资金占用期间的损失应当如何赔偿

合同无效的处理中,各地对无过错出借人资金占用期间损失的赔偿标准有所区别。浙江省高级人民法院按照中国人民银行公布的同期同类贷款基准利率;深圳市中级人民法院规定可按照约定利率,但不得超过LPR的四倍;南京市中级人民法院按照中国人民银行公布的同期同类存款利率。

浙江省高级人民法院《关于审理民间借贷纠纷案件若干问题的指导意见》第12条规定,民间借贷被认定无效后,借款人应当返还出借人借款本金。无过错的出借人要求借款人赔偿资金占用期间的损失的,法院可参照中国人民银行公布的同期同档次贷款基准利率予以支持。

深圳市中级人民法院《关于民间借贷纠纷案件的裁判指引(试行)》(已失效)第7条规定,借款人因民间借贷合同无效依法应当返还出借人借款本金的,出借人若无过错,还可请求借款人按照约定利率赔偿资金占用期间的利息损失,但不得超过四倍利率;双方均有过错的,出借人可以请求借款人按照中国人民银行确定的同期同类贷款基准利率赔偿资金占用期间的利息损失。

南京市中级人民法院《关于审理民间借贷纠纷案件若干问题的指导意见》第10条规定,民间借贷被认定无效后,借款人应当返还出借人借款本金。无过错的出借

---

① 参见最高人民法院民事判决书(2017)最高法民终647号。

人要求借款人赔偿资金占用期间的损失的，人民法院可参照中国人民银行公布的同期同类存款利率予以支持。

二、利息管制对名股实债的影响

在案涉法律关系被确认为债权投资的情况下，法院将按照借贷法律关系进行审理，将投资金额认定为借款本金、投资回报认定为利息、投资期限确认为借款期限。现行司法解释对民间借贷利率管制有明确的规定，金融借贷是否参照民间借贷利率上限，目前仍存在较多争议。从案例检索的结果来看，一般情况下，当事人协议约定的借款利率未超过24%或四倍 LPR 的，人民法院予以支持；超过前述法律保护上限的部分，人民法院不予支持，应根据合同内容、履行情况、交易习惯、市场利率等因素予以调整至24%或四倍 LPR；个别法院认为，名股实债违反法律、破坏金融安全秩序的程度更加严重，是对法律规定的刻意规避，应在司法解释限定利率标准以下加以评定。

（一）关于金融借款利息管制的现行规定

	时间	文件名称	相关条款	备注
1.	2004.10.28	《中国人民银行关于调整金融机构存、贷款利率的通知》	二、放宽金融机构贷款利率浮动区间，允许存款利率下浮 （一）金融机构（城乡信用社除外）贷款利率不再设定上限。	金融机构贷款利率取消上限管制。
2.	2013.7.19	《中国人民银行关于进一步推进利率市场化改革的通知》	一、全面放开金融机构贷款利率管制 取消金融机构贷款利率0.7倍的下限，由金融机构根据商业原则自主确定贷款利率水平。	全面放开金融机构贷款利率管制。与《民间借贷司法解释》（2015）所确立的民间借贷利率保护上限一致。
3.	2017.8.4	《关于进一步加强金融审判工作的若干意见》	第2条　严格依法规制高利贷，有效降低实体经济的融资成本。金融借款合同的借款人以贷款人同时主张的利息、复利、罚息、违约金和其他费用过高，显著背离实际损失为由，请求对总计超过年利率24%的部分予以调减的，应予支持，以有效降低实体经济的融资成本。	金融借款合同融资成本超过24%可调减。且与《民间借贷司法解释》（2015）所确立的民间借贷利率保护上限相一致。

（续表）

	时间	文件名称	相关条款	备注
4.	2019.11.8	《全国法院民商事审判工作会议纪要》	(三)关于借款合同 人民法院在审理借款合同纠纷案件过程中,要根据防范化解重大金融风险、**金融服务实体经济、降低融资成本的精神**,区别对待金融借贷与民间借贷,并适用不同规则与利率标准。 51.【变相利息的认定】金融借款合同纠纷中,借款人认为金融机构以服务费、咨询费、顾问费、管理费等为名变相收取利息,金融机构或者由其指定的人收取的相关费用不合理的,人民法院可以根据提供服务的实际情况确定借款人应否支付或者酌减相关费用。	金融借贷利息过高可调整,但未明确调整标准,且明确金融借贷与民间借贷应适用不同规则与利率标准。
5.	2020.8.20 第一次修正	《最高人民法院关于审理民间借贷案件适用法律若干问题的规定》	第1条第2款　经金融监管部门批准设立的从事贷款业务的金融机构及其分支机构,因发放贷款等相关金融业务引发的纠纷,不适用本规定。 第26条第1款　出借人请求借款人按照合同约定利率支付利息的,人民法院应予支持,但是双方约定的利率超过合同成立时一年期贷款市场报价利率四倍的除外。	金融借贷利率保护上限仍不明确。
6.	2021.1.1 第二次修正	《最高人民法院关于审理民间借贷案件适用法律若干问题的规定》	第1条第2款　经金融监管部门批准设立的从事贷款业务的金融机构及其分支机构,因发放贷款等相关金融业务引发的纠纷,不适用本规定。 第25条第1款　出借人请求借款人按照合同约定利率支付利息的,人民法院应予支持,但是双方约定的利率超过合同成立时一年期贷款市场报价利率四倍的除外。	同2020.8.20第一次修正,金融借贷利率保护上限仍不明确。

（续表）

	时间	文件名称	相关条款	备注
7.	2021.1.1	《民法典》	第680条第1款 禁止高利放贷,借款的利率不得违反国家有关规定。	该条既适用于民间借贷也适用于金融借贷,并将利息管制的依据置于“国家有关规定”,并不局限于法律、司法解释、行政法规以及政府规章类文件。

虽然目前对金融借贷利息管制的上限不明,但是依据现行有效的最高人民法院《关于进一步加强金融审判工作的若干意见》,若是约定的利息显著背离实际损失,经当事人请求,对于超过24%的部分法院可予以调减,与《民间借贷司法解释》(2020第二次修正)的四倍LPR的硬性规定是不同的。

（二）关于金融借贷利率管制的裁判观点

实践中,对金融借贷利率适用的争议焦点主要为是否应当适用民间借贷利率保护上限的相关规定,亦即,民间借贷利率上限调整为四倍LPR之后,金融借贷利率上限是否同时改变。

1. 裁判观点一:金融借贷利率应当参照民间借贷利率

2013年《中国人民银行关于进一步推进利率市场化改革的通知》全面放开金融机构贷款利率管制后,对于金融机构贷款利率,一种裁判思路为,从风险防控、金融监管等角度对金融借贷利率应参考民间借贷利率进行论证,进而适用对民间借贷利率限制的相关规定。

在(2017)最高法民终927号①案中,最高人民法院认为:“实践中非银行业金融机构在金融借款合同中常以利息、复利、罚息、违约金、其他费用等一并约定,导致实体经济融资成本过高,违背了金融服务实体经济的价值本源。虽然非银行业金融机构借贷与民间借贷不同,且非银行业金融机构借贷的利息、复利、罚息、违约金、其他费用等总计融资成本的最高限制并无明确的法律规定。但就金融在市场经济中的定位而论,金融应为实体经济服务,促进资金这一生产要素在各产业和企业之间良性流动,并分享实体经济发展中创造的价值。如果金融服务分享的剩余价值过高,会阻碍实体经济的发展,有悖于金融服务的根本。较金融借贷的市场定

① 参见最高人民法院民事判决书(2017)最高法民终927号。

位而言,民间借贷是对金融服务实体经济不足的有益补充,而民间借贷的风险防控及承受能力相对于金融借贷较低。按照金融借贷与民间借贷的市场定位和风险与利益一致的市场法则,金融借贷利率不应高于民间借贷的利率,故金融机构的融资费用上限亦应参照适用《最高人民法院关于审理民间借贷案件适用法律若干问题的规定》的民间借贷利率上限即年利率 24%,这也符合 2017 年 8 月 9 日印发的《最高人民法院关于进一步加强金融审判工作的若干意见》第 2 条的司法指导意见精神。"

在一些案例中,法院认为金融机构的贷款利率相比于民间借贷应当受到更为严格的限制,金融机构的贷款收益不应高于民间借贷。在(2016)沪 01 民终 11384 号①案中,上海市第一中级人民法院认为:"虽然金融机构发放贷款并不适用上述规定,然而,相较于民间借贷,金融机构的贷款利率应受到更为严格的限制。首先,虽然中国人民银行已全面放开金融机构贷款利率管制,并不规定金融机构贷款利率的上下限,交由金融机构自主确定,但此举旨在推进利率市场化改革,通过市场竞争提高金融机构的经营能力和服务水平,促进金融资源的优化配置。也即,放开金融机构贷款利率上限的目的绝非放任金融机构牟取高利。其次,法律之所以介入到民事主体之间的合同约定,限制民间借贷的利率,一方面是出于资金优化配置的考量,防止资金脱离实体经济,另一方面则是为了限制高利行为,防范社会危机。通常意义上,借款年利率 24%以上即为高利。金融机构与从事民间借贷行为的自然人、法人和其他组织同为平等的民事主体,其从事借款等民事活动亦应当遵循公平原则,不得损害社会公共利益、扰乱社会经济秩序。第三,金融机构贷款风险低于民间借贷,从资金来源上看,金融机构是法律认可的吸收公众存款的机构,其用于贷款的资金来源较为稳定;从风险管控上看,金融机构除了收取高额利息,尚有其他措施保障借款人履行还款义务,例如事前严格审查借款人资质,事后将违约信息上报至征信系统等等。贷款利率的定价与其风险密切相关,就此而言,金融机构的贷款收益不应高于民间借贷。再者,本案所涉贷款虽为无抵押贷款,渣打银行面临较高风险,但万邦飞贷款的用途为装修,对于消费型信贷,商业银行作为经监管部门批准设立、担负经济调节职责的金融企业,亦不应当收取过高利息。"持类似观点的还有(2018)云民申 917 号②案、(2017)苏 03 民终 5842 号③案等。

但是在 2017 年最高人民法院出台《关于进一步加强金融审判工作的若干意见》后,法院对利息利率进行调减时大多直接援引该意见第 2 条的规定。

---

① 参见上海市第一中级人民法院民事判决书(2016)沪 01 民终 11384 号。

② 参见云南省高级人民法院民事裁定书(2018)云民申 917 号。

③ 参见江苏省徐州市中级人民法院民事判决书(2017)苏 03 民终 5842 号。

2. 裁判观点二：金融借款利率司法保护上限应为24%，规范依据为2017年最高人民法院《关于进一步加强金融审判工作的若干意见》

在（2019）最高法民终70号[①]案中，一审法院援引《最高人民法院关于进一步加强金融审判工作的若干意见》第2条第2项，将案涉贷款的逾期利息（逾期复利与逾期罚息之和）超出年利率24%的部分予以调减，认为上述规定“作为国家审判政策，对于司法审判中裁判相关问题具有规范和指引作用，理当予以遵循，以统一规则尺度”。最高人民法院二审予以支持。与之类似的案例还有（2019）最高法民终776号[②]案、（2018）最高法民终949号[③]案、（2016）京民终308号[④]案、（2020）豫民终174号[⑤]案、（2019）粤民初35号[⑥]案等。此外，金融借贷法律关系中，债务人若要主张利息调减，不能在再审程序中提出，《关于进一步加强金融审判工作的若干意见》第2条并未规定法院应当在审判过程中主动适用，在（2018）最高法民申6161号[⑦]案中，最高人民法院作为再审法院认为，虽然生效判决确认的利率超过24%，但是“宏都公司原审期间未就年利率总计超过24%的问题提出具体主张，现又以此为由请求再审本案并调整利率标准，不符合法律规定”，遂驳回申请人的再审申请。此观点亦为当前司法实践中的主流观点。

3. 裁判观点三：运用穿透式审判思维，将金融借贷法律关系认定为实质上的民间借贷法律关系，进而适用民间借贷利息管制的规定，常见于委托贷款、信托贷款等通道业务类案件中

《九民纪要》规定，在事务管理信托纠纷案件中，对信托公司开展和参与的多层嵌套、通道业务、回购承诺等融资活动，要以其实际构成的法律关系确定其效力，并在此基础上依法确定各方的权利义务。

在（2018）最高法民再54号[⑧]案中，最高人民法院认为，虽然，委托贷款法律关系中，贷款人金融机构，履行代为发放、监督使用并协助收回贷款等职责，与金融借款合同具有类似之处；但是，委托贷款与民间借贷亦有相通之处。首先，金融机构以受托人身份与借款人发生借款关系，而非自主决定贷款事宜，有关贷款对象、用途、金额、期限、利率等借款合同主要权利义务的确定仍体现了委托人的意志。其次，从权利义务的实际承担来看，亦是委托人而非贷款人享有贷款利息收

① 参见最高人民法院民事判决书（2019）最高法民终70号。
② 参见最高人民法院民事判决书（2019）最高法民终776号。
③ 参见最高人民法院民事判决书（2018）最高法民终949号。
④ 参见北京市高级人民法院民事判决书（2016）京民终308号。
⑤ 参见河南省高级人民法院民事判决书（2020）豫民终174号。
⑥ 参见广东省高级人民法院民事判决书（2019）粤民初35号。
⑦ 最高人民法院民事裁定书（2018）最高法民申6161号。
⑧ 最高人民法院民事判决书（2018）最高法民再54号。

益等合同主要权利,并实际承担借款人不还款及逾期还款的风险。再次,与金融机构自营贷款中的资金系通过法定方式渠道筹集不同,委托贷款直接来源于委托人的自有资金,与出借人以自有资金进行民间借贷别无二致。由此,法院认为:“委托贷款在不同的方面分别体现出金融借款与民间借贷的特点,在现行法律及司法解释对委托贷款未作明确规定的情况下,可通过分析相关问题是更具有金融借款还是民间借贷的特点,进而确定可参照的规则。鉴于委托贷款系由委托人而非作为贷款人的金融机构确定借款利率等合同主要条款并实际收取利息,同时考虑到委托贷款与民间借贷在资金来源相同的基础上亦可推定其资金成本大致等同,人民法院确定委托贷款合同的利率上限时当参照民间借贷的相关规则。”

在(2019)最高法民终1465号[①]案中,最高人民法院认为委托贷款明显有别于商业银行自营贷款业务,与普通民间借贷在性质上趋同。在(2017)最高法民终907号[②]案中,最高人民法院认为:“因安信公司以信托财产从事对外融通资金业务,该信托财产既非其自有财产,也无证据证明该资金来源于银行、证券等其他金融机构,应参照民间借贷相关规定处理。”上述案例中法院均作出利率不应超过24%的判决。

4.《民间借贷司法解释》对金融借贷利率的影响

《民间借贷司法解释》(2020修正)自2020年8月20日正式实施后,温州瓯海法院作出(2020)浙0304民初3808号[③]判决,认为原告主张利息应以一年期LPR的四倍为限。温州市中级人民法院二审改判,明确指出民间借贷新规不适用于金融借贷,支持原告关于按照24%主张利息的诉讼请求。

但上述判决仅为地方中级人民法院所作的个案判决,不能径直据此得出金融借贷不适用四倍LPR的结论。也不能根据《民间借贷司法解释》关于金融借贷纠纷不适用民间借贷司法解释的规定,直接得出金融借贷利率必然不会参照四倍LPR确定上限的结论。2017年最高人民法院《关于进一步加强金融审判工作的若干意见》将金融借款合同利息调减标准与当时民间借贷利息上限标准相统一,在民间借贷利率保护上限已经大幅调减之后,金融借贷利息调减标准是否保持不变,抑或根据金融服务实体、降低融资成本的理念相应下调,需要主管机关或立法、司法机关的进一步明确。

5. 小贷公司是否适用《民间借贷司法解释》

实践中对小贷公司是否属于金融机构、小贷是否属于金融借贷存在不同观点。

---

① 最高人民法院民事判决书(2019)最高法民终1465号。

② 最高人民法院民事判决书(2017)最高法民终907号。

③ 参见浙江省温州市欧海区人民法院民事判决书(2020)浙0304民初3808号。

一种观点认为,小贷公司的设立、金融资质的审批、借贷行为的业务性等特点明显区别于无前置门槛的、随机属性偏多的民间借贷,小贷属于金融借贷故而不适用《民间借贷司法解释》。《〈全国法院民商事审判工作会议纪要〉理解与适用》[①]将小贷公司、典当行认定为金融机构,"原则上说,凡持牌经营的金融机构签订的借贷合同,都属于金融借款合同的范畴"。另一种观点认为,小贷公司不是金融机构,应当适用《民间借贷司法解释》。在(2016)最高法民申 2827 号[②]案中,最高人民法院认为,"富登小额贷款(四川)有限公司是经金融主管部门批准设立的,获取贷款发放的资格,但其性质并不是金融机构,富登城北分公司是其分支机构",因此本案应当适用民间借贷相关规定。在(2018)最高法民终 306 号[③]案中,最高人民法院认为:"小额贷款公司虽是经政府金融监管部门批准设立并持有金融贷款业务经营牌照的企业法人,但因其特殊的业务范围,尚不属于正规的金融机构,故一审确定本案为民间借贷纠纷正确。"

在金融监管趋严并加大对小额贷款行业的资质审批与业务管理的形势下,无论小贷公司被定性为金融机构与否,在"金融服务实体"的裁判理念影响下,法院均可能参照适用民间借贷利率标准。最高人民法院 2017 年发布《关于充分发挥审判职能作用为企业家创新创业营造良好法治环境的通知》(法〔2018〕1 号)明确指出:"依法保护企业家的自主经营权。加强金融审判工作,促进金融服务实体经济。对商业银行、典当公司、小额贷款公司等金融机构以不合理收费变相收取高息的,参照民间借贷利率标准处理,降低企业融资成本。"

应对建议:在相关部门出台新规对金融借贷利率保护上限作出规定之前,司法实践普遍做法仍是依据最高人民法院 2017 年出台的《关于进一步加强金融审判工作的若干意见》对金融借款合同按照年利率 24% 上限调减利息和变相利息。但是,调减并非无条件适用,仍应以相关"费用过高,显著背离实际损失"为前提。此外,已经有部分地方金融监管部门出台更有针对性的文件,如 2019 年上海市地方金融监督管理局出台《关于进一步促进本市融资租赁公司、商业保理公司、典当行等三类机构规范健康发展强化事中事后监管的若干意见》(沪金规〔2019〕1 号),明确规定:"(十三)本市三类机构应当严守风险底线,切实遵守相关法律、法规、行业监管制度,规范自身经营行为……7. 不得超过有关行业监管制度规定的标准向客户收取费用、利息;相关行业监管制度没有具体规定的,向客户收取费用、利息不得违

---

① 最高人民法院民事审判第二庭编著:《〈全国法院民商事审判工作会议纪要〉理解与适用》,人民法院出版社 2019 年版,第 333 页。

② 参见最高人民法院民事裁定书(2016)最高法民申 2827 号。

③ 最高人民法院民事判决书(2018)最高法民终 306 号。

反最高人民法院关于民间借贷利率的相关规定。”金融借贷资金融出方和融入方不仅要及时关注司法裁判观点的变化、法律和司法解释的修订,也要对地方监管政策的动态变化保持敏感,对自身经营行为合规性进行及时调整。

另外,从名股实债案件的案例检索结果来看,法院一般认为自然人、法人之间的投资合同适用民间借贷的相关规定,计算利息的方式主要包括:参照全国银行间同业拆借中心公布的贷款市场报价利率(LPR)计付、协议约定利率或股权溢价款(过高则调减,过高的标准在2020年《民间借贷司法解释》修订前为24%,修订后为LPR的四倍);投资人为金融机构的,法院则一般认为适用金融借款的相关规定,利息计算方式为按协议约定计算利率(超过24%则调减)。

修订前后的《民间借贷司法解释》均规定,出借人与借款人同时约定了逾期利率、违约金或其他费用时,出借人可以选择主张逾期利息、违约金或者其他费用,也可以一并主张,但总计超过规定上限的部分,人民法院不予支持。关于前述的“其他费用”部分,最高法在(2021)最高法民申1140号案①中认为,“律师费等实现债权的费用系因借款人未按照约定偿还借款,导致债权人产生的费用支出和损失,非债权人基于借款合同所直接获得的金钱利益,不属于其他费用的范围”。因此,律师费等实现债权的费用可在规定上限之外主张。

综合上文所述,建议金融机构投资人在考虑是否以名股实债模式投资时,在投资额的24%以内预估最大年收益,其他投资人则在年利率4倍LPR以内预估为宜。

诚然,“债+担保”未必能涵盖名股实债的交易实质,适用借贷合同法律关系之下的利息调整未必能够适用于名股实债交易中。将名股实债或股权让与担保抽象至传统的“债+担保”的范式中去,单纯适用两种典型合同的二元论思维作出判断,可能会忽略一些交易中特定的交易安排、合同条款、双方的权利义务及责任后果。如遇争议,在考虑利息适用借贷合同法律关系相关规定进行调整之前,仍应从交易合同本身出发,遵从合同中的非典型约定以确定当事人之间权利义务关系,以探求、保护和实现当事人的真实意思。

---

① 参见最高人民法院民事裁定书(2021)最高法民申1140号。

第四章　贷款及担保业务

- 《民法典》与贷款业务
- 《民法典》对贷款本身的影响及应对
- 《民法典》对不动产抵押的影响
- 《民法典》对动产抵押与质押的影响
- 《民法典》对保证制度的影响
- 《民法典》对公司对外担保的影响

第一节　《民法典》与贷款业务

一、贷款业务发展概况

关于涉贷款业务的各类金融机构发展状况：截至2021年6月30日，全国共有4608家银行业金融机构，共有国有大型商业银行6家、股份制商业银行12家、政策性银行2家、住房储蓄银行1家、城市商业银行130家、民营银行19家、外资法人银行41家。[①] 截至2021年6月30日，全国共有信托公司68家、金融资产管理公司5家、贷款公司7家、金融租赁公司71家、企业财务集团公司257家、汽车金融公司25家、消费金融公司29家。[②] 截至2021年6月30日，全国共有证券公司139家。[③] 截至2021年3月末，全国共有小额贷款公司6841家。[④] 截至2019年年末，全国共有典当企业8397家。[⑤]

关于各类金融机构主要贷款业务的发展状况：一是银行业贷款业务发展状况，截至2019年年末，金融机构本外币各项存款余额198.16万亿元，同比增长8.57%；金融机构本外币各项贷款余额158.6万亿元，同比增长11.89%。[⑥] 二是信托公司贷款业务发展状况，截至2019年年末，全国68家信托公司管理的信托资产合计21.6万亿

---

① 参见中国银行保险监督管理委员会：《银行业金融机构法人名单（截至2021年6月30日）》，载http://www.cbirc.gov.cn/cn/view/pages/govermentDetail.html? docId=1002746&itemId=863&generaltype=1，2021年10月8日访问。

② 参见中国银行保险监督管理委员会：《银行业金融机构法人名单（截至2021年6月30日）》，载http://www.cbirc.gov.cn/cn/view/pages/govermentDetail.html? docId=1002746&itemId=863&generaltype=1，2021年10月8日访问。

③ 参见中国证券业协会：《证券公司2021年上半年度经营数据》，载https://www.sac.net.cn/hysj/zqgsjysj/202107/t20210723_146991.html，2021年10月8日访问。

④ 参见中国人民银行：《2021年一季度小额贷款公司统计数据报告》，载http://www.pbc.gov.cn/goutongjiaoliu/113456/113469/4238459/index.html，2021年10月8日访问。

⑤ 参见中国银保监会有关部门负责人就《关于加强典当行监督管理的通知》答记者问，载http://www.cbirc.gov.cn/cn/view/pages/ItemDetail.html? docId=907194&itemId=916&generaltype=0，2021年10月8日访问。

⑥ 参见中国人民银行：《中国金融稳定报告（2020）》，载http://www.pbc.gov.cn/goutongjiaoliu/113456/113469/4122054/index.html，2021年10月8日访问。

元,其中管理的资金信托资产合计 17.94 万亿元。① 三是企业财务公司贷款业务发展状况,2020 年财务公司行业资产继续保持平稳增长态势,年末表内外资产规模 11.34 万亿元,同比增长 9.83%,行业信贷规模达 3.68 万亿元,同比增长 10.97%。② 四是小额贷款公司贷款业务发展状况,2021 年一季度贷款余额 8653 亿元,减少 212 亿元。③ 五是消费金融贷款业务发展状况,截至 2020 年年末,消费金融公司资产规模首次突破 5000 亿元,达 5246.49 亿元,同比增长 5.18%;贷款余额 4927.8 亿元,同比增长 4.34%;累计服务客户 16339.47 万人,同比增长 28.37%。④ 六是汽车金融公司贷款业务发展状况,2020 年中国汽车金融公司资产规模为 9774.8 亿元,较 2019 年的 9063.7 亿元同比增长 7.85%,零售贷款余额为 7820.2 亿元,库存批发贷款余额为 1046.5 亿元。⑤ 七是典当贷款业务发展状况,截至 2019 年年末,全国典当企业注册资本 1722.6 亿元,资产总额 1602.7 亿元,典当余额992.86 亿元,2019 年 1—12 月,全行业实现典当总额 2860.48 亿元,典当企业较 2018 年减少了 260 家,但典当行业发展总体平稳,业务继续保持小额、短期特色。⑥

二、金融机构一般贷款业务的主要类型

(一)银行贷款

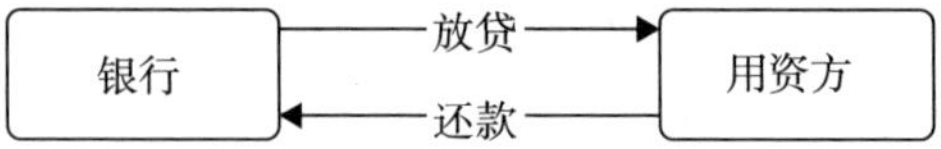

(担保措施:不动产抵押、动产抵质押、第三人保证)

图 4-1 银行贷款示意

---

① 参见中国银保监会有关部门负责人就《信托公司资金信托管理暂行办法(征求意见稿)》答记者问,载 http://www.cbirc.gov.cn/cn/view/pages/ItemDetail.html? docId = 902891&itemId = 916&generaltype = 0,2021 年 10 月 8 日访问。

② 参见中国财务公司协会:《中国企业集团财务公司行业发展报告(2021)》,载 https://www.cnafc.org/cnafc/front/detail.action? id = 23B82F9B60174B768AFA4B5B129B9423,2021 年 10 月 8 日访问。

③ 参见中国人民银行:《2021 年一季度小额贷款公司统计数据报告》,载 http://www.pbc.gov.cn/goutongjiaoliu/113456/113469/4238459/index.html,2021 年 10 月 8 日访问;中国人民银行:《2019 年小额贷款公司统计数据报告》,载 http://www.pbc.gov.cn/goutongjiaoliu/113456/113469/4061852/index.html,2021 年 10 月 8 日访问。

④ 参见中国银行业协会:《中国消费金融公司发展报告(2021)》,载 https://www.china-cba.net/Index/show/catid/218/id/39770.html,2021 年 10 月 8 日访问。

⑤ 参见产业信息网:《2021 年中国汽车金融行业市场发展情况分析》,载 https://www.chyxx.com/industry/202108/968193.html,2021 年 10 月 8 日访问。

⑥ 参见中国银保监会有关部门负责人就《关于加强典当行监督管理的通知》答记者问,载 http://www.cbirc.gov.cn/cn/view/pages/ItemDetail.html? docId = 907194&itemId = 916&generaltype = 0,2021 年 10 月 8 日访问。

（二）委托贷款

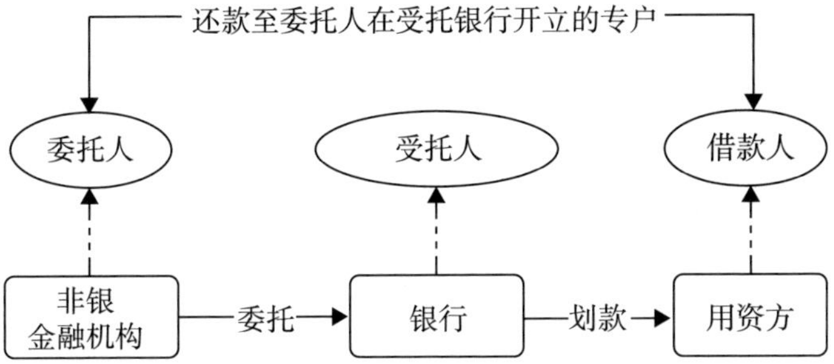

图 4-2　委托贷款示意

（三）信托贷款

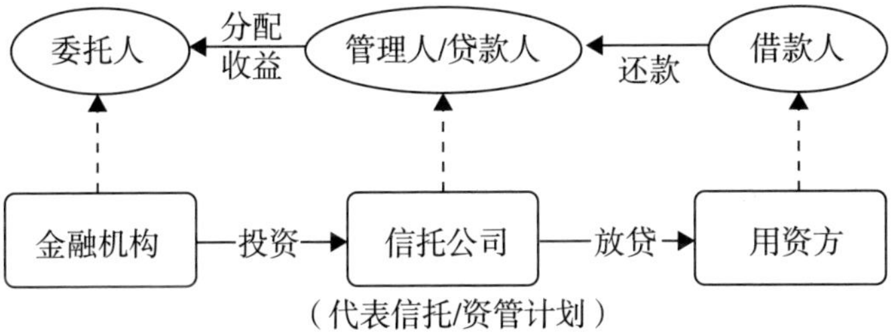

图 4-3　信托贷款示意

（四）“变相”贷款

1. 名股实债

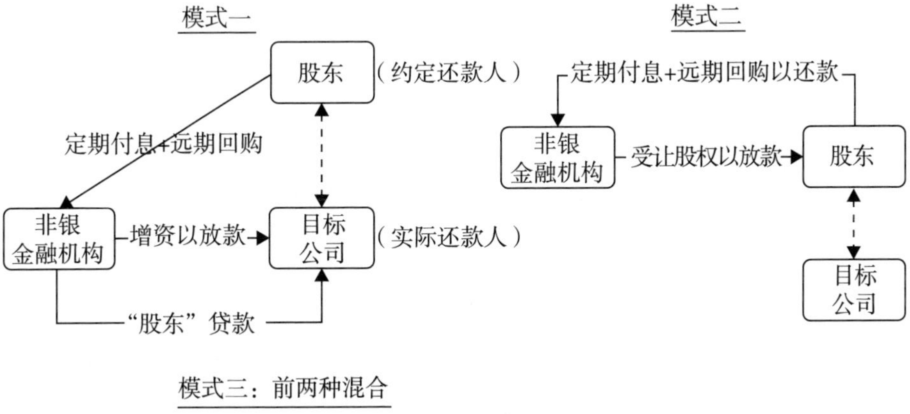

图 4-4　名股实债示意

2. 名为融资租赁实为贷款

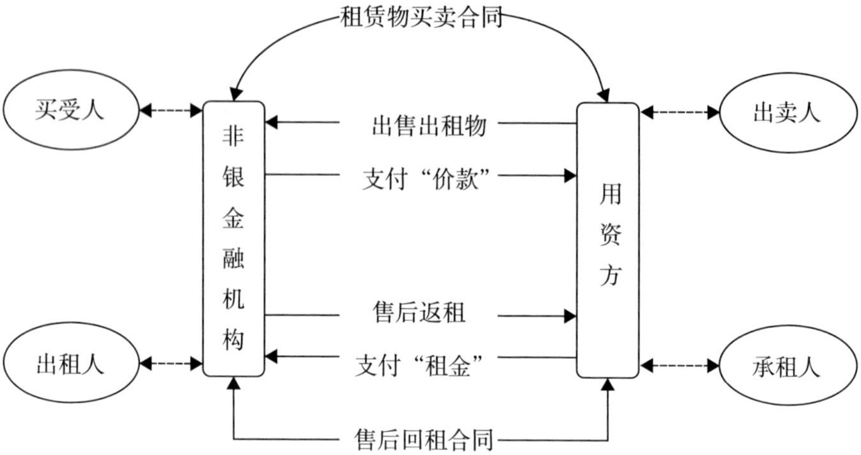

图 4-5　名为融资租赁实为贷款示意

3. 名为信托受益权买入返售实为贷款

模式一:

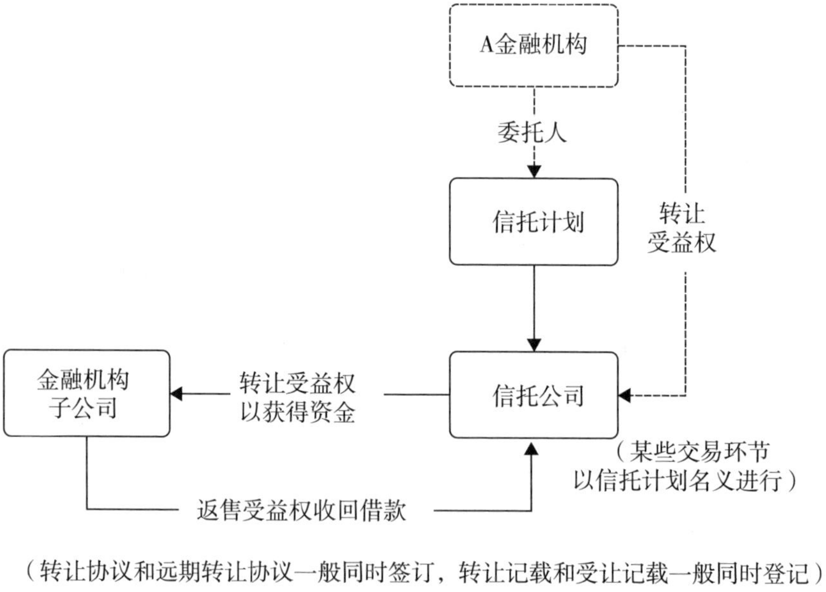

图 4-6　名为信托受益权买入返售实为贷款(模式一)示意

模式二：

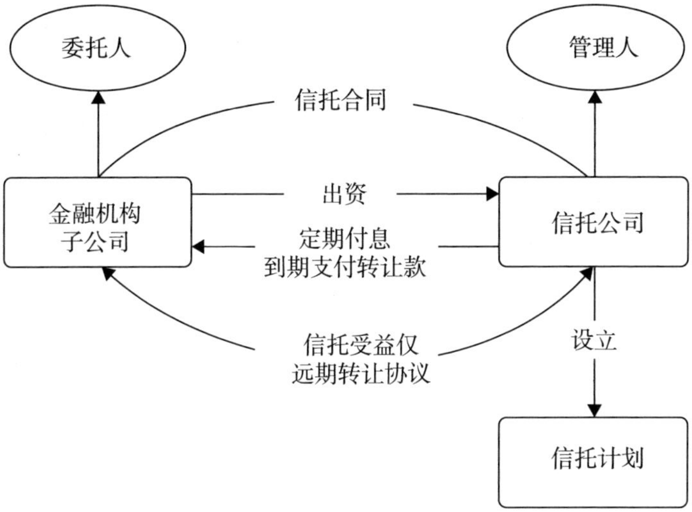

（信托合同和远期转让协议一般同时签订，转让记载和受让记载一般同时登记）

图 4-7　名为信托受益权买入返售实为贷款(模式二)示意

三、《民法典》涉及贷款业务的重大修改

(一)贷款业务的规制

《民法典》"借款合同"章第 680 条新增"禁止高利放贷,借款的利率不得违反国家相关规定"等规定。2019 年,最高人民法院出台《九民纪要》,《民法典》颁布后,最高人民法院又颁布了《民间借贷司法解释》(2020 第二次修正),对金融机构从事的贷款业务和民间借贷进行规制,贷款业务规制的各项政策对从事贷款业务或实为贷款业务的各类金融机构均有一定影响。

1. 违法放贷的规制

《银行业监督管理法》第 19 条规定:"未经国务院银行业监督管理机构批准,任何单位或者个人不得设立银行业金融机构或者从事银行业金融机构的业务活动。"根据法律规定,只有经过银保监会批准的金融机构才能从事营业性放贷业务,具有放贷资格的金融机构一般不会涉及违法放贷的问题。但实践中,除了前述一般的贷款业务外,还有大量的金融机构以其他各种形式从事贷款业务,如信托公司或资管公司以其设立的合伙企业的名义从事贷款或委托贷款业务、金融租赁公司进行的实质为贷款的售后回租交易、金融机构从事的股债投资或名股实债交易等等。

这些交易的"表面主体"大多不具有放贷资质,故这些"表面主体"及其交易属于《民法典》及相关司法文件对于民间借贷的规制范围,一旦放贷行为因违反规制规则被认定无效,将会对原约定的收益及担保的有效性产生重大影响,金融机构应予以重视和注意。

《民法典》及相关司法文件展现了立法及司法从以下两方面对贷款业务进行规制:

1.1　职业放贷无效

《银行业监督管理法》第 19 条规定:"未经国务院银行业监督管理机构批准,任何单位或者个人不得设立银行业金融机构或者从事银行业金融机构的业务活动。"

2019 年 7 月 23 日,最高人民法院、最高检、公安部、司法部联合发布《关于办理非法放贷刑事案件若干问题的意见》,该意见第 1 条规定:"违反国家规定,未经监管部门批准,或者超越经营范围,以营利为目的,经常性地向社会不特定对象发放贷款,扰乱金融市场秩序,情节严重的,依照刑法第二百二十五条第(四)项的规定,以非法经营罪定罪处罚。前款规定中的'经常性地向社会不特定对象发放贷款',是指 2 年内向不特定多人(包括单位和个人)以借款或其他名义出借资金 10 次以上。贷款到期后延长还款期限的,发放贷款次数按照 1 次计算。"2019 年 11 月 8 日,最高人民法院发布《九民纪要》,其第 53 条规定:"[职业放贷人]未依法取得放贷资格的以民间借贷为业的法人,以及以民间借贷为业的非法人组织或者自然人从事的民间借贷行为,应当依法认定无效。同一出借人在一定期间内多次反复从事有偿民间借贷行为的,一般可以认定为是职业放贷人。民间借贷比较活跃的地方的高级人民法院或者经其授权的中级人民法院,可以根据本地区的实际情况制定具体的认定标准。"

近年来,各地法院也就职业放贷的认定和处理发布一系列司法文件,其中多地直接明确规定对民间借贷的规制同样适用于非银行业金融机构。比如:河南省高级人民法院《关于进一步规范民间借贷案件审理的通知》第 5 条规定,对于典当公司、融资租赁公司、保证保险公司等进行的借贷行为应按照民间借贷规则对借贷行为合法性、贷款资质、资金来源、与出借人关系等进行审查;天津市高级人民法院《天津法院民间借贷案件审理指南(试行)》第 21 条规定,对于职业放贷行为的审查,应从贷款人是否依法取得放贷资格等方面进行审查。此外,浙江、江苏、山东等地法院建立了"职业放贷人名录制度",对一定期限内在相应区域内涉及借贷案件达到一定数量的主体,将其直接纳入名录,对其借款行为按无效认定。

立法及司法对于职业放贷的规制日渐严格,这种规制可能同样适用于未依法取得放贷资格的金融机构或其子公司从事的委托贷款、"变相"贷款业务,金融机构应予重视。

1.2　高利转贷无效

《民间借贷司法解释》(2020 第二次修正)第 13 条规定:“具有下列情形之一的,人民法院应当认定民间借贷合同无效:(一)套取金融机构贷款转贷的;(二)以向其他营利法人借贷、向本单位职工集资,或者以向公众非法吸收存款等方式取得的资金转贷的……”《九民纪要》第 52 条规定:“[高利转贷]民间借贷中,出借人的资金必须是自有资金。出借人套取金融机构信贷资金又高利转贷给借款人的民间借贷行为,既增加了融资成本,又扰乱了信贷秩序,根据民间借贷司法解释第 14 条第 1 项的规定,应当认定此类民间借贷行为无效。人民法院在适用该条规定时,应当注意把握以下几点:一是要审查出借人的资金来源。借款人能够举证证明在签订借款合同时出借人尚欠银行贷款未还的,一般可以推定为出借人套取信贷资金,但出借人能够举反证予以推翻的除外;二是从宽认定‘高利’转贷行为的标准,只要出借人通过转贷行为牟利的,就可以认定为是‘高利’转贷行为;三是对该条规定的‘借款人事先知道或者应当知道的’要件,不宜把握过苛。实践中,只要出借人在签订借款合同时存在尚欠银行贷款未还事实的,一般可以认为满足了该条规定的‘借款人事先知道或者应当知道’这一要件。”

从《民间借贷司法解释》(2015)到《九民纪要》再到《民间借贷司法解释》(2020 第二次修正),最高人民法院逐步扩大了高利转贷无效合同的范围。《民间借贷司法解释》(2015)第 14 条[①]规定,高利转贷需具备两个要件:一是套取资金高利转贷,二是借款人事先知道或应当知道。《九民纪要》降低了高利转贷的认定标准,规定只要牟利即可认定为“高利”,而对于“借款人事先知道或者应当知道的”,只要出借人在签订借款合同时存在尚欠银行贷款未还的,即可认定构成“知道或应当知道”。《民间借贷司法解释》(2020 第二次修正)第 13 条则直接去掉了“借款人事先知道或应当知道”这一要件,扩大了高利转贷无效合同的范围。关于高利的标准,最高人民法院民事审判第一庭在《最高人民法院新民间借贷司法解释理解与适用》中则进一步放宽,指出转贷未获利亦应认定为无效。[②]

故对于高利转贷,司法审判呈现出无效合同范围持续扩张、认定标准不断降低等两种趋势,未依法取得放贷资格的金融机构或其子公司应予以注意。

---

① 《民间借贷司法解释》(2015)第 14 条规定:“具有下列情形之一,人民法院应当认定民间借贷合同无效:(一)套取金融机构信贷资金又高利转贷给借款人,且借款人事先知道或者应当知道的;(二)以向其他企业借贷或者向本单位职工集资取得的资金又转贷给借款人牟利,且借款人事先知道或者应当知道的……”

② 参见最高人民法院民事审判第一庭编著:《最高人民法院新民间借贷司法解释理解与适用》,人民法院出版社 2021 年版,第 232—233 页。

2. 融资成本的下调

《民法典》第十二章(借款合同)第680条新增规定:“禁止高利放贷,借款的利率不得违反国家有关规定。”

从实务看,金融机构贷款业务大致可划分为四种类型:一是具备贷款资质的银行业金融机构或其他金融机构从事的金融贷款业务;二是不具备贷款资质的金融机构经批准从事的类贷款业务,如证券公司、保险公司进行的融资融券业务、股票质押式回购业务、保单质押贷款业务;三是不具备贷款资质的非银行业金融机构自身或通过其子公司或下设合伙企业从事的一般贷款、委托贷款业务或名股实债之变相贷款业务;四是从事特定领域业务如融资租赁、保理业务等的金融机构从事的“名为××”“实为借款”的变相贷款业务。不具备贷款资质的金融机构从事的一般贷款、变相贷款业务亦可能属于民间借贷规制的范围,故本书所述的金融机构一般贷款业务既包括金融贷款又包括可纳入到民间借贷规制范围的一般贷款和变相贷款业务,还包括金融机构通过设立的合伙企业或子公司进行的一般贷款、委托贷款和变相贷款业务。从《民法典》《九民纪要》及《民间借贷司法解释》(2020第二次修正)看,立法及司法对金融机构一般贷款业务利息的规制主要有二:

2.1 下调利率水平

过去民商事审判实践中,民间借贷利率泛化适用现象非常突出,鉴于缺乏针对金融借款的专门司法解释,法院在处理金融借款类纠纷时,一般实际参照民间借贷的相关规定处理。2019年7月,最高人民法院审判委员会专职委员刘贵祥法官在全国民商事审判工作会议讲话中指出,应注意区别对待金融借贷与民间借贷,适用不同的规则和利率标准。2019年11月8日,最高人民法院出台的《九民纪要》,以司法文件形式对刘贵祥专委的讲话精神进行了确认。2020年12月29日,最高人民法院同步发布《民间借贷司法解释》(2020第二次修正)和《最高人民法院关于新民间借贷司法解释适用范围问题的批复》。自此,我国借贷利率规范体系的二元化特征开始呈现:民间借贷利率由《民间借贷司法解释》规制,金融借款利率由最高人民法院以司法文件的形式另行规范。

2021年1月1日,第二次修正后的《民间借贷司法解释》(2020第二次修正)正式施行。民间借贷利率司法保护上限由过去的以年利率24%和36%为基准的“两线三区”调整为一年期贷款市场报价利率(一年期LPR)的4倍。

而关于金融借款利率,近些年来,最高人民法院亦先后以出台司法文件的形式进行规制。2017年8月4日,最高人民法院发布《关于进一步加强金融审判工作的若干意见》(法发〔2017〕22号),其第2条第2款规定:“金融借款合同的借款人以贷款人同时主张的利息、复利、罚息、违约金和其他费用过高,显著背离实际损失为由,请求对总计超过年利率24%的部分予以调减的,应予支持,以有效降低实体经济的融资成本。”该文件确定的“24%”实际是参照了《民间借贷司法解释》(2015)的相关标准,但其行文为“年利率24%”,而非“参照民间借贷的年利率24%”。故在《九民纪要》明确“金融借贷与民间借贷适用不同的规则和利率标准”的背景下,《民间借贷司法解释》(2020第二次修正)出台后,由于最高人民法院并未出台相关文件对《关于进一步加强金融审判工作的若干意见》中的“24%”进行调整,从而导致在一段时期内,各地法院对于金融借款是否适用民间借贷相关解释陷入争议。后最高人民法院对此以批复的形式进行了纠正。目前,司法实践中的多数案例认为金融借款利率高限应受年利率24%规制,而不适用《民间借贷司法解释》(2020第二次修正)规定的利率上限标准。

2.2　规制变相利息

实务中,基于业绩考核或满足内部收入分配的需求,金融机构在收取正式借款合同约定的利息之外,往往通过签订财务顾问服务协议、资金监管协议等另行向借款人收取财务顾问费、咨询费、手续费、管理费及相关费用,这些费用虽不直接表现为利息,但实际上与借款息息相关。

近年来,本着“金融服务实体经济发展”和“降低实体经济融资成本”的基本理念,立法及司法对于变相利息的规制日渐严格。《九民纪要》第三部分第3节明确规定,人民法院在审理借款合同纠纷案件过程中,要根据防范化解重大金融风险、金融服务实体经济、降低融资成本的精神进行审判。《九民纪要》第51条[变相利息的认定]亦规定:“金融借款合同纠纷中,借款人认为金融机构以服务费、咨询费、顾问费、管理费等为名变相收取利息,金融机构或者由其指定的人收取的相关费用不合理的,人民法院可以根据提供服务的实际情况确定借款人应否支付或者酌减相关费用。”

(二)担保制度的理念性变革

1. 担保范围的扩张:从形式化的担保理念到功能化的担保理念

我国原《担保法》和《物权法》沿用的是大陆法系形式化的担保立法理念。形式化担保理念之下,担保物权的种类和内容进行严格的类型化,划分为抵押、质押、留置和定金。原《物权法》第5条规定:“物权的种类和内容,由法律规定。”我国过去实定法中的物权法定原则,要求物权的内容包括物权的标的、可设置担保物权的标的物范围,均应由法律规定,超出法律规定设定的担保,因违反物权法定原则而应无效。随着经济发展,这一理念已经远远不能满足经济和社会发展对于担保的需求。由此导致新生的担保种类与物权法定主义冲突加剧,司法实践中对于新生担保尤其是中小企业提供的动产和权利担保如何处理已成为长期困扰法院的难题,各地判决莫衷一是,裁判标准严重不一。在此背景之下,中国人民银行亦提出了对我国动产与权利担保法律框架进行大改的诉求。[①] 此外,在世界银行历年的营商环境评估中,我国连续六年在“获得信贷便利度--合法权利保护力度指数”一项仅得4分(满分12分),成为制约我国在世界银行营商环境调查中总体排名的短板,而评估专家介绍的原因主要有:我国未在法律层面建立统一的动产担保制度、我国不允许对担保品进行概括性描述、我国不存在统一的担保登记机构和统一的动产担保公示系统、我国不允许对担保利益进行自动延伸等。[②]

与形式化的担保理念相对应的是功能化的担保理念,功能化的担保理念主要是指法律不区分抵押、质押、所有权保留等担保形式,而是适用统一的设立、对抗、优先顺位和执行规则,功能主义尤其强调某些交易形式虽表面上并非创设担保物权,但若与担保功能等同,亦应纳入统一的规则进行调整,如所有权保留、融资租赁等。[③] 功能主义的担保理念最早源于美国《统一商法典》第九编,目前为联合国贸易法委员会创设的担保交易示范法、欧盟担保交易示范法及多个国际法律文件所借鉴,具有一定的领先性。

《民法典》吸收了功能主义担保理念。《民法典》第388条规定,担保合同包括抵押合同、质押合同和其他具有担保功能的合同。其他具有担保功能的合同包括融资租赁、保理、所有权保留等非典型担保合同。[④] 由此,《民法典》形成了由传统形式主义担保之下的质押、留置、定金等典型担保和功能主义担保之下的融资租赁、保理、所有权保留、让与担保等非典型担保组成的担保体系,从形式化开始迈向功能化,但尚未完全达到功能化。[⑤] 而《民法典》采用“其他具有担保功能”进行描述,似乎亦为非典型担保未来扩张和进一步向功能化迈进留下了空间。

2. 动产和权利担保体系的构建:登记和对抗顺位的统一

《民法典》对我国动产和权利担保体系进行了重大改革,具体而言可分为六个环环相扣的步骤:一是扩充担保范围,消灭隐形担保;二是删除原《物权法》关于登记机构的规定,建立统一的编成主义的登记簿;三是构建统一的担保物权优先顺位规则;四是防止金融交易侵蚀日常民事交易,扩张正常经营活动中的买受人适用范围;五是合并浮动抵押与一般抵押的登记对抗规则;六是为防止强浮动抵押将债务人再融资渠道全部堵死,引入价款超级优先权规则。这六个步骤形成一个完整的

---

① 参见龙俊:《民法典中的动产和权利担保体系》,载《法学研究》2020年第6期。

② 参见纪海龙:《民法典动产与权利担保制度的体系展开》,载《法学家》2021年第1期。

③ 参见同上注。

④ 参见王晨:《〈关于《中华人民共和国民法典(草案)》的说明〉》,载 https://alphalawyer.cn/#/app/tool/lawsResult/%7B%5B%5D,%7D/detail/%7Bf346d218446dd70540ce239b103593a,%20%7D? relation=80833936&queryId=b2d7dd54b9ae11e9bd8a7cd30ae48328,2021年10月3日访问。

⑤ 参见朱虎:《详细解读〈民法典〉动产和权利担保的制度》,载 http://blog.sina.com.cn/s/blog_540752bd0102zlbo.html,2021年10月7日访问。

极简体系，步步相扣、互为犄角、缺一不可。①

《民法典》颁布之后，国务院和中国人民银行已经开始着手建立统一的动产抵押和权利质押登记系统。2020 年 12 月 22 日，国务院发布《关于实施动产和权利担保统一登记的决定》，明确："一、自 2021 年 1 月 1 日起，在全国范围内实施动产和权利担保统一登记。二、纳入动产和权利担保统一登记范围的担保类型包括：（一）生产设备、原材料、半成品、产品抵押；（二）应收账款质押；（三）存款单、仓单、提单质押；（四）融资租赁；（五）保理；（六）所有权保留；（七）其他可以登记的动产和权利担保，但机动车抵押、船舶抵押、航空器抵押、债券质押、基金份额质押、股权质押、知识产权中的财产权质押除外。三、纳入统一登记范围的动产和权利担保，由当事人通过中国人民银行征信中心（以下简称征信中心）动产融资统一登记公示系统自主办理登记……"目前，中国人民银行正在制定动产和权利担保实施细则。

《民法典》之下，动产和权利担保统一的优先顺位体系已基本建立，具体而言：正常经营活动中的买受人权利>价款超级优先权>登记或交付在先动产和权利担保权>登记或交付在后动产和权利担保权。

另需说明的是，根据《民法典》，抵押权不得对抗正常经营活动中的买受人，亦即一旦买受人属于正常经营活动中的买受人，抵押权失去实际意义。对于该问题，美国《统一商法典》第 9 编设置了储蓄账户担保制度和担保收益延伸制度，②以有效保障担保权人对担保物处置回款的控制。《民法典》编撰过程中也曾有人提出增加规定担保品收益自动归属担保物权的优先受偿范围，以弥补担保品被正常经营活动中买受人买走之后担保物权人在担保财产额度上的损失，但最终没有被采用。③《民法典》本身并未解决前述问题，但《民法典担保制度解释》对保证金质押制度进行了完善，似乎意在解决前述问题。《民法典担保制度解释》第 70 条规定："债务人或者第三人为担保债务的履行，设立专门的保证金账户并由债权人实际控制，或者将其资金存入债权人设立的保证金账户，债权人主张就账户内的款项优先受偿的，人民法院应予支持。当事人以保证金账户内的款项浮动为由，主张实际控制该账户的债权人对账户内的款项不享有优先受偿权的，人民法院不予支持。在银行账户下设立的保证金分户，参照前款规定处理。当事人约定的保证金并非为担保债务的履行设立，或者不符合前两款规定的情形，债权人主张就保证金优先受偿的，人民法院不予支持，但是不影响当事人依照法律的规定或者按照当事人的约定主张权利。"

---

① 参见龙俊：《民法典中的动产和权利担保体系》，载《法学研究》2020 年第 6 期。

② 参见《美国统一商法典》，潘琪译，法律出版社 2018 年版，第 522—551 页。

③ 参见龙俊：《民法典中的动产和权利担保体系》，载《法学研究》2020 年第 6 期。

3. 担保物可概括性描述:特定化的缓和

过去司法实践中,部分观点认为动产担保应成立于特定财产之上、担保期间财产不能变动,应根据具体参数锁定质押财产范围、固化质押财产形态,以"固定"评判担保物是否"特定化",并以此认为流动质权领域的价值或数量特定不符合特定化之基本要求。

《民法典担保制度解释》第53条规定:"当事人在动产和权利担保合同中对担保财产进行概括描述,该描述能够合理识别担保财产的,人民法院应当认定担保成立。"《民法典担保制度解释》第55条规定:"债权人、出质人与监管人订立三方协议,出质人以通过一定数量、品种等概括描述能够确定范围的货物为债务的履行提供担保,当事人有证据证明监管人系受债权人的委托监管并实际控制该货物的,人民法院应当认定质权于监管人实际控制货物之日起设立。"《民法典》第400条和第427条亦将担保合同条款中担保物描述简化,去掉了质量、状况、所在地、所有权归属或使用权归属等内容。

概括性描述体现了担保物权特定化的缓和,但概括性描述的底线是可对担保财产合理识别,以达到使当事人在办理登记或交付担保物时可以特定化。[①] 在特定化缓和的背景下,未来担保业务中,担保物权人无须再对抵押财产的范围详细列明,比如,以全部财产抵押的,可以写"以现有的或者将有的全部动产抵押",以部分财产抵押的,可以写"以现有的或者将有的鱼产品、蔬菜、水果抵押"[②]。但对于概括性描述需达到的"合理识别"之标准,目前仍存较大争议,需进一步关注最新司法政策和登记政策。

概括性描述无疑将方便金融机构设立强流动担保,推动供应链金融业务发展,也将为中小企业融资提供便利。

4. 抵押财产可以转让:担保财产的充分利用

原《物权法》之下,抵押人未经抵押权人同意不得转让抵押财产,而债权人往往设置较低的抵押率,从而导致抵押人在抵押期间无法充分利用抵押物的剩余价值。《民法典》第406条规定,抵押人可以不经抵押权人同意转让抵押财产,但抵押财产转让后,抵押权不受影响。为了充分发挥抵押财产的交换价值,促进物尽其用、货畅其流,便于抵押人通过物的流转创造财富,《民法典》新增这一制度。[③]

但在《民法典》最新规定及现行登记规则之下,抵押权人可以另行约定限制转

---

① 参见最高人民法院民事审判第二庭:《最高人民法院民法典担保制度司法解释理解与适用》,人民法院出版社2021年版,第465—466页。

② 黄薇主编:《中华人民共和国民法典物权编释义》,法律出版社2020年版,第484页。

③ 参见王利明:《担保物权制度的现代化与我国民法典的亮点》,载https://civillaw.com.cn/gg/t/?id=37361,2021年10月7日访问。

让并进行登记，亦可根据约定进行变更登记。金融机构可根据交易情况，选择或变更限制转让登记以保护自身债权，并可在贷款清收中通过变更登记推动抵押财产的高效率变现和债权清收。

5. 担保从属性进一步明确：担保当事人利益的衡平

金融机构在开展贷款业务时，为保障债权实现，往往约定担保合同单独生效、担保合同不因主合同无效而无效、担保人不履行担保义务要承担单独的违约赔偿责任等，弱化担保的从属性。过去司法实践对于担保从属性与当事人之间意思自治的冲突如何处理存在不同观点。《九民纪要》对于担保从属性进行了严格规定。

《民法典担保制度解释》进一步对担保从属性进行强调，其第 2 条规定担保合同的效力从属于主合同，第 3 条规定担保责任范围限于主合同责任范围。此外，《民法典担保制度解释》第 22 条新增担保债务破产停止计息规则，“人民法院受理债务人破产案件后，债权人请求担保人承担担保责任，担保人主张担保债务自人民法院受理破产申请之日起停止计息的，人民法院对担保人的主张应予支持”。担保从属性加强的主要考虑是，债权人在担保法律关系创设之初往往居于强势地位，极易向担保人强加超越于主债权的责任，而担保人承担这种责任之后又无法向主债务人追偿，这种额外责任严重损害了担保人的利益，影响了担保关系中各方权利义务的衡平。对于前述变更，金融机构应有所预期。

第二节　《民法典》对贷款本身的影响及应对

一、《民法典》及相关司法文件之下贷款合同的效力

《银行业监督管理法》第 19 条规定：“未经国务院银行业监督管理机构批准，任何单位或者个人不得设立银行业金融机构或者从事银行业金融机构的业务活动。”根据前述规定，未经国务院银行业监督管理机构批准，无论是金融机构还是其他民事主体均不得进行经营性放贷业务。目前有权从事发放贷款业务的机构主要有以下几类：一是银行，二是信托公司，三是小额贷款公司①，四是汽车

---

① 《中国银行业监督管理委员会、中国人民银行关于小额贷款公司试点的指导意见》第 4 条规定：“四、小额贷款公司的资金运用　小额贷款公司在坚持为农民、农业和农村经济发展服务的原则下自主选择贷款对象。小额贷款公司发放贷款，应坚持‘小额、分散’的原则，鼓励小额贷款公司面向农户和微型企业提供信贷服务，着力扩大客户数量和服务覆盖面。同一借款人的贷款余额不得超过小额贷款公司资本净额的 5%。在此标准内，可以参考小额贷款公司所在地经济状况和人均 GDP 水平，制定最高贷款额度限制。小额贷款公司按照市场化原则进行经营，贷款利率上限放开，但不得超过司法部门（转下页）

金融公司①,五是典当行②,六是财务公司③,七是贷款公司④,八是消费金融公司⑤。从过去司法实践看,不具备贷款资质的金融机构或金融机构子公司进行的非法放贷行为,存在因违反法律强制性规定或公序良俗、构成职业放贷、构成高利转贷等被认定无效的法律风险,金融机构应予防范。

(一)非法放贷存在因违反强制性规定或公序良俗被认定无效的风险

《民法典》第153条规定:"违反法律、行政法规的强制性规定的民事法律行为无效。但是,该强制性规定不导致该民事法律行为无效的除外。违背公序良俗的民事法律行为无效。"《九民纪要》第31条[违反规章的合同效力]规定:"违反规章一般情况下不影响合同效力,但该规章的内容涉及金融安全、市场秩序、国家宏观政策等公序良俗的,应当认定合同无效。人民法院在认定规章是否涉及公序良俗时,要在考察规范对象基础上,兼顾监管强度、交易安全保护以及社会影响等方面进行慎重考量,并在裁判文书中进行充分说理。"

近年来,金融安全和金融市场秩序愈来愈为监管机构和司法机关所重视。金融机构应当在批准的范围内开展相关业务,超业务范围进行放贷无疑将影响金融市场安全。过往司法实践对于金融机构超业务范围进行的放贷业务所签署的贷款合同效力争议不大。但随着"规范化"即法律仅保护合法金融交易的金融审判理念的加深,法院对不符合法律、行政法规和监管规定的交易的合同效力审查力度日渐

(接上页)规定的上限,下限为人民银行公布的贷款基准利率的0.9倍,具体浮动幅度按照市场原则自主确定。有关贷款期限和贷款偿还条款等合同内容,均由借贷双方在公平自愿的原则下依法协商确定。"

① 《汽车金融公司管理办法》第19条规定:"经中国银监会批准,汽车金融公司可从事下列部分或全部人民币业务……(六)提供购车贷款业务;(七)提供汽车经销商采购车辆贷款和营运设备贷款,包括展示厅建设贷款和零配件贷款以及维修设备贷款等;(八)提供汽车融资租赁业务(售后回租业务除外)……"

② 《典当管理办法》第25条规定:"经批准,典当行可以经营下列业务:(一)动产质押典当业务;(二)财产权利质押典当业务;(三)房地产(外省、自治区、直辖市的房地产或者未取得商品房预售许可证的在建工程除外)抵押典当业务……"第26条规定:"典当行不得经营下列业务:(一)非绝当物品的销售以及旧物收购、寄售;(二)动产抵押业务;(三)集资、吸收存款或者变相吸收存款;(四)发放信用贷款;(五)未经商务部批准的其他业务。"

③ 《企业集团财务公司管理办法》第28条规定:"财务公司可以经营下列部分或者全部业务……(五)办理成员单位之间的委托贷款及委托投资……(九)对成员单位办理贷款及融资租赁……"第29条规定:"符合条件的财务公司,可以向中国银行业监督管理委员会申请从事下列业务……(五)成员单位产品的消费信贷、买方信贷及融资租赁。"

④ 《贷款公司管理规定》第20条规定:"经银监分局或所在城市银监局批准,贷款公司可经营下列业务:(一)办理各项贷款……"

⑤ 《消费金融公司试点管理办法》第20条规定:"经银监会批准,消费金融公司可以经营下列部分或者全部人民币业务:(一)发放个人消费贷款……"第21条规定:"消费金融公司向个人发放消费贷款不应超过客户风险承受能力且借款人贷款余额最高不得超过人民币20万元。"

加大,金融机构非法放贷被认定无效的案例逐年增多。从过去司法判例来看,法院以金融机构不具有放贷资质而认定贷款合同无效的理由主要有两种:第一,以《九民纪要》第 31 条之路径,认为不具有放贷资质的金融机构发放贷款,超出了特许经营范围,扰乱了国家金融秩序,违背了国家金融安全、市场秩序方面公序良俗,其主要法律依据有:《银行业监督管理法》第 19 条规定:"未经国务院银行业监督管理机构批准,任何单位或者个人不得设立银行业金融机构或者从事银行业金融机构的业务活动。"原《非法金融机构和非法金融业务活动取缔办法》第 5 条第 1 款规定:"未经中国人民银行依法批准,任何单位和个人不得擅自设立金融机构或者擅自从事金融业务活动。"原《合同法司法解释一》第 10 条规定,"当事人超越经营范围订立合同,人民法院不因此认定合同无效。但违反国家限制经营、特许经营以及法律、行政法规禁止经营规定的除外";第二,认定《银行业监督管理法》第 19 条属于涉及金融安全、市场秩序、国家宏观政策等公共秩序的强制性效力性法律规定,金融机构不具备贷款资质而进行的放贷"违反法律、行政法规的强制性规定",贷款合同应无效,其主要法律依据是《银行业监督管理法》第 19 条,《贷款通则》第 21 条①及《民法典》第 153 条(原《合同法》第 52 条第 5 项)。

现有司法判例认定金融机构贷款合同无效主要集中在:

一是金融资产管理公司进行的放贷无效。在(2020)最高法民终 537 号案中,最高人民法院即认为《银行业监督管理法》第 19 条涉及金融安全、市场秩序、国家宏观政策等公共秩序,属于强制性效力规定,作为四大国有资产管理公司之一的某金融资产管理公司,不是银行业金融机构,经营范围不包括贷款业务,其未经批准从事贷款业务,违反上述规定,借款关系无效。

二是金融租赁和融资租赁公司进行的放贷无效。在(2019)川 0703 民初 7132 号案中,四川绵阳涪城区法院认为,民生金融租赁股份有限公司无发放贷款的金融资质,不能从事贷款发放业务,其直接与借款人签订抵押协议的方式从事放贷金融业务,违反了法律法规关于金融放贷资质监管的强制性规定,故借款合同无效。在(2020)湘 03 民终 1854 号案中,湖南湘潭市中级人民法院和湘潭县法院认为,创格融资租赁有限公司进行的名为融资租赁实为借贷交易,实际上属于民间借贷,其擅自非法发放贷款,构成非法经营,其签署的《车辆融资租赁合同》违反法律强制性规定,属于无效合同。

三是商业保理公司进行的放贷无效。在(2020)沪 0115 民初 16483 号案中,上海浦东区法院认为,商业保理公司原来由商务部负责监管,目前由银保监会负责监

① 《贷款通则》第 21 条规定:"贷款人必须经中国人民银行批准经营贷款业务,持有中国人民银行颁发的《金融机构法人许可证》或《金融机构营业许可证》,并经工商行政管理部门核准登记。"

管,具备准金融机构的特点,但根据《商务部关于商业保理试点有关工作的通知》的规定,商业保理公司为企业提供贸易融资、销售分户账管理、客户资信调查与评估、应收账款管理与催收、信用风险担保等服务,不得从事吸收存款、发放贷款等金融活动,商业保理公司应在监管机构允许的经营范围内从事业务,上海德银商业保理有限公司作为准金融机构,名义上代被告向保险公司缴纳保险费,其行为实质上是向被告发放贷款,具备了经营性特征,亦非为解决资金困难或生产急需偶然为之,故其违反了《银行业监督管理法》和原《合同法司法解释一》中关于"国家限制经营、特许经营"的强制性规定,符合《合同法》第52条规定的合同无效情形。

四是融资担保公司直接从事的放贷无效。在(2019)陕0204民初1876号[①]案中,陕西铜川耀州区法院认为,根据国务院2010年3月8日批准公布实施的《融资性担保公司暂行管理办法》第21条第1款第2项的规定"融资性担保公司不得从事下列活动:(二)发放贷款"及《银行业监督管理办法》第19条的规定"未经国务院银行业监督管理机构批准,任何单位或者个人不得设立银行业金融机构或者从事银行业金融机构的业务活动",融资担保公司与借款人签订的《融资暨担保协议书》违反法律强制性规定,应为无效合同。

五是典当公司从事的财产典当贷款业务外的信用贷款无效。在(2020)粤1302民初15868号[②]案中,广东惠州惠城区法院认为,惠州市雄鑫典当有限公司的经营范围系与典当业务相关,不具有发放信用借款的资质,其发放信用贷的行为,超出了特许经营范围,扰乱国家金融秩序,违背了国家金融安全、市场秩序方面公序良俗,故借款合同应予无效。

(二)非法放贷存在因职业放贷被认定无效的风险

《九民纪要》及相关司法文件之外,《民间借贷司法解释》(2020第二次修正)第13条也规定:"具有下列情形之一的,人民法院应当认定民间借贷合同无效……(三)未依法取得放贷资格的出借人,以营利为目的向社会不特定对象提供借款的。"最高人民法院民事审判第一庭在其编著的《最高人民法院新民间借贷司法解释的理解与适用》一书中指出,没有从事贷款业务资格的金融机构,如参与借贷活动,除了特殊情形外,亦属于《民间借贷司法解释》(2020第二次修正)的调整范畴。[③] 多地法院亦出台司法文件,规定应对于不具有放贷资格的金融机构从事借贷的合法性进行审查,如河南省高级人民法院规定,应对典当公司、融资租赁公司、保

① 参见陕西省铜川市耀州区人民法院民事判决书(2019)陕0204民初1876号。

② 参见广东省惠州市惠城区人民法院民事判决书(2020)粤1302民初15868号。

③ 参见最高人民法院民事审判第一庭编著:《最高人民法院新民间借贷司法解释理解与适用》,人民法院出版社2021年版,第58—59页。

证保险公司等进行的借贷行为，按照民间借贷规则对借贷行为合法性、贷款资质、资金来源、与出借人关系等进行审查。

对于不具有放贷资质的金融机构而言，职业放贷的风险主要区分为两类：一类是金融机构以其设立的合伙企业或投资子公司名义从事的放贷或名股实债业务，由于合伙企业或投资子公司本身并不具有金融牌照，其从事的贷款行为理应属于民间借贷规则的规制范围，如进行营业性放贷，存在较大的职业放贷风险；另一类是不具有放贷资质的金融机构以自己名义进行的放贷业务，对于该类放贷是否属于职业放贷的规制范围，存在一定争议，但亦不能绝对排除职业放贷的风险，金融机构需对监管和司法政策持续关注。此外，融资租赁公司、保理公司等类金融机构进行的实为借贷业务亦存在被认定为职业放贷的风险。

在(2020)最高法民申 6168 号案中，最高人民法院即对长城国兴金融租赁有限公司是否构成职业放贷进行了审查。在(2019)豫民终 1606 号案中，河南省高级人民法院认定不具有放贷资质的地方金融机构构成职业放贷，该案中，鹤壁市经开投资担保有限公司多次通过委托贷款的方式向其他不特定主体出借资金并收取利息，河南省高级人民法院认为前述委托贷款业务不属于《融资性担保公司管理暂行办法》规定的担保业务范围，扰乱了金融管理秩序，构成职业放贷。但在(2020)粤03 民终 9535 号案中，法院则认为，"华融资产深圳公司属于银监会核发的具有金融许可证的公司的分支机构，金融业务纠纷不适用民间借贷司法解释"，故华融资产深圳公司也不属于职业放贷人。

而关于职业放贷的认定标准，《关于办理非法放贷刑事案件若干问题的意见》第 1 条规定："前款规定中的'经常性地向社会不特定对象发放贷款'，是指 2 年内向不特定多人(包括单位和个人)以借款或其他名义出借资金 10 次以上。贷款到期后延长还款期限的，发放贷款次数按照 1 次计算。"《九民纪要》第 53 条规定："民间借贷比较活跃的地方的高级人民法院或者经其授权的中级人民法院，可以根据本地区的实际情况制定具体的认定标准。"多地法院亦制定了相应标准，本书列举部分如下：

一是浙江省。浙江省高级人民法院等发布的《关于依法严厉打击与民间借贷相关的刑事犯罪强化民间借贷协同治理的会议纪要》明确规定，纳入"职业放贷人名录"一般应符合以下条件："1. 以连续三年收结案数为标准，同一或关联原告在同一基层法院民事诉讼中涉及 20 件以上民间借贷案件(含诉前调解，以下各项同)，或者在同一中级法院及辖区各基层法院民事诉讼中涉及 30 件以上民间借贷案件的；2. 在同一年度内，同一或关联原告在同一基层法院民事诉讼中涉及 10 件以上民间借贷案件，或者在同一中级法院及辖区各基层法院民事诉讼中涉及 15 件以上民间借贷案件的；3. 在同一年度内，同一或关联原告在同一中级法院及辖区各基层法院涉及民间借贷案件5件以上且累计金额达100万元以上,或者涉及民间借贷案件3件以上且累计金额达1000万元以上的;4.符合下列条件两项以上,案件数达到第1、2项规定一半以上的,也可认定为职业放贷人:(1)借条为统一格式的;(2)被告抗辩原告并非实际出借人或者原告要求将本金、利息支付给第三人的;(3)借款本金诉称以现金方式交付又无其他证据佐证的;(4)交付本金时预扣借款利息或者被告实际支付的利息明显高于约定的利息的;(5)原告本人无正当理由拒不到庭应诉或到庭应诉时对案件事实进行虚假陈述的。自职业放贷人名录公布之日起连续三个年度内,该名录上人员涉及民间借贷纠纷的案件量少于前款第1、2、4项认定职业放贷人标准案件量二分之一的,可以将其从职业放贷人名录上撤出。”

二是江苏省。江苏省高级人民法院在《江苏省高级人民法院关于建立疑似职业放贷人名录制度的意见(试行)》中指出:“审理民间借贷案件首先要进行关联案件查询,同一出借人及其实际控制的关联关系人作为原告一年内在全省各级人民法院起诉民间借贷案件5件以上的,该出借人应当纳入疑似职业放贷人名录。通过案件审理或者其他途径可以初步确定为职业放贷人的,不受上述案件数量的限制。”

三是天津市。天津市高级人民法院在《天津法院民间借贷案件审理指南(试行)》对“职业放贷行为的审查”中规定:“同一原告或者关联原告在两年内向全市法院提起民间借贷案件5件以上,或者出借人在两年内向社会不特定人出借资金3次以上的,一般可以认定出借人的放贷行为具有营业性。”

四是河南省。河南省高级人民法院在《关于加强职业放贷人审查工作的指导意见(试行)》中指出:“未经有权机关依法批准,法人、非法人组织或者自然人在一定期间内多次从事与发放贷款业务相同或类似的民间借贷行为的,一般应认定为职业放贷人。”河南省高级人民法院将职业放贷的“贷款标准”放宽至类似借贷或实为借贷的范围。

需要注意的是,职业放贷的“件数”认定较为宽泛,同一融资项目分多次发放借款、贷款展期、同一笔贷款收款人为多人均可能被按最不利于债权人的多次认定,金融机构应予以重视。

(三)非法放贷存在因高利转贷被认定无效的风险

《九民纪要》及相关司法文件之外,《民间借贷司法解释》(2020第二次修正)第13条规定:“具有下列情形之一的,人民法院应当认定民间借贷合同无效:(一)套取金融机构贷款转贷的;(二)以向其他营利法人借贷、向本单位职工集资,或者以向公众非法吸收存款等方式取得的资金转贷的……”如前所述,部分观点认为,没有放贷资质的金融机构进行的贷款业务,亦可能属于《民间借贷司法解释》(2020第二次修正)的调整范畴。故不具有放贷资质的金融机构无论是以其设立的合伙企业或投资子公司名义从事的放贷或名股实债业务,还是以自己名义进行的放贷业务,都需注意高利转贷导致借贷行为无效的风险。

随着金融监管政策的趋严,从《民间借贷司法解释》(2015)到《九民纪要》再到《民间借贷司法解释》(2020 第二次修正),最高人民法院对于高利转贷的认定标准进一步放低,《九民纪要》第 52 条规定:“一是要审查出借人的资金来源。借款人能够举证证明在签订借款合同时出借人尚欠银行贷款未还的,一般可以推定为出借人套取信贷资金,但出借人能够举反证予以推翻的除外;二是从宽认定‘高利’转贷行为的标准,只要出借人通过转贷行为牟利的,就可以认定为是‘高利’转贷行为;三是对该条规定的‘借款人事先知道或者应当知道的’要件,不宜把握过苛。实践中,只要出借人在签订借款合同时存在尚欠银行贷款未还事实的,一般可以认为满足了该条规定的‘借款人事先知道或者应当知道’这一要件”。而最高人民法院民事审判第一庭在《最高人民法院新民间借贷司法解释理解与适用》一书中进一步放宽了“高利”的认定标准,认为转贷未获利亦应认定为无效借贷。[①]

(四)贷款无效的法律后果

不具有贷款资质的金融机构进行的非法放贷一旦被认定无效,将会主要产生以下两个不利法律后果:

1. *原约定的融资收益将无效*

贷款合同无效后,原合同条款对各方丧失约束力。《民法典》第 157 条规定:“民事法律行为无效、被撤销或者确定不发生效力后,行为人因该行为取得的财产,应当予以返还;不能返还或者没有必要返还的,应当折价补偿。有过错的一方应当赔偿对方由此所受到的损失;各方都有过错的,应当各自承担相应的责任。法律另有规定的,依照其规定。”按照前述规定,贷款合同无效后,原贷款合同约定的利息、违约金条款将不发生法律效力,借款人负有返还借款本金的义务,如借款人存在过错给金融机构造成损失,金融机构仅有权要求赔偿损失。

司法实践对于如何认定借款人是否具有过错和贷款合同无效后如何赔偿损失的处理存在争议:第一种观点认为,根据公平原则,借款人接受违法放贷同样存在过错,借款人应参照同期银行贷款利率或 LPR 向金融机构支付资金占用费[②];第二种观点认为,借款人仅负有返还本金义务,不承担资金占用费[③];第三种观点认为,根据利息支付情况和金融机构实际损失,酌定资金占用费的具体利率,由借款

① 参见最高人民法院民一庭编著:《最高人民法院新民间借贷司法解释理解与适用》,人民法院出版社 2021 年版,第 232—233 页。

② 参见广东省惠州市惠城区人民法院民事判决书(2020)粤 1302 民初 15868 号。

③ 参见上海市浦东新区人民法院民事判决书(2020)沪 0115 民初 16483 号。

人按酌主利率赔偿金融机构损失,如在(2019)京民终322号案中,北京市高级人民法院处理方式为"因双方借款合同无效,合同中关于借款利息、逾期罚息的约定亦应无效。如果仍然按照合同约定的年利率12%计算利息、按照年利率24%计算逾期罚息,不符合法律关于无效合同的处理原则。但是考虑到中安融金公司与天宝绿色食品公司对合同无效均有过错,且双方约定的借款期限内的利息标准年利率12%并不明显过高,天宝绿色食品公司已经自愿按此利息标准支付了部分利息,中安融金公司亦称其已向线上投资人予以刚性兑付,天宝绿色食品公司作为资金占用方,理应支付相应的资金占用费用,故本院酌定对于已经履行的利息部分的利率不再进行调整。对于2018年5月15日借款合同到期后的利息(按照中安融金公司的诉讼请求即自2018年5月16日起至实际付清之日止),天宝绿色食品公司按照中国人民银行同期同类贷款基准利率标准向中安融金公司支付"。目前,第一种观点为多数观点。

2. 贷款合同无效将导致担保无效

《民法典》第388条规定:"主债权债务合同无效的,担保合同无效,但是法律另有规定的除外。"第682条规定:"保证合同是主债权债务合同的从合同。主债权债务合同无效的,保证合同无效,但是法律另有规定的除外。保证合同被确认无效后,债务人、保证人、债权人有过错的,应当根据其过错各自承担相应的民事责任。"《民法典担保制度解释》第17条规定:"主合同无效导致第三人提供的担保合同无效,担保人无过错的,不承担赔偿责任;担保人有过错的,其承担的赔偿责任不应超过债务人不能清偿部分的三分之一。"与原《担保法司法解释》相比,《民法典》及担保解释关于主合同无效导致担保合同无效后的担保责任划分并无实质性变化。

从过去司法实践看,贷款合同无效后担保责任划分的主要争议集中在担保人过错如何认定,对此,不同地域、不同法院的裁判标准并不统一:第一种观点认为,担保人对于主合同无效和担保合同无效没有任何过错,不承担任何责任,金融机构亦不能就担保物进行任何优先受偿,并应立即解除担保手续[①];第二种观点认为,担保人对于债权人没有放贷资质和违规放贷应当知悉,其在知悉情况下仍为债务提供担保,具有过错,应承担不超过三分之一的担保责任。[②] 从现有判例看,无论是采用第一种观点的判例还是采用第二种观点的判例,法院对于担保人是否存在过错的论述均不足,大多直接采用"依据原《担保法司法解释》第8条……担保人存在/不存在过错……担保人承担1/3或不承担担保责任"等极为模糊的方式进行说

① 山东省巨野县人民法院民事判决书(2019)鲁1724民初3698号、四川省绵阳市涪城区人民法院民事判决书(2019)川0703民初7132号、湖北省宜昌市夷陵区人民法院民事判决书(2019)鄂0506民初3152号。

② 北京市第三中级人民法院民事判决书(2018)京03民初379号。

理,类似案件差别裁判的情况大量存在。

二、《民法典》及相关司法文件之下贷款合同的利息

(一)金融机构贷款业务适用的利率规则

2020年8月19日,最高人民法院发布《民间借贷司法解释》(2020第一次修正)。2020年12月29日,最高人民法院发布《民间借贷司法解释》(2020第二次修正)。自第一次修正到第二次修正,实务界对于金融机构各类贷款业务是否适用民间借贷司法解释一直争议不断。在这里,本书要纠正实务中的一个错误认识,部分观点认为金融机构完全不适用民间借贷相关司法解释,这种说法是不准确的:其一,关于《民间借贷司法解释》(2020第二次修正)规定的利率上限,具有放贷资质的金融机构进行的金融借款一般确不适用,但不具有放贷资质的金融机构进行的非法放贷是否适用则存在一定争议;其二,对于金融借款,即便认为其利率上限不适用民间借贷机关规定,但司法实践中,法院在判定其利息计算是否合理、违约金与复利能否重复约定等具体细节问题时,亦会参照《民间借贷司法解释》(2020第二次修正)进行裁量。

1. 现行法律规定的利率规则

金融机构贷款大致可分为两类:一种是具备放贷资质的金融机构进行的金融借款;二是不具备放贷资质的金融机构或子公司进行的非金融借款。

最高人民法院《关于进一步加强金融审判工作的若干意见》(法发〔2017〕22号)第2条第2款规定:“金融借款合同的借款人以贷款人同时主张的利息、复利、罚息、违约金和其他费用过高,显著背离实际损失为由,请求对总计超过年利率24%的部分予以调减的,应予支持,以有效降低实体经济的融资成本。”

《民间借贷司法解释》(2020第二次修正)第1条规定:“本规定所称的民间借贷,是指自然人、法人和非法人组织之间进行资金融通的行为。经金融监管部门批准设立的从事贷款业务的金融机构及其分支机构,因发放贷款等相关金融业务引发的纠纷,不适用本规定。”最高人民法院《关于新民间借贷司法解释适用范围问题的批复》规定:“一、关于适用范围问题。经征求金融监管部门意见,由地方金融监管部门监管的小额贷款公司、融资担保公司、区域性股权市场、典当行、融资租赁公司、商业保理公司、地方资产管理公司等七类地方金融组织,属于经金融监管部门批准设立的金融机构,其因从事相关金融业务引发的纠纷,不适用新民间借贷司法解释。二、其它两问题已在修订后的司法解释中予以明确,请遵照执行。”

2. 金融机构贷款业务适用利率的司法现状

2.1　具有放贷资质的金融机构进行的金融借款适用的利率规则

从司法实践看,金融借款可分为:一是银行进行的金融借款;二是信托公司进

行的信托贷款[①];三是金融消费公司进行的金融借款[②];四是财务公司进行的金融借款[③];五是汽车金融公司及其他金融公司进行的金融借款。[④] 后四种属于非银行业金融机构进行的金融借款。区分银行业金融机构与非银行金融机构主要以能否从事吸收公众存款业务并辅以所从事业务领域来进行划分。

现行司法实践对于前述各类金融借款是否适用《民间借贷司法解释》(2020第二次修正)存在一定争议。产生争议的主要理由有:第一,不同法院、不同法官对于《关于进一步加强金融审判工作的若干意见》中载明的应适用24%规制的"金融借款合同"范围存在不同看法,有观点认为仅适用于银行业金融机构进行的金融贷款业务,亦有观点认为应适用所有金融借款业务;第二,民间借贷司法解释泛化适用的习惯根深蒂固,最高人民法院《关于新民间借贷司法解释适用范围问题的批复》并未直接规定金融借款不适用民间借贷司法解释;第三,《关于进一步加强金融审判工作的若干意见》中的"24%"原系参照当时民间借贷司法解释制定,《民间借贷司法解释》(2020第二次修正)颁布后,若干意见并未进行修订,故不同法院、不同法官对于应参照《关于进一步加强金融审判工作的若干意见》字面意思还是参照实质精神进行裁判存在不同理解;第四,最高人民法院对于金融借款利率与民间借贷利率关系的态度至今仍不明朗,最高人民法院在其于2019年12月出版的《〈全国法院民商事审判工作会议纪要〉理解与适用》中明确指出金融借贷的利率要低于民间借贷[⑤],但从最高人民法院最近多个判例来看[⑥],似乎其对于两者利率关系的态度有所改变。

2.1.1 银行进行的金融借款

《民间借贷司法解释》(2020第二次修正)第1条第2款规定:"经金融监管部门批准设立的从事贷款业务的金融机构及其分支机构,因发放贷款等相关金融业务引发的纠纷,不适用本规定。"最高人民法院《关于新民间借贷司法解释适用范围问题的批复》规定:"二、其它两问题已在修订后的司法解释中予以明确,请遵照执行。"

从上述规定看,法院审理金融借款合同纠纷应遵照《民间借贷司法解释》(2020第二次修正)第1条的相关规定执行,即金融借款合同不应适用或参照适用《民间

---

① 参见湖南省长沙市中级人民法院民事判决书(2019)湘01民初3009号。

② 参见辽宁省锦州市古塔区人民法院民事判决书(2021)辽0702民初686号。

③ 参见重庆市第五中级人民法院民事判决书(2021)渝05民终195号。

④ 参见江西省兴国县人民法院民事判决书(2020)赣0732民初3467号。

⑤ 参见最高人民法院民事审判第二庭编著:《〈全国法院民商事审判工作会议纪要〉理解与适用》,人民法院出版社2019年版,第333页。

⑥ 参见最高人民法院民事裁定书(2020)最高法民申6057号。

借贷司法解释》(2020第二次修正),而应适用《关于进一步加强金融审判工作的若干意见》关于24%的利率上限规定。对于上述观点,最高人民法院近期亦通过多个判例进行了明确。如在(2020)最高法民申6057号案中,最高人民法院直接指出,“本案属于金融借款合同纠纷,并不适用《最高人民法院关于审理民间借贷案件适用法律若干问题的规定》”。

从目前司法实践来看,绝大部分法院认为银行进行的金融借款并不适用《民间借贷司法解释》(2020第二次修正),但其裁判逻辑却并不一致,主要有以下三种路径:一是直接依据《民间借贷司法解释》(2020第二次修正)第1条第2款认定金融借款不适用民间借贷司法解释[①];二是参照最高人民法院《关于新民间借贷司法解释适用范围问题的批复》第1条关于七类地方金融机构不适用民间借贷司法解释的相关规定进行认定[②];三是直接适用最高人民法院《关于进一步加强金融审判工作的若干意见》关于24%的利率标准。[③] 造成这种情况的原因之一即是《民间借贷司法解释》(2020第二次修正)及最高人民法院《关于新民间借贷司法解释适用范围问题的批复》并未直接明文对金融借款合同的适用作出清晰界定。

由于缺乏直接明文规定及泛化适用民间借贷司法解释的习惯根深蒂固,仍有少部分观点认为银行进行的金融借款也应参照适用《民间借贷司法解释》(2020第二次修正),其主要理由有四种:

第一种理由认为,法律对于金融借款合同的规制比民间借贷严格,金融机构在维护国家金融秩序和安全方面负有更大义务,如允许金融借款利率保护上限超过民间借贷,则可能造成民间借贷的供求远远超出金融借款的供求,不仅会危及金融秩序和安全,而且也背离了法的指引作用,故按照法律逻辑关于“举重以明轻”的基本论证理论,金融借款利率保护上限不应高于民间借贷。如在(2021)豫01民终107号案中,郑州市中级人民法院认为:“商业银行作为金融体系中重要的组成部分,相比于民间借贷的自然人,享有更大的成本优势,在借款人违反合同约定时也享有更加优厚、便捷的实现债权的保障,按照权责利相统一的基本法理,其自应在维护国家金融秩序和安全方面承担更大、更重的责任和义务,如若允许金融借款法

---

① 如在(2021)湘07民终1146号案中,湖南省常德市中级人民法院认为:“《最高人民法院关于审理民间借贷案件适用法律若干问题的规定》第一条第二款规定:‘经金融监管部门批准设立的从事贷款业务的金融机构及其分支机构,因发放贷款等相关金融业务引发的纠纷,不适用本规定’。本案为金融借款合同纠纷,不能参照适用该规定。”

② 如在(2021)川11民终673号案中,四川省乐山市中级人民法院即是采用此种说理路径。

③ 如在(2021)云0103民初6789号案中,云南省昆明市盘龙区法院认为:“原告主张被告履行偿还剩余贷款本金及欠付利息、罚息、复利的义务,对于在年利率24%标准内的利息、罚息、复利予以支持;超出部分,因《最高人民法院关于进一步加强金融审判工作的若干意见》中规定严格依法规制高利贷,有效降低实体经济的融资成本,故对总计超过年利率24%的部分予以调减,以有效降低实体经济的融资成本。”

律关系中约定的利息、复利、罚息及其他费用等的总额超过国家对民间借贷法律关系中关于利率的保护上限,则可能造成民间借贷的供求远远超出金融借款的供求,不仅会危及金融秩序和安全,而且也背离了法的指引作用。再次,在法律对于金融借款合同有严格且明确的规制,而对民间借贷法律关系规制相对较为宽泛的情形下,按照法律逻辑关于"举重以明轻"的基本论证理论,金融借款法律关系中的利息、复利、罚息、违约金及其他费用之总额,自然也不应超出法律对民间借贷中利息、复利、罚息、违约金及其他费用之总额的限制。"

第二种理由认为,金融借款的风险一般低于民间借贷,如允许金融借款利率保护上限高于民间借贷,明显有失公平。如在(2021)湘0702民初1344号案中,湖南常德武陵区法院认为:"根据金融借贷与民间借贷的市场定位和风险与利益一致原则,金融借款合同对于逾期利率如过高超过民间借贷的利率标准,则明显有失公平。"在(2021)豫01民终4160号案中,郑州市中级人民法院亦认为:"中信银行股份有限公司郑州分行对外提供贷款的经营风险远远低于民间借贷存在的风险。一审法院在综合考虑中信银行股份有限公司郑州分行的经营成本、经营风险以及降低企业和社会融资成本、金融企业服务社会和实体经济的责任等因素的基础上,按民间借贷的利率上限支持中信银行股份有限公司郑州分行主张的利息、罚息,并无不妥。"

第三种理由认为,最高人民法院《关于新民间借贷司法解释适用范围问题的批复》适用于2021年1月1日起新受理的案件,在此之前起诉的案件仍可以适用民间借贷司法解释的相关规定。如在(2021)苏02民终2305号案中,无锡市中级人民法院认为:"《新民间借贷批复》的适用规则应当与《最高人民法院关于审理民间借贷案件适用法律若干问题的规定》的适用规则相一致,即该批复施行后,人民法院新受理的一审民间借贷纠纷案件,适用该批复。《新民间借贷批复》自2021年1月1日起施行,晚于本案一审受理时间,故该批复不适用于本案。故一审法院判决案涉借款利息按照同期全国银行间同业拆借中心公布的贷款市场报价利率的4倍计算并无不当。"

第四种理由认为,基于限制高利贷的基本原则,衡量金融借款是否属于高利的标准并不随之发生变化,即仍应以不高于民间借贷利率上限为标准。如在(2020)苏0602民初7721号案中,江苏南通崇川区法院认为:"最高人民法院于2020年就民间借贷司法解释进行了两次修正,均规定了民间借贷新的利率上限为一年期贷款市场报价利率四倍,超出的部分视为高利,不予保护。该两次修正的司法解释也如2015司法解释一样,虽然也规定金融借款不适用该司法解释,但基于限制高利贷的基本原则,衡量金融借款是否属于高利的标准并不随之发生变化,即仍应以不高于民间借贷利率上限为标准。现民间借贷利率上限进行的调整,则金融借款的利率上限也应随之进行调整。根据《民间借贷司法解释》(2020第二次修正)第31条及相关规定,2020年8月19日前的利率上限为年利率24%,2020年8月20日后的利率上限为一年期贷款市场报价利率四倍,此既是民间借贷应遵照的标准,也应当是金融借款参照的标准。"

2.1.2 信托公司、消费金融公司等非银行金融机构进行的金融借款

相对于银行,现行司法实践对于具有放贷资质的信托公司、消费金融公司、财务公司、汽车金融公司等非银行金融机构进行的金融借款是否适用《民间借贷司法解释》(2020第二次修正)争议较大。其中,对信托公司进行的信托贷款,约12%的判例认为应适用《民间借贷司法解释》(2020第二次修正)规定的利率上限[①];对消费金融公司进行的金融借款,约15%的判例认为应适用《民间借贷司法解释》(2020第二次修正)规定的利率上限[②];对财务公司进行的金融借款,争议最大,超98%的判例认为应适用《民间借贷司法解释》(2020第二次修正)规定的利率上限,相关案例主要集中在上海市静安区人民法院。[③] 由于银行在金融贷款业务中始终占据主导地位,部分法院认为《关于进一步加强金融审判工作的若干意见》中适用"24%"的"金融借款合同"应限于银行进行的金融借款。

那么,信托公司、消费金融公司、财务公司、汽车金融公司进行的金融借款究竟是否应适用《民间借贷司法解释》(2020第二次修正)?我们倾向认为,从现行规则体系来看,不应当适用,具体理由如下:第一,《民间借贷司法解释》(2020第二次修正)第1条第2款规定,"经金融监管部门批准设立的从事贷款业务的金融机构及其分支机构,因发放贷款等相关金融业务引发的纠纷,不适用本规定",非银行金融机构从事的贷款业务亦经银保监会批准,符合前述规定。第二,最高人民法院在《最高人民法院新民间借贷司法解释理解与适用》一书中指出,经银保监会审批可从事发放贷款业务的信托公司、企业集团财务公司、金融租赁公司、汽车金融公司、货币经纪公司、消费金融公司等非银行金融机构发放贷款,不适用《民间借贷司法

---

① 经统计,截至2021年9月1日,在2021年判决的77个信托贷款案件中,有9个判例认为信托贷款应适用民间借贷司法解释规定的利率上限,68个判例认为应完全适用24%的利率标准,前者判例主要集中在无锡中院、济南历下法院、南通崇川法院、江苏宜兴法院。

② 在统计的法院最近判决的1000个消费金融公司金融借款合同纠纷案件中,145个判例认为应适用4倍LPR的利率上限,适用4倍LPR的判例主要集中在通辽科尔沁法院、商洛商州法院、郴州苏仙法院、合肥中院、合肥庐阳法院、锦州古塔法院、济南市中区法院、漯河郾城区法院、六安裕安法院。

③ 在统计的2021年度846个财务公司金融借款合同纠纷案件中,835个判例认为应适用4倍LPR的利率上限,前述判例集中判决于上海静安法院,而河南中牟法院、重庆荣昌法院、广州黄埔法院、湖南宁乡法院、重庆璧山法院对于类似案件的观点多采用24%的利率标准。

解释》(2020 第二次修正)。[①] 第三,从《关于进一步加强金融审判工作的若干意见》的规定来看,该规定采用"金融借款合同",并未将非银行金融机构签署的金融借款合同排除在外。第四,从最高人民法院《关于新民间借贷司法解释适用范围问题的批复》来看,七类地方金融机构不适用民间借贷司法解释,举重以明轻,前述非银行金融机构更不应适用《民间借贷司法解释》(2020 第二次修正)。

2.2 不具有放贷资质的金融机构进行的贷款业务适用的利率规则

2.2.1 不具有放贷资质的金融机构进行的一般贷款业务

《民间借贷司法解释》(2020 第二次修正)第 1 条第 2 款规定,经金融监管部门批准设立的从事贷款业务的金融机构不适用本规定。那么,不具备放贷资质的金融机构如金融资产管理公司、融资租赁公司等进行的贷款业务是否适用《民间借贷司法解释》(2020 第二次修正),实践中存在较大争议,最高人民法院内部尚未形成一致意见。

2019 年 7 月 3 日,最高人民法院审判委员会专职委员刘贵祥法官在全国法院民商事审判工作会议上讲话中指出,凡由金融监管部门或有关政府部门批准设立的持有金融牌照的银行、非银行金融机构从事的借贷行为,均为金融借贷,不适用民间借贷的相关规则及利率标准。最高人民法院民事审判第二庭在其编著的《〈全国法院民商事审判工作会议纪要〉理解与适用》中指出,原则上来说,凡持牌经营的金融机构签订的借款合同都属于金融借款合同的范畴,应适用于不同于民间借贷的利率规则。[②]

但《民间借贷司法解释》(2020 第二次修正)实施后,最高人民法院民事审判第一庭在其编著的《最高人民法院新民间借贷司法解释理解与适用》中指出,虽满足"经金融监管部门批准设立"但没有从事贷款业务资格的金融机构,如参与借贷活动,除了特殊情形外,应纳入《民间借贷司法解释》(2020 第二次修正)的调整范畴。[③]

2.2.2 证券公司进行的融资融券业务和股票质押式回购业务、保险公司进行的保单质押贷款业务

证券公司、保险公司进行的融资融券业务、股票质押式回购业务、保单质押贷款业务,本质上也具备贷款业务的基本特征,而对于上述业务适用的利率标准,现

---

① 参见最高人民法院民事审判第一庭编著:《最高人民法院新民间借贷司法解释理解与适用》,人民法院出版社 2021 年版,第 59 页。

② 参见最高人民法院民事审判第二庭编著:《〈全国法院民商事审判工作会议纪要〉理解与适用》,人民法院出版社 2019 年版,第 333 页。

③ 参见最高人民法院民事审判第一庭编著:《最高人民法院新民间借贷司法解释理解与适用》,人民法院出版社 2021 年版,第 58—59 页。

行法律没有明确规定。

2.2.2.1　证券公司进行的融资融券业务、保险公司进行的保单质押贷款业务

《证券法》第118条规定:“经国务院证券监督管理机构核准,取得经营证券业务许可证,证券公司可以经营下列部分或者全部证券业务……(五)证券融资融券……证券公司从事证券融资融券业务,应当采取措施,严格防范和控制风险,不得违反规定向客户出借资金或者证券。”《中国保险监督管理委员会关于寿险保单质押贷款业务有关问题的复函》(保监厅函〔2008〕66号)规定:“三、在保险合同中约定保单质押贷款,并未超出经营保险业务许可证批准的业务范围,不需要在《经营保险业务许可证》中明示。有关保单质押贷款业务的问题,我会将根据市场需要,作出规范。”

基于上述规定,证券公司进行的融资融券业务、保险公司进行的保单质押贷款业务,虽非经银行业监督管理机构批准,但亦经法律或相关监管机构授权。对于这些特殊业务,最高人民法院倾向认为不应适用《民间借贷司法解释》(2020第二次修正)规定的利率标准。①

2.2.2.2　证券公司进行的股票质押式回购业务

近年来,股票质押式回购业务逐渐成为证券公司主要业务之一。而股票质押式业务的规范多限于交易所或证券业协会层面,现行法律或监管规则虽未明文规定股票质押式回购业务属于证券公司的经营范围,但证监会实际认可证券公司有权从事该类业务。② 需要注意的是,最高人民法院在《最高人民法院新民间借贷司法解释理解与适用》中列举的不适用民间借贷的特殊业务仅包括证券公司进行的融资融券业务、保险公司进行的保单质押贷款业务,而未将股票质押式回购业务列入。

从现行司法实践来看,不同法院对于股票质押式回购业务的性质、适用的利率标准存在不同看法,目前主要有三种观点:第一种观点认为,股票质押式回购本质属于涉金融机构的融资类纠纷,应适用24%的利率上限③;第二种观点认为,股票质押式回购交易性质与民间借贷相似,应适用或参照适用民间借贷利率标准;第三种观点认为,股票质押式回购交易既不是金融借款也不是民间借贷,利息、违约金等合计可超过年利率24%。

---

①　参见最高人民法院民事审判第一庭编著:《最高人民法院新民间借贷司法解释理解与适用》,人民法院出版社2021年版,第59页。

②　证监会在《关于证券公司定向资产管理参与本公司股东及关联人作为资金融入方的股票质押式回购交易的答复意见》中对渤海证券股份有限公司答复到:“对你公司依法合规以定向资产管理参与本公司股东及关联人作为资金融入方的股票质押式回购交易,我部不提异议。”实际认可证券公司可开展相关业务。

③　参见上海金融法院民事判决书(2021)沪74民终579号、上海市高级人民法院民事判决书(2020)沪民终562号、天津市第二中级人民法院民事判决书(2020)津02民初1601号等。

单从判例数量来看,持有第一种观点即24%的判例相对较多,但第二种观点即应适用或参照适用民间借贷利率标准为最高人民法院在先判例所持。在(2020)最高法民终1167号案中,一审云南省高级人民法院认为股票质押式回购业务的法律实质是以股票质押担保解决资金融通问题,在性质上与借款合同、民间借贷相类似,应适用民间借贷的相关规定,在当事人就违约金提起上诉的情况下,最高人民法院维持了原判认定的违约金。而北京市高级人民法院的观点对证券公司最为有利,其在多个判例中均认为股票质押式回购交易既不是金融借款也不是民间借贷,其利率既不受民间借贷4倍LPR又不受金融借款24%的限制,如(2021)京民终338号案、(2021)京执复78号案、(2020)京民终545号案、(2019)京民初79号案。

需要注意的是,证券公司在开展股票质押式回购业务时,往往会对交易文件办理强制执行公证,一旦发生逾期,优先选择通过公证债权文书强制执行程序进行处置,但据了解,目前大部分公证机关在办理强制执行证书时都会自动将利率调整至24%以内。

2.3　小贷公司、地方资产管理公司等七类地方金融组织进行的贷款业务

最高人民法院《关于新民间借贷司法解释适用范围问题的批复》规定:"一、关于适用范围问题。经征求金融监管部门意见,由地方金融监管部门监管的小额贷款公司、融资担保公司、区域性股权市场、典当行、融资租赁公司、商业保理公司、地方资产管理公司等七类地方金融组织,属于经金融监管部门批准设立的金融机构,其因从事相关金融业务引发的纠纷,不适用新民间借贷司法解释。二、其它两问题已在修订后的司法解释中予以明确,请遵照执行。三、本批复自2021年1月1日起施行。"最高人民法院在该批复中明确了小贷公司等七类地方金融组织从事的相关金融业务不适用新民间借贷司法解释。

但关于上述批复如何适用,可能存在两个问题:一是"相关金融业务"如何理解,相关金融业务是仅限于金融机构从事的本业业务,如融资租赁公司从事融资租赁业务、保理公司从事保理业务、资管公司从事资产处置和管理业务,还是指从事包含业务范围之外的如贷款业务等在内的全部金融业务,可能存在不同理解,那么融资担保公司、区域性股权市场、典当行、融资租赁公司、商业保理公司、地方资产管理公司开展的贷款业务是否适用新民间借贷司法解释?二是批复规定"自2021年1月1日起施行",那么七类金融机构2021年1月1日前开展的相关金融业务适用何种利率标准?批复本身并未解决。

关于"相关金融业务"如何理解,批复原文采用"相关金融业务",言外之意即与其有关的金融业务,本书倾向认为"相关"应指七类地方金融机构经批准从事的本业业务,即小额贷款公司限于小额贷款业务,融资担保公司限于因担保业务进行的追偿,区域性股权市场、典当行、融资租赁公司、商业保理公司、地方资产管理公司

亦应分别限于典当、融资租赁、保理、不良资产处置与管理等其本业业务，上述金融机构超业务范围开展的一般贷款业务、名为融资租赁或保理的实为贷款业务，不属于批复所述的“相关金融业务”，应受新民间借贷司法解释的规制。

关于批复是否可溯及适用问题，现行司法实践存在不同观点：一种观点认为，仅 2021 年 1 月 1 日之后立案的案件才适用批复，如在(2021)苏 02 民终 2305 号案中，江苏省无锡市中级人民法院即认为《新民间借贷批复》的适用规则应当与最高人民法院《关于审理民间借贷案件适用法律若干问题的规定》的适用规则相一致，即该批复施行后，人民法院新受理的一审民间借贷纠纷案件，适用该批复。

2.4　金融机构子公司进行的贷款业务

实践中，基于贷款资质和合规要求等原因，部分金融机构通过设立合伙企业或投资子公司并以其名义进行直接贷款、委托贷款和名股实债类投资业务，前述贷款业务或实为贷款业务是否适用《民间借贷司法解释》(2020 第二次修正)亦需分别分析：

2.4.1　金融机构子公司进行的直接贷款或变相贷款类业务

从现行法律规定及司法实践来看，金融机构设立的合伙企业或投资子公司一般不具有金融牌照，其进行的直接贷款和名股实债类投资属于《民间借贷司法解释》(2020 第二次修正)的规制范畴。

《民间借贷司法解释》(2020 第二次修正)第 25 条规定：“出借人请求借款人按照合同约定利率支付利息的，人民法院应予支持，但是双方约定的利率超过合同成立时一年期贷款市场报价利率四倍的除外。前款所称‘一年期贷款市场报价利率’，是指中国人民银行授权全国银行间同业拆借中心自 2019 年 8 月 20 日起每月发布的一年期贷款市场报价利率。”第 31 条规定：“本规定施行后，人民法院新受理的一审民间借贷纠纷案件，适用本规定。2020 年 8 月 20 日之后新受理的一审民间借贷案件，借贷合同成立于 2020 年 8 月 20 日之前，当事人请求适用当时的司法解释计算自合同成立到 2020 年 8 月 19 日的利息部分的，人民法院应予支持；对于自 2020 年 8 月 20 日到借款返还之日的利息部分，适用起诉时本规定的利率保护标准计算。”

依据上述规定，金融机构设立的合伙企业或投资子公司进行的直接贷款和名股实债类投资适用的利率标准根据合同成立时间、起诉受理时间区分如下：

立案时间	借款合同签订时间	计息期间	适用的司法解释	利率
2020/8/19 前	不论	整个区间	15 年民间借贷解释	二线三区(已付 36%未付 24%)

(续表)

立案时间	借款合同签订时间	计息期间	适用的司法解释	利率
2020/8/20 后	2020/8/20 前	合同成立—2020/8/19	15 年民间借贷解释	二线三区
		2020/8/20 之后	新民间借贷解释	<起诉时 4 倍一年期 LPR
	2020/8/20 后	整个区间	新民间借贷解释	<合同成立时 4 倍一年期 LPR

2.4.2　金融机构子公司进行的委托贷款业务

委托贷款业务是常见的贷款类型。基于贷款资格的限制或合规要求,金融机构往往通过设立合伙企业或投资子公司,以合伙企业或投资子公司名义通过银行开展委托贷款业务。该类业务中,名义贷款人是银行,实际贷款人是金融机构下属的子公司或合伙企业,银行只收取手续费、不承担贷款风险,真正的风险与收益均归实际贷款人承担。司法实践中对于该类纠纷的定性、应适用的利率标准存在较大争议。

关于委托贷款的性质,实践中有金融借款、民间借贷和兼具金融借款与民间借贷的特点三种观点。在(2016)最高法民终 124 号案中,最高人民法院认为委贷行不承担信用风险,委托贷款实际系委托人与借款人之间的民间借贷。在(2015)民二终字第 420 号案中,最高人民法院认为委托贷款因银行的加入而被纳入国家金融监管的范围,其性质不再是双方当事人之间的企业借贷关系,而构成银行与借款人的金融借款关系。在(2020)最高法民终 1299 号案中,最高人民法院认为委托贷款兼具金融借款与民间借贷的特点。《九民纪要》和《民间借贷司法解释》(2020 第一次修正)出台以前,民间借贷和金融借款对于未付利息均统一适用 24%的利率上限,委托贷款的定性对于金融机构的影响有限。《民间借贷司法解释》(2020 第二次修正)出台以后,委托贷款的定性直接影响金融机构可获利息的上限为 24%还是 4 倍 LPR。

关于委托贷款应适用的利率标准,不同地区、不同法院的观点并不一致。部分观点认为,委托贷款属于金融借款合同纠纷,应当适用金融借款 24%的利率上限①,北京市第四中级人民法院即持该种观点。亦有观点认为,委托贷款明显有别于商业银行自营贷款业务,在性质上与普通民间借贷趋同,应适用《民间借贷司法

① 参见北京市高级人民法院民事判决书(2021)京民终 56 号。

解释》(2020第二次修正)的利率标准。[①] 从以往判例看,最高人民法院似乎亦倾向认为委托贷款区别于商业银行自营贷款业务,应适用民间借贷的利率标准。基于此,我们倾向认为,在金融审判穿透化理念日渐加深的背景下,委托贷款案件目前虽居于金融借款合同纠纷体系之下,但其本质并非金融借款,其利率标准应根据实际的权利义务人、实际构成的法律关系来确定。

(二)司法审判对于利率上限判定中的争议问题

1. 是否超过利率上限的判定标准

实践中,金融机构设定的正常利息和违约利息(含到期罚息、复利、违约金)多超过24%(或四倍LPR,为避免赘述,本部分以24%展开论述),这就涉及利率上限如何判定的问题,司法实践中存在诸多争议。

由于我国目前并无针对金融借款制定专门的司法解释或文件,司法实践中,法院在审查金融借款的利率计算方式是否合理时,一般多比照民间借贷的相关规定处理。关于利率上限的判定标准,《民间借贷司法解释》(2015)第28条规定:"借贷双方对前期借款本息结算后将利息计入后期借款本金并重新出具债权凭证,如果前期利率没有超过年利率24%,重新出具的债权凭证载明的金额可认定为后期借款本金;超过部分的利息不能计入后期借款本金。约定的利率超过年利率24%,当事人主张超过部分的利息不能计入后期借款本金的,人民法院应予支持。按前款计算,借款人在借款期间届满后应当支付的本息之和,不能超过最初借款本金与以最初借款本金为基数,以年利率24%计算的整个借款期间的利息之和。出借人请求借款人支付超过部分的,人民法院不予支持。"最高人民法院民事审判第一庭在其编著的《最高人民法院民间借贷司法解释理解与适用》在关于该条的适用中指出,本条实质上是对复利问题的规定,没有出具债权凭证以其他形式约定的复利应参照适用第28条相关规定,无论约定的计算复利的次数有多少、利率有多高,只要不超过以最初的本金、按年利率24%计算的金额限度,法院即应支持[②](《民间借贷司法解释》(2020第二次修正)第27条及《最高人民法院新民间借贷司法解释理解与适用》亦有类似规定)。

现行金融审判实践中,对于24%上限的判定标准,不同法院甚至同一法院的不同法官之间亦存在不同看法:第一种观点认为,是否超过24%,应以全部本金、全部计息期间去整体考量,即参照民间借贷司法解释的规则处理;第二种观点认为,24%的衡量应以到期本金、在任意期间分别去衡量,即在任何分别的时间段,同时计算

---

① 参见山东省济南市莱芜区人民法院民事判决书(2021)鲁0116民初1219号。

② 参见最高人民法院民事审判第一庭编著:《最高人民法院新民间借贷司法解释理解与适用》,人民法院出版社2015年版,第491—504页。

的利息、罚息和违约金,均不能超过以该时间段到期本金为基数×24%。对于这个问题,最高人民法院虽有明确意见,但持有第二种观点的法官认为,金融借款不适用民间借贷规定,新民间借贷解释出台以前也只是可参照适用,而不是必须适用,故在金融借款利息过高的情况下,法官可以适用裁量权进行调减。

关于24%上限的判定标准,司法实践中的争议主要集中在两个问题上:

(1)在对全部本金按24%计算利息、罚息和违约金后,对于迟延偿还的期内利息能否继续计算复利?

持观点一的法官认为可以继续计算。如在(2020)最高法民终1299号案中,最高人民法院认为由于一审判决第二项中的“复利”计至该部分款项全部清偿完毕止,如债务清偿时间过长,利息、复利、逾期利息的总和可能超过以全部贷款本金为基数,以年利率24%计算的金额,但因出现此种情况需要较长时间,远超判决确定的履行期限,故对原审法院关于“对全部本金按年利率24%计算罚息、复利和违约金之后仍对原期内利息计算复利”的处理意见不予调整。

持观点二的法官认为不能继续计算,因为对全部本金按24%计算利息、罚息和违约金后,再计算期内利息的复利就超出了24%的上限。在(2021)川0193民初1989号案中,四川成都自贸区法院认为,关于罚息、复利,合同约定了借期内的利率为年利率18.1%,贷款逾期的,罚息利率和复利利率均在合同利率基础上加收50%,该约定的利率过高,酌定之后的罚息、复利的计算方式为:贷款到期日前,应以每期未还本金、未还利息数额为基数自各期本金、利息应当还款次日起按照年利率24%的标准计至贷款到期日止;贷款到期日后,应以全部未还本金为基数自到期日次日起按照年利率24%的标准计至偿还之日止。

(2)债务全部到期前,对于部分到期的本金,计算的罚息和违约金利率之和能否超出24%?

比如,借款金额10亿元,合同约定分期还款,2021年1月31日应偿还1亿元,2021年6月30日偿还全部本金,按照合同约定,债务人未按时偿还贷款的,债权人有权以应付未付的本金为基数按年利率19%/年计收罚息同时按18%/年计收违约金,后债务人未偿还第一期本金,债权人提起诉讼,起诉材料于2021年4月1日送达债务人,债权人诉请之一为要求债务人对于2021年4月1日前应偿还的1亿元本金按年利率19%/年支付罚息同时按18%/年支付违约金。

持观点一的法官认为,只要所有的利息、罚息和违约金,没有超过以全部本金×全部计息期间×24%/年计算的金额,就可对1亿元本金同时计算19%罚息和18%违约金。在(2016)京民初77号案中,北京市高级人民法院即认为,只要确定的违约金、相关费用等债务金额之和,不得超过以全部借款本金为基数、以年利率24%标准计算的数额,即可按照合同约定计收利息、罚息和违约金。

持观点二的法官认为，对于到期的1亿元本金，应调减至24%计算罚息和违约金。在(2021)川0193民初1989号案中，四川成都自贸区法院认为，关于罚息、复利，合同约定了借期内的利率为年利率18.1%，贷款逾期的，罚息利率和复利利率均在合同利率基础上加收50%，该约定的利率过高，酌定之后的罚息、复利的计算方式为：贷款到期日前，应以每期未还本金、未还利息数额为基数自各期本金、利息应当还款次日起按照年利率24%的标准计至贷款到期日止。

2. 实现债权费用是否属于利率上限的规制范围

如上所述，由于我国目前缺乏金融借款专门的司法解释或文件，法院在审查金融借款的利率时，一般亦多参照民间借贷的相关规定处理。《民间借贷司法解释》(2020第二次修正)第29条规定，“出借人与借款人既约定了逾期利率，又约定了违约金或者其他费用，出借人可以选择主张逾期利息、违约金或者其他费用，也可以一并主张，但是总计超过合同成立时一年期贷款市场报价利率四倍的部分，人民法院不予支持”，原民间借贷解释亦有类似规定。

新旧司法解释对于律师费等实现债权费用是否属于“其他费用”并未作出明确界定，故而导致司法实践中对于金融机构能否在利率上限之外另行主张律师费等实现债权费用存在一定争议：一种观点认为，律师费等属于该条规定的“其他费用”，在逾期利息、违约金总计已超过合同成立时一年期贷款市场报价利率四倍时，出借人不得主张律师费等费用。① 另一种观点认为，当事人支出的律师费不同于基于借款合同所直接获得的金钱利益，与“其他费用”性质不同，不应当受到利率上限的限制。② 关于这一问题，最高人民法院民事审判第一庭在《民事审判实务问答》中倾向支持第二种观点。③

此外，在本书作者办理的过往案件中，法院对于实现债权费用的审查，往往会先看贷款合同和担保合同是否明确约定了“律师费”“保全费”“保全担保费”等费用由债务人承担，如合同仅采用“实现债权费用”等模糊表述，不同法院对于金融机构主张的律师费等相应费用能否支持存在不同观点。金融机构亦需注意合同约定应尽可能明确。

(三) 变相利息的规制

实务中，基于项目成本分摊、业绩考核与内部分配的特殊考虑，金融机构在贷款业务中除收取正常利息外，还会收取一定比例的介绍费、手续费、管理费、服务费

---

① 参见广东省江门市中级人民法院民事判决书(2021)粤07民终2371号。

② 参见最高人民法院民事判决书(2021)最高法民申1140号。

③ 参见最高人民法院民事审判第一庭编：《民事审判实务问答》，法律出版社2021年版，第44—46页。

等(以下统称“财务顾问费”),这些费用虽不直接表现为利息,但实际上属于借款人的融资成本。发生争议时,借款人往往会主张上述费用属于变相利息请求法院予以调减。

1. 财务顾问费的常见类型

从现行实践看,按照支付路径划分,财务顾问费主要有四种类型:一是资金使用方直接向金融机构支付;二是资金使用方向金融机构指定的关联主体支付;三是资金使用方指定关联主体向金融机构支付;四是资金使用方指定关联主体向金融机构指定的关联主体支付。从交易架构的设定看,金融机构往往选择在贷款合同之外另行签订单独的财务顾问服务协议。

2. 财务顾问费的主要监管政策

金融机构在正常利息之外另行收取财务顾问费等额外费用,有些情况下确实提供了相应的服务,但仍有部分情况是为了规避相关监管规定,不存在其他真实的合同关系,变相加重了企业融资成本,有悖于国家降低实体企业融资成本的政策精神。关于金融机构费用的收取,银保监会、国家发改委等出台了一系列规定予以规制:

第一,没有实质服务内容的收费项目,一律予以取消。如《国务院办公厅关于多措并举缓解企业融资成本高问题的指导意见》第 4 条规定:“对于直接与贷款挂钩、没有实质服务内容的收费项目,一律予以取消;对于发放贷款收取利息应尽的工作职责,不得再分解设置收费项目。”《商业银行服务价格管理办法》第 18 条规定:“商业银行向客户收取的服务费用,应当对应明确的服务内容。”《商业银行收费行为执法指南》第 7 条规定:“各级价格主管部门要针对新情况、新问题研究新举措,及时完善监管政策,推动商业银行收费管理做到三‘实’:推动商业银行设定收费项目和标准时,充分考虑客户的实际需求和自身的业务能力,收费标准与服务内容和业务成本相匹配,做到‘项目实’。推动商业银行给客户提供实质性服务,做到‘服务实’。推动商业银行强化对分支机构收费行为的内部监管,引导分支机构合规经营,确保收费行为依法合规,做到‘管理实’。”第 9 条规定:“九、商业银行收费行为应当遵循依法合规、平等自愿、息费分离、质价相符的原则……息费分离,是指商业银行应当严格区分收息与收费业务,不以‘息转费’的形式虚增中间业务收入,不将利息或者投资收益转化为收费。”

第二,不得向小微企业收取财务顾问费。对于银行等金融机构向小微企业提供贷款中变相利息的规制,《中国银保监会办公厅关于 2019 年进一步提升小微企业金融服务质效的通知》《中国银行业监督管理委员会关于支持商业银行进一步改进小型微型企业金融服务的补充通知》《国务院办公厅关于多措并举缓解企业融资成本高问题的指导意见》《国务院办公厅关于印发进一步支持小型微型企业健康发展重点工作部门分工方案的通知》等一系列文件规定,除银团贷款外,禁止金融机构对小型微型企业收取承诺费、资金管理费、财务顾问费、咨询费等相关费用。

第三,财务顾问费等费用的收取必须质价相符。国家发展改革委办公厅《商业银行收费行为执法指南》列举的五种质价不符的典型情形为:一是,财务顾问合同约定的服务并未实际提供。如合同约定的服务内容有对项目进行审查并提出咨询意见,但实际服务档案中没有对项目审查和咨询意见的相关资料。二是,服务无针对性。如银行提供的融资顾问服务方案主要内容多为银行业务和产品介绍,只是对几种融资方式做了介绍性说明,没有结合该企业财务状况、行业特点对融资方式进行比较分析,未提出具有针对性的计划建议。三是,服务没有实质性内容。如银行提供的财务分析报告仅是对客户的财务指标进行了分析,未指出财务运行中的问题,未向企业提出改善财务状况的建议和方案,对企业没有实质性帮助。四是,财务顾问方案大幅雷同。如不同阶段提供的两份方案框架结构基本一致,除个别数据有所修改外,内容大幅雷同,财务分析报告对不同领域的企业所提供的服务内容几乎相同。五是,服务记录造假。如根据回访记录,同一客户经理同一时间为两家企业提供服务,部分财务顾问服务资料后补痕迹明显。

第四,财务顾问费等费用不得捆绑贷款强制收取。国家价格监管部门一直反对金融机构将财务顾问费等费用与贷款业务捆绑进行强制收取。为了积极回应监管部门的监管要求,形成司法和行政的合力,提高整个社会管理水平,在司法审判中,必须对金融机构的变相利息加以规范。

3. 财务顾问费构成变相利息之司法判定

《九民纪要》第 51 条[变相利息的认定]规定:“金融借款合同纠纷中,借款人认为金融机构以服务费、咨询费、顾问费、管理费等为名变相收取利息,金融机构或者由其指定的人收取的相关费用不合理的,人民法院可以根据提供服务的实际情况确定借款人应否支付或者酌减相关费用。”从现行实践看,关于金融机构收取的服务费、咨询费、顾问费是否构成变相利息的认定及处理,一般应从服务本身和服务所涉关系与借款关系是否属于关联和同一法律关系进行考量。

关于服务本身,《九民纪要》第 51 条明确规定“收取的相关费用不合理的”,法院可以根据“服务的实际情况”确定是否支付或酌减相关费用。关于“不合理”如何界定,《商业银行收费行为执法指南》第 15 条规定:“执法机构认定只收费不服务,可以综合考虑服务时间、业务类型、服务内容、档案管理等方面,重点关注顾问与咨询类、资金监管类、资产托管类、融资安排类等业务,考虑因素具体包括但不限于:(一)服务内容是否体现出针对性,如是否仅提供了商业银行的产品或者业务介绍、仅提供了从公开渠道获得,未经加工整理的信息等;(二)服务内容是否达到服务协议约定的服务标准;(三)所提供服务是否已经涵盖在同一客户的其他收费项目中;(四)服务记录是否完整;(五)服务人员是否符合总行规定的资格和资质。”第18条规定:“对于使用本行表内资金、以企业融资为目的,与信托、证券、融资租赁等非银行业金融机构或者其他商业银行开展业务合作,向同业金融机构或者客户收取费用但未提供实质性服务的,认定为只收费不服务。”

关于所涉关系是否属于同一法律关系,最高人民法院指出:“法院在审查时,一般应当通过财务顾问费等的收取节奏与利息收取节奏是否一致,财务顾问费的收取与贷款金额是否存在比例关系,签订财务顾问协议时间、收取融资顾问费时间与贷款发放时间接近等事实判断财务顾问费与贷款业务是否存在关联。经审查,确实没有证据证明案外人收取的财务顾问费与金融借款之间具有关联性,法院就难以支持借款人要求酌减或者抵扣的请求。”①一般来讲,对于金融机构直接向债务人收取财务顾问费的案件,法院查明关联性时相对较为容易。但对于其他类型的财务顾问费,由于财务顾问合同的主体中的一方或双方并非贷款关系的主体和诉讼程序中的任一方当事人,法院在查清案件事实时难度很大,司法实践中如何处理亦存在一定争议。

从过往判例看,法院在审查财务顾问费是否构成变相利息时主要考察:

第一,是否存在真实服务、服务与费用是否对等,如在(2019)最高法民终78号案中,最高人民法院认为,华融资管除向法庭提供相关协议及合同外,未能提供可证明工行已经向智富茂城提供了独立于银团贷款且具备实质内容的上述服务的证据,故工行并未提供实质性服务,工行与债务人之间的真实意思也非成立资金托管、顾问等服务合同关系,而是工行利用贷款优势地位的不合理收费,变相增加企业融资成本,属于变相利息。

第二,顾问服务内容对于债务人是否具有实质意义,在(2020)粤09民终2462号案中,广东省茂名市中级人民法院即认为,依据服务合同提供的服务来看,相关服务并非债务人所必需且有实质意义的服务,金融机构依据合同作出的结论,也未能为大宏公司的营运决策提供合理有效的建议,故案涉服务费用构成变相利息。

第三,财务顾问费的支付时间与贷款时间是否相近,如在(2020)最高法民申7060号案中,最高人民法院即将债务人主张的财务顾问费用并非全部发生在涉案借款合同履行期间作为认定不构成变相利息的依据之一。

第四,财务顾问协议的签订与收取是否符合商业逻辑,如在(2019)最高法民终1408号案中,最高人民法院认为,从一般商业操作流程看,《居间服务协议》签订日期应早于借款合同,但本案中,《居间服务协议》《委托贷款借款合同》签订时间相

---

① 最高人民法院民法典贯彻实施工作领导小组主编:《中华人民共和国民法典合同编理解与适用》,人民法院出版社2020年版,第1273页。

同,故从上述两份合同的落款时间上看,存在不合理之处。

第五,在财务顾问费的支付主体或收取主体并非借款关系的法律主体时,债务人能否举证证明财务顾问费与贷款业务是否存在关联、两者属于同一法律关系,如在(2020)最高法民申7060号案中,最高人民法院认为,债务人主张的财务顾问费用并非全部发生在涉案借款合同履行期间,相关合同主体也并非全部与涉案出借人一致,债务人并未举出充分证据证明上述费用与案涉借款存在关联关系,故原判决认定相关费用所涉及的合同与借款合同系相互独立的合同,应另行向合同相对方主张,不缺乏证据证明,适用法律亦无不当。

4. *认定为变相利息的法律后果*

财务顾问费被认定为变相利息后如何处理,过去司法实践中存在不同处理意见:一种观点认为,无论金融机构是否提供服务,只要利息、违约金与变相利息等合计不超过法律、司法解释规定的利率上限,法院就应支持;另一种观点认为,法院应根据是否提供服务及服务情况决定不予支持或酌减。《九民纪要》第51条规定"收取的相关费用不合理的",法院可以根据"服务的实际情况"确定是否支付或酌减相关费用。《〈全国法院民商事审判工作会议〉理解与适用》亦指出:"如果金融机构确实没有提供相应服务的,就不应予以支持,也可以根据服务提供情况进行酌减。"[①]但鉴于《九民纪要》仅笼统规定法院可以根据"服务的实际情况"确定是否支付或酌减相关费用,而对于何种情况下可不支持、何种情况下应酌减并未明确,且《〈全国法院民商事审判工作会议〉理解与适用》本身非司法文件,故《九民纪要》出台后,不同法官之间仍存在不同理解。

实务中,金融机构对于财务顾问费往往直接从贷款中扣除或要求债务人在收到贷款时就立即支付,而此时,贷款往往尚未产生利息。一旦法院认为财务顾问费构成变相利息并应不予支持或酌减时,变相利息如何抵扣成为难题。从现有司法实践看,主要有两种观点:第一种观点认为可直接作为后续的利息抵扣,在(2020)最高法民申6168号案中,最高人民法院以当事人已经支付视为认可合同约定为由,认定预先支付的手续费和保证金抵扣在后产生的利息。第二种观点认为预先支付的变相利息构成"砍头息",应在借款本金中抵扣,如在(2019)最高法民终2004号案中,最高人民法院认为,金融机构收取的财务顾问费符合变相收取"砍头息"的特征,根据《合同法》第200条关于"借款的利息不得预先在本金中扣除。利息预先在本金中扣除的,应当按照实际借款金额返还借款并计算利息"的相关规定,变相利息应在借款本金中扣除。

---

① 最高人民法院民事审判第二庭编著:《〈全国法院民商事审判工作会议纪要〉理解与适用》,人民法院出版社2019年版,第330页。

此外,即便金融机构收取的服务费、咨询费、管理费不构成变相利息,如该等费用属于与贷款联系紧密的"其他费用",上述费用亦可能受年利率24%的上限规定。《关于进一步加强金融审判工作的若干意见》规定:"金融借款合同的借款人以贷款人同时主张的利息、复利、罚息、违约金和其他费用过高,显著背离实际损失为由,请求对总计超过年利率24%的部分予以调减的,应予支持,以有效降低实体经济的融资成本。"而关于"其他费用"的界定,最高人民法院民事审判第一庭编的《民事审判实务问题》明确认为,"'其他费用'主要指出借人和借款人所约定的服务费、咨询费、管理费等"①。

应对建议:为避免"变相利息"的监管风险和司法风险,建议:

第一,向借款人收取利息以外的服务费用时,应当有独立于借贷行为本身的合同依据,并有明确的服务内容;

第二,所提供服务没有涵盖在同一客户的其他收费项目中;

第三,服务内容应体现出针对性,应达到服务协议约定的服务标准,服务人员应符合规定的资格和资质;

第四,应对服务进行完整记录,并妥善存档。

(四)"砍头息"的规制

一般而言,利息何时支付,属于借款人和贷款人意思自治的范畴。但近些年来,金融机构或民间主体利用自身强势地位强制要求债务人在出借本金时即支付部分或全部利息的情况日渐增多,导致借款人实际可使用的贷款金额减少,而承担的融资成本却变相提高。故为保护借款人利益,立法和司法对于"砍头息"的规制日渐加强。《民法典》第670条规定:"借款的利息不得预先在本金中扣除。利息预先在本金中扣除的,应当按照实际借款数额返还借款并计算利息。"《民间借贷司法解释》(2020第二次修正)第26条规定:"借据、收据、欠条等债权凭证载明的借款金额,一般认定为本金。预先在本金中扣除利息的,人民法院应当将实际出借的金额认定为本金。"

1. "砍头息"的主要类型

《民法典》第670条规定,"借款的利息不得预先在本金中扣除"。从上述法律规定的原文看,"砍头息"是指在借款本金中预先扣除的利息。而实务中,为规避前述规定,债权人往往不采取直接预扣的方式,而是通过由债务人在收到借款后的较短期限内又立即转付利息的方式实现变相提前收取利息。前述方式同样剥夺了借

① 最高人民法院民事审判第一庭编:《民事审判实务问答》,法律出版社2021年版,第45页。

款人对于部分借款本金的期限利益,实质上与“预先扣除”差别不大。

对于前述方式提到的“砍头息”,按照收取时点和收取方式,可分为典型“砍头息”和非典型“砍头息”。[①] 典型“砍头息”是指贷款人在出借本金时直接从本金中扣除的利息。非典型“砍头息”是指贷款人在出借本金时不直接收取,但在出借本金后短期内即收取的利息。

2. “砍头息”的认定标准

《民法典》明确规定了预先扣除构成“砍头息”,预先扣除的事实查明也相对较为容易,故现行司法实践对于典型“砍头息”的争议较小。而对于非典型“砍头息”是否构成“砍头息”,现行法律没有明确规定,另非典型“砍头息”与自愿提前还息的界限往往不清晰,故现行司法实践对于非典型“砍头息”是否构成“砍头息”、符合何种条件才构成“砍头息”的争议较大。一般而言,法院对于非典型“砍头息”的认定主要考察以下因素:

2.1 支付期限

最高人民法院在《中华人民共和国民法典合同编理解与适用》一书中指出,出借款项的次日即付息属于“砍头息”。司法实践中,对于在出借款项后当天或次日收取的利息,主流观点认为构成“砍头息”。但亦有部分观点认为不构成“砍头息”,如在(2016)最高法民终 337 号案中,最高人民法院即认为债务人在当日或次日返还出借人款项的行为,既包含了双方合意,又包含了物权转让行为即债务人将上述款项的所有权转移给债权人,不构成“砍头息”。

对于在出借款项后第 2 日至第 7 日之间收取的利息是否构成“砍头息”,不同法院的认识不一:一种观点认为,该期限内支付利息剥夺了借款人对借款本金的期限利益,构成“砍头息”,如在(2019)京 03 民初 81 号案中,北京市第三中级人民法院认为,考虑到利息支付的时间距债务人收到借款时间不超过 7 天,时间较短,虽然不属于出借人预先扣除利息后交付本金,并非典型的“本金中扣除利息的”行为,但对于该种行为的认可,无疑是对可以借此规避法律强制性规定的纵容,对于此种行为,应该给予否定性评价,故属于“砍头息”。另一种观点认为,不应对《中华人民共和国民法典合同编理解与适用》中的“砍头息”作扩大解释,债务人在出借款项第 2 日至第 7 日之间支付的利息属于双方自由意思表示,不应认定为“砍头息”,如在(2020)最高法民终 281 号案中,最高人民法院认为,债务人于实际放款后 3 日内一次性支付利息,属于债务人自愿的提前还息行为,不构成利息预先在本金中扣除的情形。

---

① 参见最高人民法院民法典贯彻实施工作领导小组主编:《中华人民共和国民法典合同编理解与适用》,人民法院出版社 2020 年版,第 1236—1237 页。

对于在出借款项第7日后收取的利息,司法实践多倾向认为不构成“砍头息”。

2.2 支付意愿

“砍头息”与借款人主动提前还款如何区分,现有司法实践并无统一标准。部分法院认为应根据合同对于提前还款是否有约定或债务人能否举证证明债权人要求债务人支付“砍头息”来进行认定,如合同明确约定了付息期限,债务人提前还息但债务人不能举证证明系基于债权人要求付息的,一般不认为构成“砍头息”。如在(2020)粤07民终369号案中,广东省江门市中级人民法院即认为,债务人主张预先支付的利息构成“砍头息”,但未能举证证明,故预先支付利息属于债务人自愿履行付息义务的行为。但亦有部分观点认为,应依据支付时间判定是否构成“砍头息”。在(2019)粤06民终10867号案中,广东省佛山市中级人民法院即认为,合同虽未约定,但借款人在收款次日即预付两个月利息,属于预先扣除“砍头息”。

造成上述争议的主要原因是,在没有书面证据的情况下,自愿或被动本就属于难以判断的主观状态,而一旦进入诉讼、处于对立局面,各方当事人往往各抒己见。故交易中,如确系债务人申请提前还息,本书建议金融机构可协调债务人出具书面还息申请。

3. *法律后果*

按照《民法典》第670条及《民间借贷司法解释》(2020第二次修正)第26条等相关规定,一旦预先支付利息被认定构成“砍头息”,金融机构将仅能按照实际借款本金收取利息。

第三节 《民法典》对不动产抵押的影响

一、《民法典》及《民法典担保制度解释》关于不动产抵押的重大变化

(一)登记规则的完善

2021年4月6日,自然资源部发布《关于做好不动产抵押权登记工作的通知》(自然资发〔2021〕54号),主要从以下两个方面对不动产登记簿进行完善:一是增设担保范围一栏;二是增设“是否存在禁止或限制转让抵押不动产的约定”一栏。具体规定为:“二、明确记载抵押担保范围。当事人对一般抵押或者最高额抵押的主债权及其利息、违约金、损害赔偿金和实现抵押权费用等抵押担保范围有明确约定的,不动产登记机构应当根据申请在不动产登记簿‘担保范围’栏记载;没有提出申请的,填写‘/’。三、保障抵押不动产依法转让。当事人申请办理不动产抵押权

首次登记或抵押预告登记的,不动产登记机构应当根据申请在不动产登记簿‘是否存在禁止或限制转让抵押不动产的约定’栏记载转让抵押不动产的约定情况。有约定的填写‘是’,抵押期间依法转让的,应当由受让人、抵押人(转让人)和抵押权人共同申请转移登记;没有约定的填写‘否’,抵押期间依法转让的,应当由受让人、抵押人(转让人)共同申请转移登记。约定情况发生变化的,不动产登记机构应当根据申请办理变更登记。《民法典》施行前已经办理抵押登记的不动产,抵押期间转让的,未经抵押权人同意,不予办理转移登记。”

(二)不动产抵押制度的变化

相对于动产与权利担保体系的重大变革,《民法典》不动产抵押部分大体沿用了原《物权法》《担保法》及原《担保法司法解释》的相关规定,仅有少部分内容变动。但这些变更却涉及担保交易的核心架构,金融机构应予重视,具体如下:第一,重申抵押范围以登记为准,中止《九民纪要》例外以合同约定认定担保范围的适用。《民法典担保制度解释》第 47 条规定,“不动产登记簿就抵押财产、被担保的债权范围等所作的记载与抵押合同约定不一致的,人民法院应当根据登记簿的记载确定抵押财产、被担保的债权范围等事项”。第二,新增抵押财产可以转让。《民法典》第 406 条规定:“抵押期间,抵押人可以转让抵押财产。当事人另有约定的,按照其约定。抵押财产转让的,抵押权不受影响。抵押人转让抵押财产的,应当及时通知抵押权人。抵押权人能够证明抵押财产转让可能损害抵押权的,可以请求抵押人将转让所得的价款向抵押权人提前清偿债务或者提存。转让的价款超过债权数额的部分归抵押人所有,不足部分由债务人清偿。”第三,对抵押不破租赁规则进行了优化。《民法典》第 405 条规定:“抵押权设立前,抵押财产已经出租并转移占有的,原租赁关系不受该抵押权的影响。”将租赁权的设立时点由原《物权法》第 190 条的“订立抵押合同前”修改至“抵押权设立前”即办理抵押登记前。第四,流押条款的效力变更。《民法典》第 401 条规定,流押条款的效力为抵押权人“只能依法就抵押财产优先受偿”,改变了原《物权法》第 186 条无效的规定。此外,《民法典》第 395 条增加“海域使用权”可设定抵押,第 399 条第 3 款扩大了不得就其公益财产设定抵押的公益机构范围。

二、《民法典》之下抵押不动产的核查

一般而言,不动产抵押权有效设立后,金融机构对于不动产即享有优先受偿权。但容易被忽略的是,该种优先权仅是相对普通债权而言,并非可对抗所有权利。实务中,金融机构在开展贷款业务时,往往过度重视能否做成业务而轻视对抵押物的核查,对于抵押物上的潜在权利负担或更优先权利了解不足,从而导致在债权清收阶段难以全额收回债权。对于抵押物的核查,金融机构应予以重视。笔者

结合自身的资产处置经验及《民法典》最新规定,对可能影响抵押权效力、存续和实现的因素以及更优先权利并述如下:

(一)抵押物基本情况核查

1. 抵押物权属是否存在瑕疵

《民法典》第399条规定:"下列财产不得抵押……(四)所有权、使用权不明或者有争议的财产……"根据上述规定,以权属不明或有争议的不动产设立的抵押不具有担保物权的效力。不动产物权以登记为设立要件,在已经办理不动产证的情况下,不动产一般不存在权属问题。但近年来,随着各地买房限购政策的出台,借名买房的情况越来越多。借名买房、隐名买房容易导致当事人对抵押物的权属争议,从而引发确权之诉或执行异议程序。

借名买房之下的权属争议往往不会影响抵押合同的效力,但对于不动产抵押的物权效力和不动产的执行进度会产生一定影响:

关于借名买房对于抵押权效力的影响。如名义所有权人未经真实所有权人同意,擅自为金融机构设定抵押,可能构成无权处分。此时,抵押权能否有效设立取决于金融机构是否构成善意取得。对于如何认定抵押权的善意取得,学术界和实务界存在不同看法。有观点认为,从《民法典》第311条①来看,抵押权的善意取得应参照适用善意取得所有权的相关规定进行认定,应具备善意、支付合理价款、完成权利变动等三个要件。对于前述观点,最高人民法院认为,抵押作为一种担保,属于单务行为、无偿行为,不以支付合理对价为必要,只要债权人在签订抵押合同时为善意,且完成了不动产抵押登记的,就构成善意取得,而不考虑是否支付了合理对价。②

关于借名买房对于抵押物执行和回款速度的影响。司法实践中,实际权利人以"借名买房"为由对金融机构执行提起案外人执行异议和执行异议之诉的案件层出不穷。《最高人民法院关于适用〈中华人民共和国民事诉讼法〉执行程序若干问题的解释(2020修正)》第15条和第16条规定,案外人异议审查期间和执行异议之诉审理期间,法院一般不得对执行标的进行处分。故借名买房之下,一旦真实权利人提出执行异议,无疑将拉长执行程序和金融机构的回款周期。

---

① 《民法典》第311条规定:"无处分权人将不动产或者动产转让给受让人的,所有权人有权追回;除法律另有规定外,符合下列情形的,受让人取得该不动产或者动产的所有权:(一)受让人受让该不动产或者动产时是善意;(二)以合理的价格转让;(三)转让的不动产或者动产依照法律规定应当登记的已经登记,不需要登记的已经交付给受让人。受让人依据前款规定取得不动产或者动产的所有权的,原所有权人有权向无处分权人请求损害赔偿。当事人善意取得其他物权的,参照适用前两款规定。"

② 参见林文学:《不动产抵押制度法律适用的新发展——以民法典〈担保制度司法解释〉为中心》,载《法律适用》2021年第5期。

故金融机构在接受房地产抵押时，应当对抵押物是否存在代持等权属瑕疵进行严格审查。

应对建议：第一，金融机构应从不动产权证原件持有情况、买卖合同持有情况、购置价款支付路径等方面对抵押物是否存在借名买卖、代持、共有等情况进行排查，以尽到“善意”，降低抵押权因无权处分被认定未设立的风险；第二，如金融机构设定抵押时知悉抵押物代持情况，应通过协调真实所有权人签署同意抵押、同意办理抵押登记和同意执行等相关文件，以降低相关法律风险。

---

2. 抵押土地出让金是否存在欠缴

《民法典担保制度解释》第 50 条第 1 款规定：“抵押人以划拨建设用地上的建筑物抵押，当事人以该建设用地使用权不能抵押或者未办理批准手续为由主张抵押合同无效或者不生效的，人民法院不予支持。抵押权依法实现时，拍卖、变卖建筑物所得的价款，应当优先用于补缴建设用地使用权出让金。”根据前述规定，以划拨地使用权或其地上建筑物设定抵押，政府土地出让金优先于抵押权人受偿。

除了划拨土地面临的土地出让金问题外，实务中，非划拨土地抵押同样可能存在欠缴土地出让金的情形。关于非划拨土地欠缴的土地出让金与抵押权的优先顺位，现行法律没有规定，司法实践中存在争议：一种观点认为，欠缴土地出让金优先于抵押债权受偿，如在(2015)赤执字第 12-5 号案中，内蒙古自治区赤峰市中级人民法院即认为：“土地使用权、无证房产及地上附属设施第三次拍卖保留价为 6854074.88 元，扣除土地使用权欠缴土地出让金 1557842 元，执行费 53421 元、评估费 38478 元，赤峰永昊中小企业投资有限公司实际受偿债权数额为 5204333.88 元。”另一种观点认为，土地出让金不应优先于抵押债权受偿，在(2018)粤 18 民终 2535 号案中，广东省清远市中级人民法院即认为：“本案中，清远市自然资源局未能提供证据证明其所主张的土地出让金具有优先权，其主张应直接在执行程序中参与分配并优先受偿缺乏依据。”此外，亦有法院选择在拍卖公告中对于欠缴的土地出让金情况进行说明，并明确由买受人承担相应费用。

故无论是对于划拨土地还是非划拨土地，金融机构均应对是否存在欠缴或未来可能需补缴的土地出让金情况进行严格核查。

应对建议：第一，金融机构在接受划拨土地使用权及其地上建筑物抵押时，建议首先协调债务人申请将划拨土地转变为非划拨土地并缴齐土地出让金，如不能实现，亦应就补缴建设用地使用权出让金的具体数额与行政管理部门进行提前沟

通,以有所预期并适当提高抵押率;第二,金融机构在接受不动产抵押时,应通过对国有建设土地使用权出让合同、出让金支付凭证的核查和向土地行政部门核实等方式核查拟抵押不动产是否存在欠缴土地出让金的情况,如有,应在设定抵押前妥善解决。

---

3. 抵押土地是否存在闲置风险

为避免土地资源的浪费,我国法律对于闲置土地的处罚进行了明确规定,国有建设用地使用权出让合同一般亦会对出让土地的开发周期和届期未开发应承担被收回的违约责任等作出约定。

从现行法律规定看,抵押权不能对抗政府收回闲置土地。《闲置土地处置办法》第14条第2款规定:"未动工开发满两年的,由市、县国土资源主管部门按照《中华人民共和国土地管理法》第三十七条和《中华人民共和国城市房地产管理法》第二十六条的规定,报经有批准权的人民政府批准后,向国有建设用地使用权人下达《收回国有建设用地使用权决定书》,无偿收回国有建设用地使用权。闲置土地设有抵押权的,同时抄送相关土地抵押权人。"国家土地管理局在发送上海市土地管理局的《关于对〈中华人民共和国城镇国有土地使用权出让和转让暂行条例〉第十七条有关内容请求解释》复函中指出:"抵押权附属于土地使用权。作为主权利的土地使用权,因行政机关依照《中华人民共和国城镇国有土地使用权出让和转让暂行条例》第十七条规定,作出收回土地使用权的处罚而消灭时,在该土地使用权上设定的抵押权随之消灭。"

一旦抵押土地满足"未动工开发满两年的"之条件,政府即可启动闲置土地收回程序,而抵押权人在现行法律体系下并无有效救济路径。另外,查封能否有效阻止政府收回闲置土地?法律没有明确规定,司法实践中存在一定争议①,但最高人民法院似乎倾向认为查封并不能影响政府收回闲置土地。在(2015)行提字第27号案中,最高人民法院即认为:"查封土地系司法机关为保证案件的执行而作出的保全措施,收地决定是行政机关依据相应事实和法律作出的行政决定,两者分别是司法权与行政权的运用,两种权力的行使应当互相配合和尊重。司法权不能干预行政权的行使,具体到本案中,司法保全措施不影响《收地决定》本身的合法性。故蓟县畜产公司主张因涉案土地被人民法院查封,就不能予以收回的理由,缺乏相应的法律依据,本院不予支持。"

---

① 在(2016)粤行终1263号案中,法院认为政府不得对查封中的土地进行闲置收回。亦有部分地方政府在其指定的地方性闲置土地管理办法中明确,政府进行闲置土地收回,应首先与司法机关协商解决查封问题。

另从现有司法实践看，即便政府未按照《闲置土地处置办法》规定的就拟订闲置土地处置方案[①]和作出的收回土地使用权决定向抵押权人履行通知义务，该等违法行为亦不必然导致闲置土地收回的行政行为无效。关于前述问题，司法实践中有两种争议观点：部分观点认为，未通知抵押权人的情况下政府作出的收地决定侵害了抵押权人的合法权益，应予撤销。如在(2013)琼环行终字第4号案中，海南省高级人民法院即认为："按国土部《闲置土地处置办法》第十三条第二款的规定，国土局应当书面通知原审第三人农行红城湖支行，但国土局没有通知，故国土局作出第214号收地决定违反法定程序。原审第三人农行红城湖支行和福兴源公司抗辩理由成立，应予以支持……原审法院依照原行政诉讼法第五十四条第(二)项第3目的规定判决撤销第214号收地决定，亦符合《中华人民共和国行政诉讼法》第七十条第(三)项的规定，并无不当。"亦有部分观点认为，抵押权人不是处罚相对人，未告知抵押权人属于程序瑕疵，不影响收回决定的结果的正确性。如在(2019)琼行终253号中，海南省高级人民法院即认为："儋州市政府在作出16号无偿收地决定之前，函告民生银行郑州分行涉案土地已经被认定为闲置土地，未书面告知闲置土地处置方案，告知其听证的权利，在16号无偿收地决定作出之后，也没有同时抄送相关土地抵押权人，事实清楚；但抵押权人并不是处罚的相对人，该程序瑕疵不影响16号无偿收地决定结果的正确。"

此外，关于"可进行闲置土地收回"的条件，部分地方政府通过地方规定进行了扩大，金融机构在开展业务时应予注意。除《闲置土地处置办法》及地方性规定外，国有建设用地使用权转让合同一般亦会对建设用地的开发进度、使用权人未按约开发需承担的违约责任等作出约定，金融机构亦需进行审查。

基于上，闲置土地收回风险为不动产抵押中的风险之一，一旦抵押土地被政府闲置收回，金融机构抵押权将丧失，故金融机构在接受不动产抵押时，应当对抵押土地是否存在闲置收回风险进行谨慎核查。

应对建议：第一，金融机构在接受不动产抵押时，应按照《闲置土地处置办法》及地方性闲置土地规定、国有建设用地使用权转让合同等对于抵押土地是否存在闲置风险进行核查；第二，一旦政府认定抵押土地构成闲置土地，金融机构应积极参与闲置土地处置方案的拟订，最大限度向政府争取补偿金，以降低损失。

---

① 《闲置土地处置办法》第13条规定："市、县国土资源主管部门与国有建设用地使用权人协商一致后，应当拟订闲置土地处置方案，报本级人民政府批准后实施。闲置土地设有抵押权的，市、县国土资源主管部门在拟订闲置土地处置方案时，应当书面通知相关抵押权人。"

(二)更优先权利排查

1. 物权期待权

因房屋销售产生的物权期待权,作为一种优先于约定抵押权的法定优先权,往往是金融机构接受在建工程抵押所经常面临的问题之一,直接影响金融机构的债权回收金额和速度。从现行法律规定看,影响金融机构实现抵押权的物权期待权主要可分为涉及基本生存权的商品房消费者权利和商品房消费者之外的一般买受人权利。《执行异议和复议规定》第29条①和《九民纪要》第125条②、126条③对于商品房消费者权利进行了规定,《执行异议和复议规定》第28条④和《九民纪要》第

---

① 《执行异议和复议规定》第29条规定:"金钱债权执行中,买受人对登记在被执行的房地产开发企业名下的商品房提出异议,符合下列情形且其权利能够排除执行的,人民法院应予支持:(一)在人民法院查封之前已签订合法有效的书面买卖合同;(二)所购商品房系用于居住且买受人名下无其他用于居住的房屋;(三)已支付的价款超过合同约定总价款的百分之五十。"

② 《九民纪要》第125条[案外人系商品房消费者]规定:"实践中,商品房消费者向房地产开发企业购买商品房,往往没有及时办理房地产过户手续。房地产开发企业因欠债而被强制执行,人民法院在对尚登记在房地产开发企业名下但已出卖给消费者的商品房采取执行措施时,商品房消费者往往会提出执行异议,以排除强制执行。对此,《最高人民法院关于人民法院办理执行异议和复议案件若干问题的规定》第29条规定,符合下列情形的,应当支持商品房消费者的诉讼请求:一是在人民法院查封之前已签订合法有效的书面买卖合同;二是所购商品房系用于居住且买受人名下无其他用于居住的房屋;三是已支付的价款超过合同约定总价款的百分之五十。人民法院在审理执行异议之诉案件时,可参照适用此条款。问题是,对于其中'所购商品房系用于居住且买受人名下无其他用于居住的房屋'如何理解,审判实践中掌握的标准不一。'买受人名下无其他用于居住的房屋',可以理解为在案涉房屋同一设区的市或者县级市范围内商品房消费者名下没有用于居住的房屋。商品房消费者名下虽然已有1套房屋,但购买的房屋在面积上仍然属于满足基本居住需要的,可以理解为符合该规定的精神。对于其中'已支付的价款超过合同约定总价款的百分之五十'如何理解,审判实践中掌握的标准也不一致。如果商品房消费者支付的价款接近于百分之五十,且已按照合同约定将剩余价款支付给申请执行人或者按照人民法院的要求交付执行的,可以理解为符合该规定的精神。"

③ 《九民纪要》第126条[商品房消费者的权利与抵押权的关系]规定:"根据《最高人民法院关于建设工程价款优先受偿权问题的批复》第1条、第2条的规定,交付全部或者大部分款项的商品房消费者的权利优先于抵押权人的抵押权,故抵押权人申请执行登记在房地产开发企业名下但已销售给消费者的商品房,消费者提出执行异议的,人民法院依法予以支持。但应当特别注意的是,此情况是针对实践中存在的商品房预售不规范现象为保护消费者生存权而作出的例外规定,必须严格把握条件,避免扩大范围,以免动摇抵押权具有优先性的基本原则。因此,这里的商品房消费者应当仅限于符合本纪要第125条规定的商品房消费者。买受人不是本纪要第125条规定的商品房消费者,而是一般的房屋买卖合同的买受人,不适用上述处理规则。"

④ 《执行异议和复议规定》第28条规定:"金钱债权执行中,买受人对登记在被执行人名下的不动产提出异议,符合下列情形且其权利能够排除执行的,人民法院应予支持:(一)在人民法院查封之前已签订合法有效的书面买卖合同;(二)在人民法院查封之前已合法占有该不动产;(三)已支付全部价款,或者已按照合同约定支付部分价款且将剩余价款按照人民法院的要求交付执行;(四)非因买受人自身原因未办理过户登记。"

127 条①对于商品房一般买受人权利进行了规定。

根据最高人民法院意见，涉及基本生存权的商品房消费者权利在符合法定条件下可对抗抵押权，而无论抵押权与商品房消费者权利的设立先后②、商品房消费者是否明知存在抵押权。③ 具体条件为：一是在法院查封之前已签订合法有效的书面买卖合同；二是所购房屋用于居住且买受人名下没有其他用于居住的房屋；三是支付价款超过总价款的 50%。关于对"用于居住且买受人名下没有其他用于居住的房屋"如何理解，司法实践中存在诸多争议，如"无其他房屋"是否需进行区域限制、是否仅以名下是否有房屋进行简单判断、非住宅性质房屋是否适用前述规定、"名下"是否应作宽泛理解、是否限于二手房、公司名下房屋能否适用前述规定等等。从最高人民法院倾向性观点来看，"无其他房屋"一般是指与涉案房屋同一设区的市和县级行政区（不包括设区的"市"的"区"）没有其他用于居住的房屋；对于名下有房屋是否属于商品房消费者，应结合实际情况综合判断，如买受人名下虽然已有 1 套房屋但购买的房屋在面积上仍然属于满足基本居住需要的，买受人名下房屋属于"代持"等，一般亦可理解为没有居住房屋；关于购买商住两用房是否可构成商品房消费者，一般认为，购买具备居住属性的商住两用房，可参照适用前述规定，但购买具备投资属性的商铺和写字楼一般不能认定构成商品房消费者；"名下"应作宽泛理解，如买受人配偶、未成年子女名下有房屋，一般亦应视为买受人名下有居住房屋；关于商品房消费者权利能否适用于二手房，司法实践中争议很大，最高人民法院认为二手房不能适用，因物权期待权的权利来源为《最高人民法院关于建设工程价款优先受偿权问题的批复》，而二手房不存在建设问题；公司一般不能只构成商品房消费者，但若公司购买为满足公司内部个人居住时能否构成商品房消费者，实践中亦存在争议。关于支付价款的比例，如果商品房消费者支付的价款接近百分之五十，且已按照合同约定将剩余价款支付给申请执行人或者按照法院

---

① 《九民纪要》第 127 条［案外人系商品房消费者之外的一般买受人］规定："金钱债权执行中，商品房消费者之外的一般买受人对登记在被执行人名下的不动产提出异议，请求排除执行的，《最高人民法院关于人民法院办理执行异议和复议案件若干问题的规定》第 28 条规定，符合下列情形的依法予以支持：一是在人民法院查封之前已签订合法有效的书面买卖合同；二是在人民法院查封之前已合法占有该不动产；三是已支付全部价款，或者已按照合同约定支付部分价款且将剩余价款按照人民法院的要求交付执行；四是非因买受人自身原因未办理过户登记。人民法院在审理执行异议之诉案件时，可参照适用此条款。实践中，对于该规定的前 3 个条件，理解并无分歧。对于其中的第 4 个条件，理解不一致。一般而言，买受人只要有向房屋登记机构递交过户登记材料，或向出卖人提出了办理过户登记的请求等积极行为的，可以认为符合该条件。买受人无上述积极行为，其未办理过户登记有合理的客观理由的，亦可认定符合该条件。"

② 参见最高人民法院民事审判第二庭编著：《〈全国法院民商事审判工作会议纪要〉理解与适用》，人民法院出版社 2019 年版，第 633—640 页。

③ 参见最高人民法院民事裁定书（2018）最高法民申 4875 号。

的要求交付执行的,亦可适用前述规定。[①] 关于开发商在未取得商品房预售许可证情况下销售房屋,商品房消费者权利能否对抗抵押权,不同地区、不同法院之间意见不一,尚无定论。[②]

商品房一般买受人权利是商品房消费者之外的一般买受人因购买房屋所享有的物权期待权,与商品房消费者不同的是,一般买受人名下往往有其他可用于居住的房屋,故一般买受人的物权期待权并不涉及生存权。根据法律规定,商品房消费者之外的一般买受人在符合法定条件下可对抗普通债权并排除执行:一是在法院查封之前已签订合法有效的书面买卖合同;二是在法院查封之前已合法占有该不动产;三是已支付全部价款,或者已按照合同约定支付部分价款且将剩余价款按照人民法院的要求交付执行;四是非因买受人自身原因未办理过户登记,一般而言,买受人只要有向房屋登记机构递交过户登记材料,或向出卖人提出了办理过户登记的请求等积极行为的,可以认为符合该条件。但对于商品房消费者之外的一般买受人权利能否对抗抵押权,司法实践中存在争议,最高人民法院在《九民纪要》第126条中对于该问题的裁判标准进行了统一,明确一般买受人不能对抗抵押权。最高人民法院在最近改判的(2021)最高法民再189号案件中更是重申了前述立场,该案中,最高人民法院明确"一般不动产买受人即便符合《执行异议和复议规定》第二十八条的规定,也不能对抗抵押权人,其只能对抗普通债权人"。

一般认为,涉及基本生存权的商品房消费者权利是指可排除抵押权和执行的"商品房所有权",但若房地产开发企业没有建成房屋,商品房消费者的购房款返还请求权能否对抗抵押权,司法实践中亦存在争议:一种观点认为,基于相关规定的基本逻辑、对购房消费者的统一平等保护、实质公平及生存权至上的基本原则,买受人享有的购房款返还请求权优先于抵押权;另一种观点认为,如商品房消费者选择解除合同,其权利由物权期待权转化为返还购房款的债权请求权,此时商品房消费者对特定房屋不再享有物权的期待利益,根据物权优先于债权,其购房款返还请求权为一般债权,不再优先于作为物权的抵押权。关于前述问题,最高人民法院在《针对山东省高级人民法院就处置济南彩石山庄房屋买卖合同纠纷案请示的答复》(〔2014〕执他字第23、24号)中指出,建设工程优先受偿权不得对抗买受人权利既包括房屋交付请求权又包括购房款返还请求权,按照前述精神,劣后于建设工程优先权的抵押权似乎亦不能对抗商品房消费者的购房款返还请求权。此外,最高人

---

① 参见最高人民法院民事审判第二庭编著:《〈全国法院民商事审判工作会议纪要〉理解与适用》,人民法院出版社2019年版,第627—640页。

② 在(2018)黑民终621号案、(2019)黑03民初20号案中,法院认为可对抗,但在(2019)晋0829民初69号案中,法院认为不可对抗。

民法院在《〈全国法院民商事审判工作会议纪要〉理解与适用》中亦倾向第一种观点[①]，需要注意的是，前述观点应限于"房屋未建成"，如商品房消费者在房屋具备交付条件的情况下解除合同，则其享有的购房款返还请求权不能对抗抵押权。如在(2020)浙民终782号案中，浙江省高级人民法院认为："商品房消费者的优先权利包括对房屋交付的请求权以及在房屋交付不能时对购房款的返还请求权，系对商品房消费者的特定物权期待利益给予的特别保护。本案中，案涉房屋在赵娓要求解除其与乾顺公司订立的《商品房买卖合同》时已具备交付条件。在此情况下，人民法院依赵娓诉求判决确认《商品房买卖合同》解除，赵娓不再针对特定房屋享有期待利益，其对乾顺公司的债权不能够再就特定房屋享有排除建设工程价款债权及抵押权的优先权利。"

需要注意的是，由于破产程序中存在多种复杂因素，部分管理人对于物权期待权的认定标准，会在上文阐述标准的基础上根据破产案件具体情况适当放宽，如将付款比例放宽至30%等。[②]

应对建议：第一，金融机构在接受在建工程抵押前，应对商品房销售情况进行详细核查，接受抵押之后，应通过公章控制、网签监控等多种手段对抵押人销售房屋进行严格把控；第二，如需以项目销售回款，应加强对售房回款的管控。

---

2. 建设工程价款优先权

建设工程价款优先权往往是金融机构接受在建工程抵押所经常面临的问题之一，作为一种法定优先权，建设工程价款优先权优先于作为约定担保物权的抵押权。

原《最高人民法院关于建设工程价款优先受偿权问题的批复》第4条规定："建设工程承包人行使优先权的期限为六个月，自建设工程竣工之日或者建设工程合同约定的竣工之日起计算。"《关于审理建设工程施工合同纠纷案件适用法律问题的解释(一)》(法释〔2020〕25号)第41条规定："承包人应当在合理期限内行使建设工程价款优先受偿权，但最长不得超过十八个月，自发包人应当给付建设工程价款之日起算。"《民法典》及相关司法实践对建设工程价款优先权的最大修改是将行权期间由6个月调整至18个月。

司法实践中，建设工程价款优先权对于金融机构实现抵押权的主要影响有二：一是承包人提起执行异议和执行异议之诉，申请法院中止执行，影响执行进度；

---

① 参见最高人民法院民事审判第二庭编著：《〈全国法院民商事审判工作会议纪要〉理解与适用》，人民法院出版社2019年版，第638页。

② 参见民事裁定书(2016)鄂01112破2—4号。

二是承包人申请参与分配。《执行异议和复议规定》规定,申请执行人对执行标的依法享有对抗案外人的担保物权等优先受偿权,法院对案外人提出的排除执行异议不予支持,故一般认为,建设工程承包人不能以执行异议或执行异议之诉的方式行使优先权。但在建设工程承包人是否享有优先受偿权及具体数额无法确定时,如案外人另行提起诉讼主张实现建设工程优先受偿权,法院可能会中止对在建工程的执行。江苏省高级人民法院在《执行异议之诉案件审理指南》中规定:"建设工程优先受偿权的本质是以建设工程的交换价值担保工程款债权的实现,也就是说,建设工程优先受偿权只是一种顺位权,不能达到阻却执行的效果。因此,人民法院对建设工程采取强制执行措施时,案外人不能以其对该建设工程享有优先受偿权为由提起执行异议之诉要求停止执行,而只能在执行程序中向执行法院提出优先受偿的主张。如果执行法院以案外人不享有优先受偿权为由对其主张不予支持的,由于优先受偿权属于主债权的从权利,需要在主债权确定、且符合优先受偿权条件的前提下方可行使,故案外人可以另行提起诉讼主张实现建设工程优先受偿权。案外人提起诉讼的,执行法院应当中止执行。"

应对建议:第一,如建设工程施工人申请中止执行,金融机构可积极与建设工程施工人、法院协商,争取以预留一定金额的方式继续推进执行程序、尽快分配其他款项,尽可能降低损失。第二,对于建设工程价款优先权的审查,金融机构可从以下方面展开:(1)行权主体仅限于建设工程施工合同以及装饰装修工程的承包人,工程勘察人或设计人等其他主体不享有优先受偿权;(2)建设工程款优先权的范围限于建筑工程价款,包括承包人为建设工程应当支付的工作人员报酬、材料款等实际支出的费用,但不包括承包人因发包人违约所造成的损失,如建设工程价款的利息、违约金、损害赔偿金等;(3)行权期限应在18个月内,具体起算点即"应付工程价款之日"按以下规则确定:对于给付价款日"有约定的从约定",无约定或约定不明亦不能做协议结算的,应结合"当事人对付款时间没有约定或者约定不明的,下列时间视为应付款时间:(一)建设工程已实际交付的,为交付之日;(二)建设工程没有交付的,为提交竣工结算文件之日;(三)建设工程未交付,工程价款也未结算的,当事人起诉之日为应付工程款之日"。

---

3. 居住权

居住权制度是《民法典》新增的制度。居住权,是指以居住为目的,对他人的住房及其附属设施所享有的占有、使用的权利。[①]《民法典》第366条规定:"居住权人

---

① 参见王利明:《论民法典物权编中居住权的若干问题》,载《学术月刊》2019年第7期。

有权按照合同约定,对他人的住宅享有占有、使用的用益物权,以满足生活居住的需要。”随着居住权制度的确立,同一不动产上并存居住权和抵押权的情况将会经常发生,金融机构亦将经常面临前述冲突如何解决的问题。

《民法典》对于居住权制度规定得极为笼统,现行其他法律及司法解释对于居住权与抵押权的冲突如何解决亦未作出任何规定,学术界及实务界存在较大争议。部分学者主张应按照登记时间确定抵押权和居住权的优先顺位。王利明教授认为,居住权经登记,即具有对抗第三人的效力。[①] 高圣平教授亦认为,应按照“公示时间在先,权利在先”的原则,以抵押权和居住权的登记时间确定优先顺位。[②] 清华大学汪洋副教授认为,房屋上同时设立居住权和抵押权时,依登记顺序解决权利冲突,后顺位权利人因可通过查询登记簿知晓前顺位权利的存在,其应自担风险,故先抵押后设立居住权的,抵押权实现后,居住权涤除,反之,居住权在存续期间内对新所有权人继续有效。[③]

本书认为,作为同样需进行登记公示的一项物权,以登记顺序确定抵押权与居住权的优先顺位具备一定合理性,但基于居住权“住有所居”的立法目的,居住权往往会涉及居住权人的基本生存权,此时若仍按前述规则确定优先顺位似乎并不符合最高人民法院对于类似问题的处理理念。近些年来,生存权利至上的审判理念日渐加深,最高人民法院在《九民纪要》第 126 条明确为生存所需购房的商品房消费者权利优先于抵押人的抵押权。故本书倾向认为,对于一般居住权,可以登记顺序确定抵押权与居住权的优先顺位,但对于涉及生存权的特殊居住权,即便居住权登记在后,根据生存权利至上的基本原则,居住权亦可能优先于抵押权。

一旦法院认定居住权优先于抵押权,将可能对金融机构产生两种不良影响:一是金融机构对于抵押财产的执行可能会被排除,特别是对于期限较长的居住权;二是抵押财产仅能附带居住权进行现状拍卖,抵押财产价值和拍卖价格将降低。

居住权的设立时间可能影响金融机构抵押权的优先顺位。从设立方式上划分,居住权可分为以合同设立的居住权、以遗嘱设立的居住权和以法院判决形式设立的居住权。《民法典》第 368 条规定:“居住权无偿设立,但是当事人另有约定的除外。设立居住权的,应当向登记机构申请居住权登记。居住权自登记时设立。”以合同设立的居住权以登记为生效要件,但对于以遗嘱设立的居住权和以法院判决形式设立的居住权是否需进行登记和具体生效要件,上述条文并未规定,学术界存在一定争议。《民法典》第 229 条规定,因人民法院法律文书导致物权设立的,自

---

① 参见王利明:《论民法典物权编中居住权的若干问题》,载《学术月刊》2019 年第 7 期。

② 参见高圣平、范佳慧:《不动产上抵押权与利用权的冲突与协调》,载《山东大学学报(哲学社会科学版)》2020 年第 6 期。

③ 参见汪洋:《民法典意定居住权与居住权合同解释论》,载《比较法研究》2020 年第 6 期。

法律文书生效时发生物权效力;第 230 条规定,因继承取得物权的,自继承开始时发生效力。本书倾向认为,以遗嘱设立的居住权和以法院判决形式设立的居住权并不适用登记生效规则,而应适用前述法律规定。立法机关似乎亦持前述观点,全国人大常委会法工委民法室主任黄薇主编的《中华人民共和国民法典物权编解读》指出,不同设立方式设立的居住权,居住权设立时间亦不同。① 故对于以遗嘱设立的居住权和以法院判决形式设立的居住权,金融机构应注意其设立时间。

由于居住权制度属于《民法典》新设制度,且《民法典》本身仅用 6 个条文进行规定,居住权制度尚存大量争议问题,如居住权的权利主体是否限于自然人、设定客体是否限于住宅、权利期限的上限、无偿设立的限制等等,这些问题对于金融机构进行抗辩均有重大意义。此外,现行登记规则对于居住权登记的细节问题亦未解决,尤其是已抵押的房屋能否设立居住权、居住权登记是否需抵押权人同意等。上海市住房保障和房屋管理局、上海市规划和国土资源管理局出台了相应规定。《上海市房地产登记技术规定(试行)》第 11.1.4 条规定:“在 2021 年 1 月 1 日前已设立抵押权的房地产,抵押期间,申请居住权登记的,申请人还需提交抵押权人同意的书面材料。”但该条并未规定在 2021 年 1 月 1 日以后设立抵押权的房地产上设立居住权的,是否需要抵押权人同意。对于上述问题,本书作者亦将继续关注。

应对建议:第一,在接受抵押前,金融机构应对可能以登记、遗嘱和法院判决方式设定的居住权进行排查;第二,抵押权设立后,谨慎决定是否同意居住权登记。

---

4. 租赁权

过去司法实践中,租赁权是金融机构行使抵押权的障碍之一。更有一些不诚信债务人为规避抵押房产被执行的风险,在为金融机构设定抵押权前,恶意设定长期租赁并预收租金,严重影响金融机构的债权收回。

原《物权法》第 190 条规定,订立抵押合同前抵押财产已出租的,原租赁关系不受该抵押权的影响。《民法典》第 405 条规定,抵押权设立前,抵押财产已经出租并转移占有的,原租赁关系不受该抵押权的影响。《民法典》编纂过程中,有意见提出,仅凭订立抵押合同和租赁合同的时间来认定抵押权和租赁权的优先顺位,容易滋生道德风险,一些当事人可能通过虚构或倒签合同,侵犯另一方利益。② 故《民法典》将“订立抵押合同前”修改为“抵押权设立前,抵押财产已经出租并转移占有”。此外,最高人民法院亦参照《民法典》的上述精神对查封与租赁的关系进行了规

① 参见黄薇主编:《中华人民共和国民法典物权编解读》,中国法制出版社 2020 年版,第 554—555 页。

② 参见黄薇主编:《中华人民共和国民法典物权编解读》,中国法制出版社 2020 年版,第 674—675 页。

定,《执行异议和复议规定》第31条规定:“承租人请求在租赁期内阻止向受让人移交占有被执行的不动产,在人民法院查封之前已签订合法有效的书面租赁合同并占有使用该不动产的,人民法院应予支持。承租人与被执行人恶意串通,以明显不合理的低价承租被执行的不动产或者伪造交付租金证据的,对其提出的阻止移交占有的请求,人民法院不予支持。”从上述规定看,如抵押权登记前,租赁关系已有效成立且承租人已实际占有房屋,则抵押权不得对抗租赁权。法院对于上述问题的审查将围绕租赁合同的真实性、租赁合同签订的时间节点、案外人是否占有案涉房屋及抵押权的登记时点等问题进行审查。

关于租赁权对于抵押权实现的影响,从司法实践的处理来看:如抵押前出租,法院通常会带租拍卖①,如抵押后出租,法院一般会去除租赁权后进行拍卖②,即便如未去除,一般亦认为租赁合同对买受人不具约束力。③ 而带租拍卖往往会对抵押物的拍卖和成交价格产生不利影响,金融机构应予重视。

应对建议:金融机构在接受房产抵押时,应对抵押房产的出租情况进行全部核查,对于期限较长的租赁合同,尽量协调抵押人沟通涤除。

---

5. 税收优先权

从税收债务发生时间上划分,房地产涉税主要可分为两类:一是抵押权设定前的历史欠税及欠税滞纳金;二是处置变现时的相关税费,具体包括出卖方需缴纳的增值税、城市维护建设税、教育费附加、地方教育费附加、土地增值税、印花税、个人(企业)所得税等,买受人则需缴纳过户所产生的税费包括印花税、契税等。④ 破产程序中对资产进行处置时所发生的包括增值税、土地增值税、契税、营业税、城市维护建设税等在内的流转税和所得税。

抵押权设定前的历史欠税优先于抵押权。《税收征收管理法(2015修正)》第45条第1款规定:“税务机关征收税款,税收优先于无担保债权,法律另有规定的除外;纳税人欠缴的税款发生在纳税人以其财产设定抵押、质押或者纳税人的财产被留置之前的,税收应当先于抵押权、质权、留置权执行。”

司法实践中,欠税滞纳金一般不能优先于抵押权。关于税收滞纳金是否属于优先权范围,行政机关与司法机关观点并不一致。国家税务总局在《关于税收优先

---

① 参见最高人民法院民事判决书(2019)最高法民终1206号。

② 参见山东省高级人民法院民事裁定书(2020)鲁执复508号。

③ 参见江苏省高级人民法院民事裁定书(2020)苏民申7058号。

④ 参见施鉴峰:《抵押权与税收优先权的冲突,商业银行如何化解?》,载高杉LEGAL微信公众号https://mp.weixin.qq.com/s/TvXDmtz-BYZ5uvP-yU4nKQ,2021年10月2日访问。

权包括滞纳金问题的批复》中指出,《税收征管法》第45条规定的税收优先权执行时包括税款及其滞纳金。最高人民法院在《关于税务机关就破产企业欠缴税款产生的滞纳金提起债权确认之诉应否受理问题的批复》中明确,依照《企业破产法》《税收征收管理法》的有关规定,破产企业在破产案件受理前因欠缴税款产生的滞纳金属于普通破产债权。从现有司法实践看,多数法院参照最高人民法院批复处理,但亦有部分法院将滞纳金纳入税收优先权范围。

关于处置变现中应由抵押人承担的相关税费与抵押权的优先顺位,现行法律虽未规定,但因我国税收征管实行以契税管理先缴纳税款后办理产权证书的"先税后证"模式,只有持税务机关完税证明,才能办理产权变更登记手续,从而通过办理不动产证书这一环节倒逼实现欠税优先权。① 故执行程序中,法院通常在拍卖所得价款中优先扣划需由出卖方缴纳的税费,破产程序中,管理人一般将过户后续缴纳的税费作为破产费用予以优先清偿。浙江省高级人民法院、浙江省地方税务局曾联合印发的《关于建立人民法院民事执行与地税部门税费征缴协作机制的会议纪要》即规定出卖方缴纳的税费由法院在财产处置款项中支付给税务部门。江苏省地方税务局在《就破产企业资产处置过程中有关营业税问题做出批复》(苏地税函〔2017〕340号)中明确"依据现行税收政策规定,企业破产清算期间转让无形资产或销售不动产应依法缴纳营业税。该项税款是破产企业在破产过程中转让无形资产或销售不动产所产生的税款,其不同于破产企业进入破产还债程序前形成的欠税,应作为破产清算期间发生的破产费用处理。"另,亦有部分法院认为,变价所产生的税款在本质上属于变价费用,不缴纳税款变价便无法完成,优先扣除变价税款并不损害申请执行人的合法权益。

此外,《民法典》新增抵押物转让的新规定,但是从税费分担角度看,部分观点认为抵押物的转让或将对转户税费的金额产生实质性的影响。② 本书亦赞同上述观点,如抵押人欠税未缴,相关税费存在被法院从抵押物执行拍卖价款中扣除的可能性,金融机构对于抵押人转让抵押物涉税问题应进行充分的预估与评判。

应对建议:第一,金融机构应在设定抵押前,通过要求抵押人主动说明、主动调查涉抵押人欠税的公示公告情况等方式③对抵押人欠税情况进行核查;第二,金融机构设定抵押前,应当对未来抵押物处置所需缴纳的增值税、城市维护建设税、教育费附加、地方教育费附加、土地增值税、印花税、个人(企业)所得税进行充分预

---

① 参见金殿军:《税收优先权在民事执行中的实现路径》,载《人民法院报》2021年9月8日第7版。

② 施鉴峰:《抵押权与税收优先权的冲突,商业银行如何化解?》,载高杉LEGAL微信公众号https://mp.weixin.qq.com/s/TvXDmtz-BYZ5uvP-yU4nKQ,2021年10月2日访问。

③ 同上注。

估,聘请专业会计师对未来税负金额进行测算,并提高抵押率;第三,抵押期间,抵押人转让抵押物时,金融机构应监督抵押人优先解决欠税问题。

---

6. 刑事追赃

房地产企业因融资需求量大,经常向各类主体进行借贷。近年来,金融债权清收案件涉刑率逐年提高,涉刑问题日渐成为金融机构最常见的问题之一。鉴于我国重刑轻民的传统、刑事机关的强势地位及协调民事执行与刑事查封的规定缺失,刑事查封日渐成为民事执行和金融债权清收的最大障碍。

关于刑事查封对金融债权清收的程序性影响。《公安机关办理刑事案件适用查封、冻结措施有关规定》对公安机关侦查起诉阶段刑事查封的处理作出了规定,第3条规定:"查封、冻结的涉案财物,除依法应当返还被害人或者经查明确实与案件无关的以外,不得在诉讼程序终结之前作出处理。法律和有关规定另有规定的除外。"第48条规定:"需要查封、冻结的或者已被查封、冻结的涉案财物,涉及扣押或者民事诉讼中的抵押、质押或者民事执行等特殊情况的,公安机关应当根据查封、冻结财物的权属状态和争议问题,与相关国家机关协商解决。协商不成的,各自报请上级机关协商解决。协助执行的部门和单位按照有关争议机关协商一致后达成的书面意见办理。"而当刑事案件进入检察院审查起诉阶段,现行法律对于如何处理刑事查封与民事执行并无规定。此外,前述《公安机关办理刑事案件适用查封、冻结措施有关规定》大多条文规定得极为笼统,操作性并不强。故而,司法实践中,一旦抵押物存在在先刑事查封,刑事案件审结前,民事执行程序往往难以推动,而即便民事查封在先,刑事司法机关亦有权要求中止民事案件对于涉刑财产的执行。如在(2019)粤执复664号案中,广东省高级人民法院即认为:"鉴于珠海天阔企业转让案涉股票收益及质押股份给华鑫信托公司的行为,涉及对非法吸收的资金的追缴和处置问题,系非法吸收公众存款犯罪的延续,珠海天阔企业的财产能否统一处置亦应根据刑事判决案件的侦办情况予以确定,故珠海市中级人民法院以(2019)粤04执297号之二执行裁定,中止对珠海天阔企业的执行……并无不当。"

根据相关法律规定,刑事案件中,法院应对赃款赃物及其收益、被执行人将赃款赃物投资或者置业形成的财产及其收益进行追缴。① 关于刑事追缴与抵押权的

---

① 《最高人民法院关于刑事裁判涉财产部分执行的若干规定》第10条规定:"对赃款赃物及其收益,人民法院应当一并追缴。被执行人将赃款赃物投资或者置业,对因此形成的财产及其收益,人民法院应予追缴。被执行人将赃款赃物与其他合法财产共同投资或者置业,对因此形成的财产中与赃款赃物对应的份额及其收益,人民法院应予追缴。对于被害人的损失,应当按照刑事裁判认定的实际损失予以发还或者赔偿。"第11条规定:"被执行人将刑事裁判认定为赃款赃物的涉案财物用于清偿债务、转让或者设置其他权利负担,具有下列情形之一的,人民法院应予追缴:(一)第三人明知是涉案财物而(转下页)

优先顺序,《最高人民法院关于刑事裁判涉财产部分执行的若干规定》第 13 条规定:“被执行人在执行中同时承担刑事责任、民事责任,其财产不足以支付的,按照下列顺序执行:(一)人身损害赔偿中的医疗费用;(二)退赔被害人的损失;(三)其他民事债务;(四)罚金;(五)没收财产。债权人对执行标的依法享有优先受偿权,其主张优先受偿的,人民法院应当在前款第(一)项规定的医疗费用受偿后,予以支持。”但需注意的是,适用该规则的前提是,被执行人的合法财产不足以承担全部支付义务。若不符合前述条件,一般应按照《刑法》第 64 条之规定,由刑事机关对犯罪物品进行追缴或者责令退赔,退赔之外部分一律上缴国库。① 此时,即便抵押物不属于被执行人的违法所得,抵押权人亦不能主张优先受偿。实践中,由于刑事案件与民事案件、各个民事案件的管辖均不相同,“财产不足以支付”往往难以由刑事审判法院单独判断,故而造成了《最高人民法院关于刑事裁判涉财产部分执行的若干规定》第 13 条适用的架空,多数刑事审判法院往往不对是否符合“财产不足以支付”进行审查,而直接适用《刑法》第 64 条进行处理。在(2019)最高法执监 118 号案中,最高人民法院即认为,作为违法所得的土地使用权和地上附着物的执行需统筹刑事案件的处理、征询刑事审判法院的处理意见,原审法院按《最高人民法院关于刑事裁判涉财产部分执行的若干规定》第 13 条认定建设工程优先权优先于刑事退赔,属于严重错误。

应对建议:第一,金融机构在接受不动产抵押时,应当对抵押人的潜在涉刑情况、抵押物原投入资金来源及其他潜在涉刑风险进行全面核查;第二,关于程序应对,如抵押物被刑事查封,建议金融机构以民事案件及抵押物与刑事案件无关(非犯罪所得或其孳息、用于实施犯罪行为的工具及其他可以证明犯罪行为是否发生以及犯罪情节轻重的财物)、为刑事案件的执行预留金额等与公安机关、检察机关、刑事审判法院及执行法院沟通推进处置;第三,关于权利优先性的应对,建议金融机构从抵押物不属于违法所得、引导适用《最高人民法院关于刑事裁判涉财产部分执行的若干规定》第 13 条相关规定的角度,主张对抵押物具有优先受偿权。

(接上页)接受的;(二)第三人无偿或者以明显低于市场的价格取得涉案财物的;(三)第三人通过非法债务清偿或者违法犯罪活动取得涉案财物的;(四)第三人通过其他恶意方式取得涉案财物的。第三人善意取得涉案财物的,执行程序中不予追缴。作为原所有人的被害人对该涉案财物主张权利的,人民法院应当告知其通过诉讼程序处理。”

① 《刑法》第 64 条规定:“犯罪分子违法所得的一切财物,应当予以追缴或者责令退赔;对被害人的合法财产,应当及时返还;违禁品和供犯罪所用的本人财物,应当予以没收。没收的财物和罚金,一律上缴国库,不得挪用和自行处理。”

三、《民法典》之下不动产抵押的登记

（一）详细记载担保债权范围

《民法典担保制度解释》第 47 条规定，“不动产登记簿就抵押财产、被担保的债权范围等所作的记载与抵押合同约定不一致的，人民法院应当根据登记簿的记载确定抵押财产、被担保的债权范围等事项”。过去实务中，金融机构或基于登记制度的缺陷，或因重视度不够，往往对于登记担保债权范围的填写不够重视。但《民法典》实施后设定的不动产抵押权，担保债权范围将完全以登记簿登记范围为限，以合同约定确定担保债权范围的例外适用情形将不存在。《民法典》出台后，登记规则和登记系统亦进行了完善，登记簿增加了担保范围注记一栏，并采用字符方式由抵押权人自由描述，同时，登记簿区分“被担保主债权数额”和“最高债权额”。

新登记规则之下，未经登记的部分不属于抵押担保范围。故本书建议金融机构在“担保范围”一栏对担保债权范围尽可能进行详细描述，明确担保范围包括：本金、利息、罚息、复利、违约金、损害赔偿金、因主合同解除或无效借款人应返还的款项、实现债权或者实现担保物权的费用（包括但不限于交通费、公证费、诉讼费、仲裁费、财产保全费、保全担保费、评估费、拍卖费、执行费、过户费、鉴定费、保管费、公告费、律师费、通知费、催告费、报纸催收费、迟延履行期间的加倍债务利息及所有其他费用），在“被担保的主债权数额”一栏记载贷款本金，如可能，在该栏或备注栏明确所记载的数额为本金，在最高额抵押需填写的“最高债权额”一栏，应根据测算金额，尽可能记载能充分覆盖债务总额的较大数额。

（二）准确记载担保物范围

除了担保债权范围外，《民法典担保制度解释》第 47 条亦规定，抵押财产范围亦应根据登记簿确定。新登记规则之下，《登记簿》第一栏为“不动产单元号：____，抵押不动产类型：□土地 □土地和房屋 □土地和在建建筑物 □林地和林木 □海域 □海域和构筑物 □其他”，第十栏为“在建建筑物抵押范围”，登记簿并未设已建成房屋和土地的登记范围一栏，现行登记规则似乎默认已建成房屋与对应土地不能拆分抵押。

建议金融机构对第一栏、在建建筑物抵押范围栏进行详细填写和勾选，不动产单元号应进行填写，抵押不动产类型根据情况勾选“土地和房屋”或“土地和在建建筑”，并考虑在附记一栏备注抵押建筑物和土地的准确面积。以在建工程抵押时，建议金融机构在“在建建筑物抵押范围”中具体至套、层对抵押物进行详细描述。

(三)明确记载是否存在禁止转让约定

《民法典》第406条规定,抵押期间,抵押人可以转让抵押财产,但当事人可以对抵押财产作出限制性约定。新登记规则下,不动产登记簿设置"是否存在禁止或限制转让抵押不动产的约定"一栏,可填写"是"或"否"。如填写"是",如抵押期间抵押人转让抵押物,应当由受让人、抵押人(转让人)和抵押权人共同申请转移登记,如填写"否",仅由受让人、抵押人(转让人)共同申请转移登记即可。根据最新登记规则,抵押权人和抵押人亦可改变不得或限制转让的约定,并可申请办理变更登记,这为金融机构与抵押人协商处置抵押物创造了便利。

《民法典》第406条虽规定,抵押财产转让的,抵押权不受影响。但抵押物转让无疑会增加金融机构管控抵押物和实现抵押权的成本,建议金融机构在办理抵押登记时,根据合同约定谨慎登记是否禁止或限制转让抵押不动产。

(四)其他注意事项

1. 注意登记簿、抵押权证与抵押申请材料记载一致

《民法典》第217条规定:"不动产权属证书是权利人享有该不动产物权的证明。不动产权属证书记载的事项,应当与不动产登记簿一致;记载不一致的,除有证据证明不动产登记簿确有错误外,以不动产登记簿为准。"《民法典》及《民法典担保制度解释》之下,一般应根据登记簿的记载确定抵押财产、被担保的债权范围等。

过去实务中,金融机构往往对于抵押权证较为重视,而容易忽略对不动产登记簿的具体记载和办理抵押登记时提交的抵押合同、抵押物清单等申请材料的审查。按照《民法典》及《民法典担保制度解释》相关规定,抵押权证与不动产登记簿对于抵押事项的记载不一致时,应以不动产登记簿为准。此外,对于向不动产登记中心提交的抵押合同、抵押物清单等申请材料,金融机构亦需重视,不动产抵押登记一般根据当事人申请办理,如申请材料存在瑕疵或描述不完整,抵押人可据此主张登记错误并申请撤销或变更登记,影响金融机构债权清收。

2. 谨慎对待登记机关要求的在登记簿或抵押权证中附记相关内容

实务中,基于不同地域的登记操作实践存在差异、不同登记机关的不同要求,金融机构在办理抵押登记时,往往选择携带空白文件,在登记现场根据登记机关要求填写登记申请书或在登记簿、抵押权证中附记相关内容。而金融机构办理人员大多时候并非专业法律人员,对于附记内容的法律效力并不了解,无法预测附记内容对于金融机构抵押权可能造成潜在不利影响。故本书建议,金融机构优先委派专业法律人员一并前往抵押机关办理抵押登记,针对登记机关的特殊要求,谨慎评判法律后果。

四、后《民法典》时代涉不动产抵押的主要争议问题

（一）抵押物转让的相关争议

《民法典》第 406 条规定，抵押期间，抵押财产可以转让。该条规定主要分为三个层次：一是抵押财产可以转让，转让后抵押权不受影响；二是当事人可以约定限制或禁止转让；三是抵押人转让抵押财产应当通知抵押权人，抵押权人可以请求抵押人将转让所得的价款向抵押权人提前清偿债务或者提存。《民法典担保制度解释》第 43 条规定，当事人约定禁止或者限制转让抵押财产且已经将约定登记，抵押人违反约定转让抵押财产，抵押权人可主张转让不发生物权效力，除非受让人代替债务人清偿债务以消灭抵押权。基于上述规定，不动产领域的抵押物转让主要遗留如下争议：

1. 抵押物转让与商品房消费者权利之间的冲突

如前文所述，涉及生存权的商品房消费者物权期待权优先于抵押权。而抵押物转让与商品房消费者权利之间的冲突主要涉及两个问题：

一是抵押物转让后，转移的抵押权能否对抗商品房消费者物权期待权？《民法典》第 406 条规定，抵押财产转让的，抵押权不受影响。故商品房售出后，金融机构对于售出房屋依旧有抵押权。但一旦金融机构因债权没有实现而行使抵押权，商品消费者的权利势必会受到极大威胁，权利冲突的问题随即发生。对此，《执行异议和复议规定》和《九民纪要》已给出明确答案，基于生存权至上的原则，商品房消费者权利优先于金融机构抵押权，故在抵押商品房出售的情况下，金融机构不得再向商品房消费者主张相应权利，抵押权丧失追及效力。而一般买受人的期待权一般不得对抗金融机构的抵押权，也即抵押房屋出售给一般买受人后，金融机构仍对抵押房屋拥有抵押权。

二是商品房或在建工程抵押办理禁止转让登记，该登记能否对抗商品房消费者？《民法典担保制度解释》第 43 条虽规定了当事人约定禁止或者限制转让抵押财产且已经将约定登记，抵押人违反约定转让抵押财产，抵押权人可主张转让不发生物权效力。金融机构能否以该条否定商品房消费者的物权期待权，存在一定争议。对此，最高人民法院尚无倾向性意见。不同于二手房买卖，商品房买卖合同签订时间一般较早，此时商品房尚未形成一房一证的便于查询状态，而金融机构抵押亦多以建设用地使用权抵押或在建工程抵押形式呈现，作为购房人的消费者一般不会也难以查询登记簿，故参照最高人民法院对《民法典》第 406 条抵押财产转让条款不应适用正常经营活动中的买受人的态度①，本书倾向认为，商品房或在建工

---

① 参见最高人民法院民事审判第二庭：《最高人民法院民法典担保制度司法解释理解与适用》，人民法院出版社 2021 年版，第 391—392 页。

程抵押办理禁止转让登记亦不得对抗商品房消费者的购房行为。抵押禁止转让登记能否适用于一般买受人则是更为复杂的问题,值得进一步关注和研究。对于前述争议问题,亦需持续关注最高人民法院最新司法倾向。

应对建议:金融机构应加强对于商品房出售和回款的管控。

---

2. 抵押人转让抵押财产未通知抵押权人的法律后果

《民法典》第406条设置通知条款主要是为了抵押权人行使权利的方便,并不对抵押权本身产生重大影响,故即便抵押人未履行通知义务,亦不造成转让合同和物权变动的失效,但如未通知造成抵押权人无法行使抵押权或增加行权费用,金融机构有权要求抵押人承担赔偿责任。①

应对建议:第一,建议金融机构加强对抵押房产的管控,定时查询商品房网签系统;第二,在合同中增加买卖通知义务及相应违约责任条款。

---

3. 抵押财产转让可能损害抵押权之判断标准

《民法典》第406条第2款规定,抵押权人能够证明抵押财产转让可能损害抵押权的,可以请求抵押人将转让所得的价款向抵押权人提前清偿债务或者提存。关于"可能损害抵押权"的判断,应结合转让抵押物是否可能导致抵押物价值贬损、抵押权实现难度增加等因素综合判断。② 需要注意的是,《民法典》第406条第2款规定的抵押权人权利是否属于物上代位权、抵押权人对出售价款是否具有优先受偿权,理论界和实务界存在较大争议,部分学者认为有必要将其解释为物上代位权。③

应对建议:建议金融机构提前约定转让所得价款应用于提前清偿债务,并对交易流程进行管控。

(二)最高额抵押中的"最高额"问题

在最高额担保中,金融机构的优先受偿范围取决于"最高债权数额",过去司法实践中,最高额担保范围争议主要集中在两方面:一是由于部分登记机关登记规则

---

① 参见最高人民法院民事审判第二庭:《最高人民法院民法典担保制度司法解释理解与适用》,人民法院出版社2021年版,第393—394页。

② 参见王利明:《〈民法典〉抵押物转让规则新解——兼评〈民法典〉第406条》,载《法律科学(西北政法大学学报)》2021年第1期。

③ 参见张尧:《抵押财产转让规则的适用》,载《政治与法律》2021年第8期。

的缺陷，无法登记担保范围，且最高债权数额只能填写固定数字，这会导致合同约定的担保范围与登记不一致的情况，此时应当以登记为准，还是以合同约定为准，存在较大争议；二是部分最高额担保合同将担保范围笼统地表述为“被担保的最高债权数额”“被担保的最高贷款余额”“被担保的主债权最高余额不超过【　】元”或“被担保的最高主债权余额不超过【　】元”，此时合同约定的最高额范围如何理解，存在较大争议。

关于因过去地区登记系统设置及登记规则瑕疵导致的担保范围争议，《九民纪要》第58条已予以解决，且新的登记规则和登记系统已进行改良。关于最高额债权额的范围争议，原《九民纪要》（稿）第58条[①]对于最高债权额的认定问题作出了规定，但《九民纪要》正式稿去掉了征求意见稿的前述规定，而《民法典担保制度解释》对于该问题进行了明确，第15条规定：“最高额担保中的最高债权额，是指包括主债权及其利息、违约金、损害赔偿金、保管担保财产的费用、实现债权或者实现担保物权的费用等在内的全部债权，但是当事人另有约定的除外。登记的最高债权额与当事人约定的最高债权额不一致的，人民法院应当依据登记的最高债权额确定债权人优先受偿的范围。”故对于合同约定的“最高债权额”具体范围，目前争议不大，但对于“被担保的最高贷款余额”“被担保的主债权最高余额不超过【　】元”或“被担保的最高主债权余额不超过【　】元”等其他约定如何理解，《民法典》《民法典担保制度解释》及《九民纪要》均未解决。一种理解为，无论是贷款余额还是主债权余额均指全部债权，亦有一种理解是，贷款余额和主债权余额应指贷款本金。

需要注意的是，《民法典担保制度解释》第15条和第47条虽分别对于最高额担保、一般抵押中的登记担保范围与合同约定不一致应以登记为主作出规定，但前述最新规定均无溯及力，不适用于《民法典》生效前的不动产抵押。

应对建议：第一，建议金融机构要在最高额担保合同中明确约定“被担保的债权本金最高余额不超过【　】元”，不要笼统地约定“被担保的最高贷款余额”、“被担保的主债权最高余额不超过【　】元”或“被担保的最高主债权余额不超过【　】元”；第二，在最高额抵押需填写的“最高债权额”一栏，应根据测算金额，尽可能记载能充分覆盖债务总额的较大数额。

（三）房及于地的“地之范围”

《民法典》及《民法典担保制度解释》继续沿用了“房地一体抵押”的基本原则。

---

① 《九民纪要》（稿）第58条［最高债权额的认定］规定：“最高额抵押、最高额保证中的最高债权额，是指包括主债权、利息、违约金、损害赔偿金、保管担保财产、实现债权费用等在内的全部债权。”

《民法典》第 397 条规定,以建筑物抵押的,该建筑物占用范围内的建设用地使用权一并抵押。过去司法实践中,对于前述房及于地时"占用范围"下"地之范围"如何界定,一直存在较大争议,《民法典》及司法解释并未解决。

关于房及于地时"占用范围"下"地之范围",司法实践中主要有两种观点:一种观点认为,占用范围应仅限于建筑物垂直覆盖的建设用地使用权,如在(2017)最高法民申 4257 号案中,最高人民法院即认为抵押房屋应限于实际占用土地使用权面积,而非整宗土地面积;另一种观点认为,建筑物抵押权效力应及于整宗土地之建设用地使用权,如在(2016)浙 03 民终 4241 号案中,浙江省温州市中级人民法院即认为,如将"占用范围"机械地理解为投影占用的部分,人为分割物权,显然与法律规定相悖,故抵押的效力及于诉争整宗土地。对于上述不同观点,甚至存在二审法院以不同观点对一审判决进行改判的案例,如在(2018)鄂民终 364 号案中,一审法院认为房屋抵押范围及于该房屋实际占有土地亦即房屋垂直的投影面积范围内建设用地使用权,二审法院认为"该建筑物占用范围内的建设用地使用权一并抵押"中的"占用范围"及于整宗土地,最高人民法院在该案再审(2019)最高法民申 714 号案中维持了二审法院的观点,足以显示该问题存在争议。

对于上述问题,最高人民法院在《最高人民法院民法典担保制度司法解释理解与适用》一书中表达倾向性意见,如在规划没有改变的情况下,即使当事人仅就建筑物设定抵押,抵押权人也可就整宗建设用地行使优先受偿权。①

应对建议:建议金融机构将全部宗地的土地使用权和房屋同时设定抵押权并办理抵押登记,以防范法院适用房及于地时将抵押权范围限于建筑物垂直覆盖面积的土地使用权的相关风险。

(四)地及于房的"房之范围"

原《物权法》第 200 条及《九民纪要》第 61 条规定,建设用地使用权抵押后,该土地上新增的建筑物不属于抵押财产,但两者均未从正面明确抵押权设定时,土地上的无证建筑是否属于抵押财产。原《担保法司法解释》第 49 条规定:"以尚未办理权属证书的财产抵押的,在第一审法庭辩论终结前能够提供权利证书或者补办登记手续的,可以认定抵押有效。"故过去司法实践对于建设用地使用权抵押效力是否可及于无证建筑存在一定争议:一种观点认为,尚未办理权属证书的建筑物缺乏抵押权设立基础,建设用地使用权设定抵押的,不能及于地上无证建筑,如在

① 参见最高人民法院民事审判第二庭:《最高人民法院民法典担保制度司法解释理解与适用》,人民法院出版社 2021 年版,第 448 页。

(2018)苏0281民初8871号案中,江苏省江阴市人民法院即认为,案涉土地上的房屋建筑物、构筑物及其他辅助设施未取得不动产所有权证,其抵押权缺乏设立基础;另一种观点认为,只要无证建筑属于抵押人实际所有,建设用地使用权抵押效力便可及之,如在(2019)云民终202号案中,云南省高级人民法院认为,虽然抵押土地上的地上建筑物并未办理抵押登记,但不论是合同约定,还是法律规定,抵押权人对地上建筑物可以一并享有优先受偿权。

《民法典》及司法解释并未继续沿用原《担保法司法解释》第49条的相关规定。《民法典担保制度解释》第51条新增规定:"当事人仅以建设用地使用权抵押,债权人主张抵押权的效力及于土地上已有的建筑物以及正在建造的建筑物已完成部分的,人民法院应予支持。债权人主张抵押权的效力及于正在建造的建筑物的续建部分以及新增建筑物的,人民法院不予支持。当事人以正在建造的建筑物抵押,抵押权的效力范围限于已办理抵押登记的部分。当事人按照担保合同的约定,主张抵押权的效力及于续建部分、新增建筑物以及规划中尚未建造的建筑物的,人民法院不予支持。"故从上述规定看,在当事人仅以建设用地使用权抵押的情况下,现行担保制度似乎认可无论现有建筑物是否取得权证,债权人主张抵押权的效力均可及于土地上已有的建筑物以及正在建造的建筑物已完成部分。

实践中,大量债务人以新建工程为金融机构设定在建工程抵押,此类抵押权的确权和实现一般争议不大。但对于不属于在建工程的建成房屋及已完成建设的无证加建部分,一般难以单独办理抵押登记,此时土地抵押权能否及于无证建筑部分,实践中存在较大争议。即便认为可及于,但因未办理产权证和抵押登记,法院亦会面临抵押权难以描述和权属难以核查等处理障碍。在(2018)粤民初158号案中,广东省高级人民法院即认为,对于加建部分,一是未办理房产证,二是未办理抵押登记,故对于原告主张的抵押权及于加建部分难以支持。

应对建议:第一,金融机构应在抵押合同中明确约定,建设用地使用权抵押及于无证建筑部分,并对无证建筑尽可能作详细描述;第二,金融机构可提前要求抵押人提供无证建筑实际属于抵押人所有的证据,如规划证、开工证、竣工证等;第三,无证建筑获得房产证后,及时补办抵押登记。

(五)分开办理抵押登记能否统一受偿

在建工程抵押中,因在建工程处于持续建设中,金融机构往往会根据建设进度就建设用地使用权、在建工程分阶段办理多个抵押登记,而对于各个抵押担保的债权范围,金融机构往往根据登记机关要求和土地出让金、各部分在建工程的建设成本等对贷款本金总额进行拆分,设定就各个抵押物在一定本金及对应利息、罚息、违约金等范围内优先受偿。一旦进入诉讼程序,金融机构往往希望就分拆抵押物统一拍卖、整体受偿。

从现有司法实践看,多数观点认为,对于土地使用权抵押和在建工程抵押分别对应同一笔贷款中不同债权金额的情形,抵押权人就不同抵押物仅能分别在各自登记的债权范围内优先受偿。如在(2019)最高法民终 1408 号案中,最高人民法院即认为:"根据上述两份最高额抵押合同和权利登记证明,东莞银行合肥分行在淮土国用 2013 第 75、76 号土地使用权证所载地上四幢在建房屋和淮土国用 2013 第 59、63 号证所载国有土地使用权上取得了抵押权,《土地他项权利证明书》和《在建工程抵押登记证明》载明的抵押债权额和抵押贷款额分别为 5000 万元、1250 万元、1840 万元、1880 万元和 7000 万元,合计 1.697 亿元……判决……红岭创投公司就判决第一项确定的债权对淮房建相山区字××号、15××08 号、15××09 号、15××10 号《在建工程抵押登记证明》及淮他项(2015)第 42 号《土地他项权利证明书》项下抵押财产分别在 5000 万元、1250 万元、1840 万元、1880 万元和 7000 万元,合计 1.697 亿元范围内享有优先受偿权。"

故在分开抵押的情况下,金融机构往往难以就分拆抵押物整体受偿。而在分别受偿的情况下,若 A 抵押物部分的变现价值不足以清偿其担保的债权 A,即使 B 抵押物部分的变现价值高于其担保的债权 B,金融机构将不能要求以抵押物 B 变现价值超出债权 B 的差额优先清偿债权 A 未得到清偿的部分,由此可能导致金融机构无法就全部债权优先清偿。

应对建议:建议金融机构在分拆抵押时,将担保债权范围均设定为全部本金及对应利息、罚息等。

第四节 《民法典》对动产抵押与质押的影响

一、《民法典》及《民法典担保制度解释》关于动产担保的重大变化

(一)新增非典型动产担保物权

《民法典》第 388 条规定,担保合同包括抵押合同、质押合同和其他具有担保功能的合同。"其他具有担保功能的合同"包括保理合同、融资租赁合同、所有权保留

买卖合同、让与担保合同等。《民法典》在合同编第九章(买卖合同)第641条[①]对所有权保留的担保物权效力进行了规定,在第十五章(融资租赁合同)第745条[②]对融资租赁的担保物权效力进行了规定,在第十六章(保理合同)第766条[③]和第768条对[④]有追索权保理的担保物权效力进行了规定。《民法典担保制度解释》第68条[⑤]对让与担保的担保物权效力进行了规定。基于此,《民法典》之下,动产担保形成了动产抵押、动产质押、留置、所有权保留、融资租赁、动产让与担保等担保体系。

(二)统一登记制度的构建

《民法典》删除了有关担保物权具体登记机构的规定,为建立统一的动产抵押和权利质押登记制度留下空间。[⑥] 2021年12月22日,国务院发布《关于实施动产和权利担保统一登记的决定》,该决定明确:第一,自2021年1月1日起,在全国范围内实施动产和权利担保统一登记;第二,纳入动产和权利担保统一登记范围的担保类型包括:(1)生产设备、原材料、半成品、产品抵押;(2)应收账款质押;(3)存款

---

① 《民法典》第641条规定:"当事人可以在买卖合同中约定买受人未履行支付价款或者其他义务的,标的物的所有权属于出卖人。出卖人对标的物保留的所有权,未经登记,不得对抗善意第三人。"

② 《民法典》第745条规定:"出租人对租赁物享有的所有权,未经登记,不得对抗善意第三人。"

③ 《民法典》第766条规定:"当事人约定有追索权保理的,保理人可以向应收账款债权人主张返还保理融资款本息或者回购应收账款债权,也可以向应收账款债务人主张应收账款债权。保理人向应收账款债务人主张应收账款债权,在扣除保理融资款本息和相关费用后有剩余的,剩余部分应当返还给应收账款债权人。"

④ 《民法典》第768条规定:"应收账款债权人就同一应收账款订立多个保理合同,致使多个保理人主张权利的,已经登记的先于未登记的取得应收账款;均已经登记的,按照登记时间的先后顺序取得应收账款;均未登记的,由最先到达应收账款债务人的转让通知中载明的保理人取得应收账款;既未登记也未通知的,按照保理融资款或者服务报酬的比例取得应收账款。"

⑤ 《民法典担保制度解释》第68条规定:"债务人或者第三人与债权人约定将财产形式上转移至债权人名下,债务人不履行到期债务,债权人有权对财产折价或者以拍卖、变卖该财产所得价款偿还债务的,人民法院应当认定该约定有效。当事人已经完成财产权利变动的公示,债务人不履行到期债务,债权人请求参照民法典关于担保物权的有关规定就该财产优先受偿的,人民法院应予支持。债务人或者第三人与债权人约定将财产形式上转移至债权人名下,债务人不履行到期债务,财产归债权人所有的,人民法院应当认定该约定无效,但是不影响当事人有关提供担保的意思表示的效力。当事人已经完成财产权利变动的公示,债务人不履行到期债务,债权人请求对该财产享有所有权的,人民法院不予支持;债权人请求参照民法典关于担保物权的规定对财产折价或者以拍卖、变卖该财产所得的价款优先受偿的,人民法院应予支持;债务人履行债务后请求返还财产,或者请求对财产折价或者以拍卖、变卖所得的价款清偿债务的,人民法院应予支持。债务人与债权人约定将财产转移至债权人名下,在一定期间后再由债务人或者其指定的第三人以交易本金加上溢价款回购,债务人到期不履行回购义务,财产归债权人所有的,人民法院应当参照第二款规定处理。回购对象自始不存在的,人民法院应当依照民法典第一百四十六条第二款的规定,按照其实际构成的法律关系处理。"

⑥ 参见王晨:《〈关于《中华人民共和国民法典(草案)》的说明〉》,载《中华人民共和国民法典》,法律出版社2020年版,第370页。

单、仓单、提单质押;(4)融资租赁;(5)保理;(6)所有权保留;(7)其他可以登记的动产和权利担保,但机动车抵押、船舶抵押、航空器抵押、债券质押、基金份额质押、股权质押、知识产权中的财产权质押除外;纳入统一登记范围的动产和权利担保,由当事人通过中国人民银行征信中心(以下简称征信中心)动产融资统一登记公示系统自主办理登记,并对登记内容的真实性、完整性和合法性负责。登记机构不对登记内容进行实质审查;第三,原由市场监管总局承担的生产设备、原材料、半成品、成品抵押登记和人民银行承担的应收账款质押登记,以及存单质押、融资租赁、保理等登记,改由人民银行承担。目前,中国人民银行已经发布《动产和权利担保统一登记办法(征求意见稿)》。新的登记规则之下,我国将改变过去分散的物的编成主义的登记系统,构建统一的人的编成主义的登记系统。①

(三)统一受偿顺位规则的构建

原《物权法》和《担保法》对于动产抵押、动产质押分开规定了受偿顺序,导致司法实践中对于动产抵押权与动产质权竞合时如何确定清偿顺序存在诸多争议。《民法典》构建了担保物权的统一受偿规则,第 414 条规定:"同一财产向两个以上债权人抵押的,拍卖、变卖抵押财产所得的价款依照下列规定清偿:(一)抵押权已经登记的,按照登记的时间先后确定清偿顺序;(二)抵押权已经登记的先于未登记的受偿;(三)抵押权未登记的,按照债权比例清偿。其他可以登记的担保物权,清偿顺序参照适用前款规定。"这里的其他可以登记的担保物权包括融资租赁、所有权保理、保理和让与担保。此外,《民法典》第 404 条规定:"以动产抵押的,不得对抗正常经营活动中已经支付合理价款并取得抵押财产的买受人。"第 416 条规定:"动产抵押担保的主债权是抵押物的价款,标的物交付后十日内办理抵押登记的,该抵押权人优先于抵押物买受人的其他担保物权人受偿,但是留置权人除外。"

上述规定共同构建了动产担保的优先顺位规则:正常经营活动中的买受人>购置价款超级优先权>登记或交付在先的抵押权、质押和非典型担保物权>登记或交付在后的抵押权、质押和非典型担保物权。

(四)正常经营活动买受人规则扩张适用于全部动产抵押

《民法典》第 404 条规定:"以动产抵押的,不得对抗正常经营活动中已经支付合理价款并取得抵押财产的买受人。"设置该规则的主要考虑是,动产抵押制度虽采用登记作为公示方式,但动产数量众多,且有的价值较低,如要求买受人逐一查询抵押登记,将会严重增加日常经营和生活交易成本。正常经营活动一般是指出

① 参见龙俊:《民法典中的动产和权利担保体系》,载《法学研究》2020 年第 6 期。

卖人在营业执照明确记载的经营范围内持续销售同类商品。[①] 只要符合《民法典》第 404 条规定的条件,无论抵押权人是否约定限制或禁止抵押物转让,买受人是否善意,金融机构均不得对抵押财产行使抵押权及其他担保物权。

此外,本条中的正常经营活动买受人可扩展适用至所有权保留和融资租赁。

（五）引入价款超级优先权规则

《民法典》第 396 条延续了浮动抵押制度。浮动抵押之下,当事人可以将现有的以及将有的动产设定抵押。此外,《民法典》并未废除流动质押。流动质押之下,抵押权人可以委托第三方进行动态监管的方式,以抵押人现有以及将有的动产设定质押。动产浮动抵押和动产流动质押可合称为"强浮动担保",强浮动担保之下,如债权人为自身利益选择竭泽而渔,就债务人现有及未来所有动产设定担保,将导致债务人再融资渠道被堵死,没有人再愿意为其提供赊销或贷款。[②] 但若价款债权人有优先于在先浮动担保人的权利,债权人就有动力提供再融资。[③] 这是价款超级优先权条款的主要立法目的。《民法典》第 416 条规定:"动产抵押担保的主债权是抵押物的价款,标的物交付后十日内办理抵押登记的,该抵押权人优先于抵押物买受人的其他担保物权人受偿,但是留置权人除外。"

需要注意的是,《民法典》第 416 条并未将价款超级优先权的适用范围限于浮动抵押,而是可适用于全部动产抵押。[④]

（六）浮动抵押制度的完善

《民法典》关于浮动抵押制度的调整主要有二:

一是统一浮动抵押和固态抵押的对抗要件,将浮动抵押的对抗效力由过去的"结晶说"[⑤]调整为"登记"。原《物权法》第 188 条和第 189 条分开对于动产固态抵押和浮动抵押的设立时间和对抗要件进行规定,现《民法典》第 403 条进行了统一。

二是将抵押权人优先受偿的动产范围由原《物权法》规定的"实现抵押权时的动产"扩大至"抵押财产确定时的动产"。《民法典》第 396 条规定,浮动抵押中,债权人有权就抵押财产确定时的动产优先受偿。关于浮动抵押财产确定的时间,《民法典》第 411 条进行了明确,抵押财产自下列情形之一发生时确定:(1)债务履行期限届满,债权未实现;(2)抵押人被宣告破产或者解散;(3)当事人约定的实现抵押

---

① 参见最高人民法院民事审判第二庭:《最高人民法院民法典担保制度司法解释理解与适用》,人民法院出版社 2021 年版,第 482—483 页。

② 参见龙俊:《民法典中的动产和权利担保体系》,载《法学研究》2020 年第 6 期。

③ 参见谢鸿飞:《价款债权抵押权的运行机理与规则构造》,载《清华法学》2020 年第 3 期。

④ 同上注。

⑤ "结晶说"为部分观点,过去司法实践中存在争议,《九民纪要》亦对该问题进行了规定。

权的情形;(4)严重影响债权实现的其他情形。

(七)担保财产可概括性描述

《民法典担保制度解释》第53条规定:“当事人在动产和权利担保合同中对担保财产进行概括描述,该描述能够合理识别担保财产的,人民法院应当认定担保成立。”《民法典》第400条亦将抵押合同条款中抵押物描述简化,去掉了质量、状况、所在地、所有权归属或使用权归属等内容。《民法典》之下,不要求当事人对抵押财产的范围详细列明,比如,以全部财产抵押的,可以写“以现有的或者将有的全部动产抵押”,以部分财产抵押的,可以写“以现有的或者将有的鱼产品、蔬菜、水果抵押”①。

此外,《民法典担保制度解释》第55条规定了在流动质押中,质权人亦可通过对数量、品种等对质押财产概括性描述来设定流动质权。这将进一步方便金融机构设立流动质权和发展供应链金融业务。

二、《民法典》之下动产担保物的核查

(一)动产权属情况核查

《民法典》第399条规定,所有权、使用权不明或者有争议的财产不得设定抵押,依法被查封、扣押、监管的财产不得设定抵押。金融机构以前述财产设定担保,虽不必然导致担保合同无效,但担保物权的效力需依据善意取得和查封、扣押、监管变动情况及登记、交付情况判断,担保物权的实现亦可能受案外人提起执行异议和查封、扣押、监管情况影响,金融机构应予重视。

关于以所有权、使用权不明或者有争议的财产设定抵押的处理。《民法典担保制度解释》第37条规定,当事人以所有权、使用权不明或者有争议的财产抵押,按照《民法典》第311条无权处分的相关规则处理。从《民法典》第311条相关规定来看,抵押权的善意取得应参照适用善意取得所有权的相关规定,符合善意、支付合理价款、完成权利变动等三个要件,但基于担保的特殊性,担保物权的善意取得不以支付合理对价为必要,只要债权人在签订抵押合同时为善意,且完成了不动产抵押登记的,就构成善意取得,可以不考虑是否支付了合理对价。②

关于以被查封、扣押、监管的财产设定抵押的处理,《民法典担保制度解释》第37条规定,抵押人主张抵押合同无效的,法院不予支持,但抵押权人请求行使抵押权,需审查查封、扣押或者监管措施是否解除。

《民法典》第311条第3款规定,当事人善意取得其他物权的,参照适用前两款

---

① 黄薇主编:《中华人民共和国民法典物权编释义》,法律出版社2020年版,第484页。

② 参见林文学:《不动产抵押制度法律适用的新发展——以民法典〈担保制度司法解释〉为中心》,载《法律适用》2021年第5期。

规定。故而关于以所有权、使用权不明或者有争议的财产和被查封、扣押、监管的财产设定质押的处理，亦可参考前述规定，但动产善意取得前提是动产已经进行交付。

故而，金融机构在接受动产担保时，应当对动产权属情况、是否存在权属瑕疵等进行严格审查。

应对建议：第一，金融机构在接受动产担保时，应对动产的购置合同、价款支付情况、动产附带的单据、交货单等全套交易资料进行核查，以确保抵押人具有合法所有权；第二，对于有专门登记机构的动产，金融机构应前往登记机构进行审查，如车辆应前往车管所核查等；第三，金融机构还应对抵押人涉诉情况进行核查，通过人民银行动产融资统一登记公示系统“通知栏”对抵押人动产被查封情况进行核查。

（二）担保合法性核查

1. 担保主体的合法性

关于政府部门、公益机构提供的担保。《民法典》第 683 条规定：“机关法人、以公益为目的的非营利法人、非法人组织提供的担保无效。”根据上述规定：第一，机关法人提供担保无效；第二，以公益为目的的非营利性法人提供担保无效；第三，以公益为目的的非营利性的非法人组织提供的担保无效。

关于法人分支机构提供的担保。原《担保法》规定，法人分支机构、职能部门不得提供担保，法人分支机构有法人书面授权的，可以在授权范围内担保。《民法典》第 683 条虽删除了分支机构不得担保的禁止性规定，但并不意味着法人分支机构即当然有权提供担保，对分支机构担保效力的判断仍要分两个层次：一是分支机构是否经公司总部授权，如未授权，构成无权代理，公司应承担分支机构无权代理的相应民事责任；二是如果分支机构担保经过授权，则应按公司对外担保的处理思路处理。①

关于合伙企业提供的担保。《合伙企业法》第 31 条规定，合伙企业的负责人或者合伙事务执行人未经全体合伙人一致同意以合伙企业的名义为他人提供担保的，要考量是否构成表见代理。如果构成表见代理，由合伙企业先行承担担保责任，若合伙企业财产不足以承担责任，由其合伙人承担连带责任。故合伙人所承担的责任应当是补充性的连带责任。②

---

① 参见刘贵祥：《民法典关于担保的几个重大问题》，载《法律适用》2021 年第 1 期。

② 同上注。

2. 担保财产合法性

现行法律体系下,金融机构可能遇到的不得担保的财产主要有:公益机构的公益设施、禁止流通物、集体土地使用权、政府部门提供的担保物①、已列入拆迁范围的房地产②、违法建筑物。③ 金融机构接受上述财产担保的,担保合同有被认为无效的可能性。

应对建议:第一,金融机构在接受动产担保时,应对担保主体和担保财产的合法性进行审查;第二,金融机构在接受公司分支机构担保时,应取得公司总部授权和合法的公司内部决议,在接受合伙企业担保时,应取得全体合伙人一致同意。

(三)担保物是否已存在更优先担保权

1. 价款超级优先权

《民法典》第416条规定:"动产抵押担保的主债权是抵押物的价款,标的物交付后十日内办理抵押登记的,该抵押权人优先于抵押物买受人的其他担保物权人受偿,但是留置权人除外。"《民法典担保制度解释》将价款超级优先权的范围进行了扩大,第57条规定:"担保人在设立动产浮动抵押并办理抵押登记后又购入或者以融资租赁方式承租新的动产,下列权利人为担保价款债权或者租金的实现而订立担保合同,并在该动产交付后十日内办理登记,主张其权利优先于在先设立的浮动抵押权的,人民法院应予支持:(一)在该动产上设立抵押权或者保留所有权的出卖人;(二)为价款支付提供融资而在该动产上设立抵押权的债权人;(三)以融资租赁方式出租该动产的出租人。买受人取得动产但未付清价款或者承租人以融资租赁方式占有租赁物但是未付清全部租金,又以标的物为他人设立担保物权,前款所列权利人为担保价款债权或者租金的实现而订立担保合同,并在该动产交付后十日内办理登记,主张其权利优先于买受人为他人设立的担保物权的,人民法院应予支持。同一动产上存在多个价款优先权的,人民法院应当按照登记的时间先后确定清偿顺序。"

---

① 《民法典担保制度解释》第5条第1款规定:"机关法人提供担保的,人民法院应当认定担保合同无效,但是经国务院批准为使用外国政府或者国际经济组织贷款进行转贷的除外。"

② 参见最高人民法院民法典贯彻实施工作领导小组主编:《中华人民共和国民法典物权编理解与适用(下)》,人民法院出版社2020年版,第1062页。

③ 《民法典担保制度解释》第49条第1款规定:"以违法的建筑物抵押的,抵押合同无效,但是一审法庭辩论终结前已经办理合法手续的除外。抵押合同无效的法律后果,依照本解释第十七条的有关规定处理。"

根据上述规定,价款超级优先权包括:一是出卖人价款抵押权;二是出卖人为担保价款实现在交易物上设定的所有权保留;三是融资租赁出租人为担保租金实现在租赁物上设定的融资租赁担保物权;四是出卖人以外的第三方为买受人价款支付提供融资,而在该动产上设立的抵押权。上述四种价款超级优先权突破了一般抵押权奉行的"时间在先、权利在先"的清偿顺位规则①,优先于浮动抵押和一般担保物权,而无论浮动抵押和一般担保物权是否在先登记或交付。

从现行法律规定看,价款超级优先权的构成要件有四:一是关于权利主体,应为出卖人、融资租赁中的出租人、为买受人价款支付提供融资的债权人;二是担保的主债权,应为价款、融资租赁中的租金、价款支付融资;三是设定价款超级优先权的客体,应限于交易标的的买卖物、租赁物;四是对抗要件,应在动产交付后十日内办理登记。

价款超级优先权作为一种新设制度,保障了出卖人或为价款支付提供融资的债权人利益,势必将进一步推动企业扩大生产,但同时,随着价款超级优先权的普及,鉴于价款超级优先权优先于其他担保物权,金融机构亦应予注意。

应对建议:第一,金融机构在接受他人动产抵押时,应结合买卖合同、付款凭证、交付单据等审查该标的物是否属于抵押人10日内新购入的标的物;第二,金融机构应通过人民银行动产融资统一登记公示系统"通知栏"对抵押人动产是否设定价款超级优先权情况进行核查。

---

2. 所有权保留或融资租赁

除了前述价款超级优先权中的融资租赁和所有权保留外,设定于金融机构动产担保之前的所有权保留和融资租赁,所有权保留出卖人和融资租赁中的出租人亦有权优先于金融机构受偿。《民法典》合同编第九章(买卖合同)第641条规定:"当事人可以在买卖合同中约定买受人未履行支付价款或者其他义务的,标的物的所有权属于出卖人。出卖人对标的物保留的所有权,未经登记,不得对抗善意第三人。"第十五章(融资租赁合同)第745条规定:"出租人对租赁物享有的所有权,未经登记,不得对抗善意第三人。"《民法典》之下,融资租赁和所有权保留均以登记为对抗要件。

应对建议:第一,金融机构应通过人民银行动产融资统一登记公示系统"通知栏"对抵押人动产设定在先担保情况进行核查;第二,金融机构应加强对动产担保

---

① 参见纪海龙:《民法典动产与权利担保制度的体系展开》,载《法学家》2021年第1期。

的管控,避免抵押人私自设定其他担保物权,增加债权清收的难度。

---

3. 在先抵押或质押

动产担保可分为固态担保和浮动担保,固态担保主要包括动产质押、动产抵押和动产非典型担保等,浮动担保主要包括浮动抵押、流动质押。动产担保领域,由于动产往往数量庞大,管控成本较高,金融机构往往倾向设定浮动抵押或以委托第三方监管设定流动质押而不注重对动产的管控,由此导致同一动产重复抵押、重复质押的风险频繁发生,严重影响金融机构债权的实现。

关于在先抵押的审查,金融机构一般可通过查询人民银行动产融资统一登记公示系统核实。《民法典》之下,金融机构需加强对浮动抵押的审查。《民法典》第53条规定:“当事人在动产和权利担保合同中对担保财产进行概括描述,该描述能够合理识别担保财产的,人民法院应当认定担保成立。”另结合《民法典》第396条①的规定,现阶段债权人可以抵押人现有的以及将有的全部动产资产设定抵押,该种在先浮动抵押对于金融机构影响较大。

关于在先质押的审查。传统的动产质押中,质物一经交付给质权人或其指定的第三人,即由质权人完全控制。近些年来,伴随着供应链金融的快速发展,动产流动质押作为一种新型担保方式被广泛运用,该种模式下,动产往往仍存放于出质人场所,质权人自身不对质物进行直接占有,而是通过委托第三方监管、定期寻库、安装特殊控制装置、安装监控设备、控制质量合格证书等方式对质物进行控制。上述操作下,查明动产是否已设立质押往往不易。金融机构在接受担保前,应对是否存在前述情况进行详细调查、核实。

应对建议:第一,金融机构可通过查询人民银行动产融资统一登记公示系统对动产在先抵押情况进行核查;第二,金融机构应通过对动产相关证书原件、动产本身是否装有限制装置、动产存放场所情况、动产管控人员情况等进行详细调查,以综合判断是否已设置质权。

三、《民法典》之下动产抵押的设定与管控

(一)动产抵押的登记

根据《国务院关于实施动产和权利担保统一登记的决定》,新的动产和权利担

---

① 《民法典》第396条规定:“企业、个体工商户、农业生产经营者可以将现有的以及将有的生产设备、原材料、半成品、产品抵押,债务人不履行到期债务或者发生当事人约定的实现抵押权的情形,债权人有权就抵押财产确定时的动产优先受偿。”

保登记规则下，由当事人通过中国人民银行征信中心动产融资统一登记公示系统自主办理登记，并对登记内容的真实性、完整性和合法性负责，征信中心仅承担服务性登记工作，不开展事前审批性登记，不对登记内容进行实质审查。

中国人民银行于 2021 年 5 月 19 日发布了《动产和权利担保统一登记办法(修订征求意见稿)》。根据征求意见稿，未来动产抵押登记制度预计会有以下变化：第一，担保权人自行或委托他人办理登记，办理登记押抵业务前，应当注册统一登记系统账号；第二，登记内容主要包括担保权人和担保人的基本信息、担保财产的描述、登记期限；第三，担保权人可以与担保人约定将主债权金额、担保范围、禁止或限制转让的担保财产等项目作为登记内容，担保权人对担保财产进行概括性描述的，应能够合理识别，合理识别的标准由担保权人自行评判，登记机关不作审查；第四，担保权人可以凭修改码办理展期、变更登记、注销登记；第五，担保人或其他利害关系人认为登记内容错误的，可以办理异议登记，如担保权人不同意变更或注销的，担保人或其他利害关系人应自异议登记之日起 30 日内提起诉讼，并在前述期限内在统一登记系统提交争议起诉或提请仲裁的案件受理通知，否则征信中心将撤销异议登记。

新的登记制度下，担保权人可将担保范围、禁止或限制转让的担保财产等项目作为登记内容，并可对担保财产仅作概括性描述，但应能够合理识别。金融机构在办理抵押登记时，应尽可能按照担保合同对担保范围进行详尽登记，明确担保范围包括：本金、利息、罚息、复利、违约金、损害赔偿金、因主合同解除或无效借款人应返还的款项、实现债权或者实现担保物权的费用(包括但不限于交通费、公证费、诉讼费、仲裁费、财产保全费、保全担保费、评估费、拍卖费、执行费、过户费、鉴定费、保管费、公告费、律师费、通知费、催告费、报纸催收费、迟延履行期间的加倍债务利息及所有其他费用)。对于最高额担保，应根据测算金额，尽可能记载能充分覆盖债务总额的较大数额。关于担保财产的描述，法律规定虽可对担保财产进行概括性描述，但鉴于现行法律对于“合理识别”的标准没有规定，司法实践中亦未明确，“概括性描述”之下如何登记才能达到“合理识别”之标准无法得知，本书建议金融机构目前暂可采用“概括性描述”+“详尽列举”方式进行登记，未来可根据实践发展情况适时采用“概括性描述”。

现行统一登记制度之下，担保权人将自行对登记内容的真实性、完整性和合法性负责，抵押权的效力将推后至诉讼阶段由法院确认，故而抵押登记将直接决定金融机构担保物权的成立与担保范围的确立。但鉴于新登记规则自 2021 年 1 月 1 日才开始实施，可参考的登记实践和司法案件较少，登记规则和登记系统尚在完善，具体如何登记仍需进一步关注征信中心的登记规则和司法判例。本书建议金融机构尽可能委托法律专业人员办理抵押权登记，并持续关注登记实践和司法判例的最新走向，适时对登记管理制度进行优化。

(二)抵押动产的管控

现行动产融资业务中,金融机构往往不对动产进行直接占有和控制,抵押人私自处置抵押财产的现象极为普遍。抵押动产管控环节的薄弱和缺失是造成不良债权高发的主要原因之一,金融机构应予重视。

1. 限制抵押财产转让

根据《民法典》第406条及《民法典担保制度解释》第43条之相关规定,抵押期间,抵押人可以转让抵押财产,抵押权不受影响,当事人可以对限制或禁止转让抵押财产作出约定,经登记,可对抗第三人。《动产和权利担保统一登记办法(修订征求意见稿)》亦规定抵押权人可以将禁止或限制转让的担保财产等项目作为登记内容。抵押人违反约定私自转让抵押财产,即便抵押财产已经交付或者登记,抵押权人亦可主张不发生物权效力。法律虽规定抵押财产转让不影响抵押权效力,但抵押财产转让无疑将增加金融机构债权清收的成本,如转让后买受人再行转让或损毁抵押物,抵押物将存在丧失特定性或灭失的风险。故本书建议,如债务人需出售抵押动产偿还债务,金融机构可考虑就全部拟抵押动产分批次设定多个抵押,先行就全部抵押办理限制转让登记,再根据债务人还款情况分批解除限制转让登记,从而实现既允许债务人处置抵押物偿还债权又达到保障抵押权的双重目的。

需要特别注意的是,限制转让登记不得对抗正常经营活动中的买受人,一旦抵押人将抵押财产出售给正常经营活动中的买受人,金融机构既不得主张转让不发生物权效力,亦不得要求就转让后的财产继续行使抵押权。

关于正常经营活动中买受人的界定。"正常经营活动"是指出卖人的经营活动属于其营业执照明确记载的经营范围,且出卖人持续销售同类商品。正常经营活动应指出卖人经营活动①,而非买受人经营活动,"明确记载"要求经营范围足够具体,不能是概括性的兜底描述②,另出卖人的经营活动应当是"持续进行"的。关于"合理价款"的判断,一般应参照转让时交易地市场价格以及交易习惯等因素综合认定。另买受人亦需通过接收交付或登记取得抵押物,此外,也应从买受人角度看交易是否具有异常性。③《民法典担保制度解释》特别强调,下述几种情况不属于"正常经营活动中的买受人":(1)购买商品的数量明显超过一般买受人;(2)购买出卖人的生产设备;(3)订立买卖合同的目的在于担保出卖人或者第三人履行债务;(4)买受人与出卖人存在直接或者间接的控制关系;(5)买受人应当查询抵押登

---

① 参见王利明:《论正常经营买受人规则》,载《东方法学》2021年第4期。

② 参见最高人民法院民事审判第二庭:《最高人民法院民法典担保制度司法解释理解与适用》,人民法院出版社2021年版,第484—485页。

③ 同上注。

记而未查询的其他情形。关于第五项兜底情形,部分学者认为,应将其解释为买受人明知其购买行为会侵害担保人权利的情形。[①]

2. 加强对抵押财产出售的动态管控

实践中,金融机构对于抵押动产的管控往往过于薄弱。金融机构应建立对抵押动产的管控制度,定期核查现存抵押物情况,建立债务人定期报告制度,适时要求抵押人补充担保物,同时加强对回款的监控,以降低抵押人私自处置抵押物导致利益损害的风险。

3. 设定应收账款质押或保证金质押

部分贷款业务中,债务人往往需通过销售抵押物以回款偿还贷款,在此情形下,金融机构过分管控抵押物,反而会影响自身债权的回收。此外,根据《民法典》规定,金融机构抵押权不得对抗正常经营活动中的买受人,即一旦买受人属于正常经营活动中的买受人,金融机构的抵押权实际归于消灭。对于前述问题,美国《统一商法典》第九编设置了储蓄账户担保制度和担保物收益自动归属担保权人制度,[②]从而实现担保权人对担保物处置回款的控制。《民法典》编撰过程中也曾有人提出增加规定担保品收益自动归属担保物权的优先受偿范围,以弥补担保品被正常经营活动中买受人买走之后担保物权人在担保财产额度上的损失,但最终没有被采用。[③] 我国现行法律体系中并无账户质押这种担保形式。

基于上述现状,《民法典》之下,就抵押物出卖回收价款设置应收账款质押或保证金质押就显得尤为必要。应收账款质押的设立、登记与保理具有一定相似性,可参照适用,本书后文将详细论述,此处不再赘述。

关于保证金质押,过去实务界和学术界对于保证金质押的性质、款项浮动是否影响保证金质押的设立、保证金质押设立的要件等存在较大争议。关于保证金质押的性质,主要有债权质押说、特殊动产质押说、账户质押说和新类型担保说等几种观点,目前尚未形成一致意见,其中特殊动产质押说是多数观点。[④] 关于后两个争议,《民法典担保制度解释》均进行了规定,第70条规定:"债务人或者第三人为担保债务的履行,设立专门的保证金账户并由债权人实际控制,或者将其资金存入债权人设立的保证金账户,债权人主张就账户内的款项优先受偿的,人民法院应予支持。当事人以保证金账户内的款项浮动为由,主张实际控制该账户的债权人对账户内的款项不享有优先受偿权的,人民法院不予支持。在银行账户下设立的保

① 参见王利明:《论正常经营买受人规则》,载《东方法学》2021年第4期。

② 参见《美国统一商法典》,潘琪译,法律出版社2018年版,第522—551页。

③ 参见龙俊:《民法典中的动产和权利担保体系》,载《法学研究》2020年第6期。

④ 参见程啸、高圣平、谢鸿飞:《最高人民法院新担保司法解释理解与适用》,法律出版社2021年版,第442—445页。

证金分户,参照前款规定处理。当事人约定的保证金并非为担保债务的履行设立,或者不符合前两款规定的情形,债权人主张就保证金优先受偿的,人民法院不予支持,但是不影响当事人依照法律的规定或者按照当事人的约定主张权利。”前述规定明确了保证金账户内的款项浮动一般不影响保证金质押的设立。

金融机构设立保证金质押的方式主要有三种:一是债务人或者第三人设立专门的保证金账户并由金融机构实际控制;二是债务人或者第三人将其资金存入金融机构设立的保证金账户;三是在一般存款账户及其他账户下设立保证金分户。①

保证金质押设立要件有:一是财产特定化;二是占有转移。关于财产特定化,要求保证金账户内的资金特定化和账户本身特定化,与出质人的其他资金区分,同时保证金账户内的资金要专款专用。账户特立化要求保证金账户不能用于日常结算,除采取专用账户外,在形式外观上也需区别于普通账户,具有外部可识别性。但保证金账户的特定化不等于金额的固定化。②

关于占有转移的认定,需区分以债权人名义开立的保证金账户和以债务人名义开立的保证金账户,前者一般不存在占有转移的问题。而对于后者,金融机构一般需通过与银行签订账户监管协议,约定非依其指令不得对账户进行操作,账户密码由金融机构设定并占有预留印鉴,或通过设立共管账户,约定对于共管账户共同监管等手段,实现金融机构对保证金账户的实际控制。此外,金融机构亦需明确约定保证金为担保债务履行而设立。③

(三)价款融资超级优先权的设定

《民法典》及《民法典担保制度解释》新增了价款或价款融资超级优先权制度,价款或价款融资超级优先权优先于一般抵押权,故金融机构在为企业购置生产设备、原材料时亦可考虑在购置物上设定价款融资超级优先权。本书基于现行法律规定、登记规则及司法现状,就价款融资超级优先权设定建议如下:

一是关于可设定价款融资超级优先权的债权范围,应严格限于“为价款支付提供融资而在该购置动产上设立抵押权的债权”,债务人用于解决薪资、维护日常运营、机器维护、开拓市场、运输、研发等其他用途的融资无法设定超级优先权。

二是关于价款融资超级优先权如何办理登记,尚未明确。目前,人民银行尚未出台正式的登记细则,超级优先权如何登记,其与一般抵押权如何区别,尚无明确规定,需进一步关注具体的登记细则和未来操作实践。

---

① 参见最高人民法院民事审判第二庭:《最高人民法院民法典担保制度司法解释理解与适用》,人民法院出版社 2021 年版,第 577—578 页。

② 同上书,第 579—580 页。

③ 同上书,第 580—581 页。

三是价款融资超级优先权对于担保财产特定化和持续具有可识别性的要求更高。本书建议金融机构:第一,应确保所担保的债权须与动产的购买价款相对应。这就要求融资合同应明确购置物及购买价款的具体构成,融资须与购置物购买价款严格对应,同时金融机构应确保融资用于购买相应的购置动产。第二,设定抵押的动产应具有特定性和可识别性。尤其是在为生产型企业购置生产材料提供融资时,该类企业拟购置的和现存的生产材料、零部件往往数量庞大,可能难以区分,因此,如何保证设立超级优先权的抵押物具有特定性和可识别性存在一定难度。金融机构可考虑在抵押合同中以附件形式列明各个设备的生产日期、型号、编号、性质等详细信息,以达到足以识别相应零部件之标准,但对于没有编号的材料或零部件,保证其特定性的难度则较大。另,若购置材料被进行加工而改变原有外形,或零部件被组装为成品、半成品后,抵押物是否存在及如何识别亦可能产生一定争议,建议金融机构可同步考虑对所有生产材料、成品、半成品等统一设定浮动抵押以降低上述风险。第三,若动产分批购买或交付,超级优先权可能亦须分批办理登记。第四,动产交付时间是认定超级优先权的关键要件,金融机构亦需加强对动产交付的管控和留证。

四是超级优先权的抵押率一般要小于100%。超级优先权是为购置物价款或价款融资提供担保,这就决定了抵押物的价值一般不会超过融资本金。另加之物价的浮动、抵押物使用的折价等因素,进入执行程序后,抵押的材料、零部件处置价款存在无法覆盖融资本金的可能性。金融机构可考虑同步设定应收账款质押、浮动抵押等其他补充担保措施。

四、《民法典》之下动产质押的设定与管控

实务中,金融机构无论是设定流动质押还是一般动产质押,由于直接占有需要耗费巨大的人力、物力和财力,加之金融机构往往缺乏仓储等各项条件,委托第三方在货物存放地点进行“原地监管”成为金融机构设定动产质押所采取的主要方式之一。《民法典》及《民法典担保制度解释》对于一般动产质押相关规定的变动不大,但《民法典担保制度解释》对于动产流动质押的规定进行了调整,故本书主要以流动质押展开论述。实际上,前述以委托第三方在货物存放地点进行“原地监管”设定的一般动产质押,所存在的问题基本与流动质押一致,金融机构亦可相互参考。

(一)流动质押的规则演变

流动质押是金融机构普遍采用的一种动产质押方式,又称“动产浮动抵押”“动态质押”“存货动态质押”,常见于供应链金融业务。流动质押有以下三个特点:第一,金融机构往往不亲自占有而是通过委托第三方进行监管的方式实现对质物占有;第二,以场地控制代替一般意义上的动态交付,质物一般仍存放于出质人自有

或租赁场所,不改变原有位置;第三,占有期间,出质人可在金融机构同意的情况下对质物进行调仓换货、日常出入,但需保证一定比例的浮动质押率。流动质押根据质物存放地点的不同可分为两种:第一种是出质人以存放于其自有场地的货物出质,质权人委托第三方对质押货物进行原地监管,从而实现质权人对质押货物间接占有并设立质权;第二种是出质人以其存放在仓储方处的货物出质,质权人委托仓储方或监管人对仓库内质押货物进行监管,从而实现质权人对质押货物间接占有并设立质权。具体交易模式如下:

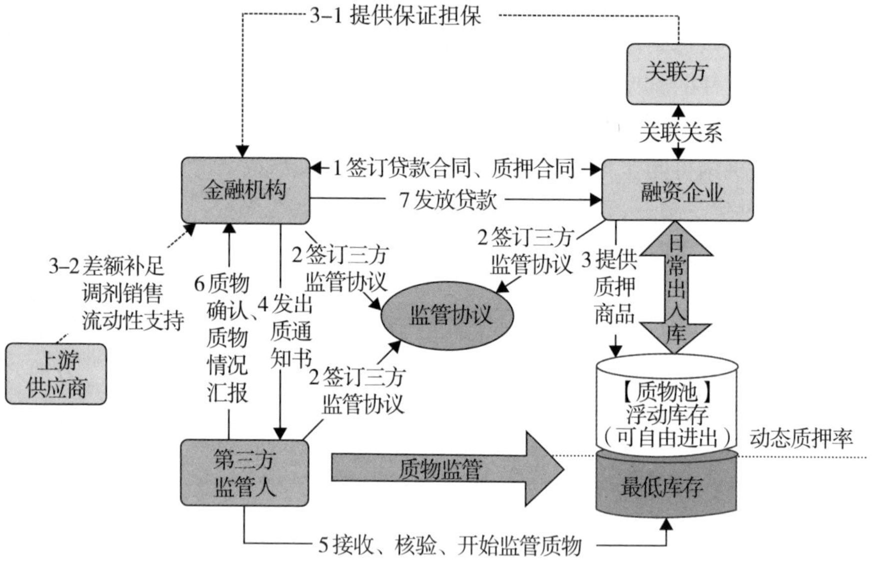

图 4-8 流动质押交易模式

过去司法实践对于流动质押的物权效力、设定要件均存在很大争议。《九民纪要》第 63 条①认可了流动质权的担保物权效力,并对流动质权的设立规则与监管人

① 《九民纪要》第 63 条[流动质押的设立与监管人的责任]规定:"在流动质押中,经常由债权人、出质人与监管人订立三方监管协议,此时应当查明监管人究竟是受债权人的委托还是受出质人的委托监管质物,确定质物是否已经交付债权人,从而判断质权是否有效设立。如果监管人系受债权人的委托监管质物,则其是债权人的直接占有人,应当认定完成了质物交付,质权有效设立。监管人违反监管协议约定,违规向出质人放货、因保管不善导致质物毁损灭失,债权人请求监管人承担违约责任的,人民法院依法予以支持。如果监管人系受出质人委托监管质物,表明质物并未交付债权人,应当认定质权未有效设立。尽管监管协议约定监管人系受债权人的委托监管质物,但有证据证明其并未履行监管职责,质物实际上仍由出质人管领控制的,也应当认定质物并未实际交付,质权未有效设立。此时,债权人可以基于质押合同的约定请求质押人承担违约责任,但其范围不得超过质权有效设立时质押人所应当承担的责任。监管人未履行监管职责的,债权人也可以请求监管人承担违约责任。"

责任作出了规定。《九民纪要》第63条明确,流动质权是否设立应主要审查债权人与监管人是否存在单独委托关系、质物是否实际由监管人管领控制等。

《民法典担保制度解释》制定过程中,部分观点以交付和质物特定化争议过大、易发纠纷等理由主张废除流动质押,但基于流动质押的固有功能和经济发展对于强浮动担保的需求,《民法典担保制度解释》予以保留并进行了完善。《民法典担保制度解释》第55条规定:"债权人、出质人与监管人订立三方协议,出质人以通过一定数量、品种等概括描述能够确定范围的货物为债务的履行提供担保,当事人有证据证明监管人系受债权人的委托监管并实际控制该货物的,人民法院应当认定质权于监管人实际控制货物之日起设立。监管人违反约定向出质人或者其他人放货、因保管不善导致货物毁损灭失,债权人请求监管人承担违约责任的,人民法院依法予以支持。在前款规定情形下,当事人有证据证明监管人系受出质人委托监管该货物,或者虽然受债权人委托但是未实际履行监管职责,导致货物仍由出质人实际控制的,人民法院应当认定质权未设立。债权人可以基于质押合同的约定请求出质人承担违约责任,但是不得超过质权有效设立时出质人应当承担的责任范围。监管人未履行监管职责,债权人请求监管人承担责任的,人民法院依法予以支持。"

相对于《九民纪要》,《民法典担保制度解释》关于流动质押的变化有二:一是明确出质人可通过数量、品种等对质物进行概括性描述;二是明确流动质权自监管人实际控制货物之日起设立。关于前述变化,最高人民法院似乎拟以概括性描述放宽"特定化"之认定标准。最高人民法院在《最高人民法院民法典担保制度司法解释理解与适用》一书中对于流动质押存废两种观点进行阐述时,即隐隐表达了这一倾向,其提到持流动质押应保留的观点认为,尽管流动质押的标的物大多为种类物,但如当事人可通过仓库独立性、货物的区隔化以及最低价值或数量控制等兼有实体特定与价值特定的方式实现存货的明确化、可识别性,从而有效划定质押物的"客观范围",亦可实现质物特定化。① 据此,部分学者认为,动产流动质押领域的特定化应指种类物的特定化。②

对于前述观点,本书不敢苟同。首先,从《民法典担保制度解释》前后两大变化的内在逻辑看,第55条规定流动质权自监管人实际控制货物之日起设立。流动质押中质押物频繁流出和流入,同一流动质权内部不同质物上质权的设立时间并不相同,这实际就要求流动质押仍应特定化至每一质物。金融机构仍应在每一次质

---

① 参见最高人民法院民事审判第二庭:《最高人民法院民法典担保制度司法解释理解与适用》,人民法院出版社2021年版,第476页。

② 参见程啸、高圣平、谢鸿飞:《最高人民法院新担保司法解释理解与适用》,法律出版社2021年版,第442—445页。

物变动时通过《质物清单》体现,清单应载明质物的基本明细、规格、数量、堆放地址、生产厂家、质保书或唯一标码等特征,指明每一物的单一性,以达到特定化之标准。其次,从《民法典》第 414 条到第 415 条构建的动产统一受偿顺序规则看,同一动产上存在多个担保物权的,各个担保物权按照登记、交付的时间确定清偿顺序。流动质押设立后,出质人亦可能以已出质或将出质动产为其他债权设立一般抵押或浮动抵押,此时,判定流动质权与抵押权的优先顺位即需明确每一质物或每一部分质物的交付时间,实际上仍要求流动质押应特定化至每一质物。最后,最高人民法院在《〈全国法院民商事审判工作会议〉理解与适用》中指出:"即使质押物因为出货补货而处在不断变动的状态中,也可通过监管人及时更新并报告质物清单的方式,使质押物始终维持在一个相对清晰、确定的状态,从而满足作为质物特定化的要求。"[①]故本书倾向认为,《民法典担保制度解释》第 55 条所述的"出质人以通过一定数量、品种等概括描述能够确定范围的货物为债务的履行提供担保"是指,质权人与出质人在签订质押合同时,可以概括性描述的方法以一定数量、品种的货物设定流动质押,不需在签订质押合同阶段即将质物固定化。但为证明质权的设立时间,质权人在质物变动时仍应以《质物清单》的形式将质物特定化。亦即,在质押合同签订阶段,出质人与质权人可以采用概括性描述进行约定,但质物范围的约定应足够明确。在质权设立阶段,即质物在交付质权人时应特定化和可区分。

《民法典担保制度解释》第 55 条规定概括性描述,主要是为了纠正以往司法实践中坚持流动质押应成立于特定质押财产之上、质押期间质押财产不能变动和强调根据具体参数锁定质押财产范围、固化质押财产形态等机械理解"特定性"的错误观点,点出"特定"不等于"固定"。《九民纪要》第 63 条、《民法典担保制度解释》第 55 条实际明确了质权人可借由仓库的独立性、货物的区隔化以及最低价值或数量控制等兼有实体特定与价值特定的方式实现存货的明确化、可识别性,达到有效划定质权支配范围的目的。[②]

(二)流动质权的设定

作为质权的一种,流动质权自质物交付时设立,但基于流动质权交易模式的特殊性,司法实践中对于流动质权是否有效设立的审查主要从质权人是否形成对质押物的管领控制和质押财产是否特定化两个方面展开。《九民纪要》《民法典担保

---

① 最高人民法院民事审判第二庭编著:《〈全国法院民商事审判工作会议〉理解与适用》,人民法院出版社 2019 年版,第 375 页。

② 参见茆荣华主编:《〈民法典〉适用与司法实务(第二版)》,法律出版社 2021 年版,第 250—251 页。

制度解释》规定,法院应从监管人究竟是受债权人委托还是受出质人委托监管质物、监管人是否履行监管职责、质物范围能否确定等角度审查流动质权是否有效设立。本书结合最新法律规定及过去司法实践,将流动质权设立的考察因素并述如下:

1. 质物是否向质权人指定的监管人完成交付

理论上和司法实践多将占有分为直接占有和间接占有,间接占有是指权利人并不直接占有而指定第三人代为占有的情形,"监管占有、控制"属于间接占有的范畴。《九民纪要》《民法典担保制度解释》均认可质权人通过委托监管人监管而实现间接占有的法律效力。但"监管占有、控制"达到质权人管领控制质物的具体标准,法律并未规定,加之流动质押实务操作较乱,司法实践中各地法院的认定标准也不一。最高人民法院发布的指导案例虽将占有定义为"对物进行控制和管理的事实状态",但实际情况是否达到该标准,依赖于法官判断,并取决于个案的具体情况。不同于一般质押的是,流动质押一般通过改变货物存放地点的实际控制权来实现占有质物,以场地控制替代一般意义上的货物交付,此时监管人受谁之托以及是否实现了对质押货物的管领控制便成为法院认定交付的重点考量因素。司法实践中,法院在认定质权人是否通过监管人实现占有质物时通常会考虑以下因素:

1.1　监管人受谁之托

1.1.1　监管协议如何约定

质物监管合同的具体约定是确立质权人、出质人和监管人各方权利义务的基本依据。最高人民法院在《九民纪要》中提出,仅有三方签订的委托监管协议,并不足以证明质物由出质人交付给了质权人,实践中还应考察监管协议的具体内容,判断其是否表明占有已经从出质人转移至质权人处,一般来说,如监管协议明确约定监管人受质权人委托监管质物、质权人对质物享有占有返还请求权,则可认为监管人受质权人委托。

1.1.1.1　监管协议是否明确约定监管人受质权人委托

《九民纪要》第63条明确规定,流动质押中,法院应当查明监管人究竟是受质权人的委托还是受出质人的委托监管质物,进而判断质物是否交付、质权是否设立。如果监管人系受质权人的委托监管质物,则其是质权人的间接占有人,应当认定完成了质物交付,质权有效设立。如果监管人系受出质人委托监管质物的,表明质物并未交付质权人,应当认定质权未有效设立。而监管人"受谁之托"最基础的判定依据便是监管协议如何约定。

司法实践中,监管协议是否明确约定监管人受谁之托监管质物,是法院认定质物交付的首先要考量因素。在(2018)最高法民再88号案中,最高人民法院即认为:"《最高额动产质押合同》签订后,水果湖支行与信诚和公司之间成立有效的质押合同关系。根据《动产质押监管合作协议》,商业储运公司作为监管人加入到前述质押合同关系中,并成立三方合同关系。根据《动产质押监管合作协议》的约定,商业储运公司负有代水果湖支行收取、占有、监管并保证监管中的质物价值不低于水果湖支行所设定的最低价值的义务,义务期间自商业储运公司向水果湖支行出具《查询及出质通知书(附确认回执)》的确认回执时起至水果湖支行向商业储运公司出具《解除质押监管通知书》止。该约定符合《中华人民共和国物权法》所规定的观念交付形态……"

1.1.1.2 监管协议是否约定质权人享有质物返还请求权

监管合同是否约定质权人对质物享有返还请求权也是法院认定质权人是否通过监管人实现对质物控制的因素之一。此处的返还请求权包括以下三层含义:

一是质权人有权要求监管人返还质物。无论是另行委托监管人在出质人场地进行原地监管,还是委托原第三方(仓储方)在第三方场地进行原地监管,监管人都是代替质权人接受质物后交付,质权人对监管人享有返还质物的返还请求权。《民法典》第933条规定,委托人或者受托人可以随时解除委托合同。因此,监管人协议是否约定质权人有权要求监管人返还质物,是判断实际委托人和质物最终占有人的认定因素。需要特别注意的是,在仓储方或保管方等第三方处进行原地监管的场合,监管协议是否明确约定了质权人对监管人享有返还请求权更为重要。该种情形下,出质人往往已在先与第三方建立了仓储关系或保管关系,质权人委托第三方监管在后,质物实际由谁支配,往往要看第三方遵从谁的指示,这其中的支配就包括质物返还请求权。如在(2015)民申字第1490号案中,最高人民法院即认为:"从漳州光大银行、富亿公司以及南储公司三方签订的《仓储监管协议》的内容来看,该协议首先明确约定了自《查询及出质通知书》到达南储公司之日起,质物移交给漳州光大银行;其次,南储公司应遵从漳州光大银行的书面指示以及该协议的约定处置质物,并对不遵守约定而造成的损失对漳州光大银行负责。"部分学者指出,无论是物权请求权还是债权请求权,都应当使监管人知晓,以免日后出质人借监管人不知而作出有害于质权人的指示。这种返还请求权的让与如属于债权性质,则应通知监管人,"如属所有物返还请求权,则应当类推适用债权让与规则,以通知为生效要件"①。

二是质权人有权越过监管人要求出质人返还质物。质物被出质人非法取回时,质权人若未实际向出质人主张返还,质权人可能会被认为没有对质物实现排他性的控制和管理,属于质押交付的不完全状态。如在(2019)吉民终339号案中,吉林省高级人民法院即认为:"纵观本案,首先,案涉《车辆质押监管协议》中虽然约定

① 谢在全:《民法物权论(上册)》,中国政法大学出版社2011年版,第93页。

在第三人南京红腾公司的库房中设立专门区域放置质押车辆，但该库房的钥匙尚在南京红腾公司手中保管，吉林银行长春一汽支行并未派人进行现场控制管理，亦未委托武汉商储公司对车辆进行排他性的控制管理，用以质押的车辆仍然处于由南京红腾公司保管的状态，车辆能够被出质人擅自移至约定监管库房之外的其他地点，而吉林银行长春一汽支行并未要求立即将车辆移回，而是继续要求武汉商储公司进行监管，更说明该种质押交付的不完全状态。"

三是质权人有权越过监管人要求其他不当占有人返还质物。原《担保法司法解释》第 87 条第 2 款规定，因不可归责于质权人的事由而丧失对质物的占有，质权人可以向不当占有人请求停止侵害、恢复原状、返还质物。质物被他人非法转移时，质权人是否向他人主张返还，也是法院认定监管人是否实际履行监管义务、质权人是否实际占有控制质押财产的考量因素之一。如在(2015)牡商初字第 74 号案中，黑龙江省牡丹江市中级人民法院认为，在案外人转移部分质押物的情况下，质权人从未要求返还，监管人未尽到监管义务，致使质押物未处于质权人实际占有之下，故质权未设立。

后两层含义虽不是判断监管人受谁之托的主要依据，但也是法院考量流动质权是否设立的主要因素，又因涉及质权人返还请求权，故在此处一并论述。

1.1.2　监管费是否支付及由谁支付

1.1.2.1　监管费是否支付对于受谁之托判定的影响

监管费用的支付，是监管协议实际履行的表现形式之一。司法实践中，不同法院对于在认定监管人受谁之托时是否应将监管费用的支付作为考量因素，存在不同观点：部分观点认为，监管费用独立于监管责任的履行，故监管费用是否实际支付，不影响监管责任和质权设立的认定。在(2015)民申字第 1490 号案中，最高人民法院即认为："尽管协议约定由富亿公司支付仓储监管费用，但南储公司在监管期内承担的监管责任相对独立，不以仓储费用如期足额支付作为其承担监管责任的条件。以上事实说明，在协议签订生效之后，质物已不受富亿公司支配，而是由漳州光大银行委托南储公司占有、支配和监管。"亦有部分观点认为，监管费用的支付是监管协议履行的重要组成部分，出质人或质权人是否支付监管费用，是认定监管协议是否得到实际履行的考量因素之一。如在(2014)临商终字第 1065 号案中，山东省临沂市中级人民法院认为："上诉人在与嘉禾公司签订的动产质押合同的附件即质物清单中虽列明了质物的名称等内容，但未提供证据证明当时进行了实际交付……一方面，该监管协议第 10.1 约定三方一致同意本协议项下对质物的监管费、仓储费等因质物仓储保管产生的相关费用嘉禾公司承担及第 10.2 约定嘉禾公司应在贷款发放之前将监管费用等费用交久鼎公司，上诉人和嘉禾公司均没有提供任何证据证明嘉禾公司支付上述约定的费用给久鼎公司……综上，上诉人提供的证据不足以证实上述监管协议得到了实际履行，即其委托的监管公司并未代其实际占有并控制质物。”

从现有司法实践来看,在有充足证据证明监管人受质权人委托管领控制质物时,法院一般认为监管费是否支付不影响质权设立的认定;反之,在质权人不能提供充足证据证明监管人受质权人委托管领控制质物时,法院在认定监管协议是否实际履行时,会将监管费是否实际支付作为考量因素之一。

1.1.2.2 监管费由谁支付对受谁之托的影响

实务中,为降低融资成本,金融机构在搭建动产质押融资交易架构时,往往设定由出质人直接支付监管费等融资费用。即便质权人支付监管费,最终监管费也会纳入融资成本由出质人支付给质权人。正常情况下,监管费的支付路径为“出质人→质权人→监管人”,但实践中,为提高效率,减少不必要的中间环节,部分金融机构采用“出质人→监管人”的支付路径。该种支付方式,通常由出质人、质权人、监管人在监管协议中进行明确约定。但对于“出质人→监管人”支付路径下,监管人到底受谁所托如何认定,司法实践中存在争议。部分观点认为,监管协议约定出质人支付监管费,实际是出质人代质权人支付,出质人与质权人构成委托关系,只要监管人系受质权人委托监管质物,监管费由谁支付并不影响质权的设立。而质权人作为委托关系的直接当事人,监管人在出质人不支付监管费的情况下,有权直接向质权人追偿。最高人民法院第二巡回法庭在《最高人民法院第二巡回法庭法官会议纪要》中也指出,出质人实际履行监管协议中付款义务,是当事人通过约定将本应由质权人承担的支付监管费的义务转由第三方出质人承担,属于《合同法》第65条规定的由第三人履行合同义务的情形。①

《九民纪要》第63条规定,在流动质押中,应当查明监管人究竟是受质权人的委托还是受出质人的委托监管质物,确定质物是否已经交付质权人,从而判断质权是否有效设立。“委托”关系成为法院认定质权是否设立的重要审查点。而受谁之托的一个重要标准即为监管费实际由谁支付、监管人实际代表何方利益,故监管费由谁支付可能成为法院认定受谁之托的重要考量因素。

实际上,部分判例也开始认为,监管费由谁支付属于对当事人权利义务有实质性影响的基本事实,应当进行查证。如在(2019)最高法民再217号案中,最高人民法院即认为:“对于中海物流的监管费用、一元租金实际由谁支付及是否影响本案实际权利义务关系的认定,原审法院亦未查明并分析论证。上述情况涉及本案质物是否实际交付、中海物流是否对质物实施了有效占有、质物是否仍由前么头粮库管领控制等问题的认定,属于对当事人权利义务有实质性影响的基本事实。”

---

① 参见贺小荣主编:《最高人民法院第二巡回法庭法官会议纪要(第一辑)》,人民法院出版社2019年版,第76—77页。

1.2　监管人是否履行了监管职责

监管人是否实际履行监管责任，是否实现对质物管领控制，也是法院认定交付的考量因素之一。《九民纪要》第 63 条指出，即便监管协议约定监管人系受质权人的委托监管质物，仍应考察监管人履职情况，若有证据证明其并未履行监管职责，质物实际上仍由出质人管领控制的，应当认定质物并未实际交付，质权未有效设立。司法实践中，法院在认定交付时通常会对监管人以下履职情况进行考察：

1.2.1　监管人是否实际委派人员进行现场监管

一般来讲，无论是接受交付还是实施占有，质权人或监管人的人员都是最基本、最直接的行为主体，而管领控制通常也是由自然人实施。从某种意义上讲，流动质押领域中，交付实施实际上是质权人或监管人委派人员对质物实现管领控制，并排除出质人人员对质物的管领控制。因此，监管人是否委派人员进驻监管场地，被委派人员是否实际进驻监管场地，往往是法院认定流动质权是否设立的考量因素之一。如在（2019）最高法民再 217 号案中，最高人民法院即认为："对于合同的实际履行情况，中海物流主张系通过与前么头粮库签署质物清单的方式确认监管数量和范围，并通过派驻两名工作人员取得 38 个粮仓钥匙的方式控制粮食进出库，已经张贴了权利标识……具体到本案，重审中应要求石家庄浦发银行和深州农发行分别详细说明实施监管或定期查库的具体人员、执勤时间、措施手段等，就不合常理之处予以解释、辩论、举证，查明本案质物的实际管领控制状态，进而认定中海物流的监管行为是否达到了有效交付的标准。"实务中，监管人委派人员通常区分为两种情形：

1.2.1.1　监管人委派自己员工进行现场监管

司法实践中，若监管人委派自己员工进行现场监管和占有质物，一般可视为完成了质物交付，质权有效设立。如在（2017）鲁民终 607 号案中，山东省高级人民法院认为："事实上，南储山东分公司在签订上述合同以后派人进驻天宏公司，对涉案 34 个油罐采取加贴标识、上锁等方式实施监管，一审法院于 2016 年 1 月 26 日采取保全措施时亦对上述油罐内的油品进行了查封，南储山东分公司配合查封行为，并一直监管至今。由此可见，南储山东分公司接受民生银行青岛分行的委托，事实上实现了对涉案油品的接收、占有及控制，民生银行青岛分行在本案中主张的质权已经依法设立。"

1.2.1.2　监管人委托出质人人员进行现场监管

在汽车经销商融资业务中，由于出质人仓库分散于全国各地，监管人若对每一仓库均委派员工进行现场监管需花费较大的人力和财力，金融机构亦需较高成本。故在实际操作中，监管人通常委托由隶属于出质人的库管等人员对质物代为进行现场监管，并要求库管适时将监管情况向监管人汇报。发生争议时，库管究竟代谁占有往往存在很大争议。如果认为库管系出质人一方人员,即便监管人通过远程设备对质物情况进行监控,此时也难以认定质权人和监管人实际控制车辆。如果认为库管系受监管人委托,那么库管作为出质人员工,其工资由出质人实际发放,其能否为监管人利益进行占有也将遭受质疑。因此,该种操作存在较大风险。

在(2015)闽民终字第 1902 号案中,福建省高级人民法院即认为:"上述质物存放于质权人指定的仓库,并由仓管员进行监管。库存纸张出库、入库需要事先经过质权人批准……海峡银行东街支行虽与柯昌木、赖翠香二人签订了劳动合同,但并未提供其支付给该二人工资的相关凭证。因此,从纸品存放的场所和监管的人员实际聘用情况,都无法证明海峡银行东街支行已经完全占有和控制冠翔公司的纸品。故原审法院认定本案质权未成立,并无不当。"

1.2.2 监管人是否向质权人发送出质通知书回执

出质人以第三人(如保管人、仓储方等)占有的财产出质时,一般采用指示交付的交付方式。但对于以指示交付方式设立动产质权的生效要件,实践中存在不同观点。有观点认为,出质人以存放在第三人处的货物出质的,自出质人的出质通知到达第三人处完成交付,质权设立。[①] 基于此,司法实践中,部分法院在认定是否完成交付时,会结合出质人/质权人是否向第三人(监管人)发送出质通知(或第三人是否参与质押合同的签订)、第三人(监管人)是否向质权人发送出质通知书回执及质押物明细等进行综合考虑。如在(2014)沪一中民六(商)终字第 185 号案中,上海市第一中级人民法院即认为:"上诉人向被上诉人中远公司出具《查询及出质通知书》,询问相关出质情况,被上诉人中远公司亦根据该协议向上诉人出具了《查询及出质通知书(回执)》并附有质押物明细,确认截止到 2012 年 10 月 31 日,在其监管下有出质人鼎企公司存放的 12,000 吨高线。本院认为,质权成立是在交付质押财产时成立,根据上述通知书(回执)及质押物明细,上诉人的质权已经成立。"

实务中,出质通知书及回执亦可以交接清单的形式呈现。如在(2016)黑民终 200 号案中,黑龙江省高级人民法院认为,各方有《交接清单》抑或《质押监管协议》,足以证明质物已经交付监管人。

1.2.3 监管人是否就监管情况向质权人定期报告

动产质押融资业务中,出质人可在质权人同意的情况下对质物进行调仓换货、日常出入,只需将质物数量维持在一定比例的浮动质押率之上。由于质押的货物经常被替换,监管协议通常会约定,监管人需定期对监管物进行盘点,并就监管情况向质权人汇报。司法实践中,监管人是否就监管情况向质权人定期报告亦是法院认定监管人是否实际占有质物、是否完成交付的考量因素之一。如在(2018)鲁

---

① 参见曹士兵:《中国担保制度与担保方法(第 4 版)》,中国法制出版社 2017 年版,第 329 页。

民终584号案中，山东省高级人民法院即认为："阜兴公司向临淄农商行报送的42张质物监管报告，也证明本案质物已依约交付。"

1.3　监管场地为谁控制和占有

流动质押一般通过改变货物存放地点的实际控制权来实现交付，以场地控制代替一般意义上的货物交付。故监管场地是否由质权人或监管人实际控制，往往直接体现质权人是否实现了对质物的控制，并决定着监管行为是否达到了设立质权的交付要求。如果质物存放场所完全处于出质人控制之下，出质人仅为象征性交付，则质权不能设立。关于监管场地由谁控制和占有的认定，主要涉及以下几个问题：

1.3.1　监管人与出质人是否存在真实租赁关系

动产质押融资实务中，质押物往往仍存放于出质人仓库或原第三方（如仓储方、保管方等）仓库中，监管人通过与出质人或第三方签订场地租赁合同，从而实现场地移交和质物交付。司法实践中，法院在认定监管人是否对监管场地实现控制时通常考虑以下因素：

1.3.1.1　监管人与出质人是否签订了实质性租赁合同

实务中，动产质押融资具体交易架构多设定场地租赁费由借款人或出质人承担，而监管人并不承担场地租赁费，在租赁的监管场地为出质人自有场地或与其建立仓储关系或保管关系的第三方场地的情况下，约定正常租金意义不大，因此，一元租金等象征性租赁合同被大量采用。

司法实践中，不同法院对于仅签订一元租金等象征性租赁合同能否构成有效交付存在较大争议：

部分观点认为，只要签订场地租赁协议，即可认定监管人具有场地使用权，监管人实际履行监管责任的，可认定完成交付。如在（2017）苏民终972号案中，江苏省高级人民法院认为："《监管场地租赁合同》约定宏峰公司以一元价格将其厂区租赁给中外运山西分公司，质物未发生现实转移……该公司同意接受委托并按照工行灵石支行的指示代为监管质物。该公司确认上述质物已存放在该公司拥有使用权的仓库/场地，上述质物确已在该公司的占有、保管、监督之下……对本案上述事实，没有相反证据予以否定……涉案质权已设立。"

还有部分观点认为，场地租赁协议约定监管人仅象征性支付一元租金，不是真正的租赁，不能认定监管人取得监管场地的承租权。在（2019）最高法民终330号案中，一审法院辽宁省高级人民法院认为："本案中，监管人中铁物流大连分公司受大连银行的指示与锦州佐源公司签订的《仓库租赁协议》的租金仅为1元，中铁物流大连分公司并未实际取得仓库的承租权。实际上，中铁物流大连分公司签订此租赁协议是受大连银行指示为实现大连银行表面'质权'而签订的协议，不是真正的租赁。”二审法院最高人民法院认为:“本案中,案涉质物存放于出质人锦州佐源公司的仓库,大连银行通过三方签订《动产监管协议》的形式,指定中铁物流大连分公司租用锦州佐源公司的仓库进行监管,仓库租金只象征性的约定1元。大连银行虽主张通过该方式,特别是交付了相关的协议、清单、报告书、台账等材料即实现了指示交付……大连银行关于质权已经合法设立的主张,缺乏事实依据和法律依据,本院不予支持。”

在流动质权纠纷中,法院往往会关注监管人是否与出质人签订了场地租赁协议、租赁协议是否得到实际履行,这是由于动产质押融资交易架构往往设定以转移场地控制权代替一般意义上的货物交付,而租赁是场地使用权转移的最主要方式之一。基于上述原因,部分学者认为应以监管人与出质人是否存在租赁关系作为区分,来具体判定“监管人是否直接占有存货”,从而认定质权是否设立。[①] 本书倾向认为,衡量是否符构成交付,应以质权人或监管人能否实际控制质物为标准,也表现为是否实际控制质物存放场地,而场地控制权的转移,并不必然表现为书面的租赁合同,也可以通过场地免费许可使用等实现,因此,对于没有签订租赁合同或者签订了一元租赁合同等象征性租赁合同的情形,能否构成有效交付,应结合多种因素认定。

在有充足证据证明监管人受质权人委托管领控制质物时,法院一般认为是否签订场地租赁合同不影响质权设立的认定。反之,法院会将是否签订了实质性场地租赁合同以及租赁合同的履行情况,作为认定质权设立的考量因素。但无论是哪种情形,若签订实质性租赁合同并实际履行,可以有效降低质物被认定为未交付的风险。

1.3.1.2　租金是否实际支付

司法实践中,法院在认定场地控制权是否实际转移时,通常也会对场地租赁合同的实际履行情况进行考察,其中租金是否支付是法院常关注的履行行为之一。如在(2018)黑民终315号案中,黑龙江省高级人民法院认为:“宝泉岭支行主张仓库属海安公司租赁,但协议中未明确租赁仓库的位置、面积,海安公司也未按约定交付祥鹤木业一元租金、未实际履行《仓库租赁合同》……此种以占有改定方式交付质押财产,在质权设立中不具有物权的公示效应,非《物权法》第二百一十二条规定的有效交付,质权不生效。”

在动产流动质权设立的纠纷中,当双方当事人对于何方管领控制质物举证均难以达到“高度盖然性”时,法院会较为关注租金是否支付以及租赁合同是否实际履行。反之,若有充足证据证明质物实际受出质人或监管人管领控制,法院一般认

---

① 参见陈本寒:《企业存货动态质押的裁判分歧与规范建构》,载《政治与法律》2019年第9期。

为租金是否支付不影响交付的认定。如(2018)川09民终1043号一案即是如此。但无论如何,签订实质性租赁合同并及时交纳租金,可以在一定程度上降低质物被认定为未交付的风险。

值得注意的是,即便监管人与出质人签订租用仓库、场地的协议,但若仅支付象征性租金(所谓一元租金)或不支付租金,一旦陷入诉讼,质权人如没有充足证据证明质物有效交付,存在被法院认定质权未有效设立的风险。即使存在真实租赁关系,租赁场地只要仍属于出质人,质物实际上仍由出质人管领控制,也会被认定质物未实际交付。

1.3.2　远程设备监管能否构成有效控制

随着科技的不断发展,为追求效率和降低成本,监管模式不断创新,运用高科技设备进行远程监管的模式开始被质权人或监管人采用。例如,汽车质押融资领域中采用的OBD远程监管,是利用汽车本身安装的设备,对汽车是否被开动进行监控。该种设备可以每2分钟就更新一次监控信息,同时还兼具车辆运行轨迹监控和电子围栏触发报警功能。

远程设备监管可有效降低监管成本,但能否达到交付标准,现行司法实践存在较大争议。在(2013)甘民二终字第163号中,甘肃省高级人民法院就明确指出:"博鑫公司在勤峰铁业仓储区范围内设置监控设备并对质押生铁进行远程监控,但质押生铁仍存放于勤峰铁业的仓储区内,勤峰铁业并未将该生铁移转交由博鑫公司实际占有……本案中博鑫公司与勤峰铁业约定并采取远程监控质物,但仍由勤峰铁业代其占有质押生铁的交付方式,非物权法意义上的动产质权交付方式。"

本书倾向认为,OBD等设备虽可远程监控出质人是否对质押物进行处置,但无法控制排除经销商对于车辆等质押物的处置,存在被认定为监管人未形成占有车辆的可能性,不符合现行法律关于交付的要求。

1.3.3　持有仓库钥匙能否构成控制

持有钥匙是对质物存放场地和质物进行控制的手段之一,也是监管人对质物存放场地进行控制所经常采取的方式。但监管人仅持有仓库钥匙,能否排除出质人对质物的管领控制,能否代表监管人已实现了对质物的实际控制,存在争议:

部分观点认为,监管人仅有仓库钥匙,不能直接认定控制质物。如在(2019)最高法民再217号案中,最高人民法院即认为:"对于合同的实际履行情况,中海物流主张系通过与前么头粮库签署质物清单的方式确认监管数量和范围,并通过派驻两名工作人员取得38个粮仓钥匙的方式控制粮食进出库,已经张贴了权利标识。但深州农发行主张能够随意进出粮库查看库存,未见到权利标识,并以托市粮收购期间必须清空、封锁粮库为由主张中海物流不可能实际控制粮库。对于上述事实疑点,原审法院未对相关证据进行分析认证,未查明相关事实,本案不能排除质物象征性交付或占有改定的合理怀疑。对于中海物流的监管费用、一元租金实际由谁支付及是否影响本案实际权利义务关系的认定,原审法院亦未查明并分析论证。上述情况涉及本案质物是否实际交付、中海物流是否对质物实施了有效占有、质物是否仍由前么头粮库管领控制等问题的认定,属于对当事人权利义务有实质性影响的基本事实。"

但也有部分观点认为,在已经换锁的情况下,可认定持有仓库钥匙人占有质物。如在(2015)黑高商终字第125号案中,黑龙江省高级人民法院认为:"二审还查明,2014年12月初,鲁海典当公司与正诚公司将案涉12号仓库的锁更换,钥匙由正诚公司掌握,即正诚公司实际占有了案涉12号仓库内的小麦。"我国部分学者也认为,同一仓库有双重门锁,债权人保有其中一把钥匙,出质人保有另一把,两把钥匙同时使用才能打开仓库的,符合交付的要求。①

本书倾向认为,持有质物存放仓库或场所钥匙虽有助于监管人控制质物,但持有钥匙并不能替代现场监管。从现行司法实践来看,法院对于质权设立的认定通常结合多种因素进行判断,而对于持有钥匙能否构成控制,往往会结合具体事实进行考虑。若出质人已对质物进行了处置或并未进行交付,即便质权人或监管人掌握了质物存放场地钥匙,也不能认定质权人实现了对质物的管领控制。如在(2016)京02民终1288号案中,北京市第二中级人民法院即认为:"质物由各方以封条封存并加装锁具,封条印章及钥匙也由信托公司外派人员保管……据此该院判定,信托公司、海福鑫公司、钟杨于2014年4月10日在鲍家窑27号院清点仓储货物,加装锁具,予以录像的行为,虽经公证机构公证,也不具有交付质物的作用和效果,信托公司就上述质物,并未于2014年4月10日设立质权。"

因此,金融机构不能以掌握钥匙代替现场监管,即便想通过持有钥匙加强对质物控制,应当进行换锁或加装锁具,以避免出质人同时持有钥匙而存在风险。

1.4 监管期间是否连续

《民法典》规定质权以质押物交付为权利设立标志,而衡量是否符合交付的要求,通常以质权人能否实际占有质物为标准,也即是否达到了"对物进行控制和管理的事实状态"。管领事实的认定有两个维度:第一,质权人持续对物形成支配关系;第二,排除他人干涉、处置质物。② 而要排除他人干涉、处置质物,质权人往往需要持续占有质物。因此,质权设立维度下的占有应当是"持续"占有。

传统的物权法理论认为,设立物权的占有应当是持续占有。我国台湾地区物权法理论认为,从时间关系而言,事实支配若欠缺时间的连续性,就无法排除他人

---

① 参见曹士兵著:《中国担保制度与担保方法(第4版)》,中国法制出版社2017年版,第329页。

② 参见谢在全著:《民法物权论(下册)》,中国政法大学出版社2011年版,第1137页。

干涉,难以认为对物形成事实管领力,因此对于物是否形成占有,应从占有时间是否连续进行判断。① 德国物权法理论也认为,占有关系,在时间上要有一定的持续。②

在流动质权领域,衡量质权人是否构成持续占有,主要看监管人是否进行了持续监管。最高人民法院亦认为,监管人是否实现了"排他性持续占有"是认定质权成立的重要标准之一。在(2017)最高法民再148号案中,最高人民法院即认为:"2012年6月25日,武商储长春分公司与金囤仓储公司签订《租赁与委托仓储作业协议》,其后武商储长春分公司对案涉监管仓库实际拥有了使用权……据此,结合工行白山分行与武商储长春分公司的委托监管关系,以及武商储长春分公司指派人员对质押财产进行了现实占有,足以认定案涉质押财产已向债权人工行白山分行交付,且没有证据证明工行白山分行对质押财产的占有不持续,二审考虑上述事实,认定杨宏伟将案涉质押财产以金囤仓储公司名义出质给工行白山分行后,又以明远粮贸公司的名义出质给惠农担保公司,构成重复质押,事实清楚。根据一物一权的原则,同一标的物之上,不能同时存在两个以上内容相同的质权。工行白山分行质权依法设立在先,且对质物进行了排他性地持续占有,故二审判决认定惠农担保公司对案涉质押财产的质权不成立,法律依据充分,应予维持。"

现行实务中,部分金融机构在监管合同中约定监管时限为工作日的"5天×8小时",这种非持续性监管一旦被认定为非持续性占有,将会对质权设立的判定产生更不利的影响,故金融机构应将监管期限修改为"7天×24小时"。

2. *质物是否特定化*

一般动产质押业务中,出质人将动产现实交付给质权人后,并不存在质物与出质人其他物的区分问题。而动产质押融资业务中,质物通常进行原地交付和监管,质物存放场所除了质押货物外,往往还存在出质人或其他第三人货物,哪些货物属于质物,哪些货物属于非质物,通常难以区分,此时质物特定化的问题便凸显出来。故而,质物特定化亦是审查流动质权是否设立的要件之一。"动产流动质押+第三人监管"模式下质权构成要件有二:一是质物流动是否符合动产质权之质物特定要件,二是质权人委托监管人原地监管质物是否符合动产质权之质物占有要件。③

2.1　流动质押中质物特定化的基本理论

《民法典》规定,质权以质物交付为设立标准,对于质物特定化的问题,法律本

---

①　参见谢在全:《民法物权论(下册)》,中国政法大学出版社2011年版,第1137页。

②　参见〔德〕鲍尔、施蒂尔纳:《德国物权法(下册)》,张双根译,法律出版社2004年版,第114页。

③　参见陆晓燕:《动产"动态质押+第三人监管"模式下权利冲突的解决路径》,载《人民司法(应用)》,2016年第1期。

身并未规定。传统物权法理论认为,物权标的需有特定性之当然要求[1],包括质权在内的物权应当在“特定物”上设立。德国物权法理论认为,特定性是物权的基本原则,只有单个物才能作为出质物,物的集合不能设定质权。[2] 我国台湾地区物权法理论认为,设定动产质权的动产需具备下列条件:须为特定物、须为独立物、须为可让与之物、须为适用留置之物。[3]

传统意义上的“静态质押”,因其质物特定、不允许更换,被诟病为损害质物流动性[4],不利于出质人的生产经营。动产质押融资采用“流动质押+第三人监管”的模式,出质人可在质权人同意的情况下对质物进行调仓换货、日常出入,只需保证一定比例的浮动质押率。质押货物可补新、出旧,品种、规格、质量、数量处于不断变化中。[5] 随着质物的不断流动,旧存质权不断丧失,新设质权不断产生。

对于质物流动能否满足质权特定化要求,大陆法系国家、地区多持肯定态度。德国物权法认为具有变化存量的仓库中的物也可以被出质,但前提是被容纳在仓库中的物也要准备进行交付,该等流动并不违背动产质权的特定性原则。[6] 我国台湾地区物权法理论也认为,在混藏寄托的情形下,出质人以对受寄人(可理解为保管人或仓储人等)处的物之返还请求权让与债权人方式,采用指示交付向债权人设定质权,实际上就是以流动质权设立质权,这是基于社会发展的需要,从设定担保物权的角度来说,将这种流动中的同种类、具有可代替性的物视为经济上的同一物,在交易中应认可其不违反物权标的物的特定性。[7]

对于质物流动是否符合质权特定化的要求,《九民纪要》出台之前,我国司法实践和学术界存在较大争议。持否定说的观点认为,流动质押中,质权标的系在价值控制线之上品种、规格、数量、质量不断变化的种类物,与动产质权的质物特定要件形成悖离。[8] 持肯定说的理由不一,主要有:第一,“流动质押”是以一份留白质物条

---

① 参见谢在全:《民法物权论(下册)》(修订第5版),中国政法大学出版社2011年版,第973页。

② 参见〔德〕鲍尔、施蒂尔纳:《德国物权法(下册)》,申卫星、王洪亮译,法律出版社2006年版,第542—551页。

③ 参见谢在全:《民法物权论(下册)》(修订第5版),中国政法大学出版社2011年版,第973—975页。

④ 参见王泽鉴:《动产担保交易法上登记之对抗力、公信力与善意取得》,载《民法学说与判例研究(第一册)》,中国政法大学出版社1998年版,第236—237页;王利明:《担保物权制度的发展与我国物权法草案》,载《山西大学学报(哲学社会科学版)》2006年第4期。

⑤ 参见〔德〕鲍尔、施蒂尔纳:《德国物权法(下册)》,张双根译,法律出版社2004年版,第114页。

⑥ 参见〔德〕鲍尔、施蒂尔纳:《德国物权法(下册)》,申卫星、王洪亮译,法律出版社2006年版,第541—543页。

⑦ 参见谢在全:《民法物权论(下册)》(修订第5版),中国政法大学出版社2011年版,第973—975页。

⑧ 参见翟立新:《从法律角度看动态动产质押的风险点》,载《现代金融》2011年第4期。

款的质押合同,统领质物条款的初次填白与多次变更,并在质物的首次交付与出旧补新中,完成对填白与变更后质押合同的履行,设立初始质权与产生新质权、消灭旧质权,在任一时点,质物内容始终明确具体,并不违反动产质权的质物特定要求。[①] 第二,质权的本质属性为价值权,即以质物的交换价值担保债权的实现,因而只要质权人在实现质权时而非在设立质权时质物及其价值能够特定,就不妨碍质权人权利的实现。出质人以相同价值的物替换质物后,质物的交换价值并未减损,质权人的担保权益未因此而受损害,至于质权设立后至质权实现之前的期间内,质物是否特定、是否因替换而变动,并不影响质押担保功能的实现,不应成为限制质权设定的条件。[②]《九民纪要》及《民法典担保制度解释》最终解决了前述争议。

关于流动质押领域质物特定化的形式,司法实践中一直存在较大争议。《民法典担保制度解释》第 55 条规定:“质权人、出质人与监管人订立三方协议,出质人以通过一定数量、品种等概括描述能够确定范围的货物为债务的履行提供担保,当事人有证据证明监管人系受债权人的委托监管并实际控制该货物的,人民法院应当认定质权于监管人实际控制货物之日起设立。”对于前述规定,部分观点认为,流动质押领域的质物应当是特定化的种类物。[③] 亦有观点认为,《民法典担保制度解释》第 55 条规定概括性描述主要是为了纠正以往司法实践中以“固定”评价“特定”的错误观点,《九民纪要》第 63 条、《民法典担保制度解释》第 55 条实际明确了质权人可借由仓库的独立性、货物的区隔化以及最低价值或数量控制等兼有实体特定与价值特定的方式实现存货的特定化。[④] 两种观点各有道理,本书更倾向第二种观点。但《民法典担保制度解释》第 55 条无疑透露着,流动质押中担保财产的特定化原则在缓和,占有公示的操作亦在柔化。[⑤]

2.2　流动质押质物特定化的构成要件

实际上,过去司法实践对于流动质押特定性的判断亦是从价值或数量特定、外观特定两个维度展开。

2.2.1　价值特定或数量特定

2.2.1.1　价值特定和数量特定的实现路径

流动质押中,监管人的核心义务是维持监管质物以保持一定比例的浮动质押率。

---

① 参见〔德〕鲍尔、施蒂尔纳:《德国物权法(下册)》,张双根译,法律出版社 2004 年版,第 114 页。

② 参见王富博、李明卉:《质物监管纠纷中的法律争点及解决路径》,载《人民司法》2019 年第 19 期。

③ 参见程啸、高圣平、谢鸿飞:《最高人民法院新担保司法解释理解与适用》,法律出版社 2021 年版,第 442—445 页。

④ 参见茆荣华主编:《〈民法典〉适用与司法实务(第 2 版)》,法律出版社 2021 年版,第 250—251 页。

⑤ 同上书,第 247—253 页。

浮动质押率=质物价值/债权金额×100%。动产质押融资实践中,不同交易架构对于浮动质押率的设定采用不同方式,主要有三种:一是以质物价值为准,明确监管人义务是维持质物价值在一定金额的最低价值线之上;二是以质物数量为准,明确监管人义务是维持同种类质物在一定数量之上;三是对质物价值和质物数量均提出要求,明确监管人义务是维持质物价值在一定金额最低价值线上,并保证质物不低于一定数量。无论是价值特定,或是数量特定,抑或两者结合,以任一方式特定化的质物,只要符合物权公示原则,即具备物权效力。最高人民法院在《〈全国法院民商事审判工作会议〉理解与适用》中也指出,债权人和债务人通过合意的方式约定流动质押的最低价值或数量限额,亦可实现"价值特定性"①。

那么,流动质押的质物处于不断变化中,价值特定和数量中特定如何实现?最高人民法院在《〈全国法院民商事审判工作会议〉理解与适用》中指出:"即使质押物因为出货补货而处在不断变动的状态中,也可通过监管人及时更新并报告质物清单的方式,使质押物始终维持在一个相对清晰、确定的状态,从而满足作为质物特定化的要求。"②质押财产清单是证明质押财产范围的有效凭证,在流动质押领域运用非常广泛,可以使质押物维持在相对清晰、确定的状态。

需要注意的是,质物清单载明信息应尽量详细,尽可能包含明细、规格、数量、堆放地址、生产厂家、质保书等足以使质物特征实现特定化的全部参数,仅品名、重量及单价等基本信息难以符合特定化的要求。如在(2014)苏中商终字第01281号案中,江苏省苏州市中级人民法院认为:"两份《商品融资质押监管协议》项下的《出质通知书》《出质通知书(回执)》或《质物清单(代质押确认回执)》中载明的钢材信息均较为笼统,所以上述材料不能证明具体哪些库存钢材已经特定化为本案的质押物。其次,从《商品融资质押合同》项下《出质通知书》载明的内容来看,仅有货物品名、重量及单价等质押物信息,而缺乏质押物钢材具体的明细、规格、数量、堆放地址、生产厂家、质保书等足以明确钢材特征实现特定化的参数,因此,该《出质通知书》亦不能作为本案质押物已确定的依据。"

一旦金融机构未通过监管人及时更新并确认质物清单,质权将存在被认定为未设立的风险。在(2019)最高法民申970号案中,最高人民法院在"中海公司在监管场所悬挂了标识牌并派员进行了监管,使得中信银行郑州分行实质上占有了质物并使质权具备了公示外观,故应认定中信银行郑州分行已经通过中海公司对质物进行了占有和控制,符合善意取得的交付要件"的情况下,仍认为:"中信银行郑

---

① 参见最高人民法院民事审判第二庭编著:《〈全国法院民商事审判工作会议〉理解与适用》,人民法院出版社2019年版,第375页。

② 同上注。

州分行和中海公司本身存在一系列的过失,并未达到善意的标准……中信银行郑州分行取得质权的法律手续存在瑕疵。《质物清单》《入库单》《质物盘点表》《查询及出质通知书》等文件应当在何时出具、出具的意义等均在案涉动产质押合同中有明确约定,中信银行郑州分行应按照约定完成设立质押的程序,但在质物移转的过程中,中信银行郑州分行未要求中海公司出具标志着质物转移占有至中信银行郑州分行的《质物清单》显然属于重大过失。再次,当质物由 2 号仓中的小麦变更为 5、6 号仓中的玉米之后,质物的品种和储存仓库均发生了变化,构成了质押合同主要内容即质押财产的变更,此时中信银行郑州分行应依约及时对变更后的质押财产的品种、价值、权属、交付及监管进行审查并通过《质物清单》予以确认。"

2.2.1.2　价值特定和数量特定的博弈

实践中,质物的价值受市场行情、生产日期、质量等多种因素影响,监管人并不能完全控制和掌握。对于因市场因素等非监管人因素造成的质物价值不足,监管人是否应承担责任,也即监管人的义务核心是维持价值还是维持数量,存在一定争议。①

如在(2013)民申字第 591 号案中,最高人民法院认为:"烨华公司与蓬达资产公司淄博分公司于 2009 年 5 月 23 日签订《归还质物协议书》,约定烨华公司必须在 5 月 28 日之前将运走的质物(煤炭)运回监管地,并达到《动产质押合同》约定的 2000 万元总价值标准……故因蓬达资产公司淄博分公司的过错导致质物灭失的价值为 11291683 元(20000000—8708317 元)。"

而在(2016)川民终 966 号案中,四川省高级人民法院认为:"中海物流公司确未参与案涉质物的价格确定,其自身也难以从操作层面准确判断质物价值的高低,且质物煤炭的价值(价格)高低也受市场行情、保管条件、存放期限等多种因素影响,故协议载明的'最低价值',只是担保合同双方基于质物当时的数量、质量状态,按一定标准商议确定的,其实际变现价款可能会有差异……只要中海物流公司严格依约履行了监管义务,即便在合江工行实际实现担保物权时,质物的变现价款低于协议确定的最低价值 1305 万元,该公司也无需承担赔偿责任。"

针对上述争议,《德国物权法》认为,质物的数量、质量等是衡量价值的标准,故监管人的义务本质是维持质物价值处于最低价值线上,而非使质物数量保持不变,同时,监管人对质物价值的监管责任往往是通过对质物的数量、规格等标准的控制来履行,被监管质物的价值与数量等外在标准是内容与形式的关系。②

---

① 参见高圣平:《担保法前沿问题与判解研究——最新担保法司法政策精神阐释》,人民法院出版社 2019 年版,第 265—267 页。

② 参见〔德〕鲍尔、施蒂尔纳:《德国物权法(下册)》,张双根译,法律出版社 2004 年版,第 114 页。

本书倾向认为,监管义务应结合合同本身、实际履约情况等多种因素进行判断。若监管协议约定监管人的义务是维持数量,则监管责任应以数量特定为衡量标准。若监管协议约定监管人的义务是维持价值,则监管责任应以价值是否到达到监管协议约定为衡量标准。若监管协议约定监管人兼具维持数量和维持价值的双重义务,则应根据合同表述、实际履行等情况,明确质权人在监管协议履行中对监管人的实际要求,探寻各方真实意思表示,并据此认定监管责任。

需要注意的是,(2016)川民终 966 号案提醒金融机构,在质物价格本身受市场行情、保管条件、存放期限等因素影响较大的情况下,监管人通常难以判断质物价值。此时,部分法院会认为监管协议载明的“最低价值”只是担保合同双方基于质物当时的数量、质量状态确定的数额。前述情形下的质物价值不足是否需由监管人承担责任存在一定争议,多数观点认为监管合同性质为委托合同,委托合同适用过错责任,法院一旦认为价值不足并非因监管人违约造成,可能认定监管人无需承担任何责任。

故金融机构可通过在监管合同中明确质物价格的确定途径(如通过报价网站、购物网站等)或适时向监管人通报价格等方式,使监管人维持质物价值具有相对明确的标准和可操作性。同时,无论是采用数量特定、价值特定、抑或两者结合的方式,金融机构均应注意采取公示措施,以使质物符合质权的交付要求和物权公示原则。

2.2.2 外观特定

流动质押中,质物通常进行原地交付和监管,质物存放场所除了质押货物外,往往还存在出质人或其他第三人货物,质物与非质物无法区分是动产质押融资中普遍存在的问题,仅凭数量或价值特定、监管人派员现场监管难以完全解决。动产质权的公示工具是占有,但基于上述情况,物权公示原则对流动质权的占有提出了更高要求,要求质物具备被质权人占有的特定外观。那么,外观特定如何实现,实践中做法众多,大致可总结为两类:

2.2.2.1 质物存放场地区隔化

质物存放场地的区隔化在流动质权设立中意义重大。若质物存放场地与出质人自用场地无法区分,将可能出现两类风险:一是可能导致质押物和非质押物混同,影响质物特定化和质权成立,同时可能导致质权人无法对抗第三人对质押物的查封;二是缺乏公示效力,易发生质押物被出质人“一物多质”或“出售给第三方”等风险,若出质人已经在先将该质物出质给第三方,将可能导致金融机构质权不成立。

最高人民法院在《〈全国法院民商事审判工作会议〉理解与适用》中指出,流动质押的质物虽大多为原材料、半成品、产品等种类物,但如出质人和质权人通过仓库的独立性、货物的区隔化以及最低价值或数量控制等兼有实体特定与价值特定的方式实现存货的明确化、可识别性，从而有效划定质押物的“客观范围”，不致与非质押物混同，就可实现质物特定化。①

简而言之，区隔化就是将质物存放场地从出质人或第三人仓库中隔离出来。实践中，区隔化的实现路径很多，如建立隔断、围栏等等。此外，金融机构亦需在监管场地张贴或悬挂醒目标志，载明“某金融机构质物监管场地”，以明确金融机构对质物的占有。

2.2.2.2　质物标记化

质物标记化指为质物打上特殊、醒目标记，明确该质物属于质权人实际占有，并与出质人其他货物、其他质权人占有货物相区分，以达到物权公示之效果。标签应当载明质权人、监管人等足以明确质物特征而实现特定化的基本信息。

司法实践中，部分法院认为监管标签、喷涂标识是区分质物的重要方式。如在(2014)苏中商终字第01281号案中，江苏省苏州市中级人民法院认为：“从本案诉争钢材的现场堆放情况来看，钢材系按种类进行堆放，并无任何能够区分其中哪些钢材为本案《商品融资质押合同》项下质押物的监管标签、喷涂等相应标识。”

实务中，无论是采取存放场地区隔化，还是对质物进行标记，是否达到外观特定的标准，应以任何正常第三人是否可容易识别质物为质权人占有、质物与非质物是否可区分为依据。

(三)流动质押的管控

1. 设定应收账款质押或保证金质押

动产流动质押涉及的质物数量通常较多，出质人一般需通过质物销售实现回款以偿还金融机构贷款。基于上述现状，金融机构亦可考虑就质物出卖回收价款设置应收账款质押或保证金质押。关于应收账款质押和保证金质押的设置，本书在前部分已有详细论述。

2. 适时更新质物清单

如前文所述，存在最高人民法院在先判例以监管人未及时更新并报告质物清单，金融机构未及时对变更后的质押财产的品种、价值、权属、交付及监管进行审查并通过《质物清单》予以确认等认定质权未设立。最高人民法院亦认为，如质押物因为出货补货而处在不断变动的状态中，质权人应通过监管人及时更新并报告质物清单的方式，使质押物始终维持在一个相对清晰、确定的状态，从而满足作为质

---

①　参见最高人民法院民事审判第二庭编著：《〈全国法院民商事审判工作会议〉理解与适用》，人民法院出版社2019年版，第375页。

物特定化的要求。①

故金融机构应在质物每次变动时对质押物清单进行更新,且质物清单载明信息应尽量详细,应尽可能包含明细、规格、数量、堆放地址、生产厂家、质保书等足以保证质物可特定化的参数。

3. 建立监管人定期报告制度

过去司法实践中,监管人是否就监管情况向质权人定期报告也是法院认定监管人是否实际占有质物、是否完成交付的考量因素之一。监管人定期报告制度是证明监管人受质权人委托、监管人实际履行监管责任的重要措施之一。金融机构亦可通过监管人定期报告,梳理质物监管中的问题与不足,适时进行纠正。

(四)后《民法典》时代涉动产担保的主要争议问题

1. 概括性描述之合理识别的标准

《民法典担保制度解释》第53条规定:"当事人在动产和权利担保合同中对担保财产进行概括描述,该描述能够合理识别担保财产的,人民法院应当认定担保成立。"前述规定之下,金融机构无须再对抵押财产的范围详细列明,比如,以全部财产抵押的,可以写"以现有的或者将有的全部动产抵押",以部分财产抵押的,可以写"以现有的或者将有的鱼产品、蔬菜、水果抵押"②。概括性描述体现了担保物权特定性的缓和,但概括性描述的底线是可对担保财产合理识别,以达到使当事人在办理抵押登记或交付抵押物时可以特定化③抵押物的目的。

关于合理识别的标准,美国《统一商法典》第9篇第9.108条指出,只要能合理指明被描述的财产,即为充分,无论描述是否具体,一般情况下,只要具备以下内容即属于合理识别:(1)担保物名称;(2)担保物种类或美国《统一商法典》已作界定的物的类别;(3)数量;(4)可计算或者可分配的程式或步骤;(5)或者,可客观地确定指明担保物的其他方法,采用"债务人所有财产"或"债务人所有动产"等超一般描述和仅以种类物描述,均无法达到合理识别的标准。④

国内部分学者也指出,对担保财产的描述可以分为物理与法律两个层面,通过对担保财产的物理描述,能够在客观上使其与其他财产区分,通过对其进行法律描述,能够在权属上使其与其他主体的财产相区分,前者应对物理信息进行列举,如

---

① 参见最高人民法院民事审判第二庭编著:《〈全国法院民商事审判工作会议〉理解与适用》,人民法院出版社2019年版,第375页。

② 黄薇主编:《中华人民共和国民法典物权编释义》,法律出版社2020年版,第645页。

③ 参见最高人民法院民事审判第二庭:《最高人民法院民法典担保制度司法解释理解与适用》,人民法院出版社2021年版,第465—466页。

④ 参见〔美〕美国法学会、美国统一州法委员会:《美国〈统一商法典〉及其正式评注》,高圣平译,中国人民大学出版社2006年版,第110—111页。

数量、质量等，后者应对所有权、使用权的归属进行列举。具体可参照相应登记制度中的登记标准。①

故对于“合理识别”之标准，目前仍存较大争议，金融机构可进一步关注最新司法政策和登记政策。

应对建议：金融机构目前暂可考虑采用概括性描述与详细例举相结合的方式对担保财产进行描述，未来可根据司法政策和登记规则适时调整。

---

2. 利率调整对动产担保责任范围的影响

金融贷款业务中，贷款合同签订及贷款实际发放后，金融机构因资金成本增加而上调贷款利率的情况时而发生。利率上调后，债务人的债务实际加重，而基于原动产抵押已经登记、动产质押已经交付，金融机构往往不会选择变更登记或重复交付。那么对于该加重部分，担保人是否继续承担担保责任，司法实践中存在较大争议：第一种观点认为，应参照适用保证相关规定；第二种观点认为，抵押质押以登记或交付为对抗或生效要件，登记或交付行为后的利率上调应进行变更登记，否则，担保人不承担担保责任。《民法典担保制度解释》第 20 条虽规定，物保可适用《民法典》第 695 条第 1 款的相关内容。《民法典》第 695 条第 1 款规定：“债权人和债务人未经保证人书面同意，协商变更主债权债务合同内容，减轻债务的，保证人仍对变更后的债务承担保证责任；加重债务的，保证人对加重的部分不承担保证责任。”但该规定未解决前述问题。

关于主合同利率上调、抵押人和质押人是否应就加重部分承担担保责任的判断依据，过去司法实践大多类推适用《担保法司法解释》第 30 条关于保证的相关规定来进行认定②，其主要理由有三：

第一，抵押、质押没有规定的，可参照适用保证的相关规定。在(2014)民提字第 136 号案中，最高人民法院认为，“单纯从文义上看，该条规定是对保证担保所设，但在以第三人财产设定抵押的情形下，抵押担保法律关系在主体、内容、目的、效果等方面与保证担保的特征相近似，在司法解释未对借新还旧中抵押人的责任

---

① 参见程啸、高圣平、谢鸿飞：《最高人民法院新担保司法解释理解与适用》，法律出版社 2021 年版，第 336 页。

② 相反案例参见最高人民法院民事裁定书(2018)最高法民申 6262 号。本书作者目前仅找到此一例相反案例，且部分法院认为也存有争议余地：“瑞捷公司系以不动产为案涉借款提供抵押担保，其依据《中华人民共和国担保法》第二十四条关于保证担保的规定主张免除责任，依据不足。即便可以参照保证担保的规定，根据《最高人民法院关于适用〈中华人民共和国担保法〉若干问题的解释》第三十条规定，保证人未同意主合同变更的也仅对加重其责任部分不承担担保责任，而案涉《借款合同》变更并未加重瑞捷公司的责任。”

承担问题作出明确规定的情形下,《担保法司法解释》关于保证的相关规定可比照适用于抵押。"

第二,主合同变更并未产生新的债权债务关系,并不是抵押权消灭的法定事由,主合同变更后,即便未办理抵押变更登记,原抵押继续有效。在(2013)连商初字第0165号案①中,连云港市中级人民法院认为,"因《展期合同》中诺安公司的债务与原借款合同的债务是同一笔债务而非新的债务,仅是债权数额、利息及还款时间作了变更,故吉文玮与王丽娟的抵押担保不需要重新办理登记,故原告交行连云港分行对吉文玮与王丽娟提供抵押的房产在登记机关的登记金额范围内享有优先受偿权。"

第三,过去不动产抵押登记、质押登记大多不显示担保范围,担保范围并不显示在抵押、质押登记中,而往往依据合同约定进行认定。

由于现行法律没有明确规定及抵押、质押的特殊性,本书认为上述裁判观点仍有探讨的空间。依据自然资源部《不动产登记暂行条例实施细则》第68条和中国人民银行颁布的《应收账款质押登记办法》第10条、第14条的规定②,被担保的主债权数额(金额)变更的,当事人应当持必要材料,申请变更登记。对于上述规定中的"主债权"如何界定,有观点认为是贷款本金,也有观点认为是贷款本金、利息、违约金等全部债权,故利率调整是否需要变更登记亦存在争议。

但需注意的是,《九民纪要》第58条规定,以登记作为公示方式的不动产担保物权的担保范围,一般应当以登记的范围为准。现行登记规则下,金融机构已可对担保范围进行登记,故在此基础上,未来司法裁判倾向是否会发生变化存在不确定性。

应对建议:基于司法实践中存在的上述争议及《民法典》最新规定,为最大限度降低利率上调引发的脱保风险,本书建议金融机构:第一,可在担保范围填入利息

---

① 类似裁判参见"锦州银行股份有限公司沈阳沈北支行与被告沈阳恒宇玻璃有限公司、被告郭倩、被告郭世忠、被告袭著恒金融借款合同纠纷案",沈阳市沈北新区人民法院民事判决书(2017)辽0113民初946号。

② 《不动产登记暂行条例实施细则(2019修正)》第68条规定:有下列情形之一的,当事人应当持不动产权属证书、不动产登记证明、抵押权变更等必要材料,申请抵押权变更登记:(1)抵押人、抵押权人的姓名或者名称变更的;(2)被担保的主债权数额变更的;(3)债务履行期限变更的;(4)抵押权顺位变更的;(5)法律、行政法规规定的其他情形。因被担保债权主债权的种类及数额、担保范围、债务履行期限、抵押权顺位发生变更申请抵押权变更登记时,如果该抵押权的变更将对其他抵押权人产生不利影响的,还应当提交其他抵押权人书面同意的材料与身份证或者户口簿等材料。《应收账款质押登记办法》第10条、第14条规定,质权人可以与出质人约定将主债权金额等项目作为登记内容,登记内容存在遗漏、错误等情形或登记内容发生变化的,质权人应当办理变更登记。

(含现有合同约定利息及未来双方调整利率后增加的利息);第二,在利率调整后与债务人沟通变更登记;第三,对于最高额担保,应设定一个可以完全涵盖上调后利息的较高被担保的最高担保债权数额。(本部分内容对不动产抵押同样适用)

---

3. 流动质押中监管人责任的相关争议

近些年来,随着动产质押融资业务的不断发展,质押监管纠纷层出不穷。

3.1　质物监管合同的定性及归责原则

关于质物监管合同的定性与归责原则,司法实践中存在一定争议,主要有以下几种观点:第一种观点委托合同说认为,约定由监管人承担质物保管义务和监管义务的质物监管协议属于委托合同,监管人承担违约责任应以过错为要件,采取过错责任原则①;第二种观点仓储合同说认为,质物监管协议中通常都约定监管人承担质物的保管义务②;第三种观点保管合同说认为,监管协议中具有保管法律特征的,应定性为保管合同③;第四种观点监管合同说认为,质物监管合同应为监管合同,适用严格责任的归责原则④;第五种观点多种性质说认为,质物监管合同兼具委托、仓储和保管合同的特征,适用严格责任原则⑤;第六种观点无名合同说认为,质押监管合同为无名合同,其所涉及的法律关系可以参照适用合同法中与其最相类似的规定,适用严格责任的归责原则。⑥

其中,委托合同说是主流观点,最高人民法院第二巡回法庭第 13 次法官会议即采用该种观点。该法官会议纪要认为,在仓储合同中,根据原《合同法》第 384 条的规定,保管人应对入库仓储物的品种、数量、质量进行检验,验收后发生不符的,保管人承担损害赔偿责任,其中不包括对物的法律权属进行审核检验的内容。按法律规定和行业惯例,保管义务只针对物的物理属性而设,不涉及法律上的权属问题。因此,保管人在验货时无须审查存货人是否真正为货物的所有人。而当质物监管协议同时约定了监管人负有质物监管义务和保管义务时,监管人的主给付义务不以保管义务为限,还负有对浮动质押中质物的价值和数量变动情况进行监督报告、对质物进行特殊标识以及质物受侵害时在约定时间内及时通知质权人(金融机构)等监督、管理方面的义务。要强调的是,监管人需要承担质物权属审核义务,这是仓储合同中保管人不需要承担的职责。最高人民法院在《最高人民法院民

---

① 参见山东省高级人民法院民事判决书(2019)鲁民终 351 号。

② 参见山东省青岛市中级人民法院民事判决书(2018)鲁 02 民终 9871 号。

③ 参见山东省高级人民法院民事判决书(2016)鲁民终 1368 号。

④ 参见江苏省高级人民法院民事判决书(2018)苏民再 202 号。

⑤ 参见福建省高级人民法院民事判决书(2017)闽民终 479 号。

⑥ 参见江苏省扬州市广陵区人民法院民事判决书(2016)苏 1002 民初 1917 号。

法典担保制度司法解释理解与适用》一书中再次重申委托监管合同在性质上属于委托合同。[①]

《〈全国法院民商事审判工作会议〉理解与适用》和《最高人民法院民法典担保制度司法解释理解与适用》总结了监管人的监管义务,一般包括审查核验义务、保存保管义务和监管义务。但需注意的是,这仅是对以往浮动质押实践经验的概括总结,监管人具体义务应以监管合同约定为准。

故,在当事人约定监管人既负有保管义务又具有监管义务的情况下,质物监管协议是质权人概括委托监管人处理与质物保管、监督相关的一切事务的委托合同,而非单纯的仓储合同,这样,也更符合当事人的合同目的。关于委托合同的归责原则,《民法典》第929条规定,有偿的委托合同,因受托人的过错给委托人造成损失的,委托人可以要求赔偿损失,无偿的委托合同,因受托人的故意或者重大过失给委托人造成损失的,委托人可以要求赔偿损失。故质物监管合同适用的是过错责任归责原则,监管人承担违约责任的前提是违反监管协议约定,并存在"出质人谎报质物数量或质量而监管人未履行必要的核验义务""违规向出质人放货""保管不善"等过错,在出质人强行取走质物时,如监管人已采取必要应急措施,如及时阻拦、报警并通知质权人,则应认为监管人已尽到必要义务,无需承担责任。[②]

3.2　监管人责任的性质及认定

3.2.1　监管人的违约责任通常为补充赔偿责任

司法实践中,监管人的违约责任主要为违约损害赔偿责任,责任性质为补充赔偿责任,而非直接赔偿责任,即监管人对债权人依据判决对债务人、其他保证人等强制执行后仍不能清偿的债权,在质物毁损价值对应金额的范围内,按照质权实现时的财产价值,承担不超过一定比例的补充赔偿责任,而非判决监管人承担100%的直接赔偿责任。如在公报案例(2016)最高法民终650号案中,最高人民法院的判项为:"二、变更辽宁省高级人民法院(2016)辽民初1号民事判决第二项为:中国外运辽宁储运公司在人民法院对债务人大连港湾谷物有限公司及其他担保人强制执行后俸旗公司债权仍不能清偿部分,承担不超过30%的补充赔偿责任"。即便法院认定监管人对于质物毁损存在100%过错,监管人也是在"质押物毁损总额的范围内""对债务人履行不能部分"承担赔偿责任。如在(2017)最高法民再112号案中,最高人民法院的判项为:"三、如果尚守国对上述第一项债务履行不能,由中外运空运发展股份有限公司、中外运空运发展股份有限公司西北分公司在775.0852

① 参见最高人民法院民事审判第二庭:《最高人民法院民法典担保制度司法解释理解与适用》,人民法院出版社2021年版,第481页。

② 参见最高人民法院民事审判第二庭:《最高人民法院民法典担保制度司法解释理解与适用》,人民法院出版社2021年版,第481页。

万元范围内对履行不能部分承担赔偿责任。”

3.2.2　法院认定监管人责任通常考虑的因素

3.2.2.1　金融机构自身是否存在过错

《商业银行法》第35条第1款规定：“商业银行贷款，应当对借款人的借款用途、偿还能力、还款方式等情况进行严格审查。”第36条第1款规定：“商业银行贷款，借款人应当提供担保。商业银行应当对保证人的偿还能力，抵押物、质物的权属和价值以及实现抵押权、质权的可行性进行严格审查。”按照上述规定，商业银行对于质物真实存在及实际交付具有法定审查义务。银行将对质物监督、管理的事务概括性地委托给监管人完成时，除非另有约定，否则应依照目的解释原则，认为委托事务中包括了对质物权属的审核义务，这也符合质押贷款的要求及银行签订监管协议的目的。从操作层面看，监管人实施核库，对质物监控、管理，也必须以对质物权属进行审核为基础，这是监管人依据诚实信用原则适当履行监管协议的必然要求。当然，赋予监管人对质物权属的审核义务，并不意味着银行的此项法定义务可因签订监管协议而完全免除。故银行和监管人无论哪一方不履行该义务，都应对由此而发生的损失承担相应责任，责任大小与其过错相当。

实践中，部分法院认为金融机构未履行审查义务也存在过错，应相应降低监管人的责任比例。如在(2016)最高法民终266号案中，最高人民法院即认为：“对涉案质押钢材实际数量与监管下限27,143.429吨差额部分质权不能设立给广发银行造成的损失，商德公司、广发银行、中国物流公司均存在过错，均应承担相应责任……赔偿广发银行债权不能实现部分的损失。根据商德公司、广发银行、中国物流公司的过错程度，中国物流公司应在上述范围内承担30%的赔偿责任为宜。”故质权人自身过失通常会降低监管人的赔偿责任比例。

3.2.2.2　违约行为与质物毁损之间的因果关系

在(2014)辽审三民申字第1108号案中，辽宁省高级人民法院认为：“中储铁西分公司在租赁期内，只对存储货物或质押物的品种、数量负责，如发生其它问题所造成的损失均由天得利公司承担。因此质物自燃发生的损失，属于合同约定的应由天得利公司承担责任的情形，天得利公司主张他人承担责任，与合同约定不符，一审判决驳回其诉讼请求，认定事实及适用法律正确。”该案即可说明违约行为与质物毁损之间的因果关系会影响法院对于监管人责任比例的认定。

应对建议：第一，建议金融机构在监管协议中对于监管人应尽的审查义务、审查方法、审查程度、监管人未尽到审查义务时应承担全部损害赔偿责任进行详细约定；第二，建议金融机构在监管协议中约定监管人负有确保质物安全、完好的保管义务。

3.2.2.3 力不能及情况下监管人是否承担赔偿责任

对于力不能及情况下质物毁损,监管人是否承担赔偿责任,司法实践中存在一定争议:

部分法院认为,在力不能及的情况下,监管人对于质物毁损风险按照监管协议尽到了相应阻止和通知义务的,视为依约履行合同义务,不应承担责任。如在(2018)最高法民终932号案中,最高人民法院即认为,监管人在发现质物减少时,履行了及时通知义务及采取合理、必要应急措施,依约履行了监管义务,商业银行虽委托专业监管机构监管质物,并不意味着商业银行的注意义务完全免除,故认定监管人不承担赔偿责任。

也有部分法院认为,监管协议明确约定监管人负有确保质物安全、完好的保管义务,监管人应承担违约损害赔偿责任。如在(2014)济商初字第64号案中,山东省济宁市中级人民法院即认为:"圣德公司虽然采取了报警措施,但并没有阻止抢货行为的发生,且亦未提供证据证明其已尽到妥善保管煤炭的义务,根据被告的质物监管情况报告表记载表明,截至2013年7月12日,煤炭库存数量为8407吨,煤炭实际发生了减损,根据《中华人民共和国合同法》第三百七十四条的规定,圣德公司对煤炭减损的损失应承担损害赔偿责任。"

实践中,出质人谎报质物数量或质量、盗取质物甚至强行取走质物的现象多发。监管合同适用过错责任归责原则,只有当监管人存在过错时才承担赔偿责任,判断监管人是否存在过错,应当判断监管人是否履行了监管义务。对监管义务的判断,应当结合监管人的监管能力、出质人与监管人过错对损失发生的原因力大小以及其他具体的交易情况予以判断,不能简单因为出质人存在过错就对监管人免责。例如,如果出质人谎报质物的质量,监管人未履行必要的核验义务,此时应当认为监管人存在过错;而在出质人强行取走质物时,如监管人已经采取必要的应急措施,如及时阻拦、报警并通知质权人时,可以认为监管人已尽到必要的监管义务,无需承担责任。最高人民法院在《最高人民法院民法典担保制度司法解释理解与适用》一书中,亦明确如监管人已采取必要应急措施,如及时阻拦、报警并通知质权人,则应认为监管人已尽到必要义务,无需承担责任。① 但仍有争议的是,如监管合同明确约定监管人负有保障质物不受损失的义务,否则应承担赔偿责任,那么,如监管人采取了力所能及的措施,但仍未阻止质物灭失,此时监管人是否需承担违约责任,值得探讨。

应对建议:第一,金融机构在监管合同中约定明确的监管期间(如每周7×24小

① 参见最高人民法院民事审判第二庭:《最高人民法院民法典担保制度司法解释理解与适用》,人民法院出版社2021年版,第481页。

时)，对出质人强取质物时应采取的应急措施和通知义务作出尽可能详细的规定；第二，金融机构在监管合同中明确约定监管人负有保障质物免受任何侵害、损失的义务，如发生损失，监管人应承担赔偿责任。

第五节　《民法典》对保证制度的影响

一、《民法典》及《民法典担保制度解释》关于保证制度的重大变化

(一)保证方式约定不明时推定规则的变更

原《担保法》第19条规定："当事人对保证方式没有约定或者约定不明确的，按照连带责任保证承担保证责任。"现《民法典》第686条第2款规定："当事人在保证合同中对保证方式没有约定或者约定不明确的，按照一般保证承担保证责任。"《民法典》修改了保证方式没有约定或约定不明时保证责任的推定规则，原《担保法》推定为连带责任保证，现在推定为一般保证。《民法典》出台之后，金融机构对于保证责任没有约定或约定不明的，将被推定为一般保证。

《民法典担保制度解释》第25条进一步规定，当事人在保证合同中约定了保证人在债务人不能履行债务或者无力偿还债务时才承担保证责任等类似内容，具有债务人应当先承担责任的意思表示的，属于一般保证。当事人在保证合同中约定了保证人在债务人不履行债务或者未偿还债务时即承担保证责任、无条件承担保证责任等类似内容，不具有债务人应当先承担责任的意思表示的，属于连带责任保证。

(二)保证期间约定不明时推定规则的变更

原《担保法司法解释》第32条规定："保证合同约定的保证期间早于或者等于主债务履行期限的，视为没有约定，保证期间为主债务履行期届满之日起六个月。保证合同约定保证人承担保证责任直至主债务本息还清时为止等类似内容的，视为约定不明，保证期间为主债务履行期届满之日起二年。"《民法典》第692条规定："保证期间是确定保证人承担保证责任的期间，不发生中止、中断和延长。债权人与保证人可以约定保证期间，但是约定的保证期间早于主债务履行期限或者与主债务履行期限同时届满的，视为没有约定；没有约定或者约定不明确的，保证期间为主债务履行期限届满之日起六个月。债权人与债务人对主债务履行期限没有约定或者约定不明确的，保证期间自债权人请求债务人履行债务的宽限期届满之日

起计算。”

“保证人承担责任直至主债务本息还清时为止”是否属于期间的约定存在争议,民事法律行为的附款有两种,条件和期间,未来确定会发生的属于“期间”,是否发生不确定的,属于“条件”。“主债务本息还清”取决于主债务人的财产状况,是否发生不确定,在解释上应属条件,而非期间。故《民法典》进行了调整,将没有约定和约定不明时的保证期间统一推定为6个月,不再区分没有约定和“保证人承担责任直至主债务本息还清时为止视为约定不明”,以督促债权人尽快主张权利。

同时,《民法典》引入了原《担保法司法解释》关于保证期间不发生中止、中断和延长的规定和关于主债务履行期限没有约定或约定不明,保证期间自债权人请求债务人履行债务的宽限期届满之日起计算的规定。

上述变更影响主要有四:第一,保证合同对于保证期间没有约定或约定不明时,保证期间将被认定为自主债务履行期限届满之日起6个月。第二,约定的保证期间早于主债务履行期限或者与主债务履行期限同时届满等类似情形,将被视为没有约定,适用前述6个月的规定。第三,主债务履行期限没有约定或者约定不明确的,保证期间自债权人请求债务人履行债务的宽限期届满之日起计算。第四,保证期间内,债权人未向保证人主张权利的,保证人不再承担保证责任。

(三)一般保证诉讼时效起算规则的变化

原《担保法司法解释》第34条第1款规定:“一般保证的债权人在保证期间届满前对债务人提起诉讼或者申请仲裁的,从判决或者仲裁裁决生效之日起,开始计算保证合同的诉讼时效。”《民法典》第694条第1款规定:“一般保证的债权人在保证期间届满前对债务人提起诉讼或者申请仲裁的,从保证人拒绝承担保证责任的权利消灭之日起,开始计算保证债务的诉讼时效。”

原《担保法司法解释》规定,一般保证的债权人若要对保证人提起诉讼或申请仲裁,其诉讼时效的起算时点为“判决或者仲裁裁决生效之日”。《民法典》将其改变为“保证人拒绝承担保证责任的权利消灭之日”。所谓“保证人拒绝承担保证责任的权利消灭之日”,即先诉抗辩权消灭之日。关于先诉抗辩权之消灭,《民法典》第687条第2款规定:“一般保证的保证人在主合同纠纷未经审判或者仲裁,并就债务人财产依法强制执行仍不能履行债务前,有权拒绝向债权人承担保证责任,但是有下列情形之一的除外:(一)债务人下落不明,且无财产可供执行;(二)人民法院已经受理债务人破产案件;(三)债权人有证据证明债务人的财产不足以履行全部债务或者丧失履行债务能力;(四)保证人书面表示放弃本款规定的权利。”

《民法典》生效后,在债权人在主合同纠纷未经审判或仲裁并就债务人财产依法强制执行仍不能清偿前,保证人有权拒绝承担保证责任。关于“就债务人财产依法强制执行仍不能清偿”的界定,《民法典担保制度解释》第28条规定,一般保证中,债权人依据生效法律文书对债务人的财产依法申请强制执行,保证债务诉讼时效的起算时间按照下列规则确定:(1)法院作出终结本次执行程序裁定,或者依照民事诉讼法相关规定作出终结执行裁定的,自裁定送达债权人之日起开始计算;(2)法院自收到申请执行书之日起一年内未作出前项裁定的,自法院收到申请执行书满一年之日起开始计算,但是保证人有证据证明债务人仍有财产可供执行的除外。

(四)新增保证人的清偿承受权

原《担保法》第31条规定:"保证人承担保证责任后,有权向债务人追偿。"《民法典》第700条规定:"保证人承担保证责任后,除当事人另有约定外,有权在其承担保证责任的范围内向债务人追偿,享有债权人对债务人的权利,但是不得损害债权人的利益。"《民法典》新增保证人的清偿承受权,但追偿范围限定在向债权人承担的责任范围。

保证人代债务人清偿,获得债权人对债务人的债权,实际继承了债权人的地位。"债权人对债务人的权利"如何界定,主要有三种观点:第一,债权人对债务人的权利,应从字面解释,限于主债务的范围;第二,依据《民法典》第547条关于"债权人转让债权的,受让人取得与债权有关的从权利,但是该从权利专属于债权人自身的除外"之规定,保证人得以享有债权人对债务人的权利,也取得与债权相关的从权利,自然包括保障主债权实现的其他保证债权和担保物权,都由保证人清偿承受;第三,折中说认为,"债权人对债务人的权利"限于主债务和债务人提供的物保,第三人保证和物保不属于此处的权利。

最高人民法院在《中华人民共和国民法典合同编理解与适用》一书中认为,保证人"享有债权人对债务人的权利"是"法定代位权",其实质是债权的法定转移,是依据清偿代位而获得的。法定代位权从属于追偿权,其目的是强化追偿权,该权利包括但不限于债权人对债务人享有的抵押权、支付本息请求权、支付违约金请求权。①

新制度之下,若保证人向金融机构承担保证责任,保证人将相应获得金融机构对债务人的债权和债权对应的担保物权及其他担保权利,但以不损害金融机构利益为前提。

(五)新增保证人可以债务人对债权人享有抵销权或者撤销权进行抗辩的规定

原《担保法》第20条虽规定,保证人享有主债务人对债权人的抗辩权,但并未明确保证人可以债务人对债权人的撤销权和抵销权进行抗辩。《民法典》第702条

① 参见最高人民法院民法典贯彻实施工作领导小组主编:《中华人民共和国民法典合同编理解与适用》,人民法院出版社2020年版,第1391—1392页。

规定:“债务人对债权人享有抵销权或者撤销权的,保证人可以在相应范围内拒绝承担保证责任。”

新规定之下,如债权存在可撤销情形,债务人对债权人存在其他可抵销债权,保证人可据此主张不承担或少承担保证责任。

(六)新增共同保证人可以保证期间届满无法行使内部追偿权进行抗辩的规定

《民法典担保制度解释》第29条规定:“同一债务有两个以上保证人,债权人以其已经在保证期间内依法向部分保证人行使权利为由,主张已经在保证期间内向其他保证人行使权利的,人民法院不予支持。同一债务有两个以上保证人,保证人之间相互有追偿权,债权人未在保证期间内依法向部分保证人行使权利,导致其他保证人在承担保证责任后丧失追偿权,其他保证人主张在其不能追偿的范围内免除保证责任的,人民法院应予支持。”

关于共同保证的类型,根据《民法典担保制度解释》第13条,主要有三种:第一,担保人之间约定相互追偿及分担份额;第二,担保人之间约定承担连带共同担保,或者约定相互追偿但是未约定分担份额;第三,同一债务有两个以上第三人提供担保,担保人之间未对相互追偿作出约定且未约定承担连带共同担保,但是各担保人在同一份合同书上签字、盖章或者按指印。

新规定之下,金融机构对于担保人和保证人行权应统一进行,选择性行权如导致保证期间经过,其他担保人可主张在相应范围内免除担保责任。

(七)新增担保破产停止计息规则

《企业破产法》第46条规定:“未到期的债权,在破产申请受理时视为到期。附利息的债权自破产申请受理时起停止计息。”主债务人破产的情况下,保证债务是否应停止计息,原有法律没有规定,司法实践中存在较大争议:一种观点认为,主债务人破产后,保证债权应当停止计息,其理由在于保证责任系主债务的从债务,从债务不应超出主债务的范围①;另一种观点认为,主债务人破产后,保证债权不应当停止计息,其理由为保证债权不停止计息未超出保证人提供保证时的预期②,《企业破产法》仅是对于破产企业的债务豁免保护而非针对保证人。③

为解决前述争议,《民法典担保制度解释》第22条规定:“人民法院受理债务人破产案件后,债权人请求担保人承担担保责任,担保人主张担保债务自人民法院受

---

① 参见浙江省湖州市中级人民法院民事判决书(2020)浙05民终1064号、河南省商丘市中级人民法院民事判决书(2020)豫14民初171号、四川省绵阳市中级人民法院民事判决书(2020)川07民终3256号。

② 参见北京市第二中级人民法院民事判决书(2020)京02民初173号。

③ 参见北京市高级人民法院民事判决书(2018)京民初227号。

理破产申请之日起停止计息的,人民法院对担保人的主张应予支持。”故《民法典》出台之后新订立的担保合同,担保债务同样将因主债务人破产而停止计息,金融机构应有所预期。需要注意的是,前述规定能否溯及于《民法典》和《民法典担保制度解释》出台前的签订的担保合同,或之前担保合同能否依据担保从属性原则实际按前述规定思路处理,司法实践中存在较大争议,不同法院裁判标准并不统一。

二、《民法典》之下保证合同的签订与保证责任的催收

《民法典》关于保证部分的修改主要集中在一般保证。实践中,金融机构多选择连带责任保证。根据以往实务经验,金融机构的保证合同相对比较规范。故本部分秉持贴近实务、解决问题的撰写理念,仅就经常遇到的争议问题进行论述,以供金融机构参考。

(一)保证合同的订立

1. 保证合同核心条款的完备性

保证合同中,涉及保证责任的核心条款主要有:担保范围、保证责任方式、保证期间和保证期间的起算点、物保和人保的优先性条款、通知和送达条款等,这些条款直接关系到保证担保的行权。《民法典担保制度解释》第 34 条亦明确规定,法院在审理保证合同纠纷案件时,应对保证期间是否届满、债权人是否在保证期间内依法行使权利进行主动审查。故金融机构在订立保证合同时,应注意前述条款的完备性,并在法律框架下尽可能采用简单易懂的语言进行描述。

2. 担保范围应具体化

司法实务中较常见的问题是,主合同明确约定了律师费、保全担保费等费用由主债务人承担,但担保合同仅描述担保范围包括“实现债权费用”,债务人亦抗辩律师费和保全担保费不属于实现债权所必然发生费用,此时,律师费、保全担保费是否属于担保范围,实践中存在较大争议,不同法院和不同法官之间的裁判尺度不一。

因此,金融机构在签订保证合同时,应将担保范围尽可能具体化,如:明确担保范围包括:本金、利息、罚息、复利、违约金、损害赔偿金、因主合同解除或无效借款人应返还的款项、实现主债权和实现担保物权的费用(包括但不限于交通费、公证费、诉讼费、仲裁费、财产保全费、保全担保费、评估费、拍卖费、执行费、过户费、鉴定费、保管费、公告费、律师费、通知费、催告费、报纸催收费、迟延履行期间的加倍债务利息及所有其他费用)。

3. 通知和送达条款应重视

近年来,债务人和保证人逃避送达成为金融机构经常遇见的问题,严重影响金融机构行使债权催收、宣布提前到期、要求履行保证责任等相关权利,且大为拉长

诉讼案件审理周期,影响金融机构债权回收速度。

最高人民法院《关于进一步加强民事送达工作的若干意见》第 8 条规定:“当事人拒绝确认送达地址或以拒绝应诉、拒接电话、避而不见送达人员、搬离原住所等躲避、规避送达,人民法院不能或无法要求其确认送达地址的,可以分别以下列情形处理:(一)当事人在诉讼所涉及的合同、往来函件中对送达地址有明确约定的,以约定的地址为送达地址;(二)没有约定的,以当事人在诉讼中提交的书面材料中载明的自己的地址为送达地址;(三)没有约定、当事人也未提交书面材料或者书面材料中未载明地址的,以一年内进行其他诉讼、仲裁案件中提供的地址为送达地址;(四)无以上情形的,以当事人一年内进行民事活动时经常使用的地址为送达地址。”

司法实践中,一般而言,如保证合同约定了送达地址,债权人向约定地址邮寄保证责任催收函,即使非保证人自己签收,亦应视为债权人在保证期间主张了保证责任。

故金融机构应确保通知和送达条款的完备,尤其注意:第一,详细记载相关送达信息,包括:姓名、地址、联系电话、邮政编码,如保证人为公司,还应记载指定联系人及联系方式,对于前述信息的填写尽量采用机打而非手填方式;第二,增加电子送达,载明邮箱地址,明确金融机构向该邮箱发出相关文件,即视为送达;第三,明确前述地址视为送达地址,如有变更,保证人应第一时间以书面方式进行通知,否则金融机构向原地址送达发生相应法律后果;第四,明确金融机构向前述地址邮寄相关材料,即视为履行了通知义务,邮件被拒收、代收或退回均视为金融机构有效送达了相关材料;第五,明确前述地址作为未来诉讼或仲裁的送达地址,只要法院向前述地址进行了送达,即自动视为法律文书已送达,邮件被拒收、代收或退回均视为法院完成了送达。

(二)保证责任的主张

《民法典担保制度解释》第 34 条规定,法院在审理保证合同纠纷案件时,应对保证期间是否届满、债权人是否在保证期间内依法行使权利进行主动审查。

我国法律仅规定债权人在保证期间内得向保证人主张权利,但具体应以何种方式主张权利,现行法律没有明确规定。《最高人民法院对〈关于担保期间债权人向保证人主张权利的方式及程序问题的请示〉的答复》[(2002)民二他字第 32 号]规定:“本院 2002 年 8 月 1 日下发的《关于处理担保法生效前发生保证行为的保证期间问题的通知》第一条规定的‘向保证人主张权利’和第二条规定的‘向保证人主张债权’,其主张权利的方式可以包括‘提起诉讼’和‘送达清收债权通知书’等。其中‘送达’既可由债权人本人送达,也可以委托公证机关送达或公告送达(在全国或省级有影响的报纸上刊发清收债权公告)。”《最高人民法院关于债权人在保证期间以特快专递向保证人发出逾期贷款催收通知书但缺乏保证人对邮件签收或拒收的证据能否认定债权人向保证人主张权利的请示的复函》[(2003)民二他字第6号]规定："债权人通过邮局以特快专递的方式向保证人发出逾期贷款催收通知书，在债权人能够提供特快专递邮件存根及内容的情况下，除非保证人有相反证据推翻债权人所提供的证据，应当认定债权人向保证人主张了权利。"

基于此，司法实践中，向保证人追究保证责任主要有两种：一、提起诉讼；二、送达清收债权通知书（直接送达、以EMS邮寄、委托公证机关送达、公告送达）。

实践中，在保证人逃避送达的情况下，金融机构可采用的通知方式主要有：一、提起诉讼；二、以EMS邮寄送达；三、公告送达。

关于以EMS邮寄送达。过去司法实践认为，如保证合同存在未约定送达地址、未注明联系方式或地址约定较为模糊等瑕疵，即便通知被签收，如不能确认系保证人亲自签收并由其亲自在快递底单上签字，能否视为完成通知动作将存在争议。如在(2020)最高法民申5534号案中，最高人民法院即认为："由于该地址限定在一定行政区域范围内，无明确具体的街道、门牌，亦无联系电话，客观上存在邮寄送达的不确定性……原审法院结合本案债权形成时间、历史沿革等因素考量，根据借款合同、抵押合同、邮件详情单和公证书等证据材料认定佳誉恒达公司未充分举证证明其债权催收邮件已实际到达瓷都机砖厂，故不发生诉讼时效中断的法律效力，符合案涉实际亦不缺乏事实和法律依据，佳誉恒达公司的再审申请事由不能成立。"

关于公告送达。现行法律未明确规定保证期间采用公告方式向保证人催收债务是否产生债权人向保证人主张权利的法律后果。(2002)民二他字第32号答复虽规定公告送达，但实际是参考《诉讼时效司法解释》[①]确定，根据相关规定，公告送达需具备"当事人一方下落不明""公告的媒体应当是国家级或者保证人住所地省级以上报纸"的前提。过去司法实践中，不同法院、法官对于上述适用前提的认定和举证责任分配标准不一。有判例认为，在不具备"当事人一方下落不明"的前提下，公告催收不能达到要求承担保证责任的效果，如在(2017)最高法民再178号一案中，最高人民法院即认为："这一前提要件表明，债权人要求保证人承担责任的意思表示，原则上必须由保证人实际受领或能够实际受领方能发生法律效力，只有

① 《最高人民法院关于审理民事案件适用诉讼时效制度若干问题的规定(2008)》第10第1款第4项规定："具有下列情形之一的，应当认定为民法通则第一百四十条规定的'当事人一方提出要求'，产生诉讼时效中断的效力……(四)当事人一方下落不明，对方当事人在国家级或者下落不明的当事人一方住所地的省级有影响的媒体上刊登具有主张权利内容的公告的，但法律和司法解释另有特别规定的，适用其规定。"根据该条规定，在当事人一方下落不明时，在国家级或者下落不明的当事人一方住所地的省级有影响的媒体上刊登具有主张权利内容的公告，可以视为当事人一方提出要求。

在因保证人下落不明的原因导致无法受领的情况下,才能以公告送达这一拟制受领的方式主张权利。第二,公告的内容需有主张权利的意思表示。第三,公告的媒体应当是国家级或者保证人住所地省。本案中,被申请人陈骏和申请人陈昭海均一致认可,在保证期间内,保证人陈昭海一直在其任职的单位正常上班和履职,故本案中并不存在因陈昭海下落不明导致债权人无法在保证期间内向其主张权利的情形,且从陈骏选择的公告媒体来看,《淮海商报》亦并非省级有影响力的媒体。故本案中被申请人陈骏以在《淮海商报》上刊登公告的方式向保证人主张权利,不符合法律规定,依法不能产生主张权利的法律效果。"

鉴于现行法律规定的缺失和司法实践中存在的争议,在保证人拒绝亲自签收催收函时,除直接提起诉讼外,无论是采取 EMS 邮寄送达还是采取公告催收,均不能保证绝对达到"送达"和保证责任通知之效果。

本书建议,金融机构应重视对保证合同通知和送达条款的设定,同时考虑采用邮寄、公告等多种方式进行催收。

三、后《民法典》时代涉保证的主要争议问题

(一)保证人仅签署贷款合同补充协议能否视为书面同意继续承担保证责任

《民法典》第 695 条规定,债权人和债务人未经保证人书面同意,协商变更主债权债务合同内容,减轻债务的,保证人仍对变更后的债务承担保证责任;加重债务的,保证人对加重的部分不承担保证责任。债权人和债务人变更主债权债务合同的履行期限,未经保证人书面同意的,保证期间不受影响。根据《民法典》上述规定,保证人"书面同意"一般是指利率上调后另行签订保证合同补充协议或保证人出具同意就增加部分继续承担保证责任的承诺函,因此,司法实践中对于就保证合同签署补充协议或保证人出具承诺函等情形下保证责任的范围争议不大。但实践中,多数金融机构往往不要求保证人另行单独签订承诺函或保证补充协议,而是要求保证人直接在贷款框架协议上签字。司法实践中对前述情况能否视为保证人书面同意存在较大争议,具体如下:

关于保证人签署贷款合同补充协议,又可分为两种情形:

1. 保证人在贷款协议补充协议中明确表明其保证人身份

贷款合同补充协议的当事人主体部分或签字部分明确载明保证人身份的,现有司法实践多认为保证人签署贷款合同补充协议的行为可以视为同意主合同变更,应对增加后的利息继续承担保证责任。如在(2015)兴民二初字第 1201 号案中,广西壮族自治区南宁市兴宁区法院即认为,"原告与被告绿桂公司对原主合同约定贷款进行了展期,变更了债务履行期限,对该变更行为,被告绿桂公司及黄建军在展期合同上以担保人身份盖章及签字,视为同意主合同的变更,被告绿桂公司

及黄建军对该主合同变更应承担相应担保责任……”根据该判例的精神，利率调整亦类似。

然而，无论是《民法典》还是《担保法》及《担保法司法解释》均要求保证人“书面同意”，要求“书面同意”主要基于主债务变更将加重保证人责任，那么保证人仅签署贷款合同补充协议而不表明其继续承担保证责任，能否达到法律规定的“书面同意”之标准，值得商榷，故我们建议金融机构在贷款合同补充协议中除明确保证人身份外，还应作出保证人继续承担保证责任的明确约定。

2. 保证人在贷款合同补充协议中未表明其保证人身份

此时，对于保证人是否就加重部分承担保证责任，司法裁判则有分歧：

第一种观点认为，虽然保证人未列明其保证人身份，但其在补充协议上签字的行为，也推定其实际书面同意主合同变更。如在（2017）川民申 5061 号案中，四川省高级人民法院认为：“虽然文会、何泽均在借款补充协议上签字未列明担保人的身份……文会、何泽均作为完全民事行为能力人在借款补充协议上签字，应认定其对协议内容的知晓和认可，因此，债权人张晓夫诉讼请求二人承担连带责任，符合相关法律规定，依法应予支持。”

第二种观点认为，保证人虽签署贷款合同补充协议，但不能视为书面同意。

如在（2019）湘 01 民终 12005 号案中，湖南省长沙市中级人民法院认为，“罗伟作为胜通公司的法定代表人签字，但未以担保人的身份表明罗伟同意该合同变更事宜、继续承担保证责任”，故其不承担担保责任。二审裁判虽然改判，但原因在于上诉方提供了保证人在书面催收借款单中以担保人身份签字的补充证据。

综上，现行司法实践对于保证人签订贷款合同补充协议，而不列明保证人身份并表明继续承担保证责任，能否达到法定的“书面同意”标准存在较大争议。

应对建议：建议金融机构在调整利率的合同文件中，明确保证人作为担保人身份签署，并明确保证人就上调之后的全部债权继续承担保证责任。

（二）保证合同事先约定“主合同变更无需保证人同意”是否有效？

原《担保法》第 24 条规定：“债权人与债务人协议变更主合同的，应当取得保证人书面同意，未经保证人书面同意的，保证人不再承担保证责任。保证合同另有约定的，按照约定。”基于此，实践中，金融机构大多在保证合同中直接约定，“债权人与债务人变更主合同的，无需另行征得担保人同意，担保人对变更后主债务继续承担担保责任”。对于类似约定的效力，司法实践中同样存在争议：

第一种观点认为，类似约定属于以特别承诺或约定的方式对法定抗辩权的放弃,故保证人应就加重债务部分承担保证责任。如在“中国银行股份有限公司高平支行与山西高平科兴赵庄煤业有限公司、山西省高平市三甲散热器有限公司借款合同纠纷案”①中,最高人民法院认为,“最高额保证合同约定‘主合同双方协议变更主合同的内容,除展期及增加借款金额外,无需征得保证人同意,保证人仍在变更后的保证范围内承担保证责任’,应视为担保人放弃以特定的借款用途作为其承担担保责任的前提,即使借款人将借款用于还旧,也不能以此借款用途作为免除担保人对借款承担保证责任的理由。”

第二种观点认为,上述约定或承诺加重保证人责任,加重部分仍应取得保证人书面同意,否则构成保证人的法定免责情形,保证人就加重部分不承担保证责任。如在2010民提字第30号案中,最高人民法院认为:“本案中,债权人与保证人在《保证合同》中对借款合同变更对保证人责任的影响作了特别约定。但是,上述特别约定不能对抗因借款合同变更导致保证人法定免责的情形。在发生因借款合同变更导致保证人法定免责情形的情况下,债权人以其与保证人在《保证合同》中的特别约定为由主张保证人应承担保证责任的,人民法院不予支持。”

需要注意的是,《民法典》第695条删去了《担保法》第24条关于“保证合同另有约定的,按照约定”的规定,保证人承担责任的情形限于“书面同意”。在此情况之下,担保合同事先约定“主合同变更无需担保人同意”是否有效仍将陷于争议,有待于进一步关注。

应对建议:建议金融机构在调整利率的合同文件中,明确保证人就上调之后的全部债权继续承担保证责任。

第六节 《民法典》对公司对外担保的影响

《九民纪要》出台之前,司法实践中对于公司未履行内部决议程序对外提供担保的效力争议较大。《九民纪要》第17条至第23条用七个条文对公司越权代表的性质、善意的认定、无须决议的例外情形、责任承担、权利救济、上市公司对外担保、债务加入准用担保规则等进行了规定,公司对外担保长久以来的争议大多得到解

① 参见最高人民法院民事审判第一庭编:《民事审判指导与参考》(第3辑),人民法院出版社2012年版,第199页。

决。《民法典担保制度解释》又进一步对于公司对外担保相关问题进行了完善。

一、《民法典担保制度解释》关于公司对外担保规则的变化

（一）一般公司对外担保

1. 完善了公司越权担保的效力认定路径

《民法典担保制度解释》第7条第1款规定："公司的法定代表人违反公司法关于公司对外担保决议程序的规定，超越权限代表公司与相对人订立担保合同，人民法院应当依照民法典第六十一条和第五百零四条等规定处理：（一）相对人善意的，担保合同对公司发生效力；相对人请求公司承担担保责任的，人民法院应予支持。（二）相对人非善意的，担保合同对公司不发生效力；相对人请求公司承担赔偿责任的，参照适用本解释第十七条的有关规定。"

根据上述规定，法定代表人未经法律规定的决议程序，超越代表权限以公司名义提供担保，要根据《民法典》第61条、第504条等规定确定越权担保的效力与责任：相对人善意的，构成表见代表，担保合同对公司发生效力，公司承担担保责任；相对人非善意的，不构成表见代表，担保合同对公司不发生效力，公司不承担担保责任。根据上述逻辑，存在争议的是，在相对人非善意时，担保合同不对公司发生效力，公司是否仍须对相对人的损失承担缔约过失责任。对此，最高人民法院认为，《民法典》关于越权代表和表见代表的规定不同于《民法典》关于无权代理和表见代理的规定，参照《民法典》关于无权代理的规定认定公司不承担责任，仅由法定代表人承担责任的依据不足；考虑到公司也存在过错，此时公司对合同无效给相对人造成的损失也应当承担一定的赔偿责任。①

2. 债权人的审查义务由"形式审查"到"合理审查"

《九民纪要》第18条规定："无论章程是否对决议机关作出规定，也无论章程规定决议机关为董事会还是股东（大）会，根据《民法总则》第61条第3款关于'法人章程或者法人权力机构对法定代表人代表权的限制，不得对抗善意相对人'的规定，只要债权人能够证明其在订立担保合同时对董事会决议或者股东（大）会决议进行了审查，同意决议的人数及签字人员符合公司章程的规定，就应当认定其构成善意，但公司能够证明债权人明知公司章程对决议机关有明确规定的除外。债权人对公司机关决议内容的审查一般限于形式审查，只要求尽到必要的注意义务即可，标准不宜太过严苛。公司以机关决议系法定代表人伪造或者变造、决议程序违法、签章（名）不实、担保金额超过法定限额等事由抗辩债权人非善意的，人民法院

---

① 参见刘贵祥、林文学、杨永清、麻锦亮、吴光荣：《民法典担保制度司法解释系列解读之二》，载 https://mp.weixin.qq.com/s/WKJLwgJtAV7rc5BrDCqyhw，2021年10月6日访问。

一般不予支持。但是,公司有证据证明债权人明知决议系伪造或者变造的除外。”

《民法典担保制度解释》第7条第3款进行了修改,具体为:“第一款所称善意,是指相对人在订立担保合同时不知道且不应当知道法定代表人超越权限。相对人有证据证明已对公司决议进行了合理审查,人民法院应当认定其构成善意,但是公司有证据证明相对人知道或者应当知道决议系伪造、变造的除外。”

《民法典担保制度解释》将原有的“形式审查”修改为“合理审查”,实际上提高了债权人的审查义务,亦即要求债权人应对公司决议是否符合公司章程和一般常理的基本要求进行审查。实际上,在《民法典担保制度解释》出台之前,最高人民法院已开始采纳前述观点。如在(2019)最高法民终1465号案中,最高人民法院认为,被保证人作为债权人应当注意到保证人的章程中关于为他人提供担保须由其全资持股股东决定的规定内容,而其接受的担保与公司章程明显不符,不构成善意。故金融机构应加大对公司章程、内部决议的审查力度。

3. 修改了无须决议的例外情形

我国现阶段,基于公司治理的现状,法定代表人未经公司决议径行对外提供担保的情况仍普遍存在,为避免裁判思路的变化给社会经济生活产生过大的冲击,故对无须决议的例外情形作出规定。①

《九民纪要》第19条规定:“存在下列情形的,即便债权人知道或者应当知道没有公司机关决议,也应当认定担保合同符合公司的真实意思表示,合同有效:(1)公司是以为他人提供担保为主营业务的担保公司,或者是开展保函业务的银行或者非银行金融机构;(2)公司为其直接或者间接控制的公司开展经营活动向债权人提供担保;(3)公司与主债务人之间存在相互担保等商业合作关系;(4)担保合同系由单独或者共同持有公司三分之二以上有表决权的股东签字同意。”

《民法典担保制度解释》第8条修改为:“有下列情形之一,公司以其未依照公司法关于公司对外担保的规定作出决议为由主张不承担担保责任的,人民法院不予支持:(一)金融机构开立保函或者担保公司提供担保;(二)公司为其全资子公司开展经营活动提供担保;(三)担保合同系由单独或者共同持有公司三分之二以上对担保事项有表决权的股东签字同意。上市公司对外提供担保,不适用前款第二项、第三项的规定。”

《民法典担保制度解释》的主要修改有:一是删除了“公司与主债务人之间存在互联互保等商业合作关系”这一情形;二是将“公司为其直接或者间接控制的公司开展经营活动向债权人提供担保”修改为“公司为其全资子公司开展经营活动向债

① 参见刘贵祥、林文学、杨永清、麻锦亮、吴光荣:《民法典担保制度司法解释系列解读之二》,载https://mp.weixin.qq.com/s/WKJLwgJtAV7rc5BrDCqyhw,2021年10月6日访问。

权人提供担保”,对子公司进行了限缩;三是明确规定上市公司对外提供担保,不适用“公司为其全资子公司开展经营活动向债权人提供担保”和“担保合同系由单独或者共同持有公司三分之二以上对担保事项有表决权的股东签字同意”两种情形。

如此修改的主要理由是,经过一年多的实践,《九民纪要》关于无须公司决议的规定确有必要,但也存在因范围过大而影响到公司的运营安全,实践中甚至出现一些公司尤其是上市公司的法定代表人利用公司对外提供担保输送利益的现象。[①]

4. 增加分支机构对外担保相关内容

《民法典担保制度解释》第 11 条规定:第一,公司的分支机构未经公司股东(大)会或者董事会决议以自己的名义对外提供担保,相对人请求公司或者其分支机构承担担保责任的,法院不予支持,但是相对人不知道且不应当知道分支机构对外提供担保未经公司决议程序的除外。第二,金融机构的分支机构在其营业执照记载的经营范围内开立保函,或者经有权从事担保业务的上级机构授权开立保函,金融机构或者其分支机构以违反公司法关于公司对外担保决议程序的规定为由主张不承担担保责任的,法院不予支持。金融机构的分支机构未经金融机构授权提供保函之外的担保,金融机构或者其分支机构主张不承担担保责任的,法院应予支持,但是相对人不知道且不应当知道分支机构对外提供担保未经金融机构授权的除外。第三,担保公司的分支机构未经担保公司授权对外提供担保,担保公司或者其分支机构主张不承担担保责任的,法院应予支持,但是相对人不知道且不应当知道分支机构对外提供担保未经担保公司授权的除外。第四,公司的分支机构对外提供担保,相对人非善意,参照公司对外担保相关规定确定赔偿责任。

金融机构在接受公司分支机构的担保时,应按照前述规定取得公司授权文件和股东会或董事会决议。

(二)上市公司对外担保

1. 限定上市公司对外担保的效力评价以公告为准

《九民纪要》第 22 条规定:“债权人根据上市公司公开披露的关于担保事项已经董事会或者股东大会决议通过的信息订立的担保合同,人民法院应当认定有效。”对于债权人没有根据上市公司公开披露的信息与上市公司订立的担保合同的效力,《九民纪要》本身并未明确,导致实践中存在不同理解。

上市公司作为公众公司,涉及众多中小投资者利益,且上市公司有着严格的信息披露制度。基于此,《民法典担保制度解释》第 9 条规定:“相对人根据上市公司公开披露的关于担保事项已经董事会或者股东大会决议通过的信息,与上市公司

---

① 参见刘贵祥、林文学、杨永清、麻锦亮、吴光荣:《民法典担保制度司法解释系列解读之二》,载 https://mp.weixin.qq.com/s/WKJLwgJtAV7rc5BrDCqyhw,2021 年 10 月 6 日访问。

订立担保合同,相对人主张担保合同对上市公司发生效力,并由上市公司承担担保责任的,人民法院应予支持。相对人未根据上市公司公开披露的关于担保事项已经董事会或者股东大会决议通过的信息,与上市公司订立担保合同,上市公司主张担保合同对其不发生效力,且不承担担保责任或者赔偿责任的,人民法院应予支持。”

金融机构在接受上市公司对外担保时,应对公告进行合理审查。

2. 变更了担保对上市公司不发生效力后的责任分担

《九民纪要》中,担保不发生效力后,上市公司与一般公司承担的责任没有区别。《民法典担保制度解释》第 9 条变更了前述责任分担规定,明确如担保合同对上市公司不发生效力,上市公司不承担担保责任或者赔偿责任。这样规定的理由是,上市公司的所有担保事项都必须披露,如果相对人没有根据上市公司公开披露的信息与上市公司订立担保合同,就会损害证券市场上广大股民的权利。①

3. 上市公司控股子公司、新三板公司准用上市公司担保相关规定

《民法典担保制度解释》第 9 条第 3 款规定:“相对人与上市公司已公开披露的控股子公司订立的担保合同,或者相对人与股票在国务院批准的其他全国性证券交易场所交易的公司订立的担保合同,适用前两款规定。”故金融机构在接受上市公司子公司的担保时,应对该子公司是否由上市公司控股、是否已披露等进行审查,如是,亦应要求上市公司进行公告。

二、后《民法典担保制度解释》时代涉公司对外担保的主要争议

(一)合理审查的标准

形式审查标准与合理审查标准的区别,很大程度上在于应否审查章程。通过审查章程判断公司担保是否具有适格机关决议。当然,合理审查并非要求债权人进行实质审查,毕竟债权人不是公司内部人员,不了解公司决议的具体情况。

关于合理审查的界限,最高人民法院认为,合理审查的基本要求有二:一是审查股东或董事身份是否属实;二是在关联担保情况下,应当回避表决的股东是否参与了表决。对于决议系法人伪造、决议程序违法、签章不实、担保金额超过限额,一般不属于审查范围。②

---

① 参见刘贵祥、林文学、杨永清、麻锦亮、吴光荣:《民法典担保制度司法解释系列解读之二》,载 https://mp.weixin.qq.com/s/WKJLwgJtAV7rc5BrDCqyhw,2021 年 10 月 6 日访问。

② 参见最高人民法院民事审判第二庭:《最高人民法院民法典担保制度司法解释理解与适用》,人民法院出版社 2021 年版,第 136 页。

本书倾向认为,为保险起见,金融机构应对如下内容进行合理审查:一是股东或董事身份是否属实;二是决议机关是否符合公司章程要求;三是应回避股东是否进行了回避;四是股东会决议或董事会决议的形式是否符合公司章程规定;五是股东会或董事会决议程序是否符合要求;六是担保金额是否超过限额。

(二)上市公司子公司准用上市公司担保规定中的争议问题

1. 如何认定已披露控股子公司的范围

根据《民法典担保制度解释》第 9 条规定,上市公司已公开披露的控股子公司提供担保,应适用上市公司提供担保的规则。那么,如何认定"已公开披露的控股子公司"?

关于控股的认定,《上海证券交易所股票上市规则(2020 年 12 月修订)》第 17 章"释义"第 17.1 条规定:"本规则下列用语含义如下……(九)上市公司控股子公司:指上市公司持有其 50%以上的股份,或者能够决定其董事会半数以上成员的当选,或者通过协议或其他安排能够实际控制的公司……"《上海证券交易所科创板股票上市规则(2020 年修订)》第 15 章"释义"第 15.1 条规定:"本规则下列用语含义如下……(十三)上市公司控股子公司,指上市公司持有其 50%以上的股份,或者能够决定其董事会半数以上成员的当选,或者通过协议或其他安排能够实际控制的公司……"《深圳证券交易所股票上市规则(2020 年修订)》第 17 章"释义"第 17.1 条规定:"本规则下列用语具有如下含义……(九)上市公司控股子公司:指上市公司持有其 50%以上的股份,或者能够决定其董事会半数以上成员的当选,或者通过协议或其他安排能够实际控制的公司……"《深圳证券交易所创业板股票上市规则(2020 年修订)》第 13 章"释义"第 13.1 条规定:"本规则下列用语具有以下含义……(八)上市公司控股子公司:指上市公司持有其 50%以上股份,或者能够决定其董事会半数以上成员组成,或者通过协议或者其他安排能够实际控制的公司……"依据上述规定,上市公司控股子公司一般是指上市公司"能够实际控制"的子公司,具体包括三类:一是上市公司持有 50%以上股份的子公司;二是上市公司能够决定董事会半数以上成员组成的子公司;三是其他上市公司能实际控制的公司。

关于"已公开披露"的认定。《公开发行证券的公司信息披露编报规则第 15 号——财务报告的一般规定(2014 年修订)》第 2 条规定:"在中华人民共和国境内公开发行股票并在证券交易所上市的公司披露年度财务报告、首次公开发行股票的公司(以下均简称公司)申报财务报告、以及按照有关规定需要参照年度财务报告披露有关财务信息时,应遵循本规则。"第 31 条第 1 款规定:"公司应披露企业集团的构成,包括子公司的名称、主要经营地及注册地、业务性质、公司的持股比例、取得方式。子公司的持股比例不同于表决权比例的,应说明表决权比例及差异原因。”故金融机构可有以下几种方式查询上市公司控股子公司的相关信息:一可在年度财务报告中查询上市公司控股子公司的名单;二可通过检索上市公司公告确认担保人是否属于上市公司公开披露的控股子公司,注意以并购、新设方式新增子公司的临时公告是否确认相关公司属于上市公司控股子公司。①

2. 控股子公司提供担保是否需上市公司层面决议

《民法典担保制度解释》第9条规定,相对人与上市公司已公开披露的控股子公司订立的担保合同“适用前两款规定”。该条规定的“适用前两款规定”是否意味着上市公司控股子公司提供担保需要上市公司的董事会或股东会决议,实践中存在不同理解。

在证券监管层面,证监会明确要求上市公司控股子公司提供担保需要上市公司的董事会或股东会决议。《关于规范上市公司对外担保行为的通知》(证监会、银监会证监发〔2005〕120号)第1条第7款规定:“上市公司控股子公司的对外担保,比照上述规定执行。上市公司控股子公司应在其董事会或股东大会做出决议后及时通知上市公司履行有关信息披露义务。”证监会上市部下发的《关于执行证监发〔2005〕120号文有关问题的说明》明确指出:“上市公司控股子公司的对外担保,应按120号文、《上市规则》和《公司章程》的规定,经过上市公司控股子公司的董事会或股东大会(股东会)审议,并经上市公司董事会或股东大会审议。上市公司控股子公司在召开股东大会(股东会)之前,应提请上市公司董事会或股东大会审议该担保议案并派员参加股东大会(股东会)。”故证监会要求上市公司控股子公司对外提供担保,还需要履行上市公司层面的董事会或者股东大会审议程序,并且上市公司的决议程序还应在上市公司控股子公司层面的决议程序之前。

但在司法层面,司法实践中对于上市公司控股子公司提供担保是否需经上市公司层面决议争议较大。一种观点认为,《关于规范上市公司对外担保行为的通知》并非法律、行政法规,不能以此来判断担保合同的效力,故上市公司控股子公司提供担保不需要上市公司层面的决议。如在(2020)豫民终392号案中,河南省高级人民法院认为:“《关于规范上市公司对外担保行为的通知》是中国银监会与中国证监会规范上市公司及其控股子公司对外担保行为的规定,并不属于国务院制定的行政法规的范畴,并不能以此通知作为判定上市公司及其子公司对外担保效力的依据。深圳保千里公司不应当承担担保责任的理由不能成立,本院不予支持。”在(2020)沪民终599号案中,上海市高级人民法院认为:“首先,《合同法》第五十二条规定,违反法律、行政法规的强制性规定的合同无效。从《通知》的规范性质和

① 参见最高人民法院民事审判第二庭:《最高人民法院民法典担保制度司法解释理解与适用》,人民法院出版社2021年版,第154—155页。

层级来看,其不属于法律或行政法规,故违反该《通知》的相关规定并不直接导致民事行为无效。其次,从规范内容看,该《通知》规范的主要是上市公司及其子公司的对外担保行为,其对于公司对外担保的程序要求高于公司法对于一般公司对外担保的相关规定。作为接受担保的外部债权人,如果适用上述规定而导致其担保无效,则对外部债权人而言过于严格。"但亦有部分观点认为,监管机关在《关于规范上市公司对外担保行为的通知》中对于上市公司控股子公司提供担保需经上市公司层面决议进行了明确规定,债权人未审查,不构成善意。

对于该问题,最高人民法院观点似乎存在反复,最高人民法院一方面认为"但控股子公司作出决议后,需要由境内上市公司对此进行公告,那么公告前,是否还需要境内上市公司对此再进行决议呢?我们认为,不需要"。另一方面又认为"对此,应尊重监管机关及交易所的规定"[①]。最高人民法院在认为应尊重监管意见的情况下,却采纳了与监管政策背离的观点。故对于该问题,仍有待进一步关注。

3.《民法典担保制度解释》上市公司担保条款的溯及力

一般而言,司法解释并非创设规则,而是运用法律解释方法解决法律的实施问题,因此司法解释的效力一般应溯及至被解释的法律施行之日。[②]《民法典》自2021年1月1日施行,并且《民法典担保制度解释》第71条明确规定:"本解释自2021年1月1日起施行。"因此,《民法典担保制度解释》适用于2021年1月1日后实施的上市公司对外的担保行为自无疑问。但对于2021年1月1日施行前实施的上市公司对外担保行为,能否适用《民法典担保制度解释》中关于上市公司对外担保的相关内容呢?

《民法典时间效力规定》第3条规定:"民法典施行前的法律事实引起的民事纠纷案件,当时的法律、司法解释没有规定而民法典有规定的,可以适用民法典的规定,但是明显减损当事人合法权益、增加当事人法定义务或者背离当事人合理预期的除外。"依据上述规定,对于当时的法律、司法解释没有规定的"法律漏洞",可以适用《民法典》的规定。但《民法典担保制度解释》中关于"担保合同无效后上市公司不承担责任"的规定,并非填补法律漏洞,而是改变了原有规则,因此不应当按照《民法典时间效力规定》第3条之规定,适用《民法典担保制度解释》的规定。[③]

最高人民法院在《最高人民法院民法典担保制度司法解释理解与适用》中指出:"以境内上市公司对外提供担保为例,虽然《民法典担保制度解释》第9条制定

---

① 最高人民法院民事审判第二庭:《最高人民法院民法典担保制度司法解释理解与适用理解与适用》,人民法院出版社2021年版,第159页。

② 参见刘贵祥:《〈民法典〉实施的若干理论与实践问题》,载《法律适用》2020年第15期。

③ 参见麻锦亮:《论民法典〈担保制度司法解释〉的时间效力》,载《法律适用》2021年第6期。

的依据是《公司法》第 16 条,且《公司法》并未修改或者废止,但由于《公司法》第 16 条并无关于上市公司提供担保的特别规定,因此,《民法典担保制度解释》关于上市公司对外提供担保的规定属广义的法律解释,不应赋予其溯及既往的效力。也就是说,《民法典担保制度解释》第 9 条仅适用于 2021 年 1 月 1 日后发生的担保行为。"①

实践中亦有案例支持该观点。例如,在(2020)最高法民终 935 号案中,最高人民法院认为:"因本案事实发生在民法典实施前,关于案涉《保证合同》无效后的民事责任,应根据当时的担保法及担保法司法解释规定进行认定。银河生物、永星公司对其公章对外使用管理不规范客观存在,可认定其存在过失。"

故,对于上市公司在 2021 年 1 月 1 日以前提供的担保,在债权人未审查公告导致担保合同无效的情形下,上市公司也应承担担保合同无效后的过错责任。

三、后《民法典》时代对外担保的设定

(一)金融机构接受一般公司对外担保

金融机构在接受一般公司对外担保时,根据关联担保和非关联担保的区分,谨慎履行审查义务:

第一,审查范围包括公司章程、公司决议、公司股东名册、工商信息、国有资产监督管理机构同意担保的批文(如公司具有国资背景)等与担保相关的全部文件。

第二,审查程度应为最大限度的实质审查,注意审查:(1)公司章程对于单笔担保金额和担保的决议机关是否有限制,单笔对外担保的金额是否超过章程规定,同意担保的决议是否由公司有权机构作出,其中公司为股东或实际控制人提供担保是否已经股东会决议;(2)股东会/董事会决议的通过比例是否为《公司法》或公司章程规定的多数通过(根据《公司法》第 16 条和第 121 条规定,公司为股东或实际控制人提供担保的,一般公司应经其他股东过半数通过,上市公司担保金额超过总资产 30%应经其他股东 2/3 以上表决权通过,公司章程可以规定更高比例);(3)参与决议的表决人员是否为公司章程/股东名册载明的股东或者董事;(4)公司为股东或实际控制人提供担保的,被担保股东或实际控制人支配的股东是否参与了表决;(5)注意审查决议机构、担保金额、表决人员(股东或董事)、决议程序、通过比例、赞成人员签字、决议内容是否符合公司章程规定。

第三,虽然目前的主流观点认为股东会/董事会决议上的股东/董事签章、签字、公司公章的真伪不属于形式审查的范围,但为了最大限度地防范风险,本书建

① 最高人民法院民事审判第二庭编:《最高人民法院民法典担保制度司法解释理解与适用》,人民法院出版社 2021 年版,第 159 页。

议金融机构要求公司提供股东/董事在以往股东会/董事会决议上的签章、签字以及公司在其他担保类文件上的公章进行比对。

第四,关于股东会/董事会的召集程序是否合法,决议是否具有可撤销、无效或不成立情形,虽然《九民纪要》认为不属于审查范围,但我们依然建议金融机构要求股东会、董事会和公司书面确认股东会/董事会的召集程序合法,决议不具有可撤销、无效或不成立情形。

第五,协调公司股东加入签署担保合同。根据《九民纪要》及《民法典担保制度解释》相关规定,担保合同由单独或者共同持有公司 2/3 以上有表决权的股东签字同意的,推定为公司意思。故为防范风险,建议金融机构可协调 2/3 以上有表决权的股东加入签署担保合同。

(二)金融机构接受上市公司及其控股子公司、新三板公司对外担保

金融机构在接受上市公司及新三板公司对外担保时,应对《证券法》、交易所规则及上市公司章程等进行审查,核实上市公司公告和决议载明的决议机构、担保金额、表决人员(股东或董事)、决议程序、通过比例、赞成人员签字、决议内容等是否符合法律、交易所及公司章程对于上市公司担保的要求。

金融机构在审查上市公司及相关公司关于担保决议的公告时,应重点对于以下信息进行审查:(1)该担保事项是否经股东会或董事会决议通过,决议机关是否符合要求;(2)载明的担保信息是否准确无误;(3)担保债权的金额是否违反上市公司章程担保限额的相关规定。

第五章　融资租赁业务

- 《民法典》与融资租赁业务
- 融资租赁业务的承揽
- 融资租赁合同的签订与履行
- 承租人违约时出租人的救济方式

第一节　《民法典》与融资租赁业务

一、融资租赁业务的主要交易模式及交易流程

目前,我国融资租赁行业采用的交易模式主要为直租和售后回租两种。

(一)直租

直租是最典型的融资租赁交易模式,是指出租人根据承租人的指定,向出卖人购进设备等租赁物,再出租给承租人使用的融资租赁方式。具体交易模式如下:

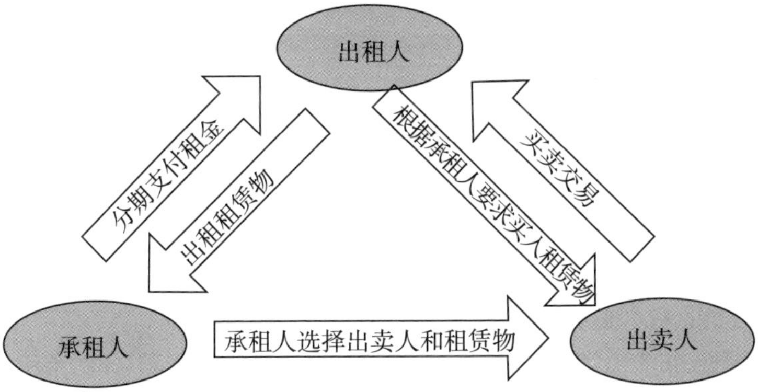

图 5-1　直租的交易模式

直租的基本交易流程为:

(1)承租人选择出卖人和租赁物;

(2)承租人向融资租赁公司提出融资租赁业务申请;

(3)出租人和承租人/出卖人进行技术、商务谈判;

(4)出租人和承租人签订融资租赁合同(约定租赁物归属);

(5)出租人与出卖人签订买卖合同,购买租赁物;

(6)出租人向出卖人支付租赁物价款,实质是为承租人购置租赁物提供价款融资;

(7)承租人向出租人支付手续费和保证金;

(8)出卖人向承租人交付租赁物;

(9)办理融资租赁登记;

(10)承租人按期支付租金。

(二)售后回租

售后回租是承租人将其自有物出卖给出租人,再通过融资租赁合同将租赁物从出租人处租回的的融资租赁方式。具体交易模式如下:

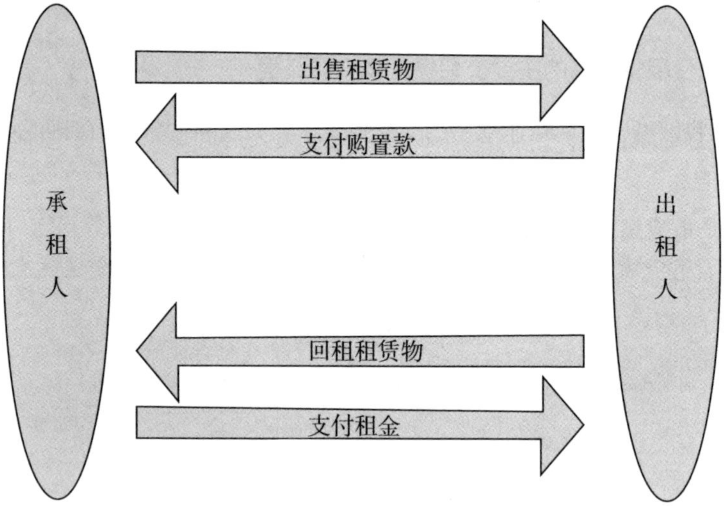

图 5-2 售后回租的交易模式

售后回租的基本交易流程为:

(1)承租人作为出卖人与出租人作为买受人签订回租买卖合同,承租人将自有物出售给出租人;

(2)出租人支付货款给承租人;

(3)出租人与承租人签订回租租赁合同,承租人向出租人租回卖出的租赁物;

(4)承租人向出租人支付手续费和保证金(或直接从货款中扣除);

(5)办理融资租赁登记;

(6)承租人定期支付租金给出租人。

(三)其他交易模式

除上述两种主要交易模式外,还有厂商融资租赁、杠杆融资租赁、联合租赁、委托租赁、转租赁等交易模式。厂商融资租赁多运用于设备型融资租赁,作为出卖人的设备厂商与出租人一般具有战略合作关系;杠杆融资租赁常见于飞机、轮船等大型运输工具的融资租赁,该种融资租赁中,出租人自身出资部分款项,其他出资多引自银行及其他投资机构,同时以租赁物为银行及其他投资机构设定抵押担保;联合租赁是出租人作为牵头人,引入其他租赁机构、财务公司作为联合出租人的融资租赁交易模式;委托租赁是出租人接受委托人的委托,向委托人指定的承租人办理融资租赁业务的一种融资租赁交易模式;转租赁是出租人利用将第三人处租赁来的物转租给承租人的融资租赁模式。

二、《民法典》生效后融资租赁相关规则的重大变化

《民法典》融资租赁合同一章在承继原《合同法》相关内容的基础上进行了一定修改。《民法典担保制度解释》对相关条款的适用进一步予以明确,《融资租赁司法解释》也在《民法典》出台后进行了相应修改。总体而言,《民法典》生效后融资租赁相关规则出现以下几点变化。

一是明确融资租赁为一种非典型担保物权。《民法典》第 388 条规定:"设立担保物权,应当依照本法和其他法律的规定订立担保合同。担保合同包括抵押合同、质押合同和其他具有担保功能的合同。"全国人大常务委员会副委员长在十三届全国人大第三次会议上关于《民法典(草案)》的说明中指出:"草案在现行物权法规定的基础上,进一步完善了担保物权制度,为优化营商环境提供法治保障:一是扩大担保合同的范围,明确融资租赁、保理、所有权保留等非典型担保合同的担保功能,增加规定担保合同包括抵押合同、质押合同和其他具有担保功能的合同(草案第三百八十八条第一款)。"据此,《民法典》明确融资租赁属于非典型担保物权的一种。《民法典担保制度解释》进一步明确规定,融资租赁纠纷中担保物权的实现可参照民事诉讼法"实现担保物权案件"的有关规定处理。

二是明确融资租赁的登记对抗制度。在融资租赁交易中,租赁期内出租人享有对租赁物的所有权,而承租人对租赁物进行占有和使用。这就涉及出租人享有的所有权应当如何进行公示、能否对抗第三人的问题。对此,《民法典》第 745 条明确规定:"出租人对租赁物享有的所有权,未经登记,不得对抗善意第三人。"该规定创设了以登记的方式对出租人的权利进行公示并以是否登记判断出租人的权利能否对抗善意第三人的规则。

三是将融资租赁纳入统一的动产担保优先规则,并明确融资租赁属于购置价款担保交易。《民法典》第 414 条构建了统一的动产担保物权优先顺位规则,并将融资租赁中的非典型担保物权纳入该规则体系。《民法典担保制度解释》则进一步明确融资租赁属于购置价款担保交易,适用《民法典》第 416 条关于价款担保超级优先权的规定。

四是明确虚构租赁物的合同无效。《民法典》第 737 条规定:"当事人以虚构租

赁物方式订立的融资租赁合同无效。"关于本条的适用范围,"虚构租赁物"不仅包括租赁物不存在的情形,还可能包括租赁物为房地产项目、城市地下管网、城市道路、没有载体的权利等无法实现"融物"功能的财产的情形。① 关于本条的法律后果,虚构租赁物的,当事人之间不构成融资租赁法律关系,融资租赁无效,应按当事人之间真实的法律关系认定合同效力。如符合"名为融资租赁实为借贷",交易合同本身如无其他无效事由则应认定为有效,合同中关于租赁利率、租金支付时间等约定,应当按利率、还款时间等借款关系进行处理。此外,法律关系的定性不影响被担保债务的同一性,担保人不能仅以法律关系另行定性为由,要求免除担保责任。②

五是删除租赁物不属于承租人破产财产的规定。《合同法》第 242 条规定:"出租人享有租赁物的所有权。承租人破产的,租赁物不属于破产财产。"《民法典》删除了该规定。关于该修改是否意味着《民法典》认为承租人破产的,租赁物属于破产财产,存在一定争议。本书将在"承租人破产时出租人权利的行使"部分进行讨论。

六是强制清算的扩大适用。所谓租赁物价值的强制清算,是指《民法典》第 758 条第 1 款关于"当事人约定租赁期限届满租赁物归承租人所有,承租人已经支付大部分租金,但是无力支付剩余租金,出租人因此解除合同收回租赁物,收回的租赁物的价值超过承租人欠付的租金以及其他费用的,承租人可以请求相应返还"的规定。该条款基本承继了《合同法》第 249 条的内容。按照第 758 条的文义,强制清算适用条件有四:一为当事人约定租赁期限届满租赁物归承租人所有;二为承租人已经支付大部分租金;三为承租人无力支付剩余租金;四为出租人解除租赁合同收回租赁物。《民法典》颁布后,学术界和实务界对于第 758 条强制清算适用范围能否扩大存在争论。有观点认为,基于出租人对租赁物享有所有权的实质为担保物权,第 758 条的强制清算应类推适用于租赁期满后租赁物归出租人所有的融资租赁合同,且不应仅限于已支付大部分租金的情形,否则难以实现该条款避免流质流押的立法目的。③

《民法典》及司法解释对融资租赁相关规定的修改将产生以下影响:

一是将规范融资租赁的发展。《民法典》第 737 条明确规定虚构租赁物的融资租赁合同无效,按照实际构成的借贷关系认定当事人之间权利义务关系。这给司

---

① 参见最高人民法院民法典贯彻实施工作领导小组主编:《中华人民共和国民法典合同编理解与适用(三)》,人民法院出版社 2020 年版,第 1621—1626 页。

② 参见黄薇主编:《中华人民共和国民法典合同编解读(下册)》,中国法制出版社 2020 年版,第 858—859 页。

③ 持该观点的主要有中国人民大学法学院高圣平教授。

法实践中大量存在的名为融资租赁实为借贷的合同如何处理提供了法律依据。此外，上述规定配合监管机关对于融资租赁业务的监管政策和国家对于职业放贷、违法转贷等非法民间借贷活动的处理、处罚规定，将规范融资租赁公司从事正规的融资租赁业务，引导金融资本为实体经济服务，促进融资租赁行业的健康发展。

二是简化融资租赁的交易模式。在《民法典》之前，融资租赁是否需进行登记、登记机关及登记方法并无明确法律规定。实践中，当事人采取的公示方法千差万别，如在央行征信中心的中登网进行融资租赁登记、在商务部全国融资租赁企业管理信息服务系统进行融资租赁登记、将租赁物抵押给出租人并办理抵押权登记、出租人张贴标识宣示所有权等。《民法典》第 745 条明确规定，出租人的所有权以登记为对抗要件，动产和权利担保统一登记系统初步建立后，融资租赁的登记机关和登记方法也有所统一，这有利于统一和简化融资租赁的交易模式，推动融资租赁行业的发展。

三是违约处置方式的变革。《民法典》及司法解释明确规定，出租人可请求对租赁物处置价款优先受偿权；出租人行使取回权后应对租赁物价值进行清算。但在约定租赁期满后租赁物归出租人所有的情况下，出租人取回租赁物是否需要清算的问题，《民法典》并未解决，目前存在争议。此外，融资租赁构成非典型物保，按照《民法典》第 392 条之规定，若保证合同未约定追偿顺序，保证人可能以出租人应先就租赁物优先受偿进行抗辩。

第二节　融资租赁业务的承揽

一、租赁物的选择

实践中，对融资租赁合同性质的争议是融资租赁纠纷中最常见的问题之一。《融资租赁司法解释》第 1 条规定，法院应当结合标的物的性质、价值、租金的构成以及当事人权利义务综合认定是否构成融资租赁关系。在司法实践中，租赁物是否实际存在、是否适于融资租赁交易，往往是最重要的考量因素。

业务实践中，租赁物的范围较为广泛，主要包括以下几类：(1)生产、通信、医疗、科研、检验检测、工程机械等各类动产设备；(2)飞机、轮船等各类交通工具；(3)工业厂房、商业地产等不动产；(4)附带于租赁物上的软件、技术等无形资产。

从现有司法实践来看，以下几类财产并不适于进行融资租赁交易①：

---

① 参见最高人民法院民法典贯彻实施工作领导小组主编：《中华人民共和国民法典合同编理解与适用(三)》，人民法院出版社 2020 年版，第 1624—1625 页。

(1)在建住宅商品房项目。司法实践主流观点认为,以在建住宅商品房项目进行的融资租赁交易实际构成借贷关系,主要理由有三:第一,商品房在建项目尚不具备法律上的所有权,出租人并未取得所有权,这与租赁期间出租人对租赁物享有所有权的特征相背离;第二,房地产开发商作为承租人,其出售和回租租赁物并非为了使用,而是为了融资;第三,在建房地产并不属于实质意义上的固定资产。

(2)城市道路、保障房等限制流通物。融资租赁交易的特点系以保留租赁物所有权为租金债权提供担保,城市道路、保障房等限制流通物无法转让和变价抵偿,并不具有担保功能,故不能作为融资租赁交易的租赁物。

(3)高速公路收费权、商标权、专利权。司法实践主流观点认为,以收费权、商标权、专利权为租赁物的融资租赁合同,一般不构成融资租赁关系,主要理由有:第一,权利不属于物,承租人无法使用;第二,有关租赁物的折旧、残值的计算和折抵规则均无法适用于此类合同;第三,监管规定将租赁物限定为固定资产,即显著排除了权利①;第四,收费权融资租赁本质上是收费权质押,商标权和专利权融资租赁多为知识产权的质押或使用。

(4)无设备载体的软件。如同商标权和专利权,单纯的软件租赁实际上也是软件的许可使用,因此,无设备载体的软件不能作为融资租赁标的物。

(5)消耗物。在(2018)苏 04 民申 209 号、(2018)津 02 民初 593 号、(2014)沪一中民六(商)终字第 469 号等多个案件中,法院均认为,钢材等消耗物不具有担保功能,不能作为融资租赁标的物。《天津法院融资租赁合同纠纷案件审理标准(试行)》第 4.1.2.3 条也规定,以易耗品、消耗品等为租赁物的,不认定为融资租赁合同关系。

此外,司法实践对于电网、煤气管网、自来水管网等地上或地下定着物能否作为融资租赁标的物,存在较大争议。如在(2017)最高法民申 2175 号案中,二审法院河北省高级人民法院即以“以履盖全厂区的电网、煤气管网、自来水管网已于 2012 年即开始使用,且不是独立的可分割物,无法实现租赁物的担保功能”为由否定了融资租赁关系的成立,而再审法院最高人民法院却认为该观点不妥。

因此,建议出租人选择具备法律上的所有权、能够进行转让、具有“融物”功能的动产、不动产作为租赁物,尽可能避免以司法实践中倾向于认为不适宜进行融资租赁交易的财产作为租赁物,以避免权利受损和潜在的合规风险。

二、租赁物的核查

建议出租人从以下方面对租赁物进行核查。

---

① 银保监会颁布的《融资租赁公司监督管理暂行办法》第 7 条规定:“适用于融资租赁交易的租赁物为固定资产,另有规定的除外。”

一是租赁物是否真实存在。租赁物是否真实存在，直接影响交易的定性及责任的承担。但部分交易，尤其是售后回租业务中，出租人有时不注意核查租赁物的真实性并固定相应证据，从而导致在发生争议时面临权利受损及行政处罚的风险。此外，有的出租人与承租人在租赁物清单中，对于租赁物的约定过于模糊，尚不足以使得租赁物特定化，这在司法实践中也常引起租赁物是否存在的争议。因此，建议出租人加强对租赁物真实性的审查，有条件的宜进行实地勘察并录音录像以留证。出租人还应注意保留租赁物买卖合同、发票、租赁物接收确认书、租赁物所有权转让确认书等能够证明特定租赁物真实存在的证据。在售后回租交易中，应注意向承租人索取原供货合同、发票或其他权属证明文件等能够证明租赁物真实存在的证据。此外，建议当事人在租赁物清单中对租赁物进行明确、可特定化的描述。

二是租赁物权属是否清晰。不仅租赁物权属清晰、不存在权利瑕疵或权利负担是监管部门的相关要求①，租赁物的权属及权利负担问题还影响着出租人能否就租赁物优先受偿以实现其债权，故出租人须对此进行仔细核查。对于不动产，出租人可协调承租人、出卖人共同前往不动产登记中心对租赁物的所有权和使用权人、租赁物是否存在抵押及查封等情况进行核查；对于动产，出租人应对租赁物的占有状态、租赁物买卖合同、发票、承租人涉诉情况及租赁物是否被扣押等进行核查，此外，还应对租赁物是否存在抵押、融资租赁或所有权保留等在先担保物权进行核查。

三是租赁物是否便于处置。融资租赁具有担保功能，承租人违约时，出租人有权就租赁物行使优先受偿权。故租赁物价值是否稳定、是否便于处置将直接影响出租人债权的清收。出租人应进行相应核查，优先选择便于处置的租赁物。

三、租赁物价值与合同金额的确定

《民法典》第 746 条规定，融资租赁合同的租金一般应根据购买租赁物的大部分或全部成本以及出租人的合理利润确定。《融资租赁司法解释》第 1 条规定，对是否构成融资租赁法律关系，应结合租赁物价值、租金构成等进行认定。不同于一般租赁，融资租赁中，租赁物具有担保功能，故融资租赁的各项收益一般不能过

---

① 《融资租赁公司监督管理暂行办法》第 7 条规定：“融资租赁公司开展融资租赁业务应当以权属清晰、真实存在且能够产生收益的租赁物为载体。融资租赁公司不得接受已设置抵押、权属存在争议、已被司法机关查封、扣押的财产或所有权存在瑕疵的财产作为租赁物。”《金融租赁公司管理办法》第 34 条规定：“售后回租业务的租赁物必须由承租人真实拥有并有权处分。金融租赁公司不得接受已设置任何抵押、权属存在争议或已被司法机关查封、扣押的财产或所有权存在瑕疵的财产作为售后回租业务的租赁物。”

分高于租赁物价值。有的融资租赁合同约定的租金是租赁物价值的数倍甚至数十倍,实际是以融资租赁合同掩盖的借贷关系。[①] 司法实践中,租赁物价值过低或租金总额严重脱离租赁物价值,也影响着法院对于融资租赁合同关系的认定,如在(2018)最高法民申 2669 号案中,最高人民法院即认为租赁物的价值与租金差异巨大,不具备融物特征。因此,建议银行、融资租赁公司在业务承揽阶段对租赁物进行尽职调查及价值评估,租金等收益应以租赁物价值确定,不能严重偏离租赁物价值。

第三节　融资租赁合同的签订与履行

一、收益的约定与支付

(一)租金

融资租赁合同对租金的约定一般包括租金总额、租金的构成、租金的支付方法、期数和每期租金的金额、租金的支付期限、迟延支付的逾期利息和违约金等内容。根据《民法典》的规定,融资租赁的租金应当依据租赁物价值确定,由购买租赁物的成本及合理利润构成。在业务实践中,租金通常是按照租金本金和租金利息两部分进行计算的。租金本金为出租人在该笔融资租赁业务中为承租人提供的融资,租金利息为该融资款的占用费用,取决于租金利率和占用时间。至于每期应支付的租金,当事人一般按等额本息或等额本金的方式进行计算。[②] 那么,由此产生的问题是,租金利息、租金利率以及迟延支付租金的逾期利息和违约金,是否应参照适用民间借贷利率上限[③]的相关规定?

从以往的实践来看,有观点认为融资租赁和借贷关系性质不同,融资租赁不应适用民间借贷的相关规定。如在(2019)最高法民申 2116 号案中,最高人民法院即认为融资租赁合同不应适用民间借贷司法解释中关于利率的有关规定。但司法实践中也存在民间借贷司法解释关于利率上限的规定被司法机关参照适用于金融融资领域的情况,如金融借款、委托贷款业务的利息参照民间借贷的利率上限进行调

---

① 参见最高人民法院民事审判第二庭编著:《最高人民法院关于融资租赁合同司法解释理解与适用》,人民法院出版社 2016 年版,第 55 页。

② 参见李阿侠:《融资租赁案件裁判精要》,法律出版社 2018 年版,第 86—89 页。

③ 《民间借贷司法解释》(2020 年第二修正)第 29 条规定:“出借人与借款人既约定了逾期利率,又约定了违约金或者其他费用,出借人可以选择主张逾期利息、违约金或者其他费用,也可以一并主张,但是总计超过合同成立时一年期贷款市场报价利率四倍的部分,人民法院不予支持。”

整。部分地方监管机关出台的融资租赁监管文件也指明融资租赁收益参照民间借贷利率上限的规定,如:《上海市地方金融监督管理局关于进一步促进本市融资租赁公司、商业保理公司、典当行等三类机构规范健康发展强化事中事后监管的若干意见》(沪金规〔2019〕1号)即规定:“本市三类机构……7. 不得超过有关行业监管制度规定的标准向客户收取费用、利息;相关行业监管制度没有具体规定的,向客户收取费用、利息不得违反最高人民法院关于民间借贷利率的相关规定。”

对此,《最高人民法院关于新民间借贷司法解释适用范围问题的批复》指出:“经征求金融监管部门意见,由地方金融监管部门监管的小额贷款公司、融资担保公司、区域性股权市场、典当行、融资租赁公司、商业保理公司、地方资产管理公司等七类地方金融组织,属于经金融监管部门批准设立的金融机构,其因从事相关金融业务引发的纠纷,不适用新民间借贷司法解释。”

本书认为,上述批复更多是从金融融资和民间借贷进行区分的角度规定民间借贷的相关规则不适用于融资租赁公司的金融业务所引发的纠纷。但不能否认,融资租赁业务本质上是一种租赁物购置价款的融资及担保交易,如果当事人约定过高的租金利息,则不利于有效降低实体经济的融资成本。因此,今后租金利息过高如何认定、其法律后果如何,仍有待司法解释和司法实践的进一步澄清。

(二)手续费、咨询服务费等费用

融资租赁交易中,出租人一般会按照融资额或租金的一定比例收取手续费、咨询服务费、管理费等费用,而一旦发生争议,各方交易主体往往对于上述费用的正当性产生争议。

1. 融资租赁合同应明确手续费、咨询服务费等费用的性质

司法实践中,对构成真实的融资租赁交易,法院一般尊重合同约定,支持承租人按照约定向出租人支付手续费等费用,但也有部分判例认为如出租人并未提供合同约定的服务,应当返还服务费费用。[①] 需要注意的是,在融资租赁合同被认定

---

① 如在(2016)粤03民终5664号案中,深圳市中级人民法院即认为:“仲利公司与顺发公司签订的《买卖合同》与《融资租赁合同》,合法有效……顺发公司于2015年1月28日向仲利公司出具的《承诺书》中确认顺发公司同意仲利公司所为征信调查、现场访视、业务咨询等服务支付相应费用,承诺支付服务费用116,000元,且日后不以任何理由向仲利公司主张返还……对此,本院评判如下:首先,仲利公司与顺发公司签订的合同号为AA15010293BAX的《租赁合同》中并未明确约定顺发公司应当对仲利公司所为征信调查、现场访视、业务咨询等服务另行支付费用;其次,该款项并非是顺发公司实际另行支付的,是仲利公司在支付顺发公司款项前扣除了116,000元;再次,参照《中华人民共和国合同法》第二百条的规定,借款的利息不得预先在本金中扣除。利息预先在本金中扣除的,应当按照实际借款数额返还借款并计算利息。因此本院认为仲利公司在支付顺发公司款项前扣除了116,000元的行为实际上规避了相关法律规定,顺发公司的该上诉理由成立,本院予以改判,顺发公司仅需要再支付8000元(124,000元-116,000元)给仲利公司。”

为借贷关系的交易中,法院则倾向于参照变相利息[①]或“砍头息”的相关规定对手续费等进行处理,结合支付时间、是否提供实际服务及利率上限等因素认定手续费是否构成“砍头息”及应否支付或者酌减。对于手续费、咨询服务费等没有实际服务费用的处理方式,《九民纪要》第51条规定,“人民法院可以根据提供服务的实际情况确定借款人应否支付或者酌减相关费用”,“应否支付”或“酌减”如何适用,目前并无明确法律规定,过去司法实践中也存在不同观点。[②]

从字面意思来看,手续费一般可理解为交易成本的一部分,而咨询服务费、管理费、服务费、咨询费等一般作为服务的对价。在融资租赁交易中,司法机关一般认为,手续费属于交易成本和收益的一部分,承租人支付手续费是一种行业惯例,而不审查手续费是否具有相应服务。[③] 而从既有判例来看,司法机关审查是否实际提供服务,多发生在融资租赁合同采用“咨询服务费”“管理费”“服务费”“咨询费”等类似约定的场合。基于此,本书倾向认为,相较“手续费”,融资租赁合同采用“咨询服务费”“管理费”“服务费”“咨询费”等类似约定带来的扣减风险更大。

因此,第一,建议出租人优先采用“手续费”,考虑避免使用“咨询服务费”“管理费”“服务费”“咨询费”等作为服务的对价的表述;第二,融资租赁合同应明确手续费是融资成本和收益的一部分;第三,融资租赁合同应明确手续费一经支付,承租人不能以任何理由要求退还。

2. 手续费、咨询服务费的支付时间

部分交易中,出租人对于手续费、咨询服务费的支付,通常采用直接从融资款项中扣除或要求承租人在融资款项发放的当天即支付的方式。而在融资租赁合同被认定为借贷关系后,法院大多直接认定类似支付方式下的手续费等费用构成“砍头息”,在融资本金中扣除并按照实际借款数额计算利息,导致出租人收益受损。[④]

因此,本书建议出租人可考虑在融资款项发放后的一定时间(比如一个月)后再收取手续费等相关费用,可在一定程序上减小上述风险。

---

① 《九民纪要》第51条[变相利息的认定]规定:“金融借款合同纠纷中,借款人认为金融机构以服务费、咨询费、顾问费、管理费等为名变相收取利息,金融机构或者由其指定的人收取的相关费用不合理的,人民法院可以根据提供服务的实际情况确定借款人应否支付或者酌减相关费用。”

② 参见最高人民法院民事裁定书(2019)最高法民申3112号;上海市第一中级人民法院民事判决书(2018)沪01民终11161号。

③ 如在(2020)粤01民终8679号案中,法院即认为:“其中约定承租人需支付租赁手续费及相应增值税,符合融资租赁行业惯例,并且明确约定手续费一经支付不予退还。其次,收取手续费是粤信公司与亚泰公司融资租赁交易中收益的组成部分,是亚泰公司自愿承担的交易成本……”

④ 参见最高人民法院民事判决书(2016)最高法民终286号;最高人民法院民事判决书(2018)最高法民终192号。

（三）保证金

保证金在融资租赁业务中被广泛运用，租赁保证金、回购保证金、合作保证金是融资租赁业务中常见的保证金类型，其中租赁保证金的适用最为普遍。

出租人对于保证金的收取，一般直接从融资款项中扣除或要求承租人在融资款项发放的当天即支付回其银行账户。上述操作模式在司法实践中经常发生以下两方面争议：一是，承租人违约时保证金如何冲抵的问题；二是，融资租赁合同被认定成借贷关系时，保证金是否应适用"砍头息"的相关规定，直接从融资本金中扣除？

1. 融资租赁合同应对保证金的抵扣时间和抵扣顺序进行约定

实践中，融资租赁合同一般仅笼统约定，当承租人违约时，出租人有权在承租人未履行义务及应承担的违约责任范围内扣除保证金。该种约定导致实践中产生两类争议：

一是，保证金抵扣的时间如何确定：冲抵的时点是在承租人违约之时，还是出租人主张冲抵之时，抑或是法院作出判令以保证金冲抵租金等款项的判决之时？如在（2019）最高法民终 1019 号案中，融资租赁合同约定，若承租人未能按照约定支付租金、租前息及其他应付款项，出租人有权未经承租人同意按照费用、其他应付款项、违约金、损害赔偿金、应付租前息、应付租金的顺序从保证金中抵扣相应未付款项，但合同就保证金的扣除时间未进行明确约定。发生争议后，出租人主张，因合同没有约定抵扣时间，故出租人有权选择何时抵扣，因此，保证金应在最终应付款项总额中扣除。承租人则主张，违约情形发生时即应抵扣保证金，否则将扩大承租人违约造成的损失，故违约金的计算基数应扣除该笔保证金。最终，最高人民法院在该案中支持了出租人的主张。而在（2018）最高法民终 1202 号案中，融资租赁合同约定："租赁期内，乙方（承租人）未按本合同约定履行付款义务时，甲方（出租人）有权从租赁保证金中抵扣乙方当期应支付给甲方的款项……"，最高人民法院则认为，上述合同条款对租赁保证金发生抵扣的条件、时间及抵扣内容作出了明确的约定，即承租人未能如期支付租金时，违约行为发生，此时出租人即应行使以租赁保证金抵扣被逾期给付的租金的权利。

二是，保证金抵扣款项的顺序问题。如在（2018）闽 02 民终 4730 号案中，双方当事人就保证金应优先用于冲抵本金还是违约金存在争议。法院认为，基于合同对于保证金抵扣款项的顺序并未约定，依法应按先违约金后租金的顺序抵扣。

如上所述，若融资租赁合同未对抵扣保证金的时点和款项顺序作出约定，将在一定程度上影响出租人可追究承租人的责任范围。因此，本书建议，第一，在融资租赁合同中约定，出租人有权自由选择保证金抵扣的时间，无论出租人选择何时抵扣，都不影响出租人要求承租人就全部未付款项按照约定承担违约责任；第二，在融资租赁合同中约定,出租人有权按照实现债权费用、违约金、损害赔偿金、应付租金等顺序从保证金中抵扣相应未付款项。

2. 应注意保证金的特定化

目前融资租赁交易实践中,保证金多采用由承租人直接将款项打入出租人账户的方式设定。该种方式虽强化了出租人对保证金的控制,有利于担保债务的履行,增加了资金利用效率,但若融资租赁合同被认定为借贷关系,该种方式设定的保证金,往往会被法院认定构成“砍头息”,进而影响出租人的收益。

因此,本书建议对保证金进行特定化,即保证金不与承租人、出租人的财产混同。当事人可根据《民法典担保制度解释》第70条的规定,约定由承租人设立专门的保证金账户并由出租人实际控制,或将保证金存入出租人专门设立的保证金账户,或者通过在银行账户下设立的保证金分户的方式将保证金予以特定化。但如果出租人在租赁期内任意支取、使用保证金,那么这可能会增加案涉法律关系被认为是名为融资租赁实为借贷的情况下,保证金被认定为“砍头息”的风险。

二、出租人所有权的“功能化”与融资租赁的登记

出租人所有权的“功能化”与融资租赁的登记是《民法典》的新增内容。《民法典》对从立法层面确认了融资租赁中出租人对租赁物享有的所有权被“功能化”为担保权的观点,承认了融资租赁属于非典型担保交易。[①] 相应地,对于融资租赁中非典型担保物权的效力,《民法典》第745条规定适用登记对抗规则。对于融资租赁中非典型担保物权与租赁物上其他竞存的担保物权的优先顺位,《民法典》第414条将融资租赁纳入统一担保体系,适用“先登记者优先”规则;《民法典担保制度解释》第57条认可融资租赁中的非典型担保属于购置价款担保权,出租人可依据《民法典》第416条的规定享有价款担保超级优先权。为配合上述法律、司法解释的适用,目前,我国的动产融资统一登记公示系统已将动产融资租赁的登记纳入其中,但该融资租赁登记体系仍存在一些需要完善或可能引起争议的问题。以下部分将对出租人所有权的“功能化”及其效力和我国目前的融资租赁登记及可能存在的争议进行介绍和讨论。

(一)出租人所有权的“功能化”及其效力

1. 融资租赁非典型担保物权的定性

虽然《民法典》对出租人所有权的“功能化”进行了确认,但并未对是否所有符

---

① 全国人大常务委员会副委员长王晨在十三届全国人大第三次会议上《关于〈中华人民共和国民法典(草案)〉的说明》中明确,《民法典》将扩大担保合同的范围,明确融资租赁、保理、所有权保留等非典型担保合同的担保功能,增加规定担保合同包括抵押合同、质押合同和其他具有担保功能的合同。参见《中华人民共和国民法典》,法律出版社2020年版,第370页。

合《民法典》第 735 条定义的融资租赁合同均属于担保交易予以明确。在一些立法例中，只有具有某种特征的融资租赁合同方才构成担保交易。如《美国统一商法典》《欧洲示范民法典草案》规定，符合在租赁期届满后承租人有权无偿或仅支付象征性价款即继续使用租赁物等特征的融资租赁交易构成担保交易。[①] 而我国《民法典》并未对此作出明确规定，《民法典担保制度解释》第 65 条似乎认可了所有融资租赁合同中，出租人对于其租金债权均可就租赁物享有担保权。[②] 在《民法典担保制度解释》起草过程中，有学者提出融资租赁未必具有担保功能，因此，正式稿第 1 条调整了原征求意见稿中的表述，该条规定："所有权保留买卖、融资租赁、保理等涉及担保功能发生的纠纷，适用本解释的有关规定。"[③]那么，在实践中便可能出现下列问题：是否有些融资租赁合同不应认定为担保交易？如果有些融资租赁并非

---

① 《美国统一商法典》§ 1-203 规定："A transaction in the form of a lease creates a security interest if the consideration that the lessee is to pay the lessor for the right to possession and use of the goods is an obligation for the term of the lease and is not subject to termination by the lessee, and: (1) the original term of the lease is equal to or greater than the remaining economic life of the goods; (2) the lessee is bound to renew the lease for the remaining economic life of the goods or is bound to become the owner of the goods; (3) the lessee has an option to renew the lease for the remaining economic life of the goods for no additional consideration or for nominal additional consideration upon compliance with the lease agreement; or (4) the lessee has an option to become the owner of the goods for no additional consideration or for nominal additional consideration upon compliance with the lease agreement."《欧洲示范民法典草案》第九编(动产担保权)第 IX. -1:103 条规定："The term retention of ownership device includes:...(c) ownership of the leased assets under a contract of leasing, provided that according to the terms of the contract the lessee at the expiration of the lease period has an option to acquire ownership of, or a right to continue to use, the leased asset without payment or for merely nominal payment (financial leasing)..."

② 《民法典担保制度解释》第 65 条第 1 款规定，出租人对于其租金债权，可以拍卖、变卖租赁物所得价款受偿。该条款的表述为："在融资租赁合同中，承租人未按照约定支付租金，经催告后在合理期限内仍不支付，出租人请求承租人支付全部剩余租金，并以拍卖、变卖租赁物所得的价款受偿的，人民法院应予支持；当事人请求参照民事诉讼法'实现担保物权案件'的有关规定，以拍卖、变卖租赁物所得价款支付租金的，人民法院应予准许。"该条款在征求意见稿(《民法典担保部分解释》(稿)第 62 条第 1 款)中的表述为："[融资租赁]融资租赁的当事人约定租赁期限届满后租赁物归承租人所有，承租人支付部分租金后未支付剩余租金，出租人请求承租人支付剩余租金，并就租赁物优先受偿的，人民法院可以参照适用担保物权的实现程序处理。"与征求意见稿相比，在正式稿中，该规定删除了"融资租赁的当事人约定租赁期限届满后租赁物归承租人所有"的前提，并肯定融资租赁纠纷可在实现担保物权特别程序中处理，但同时也将"优先受偿"改为"受偿"。因此，该条款也并未对是否所有融资租赁都构成担保交易予以明确。

③ 《民法典担保部分司法解释意见稿研讨会实录》，载 https://mp.weixin.qq.com/s/b6JyGYWO0zYekLkEdWN2Yw，2021 年 9 月 30 日访问。《民法典担保部分解释》(稿)第 1 条的表述为："因所有权保留、融资租赁、保理等其他具有担保功能的合同发生的纠纷，适用本解释，但是根据其性质不能适用的除外。"有学者建议将该句修改为"其他具有担保功能的所有权保留、融资租赁、保理等合同"。因为所有权保留、融资租赁以及保理等合同未必具有担保功能，使用"其他具有担保功能"作为定语，将不具有担保功能的所有权保留、融资租赁、保理等其他情形排除在外，有利于进一步明确该解释的适用范围。

担保交易,该类合同并不涉及担保功能,是否不应适用《民法典担保制度解释》的有关规定和租赁物取回后的强制清算规则?这些问题有待于司法解释、司法实践的进一步回应。

2. 融资租赁非典型担保物权的效力:登记对抗

《民法典》第745条规定:“出租人对租赁物享有的所有权,未经登记,不得对抗善意第三人。”该规定为《民法典》关于融资租赁中出租人对租赁物享有的物权效力的新增规定,确立了登记对抗的原则。该规定旨在解决实践中租赁物的所有权人和占有者分离,以及由此导致的出租人与承租人的善意相对人之间权利冲突的问题。

关于善意第三人的范围,根据《民法典担保制度解释》第67条、第54条的规定,融资租赁中出租人的所有权未经登记不得对抗的善意第三人范围参照动产抵押的相关规定,第三人包括从承租人处购入租赁物的受让人、租赁物转租的承租人、承租人的扣押债权人、承租人的破产债权人。① 其中,债务人(承租人)的扣押债权人和破产债权人属于不享有优先权的债权人,而担保物权一经设立(融资租赁关系一经成立),即使未经登记,担保物权人(出租人)也属于享有优先权的债权人。因此,在理论界和实践中,关于动产抵押权和融资租赁、所有权保留中的抵押权、所有权未经登记是否可以对抗债务人的扣押债权人和破产债权人,一直存在争议。②《民法典担保制度解释》对此进行了确认,明确将善意扣押债权人和破产债权人纳入未经登记不得对抗的范围。

3. 租赁物上竞存担保物权的实现顺序

竞存的担保物权是指在同一担保物上同时并存数个担保物权,在担保物权竞存的情况下就需要解决何者效力优先的问题。对此,《民法典》第414条确立了统一的担保物权优先顺位体系;第416条规定了价款担保超级优先权,作为第414条

---

① 《民法典担保制度解释》第67条规定:“在所有权保留买卖、融资租赁等合同中,出卖人、出租人的所有权未经登记不得对抗的‘善意第三人’的范围及其效力,参照本解释第五十四条的规定处理。”《民法典担保制度解释》第54条规定:“动产抵押合同订立后未办理抵押登记,动产抵押权的效力按照下列情形分别处理:(一)抵押人转让抵押财产,受让人占有抵押财产后,抵押权人向受让人请求行使抵押权的,人民法院不予支持,但是抵押权人能够举证证明受让人知道或者应当知道已经订立抵押合同的除外;(二)抵押人将抵押财产出租给他人并移转占有,抵押权人行使抵押权的,租赁关系不受影响,但是抵押权人能够举证证明承租人知道或者应当知道已经订立抵押合同的除外;(三)抵押人的其他债权人向人民法院申请保全或者执行抵押财产,人民法院已经作出财产保全裁定或者采取执行措施,抵押权人主张对抵押财产优先受偿的,人民法院不予支持;(四)抵押人破产,抵押权人主张对抵押财产优先受偿的,人民法院不予支持。”

② 参见龙俊:《中国物权法上的登记对抗主义》,载《法学研究》2012年第5期;最高人民法院民事审判第二庭:《最高人民法院民法典担保制度司法解释理解与适用》,人民法院出版社2021年版,第467—474页。

的例外。融资租赁中出租人的所有权作为非典型担保物权，亦适用上述规定。

3.1　“先登记者优先”一般规则的适用

对于抵押权，《民法典》第 414 条第 1 款规定：“同一财产向两个以上债权人抵押的，拍卖、变卖抵押财产所得的价款依照下列规定清偿：(一)抵押权已经登记的，按照登记的时间先后确定清偿顺序；(二)抵押权已经登记的先于未登记的受偿；(三)抵押权未登记的，按照债权比例清偿。”该条第 2 款规定：“其他可以登记的担保物权，清偿顺序参照适用前款规定。”该第 414 条确立了可以登记的担保物权适用“先登记者优先”规则。同时，《民法典》第 745 条赋予了融资租赁中的所有权通过登记对抗善意第三人的能力，为出租人的所有权和租赁物上其他担保物权竞存时适用《民法典》第 414 条的规定留下了解释空间。

据此，在不动产融资租赁业务中，由于不动产须经登记方才产生所有权变动和抵押权生效的法律效果，故实际上仅涉及第 414 条第 1 款第 1 项的适用，即根据登记时间先后优先受偿。在动产融资租赁业务中，如融资租赁与抵押权等典型担保物权均已登记，则按登记的时间先后确定清偿顺序；如部分登记部分未登记，则已经登记的优先于未登记的受偿；如均未登记，则按照债权比例清偿。根据第 414 条的规定，只要是同一财产上竞存的可登记的担保物权，均按照该规定确定的顺序受偿，无论债务人、担保人是否为同一人。例如：A 在自己的财产上为 B 设定了抵押权，此后 A 将财产转让予 C，C 又在同一财产上为 D 设定了抵押权，虽然，两次抵押的抵押人分别为 A 和 C，但抵押权均设定在同一财产上，应当适用第 414 条的规定，根据“先登记者优先”规则认定受偿的先后顺序。

此外，《民法典》第 745 条规定：“出租人对租赁物享有的所有权，未经登记，不得对抗善意第三人。”那么，第 745 条规定的登记对抗和第 414 条“先登记者优先”的担保物权效力优先规则的适用关系如何呢？在解释论上可以认为，相对于第 745 条和第 403 条[①]，第 414 条是特别规定，应当优先适用。[②] 故融资租赁出租人对租赁物享有的所有权和租赁物上其他担保物权的权利冲突及优先顺序，应适用《民法典》第 414 条，仅考虑登记的先后，无需考虑其他担保权人是否善意；而融资租赁出租人和从承租人处购入租赁物的买受人、转租的承租人、承租人的扣押债权人和破产债权人之间发生权利冲突，则应当适用《民法典》第 745 条，需考虑相对人是否善意。[③]

3.2　价款担保超级优先权的适用

根据《民法典担保制度解释》第 57 条，融资租赁中出租人对租赁物享有的所有

---

① 《民法典》第 403 条规定：“以动产抵押的，抵押权自抵押合同生效时设立；未经登记，不得对抗善意第三人。”

② 参见高圣平：《民法典动产担保权优先顺位规则的解释论》，载《清华法学》2020 年第 3 期。

③ 参见龙俊：《民法典中的动产和权利担保体系》，载《法学研究》2020 年第 6 期。

权适用《民法典》第416条关于价款担保权之规定。

关于价款担保超级优先权,第416条规定:“动产抵押担保的主债权是抵押物的价款,标的物交付后十日内办理抵押登记的,该抵押权人优先于抵押物买受人的其他担保物权人受偿,但是留置权人除外。”该规定为《民法典》的新增条款,系上述《民法典》第414条确立的“先登记者优先”规则之例外。即若满足第416条规定的要件,当动产上设定的抵押权用以担保购买该财产的价款时,即使该抵押权登记在后,也优先于登记在前的抵押权受偿。由于为购买价款债权设定的担保物权不受以登记时间先后确定优先顺位的一般规则的限制,故常被称为价款担保超级优先权。

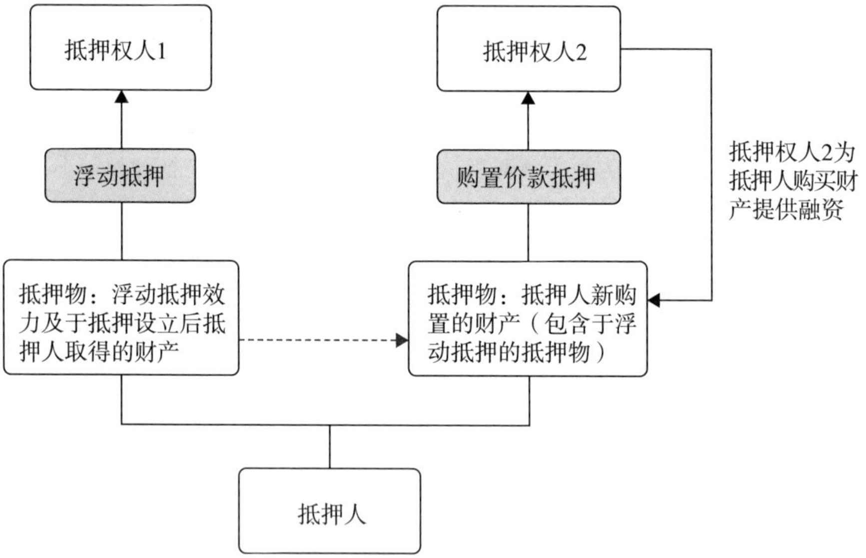

图5-3　价款担保超级优先权

如图所示,抵押人先为抵押权人1设立了浮动抵押并进行登记,抵押权效力及于设立后抵押人取得的财产。此后,抵押人新购置了某项财产,抵押权人2为抵押人购置该财产提供了融资,抵押人在该新购置的财产上为抵押权人2设立了抵押权并进行登记。抵押权人2享有的抵押权被称为购置价款抵押权。该购置价款抵押权的抵押物包含于在前设立的浮动抵押的抵押物范围内,故若根据“先登记者优先”的一般规则,在先设立的浮动抵押权本应优先于在后设立的购置价款抵押权。但根据《民法典》第416条的规定,在满足该条规定要件的前提下,购置价款抵押权虽然登记在后,但效力优先于在先设立的浮动抵押权。

适用第416条价款担保超级优先权需满足以下四个要件:第一,价款担保超级优先权仅适用于动产担保;第二,担保的债权需为为了担保人购买担保财产价款提供融资而形成的债权;第三,价款担保权人应在担保财产交付后10日内办理动产担保登记;第四,须是同一债务人为他人设立的价款担保权和其他竞存动产担保权方能适用,竞存的动产担保权既可是浮动抵押,也可是一般的动产抵押。

3.3 出租人所有权与租赁物上其他担保物权竞存的具体问题及适用场景

如前所述,融资租赁中出租人对租赁物的所有权应适用《民法典》第414条担保物权“先登记者优先”的一般规则,且《民法典担保制度解释》第57条规定出租人的所有权亦应适用第416条价款担保超级优先权的特殊规定。在具体适用方面,本书进行如下讨论。

3.3.1 售后回租是否适用价款担保超级优先权

售后回租(sale and lease back)是否适用价款担保超级优先权的规定可能在今后的司法实践中引起一定争议。虽然售后回租模式中,出租人对租赁物享有的所有权也起到担保作用,但从比较法上,多个担保交易立法例将售后回租排除于价款担保超级优先权之外。例如,澳大利亚《个人财产担保法案》第14条、加拿大安大略省《个人财产担保法案》第1(1)条明确规定价款担保超级优先权不适用于售后回租[①],《贸易法委员会担保交易立法指南》《欧洲示范民法典草案》也认为售后回租不属于购置款融资,且并未将售后回租纳入融资租赁的范畴。[②] 上述立法例中,售后回租不适用价款担保超级优先权的主要理由为这种交易形式并未带来债务人责任财产的增加,不符合价款担保超级优先权的立法政策和立法目的。

《民法典担保制度解释》第57条第1款规定:“担保人在设立动产浮动抵押并办理抵押登记后又购入或者以融资租赁方式承租新的动产,下列权利人为担保价款债权或者租金的实现而订立担保合同,并在该动产交付后十日内办理登记,主张其权利优先于在先设立的浮动抵押权的,人民法院应予支持……”根据该条款,只有承租人在为他人设立浮动抵押后“承租新的动产”时,出租人才享有价款担保超级优先权,而售后回租业务中,租赁物原本就归承租人所有,不属于

---

① Personal Property Securities Act (Australia 2009) 14 Meaning of purchase money security interest... (2) However, a purchase money security interest does not include: (a) an interest acquired under a transaction of sale and lease back to the seller...; Personal Property Security Act (Ontario R. S. O. 1990, c. P. 10) Definitions and interpretation 1 (1) In this Act..."purchase-money security interest" means...(c) the interest of a lessor of goods under a lease for a term of more than one year, but does not include a transaction of sale by and lease back to the seller...

② United Nations Commission on International Trade Law, UNCITRAL Legislative Guide on Secured Transactions, United Nations, 2010, p. 338;《欧洲示范民法典草案》第九编第IX.-1:102条、第IX.-1:103条、第IX.-4:102条。不同立法例对于价款担保权使用的术语不尽相同,如《美国统一商法典》、澳大利亚《个人财产担保法案》等使用purchase money security interest(购买价款担保权)这一术语,《贸易法委员会担保交易立法指南》《欧洲示范民法典草案》等则使用acquisition finance(购置款融资)一词。

承租人“承租新的动产”。因此,根据该解释方式,售后回租不适用价款担保超级优先权。

3.3.2 租赁物交付后十日内办理登记的“交付”应如何认定

出租人享有价款担保超级优先权的要件之一为出租人需要在租赁物交付后十日内办理登记。关于“交付”如何认定,对于大多数动产来说,争议一般不大,关于交付事实的认定主要是举证的问题。而对于一些大型设备,其各个部分可能是分批运输至承租人场地,并在承租人的场地进行安装、调试、验收的,对于此类动产,交付的时间如何认定在实践中可能出现争议。

例如,美国法院曾有案例就此问题进行分析。在该案件中,所有权保留卖方[①]主张应在设备安装完成并处于完全的可运行状态时方视为交付,法院则认定当设备的大部分均运至买方现场且主体已焊接到现场地面时即应视为完成交付。法院认为,认定交付何时发生应以该财产上其他担保权人的角度进行判断,本案中当设备主体已运至买方现场并焊接到现场地面时,在可能就标的物享有担保权的买方的潜在借款人看来,设备已交付于买方。因此,法院驳回了卖方的主张。[②]

考虑到可能产生上述争议,建议在大型设备融资租赁业务中,出租人尽早进行融资租赁登记。

3.3.3 租赁物上担保权竞存的具体场景——以杠杆租赁为例

如图所示,在杠杆融资租赁业务中,融资租赁公司常采用设立 SPV 公司的方式开展单笔业务,以 SPV 公司作为实体购买、出租租赁物。SPV 公司作为出租人对租赁物享有的所有权实质为担保物权,如图称为担保权 1。SPV 公司并非全部使用融资租赁公司的自有资金购买租赁物,部分资金来源于外部贷款人。为担保该贷款的清偿,出租人以租赁物为贷款人设立抵押,如图称为担保权 2。此外,承租人亦可能为其贷款人设立浮动抵押等担保,担保权效力及于租赁物,如图称为担保权 3。

担保权 1 与担保权 3 属于同一债务人设立的抵押,其中担保权 1 属于价款担保权。

若担保权 3 担保的债权并非为租赁物租金提供的融资,即担保权 3 不是价款担保权,如担保权 1 符合《民法典》第 416 条规定的要件,即使担保权 3 登记在先,担保权 1 亦应优先于担保权 3。

若担保权 3 担保的债权系为租赁物租金提供的融资,则担保权 3 在性质上亦为

---

① 所有权保留也被认为是担保交易,所有权保留卖方对标的物保有的所有权实质为担保权,且属于价款担保权。

② In re Piknik Products Co., Inc., 346 B. R. 863, 60 U. C. C. Rep. Serv. 2d 791 (Bankr. M. D. Ala. 2006).

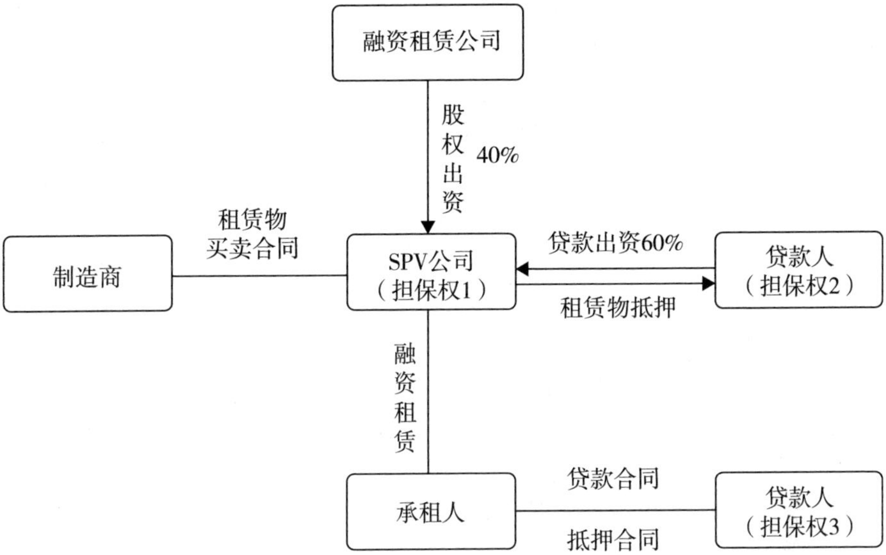

图 5-4　杠杆租赁

价款担保权。那么，将出现同一财产上，同一债权人设立的不同价款担保权竞存的情况。美国法上，在此竞存情况下适用的规则是，为卖方（包括融资租赁出租人）的价款债权提供的担保效力优先于为向买方（包括融资租赁承租人）提供购置款融资的贷款人提供的担保。《美国统一商法典》该规定的立法政策是，失去财产却无法收回价款的出卖人比第三方贷款人更值得保护。① 而我国并没有作出相关规定。《民法典担保制度解释》第 57 条第 3 款规定："同一动产上存在多个价款优先权的，人民法院应当按照登记的时间先后确定清偿顺序。"

担保权 1 和担保权 2 属于不同债务人在租赁物上设立的抵押，不适用《民法典》第 416 条，应根据《民法典》第 414 条的"先登记者优先"的一般规则认定两者的优先顺序。

4. 融资租赁非典型担保与第三人保证并存的相关问题

《民法典》将融资租赁中出租人对租赁物享有的所有权"功能化"为担保物权，那么，在司法实践中，融资租赁是否适用债务人自己提供的物保应优先于第三人提供的人保清偿担保债权这一规则，可能存在一定争议。

关于应优先以债务人自己提供的物保清偿，《物权法》第 176 条即作出规定，该规定被《民法典》第 392 条所承继。《民法典》第 392 条规定："被担保的债权既有物

① 参见《美国统一商法典》§ 9-324(g) Official Code Comment。

的担保又有人的担保的,债务人不履行到期债务或者发生当事人约定的实现担保物权的情形,债权人应当按照约定实现债权;没有约定或者约定不明确,债务人自己提供物的担保的,债权人应当先就该物的担保实现债权;第三人提供物的担保的,债权人可以就物的担保实现债权,也可以请求保证人承担保证责任。提供担保的第三人承担担保责任后,有权向债务人追偿。"关于该规则的适用,今后可能存在以下争议。

第一,债务人提供物保优先于第三人提供人保清偿债务之规则是否适用于融资租赁非典型担保。

由于在《民法典》出台前,融资租赁中出租人对租赁物享有的所有权并未在立法层面作为非典型担保物权获得承认,故在以往的司法实践中,保证人较少引用该规则进行抗辩,要求出租人先就租赁物行使优先受偿权,清偿不能的部分,再由第三人承担保证责任。

如今,《民法典》承认出租人对租赁物享有的所有权本质上是担保物权,而承租人对租赁物享有占有、使用、收益等权能。如将承租人对租赁物享有的权利认定为部分权能受到限制的所有权,则可以认为承租人系以自己"所有"的租赁物为出租人对自己享有的债权提供物保,应当适用《民法典》第 392 条关于债务人提供的物保优先于人保清偿的规定。

第二,租赁物难以实现担保功能时,债务人提供物保优先于第三人提供人保清偿债务之规则是否适用。

在售后回租业务中,常常存在地下管网、煤矿井巷、不可拆卸的工程设施等构建物、构筑物作为租赁物的情形。实践中对于该类财产作为租赁物签订的融资租赁合同是否形成真实的融资租赁关系存在争议。部分观点认为只要当事人的意思表示明确,财产权属清晰,约定符合融资租赁的法律特征,则构成融资租赁关系。部分观点认为,该类财产并不具有"融物"属性,故将融资租赁合同认定为借贷关系。① 但无论是否构成真实的融资租赁关系,出租人和保证人都极可能就债务人提供物保优先于第三人提供人保清偿债务之规则是否适用存在争议。

保证人固当主张,无论该等定着物是否易于取回或者易于参照适用担保物权优先受偿程序进行处分以清偿债权,该租赁物均系承租人提供的担保财产。依据债务人提供物保优先于第三人提供人保清偿债务之规则,出租人应当先就租赁物价值优先受偿,否则保证人可行使先诉抗辩权。即使在融资租赁合同被认定为名

---

① 如在(2017)最高法民申 2175 号案中,二审法院河北省高级人民法院即以"以履盖全厂区的电网、煤气管网、自来水管网已于 2012 年即开始使用,且不是独立的可分割物,无法实现租赁物的担保功能"为由否定了融资租赁关系的成立,而再审法院最高人民法院却认为该观点不妥。

为融资租赁实为借贷关系或者因未办理所有权变更登记出租人无法就租赁物享有所有权的情况下，保证人亦可能主张，由于出租人未谨慎合理选择租赁物或未积极办理所有权变更登记等应归咎于出租人的原因，导致融资租赁非典型担保物权未有效设立，应参照适用《民法典》第409条第2款关于“债务人以自己的财产设定抵押，抵押权人放弃该抵押权、抵押权顺位或者变更抵押权的，其他担保人在抵押权人丧失优先受偿权益的范围内免除担保责任，但是其他担保人承诺仍然提供担保的除外”之规定，保证人在租赁物价值范围内免除保证责任。

而出租人或主张，保证人在签订保证合同时，对租赁物清单及租赁物的状况系属明知。故保证人是在明知租赁物难以实现担保功能或融资租赁合同被认定为借贷关系而物保并不存在的情况下作出的保证承诺。因此，不应减免保证人的保证责任。

为避免上述争议，建议出租人与担保人在融资租赁的相关担保合同中就并存担保的实现顺序进行明确约定。出租人希望排除《民法典》第392条关于债务人提供的物保优先于人保清偿规定之适用的，应当在担保合同中明确约定担保人放弃该顺位利益。

（二）融资租赁的登记

1. 我国登记系统简介

根据2020年12月22日发布的《国务院关于实施动产和权利担保统一登记的决定》，自2021年1月1日起，动产、权利担保均在中国人民银行征信中心动产融资统一登记公示系统（以下简称为中登网）中进行登记，动产融资租赁亦纳入其中。值得注意的是，不动产融资租赁不属于中登网的登记范围。关于船舶、机动车、航空器这类特殊动产，国务院的上述决定虽然明确规定了特殊动产的抵押仍由原登记机关进行登记，但并未将特殊动产的融资租赁登记排除在动产担保统一体系之外。

关于登记方式和内容，中登网的融资租赁登记由当事人自行填写，征信中心不得开展事前审批性登记，也不对当事人登记的内容负责。登记内容包括承租人和出租人信息、租赁合同号码、租赁物价值、租赁期限、租赁财产描述等。租赁物有发动机号、设备机身号等可以识别其唯一性的编码的，可在租赁财产唯一标识码中填写。登记人还可以上传关于租赁物的附件作为补充。

关于登记时间，融资租赁中出租人对租赁物享有的所有权性质为价款担保权，根据《民法典》第416条之规定，若出租人在交付租赁物后10日之内办理登记将享有价款担保超级优先权。因此，建议出租人在交付租赁物后10日内办理登记。

2. 特殊动产、不动产的物权变动登记问题

对于船舶、航空器、机动车等特殊动产，我国基于管理等目的已设立相应的登

记机关就该类财产的权属进行登记,且《物权法》即对特殊动产的物权设立和变动采登记对抗主义,故特殊动产的物权登记已成为常态。中登网作为动产和权利担保统一登记系统后,特殊动产的所有权登记以及抵押登记仍在原登记机关办理,但国务院的相关决定并未将特殊动产的融资租赁登记排除在动产担保统一体系之外。这就可能在今后实践中出现一定争议。一是,我国特殊动产的所有权均在相应管理机关进行登记,而融资租赁登记也涉及租赁物所有权归属的内容,那么,如果对于同一租赁物,管理机关和中登网的登记不一致时,应该如何处理?二是,根据2021年新修订的《民用航空法》第11条,租赁期限为六个月以上的民用航空器租赁,仍应在民用航空局进行登记;《船舶登记条例》也规定,船舶租赁在船舶登记机关进行登记。飞机和船舶的融资租赁登记是否继续在相应管理机关进行登记,还是纳入中登网的动产担保统一登记系统;如果当事人在管理机关和中登网均办理了登记且登记内容存在冲突,应该以哪一个登记为准?这些问题值得进一步关注。

《贸易法委员会担保交易立法指南》建议,特殊动产可选择在特殊动产的特定登记系统或统一的动产担保登记系统中进行登记,两者均有对抗第三人的效力,但在特殊动产登记系统中公示者具有优先于在统一的动产担保登记系统中公示者之效力。① 这类规定值得我国借鉴。此外,我国也可能进一步推进登记系统的电子化和数字化,增强系统之间的兼容性,从而特殊动产可选择在特殊动产的登记系统或统一的动产担保登记系统中进行登记,在特殊动产登记系统中进行登记的信息将自动导入统一的动产担保登记系统中,对于特殊动产担保物权的公示、对抗效力、查询,以统一的动产担保系统中的信息为准。②

至于不动产,我国具有较为成熟的不动产登记制度,且不动产以登记为物权设立及变动要件,因此以不动产为租赁物进行融资租赁的,应在不动产登记机关进行所有权变更登记。否则,出租人无法有效取得租赁物的所有权,更遑论出租人对租赁物享有所有权的对抗效力。但实践中,我国存在大量以地下管网、煤矿井巷、码头设施等地上或地下定着物、构建物作为租赁物的融资租赁业务。该类财产有时被认定为不动产,却并无登记机关,常常因此产生争议。因此,在选取此类财产作为融资租赁物时,应注意对相关风险进行防控。

3. 相对人查询及担保权人回复义务

出租人对租赁物享有的所有权未经登记不得对抗善意第三人。故第三人进行交易时即负有查询义务,否则难以主张自己对于交易标的上所负担保权不知情系

---

① United Nations Commission on International Trade Law, UNCITRAL Legislative Guide on Secured Transactions, United Nations, 2010, pp. 119-124.

② 参见高圣平:《统一动产融资登记公示制度的建构》,载《环球法学评论》2017年第6期。

属善意。

目前我国的融资租赁登记中,当事人自行登记的内容可能较为简单,不涵盖所有交易细节,此类问题在其他国家和地区也普遍存在。因此,大多数采取声明登记制[①]的国家规定交易相对人可进一步通过登记公示的担保权人(出租人)了解该笔担保的交易细节及现状。担保权人若向查询者提供了错误的信息,则需承担相应责任,例如,如果担保权人披露的担保债务少于实际数额,其不能按照实际数额主张权利。例如,《美国统一商法典》§9-210即规定担保人(承租人)可以请求担保权人(出租人)向查询者提供担保的相关信息。[②] 我国目前尚无此类规定。司法实践中,可能出现融资租赁登记时,对于担保债权的范围及金额无明确登记或登记不准确的情形。此时,出租人与承租人、承租人的善意相对人、租赁物上竞存的担保物权人之间,便可能就融资租赁担保交易所担保的出租人债权的具体金额等事项产生争议。该问题可能在未来我国动产和权利担保统一登记制度的完善过程中得到一定程度的解决,也有待今后司法实践的进一步确认。

三、承租人有权不受干扰地使用租赁物

在租赁期间内不受干扰地占有、使用租赁物是承租人最基本的权利。《民法典》第748条亦对此作出明确规定。出租人无正当理由收回租赁物,妨害、干扰承租人占有使用租赁物,致使第三人对租赁物主张权利的,承租人可依据《民法典》第748条要求出租人赔偿损失。因出租人原因承租人无法占有、使用租赁物的,承租人也可依据《融资租赁司法解释》第6条解除融资租赁合同。

在实践中,经常出现的争议是,承租人欠付租金时,出租人通过锁机等方式中止承租人使用租赁物应当如何处理。在合同明确约定如承租人欠付租金,出租人有权远程停机、锁机的情况下,法院一般不会认定出租人锁机的行为违反了保证承租人平静占有和使用租赁物的义务。因承租人违约而锁机的,锁机行为不影响租赁期间的计算。[③] 但也有法院认为,承租人欠付租金,出租人主张租金加速到期的,租赁物仍应当由承租人继续占有、使用。此时出租人锁定租赁物,承租人无法对租赁物正常使用。故在排除对租赁物的使用干扰前,租赁物被锁定后的租金可

---

① 担保登记存在文件登记制和声明登记制两种立法模式。文件登记制是指,除需当事人提交登记申请书以外,还需要登记机关对当事人之间的基础交易文件进行审查,登记机关在确认登记内容准确性、合法性的基础上予以登记的登记制度。声明登记制之下,则由当事人自行填报登记信息,登记系统仅起到记录和公示的作用,并不对基础交易和真实的权利情况进行审查。参见高圣平:《统一动产融资登记公示制度的建构》,载《环球法学评论》2017年第6期。

② 参见高圣平:《统一动产融资登记公示制度的建构》,载《环球法律评论》2017年第6期。

③ 参见山西省高级人民法院民事裁定书(2020)晋民申2676号。

以暂停支付。①

四、承租人对租赁物的留购权

在融资租赁合同中,有的当事人约定了租赁期满后承租人有权以象征性的价款留购租赁物,留购价为1000元甚至100元。因为涉及的金额较小且该类约定在交易合同中属于常见条款,故在合同签署时,当事人较少对此产生争议。然而,在融资租赁合同的履行出现纠纷时,这一条款却可能成为出租人债权清收的绊脚石。例如在(2019)最高法民终417号案中,当事人便为了1000元的留购价款上诉到最高人民法院。该案中,双方约定租赁期满后,如果承租人没有违约事项,在支付1000元留购价款并签订《所有权转移通知》的回执后,设备的所有权转移给承租人。在合同履行过程中,承租人欠付租金,出租人起诉要求承租人支付全部未付租金、迟延利息、违约金及1000元的留购价款等。一审法院支持了出租人的诉讼请求,承租人就支付1000元留购价款提起上诉,请求最高人民法院驳回该诉讼请求,理由是租赁期尚未届满且融资租赁合同未正式解除,合同约定的支付1000元留购价款的条件也并未成就。最高人民法院维持原判,认为判令承租人将留购价款和全部租金一并支付给出租人,既符合合同关于提前支付合同项下所有应付款项的约定,也是承租人履行回购义务的体现,符合纠纷一次性解决原则。

尽管在上述案件中,两审法院均支持了出租人的诉讼请求,但这1000元的留购价款却也事实上减缓了出租人清收债权的速度,带来了不必要的争议。根据《民法典》第759条,当事人约定租赁期限届满,承租人仅需向出租人支付象征性价款的,视为约定的租金义务履行完毕后租赁物的所有权归承租人。实践中,很多融资租赁合同之所以约定象征性的留购价款,仅是基于以往的业务传统和合同模板,该条款对出租人的实际价值不大。因此,建议当事人删除不必要的留购权约定,可直接明确约定租赁期满后租赁物的归属,既可以简化业务流程,也能避免不必要的争议。

五、租赁物被查封、扣押、司法处置时的救济措施

融资租赁合同履行中,间或出现第三人申请法院对租赁物采取查封、扣押或司法处置等保全、执行措施的情况,一般有以下几种具体情形。一是,出租人的债权人以租赁物登记在出租人名下、出租人为租赁物的所有权人为由,申请查封、扣押、处置租赁物。二是,承租人的债权人以租赁物是承租人占有的动产为由,申请查封、扣押、处置租赁物。三是,有时在融资租赁期内,虽然租赁物的所有权归属于出租人,但为便于管理、理赔、年检,当事人同意将租赁物登记在承租人名下,故承租

---

① 参见天津市第二中级人民法院民事判决书(2017)津02民终3618号。

人的债权人以租赁物登记在承租人名下为由,申请查封、扣押、处置租赁物。四是,在涉及专业作业车、出租车、旅游大巴等需要运输、运营资格的经营领域,由于出租人和承租人自身均没有相关资格,承租人需要挂靠在有资质的单位,因此,承租人和出租人会同意将租赁物登记在挂靠单位的名下。挂靠单位的债权人则可能以租赁物登记在挂靠单位名下为由,申请查封、扣押、处置租赁物。

当租赁物被法院查封、扣押、司法处置时,出租人对租赁物享有的所有权、承租人享有的租赁权便会受到一定程度的损害。那么,出租人、承租人提起执行异议和复议、执行异议之诉,要求法院解除、停止查封、扣押、拍卖等保全、执行措施能否获得支持?该问题在司法实践中,尤其是在《民法典》生效后,可能存在一定争议。本书在以下篇幅中将对执行异议的法律依据和程序进行简述,并对司法实践中出租人、承租人提起执行异议的相关争议和不确定性进行介绍。出于行文简洁的考虑,本部分提到的"执行异议"有时泛指并涵盖执行行为异议、执行标的异议、执行异议和复议程序、执行异议之诉等概念,但有时仅指当事人或案外人在执行程序中向执行法院提出书面异议的执行异议程序。

(一)执行异议的依据和程序

在我国《民事诉讼法》中,执行异议分为两种类型,一是执行行为异议,即针对法院的执行行为违法提出的异议申请①,当事人和案外人均可以提起执行行为异议;二是执行标的异议,又多被称为案外人执行异议,是指案外人对被执行的财产享有实体权利,并据此要求法院停止或变更执行措施的请求。

1. 执行行为异议

执行行为异议的主要依据有《民事诉讼法》第225条和《最高人民法院关于适用〈中华人民共和国民事诉讼法〉执行程序若干问题的解释》《执行异议和复议规定》的相关规定等。

对执行行为有异议的,可通过执行异议和复议程序获得救济。关于执行行为异议的提出时间,《执行异议和复议规定》第6条第1款规定,应当在执行程序终结之前提出,但对终结执行措施提出异议的除外。关于执行行为异议的审查程序,《民事诉讼法》第225条规定,法院应在15日内进行审查,支持异议的,裁定撤销或者改正;不予支持的,裁定驳回。异议人对裁定不服的,可以自裁定送达之日起10日内向上级法院申请复议。

---

① 申请执行行为异议的情形如下:(1)认为人民法院的执行行为违法,妨碍其轮候查封、扣押、冻结的债权受偿的;(2)认为人民法院的拍卖措施违法,妨碍其参与公平竞价的;(3)认为人民法院的拍卖、变卖或者以物抵债措施违法,侵害其对执行标的的优先购买权的;(4)认为人民法院要求协助执行的事项超出其协助范围或者违反法律规定的;(5)认为其他合法权益受到人民法院违法执行行为侵害的。

2. 执行标的异议

案外人执行标的异议的主要依据有《民事诉讼法》第 227 条、《民诉法司法解释》第 464 条和第 465 条、《执行异议和复议规定》的相关规定等。

案外人执行标的异议,可通过执行异议程序和执行异议之诉获得救济。关于执行标的异议的提出时间,根据《民诉法司法解释》第 464 条、《执行异议和复议规定》第 6 条第 2 款的规定,应在执行标的执行终结前提出。关于执行标的异议的程序,《民事诉讼法》第 227 条规定,法院应在 15 日内进行审查,支持异议的,应裁定中止对标的的执行,不予支持的,应裁定驳回。异议人对关于执行异议的裁定不服的,可以在裁定送达之日起 15 日内提起执行异议之诉。但是,如果异议人认为作为执行依据的原判决、裁定有错误,则应当对原裁判申请再审,例如,原判决认定租赁物已被转让给申请执行人,出租人对该认定存在异议,应当申请再审而非提起执行异议之诉。

一般而言,对案外人执行标的异议,法院在执行异议程序和执行异议之诉中的审查标准有所不同。尽管法院审查的内容均是案外人是否对执行标的享有排除他人强制执行的实体权利,但就审查标准而言,在执行异议程序中,法院一般进行形式审查,而在执行异议之诉中,法院一般进行实体审查。例如,最高人民法院在(2020)最高法民终 289 号案中认为:“案外人执行异议与执行异议之诉分属不同诉讼程序,功能亦存不同。执行异议作为执行程序的一部分,其价值取向更注重程序效率,同时兼顾实体公平,侧重于对执行标的上的权利进行形式审查。而执行异议之诉作为与执行异议衔接的后续诉讼程序,是一个独立于执行异议的完整的实体审理程序,其价值取向是以公平优先、兼顾效率,通过实质审查的方式对执行标的权属进行认定,进而作出案外人享有的民事权益是否足以排除强制执行的判断,以实现对案外人民事权益的实体救济……但因两者具有一定的关联性和共通性,在针对执行异议之诉具体审查标准的法律规定或者司法解释出台前,执行异议之诉案件可参照适用《执行异议和复议规定》的相关规定,对案外人享有的民事权益是否足以排除强制执行进行审查认定。”

(二)出租人提起执行异议能否得到支持

租赁期内,承租人的债权人可能以租赁物是承租人占有的动产为由,申请查封、扣押、处置租赁物。也有时,为便于管理、理赔、年检,当事人在租赁期内将租赁物登记在承租人名下,或因承租人使用作业车、出租车、旅游大巴等特殊动产需要挂靠在有资质的单位,故将租赁物登记在挂靠单位的名下,承租人或挂靠单位的债权人申请查封、扣押、处置租赁物。在上述情形下,目前多数案例认为,租赁期间内,出租人仍为租赁物的所有权人,该所有权能够排除强制执行,故支持出租人提起的执行异议。[①] 最高人民法院对《民法典》第 745 条的理解与适用也认为,租赁物登记在承租人名下,出租人为了保障其权益而作为抵押权人进行权属登记的,出租人能够以其已进行了抵押登记,对抗承租人的债权人,出租人的执行异议应予支持。[②]

然而,在《民法典》及《民法典担保制度解释》实施后,上述观点是否将发生变化,值得进一步关注。

1. 出租人所有权的"功能化"是否影响出租人的执行异议

对于融资租赁中出租人的所有权是否能够排除强制执行,目前司法解释没有作出明确规定。广东省高级人民法院 2019 年 8 月公布的相关解答对此持肯定观点,认为出租人的所有权可以排除强制执行。[③] 但若法院考虑到《民法典》对融资租赁出租人所有权的"功能化",并参照 2020 年修订的《查封、扣押、冻结财产的规定》对所有权保留买卖中出卖人申请执行标的异议的规定,则法院对融资租赁出租人的执行异议的态度可能有所改变。

关于出租人所有权的"功能化",《民法典》及《民法典担保制度解释》认为融资租赁属于一种担保交易,出租人对租赁物享有的所有权已经"功能化"为担保权,用于担保出租人提供的融资,而非《民法典》物权编意义上具有完整权能的所有权。[④] 根据《执行异议和复议规定》第 27 条,担保物权不具有排除执行异议的效力。那么,如果将出租人的所有权因"功能化"而被降格为一种担保物权,是否出租人提起执行异议可能不被支持或者受到一定限制呢?

关于所有权保留买卖中出卖人的执行异议,《查封、扣押、冻结财产的规定》第 16 条规定:"被执行人购买第三人的财产,已经支付部分价款并实际占有该财产,第三人依合同约定保留所有权的,人民法院可以查封、扣押、冻结。保留所有权已办

---

① 参见浙江省高级人民法院民事判决书(2019)浙民再 438 号;辽宁省高级人民法院民事判决书(2019)辽民终 1024 号;山东省德州市(地区)中级人民法院民事判决书(2014)德中民初字第 11 号;北京市第三中级人民法院民事判决书(2016)京 03 民终 3332 号。

② 参见最高人民法院民法典贯彻实施工作领导小组主编:《中华人民共和国民法典合同编理解与适用(三)》,人民法院出版社 2020 年版,第 1665—1667 页。

③ 《广东省高级人民法院关于审查处理执行裁决类纠纷案件若干重点问题的解答》的意见如下:[23. 案外人基于融资租赁合同请求排除执行,如何处理] "意见:案外人基于融资租赁合同主张对被执行人名下的、被人民法院查封的执行标的仍享有所有权的,若执行标的为在合同租赁期内的租赁物,可以排除执行。 说明:融资租赁合同是合同法第十四章规定的一种有名合同,出租人根据承租人的要求购买租赁物交付给承租人使用、收益,承租人向出租人支付租金。租赁物(机器设备或其他需要办理登记的动产如车辆、船舶等)在租赁期内由承租人使用,但出租人对该租赁物享有所有权,该权利足以排除法院强制执行,人民法院可以支持案外人的执行异议。"

④ 参见最高人民法院民事审判第二庭:《最高人民法院民法典担保制度司法解释理解与适用》,人民法院出版社 2021 年版,第 560 页。

理登记的,第三人的剩余价款从该财产变价款中优先支付;第三人主张取回该财产的,可以依据民事诉讼法第二百二十七条规定提出异议。”根据该规定,所有权保留买卖的出卖人主张取回标的物的,可以提出执行标的异议,但出卖人未主张行使取回权的,法院可以查封、扣押、冻结标的物。因为,所有权保留的出卖人作为对标的物享有担保权利的主体可以从处置标的物所得价款中优先受偿,故其主要权利并未受到保全、执行措施的影响。

与所有权保留买卖中出卖人的所有权相似,融资租赁中出租人的所有权也主要侧重于担保功能。那么,法院是否会参照上述规定,认为出租人仅在解除融资租赁合同并行使取回权时才能提出执行异议呢?出租人在未解除合同时,以法院的保全、执行措施可能影响其未来行使取回权提起执行异议,能否获得支持?这些问题有待未来司法实践进一步加以明确。

本书认为,尽管在《民法典》出台及其消除隐形担保立法目的的背景下,融资租赁中出租人的所有权“功能化”为担保权,但是出租人的所有权仍与一般的担保物权有所区别,主要在于出租人在承租人违约的情况下有可能解除合同,行使取回权。因此,如一概认定出租人的所有权因“功能化”为担保权而不能排除执行,则可能使出租人的取回权落空。但法院仍可能认为,出租人的执行异议应该受到一定限制,例如仅在法院的查封、扣押、处置行为影响出租人行使取回权或侵害了出租人可能行使的取回权时,出租人的所有权才能排除他人对租赁物的保全、执行。

具体而言,首先,出租人在合同约定的解除权行使条件出现后迟迟未解除合同并行使取回权的,法院可能认为出租人未在解除权的行使期限内解除合同、行使取回权,根据《民法典》第564条出租人的解除权已消灭,因此不支持出租人的执行异议。例如在(2021)辽01民初145号案中,沈阳市中级人民法院认为:“仲利租赁在2018年7月得知本院查封了案涉租赁物后,至本院最后一次审理本案的2021年5月27日,在长达近三年的时间里,未向人民法院请求解除与顺禾粮贸间的融资租赁合同、收回租赁物,故其融资租赁合同的解除权已消灭,仲利租赁不再享有对案涉租赁物,即本案的执行标的的所有权,因此,本院对仲利租赁提出的其对执行标的享有足以排除强制执行的民事权益的抗辩,不予支持。”

其次,如法院仅查封、扣押租赁物,尚未对租赁物进行拍卖、变卖,那么,法院可能参照《查封、扣押、冻结财产的规定》第16条关于所有权保留买卖中出卖人执行异议的规定,认为出租人解除合同并行使取回权的,可以就法院的查封、扣押提起执行标的异议,但出租人尚未行使取回权时,法院查封、扣押租赁物并未侵害出租人的取回权,则对出租人的执行异议不予支持。

再次,如法院拍卖、变卖租赁物,无论出租人是否已解除合同、行使取回权,法院的执行行为均可能侵害出租人的取回权,那么,出租人提起执行异议要求排除强制执行,法院可能予以支持。

最后,即使出租人要求排除强制执行的异议未获支持,出租人仍可以要求就拍卖、变卖租赁物所得价款优先受偿。如租赁物拍卖、变卖过程中,执行法院存在违法行为,导致租赁物被低估、低卖等损害出租人合法权益的情况,出租人也可以依据《民事诉讼法》第 225 条提起执行行为异议。

2. 特殊动产登记在承租人、挂靠单位名下,出租人的执行异议是否应予支持

前文中也提到,实践中常存在因业务需要,车辆、船舶等租赁物在管理机关处登记在承租人或挂靠单位名下的情形。此时,出租人的执行异议是否应予支持,可能存在争议。

《民法典》第 745 条明确规定:“出租人对租赁物享有的所有权,未经登记,不得对抗善意第三人。”《民法典担保制度解释》第 67 条规定,融资租赁出租人的所有权未经登记不得对抗的“善意第三人”的范围及其效力,参照该解释第 54 条关于动产抵押权未经登记,不得对抗抵押人的扣押债权人的规定处理。[①] 申请执行人可能主张,特殊动产未在管理机关登记在出租人名下,不得对抗已对租赁物采取保全、执行措施的承租人或挂靠单位的债权人。

对此,本书认为,如果出租人、承租人在中登网进行了融资租赁登记,且法院认为出租人所有权的“功能化”不影响出租人的执行异议[②],出租人提出执行异议能够获得支持的可能性较大。

首先,案外人以与被执行人之间存在车辆、船舶挂靠经营关系为由提起执行异议在司法实践中比较常见,多数法院认为如果车辆、船舶是案外人出资购买的,但挂靠、登记在被执行人名下运营,如果能够确认案外人是实际权利人,则案外人的执行异议应予支持。也有法院区分执行异议程序和执行异议之诉。在执行异议程序中,法院仅进行形式审查,故对执行标的权属的判断以管理机关的登记为准,案外人以挂靠关系申请执行异议,不予支持。但在执行异议之诉中,法院对执行异议的实际权利人进行实质审查,如执行标的是案外人出资购买的,仅是挂靠、登记在

---

① 《民法典担保制度解释》第 54 条规定:“动产抵押合同订立后未办理抵押登记,动产抵押权的效力按照下列情形分别处理:(一)抵押人转让抵押财产,受让人占有抵押财产后,抵押权人向受让人请求行使抵押权的,人民法院不予支持,但是抵押权人能够举证证明受让人知道或者应当知道已经订立抵押合同的除外;(二)抵押人将抵押财产出租给他人并移转占有,抵押权人行使抵押权的,租赁关系不受影响,但是抵押权人能够举证证明承租人知道或者应当知道已经订立抵押合同的除外;(三)抵押人的其他债权人向人民法院申请保全或者执行抵押财产,人民法院已经作出财产保全裁定或者采取执行措施,抵押权人主张对抵押财产优先受偿的,人民法院不予支持;(四)抵押人破产,抵押权人主张对抵押财产优先受偿的,人民法院不予支持。”

② 该问题详见本部分对出租人所有权的“功能化”是否影响出租人的执行异议的讨论。

被执行人名下,则应当支持真实所有权人的执行异议。①

《物权法》即规定了特殊动产物权的设立、变更、转让和消灭,未经登记,不得对抗善意第三人。《民法典》新增的融资租赁出租人的所有权未经登记不得对抗善意第三人的规定,在特殊动产的问题上,并未与原《物权法》的规定有所不同。因此,上述法院对特殊动产挂靠、登记在被执行人名下,实际权利人的所有权可以排除强制执行的观点,在《民法典》生效后的融资租赁业务中仍具有参考价值。

其次,如果出租人、承租人在中登网进行了融资租赁登记,债权人经查询即可发现车辆、船舶管理机关的登记可能与实际的权属情况不符。此时,出租人也可依此主张申请保全、执行租赁物的债权人并非善意。

(三)承租人提起执行异议能否得到支持

在融资租赁业务中,出租人仍为租赁物的所有权人,因此租赁物有时会登记在出租人名下。此外,在一些车辆、船舶等的融资租赁业务中,由于承租人自身没有运输、运营资格,需要挂靠在有相关资质的单位,因此,承租人和出租人会同意将租赁物登记在挂靠单位的名下。此时,就可能出现出租人或挂靠单位的债权人申请法院查封、扣押、司法处置租赁物的情况,这将使承租人对租赁物享有的权利受到

---

① 《山东省高级人民法院民一庭关于审理执行异议之诉案件若干问题的解答》认为:"十、案外人以与被执行人之间存在机动车、船舶挂靠经营关系为由提起执行异议之诉,如何处理?答:买受人对登记在被执行人名下的机动车、船舶等特殊动产,主张与被执行人存在挂靠经营关系请求排除执行的,应当区分情况处理:(一)机动车、船舶系由案外人出资购买,挂靠在被执行人名下运营,能够确认案外人为实际权利人的,应予支持;(二)机动车、船舶系由被执行人出资购买,交由案外人进行挂靠运营的,不予支持。"

《广东省高级人民法院关于审查处理执行裁决类纠纷案件若干重点问题的解答》认为:[27. 案外人以存在机动车挂靠经营关系为由,请求对登记在被执行人名下的机动车排除执行,如何处理] "意见:1. 运输企业出资购买车辆,将道路运输经营资质转让给个人/企业,由其挂靠在运输企业从事道路运输的,对于个人/企业提出的排除执行的诉讼请求,不予支持;2. 个人出资购买车辆,挂靠在运输企业,以运输企业为车主办理车辆登记,案外人能够证明其是车辆实际所有权人的,在不损害国家利益、社会公共利益的前提下,对其排除执行的诉讼请求,可以支持。 说明:1. 在第一种情形下,运输企业可能不实际从事道路运输经营业务,而是将车辆和资质给挂靠人使用,挂靠人请求排除执行或移交占有的,均不予支持。2. 第二种情形多见于出租车行业和旅游大巴经营领域,为保护特殊动产实际所有权人的合法利益,可以支持。"

《江苏省高级人民法院执行异议及执行异议之诉案件审理指南(三)》认为:"16. 案外人以其与被执行人存在机动车挂靠关系为由提起执行异议,请求对登记在被执行人名下的机动车排除执行的,应裁定驳回其异议请求。由此引发的执行异议之诉案件,根据以下情形予以处理:(1)作为被执行人的运输企业出资购买车辆,将车辆运输经营权转让给案外人,并由案外人挂靠在运输企业从事道路运输,案外人请求排除执行的,不予支持;(2)案外人出资购买车辆,挂靠在被执行人运输企业的名下,并以运输企业作为车主办理车辆所有权登记的,如双方签订合法有效的合同,且案外人确系执行标的物实际所有权人的,对其排除执行的请求应予以支持。"

影响。

在此情况下，承租人可能提起执行异议。然而，承租人并非所有权人，尤其是当租赁物为车辆、船舶等特殊动产时，租赁物一般会进行权属登记，而承租人不是登记的所有权人。申请执行人则通常要求根据《执行异议和复议规定》第25条，按照相关管理部门的登记认定权利人。那么，此类案件中，承租人是否有权提起执行异议？承租人对租赁物享有的权利是否足以排除强制执行？对于该问题，司法实践中存在较大争议。

1. *一般租赁关系中承租人的租赁权能否排除执行*

在房屋等不动产的一般租赁关系中，法院倾向于认为，如租赁在先查封在后，则承租人的租赁权可以对抗要求其腾退、交付租赁物的执行措施，但不得对抗拍卖、保全等其他执行行为。

亦即，如果法院的执行措施要求承租人腾退或向受让人交付租赁物，在法院查封、扣押租赁物前，承租人已经签署了租赁合同并占有使用租赁物的，承租人对此提起执行异议一般会获得法院支持。[①] 否则，该执行措施将侵害承租人的权利，亦违反“买卖不破租赁”原则。

但如果法院仅是查封、扣押租赁物，并未排除租赁物“带租拍卖”“带租转让”的可能性，那么多数案例不支持承租人的执行异议。理由是根据“买卖不破租赁”的规定，承租人所享有的租赁权不能阻却出租人对外转让租赁物，出租人对外转让租赁物并不必然导致承租人租赁权的消灭，承租人所享有的仅是以同等条件优先购买的权利。相应的，承租人也不能排除法院对租赁物的查封、评估、拍卖的执行措施。[②]

《查封、扣押、冻结财产的规定》第13条第2款规定：“对第三人为自己的利益依法占有的被执行人的财产，人民法院可以查封、扣押、冻结，第三人可以继续占有和使用该财产，但不得将其交付给被执行人。”据此，法院可以查封、扣押租赁物，但

---

① 《执行异议和复议规定》第31条规定：“承租人请求在租赁期内阻止向受让人移交占有被执行的不动产，在人民法院查封之前已签订合法有效的书面租赁合同并占有使用该不动产的，人民法院应予支持。承租人与被执行人恶意串通，以明显不合理的低价承租被执行的不动产或者伪造交付租金证据的，对其提出的阻止移交占有的请求，人民法院不予支持。”《江西省高级人民法院关于执行异议之诉案件的审理指南》（赣高法〔2021〕18号）规定：“32、金钱债权执行中，承租人作为案外人提起执行异议之诉的，应当区分情形分别处理：（1）如果法院在执行过程中并不否定承租人享有的租赁权，承租人只是对执行法院要求其腾退房屋的执行行为有异议的，属于对执行行为的异议，应当通过执行复议程序或执行监督程序解决，承租人提起执行异议之诉的，不予受理；已经受理的，裁定驳回起诉；（2）如果执行法院否定承租人租赁权的成立或存续的，因涉及实体权利的争议，承租人主张其享有足以排除执行的占有、使用和收益权的，在执行异议被驳回后，可以提起执行异议之诉。”

② 参见最高人民法院执行裁定书（2016）最高法执监397号；山东省高级人民法院民事判决书（2020）鲁民初14号；山东省高级人民法院执行裁定书（2020）鲁执复83号。

承租人可以继续占有、使用租赁物,如法院的查封、扣押行为影响了承租人行使租赁权,承租人可以考虑提起执行行为异议。

2. 融资租赁中承租人的租赁权能否排除执行

与一般租赁的租赁权相比,融资租赁中承租人的权利具有一定的特殊性。融资租赁通常有以下基本特点:出租人按照承租人对出卖人、租赁物的选择购买租赁物;租赁期限一般较长,甚至基本覆盖了租赁物的使用寿命;租金按照租赁物全部或大部分成本和出租人的合理利润进行确定;出卖人违约的,承租人可直接向出卖人行使索赔权;租赁期满后,租赁物可归承租人所有。因此,在融资租赁业务中,租赁物在经济实质和会计处理上一般被视为承租人的财产。《民法典》《民法典担保制度解释》进一步从法律属性上将融资租赁合同认定为具有担保功能的合同,出租人享有的所有权具有担保功能,而承租人则被认为是租赁物实质的所有者。

因此,当租赁物被他人申请查封、扣押、拍卖时,一些承租人可能以其是租赁物的实际所有权人为由提出执行异议。

如法院的执行行为要求承租人向他人交付租赁物,那么承租人占有、使用租赁物的权利将受到直接的侵害,即使一般租赁关系中,此时承租人的执行异议亦应得到支持,更何况是在融资租赁中。可能存在争论的是,融资租赁中承租人的权利能否排除查封、扣押等其他执行行为。

司法实践中,有案例认为租赁物登记在出租人名下,作为出租人的财产被查封,承租人无权提起执行异议。① 也有案例认为:“在融资租赁合同中,承租人一方面对其承租的财产享有占有、使用及预期所有权,另一方面因所支付的租金含有分期支付购买价款性质,金额远高于普通租金,承租人即使在租金未支付完毕而未获得所有权的情况下,对租赁物也享有相关合法权利,有资格对涉及租赁物被查封和处置等执行行为提出异议。”②

本书认为,即使法院认为融资租赁中,出租人的债权人可以查封、扣押租赁物,该查封、扣押亦不应当影响承租人对租赁物的占有、使用,否则,承租人可考虑依据《查封、扣押、冻结财产的规定》第 13 条第 2 款关于“对第三人为自己的利益依法占有的被执行人的财产,人民法院可以查封、扣押、冻结,第三人可以继续占有和使用该财产,但不得将其交付给被执行人”的规定提起执行行为异议。

---

① 参见山东省高级人民法院民事判决书(2019)鲁民终 2664 号。

② 安徽省高级人民法院执行复议裁定书(2017)皖执复 30 号。

第四节　承租人违约时出租人的救济方式

融资租赁中,承租人违约的情形一般以未依约支付租金或私自处分租赁物最为常见。承租人违约时,出租人可根据《民法典》第577条、第563条、第752条、第753条等规定和融资租赁合同的约定,主张相应救济。本书将不对承租人违约时出租人可采取的救济措施逐一展开介绍,而是主要围绕与出租人就租赁物享有的非典型担保权相关的两种救济途径进行介绍:一是主张租金加速到期,并以拍卖、变卖租赁物所得价款优先受偿;二是解除融资租赁合同,取回租赁物。

关于上述两种救济措施,《民法典》第752条规定:"承租人应当按照约定支付租金。承租人经催告后在合理期限内仍不支付租金的,出租人可以请求支付全部租金;也可以解除合同,收回租赁物。"根据该规定,出租人只能选择其一主张,同时主张的,法院应根据《融资租赁司法解释》第10条第1款告知出租人作出选择。因为,主张租金加速到期的前提是融资租赁合同继续履行,而取回租赁物的前提是解除合同,如果两者同时主张,便将产生逻辑上的矛盾。[①] 同时,《融资租赁司法解释》第10条第2款规定,法院支持出租人主张全部租金的请求后,承租人未予履行的,出租人可再行起诉请求解除合同、收回租赁物。

一、请求支付全部租金并以租赁物价值优先受偿

出租人请求就全部租金以租赁物价值优先受偿的救济方式,是《民法典担保制度解释》的新增规定。该规定的理论基础是《民法典》认可了出租人对租赁物享有的所有权实质上为担保物权,故出租人可主张就租赁物优先受偿。

关于出租人优先受偿权的实现方式,根据《民法典担保制度解释》第65条第1款的规定,出租人可在诉讼程序中请求法院判令承租人支付全部剩余租金并以拍卖、变卖租赁物所得的价款受偿,也可在实现担保物权特别程序中进行主张。实现担保物权案件属于民事诉讼中的非诉特别程序[②],其制度目的是减轻当事人的诉累,在债权债务关系清晰的情况下,无需进行审判程序,即可快速实现担保权人的权利。但由于在实现担保物权案件中优先受偿需要当事人对实现担保物权无实质

---

① 参见最高人民法院民法典贯彻实施工作领导小组主编:《中华人民共和国民法典合同编理解与适用(三)》,人民法院出版社2020年版,第1700—1705页。

② 实现担保物权案件的相关规定为《民事诉讼法》第196条、第197条及《民诉法司法解释》第361—374条。

性争议,因此,在实践中,权利人通过特别程序实现担保物权的案例相对较少。

关于出租人优先受偿权所担保的债权范围,《民法典》第752条和司法解释的规定仅提到了全部未付租金。因此,为避免歧义,建议当事人在融资租赁合同中对于承租人违约时,出租人能够主张的债权内容及其金额或计算方法作出明确约定,对租赁物所担保的债权范围也予以明确。例如,违约金及律师费等实现债权的费用是否属于优先受偿的范围。此外,由于出租人享有的优先权经登记方能对抗善意第三人和后顺位的担保物权人,因此,建议当事人在中登网登记时,也尽可能明确租赁物所担保的债权范围。

二、解除合同行使取回权

(一)取回权的行使条件和方式

《融资租赁司法解释》第5条规定了两种出租人行使违约解除权的具体情形和一个兜底条款:一是,承租人未按照合同约定的期限和数额支付租金,符合合同约定的解除条件,经出租人催告后在合理期限内仍不支付的;二是,合同对于欠付租金解除合同的情形没有明确约定,但承租人欠付租金达到两期以上,或者数额达到全部租金百分之十五以上,经出租人催告后在合理期限内仍不支付的;三是,承租人违反合同约定,致使合同目的不能实现的其他情形。根据《民法典》第753条,承租人私自处分租赁物也是出租人行使解除权的事由,但如果租赁物已被第三人善意取得,出租人便无法行使取回权。

取回权的行使方式包括自力取回和公力取回。自力取回是指出租人解除合同后自行取回租赁物;公力取回是指出租人通过诉讼等司法程序取回租赁物。《民法典》及司法解释虽未明文规定自力取回,但一般而言,自力取回作为民事权利自力救济的一种方式受到认可。出租人自力取回时,应在一定限度内行使权利,一是不能损害善意第三人的合法权益,二是不能采取暴力或威胁的方式。[①] 实践中,有的出租人未依约、依法通知承租人解除合同,便自行取回了租赁物。有观点认为出租人是以实际行动表明了解除合同的意思,融资租赁合同自租赁物取回时解除。[②] 也有观点认为,出租人未通知承租人解除合同而径行取回租赁物的行为不构成取回权的正当行使,性质上也不属于合法的自力取回行为。[③]

为避免当事人对解除合同的条件是否实现出现争议,建议当事人在合同中对

---

① 参见最高人民法院民事审判第二庭编著:《最高人民法院关于融资租赁合同司法解释理解与适用》,人民法院出版社2014年版,第320—323页。

② 参见北京市第三中级人民法院民事判决书(2017)京03民终7302号。

③ 参见最高人民法院民事审判第二庭编著:《最高人民法院关于融资租赁合同司法解释理解与适用》,人民法院出版社2014年版,第322页。

出租人能够行使解除权的具体情形、相应期限、行使程序等事项进行明确约定。在行使取回权时,出租人宜先按照合同约定的程序解除融资租赁合同,再取回租赁物。此外,出租人应注意在解除权的行使期限内及时行权,以免承租人以出租人怠于行使取回权导致权利消灭进行抗辩。[①]

(二)租赁物取回后的强制清算和损害赔偿

如出租人取回租赁物的价值超过其债权,根据《民法典》第758条,当事人应对超出部分进行清算。《民法典担保制度解释》第65条第2款规定,承租人可在解除合同、取回租赁物的案件中以抗辩或反诉的方式要求强制清算。如租赁物价值不足以覆盖出租人因合同解除所遭受的损失,出租人可要求承租人继续赔偿损失,根据《融资租赁司法解释》第11条的规定,损失赔偿范围为承租人全部未付租金及其他费用与收回租赁物价值的差额,租赁期满后租赁物归出租人所有的,损失赔偿范围还应包括融资租赁合同到期后租赁物的残值。

关于强制清算,《民法典》第758条第1款规定:"当事人约定租赁期限届满租赁物归承租人所有,承租人已经支付大部分租金,但是无力支付剩余租金,出租人因此解除合同收回租赁物,收回的租赁物的价值超过承租人欠付的租金以及其他费用的,承租人可以请求相应返还。"该条款在适用时可能出现以下几点争议,值得注意。

1."欠付的租金以及其他费用"如何理解

第758条规定,出租人应予返还的金额为租赁物价值和"欠付的租金以及其他费用"之间的差额。该表述总体较为模糊,当事人可能产生两点分歧。一是,"欠付的租金"是指融资租赁合同解除时已发生但尚未支付的租金,还是合同约定的全部租金的未付金额?二是,"其他费用"具体包含哪些内容?

关于"欠付的租金",本书认为应当包括融资租赁合同项下全部未付租金。有读者可能对此产生疑问:这是否意味着出租人解除合同也可以同时主张租金加速到期,是否与《民法典》第752条关于出租人在请求支付全部租金和解除合同、取回租赁物中只能选择其一主张的规定相矛盾?实则不然。

从法律关系的角度来看,将"欠付的租金"理解为全部未付租金并非基于出租人主张租金加速到期,而是基于出租人可在合同解除后要求赔偿可得利益损失,因此,并不会产生上述矛盾。关于融资租赁合同解除后的损害赔偿,《融资租赁司法解释》第

---

① 关于解除权的行使期限,《民法典》第564条规定:"法律规定或者当事人约定解除权行使期限,期限届满当事人不行使的,该权利消灭。法律没有规定或者当事人没有约定解除权行使期限,自解除权人知道或者应当知道解除事由之日起一年内不行使,或者经对方催告后在合理期限内不行使的,该权利消灭。"

11条规定:“出租人依照本解释第五条的规定请求解除融资租赁合同,同时请求收回租赁物并赔偿损失的,人民法院应予支持。前款规定的损失赔偿范围为承租人全部未付租金及其他费用与收回租赁物价值的差额。合同约定租赁期间届满后租赁物归出租人所有的,损失赔偿范围还应包括融资租赁合同到期后租赁物的残值。”根据该规定,如果租赁物价值不足以覆盖出租人损失的,承租人仍应继续承担赔偿责任,金额 = 全部未付租金 + 其他费用 - 收回租赁物价值。反之,租赁物价值高于出租人损失的,出租人应当返还的金额 = 收回租赁物价值 - 全部未付租金 - 其他费用。

从经济实质的角度来看,融资租赁是一种购置价款的融资担保交易,承租人支付租金本质上是偿还出租人为其购置租赁物提供融资的本息,租赁物是融资本息的担保财产。出租人取回租赁物也是为了行使担保物权,收回融资本息。因此,法律虽然规定出租人在租金加速到期和取回租赁物中只能择一主张,但两者本质上都是实现担保权以清偿融资本息的途径,在金额上有一定的相当性也符合交易的经济实质。

尽管本书认为“欠付的租金”应解释为融资租赁合同项下全部未付租金,该观点在司法实践中也受到一定认可①,但在实践中,难免出现当事人对此产生争议的情况。因此,建议当事人在合同中对清算时应扣减全部未付租金进行明确约定,如果双方同意,在进行融资租赁登记时也可对此有所记载。

关于“其他费用”,《民法典》并未明确违约金,律师费、评估费、诉讼费、保全费、保全保险费等实现债权的费用,取回租赁物的费用等内容是否均属于其他费用。建议当事人在合同中进行明确约定,一是避免双方就上述费用是否属于违约损失赔偿的范围存在争议,二是避免双方就其是否属于可就租赁物优先受偿的债权存在争议。同样,该内容也可体现在登记事项中。

2. 第758条是否适用于租赁期满后租赁物归出租人所有的合同

《民法典》第758条规定,该条的适用前提为“当事人约定租赁期限届满租赁物归承租人所有”。实践中,也有法院因此认为租赁期满后租赁物归出租人所有的合同中,承租人无权援引该条款主张相应返还。② 该观点虽有明确的法律规定支持,但仍值得商榷。本书认为,租赁期满后租赁物归出租人所有的合同中,出租人行使取回权,承租人主张应参照适用《民法典》第758条对租赁物的超额价值予以返还的,法院应予支持,但返还的金额应在第758条规定金额的基础上扣除融资租赁合同到期后租赁物的残值。

---

① 参见江苏省无锡市中级人民法院民事判决书(2021)苏02民终2386号;江西省宜春市中级人民法院民事判决书(2018)赣09民终728号。

② 参见江苏省高级人民法院民事判决书(2015)苏商终字第00210号。

我国并未规定租赁期满后租赁物归出租人所有的融资租赁不属于担保交易。而《民法典》规定强制清算的原因之一即是为了避免类似担保财产流质流押的情形出现[①],因此,租赁期满后租赁物归出租人所有的合同也应参照适用《民法典》第758条。

对于返还的金额,本书认为可参照《融资租赁司法解释》第11条的规定处理。该条规定出租人解除合同并取回租赁物后可主张的损失赔偿范围为"承租人全部未付租金及其他费用与收回租赁物价值的差额。合同约定租赁期间届满后租赁物归出租人所有的,损失赔偿范围还应包括融资租赁合同到期后租赁物的残值"。因此,租赁期满后租赁物归出租人所有的,取回租赁物价值如果高于出租人的债权,则出租人应返还的金额 = 全部未付租金 + 其他费用-收回租赁物价值 - 合同到期后租赁物的残值。

3. "承租人已经支付大部分租金"如何认定

除了前述租赁物归承租人所有以外,根据《民法典》第758条的规定,承租人要求返还租赁物的超额价值,还需要满足"承租人已经支付大部分租金"的条件。但是对于"已经支付大部分租金"应当如何认定则可能出现争议。部分法院按照已支付租金是否超过合同项下租金总额或承租人全部应付债务总额的50%进行判断,超过的则可以适用该条款,反之则不适用。[②] 也有观点认为对于"承租人已经支付大部分租金"的认定不应过于严格,否则将不当缩小该条的适用空间,无法实现防止出租人获得超额利益、避免利益失衡的立法目的。尤其是在一些高值低估的售后回租模式中,即使承租人未支付大部分租金,出租人取回租赁物亦会获得超额利益,基于规范的立法本意,出租人也应当返还该部分利益。[③]

4. 租赁物的价值如何确定

关于取回租赁物价值的确定,《民法典担保制度解释》第65条第2款规定:"当事人对租赁物的价值有争议的,应当按照下列规则确定租赁物的价值:(一)融资租赁合同有约定的,按照其约定;(二)融资租赁合同未约定或者约定不明的,根据约定的租赁物折旧以及合同到期后租赁物的残值来确定;(三)根据前两项规定的方法仍然难以确定,或者当事人认为根据前两项规定的方法确定的价值严重偏离租赁物实际价值的,根据当事人的申请委托有资质的机构评估。"

---

① 参见黄薇主编:《中华人民共和国民法典合同编解读(下册)》,中国法制出版社2020年版,第897—898页。

② 参见湖南省长沙市中级人民法院民事判决书(2020)湘01民终10584号;陕西省汉中市中级人民法院民事判决书(2020)陕07民终1219号;广西壮族自治区南宁市(地区)中级人民法院民事判决书(2013)南市民二终字第91号。

③ 参见韩耀斌:《融资租赁司法实务与办案指引》,人民法院出版社2020年版,第300—301页。

在司法实践中,确定租赁物价值的方式主要有以下几种[①]:一是,按照合同约定的计算方式、折旧率计算租赁物价值。二是,通过在执行程序中拍卖、变卖租赁物确定其价值。[②] 三是,判令当事人在判决后协商确定或评估确定租赁物价值。[③] 四是,在诉讼过程中通过评估方式予以确定。五是,参照《企业所得税法实施条例》的相关规定确定租赁物价值。

以上方式在出租人获得回款的时间、当事人花费的费用等方面有所差异。而法院选择何种方式确定租赁物价值通常与融资租赁合同是否有明确约定和当事人提出诉讼请求的方式有很大关系。因此,建议当事人在合同中对于取回租赁物价值的确定方式进行较为明确且有可操作性的约定,在提出诉讼请求时也应考虑该请求方式对确定租赁物价值方式的影响。

三、承租人破产时出租人权利的行使

(一)租赁物是否属于承租人的破产财产

承租人破产时,租赁物是否属于破产财产?出租人对租赁物享有的所有权的效力如何?出租人享有的是取回权还是别除权[④]?这些问题是《民法典》出台后争议较大的问题。出现上述争议最主要的原因是,《民法典》删除了原《合同法》第242条关于"承租人破产的,租赁物不属于破产财产"的规定。

对此,有观点认为,删除"租赁物不属于破产财产"的表述并不意味着《民法典》完全否认承租人破产时出租人对租赁物享有所有权和取回权。《民法典》对此修改的意义在于,如果有法定登记机关、出租人可登记而未登记,承租人又对租赁物进行了抵押或者转让,此时,若删除"租赁物不属于破产财产"的规定,出租人便不能行使取回权。[⑤]

---

① 参见李阿侠:《融资租赁案件裁判精要》,法律出版社2018年版,第434—444页。

② 法院可能会根据出租人的诉讼请求在判项中判决解除合同、取回租赁物,同时判决出租人可就租赁物与承租人协议折价或拍卖、变卖,所得价款用于清偿承租人的债务,如所得价款不足以清偿债务,则不足部分由承租人继续清偿,如所得价款超过承租人的债务,则超过部分归承租人所有。参见上海市浦东新区人民法院民事判决书(2020)沪0115民初18642号;江苏省扬州市邗江区人民法院民事判决书(2021)苏1003民初3108号。

③ 如在(2016)最高法民终480号案中,最高人民法院判令,"租赁物价值在信达金融租赁有限公司取回租赁物后的十日内应与德州华茂生物科技有限公司协商确定,如协商不成,双方均可请求人民法院委托有资质的机构评估或者拍卖确定"。

④ 别除权,是指享有财产担保的债权人在债务人宣告破产后,可不依破产分配程序,而就该担保财产单独优先受偿的权利。

⑤ 参见李志刚:《承租人破产,融资租赁出租人享有的是取回权还是别除权》,载https://mp.weixin.qq.com/s/olvJhAecNj7qxRz1cUW85A,2021年10月2日访问。

也有相反观点认为,《民法典》已将融资租赁出租人对租赁物享有的所有权"功能化"为担保物权,故承租人破产时,租赁物为破产财产,出租人享有的仅是别除权而非破产法意义上的取回权。即使此时出租人可行使《民法典》第752条规定的融资租赁出租人的取回权,该取回权也不同于破产法意义上的取回权,其本质也是一种别除权。①

(二)破产管理人对融资租赁债权的几种处理方式

不仅理论上对于承租人破产时,租赁物是否属于破产财产以及出租人权利的性质和效力存在争论,在实践中,破产管理人的操作也具有很强的灵活性。

有的管理人认为融资租赁的资产在会计处理上虽然计入公司账面资产,但在租赁期届满前,租赁物所有权仍归出租人所有,故在破产程序中,租赁物不纳入破产承租人的资产范围。②

有的管理人为确保破产重整程序中破产企业经营性资产的稳定性,将融资租赁物纳入承租人的破产重整财产。融资租赁类债权参照有担保物权的债权处理。融资租赁类债权对应租赁物评估价值部分与有担保物权的债权受偿方案一致,扣除评估价值的剩余债权按照普通债权的受偿方案予以清偿。③

也有的破产案件中,破产程序中租赁物的使用费以及租赁物的快速变现价值作为共益债务全额受偿,融资租赁债权人申报的债权金额扣除共益债务部分后作为普通债权受偿。受偿后,融资物归破产承租人所有。④

(三)破产程序中出租人行使取回权的限制

在比较法上,一些立法例对承租人破产时出租人的取回权进行了一定的限制。如美国、德国规定出租人取回租赁物的前提是承租人的破产管理人拒绝继续履行

---

①　参见奉一兵:《融资租赁承租人破产时,租赁物的性质及出租人之权利探讨——与志刚兄商榷》,载 https://mp. weixin. qq. com/s/i-zLHDzfHyqKsbFLtnTxKg,2021年10月2日访问。

②　参见《长航凤凰股份有限公司重整计划》,载 http://www. cninfo. com. cn/new/disclosure/detail? plate=szse&orgId=gssz0000520&stockCode=000520&announcementId=63718657&announcementTime=2014-03-25,2021年10月2日访问。

③　参见《河南中孚实业股份有限公司重整计划》,载 http://www. cninfo. com. cn/new/disclosure/detail? plate=sse&orgId=gssh0600595&stockCode=600595&announcementId=1210718117&announcementTime=2021-08-11,2021年10月2日访问;《庞大汽贸集团股份有限公司重整计划》,载 http://www. cninfo. com. cn/new/disclosure/detail? plate = sse&orgId = 9900019227&stockCode = 601258&announcementId = 1207152740&announcementTime=2019-12-11,2021年10月2日访问。

④　参见《柳州化工股份有限公司重整计划》,载 http://www. cninfo. com. cn/new/disclosure/detail? plate = sse&orgId = gssh0600423&stockCode = 600423&announcementId = 1205632188&announcementTime = 2018-11-27,2021年10月2日访问。

合同。[①] 我国对此尚无明确的规定和统一的司法实践。下文将对实践中争议较大的问题和法院限制出租人行使取回权的考量因素进行简要介绍。

1. 出租人已申报全部未付租金是否可以主张取回租赁物

根据《民法典》第752条,承租人支付租金出现违约时,出租人可选择要求承租人支付全部租金或解除合同行使取回权其中之一。因此,实践中对于出租人已在破产程序中申报全部未付租金的,是否仍可以主张取回租赁物存在争议。

部分法院认为,出租人向管理人申报全部租金债权,即视为其对自己的权利作出了选择,不得再主张解除合同取回租赁物,否则亦将违反公平原则,损害其他债权人利益,不利于破产案件的审理。[②]

也有法院认为,根据《融资租赁司法解释》第10条[③]的规定,出租人选择租金加速到期后,仍有权解除合同取回租赁物。且债权人在破产程序中申报全部租金债权的行为并不能认定其已在租金债权和租赁物所有权二者中作出选择,亦不能视为其放弃行使取回权。因此,出租人已申报全部未付租金后仍可主张取回租赁物。[④]

2. 破产重整中出租人能否行使取回权

根据《企业破产法》第75条的规定,在破产重整期间,债权人享有的担保物权原则上暂停行使。那么,融资租赁中出租人根据《民法典》第752条行使取回权是否属于行使担保物权,是否应当在重整期间受到限制呢?该问题存在一定争议。

有法院不支持出租人行使取回权属于行使担保物权,应在重整期间受限的观点。如在(2016)浙0282民初字第4613号案中,浙江省慈溪市人民法院裁定受理承租人的重整申请后,出租人向承租人的破产管理人申报债权,管理人对债权不予确认并拒绝返还讼争融资租赁设备。浙江省慈溪市人民法院认为,在该案中,管理人未在破产申请受理后2个月内告知出租人是否继续履行融资租赁合同,视为合同解除。法院对于承租人提出的融资租赁是类似于让与担保行为的所有权转让行为,应适用《企业破产法》关于重整期间担保物权暂停行使的规定的主张,也未予采纳。

---

① 参见冉克平、曾佳:《实质融资租赁当事人破产法律关系之构造——以一种利益平衡的方法》,载《山东法官培训学院学报》2020年第2期。

② 参见湖北省高级人民法院民事裁定书(2019)鄂民申4494号;浙江省杭州市中级人民法院民事判决书(2020)浙01民终7574号。

③ 《融资租赁司法解释》第10条规定:"出租人既请求承租人支付合同约定的全部未付租金又请求解除融资租赁合同的,人民法院应告知其依照民法典第七百五十二条的规定作出选择。出租人请求承租人支付合同约定的全部未付租金,人民法院判决后承租人未予履行,出租人再行起诉请求解除融资租赁合同、收回租赁物的,人民法院应予受理。"

④ 参见山东省高级人民法院民事裁定书(2020)鲁民终1347号;湖南省益阳市中级人民法院民事判决书(2017)湘09民终1079号。

但上述判决书是2016年作出的,当时法律并未对融资租赁中出租人对租赁物享有的所有权属于非典型担保物权予以明确,且《合同法》明确规定了承租人破产的,租赁物不属于破产财产。而《民法典》明确将出租人的所有权"功能化"为担保物权,且根据《民法典》第758条第1款、《民法典担保制度解释》第65条第2款的规定,出租人取回租赁物后,如租赁物价值高于出租人的债权,应当进行强制清算,避免类似流质流押的情况发生。因此,如同出租人对租赁物享有的权利仅在形式上表现为所有权,实质为担保物权一样,出租人根据《民法典》第752条取回租赁物的权利,虽然名义上是取回权,但实质上属于行使担保物权。从这个角度,出租人在破产程序中取回租赁物应当适用《企业破产法》第75条关于在破产重整期间担保物权暂停行使的规定。

3. 限制出租人行使取回权的其他考量因素

在涉及破产的情况下,法院在审理融资租赁纠纷时,除了要考虑当事人之间的法律关系外,还要进行多方面的利益权衡。因此,在法律没有明确规定的情况下,法院有时会基于公平、利益平衡的考量,限制出租人在破产程序中行使取回权。法院一般会考虑以下几个因素:一是,在债权申报过程中,破产管理人对融资租赁类债权如何处理,管理人是否将租赁物纳入了破产财产、重整财产的范围。二是,考虑破产人重整的可能性,以及取回租赁物是否有利于重整,能否平衡破产人、债权人和新引入的投资人之间的关系。三是,要平衡各破产债权人之间的关系。

例如,在(2019)鲁11民终732号案中,日照市中级人民法院认为,破产重整程序是企业的重生程序,而案涉租赁物是承租人持续生产经营所必需,故出租人不宜在破产重整阶段取回租赁物,否则将很可能直接导致破产人丧失重整机会,重整失败。

在(2019)津0111民初4330号案中,天津市西青区人民法院虽然认可在出租人主张租金加速到期、申报债权后仍可解除融资租赁合同,并确认案涉融资租赁合同已解除,但考虑到破产程序的特殊性,法院认为如租赁物直接由出租人收回并进行处分,破产人的其他债权人的合法权益将难以保障。故为了平衡出租人和其他债权人之间的利益,法院未支持出租人行使取回权,而是判令租赁物在破产程序中拍卖、变卖或协议折价,出租人对处置价款享有优先受偿权。

(四)关于承租人破产问题的应对建议

承租人破产时出租人权利如何行使的问题,不仅在理论层面存在较大争议,在实践中,破产管理人和法院也会根据破产案件的具体情况,采取较为灵活的处理方式。总体而言,在破产程序中,出租人很可能会面临行使取回权受到限制的风险。

因此,建议出租人在确定管理人之后及时与管理人就债权申报方案、融资租赁类债权的申报组别和可能的清偿方案、管理人是否有意向继续履行融资租赁合同、若继续履行相应租金能否认定为共益债务等问题进行沟通。

此外,由于出租人的取回权在破产程序中可能受到限制,故当承租人可能出现破产的风险时,建议出租人尽早评估风险,及时行使取回权。虽然,在一般情况下,由于租赁物可能是为承租人定制的,或者租赁物二手交易市场并不活跃,出租人取回租赁物并不是最优选择,但是,如果承租人一旦进入重整程序,租赁物被纳入重整财产,出租人的债权便很难在短时间内获得清偿。在此情况下,如果出租人能够在承租人进入破产程序前及时取回租赁物,则可能尽早获得回款。

第六章　保 理 业 务

- 保理与我国保理行业发展
- 《民法典》及司法解释与保理相关的主要条文
- 可叙作保理的应收账款与应收账款的核查
- 保理合同履行中的相关问题
- 保理人的债权清收与资产保全

第一节　保理与我国保理行业发展

一、保理业务概述

(一)保理关系的定义与内容

保理,是指应收账款债权人与保理人订立合同,约定保理人受让基于应收账款债权人与债务人订立的销售商品、提供服务、出租资产等基础合同所产生的现有或将来的应收账款,并由保理人向应收账款债权人提供资金融通、应收账款管理、应收账款催收、应收账款债务人付款担保等综合性金融服务。保理合同以应收账款转让为核心,是应收账款转让与融资、委托代理、担保、应收账款催收与管理等服务要素的组合体,是以合同形式表现的应收账款转让与综合性金融服务的叠加,具有混合合同的属性。①

一般来说,保理服务至少包括资金融通、应收账款管理、应收账款催收、应收账款债务人付款担保中的一项。

资金融通是有追索权保理的重要内容,保理人基于应收账款转让向应收账款债权人预先支付保理融资款,融资期限届满后,保理人可以要求应收账款债权人返还保理融资款本息或回购应收账款,也可将应收账款的偿付作为还款来源。但保理人并不就受让的应收账款享有全部权益,而是应该将向应收账款债务人收取的款项扣除保理融资款本息和相关费用后的剩余部分返还给应收账款债权人。

应收账款管理是指保理人基于保理合同,定期或者不定期向应收账款债权人提供关于应收账款回收情况、逾期账款情况、对账单等财务和统计报表的行为。

应收账款催收是指保理人基于保理合同,对所受让的应收账款进行保理结算与收款的行为,但不包括在未受让应收账款的情形下受托从事催收业务、讨债业务

---

① 参见黄和新:《保理合同:混合合同的首个立法样本》,载《清华法学》2020 年第 3 期。

的行为。①

应收账款债务人付款担保是指保理人就应收账款债务人的付款义务向债权人提供担保,它是保理服务的常见内容之一,但这并非是保理合同本身的担保功能。② 有观点认为保理的付款担保功能是将保理列为非典型物保的原因③,该观点存在误区。

(二)保理的分类

按照基础交易的性质和债权人、债务人、保理人所在地,保理业务分为国内保理和国际保理。**国内保理**,是指应收账款债权人、应收账款债务人和保理人均在境内的保理。**国际保理**,是指以上各方中至少一方在境外的保理。国际保理又分为出口保理和进口保理。**出口保理**,是指保理人受让境内出口人的应收账款,并向其提供服务的保理。**进口保理**,是指保理人受让境外出口人或者出口保理人的应收账款,并向其提供服务的保理。

按照保理人是否可以要求债权人返还保理融资款或回购应收账款,保理业务分为有追索权保理和无追索权保理。**有追索权保理**,是指在应收账款到期或者出现保理合同约定的其他到期情形,保理人无法从应收账款债务人处足额收回应收账款时,可以向应收账款债权人主张返还保理融资款本息或回购应收账款债权,也可以向应收账款债务人主张应收账款债权的保理。**无追索权保理**,又称买断保理,是指在应收账款到期、应收账款债务人发生信用风险以及未按基础交易合同约定按时足额支付应收账款时,保理人仅能向应收账款债务人主张应收账款债权,不能向应收账款债权人主张返还保理融资款本息或回购应收账款的保理。

按照应收账款转让时是否通知应收账款债务人,保理业务分为公开保理和隐蔽保理。**公开型保理**,又称明保理,是指应收账款转让时,应收账款债权人或保理人将应收账款转让事实通知应收账款债务人的保理。**隐蔽型保理**,又称暗保理,是指保理合同签订后的一定时期内,保理人和债权人都未将应收账款转让事实通知

---

① 对此,《国际保理业务通用规则》第 30 条规定:“进口保理人有责任细致、准确地记录债务人分户账,并定期通知出口保理人有关分户账的变动情况。……如果出于任何合理的原因,进口保理人或出口保理人不能使用电子数据交换,则进口保理人应至少每月向出口保理人发送一次所有有关交易的账务及其他报告。如出口保理人在收到报告的 14 天内未以书面形式提出任何疑义,则视为其已接受并认可该报告。”《商业银行保理业务管理暂行办法》第 25 条规定:“商业银行应当直接开展保理业务,不得将应收账款的催收、管理等业务外包给第三方机构。”《上海市商业保理公司监督管理暂行办法》第 20 条亦包含商业保理公司不得专门从事或受托开展与商业保理无关的催收业务、讨债业务的规定。

② 参见林文学等:《〈关于适用民法典有关担保制度的解释〉的理解和适用》,载《人民司法》2021 年第 4 期。

③ 参见《商业保理术语》第 2.2.5 段,载 http://www.cfec.org.cn/uploads/attachments/20201112153504255.pdf,2021 年 10 月 7 日访问。

债务人,仅在约定期限届满或约定事由出现后,保理人可将应收账款转让事实通知债务人的保理。

按照保理合同要约人的角色,保理业务分为正向保理和反向保理。**正向保理**,又称卖方保理,由应收账款债权人作为保理合同要约人。**反向保理**,又称买方保理,由应收账款债务人作为保理合同要约人。反向保理中,保理人与规模大、资信好的核心企业买方协商,确定由保理人向核心企业的供应商提供保理融资,以核心企业应偿付给其供应商的应收账款叙作保理,然后保理人与供应商,或者与供应商和买方共同签订保理合同。

(三)保理业务的操作流程

保理业务的主要操作流程如下:

第一,项目尽职调查:保理人对融资人即应收账款债权人的资信情况和叙作保理的应收账款进行审查。应收账款的核查应着重于应收账款的真实性、可回收性、可转让性等,对应收账款形成的基础交易是否真实存在、应收账款债务人在基础交易项下是否享有抗辩权、现有应收账款的账龄及清偿可能性、未来应收账款是否具有一定可期待性等进行核查。保理人可要求应收账款债权人提供基础合同及证明合同履行情况的结算单据等,并对应收账款的真实性和可回收性作出承诺。

第二,签署保理合同,完成应收账款转让通知:由保理人和应收账款债权人签署保理合同,并向应收账款债务人发送应收账款转让通知。保理人可以请应收账款债务人签署应收账款转让通知回执,并对保理人作出付款承诺。在暗保理业务中,应收账款转让时不通知债务人,而是当发生保理融资款无法偿付等情形时再行通知。

第三,在中登网办理应收账款转让登记,向应收账款债权人发放保理融资款。

第四,应收账款管理:在保理融资期间,对基础合同履行情况、应收账款还款情况等进行定期核查。

第五,融资款项回收:在应收账款到期日,保理人向应收账款债务人收取应收账款;或在保理融资款到期日,要求应收账款债权人偿还保理融资款。

二、我国保理行业发展现状及业务创新

近年来,我国保理市场总体保持着稳定发展的趋势。2020 年我国保理业务总量约 3 万亿人民币,占全球的 15%,亚太的 60%,再次成为全球保理业务量最大的国家。①

银行业保理仍占有较大比重,2019 年中国银行业保理业务量约为 1.75 万亿

---

① 参见中国银行业协会保理专业委员会编著:《中国保理产业发展报告(2019—2020)》,中国金融出版社 2021 年版,前言。

元。其中,国际保理业务量 264.76 亿美元,国内保理业务量 1.56 万亿人民币。伴随中美贸易摩擦、新冠疫情蔓延等因素,国际保理业务近年呈下降趋势,有追索权出口保理仍是国际保理的绝对主导,占比 75%。国内保理业务仍以卖方端融资产品及配套服务为主,但围绕买方核心企业的供应链保理开始迅速抢占市场。①

商业保理近年来保持着快速发展趋势,2019 年商业保理业务量达 1.38 万亿元,同比增长 15%,占中国保理市场的比例上升至 44%。② 商业保理公司不断利用自身优势,寻求业务创新,如以保理资产证券化(ABS)、与商业银行进行再保理合作等方式拓展融资渠道和业务规模。

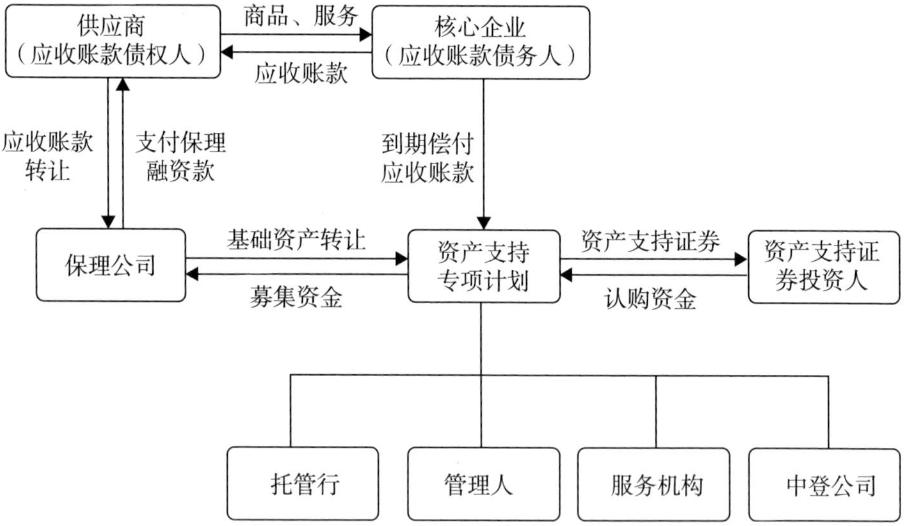

图 6-1 保理公司发行资产证券化一般模式示意图

在业务创新方面,一些保理公司由核心企业设立或依托于核心企业,他们依赖核心企业主体信用评级高、市场竞争优势显著、经营业绩稳定、内控制度完善等优势,以"产融结合"为宗旨,以代理人模式开展保理 ABS 业务。在此模式中,保理公司不直接受让供应商对核心企业享有的应收账款,而是作为供应商的代理人,代理供应商出售应收账款,设立资产支持专项计划,开展资产证券化业务。由于保理公司系代理各供应商出售应收账款,无需支付保理融资款,节省保理公司资金占用,减少了融资环

① 参见中国银行业协会保理专业委员会编著:《中国保理产业发展报告(2019—2020)》,中国金融出版社 2021 年版,第 16—19 页。

② 同上书,第 22 页。

节，降低了企业的综合融资成本。[①] 2019年1月25日发行的中国建筑所属中建商业保理有限公司以中建二局为核心企业开展的供应链金融资产支持证券项目“中建保理-海通申证-中建二局第一期供应链金融资产支持专项计划”为国有企业代理人模式供应链ABS首创，创下我国建筑行业供应链金融ABS票面利率新低。[②]

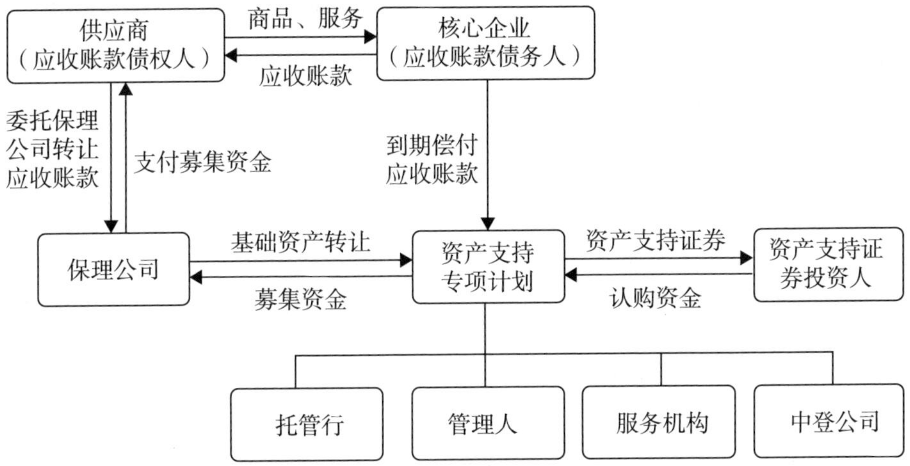

图6-2　保理公司发行资产证券化代理模式示意图

再保理业务的发展也是我国保理业务创新的趋势之一。再保理业务将商业保理公司较为深入的行业背景和较强的应收账款管理能力以及商业银行雄厚的资金实力和较低的融资成本结合起来，弥补了商业保理公司外部融资渠道不畅、银行保理业务“重融资职能，轻应收账款管理”的不足。如JD旗下的HB保理公司即与银行开展再保理合作，由HB保理公司将从JD商城供应商受让的应收账款再次转让给银行，从银行获得再保理融资。如供应商未能及时偿还融资款，银行有权要求HB保理公司回购应收账款。一方面，该业务依托JD商城多年积累了海量高品质数据的优势，凭借大数据分析及云平台处理，通过“物流+资金流+信息流”的数据整合，进行授信和应收账款管理，有效地控制了风险。另一方面，HB保理公司通过银行再保理扩大融资渠道，扩展了业务规模。[③]

① 中国银行业协会保理专业委员会编著：《中国保理产业发展报告（2019—2020）》，中国金融出版社2021年版，第44—46页。

② 《中国建筑成功发行上交所全国首单央企代理人模式供应链ABS》，载https://www.cscec.com.cn/xwzx_new/gsyw_new/201902/2909178.html，2021年10月7日访问。

③ 中国银行业协会保理专业委员会编著：《中国保理产业发展报告（2019—2020）》，中国金融出版社2021年版，第49—51页。

此外,区块链等金融科技应用于保理业务也是近年来保理业务的一项创新。2018年11月发行的"京东金融-华泰资管2018年第6期供应链保理合同债权资产支持专项计划"即利用京东金融与管理人华泰证券资管、托管行兴业银行共同组建的资产证券化联盟链,通过区块链技术,实现了基础资产层面的数据保真、防篡改,并首次使用智能合约,将交易结构条款转化为可编程化的数字协议,实现专项计划的智能化管理。这笔保理ABS项目是该联盟链首次落地。①

三、保理纠纷的司法实践概况

(一)保理案件的分布情况

从2011年至2020年,我国保理案件数量整体呈增长趋势。2011年至2013年,保理纠纷相关裁判文书每年还不及百件,2015年的保理纠纷相关裁判文书已超过500件,而自2017年起,每年的保理纠纷相关裁判文书均超过1000件。从地域来看,北京、上海、广东、江苏、浙江、天津等地法院审理的保理纠纷案件比例较高。从标的额及审理法院层级来看,保理纠纷案件一审多数在基层法院,仍以中小标的额居多。

(二)保理案件所涉纠纷的主要内容

保理纠纷一般围绕应收账款转让和保理融资款的追索展开。在实体争议层面,案件中的主要争议焦点包括,合同的性质是保理还是借贷、应收账款是否真实、虚假应收账款转让对合同效力的影响及保理人的审查义务问题、应收账款的可转让性和以未来应收账款叙作保理的效力问题、保理人能否直接通知应收账款债务人、应收账款债务人是否可以基础合同变更或基础合同项下抗辩对抗保理人、有追索权保理的性质及追索的顺序、保理人是否变相收取高额利息等。在程序方面,主要争议集中在保理人是否应将应收账款债权人和债务人作为共同被告起诉以及管辖法院的确定方面。

第二节　《民法典》及司法解释与保理相关的主要条文

《民法典》合同编第十六章关于保理合同的规定均为《民法典》的新增条文,这是我国首次从法律层面将保理合同作为有名合同加以规制。该章共九个条文,分

---

①　参见《区块链应用再落地 京东金融保理ABS资产首次上链》,载https://www.sohu.com/a/274040505_161795,2021年9月1日访问。

别从保理合同的定义(第 761 条)、保理合同的内容与形式(第 762 条)、虚构应收账款对保理关系的影响(第 763 条)、应收账款转让通知的主体和要求(第 764 条)、基础交易合同变更或终止对保理人的效力(第 765 条)、有追索权保理和无追索权保理中保理人的权利(第 766 条、第 767 条)、同一应收账款进行多重保理时各保理人权利的优先顺位(第 768 条)等方面进行了规定。

《民法典担保制度解释》第 66 条为保理相关条文。该条规定了同一应收账款同时存在保理、质押和债权转让参照适用《民法典》第 768 条;有追索权保理纠纷的诉讼主体问题;以及应收账款债权人向保理人返还融资款或履行回购义务后,有权请求应收账款债务人向其履行应收账款债务。

此外,由于应收账款转让为保理业务之核心,故《民法典》第 769 条规定,保理关系适用债权转让的相关规定。《民法典》债权转让规定见于合同编第六章(合同的变更和转让)第 545 条至第 550 条,上述条款承继了《合同法》第 79 条至第 83 条的主要内容,并加以修订和增添。其中,第 545 条涉及不得转让的债权范围,《民法典》增加了非金钱债权不得转让之约定不得对抗善意第三人、金钱债权不得转让之约定不得对抗第三人的内容。第 546 条为债权转让未通知债务人,不对债务人发生效力的规定,该条款仅在立法技术上进行调整,未进行实质变更。第 547 条规定了债权转让后从权利随之转移,与《合同法》第 81 条相比,该规定明确了从权利未办理登记手续或未转移占有不影响从权利转移的生效。第 548 条为债务人对受让人主张抗辩权的规定,该条未对《合同法》的规定进行修改。第 549 条规定了债务人对受让人行使抵销权的情形,分别为(1)债务人接到债权转让通知时,债务人对让与人享有债权,且债务人的债权先于转让的债权到期或者同时到期和(2)债务人的债权与转让的债权是基于同一合同产生两种情形,其中,第二种情形为《民法典》的新增情形。第 550 条规定,因债权转让增加的履行费用由让与人负担,该条为《民法典》新增条款。

《民法典》和司法解释相关规定的积极意义体现在以下几个方面。首先,上述关于保理合同和债权转让的规定在一定程度上明确了保理关系的法律构造、能够叙作保理业务的应收账款范围、保理合同和应收账款基础交易合同之间的关联性和履行过程中的相互影响。其次,相关规定亦尽量平衡了保理关系中的各方利益,如对应收账款转让通知的规定、债务人得行使基础交易合同项下抗辩权和抵销权的规定主要体现了对债务人的保护;而虚构应收账款不必然影响保理合同的效力、基础交易合同变更一般不能对抗保理人等规定则更侧重于对保理人的保护;对于多重保理优先顺位的规定则旨在平衡多重保理中各保理人之间的利益。再次,《民法典》对于有追索权保理和无追索权保理的法律构造以及各方的权利义务关系进行了较为明确的规定,该规定对以往实践中关于有追索权保理的法律实质以及保理人在应收账款项下的权利和保理合同项下对应收账款债权人的追索权之间的关系等争议较大的问题进行了有益回应。

同时,实践中保理关系可能面临的争议当中,亦有《民法典》尚未明确的部分,有待未来通过司法解释和判例加以明确。例如,《民法典》第 768 条仅规定了多重保理中各保理人权利的优先顺位,并未规定应收账款转让是否具有对抗第三人(如应收账款债权人的其他债权人、破产管理人)的效力。再如,对于有追索权的保理,《民法典》第 766 条规定,保理人向应收账款债务人收取应收账款的,应将超出保理融资款和费用的部分返还应收账款债权人,而对于当事人是否能在保理合同中约定排除该规定的适用,《民法典》并未予以明确。

在以下部分中,本书将基于上述《民法典》及司法解释的相关规定,就其对保理业务的影响进行简述,主要围绕保理人对应收账款的核查、保理合同的履行、保理人的债权清收和资产保全等问题和业务环节进行介绍。

第三节 可叙作保理的应收账款与应收账款的核查

一、未来应收账款保理

在《民法典》出台之前,法律、行政法规并未对未来应收账款能否叙作保理、进行质押作出明确规定。但《商业银行保理业务管理暂行办法》第 13 条禁止商业银行基于未来应收账款开展融资业务。而在业务实践中,保理人基于未来应收账款办理保理业务的情形则较为常见。因此,在以往的司法实践中,未来应收账款能否叙作保理业务一直是争议较大的问题。

(一)《民法典》的相关规定及其影响

《民法典》第 761 条规定:"保理合同是应收账款债权人**将现有的或者将有的应收账款转让**给保理人,保理人提供资金融通、应收账款管理或者催收、应收账款债务人付款担保等服务的合同。"该条款明确规定保理人可以基于未来应收账款办理保理业务,回应了这一以往实践中争议较大的问题。

关于《民法典》背景下《商业银行保理业务管理暂行办法》第 13 条是否会影响保理合同的效力,本书认为,《商业银行保理业务管理暂行办法》仅为部门规章,而非法律、行政法规,违反该规定不应导致债权转让和保理合同无效的法律后果。并且,未来银保监会也可能根据《民法典》对该规定作出相应修改。

(二)仍将存在较大争议的问题

《民法典》认可未来应收账款可叙作保理并不意味着保理人可基于任何应收账

款办理保理业务，在认定合同效力时，法院仍会审查案涉应收账款的可让与性，如案涉应收账款具有可让与性，则该笔应收账款得叙作保理，否则，相应保理合同可能被认定为无效。认定未来应收账款/未来债权是否具有可让与性时，法院的审查重点在于该笔未来应收账款是否具有可期待性和确定性。但就具体的认定标准，不同法院的观点往往存在一定差异。因此，在未来实践中，能够作为保理合同标的的应收账款范围亦将成为争议较大的问题。

未来债权一般分为两种类型，第一类是已经存在基础法律关系的未来债权，例如，双方已经签署了租赁合同，而承租方支付某笔租金的义务尚未到期，该笔租金即为有基础法律关系的未来应收账款；再如，卖方尚未根据已签署的买卖合同交付标的物，购买价款这一债权尚未到期，则该笔价款亦为有基础法律关系的未来应收账款。第二类是没有基础法律关系的未来债权，又称为“纯粹的未来债权”，例如，尚未订立合同的买卖、租赁等所产生的债权，未来特定期间某商家 POS 机上形成的应收账款即属于没有基础法律关系的未来应收账款。①

有基础法律关系的未来应收账款能够叙作保理业务，法院对此一般不存在异议，包括：

（1）以买卖合同、租赁合同等合同关系产生的未来应收账款：该类未来应收账款存在基础法律关系，有确定的债权人，具有可期待性与相对确定性；

（2）以基础设施和公共事业项目收益权为基础的未来应收账款：如公路、桥梁、隧道、渡口等不动产收费权或公园门票收入、景区门票收入等收费权，该类未来应收账款虽然债务人不特定，但存在相应权利基础，且相应收入相对稳定，具有可期待性与相对确定性；

（3）财政补贴资金、出口退税款等未来应收账款：该类未来应收账款的产生具有相对确定的法律或政策依据，且支付的主体相对确定，具有可期待性与相对确定性。②

司法实践中争议较大的是无基础法律关系的未来应收账款，例如：

（1）以零售商持有的 POS 机在未来特定期间内产生的交易额叙作保理；

（2）以企业、个体工商户等单位在未来某段时间内的营业收入叙作保理。

关于保理人根据零售商在以往经营活动中的 POS 机历史交易金额预估未来应收账款，并以此叙作保理，部分观点认为，这类应收账款不具有可让与性，不得叙作保理。例如，在（2016）沪民申 2374 号案中，上海市高级人民法院认为，保理人根据应收账款债权人在以往经营活动中的 POS 机历史交易金额预估未来应收账款，并

① 参见朱晓喆：《资产证券化中的权利转让与“将来债权”让与——评“平安凯迪资产支持专项计划”执行异议案》，载《财经法学》2019 年第 4 期。

② 如陕西省高级人民法院民事判决书（2019）陕民终 615 号认可出口退税款可叙作保理业务；湖南省长沙市开福区人民法院民事判决书（2015）开民二初字第 01054 号认可中央财政补贴资金可以用于质押。

以其特定经营期间内"POS机上形成的所有应收账款及其收款权利"叙作保理,保理无效。在原二审中,上海市第一中级人民法院详细阐述了其认为案涉应收账款不具有合理可期待性和相对确定性的两方面理由:第一,应收账款债权人,即持有POS机的商家已自认其提供给保理人用以预估未来应收账款的以往经营情况并非真实,保理人亦未对此予以必要的核查,故双方当事人仅依据此种虚假记载并不足以对本案所涉将来债权产生合理期待。第二,案涉合同对叙作保理的应收账款的描述未提及交易对手、交易标的及所生债权性质等债之要素,亦无其他可对该将来债权予以确定的约定,因此,难以认定案涉将来债权已相对确定或具备合理期待利益。①

亦有相反观点认为,只要双方能够通过债权发生期间将所转让的未来应收账款进行特定化,使得某笔应收账款在未来形成时即能被识别出是否属于被转让的应收账款,保理人即可以自行评估其中风险,并可以基于此叙作保理。② 至于前述上海市第一中级人民法院据以认为此类应收账款不具有可让与性的两方面理由,该观点认为:"恰恰是因为未来债权而根本无法提及'交易对手、交易标的及所生债权性质等债之要素',并无必要否认此等未来债权的可让与性,至于让与人经营状况虚假记载,则仅涉及受让人因虚假记载所受欺诈而产生的撤销权。"③司法实践中,亦有案例认为,此类POS机未来特定期间的应收刷卡交易额得叙作保理。如在(2020)陕01民终8486号案中,案涉保理合同约定,"乙方将一定经营期间通过指定收单机构的POS机产生的所有应收刷卡交易额,向甲方申请办理商业保理业务,获得生产经营资金",西安市中级人民法院即认为案涉保理合同有效。

关于保理人基于企业、个体工商户等单位在未来某段时间内的营业收入叙作保理,司法实践中亦存在一定争议。如在(2017)京0108民初49433号案中,北京市海淀区人民法院对未来营业收入叙作保理持否定态度,法院认为:"本案基础合同对应事实是未来饭店的经营,经营事实在签订保理合同时尚未发生,未来营业收入情况是否存在未知,该基础合同将来是否发生具有不确定性,无法明确认定保理合同对应的基础合同真实存在。"而在(2018)京0102民初33236号案中,北京市西城区人民法院则认可了以未来营业收入叙作保理的合同效力。

应对建议:关于未来应收账款的核查,本书建议保理人以未来应收账款的可期待性与可确定性为核心,从交易对手、交易标的、合同性质、历史交易数据等角度加

---

① 参见上海市第一中级人民法院民事判决书(2015)沪一中民六(商)终字第640号。

② 参见朱虎:《禁止转让债权的范围和效力研究:以〈民法典〉规则为中心》,载《法律科学》2020年第5期。

③ 同上注。

以判断。对于那些办理保理业务时交易对手、交易标的、基础交易合同的基本要素等均难以确定的未来应收账款(如零售商持有的 POS 机在未来特定期间内产生的交易额、经营者在未来某段时间内的营业收入),由于司法实践中对此类应收账款是否具有可转让性的争议较大,建议保理人基于此办理保理业务时更加慎重。尤其是当保理人在未来应收账款形成时也无法对其进行有效的识别和管理时,保理人应更为谨慎。

二、虚构应收账款保理

当事人以基础交易合同、应收账款虚构为由主张保理合同无效是以往司法实践中常见的纠纷类型。如果认为应收账款债权人以虚构的应收账款申请保理融资,保理合同均无效,则将难以保障善意保理人的利益。因此,《民法典》第 763 条规定:"应收账款债权人与债务人虚构应收账款作为转让标的,与保理人订立保理合同的,应收账款债务人不得以应收账款不存在为由对抗保理人,但是保理人明知虚构的除外。"

关于该条款的适用,首先,该条适用于叙作保理的应收账款完全不存在或应收账款存在但与真实债权数额不符的情形。

其次,虚构应收账款的方式多样,包括债权人和债务人签署了虚构的基础交易合同,以通谋虚伪意思表示制造虚假应收账款外观;或债权人以虚构应收账款申请保理融资,债务人向保理人确认应收账款真实性等情形。本书认为,如在应收账款转让前,应收账款债权人和债务人就基础交易合同进行了变更或解除,但却未向保理人披露该变更或解除,保理人亦可考虑依据本条规定主张该变更或解除对保理人不发生效力。

最后,保理人需基于对应收账款真实性的合理信赖签署保理合同。根据本条规定,应收账款债务人不得以虚构应收账款对抗保理人,"但是保理人明知虚构的除外"。从字面上看,该条但书似仅限于保理人"明知"虚构,而不包括保理人"应知"的情形,这是否意味着保理人无须尽任何审核义务,仅依据债权人和债务人提供的虚构的基础交易合同和(或)债务人对应收账款真实性的承诺签署保理合同就万事大吉,可以"认假为真"? 多数观点认为,本条但书虽未明确包含保理人"应知"债权虚构的情形,但保理人不能因此仅依赖债权人提供的债权凭证和(或)债务人对债权真实性的确认而完全不对债权的真实性进行任何调查核实。[①] 这种观点在

① 参见黄薇主编:《中华人民共和国民法典合同编解读(下册)》,中国法制出版社 2020 年版,第 914 页;汤杨程、唐郢:《民法典视域下应收账款不真实的保理融资问题研究》,载《人民司法》2020 年第 28 期;李宇:《保理合同立法论》,载《法学》2019 年第 12 期。

以往的司法实践中也被广泛接受,多数法院认为,保理人的审查义务不限于向债务人发出确认书,还要对交易合同、付款凭证、发票等予以核查。[①] 因此,本条规定虽旨在避免过分增加保理人的审核义务,但债权和债权凭证本身一般不具有公示公信力,所以单凭债权人和债务人的确认并不能确保应收账款的真实存在,保理人仍应进行审慎核查。当保理人可以通过较低成本的审核即发现应收账款虚构时,法院可能认为,此时保理人未尽审查义务,否则有理由预见风险,并无保护必要,或依据过错相抵规则,适当减轻债务人的责任。

应对建议:保理业务风险防控的关键点在于确保应收账款的真实性和可回收性,因此,保理人在开展保理业务时应注重前期对应收账款的核查以及后续对应收账款的管理。

关于应收账款的核查,本书建议保理人以应收账款的真实性为核心,核查内容和手段不限于向债务人发出确认书,还要对基础交易合同、付款凭证、发票等予以核查。本书建议保理人对基础交易合同是否存在变更或终止、应收账款是否存在在先转让(尤其是非让与担保性质的应收账款终局性转让)等事宜亦进行核查,并就此取得应收账款债务人的书面确认。

第四节　保理合同履行中的相关问题

一、应收账款转让对债务人的通知

(一)应收账款转让通知的效力

应收账款的转让本质上是债权转让,对于债权转让的通知,《民法典》第546条规定:“债权人转让债权,未通知债务人的,该转让对债务人不发生效力。债权转让的通知不得撤销,但是经受让人同意的除外。”

可见,保理业务中的应收账款转让不以通知应收账款债务人为必要,通知与否不影响保理合同和应收账款转让在保理人和应收账款债权人之间发生效力。业务实践中,应收账款债权人通常是债务人的供应商,为避免应收账款债务人对债权人

---

① 参见最高人民法院民事判决书(2014)民二终字第271号;天津市高级人民法院民事判决书(2017)津民初15号;浙江省高级人民法院民事判决书(2018)浙民终516号;北京市第二中级人民法院民事判决书(2018)京02民初253号;湖北省武汉市中级人民法院民事判决书(2018)鄂01民终5647号。

的资信状况和履约能力产生疑虑，当事人采取暗保理或称隐蔽型保理的业务模式亦为普遍。在暗保理中，保理合同签署时并不通知债务人，而由债务人继续向原债权人支付应收账款，但如应收账款债权人出现逾期未还保理融资款等违约情形，保理人可通知债务人应收账款转让的事实并要求债务人向其付款。

是否通知应收账款债务人的区别在于转让是否对债务人生效。根据《民法典》第546条之规定，未通知债务人的，转让不对应收账款债务人生效。故此时，债务人仍向原债权人支付应收账款，发生债权消灭之法律效果。

值得一提的是，《民法典》正式稿在债权转让对债务人发生效力的问题上采取了纯粹的客观模式，即仅以转让通知到达债务人为债权转让对其发生效力的时点，而无需考虑债务人是否知道债权转让的真实主观状态。[①]

(二)发出应收账款转让通知的适格主体

一般债权转让中，发出转让通知的主体原则上应当仅限于让与人，而在保理业务中，存在大量由保理人发出转让通知的情形，故保理人能否作为发出应收账款转让通知的适格主体一直是实践中争议较大的问题。对此，《民法典》第764条明确规定："保理人向应收账款债务人发出应收账款转让通知的，应当表明保理人身份并附有必要凭证。"

关于何为表明保理人身份的必要凭证，《中华人民共和国民法典合同编解读》认为，保理人仅提交债权转让合同或保理合同，或者债权人签字、盖章的书面转让通知，并不必然构成充分的必要凭证，需结合其他具体情况予以判断；如保理人在发出通知时表明保理人身份并附有经过公证的债权转让合同、保理合同或者转让通知等，则可以认为该通知符合《民法典》第764条之规定。[②]

(三)仅办理保理公示登记是否视为有效通知债务人

在实践中，存在大量保理人在办理公示登记后不另行就应收账款转让通知债务人或仅进行口头通知而引发的纠纷。本书认为，对保理交易进行公示登记对债务人不当然产生效力，不能免除对债务人的通知义务。否则将等同于对债务人施加了查询债权人是否转让应收账款的义务，有失公允。该观点在以往的司法实践

---

① 对此，《民法典合同编(草案)》一审稿和二审稿第335条第1款曾采取转让通知加受让人收到转让通知前的善意这种客观加主观的混合模式。该条款规定："债权人转让债权的，应当通知债务人。未经通知，该转让对债务人不发生效力，但是债务人明知该债权转让给受让人的除外。"这种模式在比较法中亦较为普遍。参见朱虎：《债权转让中对债务人的程序性保护：债权转让通知》，载《当代法学》2020年第6期。

② 参见黄薇主编：《中华人民共和国民法典合同编解读(下册)》，中国法制出版社2020年版，第917页。

中亦被广泛采纳。①

(四)让与通知是否可采取公告形式

通过公告形式进行转让通知在实践中并不少见,尤其在资产池保理等业务中,债权人将其在特定期限内对特定债务人或者所有债务人的应收账款整体转让给保理人,在保理合同签署时单笔债权的额度和债务人难以确定,故保理人选择通过公告形式进行转让通知。司法实践中亦有案例认可债权转让通知可采取公告形式。如最高人民法院(2003)民一终字第46号案、(2016)最高法执复48号案均认可了以公告形式进行的债权转让通知的效力。

但在(2016)最高法执复48号案中最高人民法院亦明确指出,法律对债权通知的形式没有明确规定,但应当满足使债务人及时、准确获悉债权转让事实的目的。债权转让通知的对象是债务人,具有明确的指向性,而公告系针对社会上不特定的多数人。故即使公告有助于降低通知的成本,却实际上赋予了债务人关注报刊媒体的义务,有违背债权让与不得恶化债务人地位原则的嫌疑。

(五)提起诉讼或仲裁是否可视为对应收账款转让进行通知

如果让与人拒不发送应收账款转让通知,或受让人基于真实的保理合同发送通知但无法提供必要证据,或保理人向债务人核实未得到确认,保理人起诉或者申请仲裁要求债务人履行债务的,是否可将起诉或者申请仲裁的行为视为债权转让通知呢?

对此,部分案例和地方法院审判指导文件予以肯定。如山东省高级人民法院(2016)鲁民终104号案、河南省高级人民法院(2020)豫民申459号案均认为提起诉讼或仲裁可视为对债权转让进行通知,北京市高级人民法院的办案指南亦采此观点。②

亦有否定的观点认为,受让人起诉或者申请仲裁并不意味着受让人的请求最终会得到支持,债务人对起诉或者仲裁之诉请及事实理由部分无从判断其真实性,如果认为债务人接到起诉书或者仲裁申请书副本时就发生转让通知的效力,债

---

① 参见广州市中级人民法院民事判决书(2017)粤01民终18602号;重庆市第五中级人民法院民事判决书(2014)渝五中法民初字第00106号。

② 《北京市高级人民法院审理民商事案件若干问题的解答之五(试行)》的说明中问题解答20指出:"《合同法》第八十条的立法本意是平衡合同双方当事人利益,所以规定债权人转让权利时负有通知债务人的义务,以更有利于保护债务人的合法利益。负有通知义务的人是债权让与人,没有通知债务人时,不影响债权转让行为的效力,受让债权人享有债权人的地位是确定的。未经债权人通知,债权转让行为对债务人没有约束力,债权受让人向债务人主张其受让的债权时,债务人有权拒绝。债权人转让债权没有通知债务人,受让债权人直接起诉债务人的情形,要视为债权人转让债权履行'通知'义务的特殊情况来理解,这是因为当债务人对债权人所转让的债权提出抗辩时,法院在对案件审理过程中,可以依照最高法院《关于适用〈合同法〉若干问题的解释(一)》第二十七条的规定列债权人为第三人参加诉讼,以达到法律保护或不损害债务人权益的立法目的。"

务人此时就负有向受让人履行的义务，有可能导致债务人承担履行错误的风险，对其不利。①

应对建议：首先，当保理人进行应收账款转让通知时，应当附有表明保理人身份的必要凭证。如应收账款债务人不愿出具认可保理人身份、确认已收到债权转让通知的相关函证，本书建议，保理人对债权转让合同、保理合同、转让通知等进行公证，以证明保理人身份及已进行有效通知。

其次，即使保理交易已办理公示登记，保理人或债权人仍应履行通知程序，且以书面通知为宜。如能够获得应收账款债务人的配合，建议请债务人签署应收账款转让通知回执或确认书，保理人应对转让通知回执、确认书、寄送转让通知的EMS回单等原件进行妥善保管。

最后，应收账款转让通知以向特定债务人单独发送为宜，如在池保理等保理合同签署时单笔债权的额度和债务人难以确定的情况下，保理人宜加强对叙作保理应收账款的定期核查，亦可考虑由应收账款债权人对每笔基础交易形成的应收账款进行转让通知。

二、基础交易合同的履行对保理合同的影响

（一）应收账款债务人基于基础交易合同变更或终止拒付应收账款的风险

一般而言，应收账款转让后基础交易合同当事人协商变更或终止基础交易合同不应对保理人产生不利影响。《民法典》第765条规定："应收账款债务人接到应收账款转让通知后，应收账款债权人与债务人无正当理由协商变更或者终止基础交易合同，对保理人产生不利影响的，对保理人不发生效力。"

该条系为避免应收账款债权人和债务人任意变更、终止基础交易合同损害保理人利益而作出的规定。关于该条的适用，有以下几个方面值得注意。

首先，该条仅适用于基础交易合同变更或解除发生在应收账款债务人接到转让通知后且变更或解除对保理人产生不利影响的情形。在转让通知前，应收账款债权人和债务人协商变更或终止基础交易合同一般应对保理人发生效力。但在转让前发生变更或终止的情况下，如应收账款债权人未向保理人披露上述变更或终止，且应收账款债务人亦就未变更的应收账款予以确认，保理人或可依据《民法典》第763条关于应收账款债权人与债务人虚构应收账款不得对抗保理人的规定，要求应收账款债务人继续支付应收账款，或解除保理合同。

---

① 参见朱虎：《债权转让中对债务人的程序性保护：债权转让通知》，载《当代法学》2020年第6期。

其次,该条仅适用于协商变更、终止基础交易合同的情形,包括协商延期、协议抵销、协议解除、债权人免除债务人的债务而债务人未在合理期限内拒绝等情形。该条并不适用于基础交易合同因合同约定的解除条件成就而终止或应收账款债务人根据法律规定或基础交易合同的事先约定单方变更或解除基础交易合同的情形。[①] 在此情况下,如基础交易合同变更或解除导致应收账款的有效性、履行期限、付款方式等发生重大变化,致使保理人不能实现合同目的,保理人可依据保理合同相关约定及《民法典》第563条关于合同解除的规定解除保理合同,并要求应收账款债权人赔偿损失。

最后,应收账款债权人和债务人协商变更或终止基础交易合同须无正当理由。参照外国实践,所谓有正当理由变更或终止基础交易合同包括以下几种情形:一是保理人同意变更或终止;二是基础交易合同约定了当事人可变更或解除基础交易合同且应收账款尚未形成;三是基础交易合同是一些复杂合同,在该类合同的履行过程中变更较为普遍,基础交易合同当事人本着善意进行变更且应收账款尚未形成,例如,以固定总价方式计价的总包合同,履行中出现当事人无法合理预料的工程量增减,应当允许当事人变更合同。[②]

应对建议:保理人可要求应收账款债务人在应收账款转让通知回执中确认,在收到转让通知前不存在基础交易合同变更或终止的情况。建议保理人在项目尽职调查阶段较为深入地了解基础交易合同条款及履行情况,确认基础交易合同中是否约定了当事人可变更或解除合同,并评估在应收账款转让后发生合同变更、解除风险的概率。在保理合同中,本书建议约定基础交易合同的变更和解除作为保理人有权要求被保理人提前偿还保理融资款的事由。

(二)应收账款债务人基于基础交易合同主张抗辩而拒付应收账款的风险

由于债权转让不影响债权的同一性,故应收账款债务人基于基础交易合同履行对债权人享有的抗辩一般可向保理人主张。此处所谓"抗辩"包括一切影响债权成立、存续、行使的事由所产生的实体抗辩和程序抗辩,包括诉讼时效抗辩、债权不发生的抗辩、债权消灭的抗辩(如清偿、提存、免除、抵销)、基于形成权行使的抗辩(如合同被撤销、被解除)、双务合同的抗辩权(如同时履行抗辩权、先履行抗辩权、

---

① 参见黄薇主编:《中华人民共和国民法典合同编解读(下册)》,中国法制出版社2020年版,第919页。

② 参见《联合国应收账款转让公约》第20条;《美国统一商法典》§9-324(a)(b) Official Comments;黄薇主编:《中华人民共和国民法典合同编解读(下册)》,中国法制出版社2020年版,第920页。

不安抗辩权)以及诉讼上的抗辩。①

对此,《民法典》第548条规定:“债务人接到债权转让通知后,债务人对让与人的抗辩,可以向受让人主张。”第549条规定:“有下列情形之一的,债务人可以向受让人主张抵销:(一)债务人接到债权转让通知时,债务人对让与人享有债权,且债务人的债权先于转让的债权到期或者同时到期;(二)债务人的债权与转让的债权是基于同一合同产生。”

因此,实践中常出现应收账款债务人基于基础交易合同履行而产生对应收账款债权人的抗辩进而拒绝向保理人支付应收账款的情形。例如,应收账款债务人主张,债权人未依约履行基础交易合同项下义务,故应收账款存在瑕疵。由此,保理人对应收账款享有的利益将受到损害,甚至这将导致保理人合同目的落空。

若出现此情形,如因应收账款债权人的原因导致债务人向保理人行使其对债权人的抗辩从而不支付应收账款,则保理人可就此向应收账款债权人进行索赔,要求债权人回购或支付应收账款。如本章第五节关于无追索权保理业务中保理人债权清收的介绍,保理人行使该权利系基于应收账款债权人的瑕疵担保责任,故该权利的行使并不限于有追索权的保理,亦应包括无追索权的保理。

为尽可能避免应收账款债务人以基础交易合同项下抗辩拒付应收账款从而损害保理人的利益,保理人常常在应收账款转让时要求应收账款债务人作出无异议承诺,如在转让通知书上签章确认会将叙作保理的应收账款按时、全额付至保理专户。然而,在司法实践中,只有债务人明确表示放弃关于基础交易合同项下债权不成立、应收账款有瑕疵、债务人主张抵销而导致债权消灭等可对抗债权人的抗辩,法院才能认定债务人放弃了抗辩权。债务人仅作出将按时、全额支付应收账款这类较为笼统的承诺,很可能并不构成对后续主张抗辩的放弃。如最高人民法院在(2018)最高法民再128号案中认为,保理业务当中,认定基础交易合同中债务人放弃基础交易合同项下对债权人的抗辩权,应当由债务人一方对于放弃抗辩权作出明确的意思表示或由基础交易合同债权人、债务人重新达成放弃上述抗辩权的合意。而本案中,债务人出具的债权转让通知回执仅对应收账款进行确认,并确认将按通知书的要求及时、足额付款至指定账户,该内容并没有明确的放弃抗辩权的表示,且该回执是债务人确认收到转让通知的书面凭证,法律性质上类似于观念通知,故不能仅凭债务人的回执认定债务人放弃了抗辩权。

应对建议:本书建议,保理人可尽量要求应收账款债务人对于应收账款转让时不存在其基于基础交易合同对债权人的抗辩或其可向债权人主张抵销的情形作出

---

① 参见朱虎:《债权转让中对债务人的延续性保护》,载《中国法学》2020年第5期。

书面确认,并进一步在书面文件中明确承诺其将放弃一切关于基础交易合同项下债权不成立、应收账款有瑕疵、其主张抵销而导致债权消灭等抗辩。

三、登记与同一应收账款的多重融资

(一)《民法典》及司法解释的相关规定

在有追索权的保理中,应收账款虽然名义上已经转让给保理人,但其目的在于担保保理人对应收账款债权人所享有的保理融资款本息。因此,根据同一担保财产上允许设定多个担保物权的规则,《民法典》允许同一笔应收账款进行多重保理。

对于多重保理各保理人之间权利的优先顺序,《民法典》第 768 条规定:"应收账款债权人就同一应收账款订立多个保理合同,致使多个保理人主张权利的,已经登记的先于未登记的取得应收账款;均已经登记的,按照登记时间的先后顺序取得应收账款;均未登记的,由最先到达应收账款债务人的转让通知中载明的保理人取得应收账款;既未登记也未通知的,按照保理融资款或者服务报酬的比例取得应收账款。"

《民法典担保制度解释》进一步将《民法典》768 条的适用范围扩展到同一应收账款上同时存在保理、质押和转让的情形。《民法典担保制度解释》第 66 条第 1 款规定:"同一应收账款同时存在保理、应收账款质押和债权转让,当事人主张参照民法典第七百六十八条的规定确定优先顺序的,人民法院应予支持。"

(二)实践中可能出现较大争议的问题

值得关注的是,如应收账款债权人已将应收账款终局性地转让给他人后(包括无追索权保理中的应收账款转让)又以同一笔应收账款叙作保理,在此情况下,保理人和另一受让人之间的关系如何处理,保理人的权益如何得到保障?

根据《民法典担保制度解释》第 66 条第 1 款和《民法典》768 条之规定,如在先的应收账款转让已先于保理业务进行了登记,那么在先受让人将终局性地取得应收账款,保理人就应收账款享有的权利可能难以实现。

本书认为,如应收账款债权人未向保理人披露在先的债权转让,且对于应收账款的真实性,债务人向保理人进行了确认,保理人也进行了合理审查,那么,若债务人向另一受让人进行了清偿,保理人可以考虑依据《民法典》第 763 条关于债权人和债务人虚构应收账款不得对抗保理人的规定,要求应收账款债务人仍依保理合同向其支付应收账款。

应对建议:保理人应在项目尽职调查阶段在中登网查询被保理人是否办理过

其他应收账款质押、转让或保理业务。如有在先登记,则应进一步确认在先应收账款质押、转让或保理登记项下的应收账款及其基础交易情况。有些登记未附有产生应收账款的基础交易合同等材料或所附文件模糊不清,难以认定登记中的应收账款是否为被保理人拟用以叙作保理的应收账款。在此情况下,本书建议保理人与被保理人和应收账款债务人进行确认,以确定洽商项目所涉及的应收账款上是否有在先的应收账款融资交易,以及之前被保理人的应收账款融资登记项下的应收账款对应的是哪份或哪些基础交易合同。

实践中,有些被保理人为避免其交易伙伴对其资信情况产生疑虑而选择了暗保理模式。相应地,被保理人出于商业考量可能不希望对暗保理交易进行公开登记。保理人便会面临无法对抗后顺位债权人的风险。此时,保理人更应对被保理人的资信情况、基础交易合同履行情况等进行持续评估。如发生被保理人违约,尽早通知应收账款债务人。

如叙作保理的应收账款并无在先质押、转让或保理业务,本书建议保理人要求被保理人在保理合同中对此作出陈述与保证,同时要求应收账款债务人在出具应收账款转让通知回执时对此进行确认。

在保理合同签署、应收账款转让后,保理人应尽快在中登网进行应收账款转让登记。在转让财产描述一栏,登记人对于应收账款的描述以准确、细致为宜,建议包括应收账款债权人和债务人名称,基础交易合同名称、合同编号、签署时间,应收账款的金额、付款时点等内容。基础交易合同也可作为转让财产附件提交,上传时可适当隐去合同中的敏感信息。

第五节 保理人的债权清收与资产保全

一、有追索权保理业务中的债权清收

有追索权保理业务中的融资款逾期、保理人债权清收所产生的纠纷是以往司法实践中最主要的纠纷。在此类纠纷中,有追索权保理的法律性质及相应的保理人向应收账款债权人抑或债务人进行追索的选择权及先后顺序、保理人能否同时起诉应收账款债权人和债务人、有追索权保理合同纠纷管辖法院的确定等问题均是以往争议较大的问题。对于上述问题,《民法典》第 766 条和《民法典担保制度解释》第 66 条进行了一定程度的回应。

(一)《民法典》的相关规定及其影响

1. 有追索权保理的法律性质采让与担保说

关于有追索权保理的法律性质,存在债权让与说、让与担保说、间接给付说等观点,《民法典》出台前,司法实践中较为有力的为让与担保说和间接给付说。[①] 让与担保说将融资关系视为保理的主法律关系,应收账款转让为从法律关系,发挥担保功能。间接给付说是最高人民法院在珠海华润银行案中首倡的观点,该观点认为有追索权的保理业务所包含的债权转让合同的法律性质是具有担保债务履行功能的间接给付契约,即以转让的债权清偿保理融资款之债,而保理人受让的债权未得清偿前,原保理融资款之债并不消灭。[②] 让与担保说和间接给付说在法律效果上的主要区别在于:如采让与担保说,则保理人有权选择请求应收账款债权人偿还融资款或者请求应收账款债务人给付应收账款、将应收账款变价受偿,两者不存在先后顺序;如采间接给付说,则保理人应先行请求应收账款债务人给付或将应收账款变价受偿,不能清偿的部分方能向应收账款债权人追索。[③]

对此争议,《民法典》第 766 条明确采让与担保说,并据此在法律效果上作出两方面规定。

一是,保理人向应收账款债权人或是债务人追索,并无先后顺序。对此,《民法典》第 766 条第一句规定:"当事人约定有追索权保理的,保理人可以向应收账款债权人主张返还保理融资款本息或者回购应收账款债权,也可以向应收账款债务人主张应收账款债权。"

二是,保理人向应收账款债务人主张给付应收账款的,须根据保理融资款本息的金额进行清算,即保理人须将超出保理融资款本息和相关费用部分的应收账款返还应收账款债权人。对此,《民法典》第 766 条第二句规定:"保理人向应收账款债务人主张应收账款债权,在扣除保理融资款本息和相关费用后有剩余的,剩余部分应当返还给应收账款债权人。"《民法典担保制度解释》第 66 条第 3 款规定:"应收账款债权人向保理人返还保理融资款本息或者回购应收账款债权后,请求应收账款债务人向其履行应收账款债务的,人民法院应予支持。"

2. 保理人可向应收账款债权人和债务人同时主张权利

如前所述,《民法典》第 766 条第一句使用的是"保理人可以向应收账款债权人主张……也可以向应收账款债务人主张"的表述。曾有学者建议,为避免发生"只

---

① 参见包晓丽:《保理项下应收账款转让纠纷的裁判分歧与应然路径》,载《当代法学》2020 年第 3 期。

② 参见最高人民法院民事判决书(2017)最高法民再 164 号。

③ 参见李宇:《保理合同立法论》,载《法学》2019 年第 12 期。

能择一行使”的误解，应明确规定保理人可同时向应收账款债权人和债务人主张权利。[①]

虽然该立法建议并未在《民法典》第766条中得到采纳，但《民法典担保制度解释》第66条第2款关于“保理人一并起诉应收账款债权人和应收账款债务人的，人民法院可以受理”的规定从诉讼法的角度肯定了保理人可同时向应收账款债权人和债务人主张权利，回应了以往实践中的争议问题。该规定亦符合《民法典》所采让与担保说，即根据担保的一般规则，保理人应有权同时起诉应收账款债权人和债务人。[②] 为免歧义并增强当事人的合理预期，本书建议在保理合同中对保理人得向应收账款债权人和债务人同时主张权利进行明确约定。

（二）仍将存在较大争议的问题及应对建议

关于应收账款的清算、有追索权保理纠纷的管辖法院如何确定，《民法典》和司法解释尚有以下问题并未阐明，留待今后司法实践中进一步观察。

1. 保理合同能否约定排除适用《民法典》第766条关于保理人清算义务的规定

有观点认为，《民法典》第766条第二句关于保理人清算义务的规定可以约定排除。理由是，虽然该条款使用了“应当返还”的表述，但其性质属于任意性规范。法律规定保理人的清算义务实质上是认为保理人的履行利益不能超出保理融资款本息和相关费用，否则应该退还，但保理合同的交易价款仅涉及保理人和应收账款债权人之间的利益关系，不涉及社会公共利益，故，若保理合同约定保理人的履行利益不仅限于保理融资款本息和相关费用，则该约定的效力应被认可。因此，保理人的清算义务可以通过约定排除。[③]

《中华人民共和国民法典合同编解读》一书在对第766条的解读中亦笼统地说明，“本条关于有追索权保理的规定，在性质上属于任意性规范，适用于当事人无另有约定的情形，如果当事人另有约定，应当按照当事人的约定处理”[④]，但该解读可能旨在说明第766条关于保理人可以就未清偿的保理融资款选择向应收账款债权人或债务人追索的规定为任意性规范，未必是就第766条第二句关于保理人清算义务的规定本身是否属于强制性规范予以明确。

然而，亦应注意的是，第766条对于保理人应受清算义务约束之规定旨在防止

① 参见李宇：《保理合同立法论》，载《法学》2019年第12期。

② 参见林文学等：《〈关于适用民法典有关担保制度的解释〉的理解和适用》，载《人民司法》2021年第4期。

③ 参见李志刚：《〈民法典〉保理合同章的三维视角：交易实践、规范要旨与审判事务》，载《法律适用》2020年第15期。

④ 黄薇主编：《中华人民共和国民法典合同编解读（下册）》，中国法制出版社2020年版，第922页。

有追索权保理业务中的应收账款让与担保违反禁止流质流押规则。[①] 关于流质约款的效力,尽管《民法典》第428条在立法技术上对《物权法》第211条的规定进行调整,不再以"不得约定"之方式直接禁止流质,但该条仍然否认质权人可以取得质押财产所有权的事先约定的效力。根据禁止流质流押的原理,既然《民法典》第766条认为有追索权保理业务中应收账款的转让性质为债权让与担保,那么关于在保理融资款未得清偿时,保理人(即担保权人)取得应收账款(即担保财产)而无需清算并返还应收账款债权人(即担保人)的事先约定类似流质流押约款,应属无效。

应对建议:保理人可按照实际的商业需求约定在保理融资款未得清偿时,保理人取得应收账款而无需清算并返还应收账款债权人。但保理人宜在确定保理融资费率时将该条款无效的风险纳入考量,亦可考虑通过约定仲裁作为争议解决条款的方式降低上述风险。

此外,如保理人希望完全地取得应收账款,不向应收账款债权人返还扣除保理融资款等的剩余部分,也可考虑与应收账款债权人约定进行无追索权保理,再由应收账款债权人对应收账款无法偿还的部分承担保证或差额补足义务。

---

2. 债权人请求保理人返还超过保理融资款本息和相关费用的应收账款的,是否得请求保理人支付相应利息

对于该问题,《民法典担保部分解释》(稿)第64条第2款后半句规定:"保理人从应收账款债务人处获得的应收账款债权超过保理融资款本息和相关费用,应收账款债权人请求保理人返还超过部分及其利息的,人民法院应予支持。"而正式版的《民法典担保制度解释》删除了该条文。

对此,本书认为,根据《民法典》第766条,保理人从应收账款债务人处获得的超过保理融资款本息和相关费用的部分本属于应收账款债权人,如保理人获得后没有及时返还,则会给应收账款债权人造成利息损失。据此,应收账款债权人要求保理人一并赔偿其利息损失具有法律基础。但在司法实践中,保理人应在何时返还超过部分应收账款、何时开始计算相应利息损失可能存在较大争议。

应对建议:为免歧义并增强当事人的合理预期,当事人可以在保理合同中针对已出现或尚未出现保理融资款逾期两种情况下,对保理人从应收账款债务人处收取应收账款的权利以及收取款项如何抵扣保理融资款和相应费用、超过部分如何

---

① 参见李宇:《保理合同立法论》,载《法学》2019年第12期。

返还、超过部分利息是否豁免或如何计算等进行约定。

---

3. 保理融资款本息和相关费用是否可能因融资成本过高而被法院调减

因有追索权保理的主要法律关系为融资关系，故有观点认为出于控制融资成本的政策考量，保理合同中约定的利息、罚息、复利、违约金、滞纳金等违约费用之和不得超过保理融资款本金乘以《民间借贷司法解释》规定的利率上限。[①]

对此，最高人民法院《关于新民间借贷司法解释适用范围问题的批复》（法释〔2020〕27号）规定，由地方金融监管部门监管的商业保理公司等七类地方金融组织，属于经金融监管部门批准设立的金融机构，其因从事相关金融业务引发的纠纷，不适用新《民间借贷司法解释》，对该问题进行了一定程度的明确。

然而，倘若保理合同约定的利息、费用等过高，则将与控制融资成本的政策相悖，亦将背离保理人的实际损失。因此，应收账款债权人以保理人同时主张的利息、复利、罚息、违约金和其他费用过高，显著背离实际损失为由，请求法院参照《民间借贷司法解释》规定的利率上限予以调减的，该主张是否能够获得支持，仍有待司法解释、司法实践的进一步明确。

应对建议：有追索权的保理合同对于费率的约定不宜过高，不宜过分背离融资成本。此外，除了资金融通以外，保理人还会提供应收账款管理催收、应收账款债务人付款担保等服务，建议在保理合同中对于保理人收取费用的构成、各项费用对应的服务进行较为明确的约定。同时，当事人可考虑在保理合同中约定，合同中违约金的数额或计算方法已综合考虑了当事人可能出现的损失情况，并未超过当事人的损失及预期，当事人放弃对违约金进行调整。

---

4. 有追索权保理合同纠纷的管辖法院如何确定

目前法律和司法解释尚未对有追索权保理合同纠纷的管辖法院如何确定进行明确规定，而这也一直是司法实践中争议较大的问题。

保理人仅起诉应收账款债权人时，应依据保理合同的约定确定管辖法院，合同无明确约定的，应根据《民事诉讼法》第23条由被告住所地或保理合同履行地法院管辖。司法实践中可能发生较大争议的问题是保理合同未明确约定履行地的，合同履行地应如何确定。对此，《天津市高级人民法院关于审理保理合同纠纷案件若干问题的审判委员会纪要（一）》规定，保理融资款的发放地为保理合同的履行地。亦有观点认为根据《民诉法司法解释》第18条关于“合同对履行地点没有约定或者

---

① 参见顾权、赵瑾：《商业保理合同纠纷中的法律问题》，载《人民司法》2017年第1期。

约定不明确,争议标的为给付货币的,接收货币一方所在地为合同履行地”之规定,合同履行地应为保理人所在地,因为在保理人起诉应收账款债权人的场合,一般系保理人要求返还保理融资款,故接收货币一方为保理人。[①]

保理人仅起诉应收账款债务人时,应依据基础交易合同的约定确定管辖法院,因保理人受让基础交易合同项下债权债务关系应包括其争议解决条款。合同无明确约定的,由被告住所地或合同履行地法院管辖,合同履行地为接收货币一方所在地。而关于接收货币一方所在地是指保理人所在地还是原应收账款债权人所在地,司法实践中存在截然不同的观点,有待进一步明确。[②]

保理人同时起诉应收账款债权人和债务人时,管辖法院的确定亦存在较大争议,尤其是在依据保理合同和基础交易合同所确定的管辖法院不同时。有观点认为应依据基础交易合同确定管辖法院,一是因为该观点以为有追索权的保理性质为附追索条款的债权让与,故依基础交易合同确定管辖法院符合债权转让规则;二是因为多数地方法规及司法判例均采该立场。[③] 该观点存在一定合理性但也可能面临一些挑战。根据《民法典》第 766 条,有追索权保理性质为融资关系加债权让与担保,融资关系为主法律关系,而无论是融资关系还是债权让与担保的设定,均系依据保理合同而非基础交易合同。保理人收取基础交易合同项下应收账款可视为担保权的一种实现方式。那么,即使根据主合同和担保合同约定不一致,依据主合同确定管辖法院的一般规则,也应依据确立和规制融资关系的保理合同确定管辖法院。

由此可见,如合同约定不明,管辖问题可能成为保理纠纷中的大问题。

应对建议:建议当事人在保理合同中就管辖法院或仲裁委进行明确约定,并尽可能使得保理合同和基础交易合同的管辖条款相一致。如应收账款债务人愿予以配合,也可请其在就债权转让签署确认文件时对其受保理合同管辖条款约束一并进行确认。

二、无追索权保理业务中的债权清收

关于无追索权保理,《民法典》第 767 条规定:“当事人约定无追索权保理的,保

① 参见麻莉、丁俊峰:《有追索权保理合同纠纷管辖法院的确定》,载《人民司法》2020 年第 31 期。

② 同上注。

③ 同上注;参见江苏省高级人民法院民二庭课题组:《国内保理纠纷相关审判实务问题研究》,载《法律适用》2015 年第 10 期。《天津市高级人民法院关于审理保理合同纠纷案件若干问题的审判委员会纪要(一)》第 5 条第 3 款规定:“保理商向债权人、债务人及担保人一并主张权利的,应当根据债权人与债务人之间的基础合同确定管辖。”

理人应当向应收账款债务人主张应收账款债权，保理人取得超过保理融资款本息和相关费用的部分，无需向应收账款债权人返还。”无追索权保理通常又称买断型保理，其性质为债权买卖，保理人为赚取应收账款与保理融资款之间的差价而受让应收账款，受让后即成为应收账款实际的权利人，如因信用风险无法回收应收账款，则保理人对应收账款债权人并无追索权。

值得注意的是，所谓无追索权并非在任何情形下保理人对应收账款原债权人都无追索权，而是指保理人自行承担应收账款债务人的信用风险，如债务人破产风险或无理拒绝清偿的风险。如应收账款债权人欺诈或产生不可抗力、债务人主张基础交易合同项下抗辩权、抵销权、解除权等风险，保理人仍有权请求应收账款让与人回购债权或承担其他违约责任。[①] 尽管《民法典》对上述情形下保理人向应收账款债权人进行追索并未作出明确规定，但实际上，这是基于让与人依据债权转让合同对受让人负有的瑕疵担保责任，即使保理合同无明确约定，保理人亦得主张。[②]

应对建议：为免歧义并增强当事人之间的合理期待，本书建议，当事人可在无追索权保理合同中对保理人得向应收账款债权人追索的具体情形以及行使追索权的方式进行约定。

三、应收账款或收取应收账款的账户被第三方冻结

在保理项目执行过程中，间或出现第三方起诉应收账款债权人，并申请冻结、执行用以办理保理的应收账款（或要求债务人止付），或冻结、划扣收取应收账款的账户中银行存款的情况。在此情形下，保理人就保理业务中受让的应收账款所享有的利益将受到减损。因此，保理人一般会向法院提起案外人执行异议，请求法院解除、中止保全、执行措施。但关于保理人对应收账款享有的权益是否足以排除应收账款债权人的债权人对应收账款或保理专户等申请的保全、执行，司法实践中可能存在一定争议。本书在以下篇幅中将对保理人就第三人冻结、执行应收账款提出案外人执行异议的法律依据和程序进行简述，并结合业务实践、司法实践和《民

---

① 参见黄和新：《保理合同：混合合同的首个立法样本》，载《清华法学》2020 年第 3 期。《天津市高级人民法院关于审理保理合同纠纷案件若干问题的审判委员会纪要（一）》第 11 条第 11 项规定：“无追索权保理：指保理商根据债权人提供的债务人核准信用额度，在信用额度内承购债权人对债务人的应收账款并提供坏账担保责任。债务人因发生信用风险未按基础合同约定按时足额支付应收账款时，保理商不能向债权人追索。发生下列情况之一的，无追索权保理的保理商有权追索已付融资款并不承担坏账担保义务：债权人有明显欺诈行为；不可抗力；债务人对基础合同项下的商品、服务等提出异议。”

② 参见朱虎：《债权转让中的受让人地位保障：民法典规则的体系整合》，载《法学家》2020 年第 4 期。

法典》相关条文,就法院对保理人执行异议的审查要点和主要争议进行介绍。

(一)保理人提起执行异议的依据和程序

在我国民事诉讼法中,执行异议分为两种类型,一是执行行为异议,即针对法院的执行行为违法提出的异议申请①,当事人和案外人均可以提起执行行为异议;二是执行标的异议,是指案外人对被执行人的财产享有权益,并据此要求法院停止或变更执行措施的请求。通常,保理人就第三方保全、执行应收账款或相关账户中的存款申请执行异议的理由是保理人受让了叙作保理的应收账款,为应收账款的实际权利人,保理人对应收账款享有的权益应当排除第三人的执行。因此,保理人提起的执行异议属于案外人执行标的异议。

案外人执行标的异议的主要依据有《民事诉讼法》第227条、《民诉法司法解释》第464条和第465条、《执行异议和复议规定》的相关规定等。

关于异议提出时间,根据《民诉法司法解释》第464条、《执行异议和复议规定》第6条第2款的规定,保理人应当在应收账款或相关账户内的银行存款被执行终结前提出,否则法院将不予支持。如在(2020)鄂民终627号案中湖北省高级人民法院即因异议人在应收账款已经划扣之后方提出异议而驳回执行异议。

关于执行标的异议的程序,保理人可在执行程序中向执行法院书面提出执行异议,法院应在15日内进行审查,支持异议的,应裁定中止对标的的执行,不予支持的,应裁定驳回。保理人关于执行异议裁定不服的,可以在裁定送达之日起15日内提起执行异议之诉。但是,如果保理人认为作为执行依据的原判决、裁定有错误,则应当对原裁判申请再审。例如,原判决认定叙作保理的应收账款已被转让予申请执行人,保理人对该认定存在异议,应当申请再审而非提起执行异议之诉。

(二)民法典未解决的争议

关于执行标的异议的审查内容,《执行异议和复议规定》第24条规定:"对案外人提出的排除执行异议,人民法院应当审查下列内容:(一)案外人是否系权利人;(二)该权利的合法性与真实性;(三)该权利能否排除执行。"根据该规定,法院在保理人执行异议程序中的审查要点主要是保理人对应收账款享有的权益是否足以排除第三人申请执行,即保理人是否已经对被保全、执行的应收账款或银行存款享有权益,该权益的性质是什么,是否能够对抗第三人。

下文中,本书将从以下三个方面就保理人的执行异议进行分析讨论:一是,保

---

① 申请执行行为异议的情形如下:(1)认为人民法院的执行行为违法,妨碍其轮候查封、扣押、冻结的债权受偿的;(2)认为人民法院的拍卖措施违法,妨碍其参与公平竞价的;(3)认为人民法院的拍卖、变卖或者以物抵债措施违法,侵害其对执行标的的优先购买权的;(4)认为人民法院要求协助执行的事项超出其协助范围或者违反法律规定的;(5)认为其他合法权益受到人民法院违法执行行为侵害的。

理业务中应收账款转让的担保实质是否影响法院对保理人就应收账款享有的权益能否排除第三人执行的认定;二是,保理人受让应收账款是否能够通过登记公示获得对抗第三人的效力;三是,在未来应收账款叙作保理的业务中,应收账款发生转让效力的时点为何,保理人从何时开始真正对应收账款享有权益。

1. 应收账款转让的担保实质对保理人执行异议的影响

以往司法实践中的普遍观点认为,保理人受让应收账款,即应获得应收账款债权人的地位,如第三人起诉原应收账款债权人并申请执行叙作保理的应收账款,保理人对应收账款享有的权益应足以对抗申请执行人。例如,在(2018)京01民终7222号、(2020)新02民终402号、(2017)渝民再251号案中,法院均认为保理人对应收账款享有的权益可以排除第三人申请执行。

然而,《民法典》区分了有追索权的保理和无追索权的保理,这是否将改变上述司法观点,有待进一步观察。关于无追索权保理,根据《民法典》第767条之规定,保理人受让应收账款后即成为真正意义上的债权人,据此,上述保理人对应收账款享有的权益足以排除第三人申请执行的司法观点不存在问题。关键在于上述司法观点是否仍将适用于有追索权的保理。第一,《民法典》确认了有追索权的保理中的应收账款转让实质上构成非典型担保,即保理人就应收账款获得的权利仅是担保权。第二,在业务实践中,应收账款不由保理人直接收取,而仍由应收账款债务人支付至原债权人账户的情况也比较常见。因此,在《民法典》背景下,保理中应收账款转让的担保实质和相应的仍由原应收账款债权人收取应收账款的交易方式,或许使得法院在认定保理人的权益能否排除第三人对应收账款或收取应收账款的账户中银行存款的执行时,持否定的态度。以下,本书将对该问题展开讨论。

1.1　保理中应收账款转让和一般的应收账款彻底转让的区别

在法律关系实质上,保理业务中的应收账款转让和一般的应收账款彻底转让①之间确实存在一定差异,有追索权的保理尤为如此。应收账款的彻底转让是将一笔应收账款终局性地转让给受让人,如果应收账款转让是具有对抗第三人效力的彻底转让,转让人就不可能将该笔应收账款另行转让,无论另行转让是彻底转让还是以担保方式转让。② 而有追索权的保理中的应收账款转让则为担保式应收账

① 《贸易法委员会担保交易立法指南》将应收账款转让区分为担保式转让(security transfer)和彻底转让(outright transfer),保理、资产证券化业务中的应收账款转让为担保式转让。参见 United Nations Commission on International Trade Law, UNCITRAL Legislative Guide on Secured Transactions, United Nations, 2010, p. 37。

② United Nations Commission on International Trade Law, UNCITRAL Legislative Guide on Secured Transactions, United Nations, 2010, p. 263.

款转让,其实质为债权让与担保,所担保的债权为保理融资款本息和保理费用。根据《民法典》第 766 条,保理人有权要求应收账款债权人回购应收账款;若保理人向应收账款债务人收取应收账款,则应将扣除保理融资款本息和相关费用后的金额返还给应收账款债权人。《民法典》第 768 条也认可应收账款债权人可就同一应收账款订立多个保理合同。这些规定均体现了债权让与担保的法律实质。

上述应收账款的彻底转让和有追索权的保理中的担保式转让的区别也体现在交易实践中。如果应收账款被彻底转让,则转让后一般由应收账款的受让人直接从债务人处收取应收账款。而在有追索权的保理业务中,有时保理人并不直接从应收账款债务人处收取应收账款。关于应收账款的收取,一种普遍的情形是设立一个监管账户作为保理专户,但该账户的户名仍是应收账款债权人,当事人约定应收账款支付到该保理专户中,待到应收账款债权人应偿付保理融资款本息、保理费用时,再将相应款项从保理专户中划扣给保理人。此外,当事人约定有追索权的保理中的应收账款转让不影响原本应收账款的支付方式和路径的情况也比较普遍,即办理保理业务后,应收账款债务人仍然按照其和债权人的基础法律关系向债权人直接清偿,再由应收账款债权人将款项定期归集到保理专户或划扣给保理人以偿付保理融资款和费用。当事人约定由原应收账款债权人而非保理人收取应收账款的原因通常包括,应收账款债权人希望提升资金的运用效率,减少资金在专户中的沉淀成本;应收账款债务人不愿轻易变更付款账户;在池保理等存在多个应收账款债务人的情况下,使得每个债务人均变更付款路径较为困难,甚至部分应收账款为暗保理,并未就应收账款转让对债务人进行通知。此外,由原应收账款债权人而非保理人收取应收账款也符合债权让与担保的法律实质,即原债权人仍然是应收账款真实的债权人,而保理人受让应收账款后获得的仅是担保权。

1.2 应收账款转让的担保实质对保理人执行异议的影响

如前所述,在有追索权的保理中,保理人对应收账款实际上享有的是担保权。因此,法院在考虑保理人的权益是否可以排除应收账款债权人的债权人对应收账款申请保全、执行时,可能将考虑保理人对应收账款享有的担保权是否可以排除保全、执行。对此,由于在以往保理人申请执行标的异议时,法院很少将保理人享有的权益定性为担保权,因此,在这个意义上,以往保理人申请执行异议的案例的可参考性将被降低,故本书参考了应收账款质权人申请执行标的异议的案例。

本书发现,法院对于应收账款质权能否排除执行的争议较大。部分观点认为应收账款质权作为一种担保物权,不足以排除对执行标的的执行。如在(2017)鄂民终 3170 号、(2019)内民终 408 号案中,法院即采该观点。然而,也有大量案例认为,应收账款质权人享有的优先权属于足以排除第三人对应收账款进行强制执行的权益,如在(2018)苏民终 638 号、(2020)豫民申 922 号、(2020)湘 01 民终 5096 号案中,法院均采该观点。

在执行异议程序中,《执行异议和复议规定》第 27 条明确规定:"申请执行人对执行标的依法享有对抗案外人的担保物权等优先受偿权,人民法院对案外人提出的排除执行异议不予支持,但法律、司法解释另有规定的除外。"而对于执行异议之诉是否应参照适用该规则,目前尚无明确规定。从最高人民法院《关于审理执行异议之诉案件适用法律问题的解释(一)》(向社会公开征求意见稿)第 16 条来看,最高人民法院对于担保物权人提起执行异议之诉能否获得支持的看法也存在摇摆。因此,最高人民法院对于该第 16 条的起草给出了两种方案。两方案均原则性地规定了案外人以其对执行标的享有担保物权为由,提起执行异议之诉,请求排除强制执行的,法院不予受理。担保物权人应根据《民诉法司法解释》第 508 条的规定,就执行回款参与分配。但方案一对于上述原则规定了例外情形,即如果担保物权人就其债权尚未取得生效判决或担保物权存在权属争议,导致其难以在执行中直接参与分配,或者执行可能导致其优先受偿权受到实质性损害,则可以例外地受理执行异议之诉。①

法院认为就应收账款享有担保权不能排除强制执行的主要原因为,当事人设定担保物权的目的,是以担保财产的交换价值担保债权的履行,在债务人届期不履行债务时,债权人有权支配担保财产的交换价值,即以担保物折价、变价所得价款可以优先于一般债权人获得先位清偿。且根据《民诉法司法解释》第 508 条第 2 款、《执行规定》(2020 年修正)第 31 条②等规定,质权人对质押财产所享有的优先受偿权利与人民法院采取的拍卖、变卖质押财产等执行措施不仅不存在冲突,而且人民法院采取的拍卖、变卖质押财产等执行措施还有助于质权人的优先受偿权利的实现。因此,除法律、司法解释明确规定的例外情形之外,对执行标的享有担保物权不能排除强制执行。③

---

① 《最高人民法院关于审理执行异议之诉案件适用法律问题的解释(一)》(向社会公开征求意见稿)第 16 条第 1 款,方案一规定:"金钱债权执行中,案外人以其对执行标的享有担保物权、建设工程价款优先受偿权等优先受偿权为由,提起执行异议之诉,请求排除强制执行的,人民法院不予受理,案外人应根据《最高人民法院关于适用〈中华人民共和国民事诉讼法〉的解释》第五百零八条的规定,在执行程序中直接申请参与分配,就拍卖价款、应收账款等担保财产主张优先受偿。但是,案外人尚未取得执行依据且对其是否享有优先受偿权存在争议,或者强制执行可能导致优先受偿权受到其他实质性损害,案外人以其享有优先受偿权为由,提起执行异议之诉,请求排除强制执行的,人民法院应予受理。"方案二规定:"金钱债权执行中,案外人以其对执行标的享有担保物权、建设工程价款优先受偿权等优先受偿权为由,提起执行异议之诉,请求排除强制执行的,人民法院不予受理,案外人应根据《最高人民法院关于适用〈中华人民共和国民事诉讼法〉的解释》第五百零八条的规定,在执行程序中直接申请参与分配,就拍卖价款、应收账款等担保财产主张优先受偿。"

② 该条款为《执行规定》(1998)第 40 条。

③ 参见湖北省高级人民法院民事判决书(2017)鄂民终 3170 号。

但的确应当注意到,应收账款作为执行标的的执行方式和其他动产、不动产、股权等存在较大区别。后者一般通过拍卖、变卖等方式进行执行,担保权人易于直接在执行程序中参与分配,就执行款享有优先受偿权。而应收账款是一种债权,在执行中存在申请执行人直接向应收账款债务人收取应收账款的情况。而债权一经清偿即消灭,其上的担保权亦不复存在。因此,对应收账款进行执行的确可能实质损害应收账款担保权人的利益。

鉴于《民法典》2021 年方才生效,有追索权的保理中应收账款转让作为债权让与担保的性质刚刚在法律层面获得确认,且法院对于应收账款质权能否排除执行亦存在较大争议,因此,在未来司法实践中,应收账款转让的担保实质将对保理人执行异议产生何种影响,仍有待进一步观察。

1.3 原应收账款债权人收取应收账款对保理人执行异议的影响

如前所述,由于有追索权的保理中的应收账款转让具有担保属性,保理业务执行中,应收账款债权人仍对应收账款享有利益,且出于交易成本和效率的考量,很多时候应收账款仍由应收账款债权人而非保理人收取。在此情形下,收取应收账款的账户在应收账款债权人名下:部分业务中该账户是为保理业务设立的专户,由保理人共管或监管;部分业务中该账户为应收账款债权人的一般经营账户,或仅用于与应收账款债务人的相关交易的收款,或也用于其他经营活动收付款。

1.3.1 《民法典》生效前的裁判观点

此时,若第三人申请冻结、执行收取应收账款的账户内的银行存款,则保理人对此提出的执行标的异议应否支持,存在较大争议。一方面,账户中的银行存款的来源确为叙作保理的应收账款的偿付,保理人对于被冻结、执行的银行存款的确享有一定利益。但另一方面,由于金钱作为特殊动产,转移占有即转移所有,故当应收账款支付到应收账款债权人账户时,相应金钱即转化为应收账款债权人所有的财产。且在多数情况下,相应账户亦没有任何对抗第三人的特征,甚至当收取应收账款的账户同时用于应收账款债权人的其他经营活动收付款时,较难区分账户中的存款哪些属于与叙作保理的应收账款有关的现金。因此,当保理人主张其对银行存款享有足以排除第三人执行的权益时,法院对该问题的认定往往较为摇摆。

相关问题同样存在于资产证券化业务中,即应收账款原始权益人将未来应收账款作为基础资产出售给专项计划,以发行资产证券化产品。应收账款支付时,户名为原始权益人的监管账户为收款账户,在每期向产品投资者支付本息收益前,再将资金由监管账户归集至专项计划账户。司法实践中同样存在第三方冻结、执行户名为原始权益人的监管账户中的银行存款时,专项计划管理人代表专项计划提出执行异议能否获得支持的问题。如著名的合肥市中级人民法院(2018)皖 01 执异 43 号平安凯迪专项计划执行异议案,后续平安凯迪二期涉及的(2018)鄂 2827 执异 27 号、(2020)鄂 1024 执异 1 号案以及被业界称为“首例 ABS 监管账户破产隔离裁定”的(2019)鄂 01 执异 786 号案等均涉及这一问题。

在认为保理人、专项计划对应收账款享有的权益不足以排除对应收账款原始权益人名下账户中银行存款的冻结、执行的案例中,法院认为,收款账户在应收账款原始权益人名下,根据《执行异议和复议规定》第 25 条关于银行存款按照金融机构账户名称判断之规定,银行存款由原始权益人所有。故,法院未支持保理人、专项计划管理人的排除执行异议请求。[①]

而在认为足以排除执行的案例中,法院认为,资金是种类物,具有流通性,在特定条件下,则不能简单适用“登记主义”来判断案外人对涉案账户资金是否享有排除执行的权利。根据合同约定,保理专户、监管账户为收取案涉应收账款的指定账户,故汇入账户的资金已被特定化。且部分案例中,应收账款转让已在中登网进行登记,具有对外公示的效力。故,据此判断,受让人是涉案账户资金的权利人。因此,法院支持了保理人、专项计划管理人的排除执行异议请求。[②]

此外,部分案例虽然原则上支持了保理人对冻结、执行应收账款原始权益人名下账户中银行存款提出的执行异议,但是在金额上,法院认为,得排除执行的金额与当事人约定的从专户中划扣资金至保理人以偿付保理融资款的时间条件等是否成就相关。如在(2019)京执异 7 号案中,北京市高级人民法院认为,保理人从保理专户中划扣款项的权利已到期的部分可以排除执行;保理人未到期的保理融资款债权对应现金不得排除执行。

1.3.2　《民法典》及配套司法解释生效后可能的裁判规则

《民法典》及配套司法解释并未对该问题作出规定。而《民法典担保制度解释》第 61 条第 4 款[③]规定了未来应收账款质押中,当事人为应收账款设立特定账户的,质权人可就该特定账户内的款项优先受偿。该规定在一定程度上承认了以往司法实践中部分法院关于保理专户、监管账户为收取案涉应收账款的指定账户,故汇入账户的资金已被特定化,保理人等应收账款受让人对该部分特定化的资金享有能够排除第三人强制执行的利益的观点。

因此,本书认为,在今后的司法实践中,如果当事人为保理业务设立监管账

---

① 参见湖北省来凤县人民法院执行裁定书(2018)鄂 2827 执异 27 号。

② 参见湖北省江陵县人民法院执行裁定书(2020)鄂 1024 执异 1 号;湖北省武汉市中级人民法院执行裁定书(2019)鄂 01 执异 786 号。

③ 《民法典担保制度解释》第 61 条第 4 款规定:“以基础设施和公用事业项目收益权、提供服务或者劳务产生的债权以及其他将有的应收账款出质,当事人为应收账款设立特定账户,发生法定或者约定的质权实现事由时,质权人请求就该特定账户内的款项优先受偿的,人民法院应予支持;特定账户内的款项不足以清偿债务或者未设立特定账户,质权人请求折价或者拍卖、变卖项目收益权等将有的应收账款,并以所得的价款优先受偿的,人民法院依法予以支持。”

户作为保理专户,或者应收账款债权人接收叙作保理的应收账款的账户为专门账户,则法院可能倾向于认为,汇入账户的资金已被特定化,保理人对该部分资金享有权益,足以排除第三人的冻结、执行。而如果应收账款债权人接收应收账款的账户亦用于其日常经营活动中的其他款项收付,则法院可能难以认定该账户中的资金已被特定化,故保理人主张排除第三人的冻结、执行难以获得支持。

2. 应收账款转让的登记对抗规则对保理人执行异议的影响

保理中的应收账款转让与一般的债权让与相同,其效力亦有对内效力和对外效力之分。对内效力即为债权转让在应收账款债权人和保理人之间的效力,对外效力则包括债权让与对应收账款债务人生效的问题以及对债务人以外的第三人的效力问题。

关于应收账款转让对第三人的效力,《民法典》在第768条[①]中规定了就同一应收账款订立多个保理合同时,是否进行应收账款转让登记以及登记的时间先后作为认定各保理人之间权利优先顺位的依据,而《民法典担保制度解释》第66条第1款[②]则进一步明确了该规定适用于同一应收账款同时存在保理、应收账款质押和债权转让的情形。

然而,上述条文并未就应收账款转让或债权让与的登记对抗规则进行一般性的规定,即上述条文未就应收账款转让如何能够对抗让与人的一般债权人、让与人的扣押和执行债权人、让与人的破产管理人等进行规范,由此形成法律漏洞。

对此,本书倾向于认为,参照适用《民法典》第768条之规定,应收账款转让登记具有对抗第三人的公示效力:应收账款转让未经登记的,不得对抗让与人的扣押和执行债权人、让与人的破产管理人;已经登记的,保理人与让与人的其他扣押债权人、破产管理人等之间的权利顺位统一取决于登记与扣押、受理破产案件的时间顺序。

本书持上述倾向性意见主要出于以下几方面理由。第一,保理及应收账款转让登记在业务实践中已获得较为广泛的接受。在中登网尚无法进行应收账款转让登记之前,为避免应收账款转让缺乏公示效力,在业务实践中,让与双方当事人一般会选择在应收账款转让同时另行办理应收账款质押登记,以保证受让人就应

---

① 《民法典》第768条规定:"应收账款债权人就同一应收账款订立多个保理合同,致使多个保理人主张权利的,已经登记的先于未登记的取得应收账款;均已经登记的,按照登记时间的先后顺序取得应收账款;均未登记的,由最先到达应收账款债务人的转让通知中载明的保理人取得应收账款;既未登记也未通知的,按照保理融资款或者服务报酬的比例取得应收账款。"

② 《民法典担保制度解释》第66条第1款规定:"同一应收账款同时存在保理、应收账款质押和债权转让,当事人主张参照民法典第七百六十八条的规定确定优先顺序的,人民法院应予支持。"

收账款获得一定的具有公示效力的权利外观。但 2017 年中登网上线应收账款转让的登记功能,且《应收账款质押登记办法》修订时相应加入“权利人在登记公示系统办理以融资为目的的应收账款转让登记,参照本办法的规定”之条款以后,应收账款转让登记快速增长,中登网统计显示,自 2018 年 5 月起,单月新增应收账款转让登记数量已超出质押登记数量。[①] 如今,对应收账款转让进行登记已经成为保理业务、资产证券化业务中的标准化操作。第二,应收账款转让登记的公示效力在司法实践中获得认可。如在(2020)新 02 民终 402 号、(2019)鄂 01 执异 786 号案中,法院认为在保理、资产证券化业务中,应收账款转让经登记得对抗第三人。第三,从法律漏洞填补的角度,根据《民法典》第 768 条和《民法典担保制度解释》第 66 条第 1 款的规定,应收账款转让经登记,其效力优于未登记或后办理登记的其他受让人的权利,举重以明轻,应收账款转让登记自然也能够对抗让与人的其他扣押债权人和破产管理人。[②] 第四,应收账款转让登记对抗第三人的一般规则也被一些域外立法例广泛接受。如《美国统一商法典》《联合国国际贸易委员会担保交易示范法》等立法例均规定登记为应收账款转让对抗第三人的要件。[③]

综上,本书倾向于认为,应收账款转让登记后,能够对抗此后查封、执行应收账款的第三方,如无本部分讨论的其他使得法院不支持保理人执行异议的情形,法院对保理人的执行异议应予支持;而应收账款转让未经登记或第三人已查封应收账款后登记的,法院将对保理人提出的执行异议不予支持。

3. 未来应收账款转让的生效时点对保理人执行异议的影响

未来应收账款转让的生效时点也会成为对保理人执行异议产生影响的因素。因为保理人的执行异议能被支持的前提是保理人已成为应收账款的权利人,而未来应收账款转让合同签署时,应收账款尚未形成,故对于未来应收账款发生转让效力的时点,存在不同观点。一种观点认为需要等到作为让与标的的应收账款实际发生之时才发生转移的效力;另一种观点则认为在让与合同生效时即发生转让的效力。[④] 还有观点区分有基础法律关系的未来应收账款和纯粹的未来应收账款,该观点认为,前者在应收账款发生时,受让人直接取得应收账款,其法律效果溯及应收账款转让合意生效之时;对于后者而言,应收账款产生时受让人方取得应收账

---

① 参见中登网“月度统计”,https://www.zhongdengwang.org.cn/cms/goDetailPage.do?oneTitleKey=ssdj,2021 年 10 月 7 日访问。

② 参见朱虎:《债权转让中的受让人地位保障:民法典规则的体系整合》,载《法学家》2020 年第 4 期。

③ 参见黄薇主编:《中华人民共和国民法典合同编解读(下册)》,中国法制出版社 2020 年版,第 931 页。

④ 参见陈飞宇:《资产证券化中将来债权交易规则的完善》,载《法商研究》2018 年第 5 期。

款,该取得不具有溯及的效力,故纯粹的未来应收账款转让不能对抗让与人的破产管理人、已经实施查封的债权人以及善意的第二次受让人。①

由此可见,若保理人受让未来应收账款后,应收账款债权人的其他债权人就其提起诉讼并申请法院采取应收账款止付或要求债务人付至法院指定账户等保全、执行措施,那么,法院对于应收账款转让发生效力的时点的认定可能对保理人的权益是否能够排除上述保全、执行措施产生影响。

然而,我国法对于该问题并没有明确的规定,司法实践中对此问题也鲜有提及。有学者主张,我国宜采未来应收账款转让在转让合意生效时发生转让效力,无须等到应收账款实际发生之时的观点。② 并且,对此无须进行过于复杂的区分,可简洁地认为无论是何种未来应收账款,受让人是否能够对抗让与人的扣押债权人和破产管理人,统一取决于转让债权是否登记以及登记与扣押、受理破产案件的时间先后。③

应对建议:在项目尽职调查阶段,保理人应就法院、公安机关等是否对叙作保理的应收账款采取了查封、冻结等保全、执行措施进行尽职调查。

在保理合同中,保理人可要求被保理人对于应收账款未被查封、冻结作出陈述与保证。当事人也可约定,如被保理人违反该陈述与保证,或应收账款在保理合同履行过程中被采取保全、执行措施,保理人有权要求被保理人提前清偿保理融资款或提供新的担保。保理人也可要求应收账款债务人在应收账款转让通知回执中确认,应收账款债务人未收到要求其止付或向申请执行人支付应收账款的协助执行通知书。

保理合同签署后,保理人应及时在中登网办理登记,以获得应收账款转让对抗第三人的效力。在转让财产描述一栏,登记人对于应收账款的描述以准确、细致为宜,建议包括应收账款债权人和债务人名称,基础交易合同名称、合同编号、签署时间,应收账款的金额、付款时点等内容。基础交易合同也可作为转让财产附件提交,上传时可适当隐去合同中的敏感信息。

最后,保理人应加强对应收账款的管控。如第三人申请冻结应收账款或收取应收账款的账户,保理人应及时提起案外人执行异议。

---

① 参见朱晓喆:《资产证券化中的权利转让与“将来债权”让与——评“平安凯迪资产支持专项计划”执行异议案》,载《财经法学》2019 年第 4 期;朱虎:《债权转让中的受让人地位保障:民法典规则的体系整合》,载《法学家》2020 年第 4 期。

② 参见陈飞宇:《资产证券化中将来债权交易规则的完善》,载《法商研究》2018 年第 5 期。

③ 参见朱虎:《债权转让中的受让人地位保障:民法典规则的体系整合》,载《法学家》2020 年第 4 期。

一方面,保理人可加强对收取应收账款账户的管理。虽然在有追索权的保理业务中,通常应收账款转让后仍由被保理人,即原应收账款债权人收取应收账款,但保理人可适当控制收取应收账款的账户。一是,保理人可要求被保理人设立保理专户,并约定该账户不得作为被保理人的一般经营账户。二是,保理人可要求对收取应收账款的专户进行监管,例如设立监管账户、共管账户等。至少,保理合同应约定被保理人有义务保持收取应收账款的账户相对固定,保理人有权要求被保理人定期提供银行账户流水并说明基础交易合同的履行情况。

另一方面,随着供应链金融的发展以及大数据、区块链等技术的进步,在应收账款的核查与管理方面,保理人可立足供应链、依托新技术,实现降低经营风险的目标。如京东、阿里巴巴等大型电子商务企业基于日常商业合作及电商管理平台能够对上游供应商、供应链条以及其产生的应收账款实现较强的管理,这些电商企业纷纷成立自己的保理子公司为上游供应商提供保理融资。银行与电商企业旗下的商业保理公司以再保理的模式开展合作,由银行受让保理公司的保理债权(应收账款债权人转让给保理公司用于叙作保理的应收账款),为保理公司提供融资。银行与电商企业旗下的商业保理公司之间的这种再保理合作模式一方面可以发挥银行自身的资金优势,另一方面可以利用电商企业对供应链的管控能力和较强的产业化背景,将保理业务下沉到产业链的基础交易中,以实现对风险的管控。此外,目前,大数据、区块链等技术也逐渐被运用于保理业务中。应用大数据技术可以便于保理人实时收集可靠风险数据,评估交易背景的真实性及供应链的信用环境;区块链的分布式记账、不可篡改、可追溯、信任成本低等技术特性能够有效解决保理融资中信息不对称和应收账款真实性的核心问题。

第七章　保险业务

- 民法、《民法典》与《保险法》
- 《民法典》对保险利益的影响及应对
- 《民法典》对保险展业的影响及应对
- 《民法典》对保险中介业务的影响及应对
- 《民法典》对保单相关问题的影响及应对
- 《民法典》对保险合同解除的影响及应对
- 《民法典》对保险理赔业务的影响及应对
- 《民法典》对保险追偿业务的影响及应对

第一节　民法、《民法典》与《保险法》

一、民法与《保险法》

民法，尤其是《民法典》，是体系化的概念和价值系统，通过对市场主体、财产的权属与利用以及市场交易规则的规定，为市场经济提供基础制度支持。其主要包含三个部分：公司、合伙等主体制度，物权、债权、股权等产权制度，以及合同这一交易规则。

保险合同法的产生一定程度上独立于民法的其他规范内容。保险合同法源于海上保险产生后商人之间形成的习惯，存在诸多基于交易衍生的相关原则的制度。例如，基于损害填补原则的保险利益、重复保险、超额保险以及保险代位求偿权等制度；基于最大诚信原则的投保人如实告知、风险维持、风险增加通知等义务；基于保险消费者保护原则的保险人先合同义务、保险合同无效、保险合同解释等制度；基于特定类型保险的保单现金价值、保险合同中止与复效、死亡险特别保护等制度。

在民商合一的立法体例下，保险合同法也呈现出类似民法的体系化发展趋势。一方面，保险合同法推动民法体系的发展，例如，保险合同的涉他性推动涉他性合同的制度化——《民法典》第465条即规定了合同相对性原则的例外，第522条、523条及524条分别规定了向第三人履行、由第三人履行、第三人代为履行的合同，此即涉他性合同在《民法典》中的体现。另一方面，民法对保险合同法有着规范化改造的作用，例如保险利益原则的法律效果就是这一作用的体现。

在功能意义上，民法是保险合同法的支持和补充。例如，《民法典》中自然人及法人的主体制度，涉及可保利益的财产制度，与合同订立、变更、履行有关的交易规则，以及纠纷处理程序、证据规则等，均是对保险合同法未规定内容的补充。除此之外，民法为保险机构的其他交易管理行为，例如保险公司运营、保险资产管理等提供制度支持。

二、《民法典》与《保险法》

《民法典》并非全新的民事法律,而是对既存民事法律规范进行科学整理和编纂的成果。《民法典》亦非简单的法律汇编,而是对已经不适应现实情况的规定进行修改完善,对经济社会生活中出现的新情况、新问题作出有针对性的新规定。《民法典》生效后,《保险法》将继续有效。

关于《民法典》与《保险法》的适用关系,《立法法》第 92 条规定,“同一机关制定的法律、行政法规、地方性法规、自治条例和单行条例、规章,特别规定与一般规定不一致的,适用特别规定;新的规定与旧的规定不一致的,适用新的规定”。《民法典》第 11 条规定,其他法律对民事关系有特别规定的,依照其规定。《保险法》与《民法典》均由全国人民代表大会及其常委会通过,属于同一机关制定的法律,且《保险法》未被纳入《民法典》废止的法律范畴,属于特别法与一般法的关系。

但是《民法典》对于主体、财产、交易等一般性规则的修订,是否会对保险法律制度及保险实践产生影响、产生何种影响,需要结合具体条款和交易实践可能产生的问题进行具体分析。本章将以保险交易流程和不同保险产品中的特定问题为主线,针对《民法典》对相关制度的影响及其应对进行分析。

第二节 《民法典》对保险利益的影响及应对

一、保险利益的界定与特征

(一)保险利益的界定:利益说与关系说

保险利益一词英文为“insurable interests”,即可保利益。1995 年的《保险法》第 11 条初次规定了保险利益,即“保险利益是指投保人对保险标的具有的法律上承认的利益”。2009 年《保险法》第 12 条区分了财产保险和人身保险,并对保险利益的主体进行了修订,规定“保险利益是指投保人或者被保险人对保险标的具有的法律上承认的利益”,2015 年修正的现行《保险法》第 12 条延续了 2009 年《保险法》的相关规定。

由于法律对保险利益规定得较为原则,学界和司法实践中对于保险利益有诸多不同理解,大致可以分为利益说和关系说。

利益说认为,保险利益是指保险人或者被保险人对于保险标的所具有的经济利益。[1] 由于利益说难以回答人的身体、生命何以用金钱衡量的问题,被认为难以适用于人身保险,进而出现了关系说。[2]

关系说认为,保险利益是指投保人或者被保险人对于保险标的所具有的利害关系,即投保人或被保险人因保险事故的发生,以致保险标的不安全而受损或者因为保险事故不发生而受益的损益关系。[3] 对于人身保险,该种利益关系可体现为法定关系背后的经济利益关系,即投保人和被保险人之间具有《保险法》所规定的关系的,推定投保人具有保险利益,投保人对被保险人的继续生存具有法定利益或者合理期待利益,对于被保险人的死亡将蒙受损失或者负有责任。[4] 有观点认为,既然人的身体和生命难以用金钱衡量价值,将人身保险利益界定为"法定关系背后的经济利益关系"就过于牵强,应将人身保险利益界定为"投保人对自己的寿命或者身体所具有的所属关系,以及投保人和被保险人之间的亲属关系和信赖关系",且投保人对他人的身体和寿命是否享有保险利益,"没有法律的特别规定,不能确定之"[5]。

从《保险法》第 12 条表述来看,我国立法采取了利益说的立场,并系杂糅财产保险利益与人身保险利益的概括性规定。财产保险利益,应指被保险人对特定财产及其有关利益具有的法律上所承认的利益。人身保险利益,应指投保人对其本人、配偶、子女、父母及其他有抚养、赡养或者扶养关系的家庭成员、近亲属,以及与其有劳动关系的劳动者或者无上述关系但同意投保人为其订立人身保险合同的他人的寿命或身体具有的法律所承认的利益。[6]

(二)保险利益的特征

通说认为,保险利益构成保险合同的效力要件,对于保险合同的效力具有基础评价意义。[7] 保险利益原则是保险合同的基本原则之一[8],具有区分保险与赌博、防范道德风险、限制赔偿数额、确定保险标的等功能。[9]《保险法》规定,人身保险合同

---

① 参见孙积禄等:《保险法原理》,中国政法大学出版社 1993 年版,第 97 页。

② 参见最高人民法院民事审判第二庭编著:《最高人民法院关于保险法司法解释(二)理解与适用》(第 2 版),人民法院出版社 2015 年版,第 20—21 页。

③ 参见庄咏文主编:《保险法教程》,法律出版社 1986 年版,第 61—62 页。

④ 参见施文森:《保险法总论》,三民书局 1985 年版,第 49 页。

⑤ 邹海林:《论保险利益原则及其适用》,载《中外法学》1996 年第 5 期。

⑥ 参见《保险法》第 31 条第 1、2 款。

⑦ 参见邹海林:《论保险利益原则及其适用》,载《中外法学》1996 年第 5 期。

⑧ 参见郭宏彬:《保险利益原则之再界定》,载《中央政法管理干部学院学报》2001 年第 3 期。

⑨ 参见最高人民法院民事审判第二庭编著:《最高人民法院关于保险法司法解释(二)理解与适用》(第 2 版),人民法院出版社 2015 年版,第 22—26 页。

订立时,投保人对被保险人不具有保险利益的,保险合同无效[①];财产保险事故发生时,被保险人对保险标的不具有保险利益的,不得向保险人请求赔偿保险金。[②]

由此可见,保险利益有无的认定,会对保险合同的效力和保险当事人的权利义务产生根本上的影响。但如上文所述,《保险法》对于保险利益的规定过于原则和抽象,不能满足审判实践的需要,实践中对如何适用保险利益的相关规定存在较大争议。[③]

主流观点认为,保险利益需具有以下三个条件或特征:合法性、确定性、经济性。

1. 合法性

合法性是指保险利益必须是合法的利益,不合法的利益不能成为保险标的,投保人或者被保险人对其没有保险利益,如盗窃人对盗窃所得财物的占有利益,犯罪人对走私贩毒、高利转贷的经济利益,以及对违反法律禁止性规定、违反公序良俗所得的利益,均不能构成保险利益,其涉及的保险合同也绝对不具有约束力。法院在案件的审理中,得以当事人缺乏保险利益为由,依职权判决保险合同无效。[④] 若此时同时满足《民法典》第 143 条违反法律、行政法规的强制性规定、违背公序良俗的民事法律行为无效的情形,法院既可以违反《民法典》第 143 条规定认定合同无效,亦可以欠缺合法有效的保险利益为由,判定合同为无效或对保险金赔偿请求不予支持。

2. 确定性

确定性是指投保人或被保险人对保险标的的现有利益或者将来的期待利益是已经确定或者可以确定的。保险利益可以是现有的利益,也可以是将有的期待利益。对于民事主体在特定情形下的将有利益,法律法规亦有相关规定予以明确和保护。例如,《民法典》及相关司法解释规定,应收账款债权人可以将有的应收账款转让给保理人融通资金[⑤]、抵押人破产后办理了预告登记的债权人有权主张就抵押财产优先受偿[⑥]、符合条件的不动产买受人的物权期待权可以排除强制执行。[⑦]

3. 经济性

经济性(又称可估价性)是指,投保人或被保险人对保险标的的利益,必须是具

---

① 参见《保险法》第 31 条第 3 款。

② 参见《保险法》第 48 条。

③ 参见最高人民法院民事审判第二庭编著:《最高人民法院关于保险法司法解释(二)理解与适用》(第 2 版),人民法院出版社 2015 年版,第 18 页。

④ 参见王卫耻:《实用保险法》,文笙书局 1981 年版,第 111 页。

⑤ 参见《民法典》第 761 条。

⑥ 参见《最高人民法院关于适用〈中华人民共和国民法典〉有关担保制度的解释》第 52 条。

⑦ 参见《最高人民法院关于人民法院办理执行异议和复议案件若干问题的规定》第 28、29 条。

有金钱价值并且可以计算的。保险是以补偿损失为目的,以支付货币为补偿方式的制度,若损失不是经济上的利益,就不能用金钱计算,也就无法进行补偿。[①]即,保险利益具有经济性是保险"填补损失"的前提。由于作为人身保险标的的寿命和身体不可用金钱衡量,也不具有经济性,因此,经济性应仅对财产保险的保险标的范围作出限制,而不涉及人身保险。[②]

二、保险利益与民事权利的关系

(一)如何理解"法律上承认的利益"

对于何为"法律上承认的利益",有两种理解方式。一种观点认为,保险利益应当以实体法上的民事权利为基础。另一种观点认为,保险利益所体现的经济利益关系不限于实体法上的权利义务关系,还包括事实上的经济利益关系。

两种观点的区别在于,当被保险人尚未取得民法上的实体权利,仅具有可期待的经济利益,且法律并未承认该种利益的情况下,被保险人是否具有保险利益。举例而言,CFR(Cost and Freight,成本加运费)条件下的买卖合同,卖方在装运港装货完成后、买方受领货物或取得提单前,买方并不享有货物的所有权,但毁损灭失的风险已经转移给买方,此时买方是否享有保险利益,能否就该批货物投保损失险?

从历史发展来看,保险利益学说经历了一般性保险利益、技术性保险利益和经济性保险利益三阶段。[③] 一般性保险利益学说认为,保险利益即为保险标的物的所有权;技术性保险利益学说则将保险利益从保险标的物中脱离出来,但仍以实体法上的权利为基础;经济性保险利益学说认为,保险利益以事实上的利益为基础,只要投保人对某一物具有经济上的利益,即可订立保险合同。[④] 经济性保险利益学说为各国当前主流观点。据此来看,我国《保险法》所规定的"法律上承认的利益"应当解释为法律上承认的所有经济利益关系,而不是要求只能以"法定权利"为基础,否则既不当限缩了保险业的发展,又有违"法无禁止皆可为"的民法基本理念。

本书认为,保险的基本功能在于"分散风险"和"填补损失",即将个体可能遭受的不利益分散于面临相同风险的共同体之中,在危险于个体发生并带来实际损失时,由保险资金对其损失进行补偿,达到转移和分散风险的效果。补偿的对象系损失,而损失发生的前提是利益与危险的同在,当危险发生、利益受损,则损失具

---

① 参见邹海林:《论保险利益原则及其适用》,载《中外法学》1996年第5期。

② 但也有观点认为,人身保险也是一种补偿性的合同行为,其保险利益也是经济利益,参见邹海林:《论保险利益原则及其适用》,载《中外法学》1996年第5期。

③ 参见江朝国:《保险法基础理论》,中国政法大学出版社2002年版,第48—61页。

④ 参见梁鹏:《保险利益概念立法之检讨——以我国〈保险法〉第12条为中心的研究》,载《中国青年政治学院学报》2006年第5期。

备,补偿也就有了对象。既然补偿的前提是风险,那么在上文的例子中,即使民事权利尚未转移,只要风险已经转移,买受人就具有了保险利益。

法律将社会认知度高、行使频度高的权利赋予名称予以规定,但同时还存在法定权利以外的并无具体名称的权利以及因缺乏必需的构成要件而尚未上升为权利的利益。[①] 合法性本身并不意味着权利本身必须为法定的有名权利,而是指法律承认的经济利益关系。法律上承认的经济利益关系除法律上的有名权利外,还包括无名权利,以及权利以外的利益,《民法典》第126条就是对民事主体享有的其他民事权利和利益的兜底性规定。只要满足法律上承认、经济性和可确定性的要求,均可成立保险利益。司法实践中,法院在判定保险利益是否具备时,也持相同观点,如(2009)二中民终字第09281号案中,北京市第二中级人民法院认为,虽然被保险人、投保人与被保财产的所有者之间仅存在事实上的投资关系,但也符合保险条款约定的"下列财产可在保险标的范围以内……(三)其他具有法律上承认的与被保险人有经济利害关系的财产"的情形,投保人与保险标的之间存在经济利害关系,保险合同有效。

综上,"法律上承认"应等同于保险利益的合法性要求,即不违反法律的强制性规定。在此基础上,对民事主体享有的法定权利、无名权利以及权利以外的利益,只要具有可确定性和经济性,均可于其上成立保险利益。

(二)保险利益与民事权利

如上所述,保险利益是指投保人或者被保险人对保险标的具有的法律上承认的利益,该种利益包括法定的或者法律未予规定的权利和利益。

关于人身保险利益,我国《保险法》采"利益、同意兼顾原则",即,投保人以他人的身体或寿命投保的,是否具有保险利益以其与被保险人是否存在金钱或其他利害关系,或者投保人是否取得被保险人同意为判断标准。保险合同订立时,只要投保人与被保险人之间具有《保险法》第31条规定的几种关系,即认为投保人具有保险利益,保险合同不因欠缺保险利益而无效。

关于财产保险利益,如上文所述,我国法律并未对被保险人具有保险利益的情形进行列举,需要借助其他法律的规定对"法律上承认的利益"的内涵作出解释。通说认为,财产保险利益可以类型化为现有利益、合同债权、责任利益和期待利益四种类型。[②] 现有利益主要指基于物权性权利产生的利益,并不以所有权为限,基

---

① 参见最高人民法院民法典贯彻实施工作领导小组主编:《中华人民共和国民法典总则编理解与适用(下)》,人民法院出版社2020年版,第648页。

② 参见最高人民法院民事审判第二庭编著:《最高人民法院关于保险法司法解释(二)理解与适用》(第2版),人民法院出版社2015年版,第31页。

于担保物权、用益物权等他物权或者准物权都可以产生相应的保险利益。债权利益是指债权人对债权本身具有的保险利益。期待利益是指相关主体在保险标的尚未存在时预期未来可获得的利益。责任利益是指因被保险人依法应承担的民事赔偿责任而产生的经济利益,既可以是侵权责任,也可以是违约责任。

实践中各地法院裁判指引文件中对保险利益的界定主要有两种模式。

第一种是列举式,如《福建省高级人民法院关于审理保险合同纠纷案件的规范指引》第1条规定,"除保险法第三十一条规定外,被保险人因下列权利对保险标的具有保险利益:(一)所有权;(二)担保物权;(三)用益物权;(四)占有;(五)合同债权;(六)侵权损害赔偿债权"。

第二种是概括+列举式,如《浙江省高级人民法院关于审理财产保险合同纠纷案件若干问题的指导意见》第13条规定,"财产保险的保险利益可分为财产上的既有利益、基于现有利益而产生的期待利益、责任利益等三类……既有利益不以所有权利益为限,主要包括:(1)财产所有人对其所有的财产拥有的利益;(2)抵押权人、质权人、留置权人对抵押、出质、留置的财产拥有的利益(但债权人对债务人没有设定抵押权、质押权、留置权的其他财产则不应认定有保险利益);(3)合法占有人对其占有的财产拥有的利益;(4)财产经营管理人对其经营管理的财产拥有的利益……"

可见,财产保险中,被保险人可因享有民事权利而对保险标的具有保险利益,且对物权(所有权、担保物权、用益物权、准物权)、债权(主要为合同债权)、损害赔偿请求权等权利均可具有相应的保险利益已经得到司法实践的普遍承认。而对其他类型的民事权益能否形成保险利益,以及期待利益在满足何种条件的情况下能够产生保险利益,则尚无统一定论。

三、《民法典》对保险利益的影响

作为"社会生活的百科全书",《民法典》在整合、汇编其他单行法律规范的基础上,对民事权利制度进行了全面的梳理与规定。一方面,《民法典》总则编第五章基本承袭了《民法总则》第五章除规定了传统类型的民事权利外,还规定了个人信息权,并将数据、网络虚拟财产纳入保护范围;另一方面,《民法典》单独设置人格权编,突出了对民事主体名誉、隐私权等重要权利的保护。此外,《民法典》还对担保制度进行重构、整合,新增非典型担保措施、保理合同等制度规定。《民法典》对原法律规定的增补和删改,深刻地影响了民事权利制度体系,也对保险法上的保险利益产生了一定的影响。

(一)担保制度扩张对保险利益的影响

《民法典》第388条规定,设立担保物权应当依法订立担保合同,担保合同包括抵押合同、质押合同和“其他具有担保功能的合同”。我国《物权法》仅规定了书面的抵押合同和质押合同,《民法典》在此基础上将担保合同的外延扩展至其他具有担保功能的合同。

所谓“其他具有担保功能的合同”,主要包括让与担保、所有权保留、融资租赁以及保理等合同。让与担保等措施本身并不属于设立担保物权的方式的范畴,但其以转移所有权或金钱给付请求权等方式发挥担保作用,具有事实上的担保功能。《民法典》将此类具有担保功能的非典型担保纳入法典,体现了体系主义和功能主义的融合,是《民法典》担保物权分编最大的亮点和特色。①

《民法典》担保制度的扩张对保险利益的影响主要体现在性质和价值两个方面。

1. 权利性质上对保险利益的影响

原合同制度下,让与担保的受让人、所有权保留的出卖人、融资租赁的出租人是享有所有权的一方,但在非典型担保制度下,尽管形式上受让人、出卖人、出租人享有的是自物权而非他物权,但实质上构成担保,受让人请求就让与物实现债权之时②、出卖人行使取回权之时③、出租人请求处置租赁物之时④,均需参照《民法典》关于担保物权的规定对财产进行处置并在债权范围内就所得的价款优先受偿。也即,在《民法典》的担保制度下,受让人、出卖人、出租人的所有权降格为担保物权,其以标的物投保的,理论上不应再以所有权人保险利益投保,而应以担保权人保险利益投保。同理,由于出让人、买受人、承租人的身份从单纯的债务人向物权所有人过渡,其对标的物享有的权利的性质和利益的范围也发生变化,但《民法典》并未对该种权利的物债性质予以明晰。鉴于此,权利人以自己为被保险人投保时,应以自己实际享有的利益为保险利益投保;若要以他人享有的利益为保险利益投保,则应以该他人为被保险人。

2. 权利价值上对保险利益的影响

通说认为,财产保险的保险标的具有可估价性,保险利益在量上表现为保险标的的实际价值,保险金额超过保险标的的实际价值的,超过部分将因无保险利益而无效。⑤ 受让人、出卖人、出租人的所有权降格为担保物权后,权利性质的变化会导致利益范围的变化,若受让人、出卖人、出租人以所有权人利益的价值为保额,但实

---

① 参见最高人民法院民法典贯彻实施工作领导小组主编:《中华人民共和国民法典物权编理解与适用(下)》,人民法院出版社 2020 年版,第 995 页。

② 参见《最高人民法院关于适用〈中华人民共和国民法典〉有关担保制度的解释》第 68 条。

③ 参见《民法典》第 642 条。

④ 参见《最高人民法院关于适用〈中华人民共和国民法典〉有关担保制度的解释》第 65 条。

⑤ 参见兰虹:《保险利益原则在保险合同适用中的差异性》,载《保险研究》2002 年第 10 期。

际享有的保险利益小于保险金额,则可能出现以下两种情况:其一,保险金额超过保险价值的部分无效,保险人应当退回相应的保险费[①];其二,保险人按照保险金额进行了赔付,受让人、出卖人、出租人受领保险金后,由受让人、出卖人、出租人依据《民法典》第 390 条关于担保物权物上代位性的规定,对该笔保险金在享有的债权范围内优先受偿或者提存。

值得注意的是,根据《民法典》的相关规定,在所有权保留买卖、融资租赁等合同中,出卖人、出租人的所有权未经登记不具有公示效力。在未登记的情况下,第三人难以窥知其身份,出卖人、出租人何以对其享有的担保性物权投保,保险人又何以识别保险利益和评估保险价值,不无疑问。此外,《民法典》及其司法解释并未对让与担保登记制度作出规定,在实践中也将面临相同的问题。上述问题的解决有待动产和权利统一登记制度的建立以及相关配套措施的完善。

(二)新增土地经营权制度对保险利益的影响

土地承包经营权,系土地上物权“三权分置”下新设的一种权利类型,是承包方取得土地承包经营权后,在流转土地保留承包权后的剩余权利,也即承包人基于土地承包经营权在流转土地过程中所形成的权利。[②] 2018 年修订的《农村土地承包法》首次在法律层面对土地经营权进行了规定,土地承包人既可以自己经营土地,也可以保留土地承包权,流转其承包地的土地经营权,由他人经营。《民法典》吸收了修订后的《农村土地承包法》的相关内容,对土地经营权作出了规定。

《民法典》新增土地经营权制度对保险利益的影响在于,民事权利类型的扩张相应导致了保险法上保险利益类型的扩张,也改变了民事主体所具有的法律上承认的利益的性质和种类。

具体而言,《民法典》将土地经营权置于物权编用益物权分编,承认了土地经营权的用益物权属性及其可估价性。因此,通过承租、接受入股或者其他方式(如土地托管、农地信托、代耕代种、反租倒包)[③]取得土地经营权的非承包权人,可对标的土地享有土地经营权人保险利益,性质上为用益物权保险利益。而土地承包人在所流转出去的土地经营权的价值范围内丧失相应的保险利益,但可同时取得流转法律关系中对流转收益的保险利益,如土地经营权租赁关系中承租人对土地租费享有的合同债权保险利益。此外,以土地经营权融资担保的,金融机构可以取得土地经营权担保物权,有权就土地经营权优先受偿,保险法上可具有担保物权人的保

---

① 参见《保险法》第 55 条第 3 款。

② 参见最高人民法院民法典贯彻实施工作领导小组主编:《中华人民共和国民法典物权编理解与适用(下)》,人民法院出版社 2020 年版,第 700 页。

③ 同上书,第 699 页。

险利益。

值得注意的是,我国在政策层面对基于继受取得的土地经营权的再流转存在限制[①],若土地经营权人未经同意处分土地经营权,其基于处分行为享有的经济性利益,是否属于法律承认的可保利益,可能存在争议。

(三)新增居住权制度对保险利益的影响

除土地经营权外,《民法典》物权编用益物权分编新设居住权制度。居住权制度主要用于处理家庭成员之间的赡养、抚养和扶养关系。[②]《民法典》第368条规定,居住权原则上应无偿设立,但当事人另有约定的除外。

根据功能和有偿性,可以将居住权划分为社会性居住权和投资性居住权。前者指为解决特定家庭成员或家庭服务人员的居住困难问题而设立的居住权,或者政府部门主导的用以解决社会低收入群体住房保障问题而设立的居住权,通常为无偿。后者则属于财产性用益物权,双方往往约定居住权对价,遵循市场交易的等价有偿原则。

如上文所述,保险利益需具备经济性即可估价性,那么基于身份关系或政策原因设立的社会性居住权,是否因其公益性和无偿性而不产生可保利益?

本书认为,即使是无偿的社会性居住权人,对房屋本身仍享有可保的经济利益。若房屋发生毁损灭失,居住权人可能遭受房屋内物品的损失和另觅居住场所的额外支出的损失。利益和损失是一个事物的正反两面,有损失即有利益,因此,无偿取得权利的居住权人对所居住的房屋仍具有可保的经济利益,其可以房屋为标的物投保住宅损失险。而投资性居住权具有财产权属性,居住权人对其居住权具有可保利益,对所居住房屋亦享有可保利益。除此之外,房屋所有权人对房屋本身享有物权所有权人保险利益,自不待言。

(四)新增人格权授权使用制度对保险利益的影响

《保险法》第12条第4款规定,财产保险的保险标的为"财产及其有关权利",保险利益的经济性也要求保险标的应当具有财产属性。一般认为,自然人的人格权和身体权系不可转让、不可继承、不可以金钱衡量价值的纯粹精神性利益,因而人身权不可作为财产保险的保险标的,民事主体对人身权不享有财产保险利益,只有在特定身份关系和法定情形下,特定人的身体和寿命可以作为人身保险

---

① 比如,2016年10月中共中央办公厅、国务院办公厅印发的《关于完善农村土地所有权承包权经营权分置办法的意见》中明确:经营主体再流转土地经营权或依法依规设定抵押,须经承包农户或其委托代理人书面同意,并向农民集体书面备案。

② 参见最高人民法院民法典贯彻实施工作领导小组主编:《中华人民共和国民法典物权编理解与适用(下)》,人民法院出版社2020年版,第876页。

的保险标的。因此，通常情况下，《民法典》第109、110条规定的人格权不可成为财产保险的保险标的。

但随着市场经济的发展，人格权的某些权能逐渐商品化，可以依法转让或者授权他人使用，并可在遭受侵害以后通过财产损害赔偿的方式获得救济。[①] 如名人的姓名、肖像、声音可以作商业宣传使用，产生的商业价值可以用金钱衡量。又如，互联网环境下，个人信息被以数字形式记载、存储、传播、利用，并因其可为商业决策提供参考而具有了可交换的商业价值。

为了回应实践中大量的人格权商业化使用的需求，《民法典》新设规定了人格权许可使用规则，第993、1012、1013、1018条规定了姓名权、名称权、肖像权的许可使用制度，从立法层面承认了部分人格权所包含的精神和财产的双重权益。当上述人格权做商品化使用时，满足合法性、确定性和经济性的条件的，应认为可以产生相应的保险利益。

此外，虽然《民法典》第993条并未明确列举个人信息权的许可使用制度，但结合第1038条关于信息处理者未经自然人同意不得向他人非法提供其个人信息的规定，个人信息权也可具备可授权性和一定的经济利益属性，似可成立相应的保险利益。

但是，《个人信息保护法》为规范个人信息处理活动，对个人信息的处理规则、个人信息处理者的义务以及监管部门的职责作出了较为严格的规定。个人信息处理者对个人信息的收集和使用行为并非建立在个人和信息处理者之间意思自治的基础上，而是处于有关部门的监督管理下。现阶段对于个人信息的违法收集、使用、加工行为的处理，也以行政、刑事手段为主，以民事手段为辅。故而，本书倾向于认为，现阶段我国并未产生实际层面的个人信息授权许可使用制度，民事主体难以就其个人信息权具有现实意义上的可保利益。

应对建议：《民法典》扩张了权利主体的权利范围，并将其他民事权利与利益作为民事权益的兜底保护进行规定[②]，为各相关编中的民事权利和利益的保护提供了基础[③]，也为保险法上保险利益的扩张提供了权利基础和来源。

一方面，有利益才有损失，才有保险制度的存在空间，《民法典》对民事权利制度的增改直接影响了可保利益在理论上的范围，投射到实践层面可能出现新的风险、新的投保需求、新的保险产品、新的争议与纠纷点，从而影响整个保险行业的发

---

① 参见王利明：《论人格权商品化》，载《法律科学（西北政法大学学报）》2013年第4期。

② 参见《民法典》第126条。

③ 参见最高人民法院民法典贯彻实施工作领导小组主编：《中华人民共和国民法典总则编理解与适用（下）》，人民法院出版社2020年版，第649页。

展。建议保险公司关注民事权利的法律变动,积极设计新的保险产品,满足市场上新出现的投保需求。

另一方面,民事主体在享有和行使《民法典》新增权益的同时,也要清晰地认识到相关权益之上保险利益的存在,厘清不同权益的性质,区别不同权益对应的可保利益范围,对民事生活中的风险进行积极预判,就具体的保险利益投保正确的保险产品,以分散风险、减少损失、避免纠纷。

第三节 《民法典》对保险展业的影响及应对

一、保险合同的订立方式

(一)关于合同订立方式中的“其他方式”

《合同法》确立了要约和承诺的合同订立方式。《民法典》第 471 条在要约与承诺方式的基础上,增加了“其他方式”。实践中,除要约、承诺方式之外,学界认为还存在集中竞价交叉要约、无需承诺的商业确认书、事实行为与事实合同这几种典型的合同订立方式。①

在这些与要约承诺制度区别开来的合同订立方式中,看似多能抽象为要约承诺制度这一范式,但是这种思维模式本身已经背离了合同是否订立的判断。合同订立的核心应在于当事人是否达成合意,而合意本身并非仅有要约承诺这一传统途径,如一定要将合同成立与否分解为是否达成了要约承诺,在某些合意已明显达成的场合,将会使合同是否订立的判断陷入判断是否达成要约承诺的固有模式,而忽略合意才是合同订立的核心。《民法典》增加“其他方式”,为合同成立的方式提供了更多的可能性,亦使合同是否订立的判断回归到是否达成合意本身。

具体到保险领域中,保险合同是否会以要约承诺之外的其他方式订立?《保险法》第 13 条规定,“投保人提出保险要求,经保险人同意承保,保险合同成立”,此条是否意味着保险合同只能通过要约承诺的方式成立?

对此,应从保险合同的订立流程及保险合同的特性出发进行考察。保险合同多为格式合同,且保险公司同意承保的意思表示一般需要经过核保等特定内部流程才能作出,投保人与保险人达成合意的过程与即时性较强的证券交易有所区

---

① 参见罗昆:《缔约方式发展与民法典缔约制度完善》,载《清华法学》2018 年第 6 期。

别,双方在意思表示上存在一定的时间差。在此情况下,保险合同双方的意思表示往往有前后之分,系两个独立的、非同时的意思表示。同时,保险合同本身系附和性契约,多使用格式条款,双方对于合同内容进行数次谈判、修改的几率不高。考虑到保险交易的特征,《民法典》规定的订立合同的“其他方式”是否会在保险交易中呈现,有待进一步观察。

(二)保险广告、宣传、网上自助保险页面是否为要约

《民法典》第 473 条规定,“商业广告和宣传的内容符合要约条件的,构成要约”。虽在保险交易中,一般由投保人作出具有投保意思的要约,而后由保险人作出具有承保意思的承诺,但亦有可能由保险人作为要约人,投保人为承诺一方。实践中,不排除保险公司的商业广告和宣传构成要约的可能性。如保险公司的商业广告和宣传内容构成要约,那么保险合同是否成立、成立时间等问题都会受到影响。

关于要约的构成要件,根据《民法典》第 472 条的规定,意思表示构成要约需要满足两个要件,其一为有旨在订立合同的意思表示,经受要约人承诺,要约人即受该意思表示的约束,其二为意思表示的内容具体明确。

关于第一个要件,根据《民法典》第 472 条的规定,要约是希望与他人订立合同的意思表示,是要约人向他人提出的愿意按一些确定的条件同其订立合同的意思表示,并且这个意思表示明示地或默示地表明经受要约人承诺,要约人即受该意思表示的拘束。

关于第二个要件,实践中,法院在判断保险公司商业广告、宣传内容是否系要约层面的明确具体的意思表示时,一般认为,明确具体是指包含了《保险法》第 18 条规定的保险合同应当包含的事项,尤其是保险标的、保险期间、保险金额、保险费等保险合同的基本条款。

在实践中,目前常见的全流程网上自助保险业务,在代理商/平台发布的保险业务的宣传及办理页面的介绍一般包括险种简介、赔付条件、赔付金额的概况说明,在页面中部或最底端附有投保金额选择以及确认按钮,用户点击进入宣传及办理页面并阅读详情,点击选择需要的投保金额、缴费方式,并点击该页面内的确认按钮即会被引导进入保单内容、代扣协议、平台协议三类确认页面及进一步的最终确认页面。全流程网上自助保险业务中的“办理页面”,不仅内容包含了详细的保险条款以及理赔条件的说明,而且形式相对于“商业广告与宣传”更加接近于一般意义上的要约。根据《民法典》的规定,该等办理页面由于基本上具备了保险合同的基本条款,且系引导投保人进入合同订立的页面,有可能会被认定为保险合同的要约,而非要约邀请。

应对建议:对于保险公司而言,如商业广告、宣传内容均被认定为要约,将会导

致保险合同成立的任意性较强、核保流程缺失、风险不可控制。湖北高院在(2019)鄂民再71号案中认定投保单意思表示的性质时认为,“案涉投保单中没有一经投保人同意,则对保险人发生约束力的内容。相反,该投保单明确载明‘本投保单在本公司未签发保险单或投保人未按约定交付保险费之前,不发生法律效力’……基于以上理由,陆友英将空白投保单交给高牌公司的行为应认定为要约邀请,高牌公司填写投保单并交给联合财保孝感公司后,才可认为高牌公司向联合财保孝感公司发出要约”。在此情况下,保险公司可参考此做法,在宣传保险产品、描述保险产品特征时,强调该宣传内容仅为要约邀请,不具有合同拘束力。

二、保险合同的形式

(一)保险合同不以保险单作为合同成立的必备形式

《保险法》第13条规定,“投保人提出保险要求,经保险人同意承保,保险合同成立。保险人应当及时向投保人签发保险单或者其他保险凭证”。从性质上来说,保险合同是诺成合同、非要式合同,当事人达成意思表示一致,保险合同即可成立。[①] 最高人民法院在(2013)民申字第1567号公报案例中指出,保险合同以当事人双方意思表示一致为成立要件,即保险合同双方当事人愿意接受特定条件拘束时,保险合同即为成立。签发保险单属于保险方的行为,目的是对保险合同的内容加以确认,便于当事人知晓保险合同的内容,以产生证明的效果。因此,保险单并非保险合同成立所必须具备的形式。

(二)签发保险单属于何种义务

合同义务分为先合同义务、主给付义务、从给付义务、附随义务、不真正义务等。其中,主给付义务是决定合同性质和类型的依据,因此也是决定合同成立的必要条件(条款),合同未约定主给付义务或者约定不明确且难以通过补充方法予以明确的,应当认定合同不成立。从给付义务系补助主给付义务,保障合同目的圆满实现。从给付义务之发生,可由法律明文规定,亦可依据诚信原则、合同目的和交易习惯解释认定,也可由合同约定。附随义务是为了辅助实现债权人的给付利益,包括当事人为缔结合同在磋商过程中的说明、告知义务,在合同履行过程中的保护、协助义务,以及合同终止后的通知、保密义务等。附随义务并非源于合同当事人的约定,而是诚信原则在合同履行过程中的体现。[②]

---

① 参见王静:《保险合同法注释书》,中国民主法制出版社2019年版,第38页。

② 最高人民法院民法典贯彻实施工作领导小组主编:《中华人民共和国民法典合同编理解与适用(一)》,人民法院出版社2020年版,第341—342页。

可以明确的是,保险人签发保险单本身并非决定保险人与投保人之间合同是否成立的必要条件,亦非决定法律关系性质的行为,其不属于主给付义务。至于是否属于从给付义务或附随义务,应当从给付义务和附随义务的区别、签发保险单义务的特征等方面进行考察。

从给付义务和附随义务主要的区别在于,其一,从给付义务可以诉请履行,附随义务不可;其二,从给付义务的作用主要是辅助功能,附随义务除此之外还具有保护功能,即维护债权人的人身财产利益,这种保护功能性质上不属于给付性质,而是由诚信原则导出。[①]

细观签发保险单这一义务,其来源于《保险法》第 13 条的明文规定。如保险人未签发,投保人可基于法律规定要求保险人给付。此外,一般而言,保险交易习惯中,通常认为保险单是保险合同的构成部分,其功能在于确认合同的内容,有助于投保人了解合同的内容,双方明确各自的权利义务。基于此,结合从给付义务和附随义务的区别,应当认为交付保险单属于从给付义务。

(三)未签发保险单是否可以解除合同

《民法典》第 563 条规定,“有下列情形之一的,当事人可以解除合同……(三)当事人一方迟延履行主要债务,经催告后在合理期限内仍未履行;(四)当事人一方迟延履行债务或者有其他违约行为致使不能实现合同目的……”

除约定解除权之外,保险人未签发保险单的行为是否触发投保人的法定解除权,应从两方面考量,其一,未签发保险单的行为是否属于保险人的主要义务,其二,未签发保险单的行为是否导致投保人的合同目的无法实现。

投保人投保的主要目的在于发生保险合同约定的保险事故时获得保险赔偿款,保险人的主要义务在于履行保险赔偿款的赔付义务,而保险单的作用在于明确保险合同双方的权利义务关系。结合上述分析,签发保险单属于从给付义务,未签发保险单并不属于保险人的主要义务。如未签发保险单,一般不认为保险人未履行主要义务,亦不导致投保人投保目的无法实现。因此,本书认为,未签发保险单一般不会触发投保人的法定解除权。

(四)符合书面形式的电子保单应具备的条件

《保险法》第 13 条规定,“保险人应当及时向投保人签发保险单或者其他保险凭证。保险单或者其他保险凭证应当载明当事人双方约定的合同内容。当事人也可以约定采用其他书面形式载明合同内容”。根据该规定,保险人应当向投保人签发书面形式的文件,例如保险单、保险凭证,以载明双方约定的合同内容。

---

① 参见江朝国:《保险法逐条释义(第二卷):保险契约》,元照出版有限公司 2015 年版,第 396 页。

关于书面形式,《民法典》新增了关于电子数据电文这一类书面形式的规定。《民法典》第469条第3款规定,“以电子数据交换、电子邮件等方式能够有形地表现所载内容,并可以随时调取查用的数据电文,视为书面形式”。在保险领域中,随着科技的发展,越来越多的保险公司使用电子保单,或使用电子数据的方式向投保人签发保险凭证。那么,满足书面形式要求的电子保单、电子数据形式的保险凭证需要具备哪些条件?

根据《民法典》第469条第3款的文义,符合书面形式的数据电文应具备两方面的条件,其一,能够有形地表现所载内容,其二,可以随时调取查用。我国的《电子签名法》对此亦有相同规定。[①]“有形地表现所载内容”这一条件是书面形式的本质特征,它使得特定内容能够被“看得见”、被识读。“可以随时调取查用”是对数据电文作出的特别要求。[②]其中,“可以调取”意指计算机数据形式的信息应当是可读和可解释的,使这种信息成为可读所必需的软件应当保留;“查用”则侧重于“耐久性”或“不可更改性”[③]。具体到保险凭证,随时“可以调取”和“查用”,可以理解为在任何时候均可以打开保险凭证,读取其中的内容。

应对建议:具体到实践中,如保险公司通过电子数据形式签发保单,为满足《保险法》规定的签发书面保险单或保险凭证的要求,本书建议保险公司:(1)确保电子保单可以被打开、读取;(2)建立在线网站,或通过在线形式发送、存储保单,确保保单可以“随时”被打开、读取;(3)建议调整电子保单查阅系统,使得在任何电脑、网络下均可在线登录查阅;(4)同时向投保人签发纸质保单或保险凭证,并确保电子保单与纸质保单内容一致。

三、保险合同的成立时间

(一)保险人接受投保单并收取保险费,尚未作出承保的意思表示,是否属于“当事人一方履行主要义务,对方接受”的合同成立情形

《民法典》第490条对原《合同法》第32、36、37条的内容进行了整合,其内容为“当事人采用合同书形式订立合同的,自当事人均签名、盖章或者按指印时合同成立。在签名、盖章或者按指印之前,当事人一方已经履行主要义务,对方接

---

① 《电子签名法》第4条规定:“能够有形地表现所载内容,并可以随时调取查用的数据电文,视为符合法律、法规要求的书面形式。”

② 参见黄薇主编:《中华人民共和国民法典合同编解读(上册)》,中国法制出版社2020年版,第37页。

③ 《贸易法委员会电子商业示范法及其颁布指南(1996年)》,载https://uncitral.un.org/sites/uncitral.un.org/files/media-documents/uncitral/zh/mlec_c_v05-89449_ebook.pdf,2021年9月30日访问。

受时,该合同成立。法律、行政法规规定或者当事人约定合同应当采用书面形式订立,当事人未采用书面形式但是一方已经履行主要义务,对方接受时,该合同成立”。

该条第 1 款新增了“当事人一方已经履行主要义务,对方接受时,该合同成立”这一规定,第 2 款则对法律法规或当事人约定的要求书面形式订立的合同进行了规定。那么,保险合同的成立是否适用该条规定?鉴于保险合同并非法律法规规定需要书面形式订立的合同,此处的讨论将集中于当保险人接受投保单并收取保险费尚未作出承保的意思表示,是否属于“当事人一方已经履行主要义务,对方接受”的合同成立情形,如保险合同有相应约定,仍可参考此处分析。具体到前述问题,有两个问题应纳入考量,其一,保险合同是否属于以合同书形式订立的合同?其二,保险人收取保费和合同成立之间是何种关系?

关于第一个问题,保险合同是否属于以合同书形式订立的合同?何为合同书,《民法典》第 469 条新增了如下规定,“书面形式是合同书、信件、电报、电传、传真等可以有形地表现所载内容的形式”。从该条新增规定可看出,合同书是一种书面形式,其中会记载合同双方当事人的权利义务、解决争议的方法等具体内容。[①] 就保险合同而言,实践中,保险条款一般会载明“本合同由保险条款、投保单、保险单或其他保险凭证以及批单组成”。其中,投保单为载明投保人投保的意思表示的书面文件,保险单为载明保险人承保意思表示的书面文件,二者均为保险合同的组成部分,可以有形地反映保险合同的权利义务。因此,当保险合同包括书面形式的投保单、保险单等呈现双方要约、承诺的意思表示,载明双方的权利义务的文件时,应当认为保险合同属于以合同书形式订立的合同。

关于第二个问题,保险人收取保费和合同成立之间是何种关系?《民法典》第 490 条第 1 款第 2 句和第 2 款的规定,实质上是履行治愈规则的体现,即欠缺法定或约定的形式,但因当事人履行的事实而得以补正,从而使合同成立条件成就。这一条仍然强调了不要式合同中意思表示一致的核心地位。就保险合同而言,保险合同亦非要式合同,保险人未出具保单而接受保费的行为是否视为保险人作出了同意承保的意思表示?

《保险法司法解释二》第 4 条对此问题进行了规定,“保险人接受了投保人提交的投保单并收取了保险费,尚未作出是否承保的意思表示,发生保险事故,被保险人或者受益人请求保险人按照保险合同承担赔偿或者给付保险金责任,符合承保条件的,人民法院应予支持;不符合承保条件的,保险人不承担保险责任,但应当退还已经收取的保险费。保险人主张不符合承保条件的,应承担举证责任”。

---

① 参见黄薇主编:《中华人民共和国民法典合同编解读(上册)》,中国法制出版社 2020 年版,第 35 页。

保险交易存在一定的特殊性,保险人在作出承保的意思表示前,一般会有核保流程,保险标的是否符合承保条件存在不确定性。如根据《民法典》第490条的规定,保险人收取保费即认为保险合同成立的,在不符合承保条件的情况下,将动摇保险交易中"共同风险"这一前提。但如一概地认为保险合同不成立,则不利于投保人权益的保护,变相鼓励保险人作出拖延核保程序等违背最大诚信原则的行为,亦不符合投保人的合理期待。鉴于《民法典》合同编的规定针对所有合同,考虑到保险合同的特殊性,此处应继续适用保险法相关制度为宜。

应对建议:需要注意的是,《保险法司法解释二》第4条属于相对强制性规范,即便保险人约定"投保人缴纳保险费后仍需保险公司审核才能认定保险合同成立",亦无法排除该规定的适用。鉴于此,关于投保人在投保环节是否需要即刻交纳保险费,可以综合保险产品的特性、保险事故发生的可能性等进行考量和判断。另,建议明确保险责任期间系保险合同成立起的固定期间,如保险期间起算时点因相关原因提前,其届满时点亦相应提前。

(二)通过网络订立的保险合同的成立时间

《民法典》第491条新增了关于通过互联网签订的合同成立时间的规定,具体内容为"当事人一方通过互联网等信息网络发布的商品或者服务信息符合要约条件的,对方选择该商品或者服务并提交订单成功时合同成立,但是当事人另有约定的除外"。

实践中,许多保险公司推出了网络投保的方式。如通过网络订立保险合同,保险合同的成立时间是提交订单成功时,还是保险人作出承保的意思表示时?根据《民法典》第491条的规定,通过网络订立的保险合同的成立时间的判断,取决于保险人通过互联网等信息网络发布的保险产品信息是否构成要约。如构成要约的,投保人选择该产品并提交订单成功时保险合同成立。

应对建议:通过网络订立的保险合同的成立时间的判断关键仍在于网络自助保险页面中的相关信息是否构成保险人的要约。为避免保险合同缔结的任意性,使核保流程流于形式,建议保险公司强调网络自助保险页面中的相关内容仅为要约邀请,不具有约束力。

同时,保险公司可以设置相关页面提示,在投保人提交投保订单后,显示订单提交成功不视为保险人作出承保的意思表示,保险合同的成立仍需等待具体核保结果。

(三)电子激活卡类型的保险模式,保险合同成立和生效时间如何确定

1. 条文变化

关于合同的成立与生效,《民法典》第502条对合同成立和生效的时间作出了规定,对合同成立时生效的规定新增了但书条款,即"依法成立的合同,自成立时生效,但是法律另有规定或者当事人另有约定的除外"。另,《民法典》合同编将原《合同法》中关于附条件、附期限生效的合同效力的相关规定删除,在总则编中对附生效条件、附生效期限的民事法律行为作出了规定。

2. 相关观点

除网络订立保险合同的方式之外,实践中,亦有投保人通过购买保险卡的方式进行投保。关于此种模式下保险合同的成立和生效时间,实践中存在不同观点。第一种观点认为,保险人收取保费即合同成立并生效,保险卡有效期内,以谁的名义激活、何时激活是持卡人的权利;第二种观点认为,投保人缴费为要约,所缴费用为预交保费,保险卡被激活时,被保险人和保险责任期限确定,合同成立并生效;第三种观点认为,保险合同成立生效与保险责任期限起算的时间不一定重合,合同自保险人收到保费时成立并生效,激活是确定被保险人和保险责任的开始时间。[①] 本书赞同第三种观点,在保险合同无明确约定的情况下,应当认为保险合同自成立起即生效。但是保险责任的起算时间与保险合同的生效时间并不当然一致,应作区分讨论。

应对建议:结合《民法典》的规定,本书认为,保险合同的成立与生效时间可以通过约定的方式明确。本书建议保险公司在电子激活卡模式的保险交易中,在相关载体(包括但不限于保险卡、投保单、保险单、保险合同)中明确,保险合同自激活后或其他特定条件成就后(例如明确被保险人并经核保通过后)生效,亦可对保险责任的起止期间进行约定,以有效控制承保风险。

四、格式条款

《民法典》对格式条款的提示与说明义务规则、无效认定规则进行了修改。格式条款制度一直是保险交易中需要关注的重要问题,下文将结合《保险法》的规定,对相关修改及其可能对保险业务产生的影响进行分析。

---

① 参见"保险人未询问投保人相关事项而发生保险纠纷的,保险公司应承担保险责任——韩龙梅等诉阳光人寿保险股份有限公司江苏分公司保险合同纠纷案",载法信网,http://www.faxin.cn/lib/cpal/Alyzcontent.aspx?isAlyz=1&gid=c677311&userinput=,2021年10月1日访问。

(一)格式条款的提示与说明义务

《民法典》和《保险法》对提示与说明义务的规定存在以下区别:

第一,关于需要提示及说明的范围不同。《民法典》第 496 条第 2 款规定,需要履行提示及说明义务的对象为“免除或者减轻其责任等与对方有重大利害关系的条款”。从文义上看,其包括免除或者减轻对方责任条款和免除或者减轻责任之外的与对方有重大利害关系的条款。《保险法》第 17 条第 2 款规定的需要提示及说明的对象是“免除保险人责任的条款”,虽然《保险法司法解释二》第 9 条将提示及说明的对象扩展至“免除或者减轻保险人责任的条款”,但其范围仍小于《民法典》第 496 条第 2 款规定的“与对方有重大利害关系的条款”。《保险法》第 17 条第 1 款规定了保险人对格式条款的说明义务,该义务仅为说明义务,未包含提示义务,且说明义务为主动说明义务还是被动说明义务尚不明确。

第二,关于提示和说明义务的要求,《民法典》规定的是主动提示与被动说明的义务,而《保险法》规定的是主动提示与主动说明义务。

第三,关于提示和说明义务需要达到的程度,《民法典》规定的是需要达到使对方注意并理解的程度,《保险法》规定的是需要达到“常人能够理解的解释说明”的程度。

第四,关于未履行“提示说明义务”的后果,《民法典》规定的是,如果格式条款提供方未履行提示说明义务致使对方没有注意或者理解与其有重大利害关系的条款的,格式条款的相对方可以主张该条款不成为合同的内容,即未订入合同;而《保险法》对于未履行提示说明义务的后果的规定更为严苛,无论格式条款相对方是否注意或理解,相关格式条款均不产生效力。关于不产生效力和未订入合同的区别,表面上看两个条文的后果都是相关条款不能产生效力(不成为合同内容),但因表述不同,二者的诉讼结构会有区别。根据《保险法》第 17 条第 2 款所规定的“该条款不产生效力”,在诉讼程序中,法官应主动审查保险人是否履行提示及说明义务,保险人对其履行义务承担举证责任。至于根据《民法典》第 496 条第 2 款所表述“对方可以主张该条款不成为合同的内容”,在诉讼中则由当事人承担主张责任,当事人不主张,法官不主动审查。同时,根据举证责任基本原理,当事人应该对自己的主张承担举证责任,故应由当事人对义务人未履行义务承担举证责任。

结合上述分析,虽然《保险法》第 17 条第 2 条规定的“提示说明义务”的范围可能小于《民法典》的规定,但是提示说明义务的履行要求及程度、未履行相关义务的后果,都严苛于《民法典》的相关规定。从一般法与特别法的适用规则,以及保护格式条款相对方的立法目的出发,关于“提示说明义务”的履行、未履行相关义务的后果,《保险法》仍优先于《民法典》适用。

应对建议：结合《民法典》和《保险法》的规定，就《民法典》与《保险法》存在交叉的“与对方有重大利害关系的条款”中的“免除或者减轻责任”条款，《保险法》第17条第2款的规定更为严苛，实践中以适用《保险法》为宜。对于“与对方有重大利害关系的条款”之外的一般保险格式条款，不属于《民法典》第496条第2款规范对象，应适用《保险法》第17条第1款。对于“与对方有重大利害关系的条款”中的“非”免除或者减轻保险人责任的条款，同时属于《民法典》第496条第2款与《保险法》第17条第1款的规范事项，从保护格式条款相对方、最大程度地维护交易稳定性的角度，建议适用《民法典》第496条第2款的规定对相对方进行提示，并在相对方要求时，积极予以说明，使其注意并理解相关内容。

（二）格式条款的无效

《民法典》第497条[①]对格式条款无效情形的修改主要集中于“提供格式条款一方不合理地免除或者减轻其责任”“加重对方责任”“限制对方主要权利”。在这一情形中，相较于《合同法》，《民法典》将提供格式条款的一方免除或减轻自身责任的条款限缩至“不合理地”免除或减轻责任，另外增加了“限制”对方主要权利这一情形。

《保险法》第19条[②]规定的格式条款无效的情形主要有两种，其一，免除保险人依法应承担的义务或者加重投保人、被保险人责任的；其二，排除投保人、被保险人或者受益人依法享有的权利的。

相比之下，就免除保险人责任的条款是否导致格式条款无效，《民法典》相较于《保险法》而言适当宽松，《民法典》具有“不合理地”这一限定性要求。但《民法典》认定格式条款无效的情形多于《保险法》规定的情形，除《保险法》规定的情形外，《民法典》还认定具有“不合理地减轻其责任”“限制对方主要权利”格式条款亦属无效。

应对建议：就格式条款无效认定规则而言，《民法典》与《保险法》规范的为同一事宜，而《民法典》为新的一般法，《保险法》为旧的特别法，在适用上可能存在争

---

① 《民法典》第497条规定：“有下列情形之一的，该格式条款无效：（一）具有本法第一编第六章第三节和本法第五百零六条规定的无效情形；（二）提供格式条款一方不合理地免除或者减轻其责任、加重对方责任、限制对方主要权利；（三）提供格式条款一方排除对方主要权利。”

② 《保险法》第19条规定：“采用保险人提供的格式条款订立的保险合同中的下列条款无效：（一）免除保险人依法应承担的义务或者加重投保人、被保险人责任的；（二）排除投保人、被保险人或者受益人依法享有的权利的。”

议。本书建议保险公司在制定保险条款时从“严苛”者,避免出现虽《保险法》不认定其无效但《民法典》认定其无效的格式条款。另一方面,对于现存的保险条款,如遇纠纷,可尝试根据《保险法》的规定论述格式条款的效力问题。

五、个人信息保护

《民法典》第111条系关于个人信息权的规定,第1032—1038条系关于隐私权和个人信息保护的规定。根据《民法典》人格权编与侵权责任编的规定,对于保险人通过与投保人订立保险合同的方式获取投保人或被保险人的信息,保险人概括地负有不得侵害投保人或被保险人隐私权的义务,并且负有尊重投保人与被保险人受保护的个人信息并为其行使提供便利的义务。

关于隐私权与个人信息之间的关系,《民法典》第1034条规定,“个人信息是以电子或者其他方式记录的能够单独或者与其他信息结合识别特定自然人的各种信息”。即,个人信息利益保护的对象需要具有可识别性,而隐私权保护的对象则不需要。第1034条还规定,“个人信息中的私密信息,适用有关隐私权的规定;没有规定的,适用有关个人信息保护的规定”。即,隐私权保护的对象需要具有私密性,而个人信息利益保护的对象则不需要;另外,隐私权的保护范围远大于“具有私密性的个人信息”,其涵括了私生活安宁、私生活空间、私人活动与私人生活的自由决定等。

根据前述规定,在办理保险业务过程中,可能涉及的义务违反或侵权行为主要为两种,其一为侵犯隐私权的行为,其二为侵犯受保护的个人信息的行为。

(一)侵犯隐私权的情形

《民法典》第1032条规定,“隐私是自然人的私人生活安宁和不愿为他人知晓的私密空间、私密活动、私密信息”“任何组织或者个人不得以刺探、侵扰、泄露、公开等方式侵害他人的隐私权”;第1033条规定,“……不得实施下列行为:(一)以电话、短信、即时通讯工具、电子邮件、传单等方式侵扰他人的私人生活安宁……(五)处理他人的私密信息;(六)以其他方式侵害他人的隐私权”。

据此,在收集、利用投保人或被保险人的私密性信息(如基因、财产状况、病史、性生活等)的过程中,如果主动向其他组织或个人出售或无偿传播其所获得的个人私密性信息,或者由于过失未能阻止个人私密性信息被其他个人或组织取得,则可能构成隐私信息与隐私活动的侵权。

根据获取的投保人或被保险人的非私密性信息(如联系方式等)向投保人或被保险人发送大量商业广告,则可能构成对于私人生活安宁的侵犯。

如果主动向其他组织或个人出售或无偿传播其所获得的个人非私密性信息

（如联系方式等），而获得信息的组织或个人向投保人或被保险人发送大量商业广告，则保险人可能构成对投保人或被保险人隐私权的帮助型共同侵权。

（二）侵犯受保护的个人信息的情形

《民法典》第 1034 条规定，“个人信息是以电子或者其他方式记录的能够单独或者与其他信息结合识别特定自然人的各种信息，包括自然人的姓名、出生日期、身份证件号码、生物识别信息、住址、电话号码、电子邮箱、健康信息、行踪信息等”。第 1035 条规定，“个人信息的处理包括个人信息的收集、存储、使用、加工、传输、提供、公开等”。

考虑到保险合同的一般实践，投保单中收集的个人信息显然包括大量上述范围内的信息，且电子保单扩张的趋势决定了保险人将越来越多地利用电子储存介质加工并储存个人信息，利用电子信息网络收集、传输、提供个人信息。因此，相对于隐私权侵犯，受保护的个人信息的侵犯可能是更为常见的情形。

在签订电子保单的情形下，如果利用手机应用权限，在未获得同意的情形下获取投保人或被保险人的非公开信息，可能涉及侵犯投保人或被保险人对该等非公开信息的控制权。

在签订保险合同的过程中，如果未向投保人或被保险人阐明所收集的信息的规则、目的、方式和范围，则可能涉及侵犯投保人或被保险人的知情权。

在保险合同从签订到终止的过程中，保险人如果无正当理由地拒绝投保人或被保险人查阅、抄录、复制与申请删除其所储存的个人信息的请求，或者事实上不存在有效的请求渠道，则可能涉及侵犯投保人或被保险人的个人信息知情权与清除权。

在储存并处理投保人或被保险人个人信息的过程中，如果保险人未采取必要措施确保相关个人信息的安全，导致信息泄露、被篡改或丢失，或者在上述情形发生后未能及时采取补救措施，并且在投保人或被保险人请求采取保护措施后未进行有效行动的，则可能涉及侵犯投保人或被保险人对该等个人信息的安全维护请求权。

应对建议：《民法典》第 1035 条、第 1037 条与第 1038 条规定了个人信息收集处理的合法、正当与必要原则，以及知情同意、维持安全与完整规则。

根据合法原则与知情同意规则，作为非法律授权主体的保险人在收集非公开信息时，应当公开并明示信息收集与处理的规则、目的、方式与范围，并征得投保人/被保险人的同意，且取得信息的方式和手段需要符合法律的规定。

根据正当原则与必要原则，保险人应当严格将收集/处理个人信息的范围限制在约定/法定的范围内，可以不收集的则应尽量不收集，可以少收集的则应尽量少收集，可以收集一般信息的则应尽量避免收集敏感信息。

具体到保险业务中，本书建议保险人在提供保险服务的过程中可以：（1）避免主动或由于自身过失向第三方非法提供投保人或被保险人的一切个人信息;(2)避免通过投保人或被保险人提供的联系方式向其发送数量不合理的商业广告或垃圾信息;(3)除对《隐私与个人信息政策》强制要求阅读并勾选了解外,尽可能通过电话连线、调查问卷等方式向投保人和被保险人确认已充分了解信息收集和使用的目的、方式和范围;(4)情况允许时,在任何涉及收集信息的情形下提前明示存在信息收集,并尽可能获得投保人和被保险人的明示同意;(5)预期将要涉及侵犯投保人或被保险人被保护的个人信息利益时,应尽可能地提前获取其同意,尽可能地使用已经在较大范围内公开的信息,尽可能地保证自身行为的客观目的符合该自然人合法权益或公共利益,并且保证行为的实施在合理的范围内;(6)严格将收集和处理个人信息的范围限制在约定和法定的范围内,可以不收集的尽量不收集,可以少收集的尽量少收集,可以收集一般信息的尽量避免收集敏感信息;(7)设立个人信息与隐私权专项客服并安排专门技术人员,在投保人或被保险人要求查阅、抄录、复制、删除、维护个人信息或对个人信息采取必要保护措施时,及时响应;(8)设立个人信息安全状态监控机制,防止非相关方非法获取保险人收集并存储的数据。

在《民法典》正式实施以及保险服务电子化趋势加速的背景下,保险人在提供服务的过程中需要注意的是:(1)投保人阅读并确认的《隐私和个人信息政策》不一定能够满足个人信息收集合法性原则的同意要求,即便保险人在其中设置了形式上要求投保人作出同意的意思表示的条文;(2)获取投保人或被保险人移动设备调用权限的同意,并不一定能够满足通过该硬件收集信息的同意要求,可以尽可能地在每一特定情形下要求投保人和被保险人同意信息的收集与使用;(3)数据的去标识化不能够完全避免获取并使用该数据时的隐私权侵犯风险,如果去标识化数据的分析与利用为运营必需,可以尽可能地保证相关原始信息不联网且及时删除,尽可能调用手机本地 SoC(System on Chip,系统级芯片)的算力对数据进行处理,并保证仅向应用输入处理后的结果。

第四节 《民法典》对保险中介业务的影响及应对

一、保险代理业务

(一)保险代理人与民法上的代理

保险代理机构系根据保险人委托,以保险人的名义,代表保险人的利益,在保险人授权范围内代为办理保险业务的机构或者个人。保险代理属于民事代理的一种,应当适用《民法典》关于代理的相关规定。虽然委托代理权的授予为不要式法律行为,可以通过书面、口头乃至默示的方式授权,但根据《保险法》第126条的规定,保险代理权应当通过合同书的方式授予,通过书面方式载明代理人的姓名或者名称、代理事项、权限和期限,并由被代理人签名或者盖章。实践中,与保险代理相关的问题较为复杂,针对其中的几个重点问题,本书结合《民法典》和《保险法》的相关规定分析如下。

1. 保险销售从业人员是保险公司工作人员还是个人保险代理人

《保险销售从业人员监管办法》第2条规定,"本办法所称保险销售从业人员是指为保险公司销售保险产品的人员,包括保险公司的保险销售人员和保险代理机构的保险销售人员"。该规定现已废止,目前实践中对于保险销售从业人员并不区分其身份而一律称之为"外勤销售人员"。在身份交叉混杂的情况下,实务中的难点在于在保险销售从业人员与保险公司的关系"名不副实"(即存在事实劳动关系)或者存在"多重身份"(即保险公司兼营代理机构)的情况下,如何确定两者之间的关系,以及认定保险销售从业人员在相关保险合同签订中的地位。

2. 个人保险代理人与保险公司之间的事实劳动关系

根据《保险公司管理规定》第38条的规定,仅"分支机构高级管理人员或者主要负责人"应为订立劳动合同的正式员工,而是否要求保险公司与其他销售人员订立劳动合同并无具体规定。实践中,存在大量名义上签订《代理合同》而实质上作为保险公司员工并由保险公司管理和考勤的保险销售人员,与保险公司之间可能具备人格从属性和经济从属性,由此可能造成双方之间的法律关系不清,被法院认定为事实劳动关系。

根据劳动和社会保障部《关于确立劳动关系有关事项的通知》(以下简称《通知》),用人单位招用劳动者未订立书面劳动合同,但同时具备下列情形的,劳动关系成立:(1)用人单位和劳动者符合法律、法规规定的主体资格;(2)用人单位依法制定的各项劳动规章制度适用于劳动者,劳动者受用人单位的劳动管理,从事用人单位安排的有报酬的劳动;(3)劳动者提供的劳动是用人单位业务的组成部分。在认定双方存在劳动关系时可参照下列凭证:(1)工资支付凭证或记录(职工工资发放花名册)、缴纳各项社会保险费的记录;(2)用人单位向劳动者发放的"工作证""服务证"等能够证明身份的证件;(3)劳动者填写的用人单位招工招聘"登记表""报名表"等招用记录;(4)考勤记录;(5)其他劳动者的证言等。

根据上述《通知》的规定,结合目前的司法实践,在判断保险销售从业人员与保险公司的关系时,可主要考虑:(1)保险销售人员是否由保险公司进行考勤与管理;(2)保险销售人员领取的证件系员工证还是展业证;(3)保险销售人员的薪酬发放方式;(4)保险销售人员的薪酬波动情况及其依据;(5)保险销售人员是否通过保险公司缴纳各项社会保险;(6)保险销售人员招用时招工广告的内容;(7)保险销售人员是否与保险公司签订有合同书以及合同书的具体条款。①

3. 保险公司兼营代理机构时的风险分析

《保险代理人监管规定》第42条规定,“保险公司兼营保险代理业务的,除同一保险集团内各保险子公司之间开展保险代理业务外……”第46条规定,“保险公司兼营保险代理业务的,其个人保险代理人可以根据授权,代为办理其他保险公司的保险业务”。根据前述规定,保险公司可以兼营保险代理业务,但是保险公司在兼营保险代理业务时,时常会面临以下问题。

3.1 保险代理人的间接代理

《民法典》第925条规定了隐名代理制度,第926条规定了间接代理制度。相较于《合同法》的规定,这两条的规定变化不大。其中,隐名代理并不影响代理法律行为的效力在原则上直接约束委托人与第三人。但间接代理法律行为的结果则直接约束受托人与第三人,只有在满足法定条件的情况下,受托人才依法负有向委托人披露第三人或向第三人披露委托人的义务,且披露义务并非法定强制义务,委托人介入权和第三人选择权的行使均可能受到受托人披露意愿的影响。

如果保险公司兼营保险代理业务,存在则可能出现具体业务流程中的业务混同问题,尤其是在同一集团内部企业间存在业务代理时,由于营业名称一致且注册名称类似,保险代理人未能尽到对于代理关系的说明义务,可能发生以下风险:(1)若保险代理人因投保人的原因对保险人违约,保险代理人未向保险人披露投保人,则投保人违约时保险人无法行使介入权,可能导致保险人无法实现及时介入和有效追偿;(2)若保险代理人因保险人的原因对投保人违约,保险代理人未向投保人披露保险人,投保人就丧失了向更具履行能力的主体主张保险责任的选择权。

3.2 保险代理人的转委托/复代理

《民法典》第169条与第923条分别规定了复代理和转委托制度。其中,第169条无内容上的变化,第923条关于委托人同意转委托的情形,增加了“追认”的情形。就内容而言,本代理人/受托人需要具有复任权,否则复代理人/次受托人构成无权代理,被代理人/委托人不受复代理人/次受托人所为法律行为之约束。本代理人/受托人的复任权只能在事先同意、事后追认、紧急情况下为了被代理人/委托人的利益三种情况下才能获得,被代理人/委托人可直接指示接受委托的第三

---

① 参见北京市第三中级人民法院民事判决书(2015)三中民终字第05679号;上海市第一中级人民法院民事判决书(2014)沪一中民三(民)终字第1324号;安徽省亳州市中级人民法院民事判决书(2019)皖16民终2696号;河南省南阳市中级人民法院民事判决书(2020)豫13民终378号;河南省南阳市中级人民法院民事判决书(2015)南民劳终字第00139号。

人,代理人/受托人仅对第三人的选任及其对第三人的指示负责。

具体到保险代理人的情形中兼营保险代理业务的保险公司将代理业务交由个人保险代理人处理时,由于实践中保险公司为了避免劳动争议纠纷,往往倾向于同保险销售人员订立保险代理合同而非劳动合同,而"外勤销售人员"法律地位模糊不清,兼营保险代理业务的保险公司通常不会专门授予其复任权。此类外勤销售人员为不当代理行为时,被代理人很可能拒绝追认,整个代理行为的结果无法归于被代理人承担而只能由次代理法律关系中的被代理人兼营公司承担。

4. 授权委托书的内容

《民法典》第 165 条对于授权委托书应当载明的内容进行了调整,将《民法总则》原条款中的"期间"修改为"期限",其余不变。在实践中,如授权委托书记载的内容多于该条列举的内容,应认为授权委托书有效。如授权委托书记载的内容少于该条列举的内容,授权委托书的效力如何?从意思自治的角度,不应认定无效。但授权委托书本身应至少包含代理身份的当事人和代理事项,否则可参照欠缺合同主要条款的情形,认定其不成立。

应对建议:结合上述分析,本书建议:(1)如果保险人与相关自然人主体无意愿建立劳动关系,建议保险人与该等主体签订书面的授权委托书,授权委托书的内容应至少包括代理人的姓名或名称、代理事项、权限和期限,并由保险公司盖章,以明确代理关系,确定代理权限;(2)建议保险人要求保险代理人在代理过程中披露委托人信息,以便在投保人违约时享有相应的救济权利;(3)建议保险人在对保险代理人的授权范围内明确是否允许转委托,同时,为避免转委托带来的不可控的风险,建议保险人限制代理人转委托的权利;(4)建议保险代理人在代理行为过程中明确代理身份,严格在代理范围内从事相关业务。

(二)保险代理人代签名事宜

《民法典》第 503 条在《合同法司法解释二》第 12 条的基础上,就无权代理人订立合同的法律后果作出了规定。该条规定,"无权代理人以被代理人的名义订立合同,被代理人已经开始履行合同义务或者接受相对人履行的,视为对合同的追认"。相较于《合同法司法解释二》第 12 条的规定,新增了"接受相对人履行的"这一视为对合同的追认的情形。

保险人或者保险人的代理人代投保人签章的行为并不罕见,该行为本身属于无权代理。无权代理人与相对人订立的合同,在被代理人追认之前,合同已经成立,但对被代理人不发生效力。此种不发生效力实为效力待定的状态,如被代理人进行追认,保险合同将在保险人与投保人之间发生效力。根据《保险法司法解释二》第 3 条的规定,投保人交纳保险费视为其对代签字或者盖章行为的追认。

一个值得注意的问题是,投保人的追认仅系对保险合同成立的追认,这种追认是否代表投保人认可保险人已经履行了免责条款的提示说明义务?是否履行了提示说明义务本身并非对于意思表示的追认的问题,属于事实认定的范畴,即便投保人自行在保险单上签章,也并无法推断出保险人已经履行了提示说明义务,需要根据证据查明事实。鉴于此,本书认为,投保人的追认仅系对保险合同已经成立的追认,难以延展至认可保险人已经履行提示说明义务的层面。

从投保人如实告知义务的角度,如果投保人对保险代理人代签的行为予以追认,如代签的内容中包含虚假内容,是否可以认定投保人违反如实告知义务?投保人违反如实告知义务的主观过错程度如何?从追认的法律后果而言,保险代理人代填的内容理论上效力均及于投保人,均视为投保人的真实意思表示,如果代填内容存在虚假的情形,应当认为投保人违反如实告知义务。至于投保人的主观过错程度,最高人民法院在《〈保险法司法解释(二)〉理解与适用》中认为,在保险人或其代理人代填的情况下,出于对保险人及其代理人的信任,投保人会不自觉地疏于对代填内容的审查,投保人和保险人及其代理人对此均存在过错,应当适当减轻投保人的主观过错程度,应当认为其因“重大过失”而非“故意”违反投保人如实告知义务。

应对建议:实践中,保险人代签名的情况往往是由于工作人员的工作疏漏造成,建议保险人对工作人员、保险代理人加强培训,严格限制代签名操作。此外,即便代签名,保险人仍然需要尽到提示说明义务,并留存相关证据。本书建议,可以通过拍照、录像等方式,规范保险合同的签署过程。在网络平台销售的保险产品,可以引入身份认证等环节,通过人脸识别等方式确保投保人方的签署主体确为其本人。

(三)保险代理人售卖其他金融产品的责任

《保险代理人监管规定》第 44 条规定,“保险专业代理机构及其从业人员、个人保险代理人不得销售非保险金融产品,经相关金融监管部门审批的非保险金融产品除外。保险专业代理机构及其从业人员、个人保险代理人销售符合条件的非保险金融产品前,应当具备相应的资质要求”。据此,保险代理人并非绝对不允许销售非保险金融产品,但需要符合 2 个条件:(1)所销售的金融产品经过相关金融监管部门审批;(2)保险代理人具备销售该种非保险金融产品的相应资质。

即便保险代理人符合销售非保险金融产品的资质要求,根据《中国保监会关于严格规范非保险金融产品销售的通知》(保监发〔2015〕100 号)的规定,其应当向客户进行充分的信息披露和风险提示,不得采取违背客户意愿搭售产品的方式销售非保险金融产品,不得向客户销售超出其需求和风险承受能力的非保险金融产品。对于保险代理人代表保险人出售的其他金融产品,如侵害投资者、保险人权益的,应当承担侵权责任以及相应的行政处罚。

应对建议:结合上述分析,本书建议,保险代理人如销售非保险金融产品,应当严格遵守相关监管规定,获得相应审批和资质,遵守监管规定。另,保险代理人销售非保险金融产品应当严格遵守金融消费者保护的相关规定。

(四)投保人代理——签订保险合同是否属于家事代理事项的范围

相比原《婚姻法》,《民法典》新增了关于夫妻双方家事代理权及限制的规定①;对于夫妻共同财产,新增了劳务报酬、投资两项内容②;对于夫妻共同债务,吸收了相关司法解释的内容,对于夫妻共同债务的界定、举证责任等进行了规定。③

根据《民法典》第1060条、第1062条与第1064条的规定,家事代理权的构成要件为:(1)婚姻关系合法有效;(2)法律行为涉及夫妻共同财产的处分行为,或涉及创设有效的夫妻共同债务的行为;(3)法律行为限于家庭日常生活需要的范围内,或相对人有理由相信该法律行为为夫妻双方共同的意思表示。

根据上述规定,签订保险合同是否属于家事代理事项的范围,其主要的争议焦点在于:(1)签订保险合同是否属于因家庭日常生活需要而实施的法律行为;(2)签订保险合同是否属于夫妻共同财产的处分行为;(3)签订保险合同是否属于创设夫妻共同债务的行为。

其一,签订保险合同是否属于因家庭日常生活需要而实施的法律行为。

实践中,一般认为家庭生存需要、家庭保健需要、家庭娱乐需要、家庭成员个人发展需要、家庭用工需要,以及家庭社交需要的小额财产接受与赠与等,应当认为属于

---

① 《民法典》第1060条规定:"夫妻一方因家庭日常生活需要而实施的民事法律行为,对夫妻双方发生效力,但是夫妻一方与相对人另有约定的除外。夫妻之间对一方可以实施的民事法律行为范围的限制,不得对抗善意相对人。"

② 《民法典》第1062条规定:"夫妻在婚姻关系存续期间所得的下列财产,为夫妻的共同财产,归夫妻共同所有:(一)工资、奖金、劳务报酬;(二)生产、经营、投资的收益;(三)知识产权的收益;(四)继承或者受赠的财产,但是本法第一千零六十三条第三项规定的除外;(五)其他应当归共同所有的财产。夫妻对共同财产,有平等的处理权。"

③ 《民法典》第1064条规定:"夫妻双方共同签名或者夫妻一方事后追认等共同意思表示所负的债务,以及夫妻一方在婚姻关系存续期间以个人名义为家庭日常生活需要所负的债务,属于夫妻共同债务。夫妻一方在婚姻关系存续期间以个人名义超出家庭日常生活需要所负的债务,不属于夫妻共同债务;但是,债权人能够证明该债务用于夫妻共同生活、共同生产经营或者基于夫妻双方共同意思表示的除外。"

"家庭日常生活需要";而具有人身属性的法律行为、对家庭生活有重大影响的行为,以及对代理形式有严格要求的商事行为等,应当认定超出"家庭日常生活的需要"。

在保险合同的签订场景下,夫妻一方的人身保险合同(如,意外伤害险,意外死亡险,疾病医疗险等)的签订一般应当认为超出了"家庭日常生活的需要"①;但养老年金/分红险种的签订应当认定为属于"家庭日常生活需要"②;为家庭使用而购买的机动车等特殊动产缴纳机动车商业保险的,一般应当认定为属于"家庭日常生活需要的范围"③;保险合同中的免责条款受法律强制性规定的约束,一般情况下被排除在家事代理权的范围之外④,但在投保人配偶明确告知保险人双方存在配偶关系,并代为履行支付保险费义务的情况下,足以使保险人相信基于夫妻间的日常亲身代理权,其间投保人配偶履行对免责条款的明确说明义务也属于投保人本人⑤。

其二,签订保险合同是否属于夫妻共同财产的处分行为。

《民法典》第 1062 条、第 1063 条,与《民法典婚姻家庭编解释(一)》第 25 条、第 26 条规定了共同财产的范围。

对于夫妻共同财产的平等处置权,包含了平等的家事代理权,也包含了平等的基于双方同意的处分权等。在保险合同的语境下,"为夫妻共同财产投保"⑥"以夫妻共同财产签订日常生活所需保险并缴费"以及"为日常生活所需签订及处分夫妻任意一方年金型财产"⑦可能以夫妻共同财产处置的名义被认定为家事代理事项。

其三,签订保险合同是否属于创设夫妻共同债务的行为。

《民法典》第 1064 条规定,夫妻双方共同签名或者夫妻一方事后追认等共同意思表示所负的债务,夫妻一方在婚姻关系存续期间以个人名义为家庭日常生活需要所负的债务,以及债权人能够证明该债务用于夫妻共同生活、共同生产经营或者基于夫妻双方共同意思表示的债务,属于夫妻共同债务。

对于可以构成家事代理事项的夫妻共同债务的创设,应认为仅限于"夫妻一方在婚姻关系存续期间以个人名义为家庭日常生活需要所负的债务"。在保险合同的语境下,"为家庭生活所需负担自然人借款并为该借款购买保险"⑧可能以创设夫

---

① 重庆市高级人民法院民事裁定书(2019)渝民申 796 号。

② 陕西省咸阳市中级人民法院民事判决书(2018)陕 04 民终 1894 号。

③ 山东省滨州市中级人民法院民事判决书(2019)鲁 16 民终 1747 号;湖北省襄阳市中级人民法院民事判决书(2018)鄂 06 民终 1600 号。

④ 湖北省咸宁市中级人民法院民事判决书(2019)鄂 12 民终 386 号。

⑤ 江苏省南京市中级人民法院民事判决书(2016)苏 01 民终 611 号。

⑥ 山东省滨州市中级人民法院民事判决书(2019)鲁 16 民终 1747 号;湖北省襄阳市中级人民法院民事判决书(2018)鄂 06 民终 1600 号。

⑦ 陕西省咸阳市中级人民法院民事判决书(2018)陕 04 民终 1894 号。

⑧ 广东省肇庆市中级人民法院民事判决书(2019)粤 12 民终 350 号。

妻共同债务的名义被认定为家事代理事项。

应对建议：关于签订保险合同是否属于家事代理事项的范围，主要涉及夫妻之间共有财产、共同债务的认定问题。从保险合同的签订角度，保险人要着重考量人身保险投保人是否符合主体资格的要求。

二、保险居间业务

《民法典》新增了关于委托人接受中介服务后绕开中介人直接与相对人订立合同（即“跳单”）的规定。[①] 中介与委托代理不同，中介本身的优势在于信息不对等，并利用信息优势为委托人创造缔约机会而获得报酬。跳单的构成要件包括：（1）委托人接受了中介人的服务；（2）委托人利用了中介人提供的信息机会或媒介服务；（3）委托人绕开中介人直接订立合同。

在保险领域，因“跳单”行为产生的纠纷并不多见，常见的纠纷集中于保险经纪公司是否尽到勤勉义务。实践中，有法院认为勤勉义务是指，保险经纪人应当基于其所掌握的市场情况和专业技术知识，在与保险人商洽保险合同的条款、投保条件以及有关投保的技术细节后，选择条件最佳的保险人和投保方案介绍给投保人，促使投保人与保险人之间订立保险合同。同时，法院认为保险经纪人承担赔偿责任的原则为过错责任原则，即要求保险经纪人主观上有过错，而过错的判定按客观标准，即以一个具有专业经验和技能的人，在类似情况下会怎样行事的标准来衡量保险经纪人是否尽到勤勉义务。[②] 如未尽到勤勉义务导致被保险人无法获得保险理赔，有法院认为保险经纪人应当对被保险人无法获得理赔的损失承担赔偿责任。[③]

应对建议：在保险业务中，保险经纪人是保险人展业的渠道之一，也是投保人投保的重要途径。结合上述分析，本书建议保险经纪人在从业过程中，掌握投保人和被保险人的基本风险资料情况，就保险单与保险条款与投保人进行沟通、确认，同时可以对促成保险合同订立的基本情况逐笔记录建立台账，在讨论技术细节后选择条件最佳的保险人和投保方案介绍给投保人。

---

① 《民法典》第 965 条规定：“委托人在接受中介人的服务后，利用中介人提供的交易机会或者媒介服务，绕开中介人直接订立合同的，应当向中介人支付报酬”。

② 参见山东省高级人民法院民事判决书（2020）鲁民终 772 号。

③ 上海市第一中级人民法院民事判决书（2017）沪 01 民终 9608 号。

第五节 《民法典》对保单相关问题的影响及应对

一、保单现金价值的归属

(一)保单现金价值的一般归属

人身保险合同解除后,会遇到一个问题——保单的现金价值退还的对象是谁?即谁有权向保险人请求退还保单的现金价值?根据《保险法》第47条以及《保险法司法解释三》第16条等规定,保单现金价值应当归属于投保人。最高人民法院认为,首先,此归属源于投保人的合同主体地位,保险合同解除后,各方的权利义务应当回归至保险合同签订之前的状态,来源于投保人的保费应当归属于投保人;其次,人身保险的保险费分为自然保险费和储蓄保险费,储蓄保险费及其收益形成责任准备金,相当于投保人在保险人处的储蓄,投保人享有返还请求权;最后,保险单的现金价值不同于保险责任发生后的保险金,被保险人和受益人享有保险金给付请求权的条件未成就时,任何人不享有保险金请求权。①

由于人身保险具有储蓄性质,可以转让和质押,那么一个值得注意的问题是,保单的受让人、质权人可否享有保险单现金价值的返还请求权。由于人身保险有一定的储蓄性质,结合质押及债权转让的原理,应当认为受让人和质权人可以获得保单现金价值返还请求权,该种权利源于投保人的返还请求权。

在确定保单的现金价值归属后,保单的现金价值如何确定也需要探讨。实践中,通常由保险人提供现金价值表,因而具有格式条款的特征。由于现金价值表不属于免除保险人责任的条款,但通常认为与投保人具有重大利害关系,故现金价值表是否属于保险合同的组成部分的问题可以从《保险法》第17条第1款规定的格式条款的一般说明义务以及《民法典》第496条第2款规定的提示说明义务的角度进行判断。

(二)保单的现金价值是否属于夫妻共同财产

《民法典》第1062条规定,"夫妻在婚姻关系存续期间所得的下列财产,为夫妻的共同财产,归夫妻共同所有:(一)工资、奖金、劳务报酬;(二)生产、经营、投资的收益;(三)知识产权的收益;(四)继承或者受赠的财产,但是本法第一千零六十

---

① 参见最高人民法院保险法司法解释起草小组编著:《〈中华人民共和国保险法〉保险合同章条文理解与适用》,中国法制出版社2010年版,第319页。

三条第三项规定的除外；（五）其他应当归共同所有的财产。夫妻对共同财产，有平等的处理权”。关于共同财产的范围，本条新增了劳务报酬、投资的收益两项。

结合《第八次全国法院民事商事审判工作会议（民事部分）纪要》的相关规定[①]，在考察保单的现金价值是否属于夫妻共同财产时，应当考量：（1）是否在婚姻关系存续期间投保；（2）是否是夫妻一方以夫妻共同财产为自己投保；（3）所投保的保险产品是否为具有储蓄性的人身保险；（4）保险期间是否尚未届满。保单的现金价值归属于夫妻共同财产的机理在于，保单的现金价值来源于投保人缴纳的保险费的储蓄性质，系由夫妻共同财产转化而来。虽然在保险合同履行期间内，投保人缴纳的保费及利息均由保险公司所有，但因此也形成了投保人对保险公司的债权。一旦发生退保情形，该债权将以保单现金价值形式退回投保人，成为投保人的婚姻关系存续期间取得的共同共有财产。

（三）投保人死亡，保单现金价值的归属

《民法典》第 1145 条规定，“继承开始后，遗嘱执行人为遗产管理人；没有遗嘱执行人的，继承人应当及时推选遗产管理人；继承人未推选的，由继承人共同担任遗产管理人；没有继承人或者继承人均放弃继承的，由被继承人生前住所地的民政部门或者村民委员会担任遗产管理人”。

《民法典》此条系新增的关于确定遗产管理人的规定。遗产管理人制度的功能之一在于维护遗产权利人的利益，在接管遗产后，负责通知遗产的债务人和债权人在规定的期限内偿还债务和申报债权。遗产管理人的职责之一即为处理被继承人的债权债务。在此情况下，值得探讨的是，遗产管理人有无权利行使投保人对于保单现金价值的请求权。

根据《民法典》第 1147 条的规定[②]，对于遗产管理人“处理被继承人的债权债务”这一职责，主要内涵为：（1）确认被继承人的债权和债务，通知继承人、债权人、受遗赠人及其他利害关系人继承开始的事实以及申报遗产债权债务；（2）清偿税款

---

① 《第八次全国法院民事商事审判工作会议（民事部分）纪要》第 4 条规定：“婚姻关系存续期间以夫妻共同财产投保，投保人和被保险人同为夫妻一方，离婚时处于保险期内，投保人不愿意继续投保的，保险人退还的保险单现金价值部分应按照夫妻共同财产处理；离婚时投保人选择继续投保的，投保人应当支付保险单现金价值的一半给另一方”；第 5 条规定：“婚姻关系存续期间，夫妻一方作为被保险人依据意外伤害保险合同、健康保险合同获得的具有人身性质的保险金，或者夫妻一方作为受益人依据以死亡为给付条件的人寿保险合同获得的保险金，宜认定为个人财产，但双方另有约定的除外。婚姻关系存续期间，夫妻一方依据以生存到一定年龄为给付条件的具有现金价值的保险合同获得的保险金，宜认定为夫妻共同财产，但双方另有约定的除外”。

② 《民法典》第 1147 条规定：“遗产管理人应当履行下列职责：（一）清理遗产并制作遗产清单；（二）向继承人报告遗产情况；（三）采取必要措施防止遗产毁损、灭失；（四）处理被继承人的债权债务；（五）按照遗嘱或者依照法律规定分割遗产；（六）实施与管理遗产有关的其他必要行为。”

和债务。《民法典》并未明确规定遗产管理人有无权利直接向保险人请求给付保单的现金价值。

就遗产管理人的法律地位而言,最高人民法院认为,遗产管理人的权利是一种固有的权利,并不代表被继承人或者继承人的利益。遗产管理人与破产管理人相似,具有独立的法律地位,依照法律规定行使职权、维护遗产价值、保护遗产权利人的合法利益,同时也保护遗产债务人的合法权益,既不是被继承人的代理人,也不是继承人的代理人。

结合遗产管理人的职责和法律地位,其并未继受被继承人的权利,投保人死亡后,投保人享有的向保险人请求保单现金价值的债权请求权,并非由遗产管理人继受,应当纳入遗产的范围,由继承人继承。

应对建议:关于保险单现金价值的归属,本书建议,应当明确投保人系保单现金价值的请求权人。保险人可以在保险合同中明确,如投保人转让、质押保单需要尽早通知保险人。如质押权利人、保单受让人向保险人请求给付保单的现金价值,保险人应当严格审查关于质押设立、质押有效性、转让合同及履行情况的相关材料。如发生投保人死亡的情形,应当严格审查证明继承人有权继承投保人在保单项下权利的相关材料。

关于保单现金价值的确定,实践中,保险人多将现金价值表附在保险合同中,本书建议保险人尽最大限度地履行提示说明义务,主动进行提示和说明,使投保人注意并理解其内容。

二、保单的转让

关于债权转让,《民法典》第545条新增了第2款规定,内容为“当事人约定非金钱债权不得转让的,不得对抗善意第三人。当事人约定金钱债权不得转让的,不得对抗第三人”。该内容是否会对保单转让产生影响?

保单转让,是保险合同的概括转让,还是基于保险合同产生的权利,即收取保险金的权利或者保险金受领请求权的转让?如果是保险合同的概括让与,必须征得保险人的同意,亦不完全适用债权转让的相关规定。如果仅仅是基于保险合同产生的债权的让与,只需要告知作为债务人的保险人即可,且这种转让本身属于一种金钱债权,保险人不可对抗受让权利的第三人。

在一些案例实践中,保险公司会“见证”保单转让协议的签署,法院在评价保单转让时的表述为“系双方真实意思表示,合法有效……友邦公司仅为该协议的见证人,即该协议内容明确的是汤文杰与俞剑峰之间的权利义务关系。该协议约定,汤文杰将持有的保单及依据该保单享有的有关款项的给付请求权转让给俞剑峰……且根据该协议内容所表明的文义，原保单持有人汤文杰已放弃保单下所有权利，保单下所有权利由受让人俞剑峰享有，该意思表示清楚明确”①。从该等认定，似乎保单的转让无需保险人同意，即可产生保单转让的效力，由受让人继受原投保人的权利义务，按照《民法典》的规定，此时保险人无法对抗第三人。与此相反的是，保险实务界有观点认为，保单转让属于保险合同的概括让与，应该取得保险人的同意。②

应对建议：由于对保单转让性质的认定不一，本书建议保险人关注投保人的变更情况，例如可以在保险合同中增加“如果投保人转让保单应当通知保险人”的约定，并向投保人作出提示说明。此外，保险人也可以通过定期回访等方式，掌握投保人的变动情况。

三、保单的质押

保单，是指保险合同成立后，保险人向投保人签发的保险合同的正式书面凭证。一般来说，人身保险的保单具有储蓄价值，保单所有人可以通过退保收取保单的现金价值，也可以通过转让来获取保单的交换价值。从《民法典》第 440 条的规定来看，其并未将保单明确规定为可以质押的权利。那么，保单是否属于“法律、行政法规规定可以出质的其他财产权利”？

在《民法典》生效之前，《担保法》第 75 条和《物权法》第 223 条均未将保单明确纳入可以质押的权利范围，但均规定了兜底条款，即“依法可以质押的其他权利”“法律、行政法规规定的可以出质的其他财产权利”。《物权法》和《民法典》对于可质押的权利的兜底性规定并无二致。因此，本书认为，对于保单可否质押的问题，可以援引《物权法》生效期间内的相关实践及观点进行探讨。最高人民法院认为，根据对《保险法》第 34 条第 2 款的理解，如果保单不能出质，也就不需要对以死亡为给付保险金条件的保单进行特殊规定。因此，根据该规定的反对解释，可以认为其他保单可以在未经被保险人同意的情况下出质。

关于可以质押的保单的类型，最高人民法院认为，保单现金价值归属于投保人，是在寿险中投保人缴纳的保费形成的积累资金，具有一定的储蓄性，是确定的财产，可以依法设立质押。至于不具有保单现金价值的保险金请求权是否能够作为权利质押的标的，则需要分情况讨论。在保险事故发生后，保险金的请求权已经

---

① 江苏省高级人民法院再审复查与审判监督民事裁定书(2015)苏审二民申字第 00554 号。

② 参见许崇苗、李利：《人身保险合同转让有关法律问题探析》，载《保险研究》2001 年第 6 期。

确定的,实质上保险金请求权已经转化为债权,可以进行质押。而在保险事故发生之前,保险金请求权并未实际成就、是否发生处于不确定的状态,不符合质权设定的条件。此外,在保险事故发生前允许在保险金请求权上设定质权容易导致道德风险。因此,以保单出质的,限于具有现金价值的保单。

应对建议:本书认为,如果债务人以保单作为质物提供质押,债权人应当对该保单是否具有现金价值进行甄别。本书建议,债权人应当谨慎接受保险金请求权成就处于不确定状态的保单作为质物,避免质权无法有效设立,或者是难以执行。

四、保单的保全与执行

如前所述,保单的现金价值归属于投保人。如投保人作为债务人进入保全、执行程序,债权人能否向法院申请对投保人享有的保单的现金价值采取强制措施?对此,实践中观点不一。

当投保人与被保险人、受益人并非同一人时,投保人实质上系为他人利益订立合同。当投保人无法清偿到期债务时,该等为他人利益订立的合同是否应当存续,涉及受益人与债权人利益保护的价值取向。相较于债权人已确定的债权而言,保险合同中受领保险金的受益人的权利在保险事故发生前处于不确定状态。有观点认为:“如果投保人陷入无资力状态,无法清偿债务,却不解除合同用保单现金价值偿还债务,而仍为他人的利益缴纳保险费,可视为无偿转让财产的行为,投保人的债权人可以根据《合同法》第七十四、第七十五条的规定行使撤销权,代为解除保险合同并以返还的保险单现金价值清偿债务”①。也有观点认为,受到信赖利益、另行投保的困难程度等影响,被保险人、受益人的期待应当优先保护。

关于执行的方式,我国执行法院大多采取直接从保险人账户扣划现金价值的方式实现对保单现金价值的变价清偿,实质是执行法院代位行使了投保人的合同解除权,如山东省高级人民法院在(2015)鲁执复字第107号执行裁定书中即认为,人民法院的强制执行行为在性质上是替代被执行人对其所享有的财产权益进行强制处置,从而偿还被执行人所欠的债务。在作为投保人的被执行人不能偿还债务,又不自行解除保险合同提取保单现金价值以偿还债务的情况下,人民法院在执行程序中有权强制代替被执行人对该保单现金价值予以提取。② 但是,也有法院认为如果投保人不同意退保的,不能强制执行,例如广东省高级人民法院在《关于

---

① 王静:《保单现金价值强制执行若干问题研究》,载《法律适用(司法案例)》2017年第14期。

② 参见王静:《保单现金价值强制执行若干问题研究》,载《法律适用(司法案例)》2017年第14期。

执行案件法律适用疑难问题的解答意见》(2016 年 3 月 3 日)中认为,“虽然人身保险产品的现金价值是被执行人的,但关系人的生命价值,如果被执行人同意退保,法院可以执行保单的现金价值,如果不同意退保,法院不能强制被执行人退保”。

应对建议:债权人在债权清收过程中,可以向法院申请强制执行债务人以投保人身份在保险单项下享有的保险单的现金价值。但是,需要注意的是,在已经发生保险事故的情况下,被保险人、受益人的相关权利可能需要优先保障。

对于保险人而言,如果法院向保险公司发出执行裁定书、协助执行通知书,要求保险公司解除保险合同,并协助扣划保险产品退保后的可得财产性权益,保险公司负有协助义务,应当依法予以协助,如有异议,亦应依法提出。

第六节　《民法典》对保险合同解除的影响及应对

一、解除条件

(一)合同解除的情形

《民法典》第 563 条对于合同的法定解除情形作出了规定,相较于《合同法》的规定,新增内容主要为第 2 款,“以持续履行的债务为内容的不定期合同,当事人可以随时解除合同,但是应当在合理期限之前通知对方”。先不论保险合同是否为以持续履行的债务为内容的不定期合同,考虑到《保险法》对于投保人和保险人解除合同的权利有特别的限制和规定,此处改动对保险领域的影响有限。此外,《民法典》第 533 条[①]是关于合同解除的又一进路,即情势变更制度。

结合《民法典》与《保险法》的规定,在保险合同领域,可能涉及《民法典》所规定的解除合同的情形包括:(1)《民法典》第 533 条规定的情势变更情形;(2)当事人一方迟延履行主要债务,经催告后在合理期限内仍未履行;(3)当事人一方迟延履行债务或者有其他违约行为致使不能实现合同目的;(4)《保险法》规定的其他

---

① 《民法典》第 533 条规定:“合同成立后,合同的基础条件发生了当事人在订立合同时无法预见的、不属于商业风险的重大变化,继续履行合同对于当事人一方明显不公平的,受不利影响的当事人可以与对方重新协商;在合理期限内协商不成的,当事人可以请求人民法院或者仲裁机构变更或者解除合同。人民法院或者仲裁机构应当结合案件的实际情况,根据公平原则变更或者解除合同。”

情形。

1. 情势变更

情势变更的要件需要注意以下三点:(1)“情势”,指合同赖以订立的客观基础事实,也即“合同的基础条件”;(2)“变更”,即合同的基础条件发生了当事人在订立合同时无法预见的、不属于商业风险的重大变化;(3)合同基础条件发生的变化应为“重大”变化。关于是否属于“重大变化”,最高人民法院认为,判断标准有两个:一是继续履行合同是否对一方当事人明显不公平;二是是否为商业风险,如果能归入商业风险范畴,则不属于情势变更。

“情势变更”情形下,有条件地赋予当事人变更或解除合同的权利,其合理性在于,继续履行合同使得“双方当事人的利益明显失衡,有违公平原则”[①]。可见,合同法上的情势变更原则系民法公平原则的下位规范,情势是否变更以及适用情势变更原则的法律效果,均应以公平原则作为评价尺度。若继续履行合同与公平原则明显相违背,则变更或解除合同的条件应视为成就,而情势变更情况下,是变更还是解除合同,以及如何变更,也应根据公平原则确定。此外,鉴于情势变更原则仅为合同严守原则的例外性突破,在具体适用时应当从严解释和认定。[②]

《民法典》第533条规定是我国民法将情势变更原则予以规则化的内容,该条将情势变更原则的适用结果分为两个层次,当事人首先负有“再磋商义务”,其次才可以请求对合同本身进行司法变更或者司法解除。

而具体到保险领域,《保险法》第52条第1款[③]亦为情势变更原则的体现。[④] 在保险标的风险增加的情况下,保险人是否承保、承保的费率等均会受到影响,保险人当初缔结合同的基础发生重大变化,继续履行合同可能导致双方利益明显失衡,基于公平原则,应当赋予保险人相应的救济权。

需要注意的是,《保险法》中规定的前述特别情形和《民法典》规定的情势变更一般规则存在区别。主要区别如下:

第一,在情势变更一般规则中,发生“情势变更”导致当事人之间权益失衡且显失公平时,当事人负有再交涉义务,而《保险法》的前述规定则赋予保险人在存在合同约定的情况下,直接解除保险合同的权利。

---

① 广东省佛山市中级人民法院民事判决书(2003)佛中法民一终字第130号。

② 参见韩强:《情势变更原则的类型化研究》,载《法学研究》2010年第4期。

③ 《保险法》第52条第1款规定,“在合同有效期内,保险标的的危险程度显著增加的,被保险人应当按照合同约定及时通知保险人,保险人可以按照合同约定增加保险费或者解除合同。保险人解除合同的,应当将已收取的保险费,按照合同约定扣除自保险责任开始之日起至合同解除之日止应收的部分后,退还投保人”。

④ 参见王静:《保险合同法注释书》,中国民主法制出版社2019年版,第326页。

第二,《保险法》前述规定是在法律层面上对保险人约定解除权的认可,合同约定增加保险费或者解除合同的,保险人有权按照约定变更或者解除保险合同。但在合同没有约定的情况下,保险人能否主张适用《民法典》关于情势变更的一般规则,《保险法》并无规定。而《民法典》第533条情势变更一般规则中的解除权属于判决或裁决解除,系在当事人请求的情况下法院或者仲裁机构对合同的解除。可见,即便适用情势变更原则,法律也以维持原有法律关系为基本取向,只有在保险合同有明确约定,或者当事人履行完毕再交涉义务并向司法机构寻求救济的情况下,才可有条件地改变原有法律关系。

第三,对于行使救济权的期限,法律针对不同情形做出了不同的规定。具体而言,《保险法》第52条[①]交由当事人意思自治,而《民法典》第533条则规定为"合理期限内协商不成的",有权向人民法院或者仲裁机构寻求救济。相比于前述《保险法》的规定,《民法典》情势变更一般规则下法官的自由裁量权行使空间更大。可见,立法者对于保险法领域的情势变更规则设定了更为严格的适用条件,这也与保险作为机会性法律行为对于"情势"变化应当具有较高容忍度的特征相符。

2. 当事人一方迟延履行主要债务,经催告后在合理期限内仍未履行

《保险法》第37条[②]规定实为复效制度,复效制度给予了当事人交纳保险费的宽限期。从解除保险合同的角度来看,如果投保人未按期支付保险费,经催告超过30日仍未支付,或者超过约定期限60日未支付,其实已经出现了《民法典》规定的"当事人一方迟延履行主要债务,经催告后在合理期限内仍未履行"这一解除合同的情形。但基于人身保险合同的长期性、连续性,保险立法上设立了复效制度,给予投保人恢复合同效力的机会,避免保险合同直接解除给被保险人、受益人带来的损失。在保险合同已经具备一般合同意义上的解除条件时,在两年的宽限期后,保险人享有解除的权利,这一解除权并未超过《民法典》规定的迟延履行主要债务致使合同解除的情形。

3. 当事人一方迟延履行债务或者有其他违约行为致使不能实现合同目的

《保险法》第51条第3款规定,"投保人、被保险人未按照约定履行其对保险标的的安全应尽责任的,保险人有权要求增加保险费或者解除合同"。此条看似

---

① 《保险法》第52条第1款规定:"在合同有效期内,保险标的的危险程度显著增加的,被保险人应当按照合同约定及时通知保险人,保险人可以按照合同约定增加保险费或者解除合同。保险人解除合同的,应当将已收取的保险费,按照合同约定扣除自保险责任开始之日起至合同解除之日止应收的部分后,退还投保人。"

② 《保险法》第37条规定:"合同效力依照本法第三十六条规定中止的,经保险人与投保人协商并达成协议,在投保人补交保险费后,合同效力恢复。但是,自合同效力中止之日起满二年双方未达成协议的,保险人有权解除合同。"

与“情势变更”导致合同解除相似,但是投保人、被保险人未履行维护保险标的安全的义务,本质上是一种违约行为,此种违约行为将导致保险标的发生危险的可能性增加。保险人缔结合同的基础、保险费将发生变化,其缔结合同时的目的将难以实现。

4.《保险法》的其他规定

《保险法》第16条规定,订立保险合同,保险人就保险标的或者被保险人的有关情况提出询问的,投保人应当如实告知;投保人故意或者因重大过失未履行前款规定的如实告知义务,足以影响保险人决定是否同意承保或者提高保险费率的,保险人有权解除合同。针对一般合同当事人的先合同义务,《民法典》第148条在沿袭《合同法》第54条的基础上规定,一方以欺诈手段,使对方在违背真实意思的情况下实施的民事法律行为,受欺诈方有权请求人民法院或者仲裁机构予以撤销。《民法典》施行前,理论界与实务界对于《保险法》第16条是否可以排除《合同法》第54条的规定存在较大争议。《民法典》施行后,以上争议将转化为《保险法》第16条是否可以排除《民法典》第148条规定的适用。

实践中,关于投保人违反如实告知义务时,保险人可否依据《合同法》第54条主张撤销这一问题,多数法院认为,在投保人未尽到如实告知义务的情形下,保险人不能依据《合同法》第54条撤销保险合同。主要理由为:(1)特别法优于一般法。《保险法》作为特别法,优先于《合同法》适用,保险纠纷应当优先适用《保险法》第16条的规定①;(2)《保险法》对保险人行使解除权有限制,例如30日的除斥期间以及2年的不可抗辩期间,在投保人未尽到如实告知义务的情形下,如果允许保险人依据《合同法》撤销保险合同,将使得《保险法》规定的除斥期间以及不可抗辩期间形同虚设②;(3)禁止保险人依据《合同法》第54条撤销合同,可以督促保险人及时主张权利③;(4)投保人承担如实告知义务是以保险人询问为前提,如果保险人没有询问则投保人无需主动告知,若保险人在享有合同解除权之外,还享有合同撤销权,将会导致保险人不注重承保前审核,粗放式经营,不利于当前保险行业的健康发展。④

---

① 参见山东省高级人民法院民事判决书(2015)鲁民提字第527号;浙江省高级人民法院民事裁定书(2016)浙民申1220号;重庆市第二中级人民法院民事判决书(2019)渝02民终1345号;江苏省淮安市中级人民法院民事判决书(2020)苏08民终566号;山东省青岛市中级人民法院民事判决书(2018)鲁02民终9947号。

② 参见重庆市第二中级人民法院民事判决书(2019)渝02民终1345号;江苏省淮安市中级人民法院民事判决书(2020)苏08民终566号。

③ 同上注。

④ 参见重庆市第二中级人民法院民事判决书(2019)渝02民终1345号;江苏省淮安市中级人民法院民事判决书(2020)苏08民终566号。

（二）投保人解除合同是否应经被保险人、受益人同意

从合同法角度来看，保险合同的当事人为投保人和保险人，被保险人、受益人并非合同主体，作为合同当事人的投保人解除合同不应受到被保险人、受益人的限制。当投保人和被保险人或受益人并非同一人时，保险合同属于为他人利益订立的合同。在为他人利益的保险合同项下，如果投保人任意解除合同，则有可能导致原本享有保险金请求权的被保险人、受益人无法行使保险金请求权，使被保险人、受益人基于保险合同产生的经济上的期待落空。对于投保人的解除权和被保险人、受益人的"期待利益"保护的平衡和权衡，实践中存在不同观点。

对此，最高人民法院在《保险法司法解释三》第17条规定，"投保人解除保险合同，当事人以其解除合同未经被保险人或者受益人同意为由主张解除行为无效的，人民法院不予支持，但被保险人或者受益人已向投保人支付相当于保险单现金价值的款项并通知保险人的除外"。该条款背后的逻辑在于：第一，被保险人和受益人并非合同当事人，不应以合同当事人以外的人的利益，去否定合同当事人的法定权利；第二，投保人任意解除权原则上不应加以限制，对被保险人、受益人期待的保护不应有损于投保人的法定权利，被保险人、受益人可以通过赎买，也即概括受让保险合同的方式，获得变更投保人的权利，阻止投保人行使解除权。

因此，根据前述分析，投保人解除合同无须经过被保险人、受益人的同意，但是被保险人、受益人可以通过支付保险单现金价值款项并通知保险人的方式阻止投保人行使解除权。

应对建议：在保险合同解除领域，《保险法》存在诸多特别规定，特别是涉及投保人如实告知义务、保险欺诈等问题时，与一般合同的解除制度存在较大区别。本书建议，保险公司在行使解除权时，除一般的合同解除制度之外，着重关注《保险法》的特别规定。鉴于实践中法院在《保险法》存在特殊规定的情形下，往往倾向于适用"特别法优于一般法"的原则，本书建议，在能够适用《保险法》时，尽量优先适用《保险法》的相关规定对相关问题进行探讨。同时，考虑到《民法典》可能会对保险领域的司法实践产生指导性作用，在相关情形下，亦应兼顾《民法典》的相关规定。

二、解除期限

《民法典》此次关于合同解除期限的调整，增加了无约定且无其他法定除斥期间规定的情况下，除斥期间为"自解除权人知道或者应当知道解除事由之日起一年

内”或“经对方催告后在合理期限内”的规定。[1] 关于合同解除的时点,增加了“通知载明债务人在一定期限内不履行债务则合同自动解除,债务人在该期限内未履行债务的,合同自通知载明的期限届满时解除”以及一方通过起诉/提起仲裁的方式解除合同时“自起诉状副本或者仲裁申请书副本送达对方时解除”的规定。[2]

关于保险人解除保险合同的除斥期间,《保险法》对多种情形下保险人解除合同的权利的除斥期间进行了特别规定。在《保险法》有特别规定的情况下,根据特别法优先于一般法的原则,应当遵循《保险法》的特别规定。例如《保险法》第 16 条第 3 款、第 49 条第 3 款、第 52 条第 1 款、第 58 条第 1 款对保险人行使解除权的期间进行了特别规定,此规定应当优先于《民法典》564 条规定的解除权除斥期间的规定予以适用。对于《保险法》未作出特别规定的解除权除斥期间,应当适用《民法典》第 564 条的一般规定。

应对建议:关于保险人行使解除权的除斥期间,《保险法》作出了诸多特别规定,且该等特别规定所规定的除斥期间远远短于《民法典》规定,保险人如行使解除权,应对此特别注意。

第七节 《民法典》对保险理赔业务的影响及应对

一、保险合同与利他合同

(一)保险合同涉他性分析

合同根据是否严守合同相对性原则而分为束己合同和涉他合同,涉他合同又可分为向第三人履行的合同和由第三人履行的合同。向第三人履行的合同又称利他合同或利益第三人的合同,其中,按照第三人是否享有直接的合同请求权,又分为真正利他合同和不真正利他合同。真正利他合同中,当事人约定一方向第三人履行给付义务,第三人因此取得直接的给付请求权。

保险合同是投保人与保险人约定,投保人向保险人支付保险费,保险人于合同约定的保险事故发生时,向被保险人给付保险金的合同。《保险法》第 12、18 条规定,被保险人是其财产或人身受到保险合同保障并享有保险金请求权的人,受益人

---

① 参见《民法典》第 564 条。

② 参见《民法典》第 565 条。

是人身保险合同中享有保险金请求权的人;投保人可以为被保险人,投保人、被保险人可以为受益人。通说认为,保险合同当事人仅为投保人和保险人,享有保险金请求权并有权受领的被保险人、受益人仅为保险合同关系人,不具有合同当事人的地位。因此,保险合同是典型的向第三人履行的合同,该第三人于财产保险合同为被保险人,于人身保险合同为受益人。

此外,在责任保险当中,为实现对被害人进行救济的立法目的,《保险法》第 65 条规定,在特定情形下,由保险人直接向被害人赔偿保险金,被害人在被保险人怠于请求的情况下亦有权直接向保险人请求赔偿保险金。可见,基于特殊的立法政策,责任保险合同中的第三人范围还可包括被保险人依法负有赔偿责任的“第三者”。

(二)《民法典》关于利他合同的规定

《民法典》对利他合同的规定为第 522 条向第三人履行的合同的规定,该条分为两款,第 1 款为原《合同法》第 64 条的规定,第 2 款为新增真正利益第三人合同的规定。

《民法典》实施前,《合同法》仅对不真正利他合同作出规定,实践中对于第三人是否为合同当事人以及是否直接享有履行请求权颇具争议。主流观点认为第三人不享有履行请求权[①],但不乏个别观点认为第三人享有直接履行请求权。[②] 实际上,在不真正利他合同中,第三人仅为纯粹履行受领人,不具有当事人地位,第三人以自己的名义、为了债权人的利益受领履行,对履行不具有自己独立的法律利益。合同履行之中所包含的法律利益,仍是债权人的利益。[③] 之所以实践中会产生争议,可能是因为《合同法》并未对真正利益第三人合同作出规定,导致了法律适用上的偏差。

为此,《民法典》第 522 条新增规定了真正利他合同,为不同情形下的法律适用提供了依据。根据该条规定,第三人的直接请求履行权来自法律的规定或者当事人的约定。法律规定的情形,最典型的如上述《保险法》第 12、18 条对被保险人、受益人保险金给付请求权的规定。而合同约定的情形,因合同当事人对直接履行请求权的约定系纯粹经济利益,故第三人无需明示接受或者同意即可享有。诚然,第三人仍享有在合理期限内拒绝的权利,但也有观点认为,即使是使他人获得权利的行为也应该经第三人的同意,否则对其不发生效力,因理论上为他人设定权利的行为对第三人不会带来损害,实际生活中却有可能会给第三人带来不必要的负担,或

---

① 如最高人民法院民事裁定书(2017)最高法民申 1060 号、河北省高级人民法院民事裁定书(2020)冀民申 2905 号。

② 如江苏省南通市通州区人民法院民事判决书(2018)苏 0612 民初 5457 号。

③ 参见最高人民法院民法典贯彻实施工作领导小组主编:《中华人民共和国民法典合同编理解与适用(一)》,人民法院出版社 2020 年版,第 413—414 页。

者实现权利的成本过高而导致第三人拒绝接受,故而向第三人履行的合同需要第三人同意才能对其生效。[①] 可能是考虑到第三人拒绝获益并非常态,《民法典》并未采此观点而是推定第三人同意接受。

值得注意的是,虽然《民法典》规定第三人无需明示接受或者同意,但若第三人以实际签署协议的方式表示同意的,是否仍构成向第三人履行的合同,实践中可能会存在争议。部分观点认为,债权人、债务人、第三人签订三方协议的,不属于涉他合同[②];但也有观点认为,第三人虽是合同的签署方,也可成立涉他合同。[③]

(三)保险合同与《民法典》上利他合同的关系

如前所述,保险合同是典型的向第三人履行的合同,且保险人向第三人(被保险人、受益人、责任保险中的受害人)直接赔偿保险金的义务均由《保险法》直接规定,故保险合同属于《民法典》第522条规定的经法律规定形成的向第三人履行的合同。

但《民法典》并未对三方主体的权利义务关系以及第三人如何行权等问题作出具体规定,而是留给当事人自行约定。《保险法》为保护保险当事人的合法权益、促进保险事业的发展,对第三人的权利义务作出了进一步的规定,如被保险人的保险事故通知义务、保险标的转让通知义务、危险程度增加的通知义务、维护保险标的安全的义务等。又如,《保险法》第65条对责任保险合同中第三者行权应以赔偿责任确定、被保险人怠于请求为前提。诸如此类规定,均为法律对保险合同这一类型的利他合同中当事人权利义务的特别规定,若无法律的除外条款,均不得以约定排除适用。

(四)利他保险合同中的第三人保护问题

这个问题主要涉及保险合同任意解除权是否应当受到限制的问题。《保险法》第15条规定,投保人享有任意解除权。投保人作为保险合同当事人享有合同解除权并无疑问,但保险合同作为利他合同,保险合同的解除势必对相关主体的利益产生影响,进而产生投保人解除合同是否应当经过第三人同意的争议。

肯定说认为,在利他保险合同中,合同成立后,被保险人履行了法律规定的义务,并可能信赖保险合同对自己的利益作出安排,投保人行使任意解除权可能损害被保险人/受益人的利益,应当对投保人的任意解除权作出限制。[④] 否定说认为,在

---

① 参见江必新等:《最高人民法院指导性案例裁判规则理解与适用:合同卷一》,中国法制出版社2018年第2版,第25—26页。

② 如最高人民法院民事裁定书(2016)最高法民申3587号、民事判决书(2013)民一终字第109号。

③ 如最高人民法院民事判决书(2019)最高法民终1450号。

④ 参见代琴、包永海:《利他保险合同解除权行使中的第三人保护》,载《人民司法(应用)》2016年第13期。

投保人并未明确放弃解除权的情形下，第三人的信赖利益不足以侵蚀投保人的合同权利，不应赋予第三人同意权。①

如本章第 6 节所述，《保险法司法解释三》第 17 条最终采纳否定说的观点，规定投保人行使合同解除权无需被保险人或者受益人同意，但是被保险人或者受益人已经向投保人支付相当于保险单现金价值的款项并通知保险人的除外。但该条规定未对诸多争议问题予以回应，例如：

（1）投保人恶意退保：投保人在被保险人、受益人不知情的情况下退保或投保人恶意发出解除通知并在被保险人、受益人的通知之前到达保险人，此时保险合同是否解除。

（2）对抗解除权的条件难以达成：若夫妻双方在婚姻关系存续期间，一方以夫妻共同财产向另一方转款，收款人以转款人为被保险人投保，因外部难以区分实际缴费主体和款项归属，若离婚后投保人欲单方解除保险合同，被保险人似难以证明其已满足对抗投保人解除权的条件。②

（3）投保人不当得利：特定情形下，投保人支付保费时已经从第三人处获得对价，如为他人投保以消灭债权债务关系、单位以投保方式向员工发放福利补贴性薪资等，若仍要求被保险人/受益人另行支付款项，可能使投保人不当得利。③

由于《民法典》并未对利他合同中的第三人保护问题作出回应，上述问题的解决需待保险法相关制度和规定的进一步完善。

应对建议：如前所述，保险事故发生后，被保险人和受益人有权请求保险人按照保险合同的约定给付保险金，被保险人怠于请求的，责任保险中的第三人也有权根据法律规定，直接请求保险人予以赔偿。在投保人与被保险人/受益人不同的情况下，若投保人随意行使合同解除权，损害被保险人/受益人的利益，可能会发生一定纠纷。故建议保险人在收到投保人解除合同的通知或要求后，可在合理期限内主动通知被保险人/受益人，并询问、核实其是否已经向投保人支付相当于保单现金价值的款项。若被保险人/受益人对合同解除并无异议，后续又诉请保险公司赔付保险金的，保险人可出示相关证据，以证明合同已依法解除，保险人不应承担赔付责任。

---

① 参见董庶、王静：《试论利他保险合同的投保人任意解除权》，载《法律适用》2013 年第 2 期。

② 参见四川省成都市中级人民法院民事判决书（2019）川 01 民终 20921 号。

③ 参见董庶、王静：《试论利他保险合同的投保人任意解除权》，载《法律适用》2013 年第 2 期。

二、保险金赔偿请求权与债权人代位权

(一)《民法典》关于债权人代位权的相关规定

《民法典》上的债权人代位权制度规定在合同编第五章“合同的保全”第535—537条,第535条在原《合同法》第73条的基础上增加第3款规定相对人的抗辩权,并将被代位“债权”修改为“债权或者与该债权有关的从权利”,将代位权标的从纯粹财产权利扩张至其他具有财产性质的权利。

《民法典》第536、537条为新增条款。第536条规定了债权人的代位保存权,也有观点称之为“紧急代位权”,即当债务人的债权或者与该债权有关的从权利存在诉讼时效届满或破产失权等紧急情形时,债权人可以代为行使请求权、申报破产债权等。代位保存权与第535条代位请求权的区别在于:(1)行使主体:代位请求权是债权人的一项特殊的法定权能①,要求债权人本人以自己的名义行使,而代位保存权具有法定代理权的性质,债权人需以债务人的名义行使;(2)行使方式:代位请求权行使方式只能是诉讼,而代位保存权可采取诉讼和非诉讼两种方式行使;(3)行使效果:代位请求权的行使结果使得债权人获得清偿顺序上的优先性,而代位保存权则遵循“入库规则”②,所得财产归属于债务人,至于债权人能否因其代位保存权的行使获得清偿时的优先权,仍待立法进一步明确。③

(二)债权人能否代位行使被保险人/受益人对保险人的保险金请求权

关于代位请求权的标的,《民法典》第535条规定应以非专属于债务人自身的权利为限。根据《合同法司法解释一》第12条④的不完全列举,人寿保险金请求权、人身伤害赔偿请求权等权利属于专属于债务人自身的债权。因此,对于财产险和人寿保险以外的人身险,只要满足“已到期”“被保险人/受益人怠于行使”“非专属”的条件,均可作为债权代位权行使的对象。

关于代位保存权的标的,因代位保存的权利直接归属于债务人,无需对权利专

---

① 参见最高人民法院民法典贯彻实施工作领导小组主编:《中华人民共和国民法典合同编理解与适用(一)》,人民法院出版社2020年版,第498页。

② 崔建远、韩世远:《合同法中的债权人代位权制度》,载《中国法学》1999年第3期。“入库规则”是指将债权人行使代位权取得的财产先加入债务人的责任财产的做法。该规则认为,债权人行使代位权就是行使债务人的权利,行使的效果应直接归属于债务人,不能直接作为自己债权的清偿。

③ 参见最高人民法院民法典贯彻实施工作领导小组主编:《中华人民共和国民法典合同编理解与适用(一)》,人民法院出版社2020年版,第514页。

④ 《合同法司法解释一》第12条规定:“合同法第七十三条第一款规定的专属于债务人自身的债权,是指基于扶养关系、抚养关系、赡养关系、继承关系产生的给付请求权和劳动报酬、退休金、养老金、抚恤金、安置费、人寿保险、人身伤害赔偿请求权等权利。”

属性作出限定,只要影响了债权人债权实现,原则上债务人的一切财产性权利均可代位保存。

因此,债权人能否就被保险人/受益人对保险人的保险金请求权行使债权人代位请求权,取决于能否满足上述债权人代位请求权的三个行使要件,对此分别论述如下。

1. 关于保险金请求权"已到期"

首先,出险并不等于索赔,故保险事故的发生并不等于保险人赔付保险金的义务当然成就,保险事故发生后,被保险人方负有向保险人发出出险通知的法定义务。而出险通知主要涉及保险事故的事实报告,不可当然与索赔请求相同对待。

其次,即使被保险人提出有关损失的证明和资料,并向保险人发出索赔请求,要求给付保险金,也不意味着保险人的赔付期间立即到期。根据《保险法》第22、23条的规定,一方面,保险人自首次收到索赔请求及有关证明和资料之日起,有30天的核保期。核保期间,若保险人认为被保险人或受益人提交的资料不够完整,可要求提供补充资料,且该补充提供的期限应从30天期间中扣除。另一方面,核保完成且双方达成赔付协议后,保险人仍有10日的赔付期限,保险合同另作约定的按照约定的时间确定赔付期限。①

最后,尽管法律规定明确,但实践中的核保理赔期限仍存在非常大的不确定性,双方可能在损失相关的证明和资料是否完整、公估报告的结论是否符合实际、鉴定方式的选择是否科学、保险人是否一次性提出补充要求、补充资料期限的起算和扣除等诸多方面产生争议,导致理赔程序的拖延,从而对保险金债权是否到期的认定产生干扰。

2. 关于"怠于行使"保险金请求权

怠于行使,是指债务人不履行其对债权人的到期债务,又不以诉讼或者仲裁方式向相对人主张其享有的债权或者与该债权有关的从权利的情形。② 具体到保险金赔付请求权,若被保险人/受益人有积极行使索赔权的行为,应不构成怠于行使;若保险人未在法定或者约定的时间完成核保、赔付义务,而被保险人/受益人怠于催告、提起诉讼或者仲裁,导致诉讼时效即将届满的,可以认定为怠于行使。如果被保险人/受益人虽未积极行权,但距离诉讼时效届满尚存一段时间,能否认定被保险人/受益人怠于行使?此问题可着重考虑主观因素进行认定。

3. 关于保险金请求权的"非专属性"

如前所述,对于狭义的代位权,其标的债权需满足非专属性的要求,而对于代

① 参见《保险法》第23条。

② 参见最高人民法院《全国法院贯彻实施民法典工作会议纪要》第8条。

位保存权,一切具有财产给付属性的权利均可作为代位保存的对象。因此,一般财产保险的保险金赔偿请求权可以代位行使并无疑问。实践中仍可能存在争议的问题,一是以人身伤害赔偿责任为标的的第三人责任险的保险赔偿款能否代位提取;二是人身保险金请求权能否代位行使。

3.1 以人身伤害赔偿责任为标的的责任险能否代位

对于以人身伤害赔偿责任为标的的责任险能否代位,存在两种观点。一种观点认为,因人身伤害赔偿请求权为具有人身专属性的债权,不具有可转让性,故以人身伤害赔偿责任为标的的责任保险金请求权也不能转让或者被代位行使。另一种观点认为,人身伤害赔偿请求权系受害人对加害人的请求权,而责任保险金请求权则是被保险人对保险人的请求权,二者的法律关系性质和权利主体均不相同,不能相同看待。

本书认为,在以人身伤害赔偿责任为标的的责任保险中,关于保险金请求权能否代位行使的问题,实质在于该保险金请求权在多大程度上可以等同于受害第三人的人身伤害赔偿金。

具体而言,若被保险人已向第三者赔偿完毕,则保险金请求权仅为被保险人对保险人享有的一项金钱债权,可以为被保险人的债权人代位提取;若被保险人尚未向第三者赔偿完毕,由于司法实践主流观点认为,即使被保险人未请求保险人赔付,第三者仍有权就应获赔偿部分向保险人直接请求赔偿保险金[①],此时的保险金与人身伤害赔偿金具有相同属性,如允许被代位,可能严重侵害受害第三人的利益,甚至使其丧失生存依赖,严重影响社会秩序,故在受害第三人得到赔付之前,不应允许债权人就保险金请求权行使代位权。

3.2 人身保险能否代位

人身保险可以分为人寿保险、健康保险和意外伤害保险。根据《合同法司法解释一》第12条的规定,属于债务人自身的债权包括人寿保险金请求权、人身伤害赔偿请求权等权利,对于该等债权,不得提起代位权诉讼。《民法典》及其司法解释并未保留该条规定,《保险法》也未对保险金请求权能否代位行使作出规定,可能导致实践中出现争议。

本书认为,人身保险虽然以人的身体或者寿命为标的,但现代人身保险已不仅仅具有保障功能,还具有投资功能,保险事故发生后的保险金请求权与普通债权一样。对于投资型人身保险,特定条件下可允许债权人代位行使。具体而言:

---

① 参见石东洋:《保险人直接向第三者赔偿保险金的逻辑前提》,载《人民司法》2013年第6期;《最高人民法院关于人民法院能否提取投保人在保险公司所投的第三人责任险应得的保险赔偿款问题的复函》(〔2000〕执他字第15号)。

首先,在保险事故发生前,保险金请求权仅为依附于特定人身关系的期待权,是否最终发生以及金额为何均不确定,且不存在履行期届满怠于行使的情形,不具有可代位性。

其次,在保险事故发生后,被保险人或者受益人对保险人的债权确定,保险金请求权具有现实性、财产性和确定性,被保险人或者受益人怠于主张的,债权人是否可以代位主张,又分为以下三种情况:第一种情况,该人身保险为保障性质的保险,不具有投资属性,具有较强的人身依附性,属于"专属于债务人自身的权利",不可转让也不可代位行使。第二种情况,该人身保险为投资型人身保险,则与债务人的普通财产性债权无异,即使履行对象发生了变化,也并未给保险人造成额外增加的负担,且以该笔到期保险金用于清偿债务人的到期债务,符合投资型保险储蓄、投资功能的实现方式,故可以代位行使。第三种情况,该人身保险为补偿因保险事故造成的经济损失的保险,如费用补偿型的医疗费用保险,则具备财产保险的属性,债权人可以代位行使保险金请求权。

最后,尽管如上所述,可将保险金请求权区分为保障型和投资型区别对待,但对于具体的保险产品应划分为保障还是投资型仍可能存在疑问,实践中可结合案件的具体事实与保险合同的具体安排,判断该债权是否属于专属于债务人自身的债权。

应对建议:保险金请求权具有现实性、财产性和确定性,被保险人或者受益人怠于主张的,被保险人或者受益人的债权人有权代位主张非人身专属性质的保险金请求权。面对债权人的代位请求,保险公司可根据具体情况,提出以下抗辩:(1)核保程序并未完成,或者尚未就损失具体数额与被保险人达成一致,保险金赔付义务并未到期;(2)被保险人/受益人存在积极索赔行为,不存在怠于行使债权的情形;(3)债权人对被保险人/受益人的债权并未因此遭受不能实现之虞;(4)保险金请求权的人身依附性强,不可代位行使。

三、保险金赔偿请求权的诉讼时效

(一)关于诉讼时效的规定

对于诉讼时效,《民法典》第 188 条第 1 款对《民法通则》第 135 条规定的"二年"普通诉讼时效期间进行修订,改为"三年"。《保险法》第 26 条对保险金请求权的诉讼时效有专门规定,"人寿保险以外的其他保险的被保险人或者受益人,向保险人请求赔偿或者给付保险金的诉讼时效期间为二年,自其知道或者应当知道保险事故发生之日起计算。人寿保险的被保险人或者受益人向保险人请求给付保险金的诉讼时效期间为五年,自其知道或者应当知道保险事故发生之日起计算”。

(二)《保险法》和《民法典》相关规定之间的关系

由于《保险法》与《民法典》存在旧法与新法、特别法与一般法的关系,在两部法律对于诉讼时效的规定不一致的情况下,保险金请求权的诉讼时效如何确定存在不同观点。《立法法》第94条规定,“法律之间对同一事项的新的一般规定与旧的特别规定不一致,不能确定如何适用时,由全国人民代表大会常务委员会裁决。行政法规之间对同一事项的新的一般规定与旧的特别规定不一致,不能确定如何适用时,由国务院裁决”。根据《立法法》的规定,前述问题应交由全国人民代表大会常务委员会裁决。

(三)司法实践的观点

在此前的实践中,《民法总则》生效后,关于《民法总则》和《保险法》规定的不同的诉讼时效,绝大部分法院采取的观点都是人寿保险诉讼时效为五年,适用《保险法》第26条的规定;人寿保险以外的其他保险诉讼时效为三年,适用《民法总则》第188条的规定。持该种观点的法院在判决中论述的理由主要集中于两种:

1. 有利解释原则

在适用新法优于旧法原则的同时,按照有利解释原则进行解释,也即,按照新法优于旧法的法律适用原则,应当适用《民法总则》的规定,同时,根据“法律另有规定的,依照其规定”的规定,应当按照有利解释原则进行解释,即法律对三年以上诉讼时效另有规定的,依照其规定。①

2. 区分一般诉讼时效和特别诉讼时效

区分一般诉讼时效和特别诉讼时效,认为《保险法》第26条规定的人寿保险以外的保险的诉讼时效为一般诉讼时效,按照新法优于旧法的原则,适用《民法总则》;人寿保险诉讼时效属于特别诉讼时效,根据特别法优于普通法的原则,适用《保险法》。②

综上,主流观点认为,人寿保险以外的其他保险的被保险人或者受益人,向保险人请求赔偿或者给付保险金的诉讼时效为一般诉讼时效期间,适用《民法总则》第188条规定,为三年;人寿保险的受益人向保险人请求给付保险金的诉讼时效期间为特别诉讼时效期间,仍为五年。前述期间均自被保险人/受益人知道或者应当知道保险事故发生之日起计算。由于《民法典》第188条并未对《民法总则》关于诉

---

① 参见山东省聊城市中级人民法院民事判决书(2020)鲁15民终3286号、重庆自由贸易试验区人民法院民事判决书(2019)渝0192民初8148号。

② 参见河北省定兴县人民法院民事判决书(2020)冀0626民初239号、江苏省苏州市虎丘区人民法院民事判决书(2019)苏0505民初338号。

讼时效的规定作出实质性修改,上述裁判观点在《民法典》施行后仍然适用。

四、多数人侵权中保险人责任的认定

(一)《民法典》关于多数人侵权的规定

《民法典》上关于多数人侵权的规定在第七编第1168—1172条,承自原《侵权责任法》第8—12条规定,且并未作实质性修改。

按照侵权人是否具有意思联络,多数人侵权分为共同侵权和分别侵权。其中,《民法典》第1168、1169条规定了共同侵权(含教唆、帮助侵权),第1170、1171、1172条分别规定了共同危险行为、累积因果关系和共同因果关系三种分别侵权类型。

关于责任形式,共同侵权中,因行为人具有共同的故意,应对侵权结果承担连带责任。而对于分别侵权,各个侵权人之间不具有共同的故意,仅行为、结果、因果关系上具有客观牵连性,其责任的承担可遵循"可能原因力"理论进行判断。若每个加害人和损害结果之间的原因力均具有从0%到100%的可能性,且无法确定具体比例,那么每个加害人均应对自己可能的最大原因力承担责任,即各个加害人应承担连带责任。根据该理论,共同危险和累积因果关系的情形下各加害人均应当对100%的损失负责,即行为人之间的责任形式为连带,而共同因果关系下各加害人的单独行为均不足以造成全部损失,自然无法苛以全部责任,各行为人均只承担按份责任。

(二)《保险法司法解释四》第16条的理解

1. 外部责任还是内部责任

《保险法》第65条第4款规定,"责任保险是指以被保险人对第三者依法应负的赔偿责任为保险标的的保险"。具体到连带侵权责任的场景下,《民法典》第178条规定,连带责任人对外承担整体责任,对内承担按份责任。据此,无论是对内按份责任还是对外连带责任,均属于被保险人"依法应付的赔偿责任",保险人赔付范围是侵权人的外部连带责任还是内部按份责任,素有争议。

实践中,受害人多要求保险公司按照连带责任的全部赔付,而保险公司则主张根据保险合同的约定①,其只应按照被保险人事故责任比例承担部分责任。最高人民法院的司法解释观点亦存在变化,2017年《保险法司法解释四》(征求意见稿)第21条规定"被保险人因共同侵权对外承担连带责任的,保险合同双方对保险人先行

---

① 实践中,保险合同中多表述为保险人只对被保险人实际应承担的责任部分进行赔付。如2020年中国保险行业协会《机动车商业保险示范条款》第21条规定:"保险人依据被保险机动车一方在事故中所负的事故责任比例,承担相应的赔偿责任"。

就连带责任进行赔付还是仅赔付自行承担的部分有约定的,从约定”,但最终 2018 年出台的《保险法司法解释四》第 16 条删除了上述表述,仅规定了保险人应就各加害人之间的外部连带责任承担赔付责任,并在承担责任后有权向其他连带责任人追偿。

有观点认为,应尊重当事人意思自治,保险合同约定保险人只赔付按份责任的,该约定有效。实践中已有法院对此观点作出驳斥,认为保险合同中关于“保险公司按照事故责任比例承担赔偿责任”的约定,混淆了事故责任和侵权责任的概念,脱离了被保险人侵权责任确定保险人的赔偿责任,与责任保险基本原理相悖。①

还有观点认为,超出内部份额的部分本质上并不是被保险人的责任,不应属于责任保险人的赔偿范围。对此,最高人民法院认为,依法确定的赔偿责任,无论是按份责任、连带责任还是补充责任,均属于被保险人对第三者依法应负的赔偿责任,若保险人仅支付被保险人应分担的内部份额,实际上被保险人对受害人的连带责任并未免除,不仅与投保人的投保目的不符,而且与立法目的也不相符。②

2. “共同侵权”还是“连带责任”

值得注意的是,如对《保险法司法解释四》第 16 条作文义解释,似可得出其只适用于被保险人因共同侵权承担连带责任的情形。而如上所述,在分别侵权构成共同危险行为、累积因果关系的情况下,被保险人也应承担连带责任,此时是否适用第 16 条的规定?

从最高人民法院对此条的解读来看,最高人民法院将该条的条文主旨概括为“本条是关于责任保险被保险人对外承担连带责任时保险人的责任如何承担的规定”。在条文理解部分,最高人民法院亦以累积因果关系情形进行举例说理,③似未排除分别侵权的适用。故有观点认为,《保险法司法解释四》将适用对象限定在共同侵权的范围并非解释者有意为之,属于排除其他承担连带责任的多数人侵权适用该司法解释的“无心之失”。④

从司法实践来看,存在法院在构成共同危险行为和累积因果关系的情形下适用《保险法司法解释四》第 16 条的情形,如(2020)苏 09 民终 3012 号案。另有法院对《保险法司法解释四》第 16 条作出目的性扩张解释,认为在非共同侵权的情形下,也可适用该条规定,如(2019)鲁 05 民终 629 号案中,法院认为,“根据该立法目的,上述司法解释关于保险人责任保险的赔偿义务规定,是以被保险人对第三者承

---

① 参见江苏省苏州市吴江区人民法院民事判决书(2010)武将商初字第 0700 号。

② 参见最高人民法院民事审判第二庭编著:《最高人民法院关于保险法司法解释(四)理解与适用》,人民法院出版社 2018 年版,第 334—336 页。

③ 同上书,第 336 页。

④ 董彪:《共同侵权中保险人责任规则的理解与完善》,载《中国保险》2019 年第 7 期。

担连带侵权责任为前提条件,并非仅限于狭义的共同侵权情形”。

可见,由于《保险法司法解释四》第16条规定文义上较为狭隘,难以满足实践需要,法院在具体适用的过程中已经适度作出了符合立法目的的扩张解释,将其适用范围扩张至所有被保险人依法承担连带责任的情形。

3. 约定按份赔付是否有效

保险合同中关于保险人按份赔付的约定,构成对保险人在《保险法司法解释四》第16条项下所应承担的责任范围的限制,是对保险人的保护。而《保险法》第18条第4款规定,“保险金额是指保险人承担赔偿或者给付保险金责任的最高限额”。据此,保险人可通过在保险合同中约定保险金额的方式限制其可能承担的保险责任的上限,似乎没有必要承认《保险法司法解释四》第16条规定的“连带赔付”存在法律适用的例外情况。正式司法解释删除了征求意见稿关于“约定优先”的规定,似也能印证这一立场。

但仍有观点认为,自愿责任保险不同于强制责任保险,在“按份赔付”条款约定明确,且保险人尽到《保险法》第17条规定的明确说明及提示义务的,应当肯定“按份赔付”条款的效力,不应剥夺当事人的意思自由。[①] 同时,若过分强调保险的社会保障功能,扩张保险人的赔付范围,会导致保险人通过提高保险费率等方式将风险分散给其他个体,增加其他主体的投保负担[②],不符合承担相同风险的整个保险共同团体的共同利益。

司法实践中,若保险人以机动车保险合同中关于保险人根据事故责任比例承担相应责任的条款主张其承担按份责任的,法院多对事故责任与侵权责任作出区分,认为保险人不得以第16条所规定的连带责任超出被保险人应承担的责任份额为由拒绝赔付保险金,如(2018)粤18民终2654号案、(2018)浙06民终4349号案。少数观点认为保险合同关于按照事故责任比例承担赔偿责任的约定有效,如(2018)鲁11民终2474号案。此外,在(2019)浙01民终4722号案中,法院支持了被保险人关于即使保险公司已经按照内部责任比例支付过保险金,保险公司仍应在责任保险限额内,向被保险人支付被保险人对第三者所实际赔付的比例外的连带责任范围内的保险金的诉讼请求。类似观点还可见于(2019)浙01民终4014号案,该案中,法院明示,被保险人承担超过其内部责任份额的连带责任后,有权向保险公司主张。

由此可见,实践中主流观点区分事故责任和侵权责任,认为保险人应当按照外

① 参见冯德淦:《多数人侵权中保险人责任研究——兼评〈保险法解释(四)〉第16条》,载《保险研究》2019年第1期。

② 参见董彪:《共同侵权中保险人责任规则的理解与完善》,载《中国保险》2019年第7期。

部连带责任进行赔付,对超过事故责任比例赔付的部分可向其他连带责任人追偿,但不可以该比例对抗被保险人。但若保险合同中明确约定保险人仅按照内部侵权责任比例(而非事故责任比例)承担责任,在不属于无效格式条款的情况下,该约定是否有效,实践中仍将存在较大争议。

应对建议:如前所述,《保险法司法解释四》第 16 条规定了责任保险的被保险人因共同侵权依法承担连带责任的,保险人应对连带责任的全部在保险金额的范围内承担赔偿责任,并未明确规定能否约定保险人仅对被保险人应分担的内部份额承担责任。而在司法实践中,多数法院认为,即使保险合同约定保险人仅在连带责任内部份额的范围内对被保险人承担赔付保险金的义务,但基于保护受害第三人的立法目的,保险人仍应对连带责任的全部承担责任。因此,为避免责任保险中承担过重责任,保险人可直接在保险合同中对赔付上限作出明确约定。

五、侵权损害赔偿的修订对责任险赔偿范围的影响

(一)民法典对侵权损害赔偿的主要修订

侵权损害赔偿包括物质损害赔偿和精神损害赔偿,其中,物质损害赔偿又可分为人身损害赔偿和财产损害赔偿,二者均属可用金钱计价的物质损失,可以金钱方式折价补偿;而精神损害赔偿针对的是人身权益被侵害导致的心理或肉体上的无形痛苦,难以用金钱计价衡量。《民法典》侵权责任编新设“损害赔偿”章节,对侵权损害赔偿的类型作出体系上的概括性规定,使侵权责任编在立法体例上更加完整,并对《侵权责任法》作出了一定的修订。

1. 对人身损害赔偿范围的修订

关于人身损害赔偿范围,《侵权责任法》第 16 条仅规定了医疗费、护理费、交通费、误工费、残疾生活辅助具费、残疾赔偿金以及丧葬费和死亡赔偿金,范围过于狭窄,无法涵盖其他为治疗和康复而支出的合理费用。2003 年《人身损害赔偿司法解释》在《侵权责任法》的基础上增加规定了住宿费、住院伙食补助费、必要的营养费、被扶养人生活费、因康复护理和继续治疗产生的后续费用、受害人亲属办理丧葬事宜支出的交通费、住宿费、误工损失等其他合理费用,一定程度上弥补了立法空缺,更大范围上保护了受害方的合法权益。

《民法典》第 1179 条在《侵权责任法》第 16 条的基础上增加了“营养费、住院伙食补助费”两项合理费用,被抚养人生活费、外地治疗住宿费、因康复护理和继续治疗产生的后续费用仍规定在《人身损害赔偿司法解释》(2020 年修正)。值得注意的是,对于《人身损害赔偿司法解释》(2003 年版)第 17 条第 3 款规定的受害人死亡

情况下“受害人亲属办理丧葬事宜支出的交通费、住宿费和误工损失等其他合理费用”，修订后的司法解释并未予以规定，对该类支出是否支持，法院将拥有更大的司法裁量权。

2. 对侵害人身权益造成财产损失的赔偿数额确定方式的修订

《民法典》第1179条规定了几类人身侵权的直接损失，《人身损害赔偿司法解释》（2020年修正）规定了该类损失的具体计算方法，但并未涉及人身侵权造成的间接损失以及人格利益受损造成的纯粹经济利益损失如何确定的问题。为此，《民法典》第1182条对侵害他人人身权益造成财产损失的赔偿和损失难以确定时的赔偿规则作出了进一步规定。

该条对《侵权责任法》第20条的法律逻辑作出了重大调整，不再强调先以被侵权人所受损害再以侵权人获得利益的标准进行赔偿，而是参考借鉴知识产权领域侵权损害赔偿额确定方式的规定，把“损害”与“获利”两个赔偿标准修正为并列关系，一定程度上避免了受害人损失小于侵权人获利时的法律适用尴尬。立法者认为，“这更符合实际情况，也更有利于惩治和预防有关侵权行为”①。

3. 对精神损害赔偿的修订

因原《侵权责任法》仅规定了侵害人身权益可以提起精神损害赔偿，实践中对于财产损害可否提起精神损害赔偿的问题存在争议。《民法典》第1183条吸收了《精神损害赔偿司法解释》（2001年版）第4条的有益经验，在第2款新增规定了“故意或者重大过失侵害自然人具有人身意义的特定物”并造成严重精神损害的，被侵权人有权请求精神损害赔偿。

《民法典》第1183条第2款对原《精神损害赔偿司法解释》第4条的修订体现在以下几个方面：（1）将“人格象征意义”修改为“人身意义”，“人格象征意义”要求特定物品与特定人格的才能、品行、形象、风貌乃至精神魅力有关，“人身意义”的涵盖范围显然更广；（2）删除“永久性灭失或者毁损”要件，增加“造成严重精神损害”要件，统一法律适用标准，强调因果关系和个体差异性；（3）将请求权主体从“物品所有人”扩张到“被侵权人”，即“自然人或者其近亲属”②，更符合实际，加强了对受害主体利益的保护；（4）删除“以侵权为由”起诉的要件，原司法解释认为，违约责任不包括精神损害赔偿，因此被侵权人仅以侵权为由起诉才能请求精神损害赔偿。但事实上，在涉及人身权利或以精神利益满足为主要目的的合同中，仅通过财产损害赔偿难以对违约行为造成的非金钱损失进行全面的救济。为强化人格权的保护

---

① 参见最高人民法院民法典贯彻实施工作领导小组主编：《中华人民共和国民法典侵权责任编理解与适用》，人民法院出版社2020年版，第168页。

② 参见《精神损害赔偿司法解释》（2020年修正）第1条。

和填补违约救济的法律漏洞,《民法典》第 996 条新增违约精神损害赔偿规则,对违约责任与精神损害赔偿不能并行的一般规则进行了突破。《民法典》第 1183 条第 2 款在原《精神损害赔偿司法解释》第 4 条的基础上删除"以侵权为由",与第 996 条的规定形成了呼应。

4. 对惩罚性赔偿的修订

民事赔偿责任以补偿为原则,惩罚为例外。《民法典》第 179 条第 2 款规定,"法律规定惩罚性赔偿的,依照其规定"。据此,惩罚性赔偿由法律规定。《民法典》现有惩罚性赔偿的规定有三:(1)第 1185 条规定了故意侵害知识产权的惩罚性赔偿;(2)第 1207 条规定了明知缺陷的产品责任惩罚性赔偿;(3)第 1232 条规定了环境污染、生态破坏侵权的惩罚性赔偿。其中,第 1185 条和第 1232 条为新增条款,第 1207 条则扩大了原产品责任惩罚性赔偿的适用范围。

此外,其他单行法律和司法解释中也可见对惩罚性的赔偿规定,如《消费者权益保护法》第 55 条、《药品管理法》第 44 条、《著作权法》第 54 条、《商标法》第 63 条、《专利法》第 71 条、《医疗损害责任司法解释》(2020 修正)第 23 条。《民法典》对惩罚性赔偿的新增规定/修订使惩罚性赔偿责任体系更为完善。

(二)对责任险赔偿范围的影响

《民法典》对侵权责任损害赔偿规则的修订,将对以被保险人对第三人依法应当承担的赔偿责任为保险标的的责任险的赔偿范围产生影响。

首先,《民法典》及其司法解释细化了人身损害赔偿的范围和损失计算方式,对保险公司赔付保险金的数额计算产生影响。特别地,《民法典》第 1182 条改变了侵害人身权益造成财产损失的计算方式,受害人可根据举证能力和数额大小选择以侵权人获利或者被侵权人损失主张损害赔偿。一旦数额确定,理论上保险人只能被动接受赔偿结果进行理赔。因此,本书建议,保险人可在前期积极参与被保险人与第三人的侵权纠纷或协商程序,对第三人的举证能否证明其主张等问题发表自己的意见。

其次,《民法典》第 996 条创造性地规定了违约情形下的精神损害赔偿请求权,又称"精神损害赔偿请求权聚合",在特定情形下,可能扩大保险人的责任范围,如涉及遗体、骨灰等人格物保管合同、医疗服务合同、旅游服务合同、婚礼服务合同以及其他可能造成严重精神损害的合同,因违约产生的精神损害赔偿属于责任保险范围。保险人可根据保险精算规则合理适当提高保险费率、设置免赔条款或者对赔付上限作出约定等。

最后,民事侵权惩罚性赔偿的立法目的在于惩罚和震慑主观恶性严重的不法行为人,使不法行为人承担更重的责任。因此,在施以惩罚性赔偿的场合,法律多对行为人主观状态作出限定,要求其为"故意"或者"明知"。而保险合同承保的是发生与否具有不确定性的风险,保险人对道德风险不负有赔付义务,若被保险人故意制造保险事故,保险人有权解除合同并不承担赔偿或者给付保险金的责任。因此,惩罚性赔偿不属于保险赔付范围。

第八节　《民法典》对保险追偿业务的影响及应对

一、保险代位求偿权理论基础

(一)保险代位求偿权的目的与功能

损失补偿原则是保险制度最基本的原则之一,“损失”指被保险人因保险事故发生而遭受的经济上的不利益;“补偿”指对被保险人所受损失的填补,使其恢复受损之前的状态;“损失补偿”,意味着被保险人不应通过保险制度获得超过其损失的利益。当保险事故系由不可归责于第三人的原因导致,保险人赔偿被保险人后,保险法律关系项下的权利义务即履行完毕,不存在被保险人超额获益的风险。

但当保险事故系由第三人导致,损失于第三人具有可归责性,保险人依据保险合同向被保险人支付保险金后,可能出现两种情况:(1)被保险人再行向第三人主张损失赔偿并获得双重偿付,违背损失补偿的基本原则;(2)被保险人放弃向第三人主张赔偿,第三人因责任遭豁免而获益,亦违背保险制度的初衷。因此,为避免该种不公平不合理的情况,有必要将向第三人继续追偿的权利赋予履行完毕给付义务的保险人,由保险人向第三人追索,并承担追索不能的风险。

除实现保险损失补偿原则外,保险代位求偿权还具有如下功能和作用:(1)防止被保险人不当得利,避免诱发道德风险;(2)防止第三人逃避责任;(3)确定保险人的保险赔偿义务,避免保险人借口被保险人有权向第三者主张赔偿请求权为由免除或减少自己的保险赔偿义务;(4)减少保险给付的实际支出,最终降低保费,减轻投保大众负担。①

简言之,保险代位求偿权的设计,既能够防止被保险人不当得利,又避免了第三人逃避损害赔偿责任,从而平衡了保险人、被保险人和第三人之间的利益关系。

(二)保险代位求偿权的适用范围

我国《保险法》第 60 条规定了保险代位求偿权,规定保险人自向被保险人赔

---

① 参见最高人民法院民事审判第二庭编著:《最高人民法院关于保险法司法解释(二)理解与适用》,人民法院出版社 2015 年第 2 版,第 358—359 页。

偿保险金之日起,在赔偿金额范围内代位行使被保险人对第三者请求赔偿的权利。因该条规定在财产保险合同章节,仅从立法角度看,保险代位求偿权似应适用于以填补被保险人损失为目的的财产保险合同,于人身保险并无代位求偿之规则。

但是,既然保险代位权的首要功能在于避免被保险人双重受偿,则是否适用保险代位权的标准应在于该保险是否属于补偿性保险,而不在于其保险标的的具体类型。因此,损失险(包括非定额给付的人身险)均可适用保险代位求偿权,而以定额给付为特征的人身保险并不适用。

关于人身保险中的医疗费用保险是否适用保险代位制度,实践中亦有观点认为,应当区分补偿性医疗费用保险和非补偿性医疗费用保险,且遵循合同约定优先的原则处理。[①] 即,若合同中明确约定为"补偿性医疗保险",则适用保险代位制度;若明确约定为"定额给付保险",则不适用保险代位制度;若合同未作约定或约定不明的,鉴于医疗费用通常被作为人身保险的附加险,"从保护消费者利益的角度出发,可以将之视为定额给付型保险,不适用补偿原则和保险代位制度"。

(三)保险代位求偿权的法律性质

1. 法定的债权转移

我国保险法理论的通说认为,保险代位求偿权属于法定的债权转移。即保险代位权由法律规定而产生,当保险人对被保险人进行赔付后,被保险人对第三人的赔偿请求权即在保险赔付金额的范围内转移给保险人,保险人可以自己的名义向第三人主张损害赔偿请求权,而无需与被保险人另行达成索赔权转让或债权转让的合意。

2. 保险代位求偿权与债权人代位权的区别

《民法典》第535、536、537条规定了作为合同保全手段之一的债权人代位权,与保险法上的保险代位求偿权均具有权利代位行使的特征,但二者具有本质上的不同,应当区别对待。

第一,从成立要件看,债权人代位权成立要件为:债权人对债务人存在合法有效的到期债权;债务人对次债务人存在合法有效的到期债权;债务人怠于行使权利,影响债权人的到期债权的实现;代位标的非专属于债务人自身的权利。而保险代位求偿权的成立要件为:由于第三人对保险标的的损害造成保险事故,被保险人对第三者享有赔偿请求权;保险人已经向被保险人支付保险赔偿金。

第二,从立法目的看,债权人代位权的立法目的在于实现债的保全,"对该诉讼

---

① 参见上海市高级人民法院课题组:《保险代位求偿权纠纷案件的法律适用问题研究》,载《法律适用》2011年第5期。

标的提起诉讼本身就是一种公示性的权利宣示，故其本身即具有保全的性质”[1]。而保险代位求偿权的目的主要是避免被保险人双重受偿，同时防止第三人因此获益，进而防范道德风险。

第三，从行使条件看，债权人代位权的行使，要求债务人怠于行使到期债权，同时对其自身的清偿能力和债权人债权的实现产生影响，“怠于”的判断标准需要结合主客观因素认定。而保险代位求偿权的行使以保险人已经向被保险人赔付保险金为条件，标准相对清晰。此外，债权人行使代位权，以其对债务人的债权尚未清偿为前提。而对于保险人行使代位求偿权，以其已经赔付保险金、被保险人对保险人的保险金请求权消灭为前提。

第四，从被代位的债权范围看，《民法典》将债权人代位权的行使对象的范围扩大到债务人的债权及与该债权有关的从权利。而保险代位求偿权的行使对象为“被保险人对第三者请求赔偿的权利”，是否延及从权利《保险法》未予明示。

第五，从法律后果看，债权人行使代位权后，债务人知晓的，债务人对代位权标的的债权权能应当受到限制，不得为抛弃、转让、免除、抵销等处分行为，不得为行使权利提起诉讼，第三人亦不能向债务人履行给付[2]；债权人接受第三人履行后，债权人对债务人的债权以及债务人对第三人的债权在相同范围内消灭。而保险人代位求偿权系法定的债权转移，保险人系行使自己对第三人的求偿权，而非以自己的名义在程序意义上代被保险人索偿，在第三人清偿前，若保险人未通知第三人或者通知到达第三人前，第三人仍可向被保险人作出赔偿。[3]

第六，从诉讼时效看，因债权人系以自己的名义代位行使债务人对第三人的权利，诉讼时效期间应自被代位的标的债权请求权发生时起算，若债权人提起代位权诉讼，则对债权人的债权和债务人的债权均发生诉讼时效中断的效力。[4] 而保险代位求偿权的诉讼时效期间自保险人取得代位求偿权之日起算。[5] 因此，从实际效果来看，若债权人采用诉讼方式行使代位权，诉讼时效从债权人对第三人提起诉讼之日起算，即从行使权利之日起算；若债权人采用非诉的方式主张代位权的，诉讼时效仍持续计算；而保险人的保险代位求偿权则自保险人向被保险人为保险金给付之日起算，即从取得权利之日起算。

---

① 最高人民法院民法典贯彻实施工作领导小组主编：《中华人民共和国民法典合同编理解与适用（一）》，人民法院出版社 2020 年版，第 517 页。

② 同上书，第 506 页。但若债务人不知晓或者明知债权人已经提起代位权之诉，仍接受第三人向其履行给付的，是否发生债务清偿的效果，立法未予明确。

③ 参见《保险法司法解释四》第 10 条。

④ 参见《诉讼时效制度司法解释》第 16 条。

⑤ 参见《保险法司法解释二》第 16 条。

第七,从管辖看,《民法典》生效前,债权人代位权诉讼应当由被告住所地人民法院管辖。[①]《民法典》生效后,法律并未对债权人代位权诉讼管辖作出规定,但仍应沿用代位权专属管辖的规定,不同之处在于:(1)若次债务人、其他相对人作为共同被告,则优先以次债务人住所地确认管辖;(2)若仅以其他相对人为被告,则应以其他相对人住所地确定地域管辖;(3)若存在多个次债务人或者其他相对人,如何确定管辖有待相关司法解释明确。[②] 而对于保险代位求偿权,鉴于其本质上属于法定的债权转让,为避免对第三人利益产生不当影响,保险人提起代位求偿之诉的,应以被保险人与第三人之间的法律关系确定管辖法院。[③] 同时,对于被保险人与第三人之间的仲裁条款是否约束保险人的问题,应根据是否具有涉外因素区别对待。[④]

第八,从诉讼程序看,因债权人代位权以债务人怠于行使债权或有关从权利为前提,即,债权人主张代位权时,债务人并未提起诉讼或者仲裁,债权人可直接以自己的名义对第三人提起诉讼。但对保险代位求偿权而言,保险人取得保险代位求偿权时,若被保险人已经对第三人提起诉讼但并未获全部清偿,则在程序上可能涉及诉讼主体的变更,即由保险人接替被保险人成为案件原告或者加入诉讼成为共同原告。[⑤]

值得注意的是,《民法典》第536条新增规定了债权人代位保存权,若存在被代位债权诉讼时效期间即将届满或未及时申报破产债权的情形,债权人可在债权到期前行使“代位权”,或者作出必要行为。而保险代位求偿权以保险人已经向被保险人履行完毕保险金赔付义务为前提,当然不存在提前行使的情形。

二、行使保险代位求偿权所依据的基础法律关系

《保险法》第60条规定,保险人代位行使的权利为“被保险人对第三者请求赔偿的权利”,该权利的产生基础为“第三者对保险标的的损害而造成保险事故”。但

① 参见《合同法司法解释一》第14条。一般认为该规定构成代位权专属管辖,属强制性规定,排斥当事人之间的协议管辖和仲裁管辖。

② 参见最高人民法院民法典贯彻实施工作领导小组主编:《中华人民共和国民法典合同编理解与适用(一)》,人民法院出版社2020年版,第504页。

③ 参见《保险法司法解释四》第12条。

④ 参见最高人民法院民事审判第二庭编著:《最高人民法院关于保险法司法解释(四)理解与适用》,人民法院出版社2018年版,第251页。具体而言,鉴于《仲裁法解释》第9条规定:“债权债务全部或者部分转让的,仲裁协议对受让人有效,但当事人另有约定、在受让债权债务时受让人明确反对或者不知有单独仲裁协议的除外”。立法者认为:没有涉外因素的,仲裁条款原则上适用于保险人;有涉外因素的,仲裁条款不当然约束保险人。

⑤ 参见《保险法司法解释四》第13条。

何为“对保险标的的损害而造成保险事故”，其指向的是什么性质的基础法律关系，该条规定并未明确。

根据侵权责任理论，“损害”为侵权责任的构成要件。《侵权责任法》通过专章规定了诸如“医疗损害责任”“饲养动物损害责任”“物件损害责任”等责任类型，《民法典》侵权责任编亦增设专章规定了“损害赔偿”。据此，似乎有理由认为，《保险法》第 60 条规定的“对保险标的的损害”指向的是侵权行为造成的损害，作为保险代位求偿权行使依据的基础法律关系应为侵权法律关系。

(一)文义解释

从文义解释来看，有观点认为，“损害”并非专属侵权责任法上的概念：“损害”是指因一定的行为或者事件使某人受法律保护的权利和利益遭受不利益的影响，不仅可以因侵权法律事实造成，也可以因违约法律事实造成，既可以基于过错行为造成，也可以因非法行为造成，还可以因适法行为造成。[①]《合同法》中有 30 处提及“损害赔偿责任”，《物权法》上亦规定有恶意占有人的损害赔偿请求权、侵占或妨害占有的损害赔偿请求权。因此，“损害”不独为侵权责任法上的概念，保险代位求偿权行使所依据的基础法律关系也不应限于侵权法律关系。司法实践中，早有法院对《保险法》第 60 条作出解释，认为“因第三者对保险标的的损害而造成保险事故”的表述，并未限制规定为“因第三者对保险标的的侵权损害而造成保险事故”，因而保险人有权对被保险人违约请求权的相对人主张保险代位追偿权。[②]

但是，值得注意的是，一方面，《民法典》合同编对原《合同法》上有关损失赔偿责任的表述作出整体调整，统一删除了“损害”二字，将“承担损害赔偿责任”修改为“承担赔偿责任”。另一方面，《民法典》在侵权责任编增加了“损害赔偿”章节，规定了人身损害赔偿、精神损害赔偿、财产损失、惩罚性赔偿和公平责任原则等内容。而在总则编，仅于第 179 条概括性规定了“赔偿损失”的民事责任承担方式。由此观之，《民法典》似乎意在将“损害”“损害赔偿”限定在侵权责任的语境下使用，矫正原《合同法》立法语词上的不准确。据此，若仅从文义上理解，将“损害”理解为侵权责任法上损害赔偿责任之要件，似乎与立法语言和修法理念并不违背。

(二)目的解释

从目的解释来看，如上文所述，保险代位求偿权的制度目的在于落实保险损失填补原则，防止被保险人不当得利，防止第三人逃避责任，避免诱发道德风险，进而平衡保险人、被保险人和第三人的利益关系。若认为保险代位求偿权的基础权利

---

① 参见张雪楳：《论保险代位求偿权的行使范围》，载《法律适用》2011 年第 5 期。

② 参见江苏省高级人民法院民事判决书(2012)苏商再提字第 0035 号。

范围仅为侵权损害赔偿请求权,则在违约等其他原因导致保险事故发生时,保险人对赔偿义务人不享有保险追偿权。被保险人大可以在接受保险金赔付后,免除第三人的赔偿义务或者从第三人处另行受偿。如此,既容易引发道德风险,又无法对如此区别对待侵权责任和违约责任以及其他责任做出合理解释。因此,不应将保险代位求偿权的基础法律事实限定于侵权法律关系。

为回应审判实践中出现的争议问题,2018 年颁布的《保险法司法解释四》第 7 条明确,保险代位求偿权的适用范围不仅限于侵权赔偿,还适用于违约赔偿以及其他情形下的被保险人对第三人享有的请求赔偿的权利。虽然该司法解释仍未对"第三者对保险标的的损害"所指向的"损害"内涵予以明确,且与《民法典》用语存在不统一之处,但从效果上明确了保险代位求偿权行使依据的基础法律关系范围,统一了法律条文的理解与适用。

三、保险代位求偿权"第三人"的限制

(一)保险代位求偿中追偿对象限制的理论基础

一般认为,保险人代位取得的权利和救济只能是被保险人本人能够行使的权利和救济。而为了全面保护被保险人的利益,保险法必然反对保险人将被保险人自己作为"第三人"进行追偿,否则会直接抵销保险人已经作出的保险金给付;同时,保险法也会反对保险人对与被保险人具有共同利益的人进行追偿,因为该等追偿同样会变相侵蚀被保险人的利益。[①] 若允许这种结果存在,被保险人通过保险法分散风险、消化损失的目的势必落空,保险的功能也就无从发挥。[②]

至于与被保险人具有共同利益之人的范围,也即保险代位求偿对象所限制的范围,从保险承保所分散的是保险标的可能发生的危险的角度来看,应是与被保险人具有对保险标的的共同利益的主体,而非单纯具有经济上的牵连关系的主体。《保险法》第 62 条规定,保险人不得对被保险人的家庭成员或者其组成人员行使代位求偿的权利,除非上述两类主体存在故意造成保险事故的情形。

(二)限制对象范围的具体分析

1. "家庭成员"的范围界定

1.1 司法实践中的家庭成员范围

如前文所述,《保险法》第 62 条将被保险人的"家庭成员"作为原则上排除保险代位追偿权的对象之一。《民法典》之前的法律并未对"家庭成员"的范围进行明确

---

① 参见李激汉、杨志刚:《保险代位权中"第三人"范围确定方法探析》,载《法律适用》2016 年第 6 期。

② 参见桂裕:《保险法论》,三民书局 1981 年版,第 154 页。

规定,相关的规定仅有原《婚姻法》第9条关于登记结婚后男女双方可以根据约定互为家庭成员的规定,以及《民通意见》第12条关于近亲属包括配偶、父母、子女、兄弟姐妹、祖父母、外祖父母、孙子女、外孙子女的规定。

实践中,对于第三人是否属于被保险人的"家庭成员",主要有下述三种认定方式:(1)仅对是否具有近亲属关系进行审查,如若查明第三人与被保险人系父子、夫妻等近亲属关系,则直接驳回保险人代位求偿权①;(2)对第三人是否与被保险人在一定时间内连续地共同生活在一起,且相互之间是否具有扶养、扶助或赡养关系进行审查,即使未登记结婚,但长期共同生活、共同经营的,亦属于家庭成员②;(3)对第三人与被保险人是否因共同生活或者法定亲属关系建立了共同的、经济上的利害关系进行审查,第三人对保险标的与被保险人存在经济上的利害与共关系、具有共同的保险利益的,构成家庭成员。③

实务界主流观点认为,从保险代位求偿权行使对象限制的法理出发,其根本原因在于限制对象与被保险人具有经济利益上的"一致的利益",因此,家庭人员的界定也应以是否具有经济上的一致利益作为主要的判断标准。④ 首先,共同居住并非判断家庭成员的绝对界定标准,非共同居住的子女等亲属一般仍被认为与被保险人具有经济上的一致利益。其次,家庭成员不限定于近亲属的范畴,还可包括遗赠、扶养等关系形成的与被保险人具有抚养、扶养、赡养关系的人。最后,立法者考虑到民族传统的伦理因素,认为即使相互之间没有法定的扶养关系,也不宜对被保险人的其他近亲属行使代位求偿权。⑤

综上所述,一方面,考虑到保险代位求偿权的立法目的在于避免被保险人"左手进,右手出"⑥,作为保险代位求偿权限制行使的对象的"家庭成员"的识别,重点不在是否共同居住或者是否具有亲属关系,而在于是否存在经济上的利害与共的关系;另一方面,考虑到伦理与传统因素,不问是否具有经济利益上的一致性,被保险人的近亲属均应属保险代位求偿权行使的限制对象。据此,《保险法》第62条的"家庭成员"应主要包括下述主体:长期共同居住、有共同家庭财产的亲属;非共同

---

① 如福建省漳州市中级人民法院民事判决书(2020)闽06民终2481号、贵州省贵阳市中级人民法院民事判决书(2019)黔01民终3767号。

② 如广东省中山市第一人民法院民事判决书(2016)粤2071民初744号。

③ 如新疆生产建设兵团第八师中级人民法院民事判决书(2015)兵八民一终字第190号。

④ 参见张雪楳:《论保险代位求偿权的行使范围》,载《法律适用》2011年第5期。

⑤ 参见最高人民法院保险法司法解释起草小组编著:《〈中华人民共和国保险法〉保险合同章条文理解与适用》,中国法制出版社2010年版,第415—416条。

⑥ 江朝国:《保险法逐条释义(第二卷):保险契约》,元照出版有限公司2013年版,第233页。

居住但具有扶养关系的人;非共同居住又没有扶养关系的近亲属。[①]

1.2 《民法典》对家庭成员范围规定的影响

《民法典》第1045条第3款首次对“家庭成员”的范围作出了明确规定,即配偶、父母、子女和其他共同生活的近亲属为家庭成员。从文义解释来看,配偶、父母、子女三类主体不以共同居住为必要,而其他近亲属[②]需满足共同生活的要件,才构成家庭成员。近亲属与家庭成员的区别在于,家庭成员是近亲属的一部分,家庭成员一定是近亲属,而近亲属不一定是家庭成员。[③] 此外,《民法典》第1045条对家庭成员的规定,并未将经济关系作为家庭成员的构成要件,只要是共同生活的近亲属,即使并未将经济收入作为家庭共同财产,仅共居而未同财,也属于《民法典》语境下的“家庭成员”。

《民法典》对“家庭成员”界定后,家庭暴力、家庭成员间的虐待和遗弃、侵害集体组织成员权益等案件中“家庭成员”的认定将有法可依。但关于《民法典》此次修改对保险法的影响,如上所述,保险代位求偿权对象限制的设置目的在于防止保险目的落空,故保险法上“家庭成员”的界定仍需以“经济上的一致利益”与“近亲属”关系作为主要的判断标准。即《保险法》第62条的“家庭成员”的范围包括《民法典》第1045条所规定的“家庭成员”,还包括共同居住并在经济上利害与共的亲属(包括近亲属及近亲属以外的亲属),以及非共同居住但具有扶养关系的主体(包括亲属及亲属以外的主体)。

因此,基于立法目的和判断标准的差异,尽管《民法典》对家庭成员的范围进行了明确的规定,但难以直接适用于《保险法》,保险代位追偿案件仍应对保险语境下家庭成员的范围进行独立判断,而不应局限于《民法典》所限定的范围。

2. “组成人员”的范围界定

除上述“家庭成员”外,保险法还规定了“组成人员”作为保险人行使保险代位求偿权的另一类限制对象。有观点认为,组成人员是指作为法人和其他组织的被保险人的内部工作人员[④]。该观点将与被保险人具有经济上的一致利益的主体限定为被保险人的雇佣人员,无法涵盖职务代理行为以外的其他情形,如职务代表行为或者受托代理行为等,使得“组成人员”的范围过于狭窄。本书认为,“组成人员”

---

① 参见最高人民法院保险法司法解释起草小组编著:《〈中华人民共和国保险法〉保险合同章条文理解与适用》,中国法制出版社2010年版,第416条。

② 根据《民法典》第1045条第2款,其他近亲属包括“兄弟姐妹、祖父母、外祖父母、孙子女、外孙子女”。

③ 参见最高人民法院民法典贯彻实施工作领导小组主编:《中华人民共和国民法典婚姻家庭编继承编理解与适用》,人民法院出版社2020年版,第50页。

④ 参见安建主编:《〈中华人民共和国保险法(修订)〉释义》,法律出版社2009年版,第103页。

的范围不应局限于内部工作人员，还应包括为保险人的利益或者接受保险人的委托，以及与被保险人具有其他特殊关系而进行活动的人，由于该部分人的履行行为所造成的损害由被保险人承担责任，所以保险人不能向其追偿，典型如被保险人的合伙人、代理人等。[①] 此外，关于组成人员的理解，仍有两个问题需要说明。

其一，关于董监高是否属于应予排除的对象。主流观点认为，董事和监事是经公司聘任履行法定义务的主体，与公司之间的关系是委托关系，而非劳动关系，因而不属于雇佣人员，董事、监事以法人名义对外实施法律行为属代表行为，法律后果直接由法人承受，由此造成的损失亦由公司承担，不存在是否追偿的问题。而对于高管人员，虽然高管人员由董事会聘任，但高管与公司存在劳动关系，属于法人的"组成人员"，自然属于排除保险代位求偿权的主体。

其二，关于能否以不同法人主体之间存在经济利益关系为由排除保险代位求偿的问题。实践中，承包人或者实际承运人往往以其与发包人或承运人之间存在利益关系，或者对保险标的物具有保险利益为由对抗保险人的代位求偿权，但该抗辩并未被采纳。以实际承运人为例，一方面，虽然实际承运人系接受委托从事货物运输的人，但实际承运人是以自己的名义完成运输业务，并非通常意义上的委托代理关系，实际承运人造成的损失不当然由承运人承担；另一方面，实际承运人和承运人分属不同的法人组织，各自独立核算、独立对外承担责任，在经济利益上不具有一致性，因此实际承运人不属于《保险法》第 62 条规定的保险代位求偿限制对象的范畴。[②]

值得注意的是，由于保险法仅列举了被保险人的家庭成员和组成人员两类限制追偿的主体，对于其他主体是否具有可追偿性并未作出规定，可能导致实践中法院对追偿权行使对象的范围形成不同的认识。

试举一例分析。(2018)浙 07 民终 201 号案中，房屋承租人以出租人为被保险人投保损失险，保险人对出租人赔付后向承租人请求赔偿。一审法院认为，承租人系为了承租人与被保险人的共同利益投保，且保险人未能证明承租人存在故意或者重大过失，保险人对承租人不享有代位求偿权。二审法院认为，关联企业对于保险标的具有与被保险人共同的利益，因承租人与出租人具有关联关系，故不符合保险法规定的可作为追偿对象的第三人。该案至少涉及以下三个问题：(1)投保人是否属于可以排除保险代位追偿的主体？(2)第三人能否以其与被保险人有关联关系为由对抗保险代位求偿权？(3)不可排除保险代位求偿权的行为除故意行为

---

① 参见王林清、杨心忠：《保险代位求偿权行使限制理论问题研究》，载《法律适用》2011 年第 5 期。

② 该观点参见广西壮族自治区高级人民法院民事判决书(2017)桂民终 148 号；谭庆华、杨钉：《保险代位求偿权的限制对象不包括实际承运人》，载《人民司法》2018 年第 26 期。

外,是否包括重大过失行为?

关于第一个问题,本书认为,财产保险合同保护的是被保险人对保险标的享有的保险利益,而对投保人对保险标的是否享有利益以及投保人的投保目的在所不问。只有当投保人构成《保险法》第62条所规定的限制对象的情况下,投保人才可排除代位求偿。若投保人认为自己对保险标的具有保险利益,应以自己为被保险人投保相应保险,否则可能导致致害人赔偿责任的无端免除,有违保险代位求偿权制度制裁责任者的立法目的。①

关于第二个问题,本书认为,保险代位求偿对象范围限制的基础在于,第三人与被保险人具有经济上的一致利益时,若要求第三人予以赔偿,相当于将赔付被保险人的保险金予以收回,与保险补偿损失原则和保险合同目的相违背。仅具有关联关系并不足以排除保险代位求偿。一方面,公司具有独立的法人地位、独立对外承担责任,不能仅因其具有关联性而认定具有"一致的利益"。本案二审法院以投保人和被保险人实际控制人相同认为投保人不属于保险代位追偿的第三人范畴,实际上忽视了公司的独立法人地位,将股东的经济利益等同于法人主体的利益。另一方面,不同主体对同一保险标的享有的不同保险利益不可相互等同、替代,应分别投保相应类别的保险。本案一审法院认为承租人与出租人具有共同的保险利益,实际上将承租人因保管不善造成租赁物损毁灭失应当承担赔偿责任的保险利益,等同于出租人的所有权人保险利益。事实上,本案中法院只需对第三人是否依法应当承担赔偿责任作出认定,而无需审查第三人与被保险人是否具有关联关系。

关于第三个问题,涉及对法律条文的解释问题,存在较大争议,单独分析如下。

3. 排除保险代位求偿权的行为是否包括重大过失行为

为避免道德风险,《保险法》第62条规定,被保险人的家庭成员或者组成人员故意造成保险事故的,不得对抗保险人的代位求偿权,但并未规定上述两类主体因重大过失造成保险事故是否可以追偿,由此产生争议。

对此,有观点认为,发生道德风险的行为应为故意行为,应当知道而未加注意的重大过失行为不构成道德风险,不能脱离立法规定作扩大解释,因此保险人不可以"重大过失"为由对被保险人的家庭成员或者其组成人员行使代位权。还有观点认为,行为人应对其因重大过失导致的损失与故意导致的损失承担相同的责任,保险代位求偿权行使限制的例外应当包括两类主体的重大过失行为。

关于故意与重大过失所造成的损害应否同等看待,一般认为,故意是指行为人明知其行为会发生侵害他人民事权益的后果,仍有意为之的一种主观心理状态;过

① 参见张雪楳:《论保险代位求偿权的行使范围》,载《法律适用》2011年第5期。

失是指行为人对侵害他人民事权益之结果的发生应注意或能注意而未注意的一种心理状态，根据过失的严重程度可以分为重大过失、一般过失与具体过失。[①] 其中，重大过失是最为严重的一类过失，行为人连最基本的注意义务都没有尽到[②]，因而具有较强的道德可责难性。[③] 绝大多数国家均采用了重大过失等同于故意的原则，将重大过失视为“准故意”[④]。例如，《民法典》第506条规定，因故意或重大过失造成财产损失的免责条款无效，又如《民法典》第316条遗失物拾得人的赔偿责任、第618条出卖人的瑕疵担保责任、第660条赠与人的赔偿责任、第897条无偿保管人的赔偿责任等均以“故意或者重大过失”为前提，并未对两种心理状态及其责任范围进行区分。

值得注意的是，虽然《民法典》上述条文并未对重大过失与故意导致的赔偿责任进行区分，但在具体场景中，行为人故意和重大过失情形下的过错程度并不相同，可能成为法院酌定责任范围的依据。因此，不能将故意与重大过失造成的损害及其责任范围完全等同看待。况且，仅从体系解释的角度看，《保险法》第61条第3款明确规定了被保险人“故意或者重大过失”致使保险人不能行使代位求偿权时的责任，而第62条却仅规定了被保险人的家庭成员或者组成人员“故意”造成保险事故的情形，很难说不是立法者出于特殊考量的有意安排，若在具体适用过程中将“重大过失”也纳入第62条的除外情形，可能既突破了文义的最大解释，又与立法目的相违背。

4. 保险代位求偿权的行使对象是否延及第三人的担保人

4.1 《民法典》的相关规定

担保具有从属性，“从随主”规则是民事权利变动需遵循的基本规则。《民法典》第407条规定，债权转让的，担保该债权的抵押权一并转让；《民法典》第547条规定，债权转让的，与债权有关的从权利一并转让，且受让人取得从权利不因该从权利未办理转移登记手续或者未转移占有而受到影响；《民法典》第696条第1款规定，债权转让通知保证人的，该转让对保证人发生效力。

根据上述规定，受让人在受让债权后一并受让债权人的从权利具有法定性。对于担保物权，主债权变动的，担保物权作为从权利的一种，应遵循“从随主”规则发生相应变动。《民法典》生效前，实践中对债权转让后，担保物权是否还需办理登记才发生变动效力存在争议。对此，《民法典》第547条新增第2款予以明确，强化

---

① 参见程啸：《侵权责任法》（第3版），法律出版社2021年版，第291—296页。

② 同上书，第296页。

③ 参见叶名怡：《重大过失理论的构建》，载《法学研究》2009年第6期，第77—90页。

④ 参见最高人民法院保险法司法解释起草小组编著：《〈中华人民共和国保险法〉保险合同章条文理解与适用》，中国法制出版社2010年版，第409页。

了从权利随主权利一并转让的基本规则。对于保证债权,《民法典》第 969 条吸收了《担保法》第 22 条和《担保法司法解释》第 28 条的规定,并未作出实质性修改。

4.2 第三人的担保人是否属于保险代位求偿权的对象

关于第三人的担保人是否属于保险人可追偿的第三人的范畴,理论和实践中存在两种相反观点。

肯定观点认为,保险代位求偿权是法定的债权转让,应准用《民法典》关于债权转让的相关规定,担保物权、保证债权自当一并转移,保险人可以对保证人、抵押人行使保险代位求偿权。如(2019)湘民再 65 号案中,法院认为,"担保权是从权利,是附属于主债权,主债权转让,从债权一并转让。故保险人可以向第三者的担保人主张权利"。《上海市高级人民法院关于审理保险合同纠纷案件若干问题的解答(一)》中亦规定,"赔偿请求权因保险代位求偿权转让给保险人时,被保险人对第三者的保证债权、抵押权等从权利一并转移给保险人,保险人可以对保证人、抵押人行使保险代位求偿权,但法律另有规定或者当事人另有约定的除外"①。

否定观点认为,担保人不属于保险合同的当事人,也不是造成保险事故发生的当事人,不能成为保险代位求偿权的追偿对象;保险人享有的代位求偿权来自法律的直接规定,而非被保险人的债权转让,在保险人赔付后,被保险人的债权已经实现,不再具备债权转让的基础,自然不存在从权利随主权利一并转让的前提。②

由此可见,关于保险人可否向第三人的担保人行使代位求偿权的问题,实践中存在尚未解决的争议。一般而言,若担保人属于导致保险标的损害、造成保险事故发生的第三者,除非属于法定代位权行使的限制对象,保险人对该担保人享有代位求偿权,不无疑问。但若该担保人并非致害人的情况下,保险人能否在代位行使主债权的同时,当然取得从权利,应当结合保险代位权的法理、担保法理以及当事人的约定进行综合认定。③

此外,值得注意的是,《民法典》第 696 条第 2 款规定,若保证人与债权人约定禁止债权转让的,债权人未经保证人书面同意转让债权的,保证人不再承担保证责任,则保证人能否根据该条规定以其与债权人的内部约定对抗保险代位求偿权?从立法原理来看,第 696 条第 2 款规定的本意在于充分尊重当事人意愿和意思自由,在债权人违反该约定的情况下,免除保证人的保证责任。④ 而保险代位求偿权

① 最高人民法院民事审判第二庭编:《保险案件审判指导》,法律出版社 2018 年第 2 版,第 262 页。

② 该裁判观点参见山东省高级人民法院民事判决书(2020)鲁民申 4486 号。

③ 参见张雪楳:《论保险代位求偿权的行使范围》,载《法律适用》2011 年第 5 期。

④ 最高人民法院民法典贯彻实施工作领导小组主编:《中华人民共和国民法典合同编理解与适用(二)》,人民法院出版社 2020 年版,第 1371 页。

属于法定的债权转移，不存在债权人故意违反约定转移债权的情形，且保证人仍在原保证范围内承担责任，并未对保证人造成不利，若因此免除保证人责任，可能对债权人不公。

应对建议：对于保险代位求偿权行使的对象，由于《保险法》第62条未对家庭成员和组成人员的具体范围作出规定，导致实践中的认定标准不一，如"家庭成员"是否限于《民法典》第1045条的规定抑或应作出扩大解释？"组成人员"除包括有劳动关系的雇员以外还应包括哪些主体？被保险人的担保人是否属于求偿对象？以及若投保人与被保险人之间具有关联关系，或者投保人对保险标的具有利益关系，投保人是否属于可排除代位求偿的主体？上述问题尚无定论，可能在法律适用的过程中产生一定争议。为尽量明确保险代位求偿排除对象的范围、减少后续争议，保险人可在保险合同订立时与投保人确认被保险人的范围，并作为合同条款固定下来。此外，保险人还可对投保人作出提示，若存在需要特殊对待的与被保险人或者保险标的具有特定利害关系的主体，可一并约定为被保险人，或者直接约定保险人不得对该主体行使代位求偿权。

四、保险代位求偿金额的确定及限制

(一)被保险人弃权行为的影响及限制

被保险人的弃权行为是指，被保险人单方或与第三人约定，免除或部分免除第三人对被保险人所负的赔偿损失的债务的行为。因保险人代位求偿权以被保险人对第三人享有赔偿请求权为前提，被保险人的放弃行为势必对保险代位求偿权的存在与否或实现范围产生影响。为平衡保险人、被保险人、第三人之间的利益关系，法律对被保险人弃权行为进行了必要的限制。

1.《民法典》对债务免除制度构造的调整

弃权，即为权利的放弃。一般认为，放弃包括全部放弃和部分放弃，放弃的法律性质与合同法的免除是一致的，性质为单方行为、处分行为、无偿行为、不要式行为和无因行为。[①] 原《合同法》第105条规定，债权人免除债务人全部或者部分债务的，该部分权利义务全部或者部分终止。根据该条规定，债务免除系单方法律行为。

《民法典》第575条对原《合同法》第105条的债务免除制度构造进行了重大调

---

① 参见上海市高级人民法院课题组：《保险代位求偿权纠纷案件的法律适用问题研究》，载《法律适用》2011年第5期。

整,采取了修正的单方行为法律构造模式①,在原规定的基础上增加了但书条款,赋予债务人在合理期限内拒绝的权利。此处修订弥补了债务免除单方行为立法模式的不足,具体而言:(1)债务免除是发生在债务人法律领域的权利义务变动,与债权人是否放弃权利并不存在必然联系,即使权利人拒绝受领,债务人仍可通过提存实现债的履行效果,单方行为模式存在缺陷;(2)尽管通常情况下,债务人愿意接受债权人作出的债务免除法律行为的效果,但个别情形下债务人仍可能有不愿意受人恩惠的意思,单方行为模式完全忽视债务人的利益和意志,存在不妥。② 因此,《民法典》第575条规定,债权人免除债务人部分或者全部债务的,如果债务人不愿意接受,可以在合理期限内作出拒绝的意思表示,否则债权债务部分或者全部终止。

此外,债权人免除债务,除应尊重债务人利益和意志外,还应注意不得损害第三人的利益。《民法典》第113条规定民事主体的财产权利受法律平等保护,第538条规定债务人以放弃权利等方式无偿处分财产权益,影响债权人实现债权的,债权人可以行使撤销权。因此,债权人免除债务的,不得存在损害其他主体合法权益的情形,否则第三人有权采取权利救济措施。

2.《民法典》对被保险人弃权行为法律效力的限制

判断被保险人弃权行为是否对保险人行使代位求偿权产生影响,首先应基于《民法典》合同编的相关规定,对该弃权行为的效力进行判定。具体而言,主要存在以下限制情形:(1)若债务人在合理期限内表示拒绝,则该弃权行为不发生债务免除的法律效果③;(2)若该债权人的债权人以该放弃行为影响了债权的实现,自知道或者应当知道弃权行为起1年内、弃权行为发生之日起5年内向人民法院请求撤销,一经撤销,该弃权行为自始没有法律约束力④;(3)若该弃权行为系基于第三人提供的格式条款,第三人未履行提示/说明义务或者具有不合理免除/减轻其责任、加重对方责任、限制/排除对方主要权利等事由的,被保险人可主张该条款不成为合同内容或者无效⑤;(4)因故意或者重大过失造成对方财产损失的免责条款无效。⑥

3.《保险法》对被保险人弃权行为法律后果的限制

在被保险人弃权行为有效的情况下,能否产生对抗保险代位求偿权的效力,涉

---

① 参见最高人民法院民法典贯彻实施工作领导小组主编:《中华人民共和国民法典合同编理解与适用(一)》,人民法院出版社2020年版,第704页。

② 同上书,第703页。

③ 参见《民法典》第575条。

④ 参见《民法典》第538、541、542条。

⑤ 参见《民法典》第496、497条。

⑥ 参见《民法典》第506条。

及保险人、被保险人和第三人之间的利益平衡,《保险法》及其司法解释从法律后果的角度,对此作出限制性规定。

对于保险合同签订前发生的弃权行为,原则上可阻却保险人代位求偿权,但保险人在保险合同订立时就对是否存在弃权情形进行询问,而投保人未如实告知的,属于《保险法》第16条第2款"未履行如实告知义务,足以影响保险人决定是否承保或者提高保险费率"的情形,保险人有权依据《保险法》第16条主张解除合同且不承担赔偿或者给付保险金的责任,或者依据《保险法司法解释四》第9条第2款主张返还已给付的保险金。

对于保险合同订立后、保险事故发生前的弃权行为,《保险法》及司法解释并未直接对其法律后果作出规定。但被保险人先于保险事故的发生放弃对第三人的赔偿请求权,且没有如实告知保险人的,有违保险合同最大诚信原则,可以认定其对保险人不能行使代位求偿权具有"故意或者重大过失",保险人可援引《保险法》第61条第3款的规定,主张扣减或者要求返还相应的保险金。

对于保险事故发生后、保险人赔偿保险金前发生的弃权行为,包括全部放弃或者私下与第三人和解免除/减轻第三人的赔偿责任。若保险人不知情而赔付保险金,有违损失填补原则和避免第三人逃脱赔偿责任的立法目的。因此,被保险人放弃赔偿请求权的,保险人可依据《保险法》第61条第1款规定,主张在致使其代位求偿权行使不能的影响范围内不承担保险赔偿金的责任。[①]

对于在保险人向被保险人赔偿保险金后发生的弃权行为,因保险人赔偿完毕后即发生法定的债权转移,被保险人在保险人取得代位求偿权的范围内丧失赔偿请求权,故被保险人"代替"保险人所为的放弃债权的行为绝对不发生法律效力,第三人不可以其对保险金赔付不知情为由对抗保险代位求偿权。

值得注意的是,上述法律规定并未对被保险人的弃权行为进行限定,即并未规定只有在弃权行为导致或可能导致保险人代位求偿权行使不能的情况下,保险法才对其法律后果进行限制,但具体适用法条时仍应作此理解。例如,在不足额保险中,被保险人的损失实际为100%,保险人只在80%的范围内负有赔付义务,第三人只对其中的90%承担赔偿责任,若被保险人仅在全部损失的10%范围内放弃了对第三人的赔偿请求权,第三人对剩余的80%仍要承担赔偿责任,保险人在赔偿保险金后仍可向第三人实现全额追偿。因该弃权行为并未影响保险代位求偿权的行使,保险人的利益并未受到影响,不可以此主张减轻其赔付保险金的义务,否则构成对被保险人权利处分自由的不当限制。

---

① 参见最高人民法院民事审判第二庭编著:《最高人民法院关于保险法司法解释(四)理解与适用》,人民法院出版社2018年版,第187页。

(二)保险代位范围是否以“权益转让书”载明的金额为限

权益转让书是指,保险人在给付保险金之前或者同时,要求被保险人向其签发的,用以证明保险人已经向被保险人支付了保险金,被保险人据此将其对第三人的赔偿请求权转移给保险人的书面文件。关于权益转让书的法律效力,可从以下两个维度考虑。

其一,若权益转让书载明的金额与保险人实际赔付的金额相同,权益转让书仅具有证据效力,并非保险代位求偿权成立与否的要件。如前所述,保险代位求偿权以保险人履行了给付赔偿金的义务为要件法定取得,权益转让书是否签发不影响保险人代位求偿权的取得及其范围。

其二,若权益转让书载明的金额大于保险人实际赔付的金额,则:在保险人实际赔付的保险金的数额范围内,仅具有证据效力,因该部分保险代位求偿权的取得系法定取得,并非以权益转让书的签署为要件;对于超出保险人实际赔付的保险金金额的范围的金额,因保险人并未实际赔付,可构成意定的债权让与,即被保险人将其享有的赔偿请求权转让给保险人。

值得注意的是,若权益转让书载明的金额大于实际赔付金额,但未超过应赔付的金额,可理解为保险人与被保险人约定,保险人在赔偿保险金之前向第三人行使保险代位权,鉴于保险人的赔付义务存在尚未确定的可能性,该约定可能会加重第三者的责任,且违反了保险代位求偿权构成要件的法定性。[①] 因此,关于保险人在赔付前行使保险代位权的约定,在未实际赔付的范围内可能会被法院认定为无效。

(三)保险人行使代位求偿权能否主张利息

《保险法》第 60 条规定,保险人自向被保险人赔偿保险金之日起,在赔偿金额范围内对第三人享有追偿权。若第三人未及时赔偿,保险人能否向第三人主张自其取得代位求偿权之日起至第三人实际给付完毕之日止的赔偿金利息?

一种观点认为,根据《保险法》第 60 条第 1 款,保险人请求第三者赔偿的范围限于“赔偿金额范围内”,是法律对保险代位求偿权行使范围的限制,不应任意突破。如在(2018)最高法民终 1334 号案中,法院认为,被保险人同意以保险金为限将相关追偿权利转让给共保人,共保人行使代位求偿权应以已赔偿的保险金数额为限,故保险公司提起保险代位追偿权诉讼时主张赔偿金的利息损失,于法无据。[②]

另一种观点认为,自保险人向被保险人赔偿保险金之日起,保险人即取得对第三人的赔偿请求权,有权以自己的名义请求给付,因此,被保险人对第三人享有的

---

① 参见最高人民法院保险法司法解释起草小组编著:《〈中华人民共和国保险法〉保险合同章条文理解与适用》,中国法制出版社 2010 年版,第 392—393 页。

② 不予支持利息的裁判观点还可见上海市高级人民法院民事裁定书(2021)沪民申 903 号等。

损害赔偿请求权的数额确定后,经保险人主张,第三人未及时给付的,构成迟延履行,应支付迟延履行给保险人造成的资金损失,即利息。[①] 如在(2019)最高法民终299号案中,法院认为,在保险代位求偿的金额确定之前,第三人不履行给付义务并不构成迟延履行,不应当承担已付赔偿金的利息损失,并将保险人已付赔偿金的利息损失的起算日调整为保险人变更诉讼请求最终确定所主张的赔偿数额之日。[②]

由此可见,保险人行使代位求偿权时能否向第三人主张利息,以及若能主张利息,应满足何种条件并如何确定起算时间等问题,在实践中并无定论,有待立法和裁判的进一步明确。

应对建议:

1. 对于被保险人的弃权行为

为应对可能导致的保险代位求偿权不能实现的风险,保险人可采取如下应对措施:第一,在订立保险合同时明确询问投保人,被保险人与相关方之间是否存在放弃权利的约定,并以书面方式记录,必要时还可要求提供相关原始合同文件进行形式审查。第二,可在保险合同中明确约定,保险合同签订后,未经保险人同意,不得放弃对第三人的相关权利,若因弃权导致保险人无法行使代位求偿权的,保险人在弃权的范围内不承担保险金给付义务。第三,在保险事故发生后,保险人可寻求多种方式积极参与被保险人与第三人的争议解决过程,如申请作为第三人加入诉讼,或者在赔偿部分保险金后作为共同原告参与诉讼,以主动进行风险控制,避免因被保险人弃权导致后续追偿不能或被保险人受领后无力返还保险金的风险。

2. 对于"权益转让书"的性质

若被保险人与保险人约定,在保险金赔付完毕前,被保险人即向保险人出具"权益转让书",由保险人向第三人行使全部赔偿请求权。对于超出已赔付的保险金范围的"权益转让"的性质,双方可明确约定为债权转让或者索赔权转让,而非约定为保险人取得代位求偿权。否则,超出实际赔付的保险金范围的"权益转让"可能被认定为无效。

3. 对于第三人迟延给付的利息

对于保险人行使代位求偿权能否超出保险金赔偿范围向第三人主张迟延给付

---

① 参见张雪楳:《论保险代位求偿权的行使范围》,载《法律适用》2011年第5期。该观点同时认为,若保险人取得代位求偿权时,被保险人对第三人享有的损害赔偿请求权的数额是不确定的,则第三人以此为由拒绝给付,不构成迟延履行,不应当支付利息。

② 支持利息的裁判观点还可见山东省高级人民法院民事判决书(2021)鲁民终570号、上海海事法院民事判决书(2016)沪72民初2500号、上海市高级人民法院民事判决书(2015)沪高民四(海)终字第111号等。

的利息,实践中存在较大争议。因此,建议保险人可先在保险合同中明确约定代位求偿的范围包括第三人迟延给付所应支付的利息,并在取得保险代位权后,及时向第三人主张权利。同时,保险人可在向第三人的权利主张文件中作如下声明:若第三人未能在合理期间内付款,则应当同时支付迟延履行给保险人造成的资金损失,即利息。

第八章　资产证券化业务

- 资产证券化业务简述
- 《民法典》对资产证券化发行期常见问题的影响及应对
- 《民法典》对资产证券化终止后相关问题的影响及应对
- 《民法典》对证券化产品相关问题的解决与留白

第一节 资产证券化业务简述

一、资产证券化业务类型

资产证券化(Asset-Backed Securitization, ABS)是一种结构性融资活动,指将缺乏即期流动性但未来可产生特定、稳定、可持续的现金收入流的财产或财产权利("基础资产")进行组合,建立资产池,并通过结构化重组方式,在金融市场上发行可以流通的有价证券。

与美国按照基础资产分类模式不同,我国资产证券化在多头监管的背景下,主要产品有银保监会主管的信贷资产证券化(Credit Assets Securitization, CAS)、证监会主管的企业资产支持专项计划以及交易商协会主管的资产支持票据(Asset-Backed Notes, ABN)等。

表 8-1 我国资产证券化产品类型

	信贷资产证券化	资产支持票据	企业资产支持专项计划
法律依据	《信贷资产证券化试点管理办法》	《银行间债券市场非金融企业资产支持票据指引》	《证券公司及基金管理公司子公司资产证券化业务管理规定》
监管机构	银保监会、人民银行	中国人民银行	证监会
审核制度	备案制	注册制	证券基金业协会备案
交易市场	银行间市场	银行间债券市场	交易所、机构间私募产品与报价系统、证券公司柜台市场及证监会认可的其他证券交易场所
适用对象	银行业金融机构	非金融企业	普通企业
债权类	个人住房抵押贷款、地方政府融资平台贷款、涉农贷款、中小企业贷款、汽车贷款等	保理债权、融资租赁应收款等	
收益权类	--	高速公路收费权、公用事业未来收益权等	

如上表所示,各产品虽在法律依据、审核制度、交易市场等方面均存在差异,但交易逻辑、对资产的要求以及基本法律问题存在共性,为了行文方便,如无特别提示,本章节对于资产证券化业务项下的产品不作特别区分,统称为"**证券化产品**"或"ABS"。

二、资产证券化基本交易流程

资产证券化基本交易可以分为资产端、中间端以及资金端三个板块。**资产端**涉及资产的形成、筛选、确权、资产转让、赎回/回购等;**中间端**涉及 SPV 的设立、账户的设置、现金流归集等;**资金端**则涉及投资者认购、资金募集、投资利益分配等。通过证券化产品发行环节、存续管理期以及终止清算环节相应的交易机制及条款设计,资产端、中间端以及资金端各板块相互衔接,环环相扣,完成结构化融资。

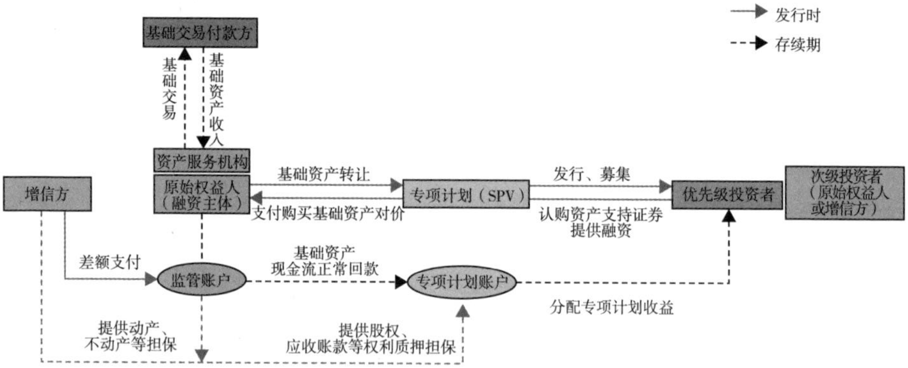

图 8-1 资产证券化基本交易流程

(一)发行阶段基本环节

1. 基础资产的形成

在资产端,融资主体("**原始权益人**"或"**发行人**")与合同相对方签署商品、服务等商务合同("**基础交易合同**"),原始权益人履行基础交易合同的义务,对合同相对方依法享有付款请求权。

2. 组建基础资产池

根据原始权益人的融资需求、监管要求以及基础交易的实际情况,由律师、资产评估机构、评级机构等制定基础资产的合格标准,对基础资产真实性、合法性进行核查,结合发行规模对未来现金流的可持续性进行评估、预测,筛选合格基础资产,组建一个在财产类型、付款期限、信用状况等方面具备同质性的基础资产池。

基于基础资产池的同质性要求，筛选基础资产入池的环节将涉及基础资产法律性质认定的问题。

3. 信用增级

投资者的本金与预期收益以基础资产产生的未来现金流为偿付支持，资产端与资金端的期限以及信用状态应均可相互匹配，这涉及对基础资产池未来现金流的重组、分层设计以及信用增级。

证券化产品的信用增级方式分为内部增信与外部增信。内部增信通过证券化交易结构及机制的设计完成，包括优先/劣后分层、调整现金流归集频率以及兑付期限等；外部增信则由第三方提供信用支付，包括管理人代表 SPV 与差额支付承诺人及/担保人签订《差额支付承诺函》《担保函》等担保合同，担保范围一般是优先级资产支持证券全部未偿本金和预期收益及为实现主债权而产生的违约金、损害赔偿金、实现权利的费用（包括但不限于诉讼费用、律师费用、公证费用、执行费用）以及担保人应支付的任何其他费用。

4. 设立特殊目的载体

在中间端，由证券公司、基金子公司（通常为“券商”或“管理人”）等设立特殊目的载体（SPV），由管理人/受托人代表 SPV，作为连接资产端与资金端的环节，负责证券化业务的资产及资金管理。

基于 SPV 并非法律实体，管理人与监管银行签署《资金监管协议》、与托管银行签署《托管协议》，开立资金监管账户及托管账户，通过专项账户募集资金、购买基础资产、归集现金流、合格投资，从而履行资产管理职责。

5. 募集资金

在资金端，管理人代表 SPV 与投资者签署《认购协议》（一般而言，《计划说明书》《标准条款》作为《认购协议》的附件，三者构成管理人与投资者之间的“资产管理合同”）。投资者将认购资金以专项资产管理方式委托给管理人进行管理，认购人取得资产支持证券，成为资产支持证券持有人，享有取得资产支持证券本金及预期收益的投资权利。

6. 基础资产的转让

管理人代表 SPV 与原始权益人签署《基础资产买卖协议》，并指示托管银行按照《托管协议》的约定，将投资者的认购资金划拨至原始权益人指定的账户，用于购买基础资产。管理人代表 SPV 取得基础资产及其附属权益。

7. 聘任资产服务机构

因原始权益人熟悉基础资产管理、运营模式，管理人与原始权益人签订《资产服务协议》，由管理人委托原始权益人对基础资产进行实际运营管理。

ABS 证券正式挂牌发行前，需要向交易所提交一系列的申报文件，除了上述提及的《基础资产转让协议》《监管协议》《托管协议》等交易文件,还有由律师针对ABS交易合法合规性出具的《法律意见书》、评级机构针对ABS证券出具的《评级报告》、现金流评估机构出具的《现金流预测报告》等。

(二)持续管理阶段基本环节

1. 基础资产现金流归集

证券化产品存续期间,为了保证基础资产回收款独立于原始权益人,避免资金混同,回收款应改变原来的资金路径,不再划付至原始权益人的收款账户,转而直接划付至托管账户,由托管银行对ABS资产进行托管。

但为了提高交易效率,减少对基础交易的影响,基础交易的付款路径可以保持不变,但设置资金归集账户(资金监管账户)先行归集现金流,即合同相对方仍向基础交易合同约定的收款账户付款,但是,原始权益人作为资产服务机构,应根据《监管协议》将收到的基础资产回收款及时划转到监管账户,再由监管银行将归集资金定期划入托管账户。通过收款账户、监管账户、托管账户的账户安排,满足"现金流独立于发行人"的要求。

2. 资产支持证券本息兑付

根据《计划说明书》及相关文件的约定,管理人向托管银行发出分配指令,托管银行应根据分配指令支付ABS费用,并将资产支持证券的收益和本金按照约定的收益率和兑付期限从托管账户划转至证券托管机构,由其在兑付日分配给资产支持证券持有人。

(三)终止清算阶段基本环节

1. 召集召开持有人大会

资产支持证券本息兑付完毕或出现证券化产品其他终止的情形,由管理人召集召开持有人大会,由持有人大会审议确认产品终止、清算、资产处置的授权与处置方式等。

2. 产品清算与分配

证券化产品经持有人大会决议终止后,管理人成立清算小组,清算小组成员通常由管理人、托管银行、管理人聘请的律师、会计师组成,负责对终止后ABS资产的保管、清理、估价、变现和分配。清算方案编制完成并经持有人大会审议通过后,由清算小组执行。如存在违约情形,管理人经授权参与仲裁、诉讼、破产重整等程序,进行资产清收变现。清算完成后,清算报告经审计后向持有人公告。

三、《民法典》与资产证券化

(一)资产证券化参与主体与《民法典》的民事主体资格

资产证券化SPV是否具备独立民事主体资格,可能影响资产证券化"真实出售”“破产隔离”两大交易机制的认定，如无法被认定为真实出售，交易将会很大程度偏离资产证券化的基本法律原理，可能被视为担保融资模式。

(二)资产证券化基础资产与《民法典》的财产权利

根据“物权法定”原则，《民法典》仍未对“收益权”“受益权”等资产证券化基础资产类型进行定性，但对于“未来应收账款”的承认对资产证券化业务是一项利好。

(三)资产证券交易机制与《民法典》的债与合同

ABS基础资产的有效形成依赖于基础交易合同的合法性以及合同实际履行，其中涉及的基础交易合同主体资格、双务合同项下原始权益人的义务履行情况、合同相对方的抵销权、抗辩权以及限制/禁止性条款等问题均有可能影响证券化业务后续的各环节。

第二节　《民法典》对资产证券化发行期常见问题的影响及应对

一、筛选基础资产

(一)合格基础资产

在法律层面上，筛选基础资产需要明确基础资产的条件、界定基础资产的范围。

《资产证券化业务管理规定》第3条规定：“基础资产，是指符合法律法规规定，权属明确，可以产生独立、可预测的现金流且可特定化的财产权利或者财产。基础资产可以是单项财产权利或者财产，也可以是多项财产权利或者财产构成的资产组合。前款规定的财产权利或者财产，其交易基础应当真实，交易对价应当公允，现金流应当持续、稳定。”

《资产证券化业务管理规定》第24条规定：“基础资产不得附带抵押、质押等担保负担或者其他权利限制，但通过专项计划相关安排，在原始权益人向专项计划转移基础资产时能够解除相关担保负担和其他权利限制的除外。”

根据上述规定及业务实践，可作为证券化的基础资产应当符合的条件包括：(1)符合法律规定且权属明确；(2)可特定化；(3)可产生持续、稳定、可预测的现金流；(4)不得附有权利限制；(5)交易对价公允。《民法典》的出台可能对证券化产品发行的监管要求及基础资产的筛选产生一定影响：

1. 基础资产的合法性

基础资产必须是符合法律规定的财产权利或财产，且权属应当明确。

在《民法典》出台前,以“收费权”“收费收益权”“资产收益权”“受益权”等作为基础资产的证券化产品因基础资产法律性质不明确、依赖原始权益人经营能力等问题,备受争议。

《民法典》第761条:“保理合同是应收账款债权人将现有的或将有的应收账款转让给保理人……”该条款明确可转让的应收账款债权范围包括未来应收账款,基于此规定,如“收费收益权”类的证券化产品的基础资产为未来的经营收入,属于“符合法律规定的财产权利”,在法律层面有了一定的依据。然而,《民法典》对未来应收账款的内涵及外延并未明确规定。

2. 基础资产的可特定化

在资产层面上,“特定化”从资产类型层面要求基础资产在法律上归属于某一特定种类的资产类型;在操作层面上,“特定化”实质是证券化基础资产与非基础资产是否可明确区分的问题。

对于合同债权类的证券化产品,基础资产现金流的产生基于合同明确约定的权利义务,比较容易认定“特定化”;但是对于收益权类的证券化产品,基础资产涉及未来产生的应收账款,证券化架构一般会将特定期间的收费收入作为基础资产,但仍可能无法严格达到“特定化"的要求。比如,景区收费项目中,原始权益日在特定期间内可能基于不同的收费项目进行收费,不同的收费项目产生的收入可能混同归集到原始权益人的收款账户。因此,非入池的收费项目如仅以明确固定期限的方式无法完全框定基础资产对应的现金流。

在实践操作中,收益权类如“八达岭索道乘坐凭证资产支持专项计划”项目采取了特定期间、特定编码以及特定金额等多个维度界定入池资产及其对应的索道收入。

3. 基础资产能够产生可持续的现金流

“可持续现金流”在合同债权类和收益权类基础资产项目下有不同的认定。在合同债权项下,基础交易中的债务人作为主要的现金流来源,在原始权益人履行合同义务后,债务人不存在拒绝支付、延迟支付等情形。在收益权类项目下,现金流收入在证券化产品存续期间一直保持稳定,现金流量符合发行阶段时作出的现金流预测。

纵观目前违约的资产证券化产品,大部分源于发行时现金流预测过于乐观,在产品存续期间,基于突发的风险事件导致基础资产现金流枯竭。有鉴于此,证监会于2019年4月19日发布《资产证券化监管问答(三)》,明确“对于**不具有垄断性和排他性**的入园凭证等未来经营性收入,不得作为资产证券化产品的基础资产现金流来源”。

4. 基础资产不得附有任何权利限制

在未将证券化的基础资产转移给 SPV 之前，原始权益人对基础资产应具有完整的财产权利，不存在任何权利瑕疵。同时，基础资产不能附带抵押、质押等担保责任或者其他权利限制，如存在权利限制，应该通过相关安排予以解除。

5. 基础资产交易对价公允

转让对价的公允性主要指 SPV 为取得基础资产向原始权益人支付对价的公允性，在嵌套保理的情形下，除指发行载体取得基础资产支付对价的公允性外，还指保理商取得应收账款对价的公允性。如和信（天津）国际商业保理有限公司 2020 年度第一期粤珠江供应链应付账款资产支持票据和前海结算商业保理（深圳）有限公司 2020 年度第三期善庆供应链应付账款资产支持票据项目《信托合同》的委托人确认，其将资产信托予受托人而所得的对价不低于资产于初始起算日和信托生效日的公允价值。

在部分证券化项目中，企业作为发起机构时，部分基础资产系归集合并报表内子公司应收账款，此部分交易还涉及关联交易定价问题。但需要提起关注的是，无论是在银行间交易商协会还是在证券交易所，本书发现，就证券化项目而言，对于基础资产/底层资产的交易对价公允性并无特殊规定。

结合基础交易以及交易双方的实际情况，基础资产交易对价是否公允，将可能作为基础资产交易真实性的检验要素之一。

如工银金融租赁有限公司、铜陵大江投资控股有限公司融资租赁合同纠纷案①中，法院认为："案涉 4 号《融资租赁合同》中租赁物的购买价远远高于案涉租赁物的实际价值，工银公司提交的发票复印件所载明的设备价款总额为 17，951. 2567 万元，华纳公司与之相对应票号的发票原件所载明的设备价款总额为 1，068. 8652 万元，合同约定的买卖价款为 15，000 万元，涉案租赁物的实际价值与约定的转让价款差异巨大。工银公司作为专业融资租赁机构，其提供的证据不能证明其主张的设备的价值，其以高于市场价值十几倍的价格购买租赁物，显然背离买卖合同等价交换原则，其租金亦不体现租赁物的真正价值。"

根据《最高人民法院关于印发〈全国法院贯彻实施民法典工作会议纪要〉的通知》第 9 条，"对于民法典第五百三十九条规定的明显不合理的低价或者高价，人民法院应当以交易当地一般经营者的判断，并参考交易当时交易地的物价部门指导价或者市场交易价，结合其他相关因素综合考虑予以认定。转让价格达不到交易时交易地的指导价或者市场交易价百分之七十的，一般可以视为明显不合理的低价；对转让价格高于当地指导价或者市场交易价百分之三十的，一般可以视为明显

① 最高人民法院民事判决书（2018）最高法民再 373 号。

不合理的高价。当事人对于其所主张的交易时交易地的指导价或者市场交易价承担举证责任。”

根据最高人民法院《关于审理买卖合同纠纷案件适用法律问题的解释(2020修正)》第26条,“买受人已经支付标的物总价款的百分之七十五以上,出卖人主张取回标的物的,人民法院不予支持。”

因此,在交易实践中,基础资产的转让价款一般不应低于基础资产的公允价值的75%。

(二)基础资产的确权问题

证券化产品依赖于基础资产,优先级资产支持证券本息的偿付也依赖于基础资产产生的现金流。因此,在证券化项目中,基础资产的确权既是基础,也是关键。

近期,诺亚财富发起的以承兴公司应收京东应收账款债权进行融资的私募产品暴雷,由此引发了市场对于应收账款证券化产品确权风险的关注。

诺亚财富旗下歌斐资产设立私募产品募资34亿元为承兴的关联公司提供融资,还款来源为承兴系公司持有的对京东的应收账款,由承兴系公司提供回购,且附有承兴系公司实际控制人罗静所持承兴国际控股股权质押。2019年7月,歌斐资产对承兴公司及京东提起诉讼,随后京东发表声明表示承兴涉嫌伪造与京东等公司的合同进行诈骗,并向公安机关报案,且声明歌斐资产整个过程中并未通过任何方式跟京东进行合同真实性的验证,否认了该应收账款真实存在。

诺亚财富事件关键问题在于,歌斐资产在产品设立过程中未向债务人进行过应收账款确权工作。那么,应收账款确权为何如此重要?在债务人对应收账款确权后,债务人能否有权以应收账款虚假为由拒绝清偿?

《民法典》第763条规定:“应收账款债权人与债务人虚构应收账款作为转让标的,与保理人订立保理合同的,应收账款债务人不得以应收账款不存在为由对抗保理人,但是保理人明知虚构的除外。”《民法典》的上述规定明确债务人不得以应收账款不存在为由拒绝清偿债务。

在“中国工商银行股份有限公司乌鲁木齐钢城支行与中铁物资集团新疆有限公司、广州诚通金属公司合同纠纷二审案件”①中,中铁物资集团新疆有限公司(以下简称中铁公司)与广州诚通金属公司(以下简称诚通公司)签署了《买卖合同》,由中铁公司从诚通公司购买锌锭和铅锭,后诚通公司与中国工商银行股份有限公司乌鲁木齐钢城支行(以下简称工行)签署有追索权的保理合同。

工行审查了债权人和债务人提交的买卖合同、出入库单据及增值税发票。后因诚通公司未按时支付融资本息,工行起诉诚通公司和中铁公司要求清偿债务。

---

① 最高人民法院民事判决书(2014)民二终字第271号。

而中铁公司则答辩主张本案应收账款不真实，主张《买卖合同》系因循环贸易产生的，没有真实货物交易。

最高人民法院在该案中认为："保理融资业务以应收账款债权的转让为核心，但该应收账款债权作为基础合同存在于债权人和债务人之间，保理银行并非该基础合同当事人，因此应收账款债权无效并不当然导致保理合同无效。当中铁公司提出本案应收账款虚假的问题时，保理业务合同是否有效取决于工行在签订保理业务合同时是否有理由相信应收账款债权真实、合法、有效。本案中，中铁公司的证据并不足以证明工行参与了基础合同的缔约过程。工行审查了债权人和债务人提交的买卖合同、出入库单据及增值税发票，并取得了中铁公司签署的《应收账款保理业务确认书》，足以使工行产生合理信赖。即使本案应收账款虚假，亦不得对抗善意的保理银行。"

同样，在"珠海华润银行股份有限公司与江西省电力燃料有限公司合同纠纷再审案件"①中，江西省电力燃料有限公司（以下简称江西燃料公司）与广州大优公司（以下简称大优公司）签署了《煤炭买卖合同》，且大优公司向珠海华润银行股份有限公司（以下简称华润银行）提供了江西燃料公司盖章的《应收账款转让通知书》。

华润银行审核了基础合同和增值税发票原件、指派工作人员到江西燃料公司调查贸易背景、对应收账款转让确认书的签署进行面签见证。后因大优公司资金未到位，导致华润银行垫付承兑汇票款项，继而起诉江西燃料公司要求支付应收账款。江西燃料公司答辩主张上述应收账款虚假，基础合同和应收账款确认文件均为虚假盖章行为。

最高人民法院在该案中认为："大优公司变造了作为基础合同的《煤炭买卖合同》，且江西燃料公司对此知情。理由为：'其一燃料公司与大优公司具有真实业务往来，其理应知道实际应收账款金额，其二江西燃料公司在《应收账款转让确认书》中确认不真实的应收账款，是对华润银行故意而为的欺诈行为。其三江西燃料公司在签署《应收账款转让确认书》后仍然继续向大优公司支付货款，存在明显恶意'。因此，本案基础合同《煤炭买卖合同》为通谋虚伪表示，依法应当认定为无效合同。因通谋虚伪表示而无效的合同，在合同当事人之间发生绝对无效的效力，但是该无效不能对抗善意不知情的第三人。华润银行审核了基础合同和增值税发票原件、指派工作人员到江西燃料公司调查贸易背景、对应收账款转让确认书的签署进行面签见证，说明其已经对基础债权的真实性问题进行了必要的调查和核实。综上，华润银行关于江西燃料公司应当以其承诺行为向华润银行承担清偿责任的申请理由成立。"

---

① 最高人民法院（2017）最高法民再164号民事判决书。

可见,最高人民法院在上述两个案件中,受让方的主张均得到了支持。根据《民法典》的规定以及司法实践,在保理商善意且对基础债权的真实性问题进行必要调查和核实后,即使债务人主张应收账款无效也应承担相应的清偿责任。

应收账款作为基础资产或底层资产,基础资产的确权关键在于对基础资产或底层资产真实性的核查。那么,对于应收账款真实性的核查,需要尽到何种审查义务呢?

在前述案例中,工行审查了债权人和债务人提交的买卖合同、出入库单据及增值税发票,并取得了中铁公司签署的《应收账款保理业务确认书》。第二个案例中,华润银行审核了基础合同和增值税发票原件、指派工作人员到江西燃料公司调查贸易背景、对应收账款转让确认书的签署进行面签见证。

综合上述案例,债务人对应收账款的确认、收集基础合同及相关单据、现场贸易背景调查和中登网登记等事项是人民法院在考虑保理商(或应收账款的受让方)是否对应收账款真实性尽到审查义务的核心考虑因素。

例如,和信(天津)国际商业保理有限公司 2020 年度第一期粤珠江供应链应付账款资产支持票据、北京京东世纪贸易有限公司 2020 年度东道 1 号京东白条第一期资产支持票据的主承销商、发行载体管理机构、律师和评级机构均对抽样资产的合法性、有效性、可转让性等情况进行核查,并在合格标准中均设定了与应收账款真实性相关的合格标准,如:

"融资人与债务人之间的交易具有真实的交易背景……融资人在向保理商转让其享有的应收账款债权前,真实、合法、有效并完整地拥有该笔应收账款债权。""融资人已就其向保理商转让应收账款债权的事宜向债务人、共同债务人发出书面通知并分别获得回执;保理商已就其将应收账款债权信托予受托人的事宜向债务人、共同债务人发出书面通知并分别获得回执。"

供应链证券化中对基础资产核查的安排值得其他产品参考。纵观参与证券化融资的供应链金融机构,通常利用供应链管理系统(SCM/ERP/CRM 系统)在业务合规审核、出账管理、基础资料保存等方面对供应链金融进行全方位的管理。

SCM 系统主要是针对制造业企业使用的供应链管理系统,需要满足企业内部的采购、销售、仓储等部门之间的信息流传需求,一般集 OA、财务管理、电子商务、进销存管理于一体。因此,供应链管理系统能在采购阶段有效实现供应商、采购商品、采购物流和应付账款的有效管理,供应链系统的仓储功能也能有效监控仓库收发货情况和库存盘点,将仓库管理与业务系统进行全面对接,通过库存共享、库存预警等功能实现商品调拨,能有效实现循环购买的监控与管理。

因此,在供应链资产证券化过程中,管理人可通过核查系统中供应商的信息、款项进度的实时查询以及税票回单等,确保循环购买机制符合运行条件,新增基础资产符合筛选标准。

当然,ABS产品最重要的核查要点是基础资产及其转让的合法性以及交易主体的资格与内部授权程序的合法性。随着监管部门合规要求越来越严格,熟知项目交易架构与细节的律师可深入参与交易结构的搭建,从交易细节中把控风险,这将极大保证项目各个环节在合法合规前提下顺利进行,实现高效益、低成本、高保障,低风险。

综合法律规定、监管要求以及案例实践,在开展证券化项目尽职调查时,受让方需要对应收账款的贸易背景进行全面调查、收集基础交易合同、发票等各环节产生单据,并一一核查,相互印证。此外,在交易安排中,应要求债务人签署应收账款转让通知书回执或付款确认书等确权文件,应收账款转让后及时在中登网上办理转让登记,能够有效降低基础资产的确权风险。

二、基础资产转让

(一)基础资产的真实出售问题

1. 真实出售与担保融资

在基础资产转移给SPV之后,如基础资产的转移被认定为"真实出售",则表明SPV是基础资产的权属所有人;如基础资产非"真实出售",则表明该基础资产的所有人仍为原始权益人,而产品交易整体有可能被视为原始权益人将基础资产作为抵押,向投资者发行证券的抵押融资行为。

如美国Major's Furniture Mart, Inc v. Castle CreditCorp. Inc. 一案①中,Major's将应收账款作为基础资产转让给Castle,但是法官对交易进行综合判断,基于应收账款转让价格大幅折价、转让方回购等约定认定应收账款并未真实出售,即使双方签署的是"销售合同",该案法官指出交易行为的性质并不取决于当事人双方如何对交易文件进行命名。

"上海市第一中级人民法院在福建省佳兴农业有限公司诉卡得万利商业保理(上海)有限公司其他合同纠纷"一案②中也持有类似观点:

"……依债权在转让时是否已真实成立,可将待转让之债权分为已成立债权及尚未成立债权,已成立之债权除法定或约定不得转让的外,均具备相应可转让性;尚未成立之债权,应属将来发生之债,其对应基础法律关系一部或全部尚未完全成立,故该种将来债权是否具备可转让性尚需视具体情况予以分析。所谓将来债权者,是指尚未实际成立但于将来可能成立之债权,其法律属性并非当事人缔约时既

---

① Major's Furniture Mart, Inc v. Castle Credit Corp. Inc. 602 F. 2d 538 (1979).

② 参见上海市第一中级人民法院民事判决书(2015)沪一中民六(商)终字第640号。

有现实存在之权利,而系将来可能存在之权利。**民事主体固不能将乌有之权利转让他人,但如民事主体对该种将来债权具有合理期待的,则此种期待即成为一种期待权益,受法律保护**(例如,基于同一债权人连续提供同类商品、服务所形成的多个基础合同项下的多笔应收账款)。**又因该种将来债权一般应具备财产价值,故民事主体转让此种具有经济价值的期待利益并无不当,其效力应予承认。**然而,并非所有民事主体之期待均受法律保护,期待如缺乏合理性的,则民事主体不能因此种期待而生相应期待利益,其行为效力不应被法律所承认。**故特定将来债权是否具备期待利益,其转让行为是否受法律保护,应以该特定将来债权是否具有足够合理可期待性为判断依据**……对此本院认为,民事主体出让将来应收账款的,固有可能构成债权转让行为,但亦有可能系以该种被转让之将来应收账款作为另一债务之担保,区分上述两种情形,应以被转让之将来应收账款在不同法律关系中的法律性质为依据,即被转让之将来应收账款究系合同主要标的物,还是作为另一主债务之担保物。就本案情形而言,鉴于当事人约定转让之将来应收账款的信用风险实际并未转移至卡得万利保理公司处,卡得万利保理公司获得的收益亦非通过受让应收账款而实现,而是佳兴农业公司为取得融资款而支付的保理手续费用,故应认定本案所涉将来应收账款并非系争《商业保理申请及协议书》的主要标的物,而应仅系佳兴农业公司为取得卡得万利保理公司融资款项而提供的担保物。"

2. 真实出售在项目实践中的障碍

项目实践可能存在几个主要的障碍:一是应收账款转让与应收账款质押的冲突;二是为办理不动产登记,管理人与原始权益人另行签署借款合同,与证券化交易形成"阴阳合同"。

2.1 同时办理应收账款转让与应收账款质押登记导致的法律关系不稳定性

在实际操作中,特别是2017年以前的证券化项目,因《应收账款质押登记管理办法》尚未明确应收账款转让的登记效力,为最大限度地保障项目安全,证券化项目组在基础资产转让的同时,进行应收账款质押登记,从而产生基础资产转让与质押的冲突问题。

2.2 管理人因项目操作所需与原始权益人签署的借款合同

因实操所需而签署的借款合同,使基础资产转让对应的法律关系认定上更蒙上一层迷雾。在"昆山高纯与安信信托一案"①中,因为不动产登记中心不接受以《资产收益权信托合同》为主合同进行抵押登记,双方当事人也采用了"阴阳合同"的交易模式,即安信信托公司与昆山纯高公司另行签署《信托贷款合同》以完成抵押登记手续。

---

① 上海市高级人民法院民事判决书(2013)沪高民五(商)终字第11号。

上海市高级人民法院确认了资产收益权信托中抵押担保的法律效力,基于"实质重于形式"原则将《信托贷款合同》认定为"形式上的合同",避免了因《信托贷款合同》无效导致抵押合同无效的情形。证券化产品在进行担保物权登记手续时也存在同样的问题。在基础资产真实出售尚存争议,如管理人与原始权益人另行签署借款合同,无疑将进一步混淆基础资产买卖关系与融资借款关系。

3. 供应链证券化产品支付基础资产转让对价的方式

沪深交易所《企业应收账款资产支持证券挂牌条件确认指南》明确要求:"应收账款系从第三方受让所得的,原始权益人应当已经支付转让对价,且转让对价应当公允。"[①]这意味着原始权益人在产品发行前即应完成应收账款真实交割,不得约定发行后以募集资金支付应收账款转让对价。

在供应链资产证券化产品中,保理商虽为原始权益人,但主要充当资产服务机构的角色,提供应收账款归集与管理服务,不以买断供应商的应收账款为目的。因此,保理商通过调整支付方式,避免或减少直接支付资金或安排过桥资金所产生的额外成本,符合供应链证券化产品的交易逻辑。

但商票支付是否视为已支付应收账款转让对价,是否符合应收账款真实交割的要求,在业务操作及司法实践上存在争议。结合票据相关法律法规及司法判例,本书认为,通过交易架构及合同条款的设计,保理商以开具商票方式支付应收账款对价,能够达到"原始权益人应当已经支付转让对价"的监管要求。

问题一:保理商开具商票是否视为"已经支付转让对价"?

关于保理商开具商票是否视为"已经支付转让对价"的问题,本书拟从以下两个方面分析:(1)商票是否属于有效的支付和结算工具?(2)商票开具但未兑付的,是否视为已履行支付义务?

商票是否属于有效的支付方式?

谢怀栻教授在其《票据法概论》中关于"票据"的定义为"票据是发票人依法发行的,**由自己无条件支付**或委托他人无条件支付一定金额的**有价证券**"[②]。

《票据法》第4条第4款规定:"票据权利,是指持票人向票据债务人请求支付票据金额的权利,包括付款请求权和追索权。"第4条第5款规定:"票据责任,是指票据债务人向持票人支付票据金额的义务。"

中国人民银行发布的《支付结算办法》(银发[1997]393号)第3条规定:"本办

---

① 《上海证券交易所企业应收账款资产支持证券挂牌条件确认指南》《深圳证券交易所企业应收账款资产支持证券挂牌条件确认指南》第4条第2项。

② 谢怀栻著,程啸增订:《票据法概论》,法律出版社2017年增订第2版,第16页。

法所称支付结算是指单位、个人在社会经济活动中**使用票据**、信用卡和汇兑、托收承付、委托收款等结算方式进行货币给付及其资金清算的行为。"第 9 条规定:"票据是办理支付结算的工具。"

从上述规定可见,票据作为有价证券,本身具有支付及结算功能。

此外,《票据法》第 10 条规定:"票据的签发、取得和转让具有真实的交易关系和债权债务关系。票据的取得,必须给付对价,即应当给付票据双方当事人认可的相对应的代价。"

在供应链资产证券化交易中,保理商与供应商签署《保理合同》,受让供应商贸易产生的应收账款,签发商票作为支付应收账款的对价,完成应收账款转让交割,基于保理商与供应商之间真实的债权债务关系。

综上,商票可作为受让应收账款对价的有效支付方式。

问题二:商票开具但未兑付的,是否视为已履行支付义务?

票据作为有效支付和结算手段,以"票据交付"还是"票据支付"作为应收账款对价支付时点,需要结合合同约定来判定。

上海金融法院在"上海际华物流有限公司与昆山天雄商业保理有限公司、上海璃澳实业有限公司票据付款请求权纠纷二审案件"①以及"四川浩普瑞新能源材料股份有限公司与深圳阜鼎汇通商业保理有限公司、荆州市沃特玛电池有限公司等其他合同纠纷二审案件"②等票据纠纷案件中认为,当事人如没有在合同中约定原因(基础)债权随票据支付而消灭,那么票据债权与原因债权并存,债权人若行使票据债权未果,可以再行使原因债权;当事人可以在合同中约定交付票据后,原因债

---

① 如在(2019)沪 74 民终 1131 号案中,上海金融法院认为:"……第一,关于天雄公司是否构成非法取得票据。际华公司认可《购销合同》的真实性,但主张因《购销合同》约定"买方电汇或开具商业承兑汇票结算",该约定表明债务人向债权人支付票据后,原因债权消灭,应收账款已获清偿。故天雄公司基于不存在的应收账款进行所谓保理业务,实质上是非法转让票据。对此,本院认为,《购销合同》仅约定买方可开具商业汇票结算,但并未明确约定买方开具汇票系代物清偿,即原因债权随票据的交付而消灭,债权人只能行使票据债权,不能行使原因债权。因此,根据合同约定,买方开具汇票后,票据债权与原因债权并存,债权人若行使票据债权未果,可以再行使原因债权。故际华公司主张其出具汇票后应收账款即已消灭,天雄公司系基于票据产生的付款请求权开展保理业务,缺乏依据,本院不予采信……"

② 如在(2019)沪 74 民终 418 号案中,上海金融法院认为:"……上诉人四川浩普瑞虽辩称其向深圳阜鼎汇通背书转让涉案三张电子商业承兑汇票的行为应视为履行了清偿保理融资款的义务,但本院认为,因系争交易各方并未约定交付票据后基础债权即消灭,深圳阜鼎汇通亦未实现票据付款请求权,表明其未能收回四川浩普瑞转让的应收账款,故其有权在既享有保理融资款追索权又享有票据追索权的情形下择一行使,主张保理融资款追索权……"

权消灭。广东[①]、贵州[②]、山东[③]和江西[④]等地区的法院均在相关判决中支持了上述观点。

根据上述案例中的裁判观点，法院倾向于根据双方合意达成的合同约定，判定原因债权是否灭失，以及按何种顺序行使原因债权和票据债权。

结合供应链证券化交易，原因债权系指基础交易中，供应商转让应收账款并基于《保理合同》要求保理商支付对价的权利；票据债权则是保理商签发商票后，供应商基于商票享有的付款请求权。在供应链证券化交易中，原因债权（应收账款转让对价请求权）和票据债权（商票兑付请求权）的状态以及供应商权利行使顺序，可能体现为两种情形：

情形一：票据债权成立，原因债权就消灭，债权人只能行使票据债权，不能行使原因债权。

保理合同明确约定，商票开具后，应收账款视为真实交割。在此约定下，保理商开具商票后，保理合同当事人的权利义务即履行完毕，供应商不再享有应收账款的全部权利，供应商只能根据商票要求保理商兑付票据。即使后续保理商拒绝兑付票据，供应商也不得再基于保理合同要求保理商支付应收账款对价或返还应收账款。

在此情况下，商票开具后，应收账款已实际转让给保理商，应收账款转让对价已支付。

情形二：原因债权与票据债权并存，债权人应首先行使票据债权，如行使票据债权无果，可以再行使原因债权。

如《保理合同》中仅约定："保理商可通过开具商业承兑汇票结算"，票据仅作为

---

① 如在（2018）粤 0306 民初 26084 号案中，深圳市宝安区人民法院认为："……本案争议的就是上述两种债权如何行使的问题。双方并未约定交付票据后原因债权即消灭。根据票据性质和功能，债权人应先行使票据之权利，如不能满足，可再行使原因债权……"

② 如在（2019）黔 23 民初 41 号案中，贵州省黔西南布依族苗族自治州中级人民法院认为："……广西建燃公司为支付合同对价向阳光物流公司开具商业承兑汇票，阳光物流公司作为出卖方享有两种权利，即原因债权（合同价款请求权）和票据债权（票据上的付款请求权）……在汇票到期日前，以银行转账或承兑汇票都符合付款约定，双方并未约定交付票据后原因债权消灭，因此不能直接以票据的交付来认定双方合同权利义务消灭。根据票据性质和功能，债权人应先行使票据债权，如不能得到满足，可再行使原因债权……"

③ 如在（2018）鲁 0521 民初 2095 号案中，垦利区人民法院认为："……宇佳公司作为出卖方及持票人享有两种债权，即原因债权和票据债权。票据虽为支付工具，但取得票据并不完全等同于取得货币，存在可能不获付款的情形。因此，当事人如有明确的意思表示，约定交付票据后原因债权消灭，债权人只能行使票据债权，不能行使原因债权。当事人意思不明时，原因债权与票据债权并存，原因债权并不消灭……"

④ 如在（2018）赣 05 民初 102 号案中，江西省新余市中级人民法院认为："……被告虽以背书形式支付了三张票面金额总计 3000 万元的电子商业承兑汇票，但双方并未约定交付票据之后原因债权消灭，因此不能直接以票据的交付来认定被告已履行了 3000 万元的付款义务……"

应收账款支付的方式(非支付对价),并未明确约定原因债权与票据债权的行使顺序。因此,在票据债权得到满足之前,原因债权与票据债权并存。票据在被拒绝兑付时,供应商仍然可依据《保理合同》向保理商主张支付价款。因此,在这种情形下,票据开具但未兑付的,不能视为已经支付应收账款对价。

综上,如保理商拟通过商票支付应收账款对价,则应在《保理合同》中明确约定:保理商向供应商交付票据后,供应商不再享有应收账款的所有权利(原因债权消灭)。

问题三:发行前商票支付与发行后募集资金支付是否存在区别?

在现有监管框架下,原始权益人在发行后通过募集资金支付应收账款转让对价,不符合《挂牌指南》规定。那么,保理商开具商票支付应收账款对价,取得募集资金后再兑付商票,与直接使用募集资金支付对价是否存在区别?

区别一:支付时点及资金路径不同

在专项计划成立日前,保理商与供应商约定受让应收账款,并在产品发行成功后,由保理商以募集资金向供应商支付应收账款转让价款。在此支付方式下,保理商作为原始权益人并未支付任何应收账款转让对价,不符合《挂牌指南》中“原始权益人应当已经支付对价”的规定。

商票在专项计划成立前交付给供应商,虽发行后方完成商票的兑付,但如保理合同约定“商票开具后,应收账款视为真实交割”的,应收账款对价在商票开具后即已支付完毕。

区别二:付款义务来源不同

虽然在两种情形下,保理商在产品发行后均负有付款义务,但保理商的付款义务来源存在差异。在以募集资金支付的情形下,保理商基于保理合同需要履行付款义务。但在以商票支付的情形下,基于上述提及的基础债权与票据债权分离的票据无因性,保理商首先应作为商票付款人承担票据上的付款义务,在拒绝或不能支付商票价款时才承担基于保理合同的付款义务。而且,当事人可以在《保理合同》中特别约定:商票开具/交付后,应收账款视为真实交割,保理商仅承担票据上的付款义务。因此,保理商的付款义务基于商票,而非《保理合同》。

区别三:会计核算不同

在会计核算方面,募集资金支付前应收账款转让未实际发生,不进行会计处理;在商票作为支付对价且明确约定阻断票据的追索权时,供应商会对应收账款与应收票据进行核减和核增,即使是商票发生拒绝支付的情形,根据《企业会计制度》第 18 条,到期不能收回的应收票据,应按其账面余额转入应收账款,但此处应收账款的债务人不再是原债务人,而是出票方。

综上,发行前商票支付与发行后募集资金支付虽存在一定相似性,但不论从支付时点及资金路径、付款义务来源或会计核算上，两者均存在实质性区别。

因此，发行前开具商票支付应收账款对价不等同于发行后以募集资金支付的方式，合同明确约定商票支付后应收账款转让交割完毕的，能够满足基础资产权属确定的要求。

根据上述论证，本书认为，通过交易架构及合同条款的设计，保理商以开具商票方式支付应收账款对价，可以达到“原始权益人应当已经支付转让对价”的监管要求，具体交易流程设计如下：

第一步：签署《保理合同》

供应商与保理商签订《保理合同》，为满足《挂牌指南》的要求，保理合同应设定明确的交割条件，即约定商票作为应收账款转让的对价，保理商开具商票后，保理合同当事人义务即履行完毕，供应商不得再基于《保理合同》向保理商主张其他付款责任。

第二步：发送应收账款转让通知

商票开具视为应收账款转让对价支付完毕。在此交易架构下，供应商往往会考虑应收账款转让与商票兑付之间存在的风险敞口。为控制商票兑付风险，供应商是否可提出，在向债务人发送的应收账款转让通知中，设置附条件生效？

根据《民法典》第 158 条规定：“民事法律行为可以附条件，但是按照其性质不得附条件的除外。”有学者结合《合同法》第 99 条第 2 款（现《民法典》第 568 条第 2 款）和德国法，认为：“如果一个意思表示旨在创设具有形成性效果或者说用于行使形成权的单方法律行为，那么基于维护法明确性的考量，该意思表示禁止附条件和期限。”①

本书同意前述观点，应收账款转让通知作为单方法律行为能对债务人产生法律效果，通知本身不能附条件。

第三步：核心企业进行应收账款转让确认

核心企业等债务人收到转让通知后，分别向保理商和发行载体管理机构出具确认函。反向保理资产证券化产品依托于核心企业的信用，作为“1+N”模式中的“1”，其信用等级较高、偿付能力较强，核心企业确认应收账款能够降低应收账款质量风险及其保理业务操作风险。

第四步：保理商向供应商开具商票

保理商向供应商开具商票，完成应收账款转让交割。

目前保理商开具的商票一般为一手电子商票，这要求交易相关方需要按照《票据法》《电子商业汇票业务管理办法》等规定对商票真实性和有效性进行核查。

---

① 张芸：《单方法律行为理论基础的重构与阐释》，载《清华法学》2017 年第 4 期。

为缩小风险敞口,提高交易效率,上述保理合同生效、应收账款转让通知、应收账款转让确认和商票开具均可以在同一天内完成,从而缩短应收账款交割的时间,但这要求发行前协同各方的审核、盖章等程序。

综上,本书认为,通过交易文件的特别约定,以商票支付应收账款受让款的方式能够有效保障基础资产权属稳定,亦符合真实出售的要求。

基础资产的真实出售更侧重于基础资产转让时点的权属转移的认定。在实践过程中,基础资产转让完成后则更强调:基础资产的独立性在证券化产品存续期间是否被始终认可,以及在交易参与人出现破产情形时,是否可实质产生破产隔离的效果。

(二)基础资产的独立性认定

在实践中,基础资产的独立性往往考量如下因素:(1)底层资产对原始权益人的依赖程度;(2)产品账户的设置以及对账户的控制;(3)基础资产形成的现金流(资金)归属。

1. 产品账户的设置与控制

如本章第一节关于证券化基本交易流程的介绍,在证券化产品层面,一般涉及原始权益人基础资产收款账户、监管账户(实践中也称之为资金归集账户、专项计划收款账户)、专项计划账户(即托管账户)。

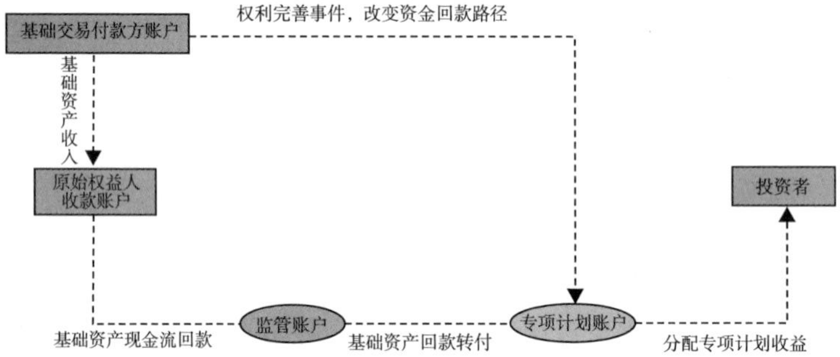

图 8-2 现金流回款路径示意

为防止现金流来源过度集中引发因单一大额债务人违约导致的兑付风险,《资产证券化尽调指引》第 11 条规定:“尽职调查过程中,对于单一应收款债务人的入池应收款的本金余额占资产池比例超过 15%,或者债务人及其关联方的入池应收款本金余额合计占资产池的比例超过 20%的,应当视为重要债务人。对于重要债务人,应当全面调查其经营情况及财务状况,反映其偿付能力和资信水平。”交易所关于应收账款、基础设施等不同类型基础资产的产品发行指南对单一债务人及其现金流的集中度均有类似限制。

基于上述要求，证券化产品的底层资产往往非常分散，涉及众多初始债务人。为实现证券化的现金流管控要求，原始权益人与全部初始债务人需协商变更原有收款账户为专项计划账户，但这在项目实践中往往不具可操作性。

因此，在交易结构设计时，往往保留原来的资金回款路径不变，初始债务人的款项仍回流到原始权益人收款账户，但设置监管账户专门用于接收基础资产产生的回收款，并在《监管协议》等交易文件中明确约定在"监管账户资金归集日"由资产服务机构将回收款从原始权益人收款账户归集到监管账户，随后在"回收款转付日"转至专项计划账户。

根据上述资金回收路径，在最终回到专项计划账户之前，专项计划的现金流将在原始权益人开立的收款账户以及由原始权益人作为资产服务机构开立的监管账户中停留。而监管账户均开立在原始权益人名下，用于专项计划现金流的归集、监管，虽然交易文件约定，基础资产产生的现金流均由专项计划享有，但上述账户设置实际上导致实际所有人与占有人分离。如因原始权益人（资产服务机构）自身债务导致外部债权人对上述账户及其资金采取财产保全或强制执行措施，将导致证券化基于账户设置形成的结构的整体崩塌。

那么，在基础资产已转让给专项计划的情况下，基础资产形成的现金流进入到原始权益人的收款账户以及监管账户的，账户的资金归属如何认定？

在传统的民法理念中，现金货币属于种类物，我国大部分的司法审判习惯于不区分具体情形，基本适用"占有即所有"法则，即"谁占有货币即推定为所有权人"。如（2018）鄂2827执异27号案中，湖北来凤法院就根据"银行存款和存管在金融机构的有价证券按照金融机构和登记结算机构登记的账户名称判断"的规定，认定证券化产品监管账户及其存款的权利人为原始权益人，非管理人（代表证券化产品）。

上述裁判思路实际是简单机械地仅以"登记主义"来判断证券化监管账户资金的归属。在合肥科技农村商业银行股份有限公司大兴支行与南陵凯迪、凯迪生态环境科技股份有限公司的执行异议案件中，合肥市中级人民法院第一次从司法判例层面承认基础资产独立性，但该案也回避了监管账户资金归属的问题，并未就监管账户的资金归属展开深入讨论。

根据《九民纪要》引言部分及"答记者问"，"民商事审判工作……通过穿透式审判思维，查明当事人的真实意思，探求真实法律关系；特别注意外观主义系民商法上的学理概括，并非现行法律规定的原则……从现行法律规则看，外观主义是为保护交易安全设置的例外规定，一般适用于因合理信赖权利外观或意见表示外观的交易行为。实际权利人与名义权利人的关系，应注重财产的实质归属，而不单纯地取决于公示外观……"

"登记主义"下的"占有即所有"原则虽尊重现金资产的高度流通性及货币信

赖,但忽略了货币本身作为法律上的"物",应适用物权法则。如德国民法通说,受让人基于合意和交付而取得现金货币的动产所有权,且现金货币只要能够特定化,受让人有权行使物权性的原物返还请求权。①

而且,现代交易需求多样化,交易模式的结构化、复杂化在所难免,交易安全及交易效率应得以平衡,简单机械地以"登记主义"来判断账户资金的归属已不合时宜。随着证券化产品违约项目的出现,监管账户资金归属问题已成为我国司法审判机构不可回避的法律问题。

令人欣慰的是,已有部分司法判例开始打破"登记主义"的惯性,基于证券化交易的特殊性认可监管账户的独立性。同样是湖北地区的法院作出的执行异议裁定,武汉市中级人民法院与湖北来凤法院针对监管账户资金归属问题的裁判思路大相径庭,其在(2019)鄂 01 执异 786 号②一案中认为:第一,山西证券作为"融信租赁 2017 年一期资产支持专项计划"的管理人,提出异议所主张的是监管账户内的资金,并非监管账户;该资金是种类物,具有流通性,在特定条件下,则不能简单适用"登记主义"来判断案外人对涉案账户资金是否享有排除执行的权利。第二,监管账户内的资金系基于融信租赁公司与山西证券公司签订的《买卖协议》和山西证券公司、中国光大银行股份有限公司福州分行、融信租赁公司签订的《监管协议》,在开立了监管账户后,融信租赁公司作为该项目的资产服务机构,将其归集的基础资产产生的回收款按照协议约定汇入监管账户,在此情形下,该资金已被特定化。第三,就基础资产的转让以及转让资产的内容已经中国人民银行的征信系统进行了登记,具有对外公示的效力。故据此判断,山西证券是监管账户资金的权利人,进而对涉案账户的资金享有足以排除强制执行的权益。因此,法院依法中止了对监管账户内资金的执行。

广州市中级人民法院在(2019)粤 01 执异 272 号③一案中作出了类似执行裁定。根据该等法院的裁判思路,法院不再简单适用"登记主义",而是区分监管账户的权属与监管账户内的资金权属;而且对于监管账户的资金权属判断标准,主要考虑监管账户内的资金是否可特定化以及基础资产的转让是否已进行公示。

2. 证券化产品对原始权益人的天然依赖

证券化产品的原始权益人通常作为资产服务机构,根据《资产服务协议》对基础

① 参见朱晓喆:《存款货币的权利归属与返还请求权——反思民法上货币"占有即所有"法则的司法运用》,载《法学研究》2018 年第 2 期。

② 参见国通信托有限公司、融信租赁股份有限公司金融借款合同纠纷执行审查类执行裁定书,湖北省武汉市中级人民法院(2019)鄂 01 执异 786 号。

③ 参见立根融资租赁有限公司、金鹿(北京)公务航空有限公司、北京首都航空有限公司等其他案由执行审查类执行裁定书,广东省广州市中级人民法院(2019)粤 01 执异 272 号

资产及底层资产进行管理,包括但不限于现金流归集、管理、查询及报告;基础交易合同的适当履行、合同关系维护、资料保管等,特别是收益权类的证券化产品,基础资产是否可持续产生现金流极度依赖原始权益人的生产经营状况及持续经营能力。

正因如此,在产品发行层面,《资产证券化管理规定》第 11 条特别规定"业务经营可能对专项计划以及资产支持证券投资者的利益产生重大影响的原始权益人"属于"特定原始权益人"。对于特定原始权益人,发行阶段的尽职调查要求更加严格,管理人、发行律师及现金流预测机构需要特别关注特定原始权益人的生产经营合法合规性、内控制度的完备性以及是否存在影响其持续经营能力的重大风险。从侧面反映,对于涉及特定原始权益人的证券化产品,基础资产的独立性认定难度进一步加大。

同时,在基础资产通过证券化方式的转让难以符合《企业会计准则第 23 号——金融资产转让》规定的过手测试①及风险报酬转移测试②,在会计处理层面无法出表。如原始权益人的外部债权人以基础资产未出表因而风险及权益未实际转移对抗基础资产的独立性,可能也导致代表证券化产品利益的管理人处于被动。

需要特别提及的是,即使是合同债权类证券化产品,如设置循环购买的产品中(特别是监管账户作为循环购买账户的模式),新增基础资产的筛选、购买以及存续期的管理,均由作为资产服务机构的原始权益人实际操作。

虽然新增基础资产筛选环节一般会设置查验入池基础资产的步骤,但对于小额、分散、大量的应收账款资产,管理人或律师作为外部第三方仅能通过抽样的方式进行核查。对于使用应收账款管理系统、供应链系统的原始权益人,入池资产的筛选更是高度依赖原始权益人及其管理系统。

在新增基础资产购买环节,应收账款回收款划付至专项计划账户后,由专项计划支付新增基础资产转让对价,资金从专项计划账户划转至原始权益人的收款账户。然而,如以监管账户作为循环购买账户,从资金流上看,资金还是从原始权益人自身开立的监管账户划出,付至原始权益人的收款账户。因此,在交易文件中,需要明确专项计划委托原始权益人作为服务机构,完成循环购买。同时,设置一系列防范机制,在资产服务机构出现损害专项计划及投资者利益的情形时,改由以专项计划账户作为循环购买的账户。

证券化产品账户设置的问题在循环购买机制中表现比较典型。循环购买下,资金端风险主要是体现为资金混同风险、资金不足以按约定循环购买及回收款过多导致资金闲置。

---

① 参见《企业会计准则第 23 号——金融资产转移》第 4 条。

② 参见《企业会计准则第 23 号——金融资产转移》第 8 条。

为不改变原有资金路径,或减少交易环节,循环购买交易通常约定应收账款回收款划转至监管账户,扣除当期应付收益后,其他款项即从监管账户转出,用于购买新增合格基础资产,不再划转至专项计划账户,如下图所示。

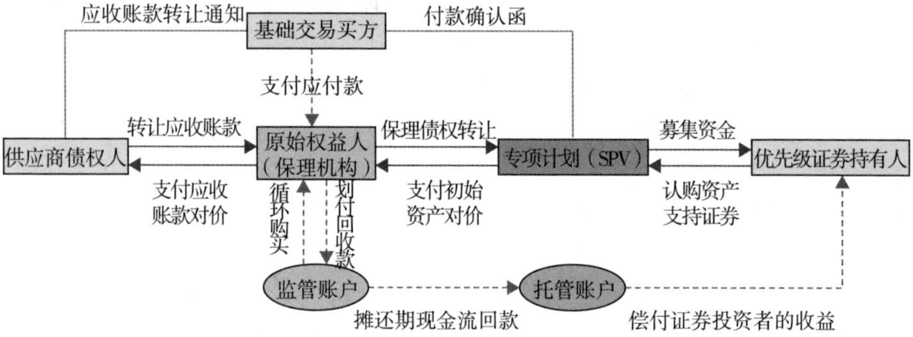

图 8-3 循环购买交易流程

在此模式下,监管账户以原始权益人的名义开立,存在专项计划回收款与原始权益人自有资金混同的风险。如上文所述,在"合肥科技农村商业银行股份有限公司大兴支行与南陵凯迪、凯迪生态环境科技股份有限公司的执行异议案件"中,合肥市中级人民法院承认了 ABS 基础资产的独立性。然而,在笔者曾经处理的同类案件中,虽然律师投入大量时间和精力向地方法院介绍、解释证券化的交易逻辑以及基础资产独立性的原理,但是大部分法院依然认为,资金属于不特定物,仅能依靠账户判定资金所有权。

由此可见,直接以监管账户作为循环购买账户,的确减少交易环节,提高交易效率,但原始权益人的外部债权人仍有可能将证券化产品监管账户及其资金作为原始权益人的自有资产,要求法院予以冻结查封。

针对此问题,沪深交易所在 2017 年 12 月发布的《应收账款资产支持证券信息披露指南》第 8 条第 2 款要求:"循环购买应当在专项计划账户进行……特殊情形下循环购买难以在专项计划账户进行的,管理人应当设置专项监管账户……"管理人需要说明论证"在专项监管账户(非专项计划账户)进行循环购买"的合理性、必要性和安全性。

专项计划成立之后,如新增应收账款速度下降、应收账款违约率增高等,均可能导致产品出现在循环购买日资产端资产不足,导致资金闲置的情形;或资金端资金不足,导致无法按照交易文件的约定购买新增资产的情况。可供购买的资产规模与循环购买额度不匹配,可能导致循环购买无法继续运行。如果交易文件约定的条款不细致,更有可能导致违约情形,进而影响优先级利息兑付的风险。

循环购买的实际效果其实是专项计划的“现金资产”与“基础资产”的置换。因此,根据本书笔者的项目经验,针对资金端及资产端不匹配的问题,可以通过交易结构及合同条款的设计,设置一个“资金池”与“资产池”平衡的机制,即在交易文件约定:监管账户的资金的最低限额以及预备资产池的最高限额,同时,约定资金池与资产池的总金额不超过一定数额,如此维持动态池的平衡。

除此之外,交易文件还可以设置停止循环购买的触发条款,如新增资产不足的情况下,监管账户资金闲置天数连续超过 N 日,或达到当期未偿本金余额一定比例时,不再循环购买,监管账户的资金需要向专项计划账户划转。特定防范机制的设计,可以调整资产端与资金端的失衡,排除违约风险,真正维持“动态池”平衡。

《应收账款资产支持证券信息披露指南》明确“循环购买通过原始权益人信息化系统进行的,管理人应当对信息化系统的有效性、可靠性和稳定性等进行充分尽职调查,说明并披露原始权益人信息化系统的功能机制、循环购买操作流程、系统的有效性、可靠性和稳定性、系统应急机制和备选方案等”。

管理人在对系统有效性的认定上,通常结合信息化系统的运行规模和运营年限来综合验证,针对供应链资产证券化的相关流程综合检验特定信息化系统是否具备所对应的业务模板。如北京京东世纪贸易有限公司 2020 年度东道 1 号京东白条第一期资产支持票据中,针对京东白条资产证券化系统,募集说明书就系统的运行和业务板块的完整性对系统的稳定性和准确性进行验证。

管理人在对系统安全性的认定上,通常需要对信息化系统的用户和资源管理进行验证,需要对参与主体在系统中获得的权限进行说明,确保管理人能够统一维护和运行信息化系统。

(三)基础资产的破产隔离问题

《资产证券化业务管理规定》第 5 条:“因专项计划资产的管理、运用、处分或者其他情形而取得的财产,归入专项计划资产。因处理专项计划事务所支出的费用、对第三人所负债务,以专项计划资产承担。专项计划资产独立于原始权益人、管理人、托管人及其他业务参与人的固有财产。原始权益人、管理人、托管人及其他业务参与人因依法解散、被依法撤销或者宣告破产等原因进行清算的,专项计划资产不属于其清算财产。”

《资产证券化业务管理规定》第 7 条:“管理人管理、运用和处分专项计划资产所产生的债权,不得与原始权益人、管理人、托管人、资产支持证券投资者及其他业务参与人的固有财产产生的债务相抵销。管理人管理、运用和处分不同专项计划资产所产生的债权债务,不得相互抵销。”

证券化的业务逻辑主要是将拟证券化的资产从融资主体处转移给发行载体,发行载体合法受让资产,避免或降低融资主体的债务及破产可能引致的风险。

这就是证券化产品的破产隔离机制。

资产证券化最为本质的特征是其融资时的信用基础不同于以往的融资模式例如股票和债券等融资方式。资产证券化是以被证券化资产的信用作为融资的信赖基础,并且要保证被证券化资产信用的独立性;而以往融资模式的信用基础是融资者的整体信用。正是这个区别才赋予了资产证券化特有的优势和生命力。

而要达到被证券化资产信用的独立性,就要依靠破产隔离和真实销售这两个关键机制。破产隔离是从资产证券化的制度结构上来保证被证券化资产信用的独立;真实销售是从资产证券化的每次具体交易中来保证被证券化资产信用的独立。

在破产隔离中,特殊目的载体(SPV)的引入是资产证券化中达到被证券化资产破产隔离效果的手段,也是资产证券化制度结构的中心。通过资产的真实出售和发行载体的成功组建,使证券化资产尽量远离风险(主要是管理人和原始权益人的债务风险),以保证基础资产所产生的现金流可以支撑证券化产品的本息支付,即通过基础资产的真实出售,达到破产隔离的效果。

然后,从目前的法律制度来看,除了《信托法》第 15 条提及“信托财产与委托人未设立信托的其他财产相区别”,《证券投资基金法》《资产证券化管理规定》仅强调基金/专项计划财产不属于管理人、托管人、销售机构等的固有财产,不因签署主体被依法宣告破产而被纳入清算财产,吊诡的是,上述法律均未强调基金/专项计划财产与原始权益人的其他资产相互独立,达到破产隔离。《民法典》也未涉及基础资产真实出售及破产隔离的相关规定。

三、交易架构及机制的设计

(一)资管合同的法律关系认定

交易商协会发行的 ABN 产品引入资金信托作为发行载体(SPT),由信托公司作为受托人,投资者作为委托人,信托公司以委托人的资金购买基础资产,基础资产属于信托财产。根据《信托法》的规定,ABN 项下的 SPT 以及信托财产的独立性有明确的法律依据。类似的,银登中心发行的私募 ABS 产品则以财产权信托作为载体,由融资主体作为委托人及初始受益人,将基础资产信托予信托公司形成信托财产,委托人持有的信托受益权在银登中心进行流通交易,并与投资者签署《信托受益权转让协议》完成融资。上述产品的受托人与投资者之间基于《信托合同》及《信托受益权转让协议》构成信托关系,受《信托法》等相关规定的约束。

而证券化产品中持有人和管理人构成信托合同还是委托合同这一问题则不甚明确。《九民纪要》第 88 条第 2 款明确规定“根据《资管新规》的规定,其他金融机构开展的资产管理业务构成信托关系的,当事人之间的纠纷适用信托法及其他有关规定处理”,最高人民法院民事审判第二庭编著的《〈全国法院民商事审判工作会议纪要〉理解与适用》指出:“审判工作中需要注意的是,并非所有的资产管理产品都构成信托关系。”

因此,证券化产品中持有人和管理人之间的法律关系需根据具体资产管理合同进行判断。在下文中,笔者拟根据信托关系和委托关系的一般界定和相关司法案例对证券化资管合同的法律关系进行分析。

1. 信托关系与委托关系的异同

根据《民法典》和《信托法》对信托和委托合同的界定,信托与委托存在以下区别:

表 8-2　“信托”与“委托”之对比

对比项	信托	委托
主体	涉及三方主体,即委托人、受托人和受益人	涉及两方主体,即委托人和受托人
受托人从事受托行为的名义	受托人以自己的名义	受托人可以委托人的名义,也可以以受托人自己的名义
受托处理事务的范围	主要是对财产权进行管理或处分	可为财产性事务,也可以为非财产性事务
是否要式	信托合同应当采用书面形式	委托合同为不要式合同
受托人权限与职责	受托人有权为受益人的最大利益自主处理信托事务,除信托合同文件或法律另有规定外,受托人一般不受委托人的干预与限制	委托关系中受托人应当按照委托人的指示处理委托事务
法律后果的归属	受托人从事的法律行为的后果归属于受益人	委托关系中该法律后果归属于委托人
受托财产的转移与独立性	信托法要求委托人将财产转移到受托人处管理,且该信托财产不仅要与受托人的固有财产相独立,还要与委托人未设立信托的其他财产相区别,具备破产隔离效果	委托关系中一般不要求财产从委托人转移至受托人,也不要求受托财产具备独立性,不具有破产隔离效果
解除与终止的条件	信托关系中,委托人是唯一受益人的,委托人享有随时解除信托的权利,而受托人无权解除信托,仅可在经委托人和受益人同意的情况下辞任,但在新受托人选出前仍应履行管理信托事务的职责	委托关系中,委托人与受托人均享有随时解除委托合同的权利

2. 司法实践中对资产管理合同性质的认定

法院在认定资产管理业务是否构成信托法律关系时的考量因素如下表所示:

表 8-3 法院认定是否构成信托法律关系的考量因素

序号	考量因素	裁判要旨
1	财产是否独立	信托和委托的核心区别在于财产的独立性不同。信托财产具有独立性,与委托人未设立信托的其他财产相区别;而委托关系中的财产不具有独立性,委托财产的所有权仍归属受托人且所有权与收益权不发生分离。
2	收益是否归入管理的财产	资产管理计划受托人因财产的管理、运用或其他情形而取得的收益归入资产管理计划,此种资产管理计划的本质属于信托。
3	案涉合同是否约定受益人及受托人的义务	如合同未约定受益人及受托人的义务,也未将财产作出区分,因此其不构成信托。
4	受托人是否以自己的名义签订合同	受托人以自己的名义对外签订合同,独立对信托财产进行管理,双方交易符合信托法律关系的特点。
5	受托人是否直接、主动参与信托资产管理业务及受托人是否承担风险	在信托关系中,信托财产转移给受托人后,受托人可以依据委托人确定的管理方式或受托人代位确定的管理方式自主管理和运用信托财产;而在委托关系中,受托人需严格在授权范围内处理委托事务。
6	受托人是否均是按照委托人的指令开展业务及委托人的指定是否单一	受托人不直接、主动参与信托资产管理业务,不承担风险,均是按照委托人的指令开展业务,且委托人的指定是单一的,因此双方构成委托关系。

证券化产品基础资产需独立,管理人需主动进行资金归集、合格投资等资产管理活动,并以 SPV 的名义与资产服务机构、监管银行等交易参与主体订立合同。根据上述考量因素,笔者倾向将证券化产品中管理人与投资者认定为信托法律关系。

根据本书作者的实践经验,基于信托财产独立原理及受托人主动管理的原则,管理人根据交易文件的约定享有主动处置的权利;但交易文件可能约定有需要召开持有人会议决定产品提前终止等前置条件,且基于自身风险控制的考虑,管理人在违约处置阶段通常需要先行征集并统一各持有人的意见,涉及持有人会议召集召开、清算方案制作及决议等环节,因此,清算处置程序需要一定周期。在此背景下,存在部分投资人要求自行处置的情形。

与私募资管产品以及信托产品不同,证券化产品交易文件一般未约定原状分配条款;且与公司债券不同,真正的证券化产品中,管理人以投资人的资金购买原始权益人持有的基础资产,管理人与原始权益人属于基础资产买卖关系,而投资者与原始权益人之间并不存在融资借贷关系,甚至不存在直接的法律关系。作为资产支持证券的持有人,享有取得证券本息的权利,承担证券亏损的风险。因此,一般而言,投资者无法直接向原始权益人提出支付证券本息的主张。

(二)SPV 主体资格的问题

如前所述,证券化产品引入 SPT 或 SPV 作为发行载体,对应的法律关系可能存在差异。目前,主要的争议集中在企业资产证券化 SPV 的法律主体地位不明这一问题上。

1. 企业资产证券化 SPV 在法律层面上的认定空白

《资产证券化管理规定》第 4 条:“证券公司、基金管理公司子公司通过设立特殊目的载体开展资产证券化业务适用本规定。前款所称特殊目的载体,是指证券公司、基金管理公司子公司为开展资产证券化业务专门设立的资产支持专项计划或者中国证监会认可的其他特殊目的载体。”

对于证监会下的企业 ABS 而言,企业 ABS 交易文件中明确规定《计划说明书》《标准条款》以及《认购协议》构成管理人与投资者之间的“资管合同”。然而,如上文所述,与 ABN 及银登中心的私募 ABS 不同,企业 ABS 并未引入信托。对于企业 ABS 中持有人和管理人之间签署的“资管合同”构成信托合同还是委托合同的认定问题,并无直接适用《信托法》的相关规定。

根据《资管新规》第 3 条规定,“……依据金融管理部门颁布规则开展的资产证券化业务……不适用本意见。”随后,证监会发布《证券期货经营机构私募资产管理业务管理办法》(以下简称《券商资管细则》)第 2 条规定,“证券期货经营机构非公开募集资金开展资产证券化业务,由中国证券监督管理委员会另行规定。”

根据《资产证券化管理规定》主要规范证券公司、基金管理公司子公司等相关主体开展的资产证券化业务。而该规定的上位法为《证券法》《证券投资基金法》《私募投资基金监督管理暂行办法》等相关法律法规。

从交易层面看,企业资产证券化的 SPV 实际由《计划说明书》《标准条款》以及《认购协议》组成的一个契约型资产管理产品。尽管《九民纪要》为证券化产品管理人与投资人之间属于信托关系提供了司法实践上的依据,同时《民法典担保制度解释》承认管理人持有产品的担保物权的权利;但如前所述,根据《资产证券化管理规定》,企业资产证券化的上位法为《证券法》《证券投资基金法》,而非《信托法》;同时,《民法典》也并未涉及 SPV 的主体资格的认定。

在此法律框架下,企业 ABS 属于“资管业务”还是“投行业务”存在争议,而业务界定导致交易参与各方之间的权利义务关系也存在不确定性,从而增加不必要的交易风险及成本,掣肘证券化业务的进一步发展。

2. SPV 在实操层面的障碍

企业资产证券化产品 SPV 的法律地位不明的问题可能直接影响产品及投资人的利益。

如在根据《上海银保监局、上海市地方金融监管局 关于在上海开展信托财产查询试点的意见》(沪银保监发〔2021〕224 号)要求,中国信托登记有限责任公司自 2021 年 10 月 1 日起提供信托财产查询服务。① 信托财产的登记与查询从实操层面明确了信托财产的独立性,对于明确财产权利状况、降低交易风险、保护交易安全产生实质性积极作用。然而,对于同样依赖基础资产独立性的其他非信托载体的证券化产品,因 SPV 的法律地位不明,在目前仍处于分业监管、机构监管的现状下,证券化产品的基础资产可能难以受到如同信托财产的保护。

其实类似的情况在此前的交易实践中早已存在。在《民法典担保司法解释》出台之前,几乎所有的不动产登记中心仅接受持有《金融许可证》的银行及信托公司作为抵押权人,证券公司及基金子公司作为企业资产证券化产品的管理人无法代表专项计划完成抵押权登记。

然而,我国现行有效的法律未对不动产抵押权人的资格和范围做出限制。

《不动产登记暂行条例实施细则》第 66 条规定:**自然人、法人、其他组织**为保障其债权的实现,依法以不动产设定抵押的,可以申请办理抵押登记。

《国务院办公厅关于完善建设用地使用权转让、出租、抵押二级市场的指导意见》(国办发〔2019〕34 号)第 13 条规定:**放宽对抵押权人的限制**。自然人、企业均可作为抵押权人申请以建设用地使用权及其地上建筑物、其他附着物所有权办理不动产抵押相关手续,涉及企业之间债权债务合同的须符合有关法律法规的规定

《中共中央关于全面推进依法治国若干重大问题的决定》第 2 条第 4 项规定“……健全以公平为核心原则的产权保护制度,加强对各种所有制经济组织和自然人财产权的保护,清理有违公平的法律法规条款……”

可见,我国现行有效的法律未对不动产抵押权人的资格和范围做出限制,也未限制持有“金融许可证”以外的主体成为不动产抵押权人。因此,无论个人、法人或其他组织,包括证券化产品的管理人,均可以作为抵押权人申请不动产抵押登记。

然而,本书作者在协助专项计划管理人办理不动产登记的实践中仍遇到种种障碍。基于登记机关将非持有《金融许可证》的其他机构排除在外,本书作者也曾另辟蹊径,尝试依赖企业证券化产品的证券属性,试图说服不动产登记机构。

---

① 参见《关于信托财产信息查询的公告》,载 http://www.chinatrc.com.cn/contents/2021/9/26-e3cac1ff665a4401a411ba30ee5e5f68.html,2021 年 10 月 27 日访问。

在2010年，国土资源部办公厅曾出具《关于〈为公司债券持有人办理国有土地使用权抵押登记有关问题〉的复函》（国土资厅函〔2010〕803号）以及最高人民法院《关于〈国土资源部办公厅关于征求为公司债券持有人办理国有土地使用权抵押登记意见函〉的答复》【（2010）民二他字第16号】，这些文件明确规定：根据《物权法》《担保法》等有关法律法规的规定，公司债券受托管理人可以代理全体公司债券持有人（抵押权人）申请土地使用权抵押登记。国土资源管理部门应当依据相关法律法规和《土地登记办法》（国土资源部令第40号）予以办理。

据此，证券公司作为管理人有权代理资产支持证券持有人申请不动产抵押登记，并将为保障优先级本息的偿付设定的不动产抵押权登记在自身名下。遗憾的是，在本书出版之时，上述问题尚未得到相关部门的明确反馈。

综上，本书认为，无论是信托财产查询机构还是抵押登记机关，仅将信托公司纳入权益保障措施范围，实际上涉嫌侵犯其他合法主体的财产权利，不符合《民法典》第206条第3款"国家实行社会主义市场经济，保障一切市场主体的平等法律地位和发展权利"的规定，也不利于证券化市场的全面发展。

（三）《民法典》担保制度对证券化产品担保的影响

《民法典》担保制度对证券化产品担保的影响，显著体现在管理人代表证券化产品进行担保物权登记事项以及差额补足措施的效力层面。

1. 担保物权登记

根据《民法典担保制度解释》第4条[①]，委托关系中担保物权登记在受托人名下具有法律效力，委托人直接主张实现登记在受托人名下的担保物权并优先受偿需满足以下条件：债权人与受托人构成委托关系；担保人知道债权人与受托人之间存在委托关系；担保物权实现的条件成就。

被认定为"信托关系"的主动管理型资产管理业务而言，管理人可依据《信托法》和资产管理合同自主管理信托财产及担保附属权益，投资者仅能要求受托人实现担保物权。

因此，《民法典担保制度解释》第4条对资产证券化业务而言，一方面明确认可管理人持有担保物权的法律效力；另一方面有利于管理人开展业务，如证券化产品违约后需要通过实现担保物权主张优先级本息偿还时，可以直接依据该条规定主张行使登记在管理人名下的担保物权。

---

① 《民法典担保制度解释》第4条规定："有下列情形之一，当事人将担保物权登记在他人名下，债务人不履行到期债务或者发生当事人约定的实现担保物权的情形，债权人或者其受托人主张就该财产优先受偿的，人民法院依法予以支持：（一）为债券持有人提供的担保物权登记在债券受托管理人名下；（二）为委托贷款人提供的担保物权登记在受托人名下；（三）担保人知道债权人与他人之间存在委托关系的其他情形。"

2. 差额补足的效力认定

关于差额补足的性质及效力问题,在《民法典》及《九民纪要》出台前,证券化产品的差额补足措施的法律性质处于不明确的状态。

在资产端,原始权益人基于《基础资产买卖合同》及《资产服务协议》向管理人转付基础资产回收款,与管理人之间构成买卖关系及委托服务关系,原始权益人并未对管理人(资产支持证券持有人)负有确定的债务。在交易实践中,差额补足承诺人不签署管理人与投资人之间的资管合同的参与。在资金端,管理人基于资管合同向资产支持证券持有人分配收益,且根据资管新规,管理人不承担刚兑责任,即投资人与管理人也不存在债权债务关系。因此,差额补足承诺并无对应的主债权。

因而,在争议解决阶段,差额补足承诺人往往以合同相对性原则以及担保从属性原则提出抗辩,主张差额补足并无对应的主债权因而无效。在(2017)京 03 民初 243 号一案[①]中,法院承认该等交易需要遵循合同相对性及担保从属性的原则,虽同意被告主张该案的差额补足不存在明确的主债权,不属于保证合同;但法院并未否认差额补足的增信效力,认为其为特定情况下对公司做出直接补偿的承诺,属于独立合同。

根据《差额补足承诺函》的一般表述,差额补足承诺人同意对"专项计划优先级资产支持证券的本金与利息承担差额补足义务"。这类增信实际上是差额补足承诺人对资金端的缺口承担的补足义务。如本书关于增信措施的讨论,根据《民法典》及《九民纪要》,证券化产品的上述差额补足承诺可视为义务人的单方承诺,不属于保证,也不属于债务加入,而是"依据承诺文件的具体内容确定相应的权利义务关系"。

然而有部分项目中的《差额补足承诺函》的表述套用保证合同的相应表述,明确约定了保证期间、保证范围等条款,根据目前的法律体系,很可能被视为保证合同。

对于被认定为保证的证券化产品差额补足措施,其合同效力是否会被认定为违反主债权特定要求及担保从属性原则,继而被认定为无效担保?

基于相关案例研究,大部分法院认为依据主债权特定的要求,只要可以确定具体数额和范围的将来之债或担保的债权今后是确定发生并实际发生且合法,都可以成为担保合同的标的[②];或担保合同虽无固定的主债权金额但约定有明确的指向和确定方法,主债权种类清晰,在实际履行中随着出现违约行为,担保人所应承担

---

① 参见北京市第三中级人民法院民事判决书(2017)京 03 民初 243 号。

② 如(2020)浙 1004 民初 336 号、(2020)川 18 民终 712 号、(2019)粤 04 民终 393 号、(2019)桂 02 民终 2531 号等相关案件。

保证责任所对应的主债权金额已可以确定,应当承担保证责任。[①]

然而,在《民法典》出台前也存在司法判例认为担保合同具有从属性,其成立必须以合法有效的主债权成立为前提,主债权在担保合同签订时尚未确立或者尚未发生的,担保合同则无担保的对象,担保合同不能成立。[②]

而且,从《民法典》的立法倾向上来看,较之于原《担保法》,《民法典》在价值判断上的最大变化是改变了原来优先保护债权人利益的理念,转而采取了优先保护担保人利益的理念。

具体从《民法典》及相关司法解释的条文变迁及法规内容来说,《民法典》物权编第 388 条第 1 款[③]的规定沿袭了原《物权法》第 172 条[④]的规定,仅允许法律另有规定才能排除担保在效力上的从属性;同时,合同编第 682 条第 1 款[⑤]的规定改变了原《担保法》第 5 条[⑥]的规定,删除了当事人通过约定排除担保在效力上的从属性的规定。此外,《民法典担保制度解释》亦有关于当事人有关担保独立性的约定无效的规定。[⑦]

由此可知,《民法典》及相关司法解释进一步加强了担保从属性原则,即担保从属性属于强制性规定,担保从属性的例外只能由法律排除而不能由约定排除。

因此,虽然大部分司法判例支持"担保合同的当事人可以约定对未确定债权提供担保"的观点,但目前的案例大部分为《民法典》及《民法典担保制度解释》施行之前作出的裁决;且该案例涉及的法律文件均为《民法典》生效之前签署,适用《民法典》施行前的法律法规。故现阶段并不能排除《民法典》出台后法院基于立法倾向从严解释担保从属性的可能性。有鉴于此,《民法典》出台后,司法实践对于此问题的倾向仍有待进一步观望。

---

① 参见最高人民法院民事判决书(2019)京 02 民终 8940 号。

② 如(2020)苏 12 民终 1101 号、(2019)闽 0211 民初 1882 号、(2021)辽 02 民终 5468 号、(2021)京 01 民终 3490 号、(2020)晋民申 2776 号、(2018)黑 02 民终 2875 号等案件。

③ 《民法典》第 388 条第 1 款规定:"……担保合同是主债权债务合同的从合同。主债权债务合同无效的,担保合同无效,但是法律另有规定的除外。"

④ 《物权法》第 172 条第 1 款规定:"……主债权债务合同无效,担保合同无效,但法律另有规定的除外。"

⑤ 《民法典》第 682 条第 1 款规定:"保证合同是主债权债务合同的从合同。主债权债务合同无效的,保证合同无效,但是法律另有规定的除外。"

⑥ 《担保法》第 5 条第 1 款规定:"担保合同是主合同的从合同,主合同无效,担保合同无效。担保合同另有约定的,按照约定。"

⑦ 《民法典担保制度解释》第 2 条第 1 款规定:"当事人在担保合同中约定担保合同的效力独立于主合同,或者约定担保人对主合同无效的法律后果承担担保责任,该有关担保独立性的约定无效。主合同有效的,有关担保独立性的约定无效不影响担保合同的效力;主合同无效的,人民法院应当认定担保合同无效,但是法律另有规定的除外。"

如证券化产品的差额补足等增信交易文件中仍套用保证合同的表述而被认定为保证,根据此前司法判例,存在因无对应的主债权而被认定为无效的风险。因此,本书认为,证券化产品的差额补足不宜再套用保证合同的表述。

(四)原始权益人的权利义务

企业资产证券化的基础资产产生的收益是未来的现金流,这就需要原始权益人持续经营。而专项计划中虽然通过担保等方式保护了投资者利益,但是有效地监督和约束原始权益人持续经营的条款缺失,往往因原始权益人陷入债务危机导致停产停工,基础资产现金流枯竭,最终导致证券化产品违约。基于原始权益人同时作为融资主体、基础资产转让方与资产服务机构的特殊性,在交易文件中,特别是《资产服务协议》中,原始权益人对基础资产维护的义务以及法律责任应予以强调。

第三节 《民法典》对资产证券化终止后相关问题的影响及应对

一、资产证券化产品终止及其法律效力

在证券化产品违约处置的过程中,违约方往往以"专项计划账户未注销,专项计划未提前终止"提出抗辩。

本书建议,在证券化产品交易文件明确提前终止事件的具体情形,如原始权益人及其关联方出现评级下降、到期债务无法按时清偿等,同时注明对应的处理程序与法律后果。

当提前终止事件条款被触发,管理人将根据交易文件的约定召开持有人大会,经过有效表决通过决议提前终止专项计划并公告,宣布专项计划提前终止,所有资产支持证券提前到期,所有本金及预期收益提前清偿。

专项计划依法提前终止后,全部资产支持证券提前到期,所有未偿本金及预期收益提前清偿。专项计划提前终止后,专项计划进入清算阶段,执行清算方案,即通过要求融资主体清偿债务、要求差额支付义务人或担保人承担差额支付义务以及实现担保物权等方式清理、处置、分配专项计划资产。

二、资产证券化产品清算与分配

根据产品交易文件,专项计划终止后,进入清算程序。由清算小组统一接管专项计划,对专项计划资产和债权债务进行清理和确认,对专项计划资产进行估值和变现。

如某资产支持专项计划的《标准条款》约定,有控制权的资产支持证券持有人

大会审议通过清算方案的,清算小组应按照经审核的清算方案对专项计划资产进行清理、处置和分配,并注销专项计划账户。有控制权的资产支持证券持有人大会审议未通过清算方案的,应向清算小组提出书面的修改建议(但该建议应不违反本《标准条款》的规定),清算小组将按照有控制权的资产支持证券持有人大会的意见修改清算方案,并执行修改后的清算方案。

在该项目中,管理人根据交易文件的约定设立了清算小组,并经清算小组清理,专项计划资产不足以支付专项计划全部未偿本金与预期收益,且差额支付承诺人未履行义务,因此,经持有人通过的清算方案确认。违约方对专项计划负有清偿未偿本金及预期收益的义务,且管理人有权处置担保人提供的担保物。

据此,管理人通过申请仲裁要求融资主体清偿债务、要求服务机构承担违约责任,要求差额补足义务人承担差额支付义务以及实现担保物权等方式清理、处置、分配专项计划资产,清偿投资者未清偿本金和预期收益。在完成上述清算程序后,专项计划账户才可进行注销,并报基金业协会备案。

专项计划提前终止后,管理人将按照专项计划文件的约定执行清算程序,即通过仲裁等司法程序要求违约方清偿专项计划未偿本金及预期收益、变现和处置担保资产,尚处于清算过程之中。专项计划账户未注销是因为根据专项计划文件的规定,所有专项计划资产的处置和分配必须通过专项计划账户进行,因此在资产尚未处置和分配完毕的情况下,管理人不可能注销专项计划账户。

但为避免争议解决阶段产生不必要的纠纷,本书建议在交易文件中明确产品提前终止、专项计划账户注销、资管合同效力等条款之间的勾稽关系。

三、资产证券化产品违约处置

(一)资产证券化产品违约处置的协商程序

一方面,发行方风险事件频发,财务状况持续恶化,将难以避免金融机构和其他债权人提起诉讼,并首先对发行方的资产进行保全,为了争取后续环节的主动权,管理人几次召开持有人大会,通过了产品提前终止议案,授权管理人代表产品及全体优先级持有人提起司法程序,要求发行方清偿优先级本金及预期收益。

另一方面,基于司法程序的周期较长,且发行方有可能进入破产程序,处置结果存在较大的不确定性,因此,在整个违约处置过程中,管理人及其聘请的律师、特定原始权益人以及增信方一直尝试通过复工复产的方式,恢复特定原始权益人的持续经营能力,促使基础资产重新产生现金收入流。基于此共同目标,管理人应积极代表优先级投资者与各方协调,与发行方、发行方的外部债权人等签署恢复持续经营的相关协议,明确约定债务重组及偿债计划。通过这种方式,争取推动原始权益人恢复生产,以恢复生产后产生的现金流支付金及利息。

(二)违约处置中的原始权益人恢复生产问题

在本书作者曾处理的一起证券化产品违约案件中,产品的交易文件关于提前终止事件的约定如下:

“提前终止事件系指专项计划存续期间发生以下任一事件……(d)增信方(含合并报表子公司)发行的任一个债券或资产证券化产品出现违约。出现提前终止事件的,管理人有权宣布专项计划提前终止,全部未清偿资产支持证券到期。”

在实体上,管理人提供了上市公司公告、第三方评级报告等证据,确切证明增信方其中的一个证券违约,触发了交易文件约定的“提前终止事件”。

在程序上,提前终止事件发生后,管理人召集召开持有人大会,经过有效表决通过决议提前终止并公告,宣布产品提前终止,所有本金及预期收益提前清偿。

该产品关于“提前终止事件”的约定比较具体、明确,且明确产品提前终止后的法律后果为“全部未偿证券到期”,产品已依约提前终止,应当不存有疑问。但基于本产品处置采用“诉讼”及“非诉”相结合的手段,同时推动特定原始权益人复工复产,发行人据此主张双方已达成和解,认为产品未终止,仍处于存续状态。

需要强调的是,该产品提前终止的实体条件以及程序要求均已满足,交易环节无法逆转,而且,为防止该类争议,恢复持续经营的相关协议明确:

“本协议签署不视为对产品交易文件的变更、终止或解除,不影响证券化产品对在某收费收益权及其产生的资金享有一切权利,协议各方不得以产品终止、本协议已另行作出约定等任何理由提出异议。本协议的签署不影响已提起的法律行动的效力,包括但不限于仲裁、保全、执行异议等程序,且相关债务清偿安排不构成对原债权债务关系的和解方案,而应被视为证券化产品自行管理、利用、处置专项计划资产的行为。”据此,双方并未就争议和解达成一致的意思表示。

基于上述案件处理经验,本书建议,在采取多元违约处置手段过程中,注意各项措施及相应程序之间的影响,提前布局,避免不必要的争议与损失。

第四节 《民法典》对证券化产品相关问题的解决与留白

一、《民法典》解决的问题

(一)《民法典》将未来应收账款纳入保理资产的范围

《民法典》第 761 条规定:“保理合同是应收账款债权人将现有的或者将有的应收账款转让给保理人,保理人提供资金融通、应收账款管理或者催收、应收账款债务人付款担保等服务的合同。”该条规定明确了将有的应收账款作为基础资产的法律依据。

(二)《民法典》对金钱债权转让进行了特别安排

《民法典》第545条在《合同法》第79条“当事人约定不得转让”的规定上进一步完善了债权转让规则,阐明了限制债权转让的法律效果,即明确“当事人约定非金钱债权不得转让的,不得对抗善意第三人。当事人约定金钱债权不得转让的,不得对抗第三人。”

《民法典》在立法上区分了金钱债权和非金钱债权,非金钱债权的转让限制约定不能对抗善意第三人,金钱债权的转让限制约定不得对抗第三人,这是因为与非金钱债权相比,金钱债权对原债权人、债务人的依附关系并不紧密,即使一方当事人违约转让债权,受损害的一方主张违约损害赔偿,所得到的还是一种金钱债权。

对于证券化产品而言,基础资产一般为金钱债权,这意味着即便这类入池资产所依赖的基础合同有禁止或限制转让条款,未来也不会影响基础资产转让的效力,这极大地稳定了交易各方的预期。

(三)《民法典》更强调基础资产转让外观原则

《民法典》第763条:“应收账款债权人与债务人虚构应收账款作为转让标的,与保理人订立保理合同的,应收账款债务人不得以应收账款不存在为由对抗保理人,但是保理人明知虚构的除外。”

《民法典》第764条:“保理人向应收账款债务人发出应收账款转让通知的,应当表明保理人身份并附有必要凭证。”

《民法典》第765条:“应收账款债务人接到应收账款转让通知后,应收账款债权人与债务人无正当理由协商变更或者终止基础交易合同,对保理人产生不利影响的,对保理人不发生效力。”

针对前文提及基础资产转让对价支付方式的问题,《民法典》对应收账款真实性是否影响应收账款转让作出了规定,应收账款的转让需要履行“通知+材料证明”即可,应收账款是否为虚构、事后变更等情形均不影响应收账款的转让。

《民法典》的这一改变对资产证券化项目而言影响主要在于:发起机构在取得应收账款时,不论应收账款是否真实,应收账款债务人出具了确权文件的即视为承诺承担相应的付款义务,这一规定与本书前述分析的观点一致。

二、《民法典》未解决的问题

资产证券化作为创新型融资方式,其关键问题在于基础资产的独立性。然而,针对此问题,《民法典》并未在法律层面承认SPV的主体资格。此外,除了《九民纪要》原则性承认了资管产品投资人与受托管理人之间原则上属于信托关系外,《民法典》并未在法典层面承认信托财产的独立性。尽管目前信托财产在实践中已可供查询,但法典层面未对于基础资产的独立性,特别是证券化结构的破产隔离效果予以承认,始终对业务逻辑源于资产独立性的证券化产品的长远发展形成掣肘。

第九章　债券违约处置业务

- 债券的违约处置及面临的主要问题
- 《民法典》对债券违约处置的整体影响
- 《民法典》合同制度对债券违约处置的具体影响与应对
- 《民法典》侵权制度对债券违约处置的具体影响与应对

第一节　债券的违约处置及面临的主要问题

近年来,债券违约事件频发。目前,我国债券市场主要面临哪些问题?债券违约处置困境主要由哪些原因造成?通常情况下,债券违约处置方式及其民法理论依据有哪些?这些问题将在本节进行探讨。

债券市场是我国资本市场的重要组成部分,近年来在满足实体经济融资需求、促进经济高质量发展等方面发挥着日益显著的作用。但与此同时,由于此前债券市场刚性兑付惯例导致的债券违约处置基本法律规范长期缺位,也使得债券违约的风险不断累积,并随着监管机构"破刚兑"的相关政策的出台而逐步暴露。

2015年以来,债券市场违约事件时有发生。2020年,联合信用管理有限公司("联合资信")发布的《中国债券市场违约问题研究》显示:违约债券类型逐步覆盖短融、超短融、中票、定向工具、企业债和公司债券(含私募债)等主要公司信用类债券,违约主体企业性质逐步扩大至民营企业、央企、地方国企等所有企业类型,违约主体涉及行业不断增多,违约主体地域分布范围不断扩大,我国债券市场出现违约事件逐渐步入常态化发展阶段。①

随着信用债市场的违约常态化,违约债券后续处置问题成为了摆在债券持有人、债券发行人甚至债券承销商等中介机构面前的棘手难题。大多数情况下,债券违约是一系列信用风险事件按照一定发展规律层层递进演变积累之后出现的结果。在对近年债券违约数据及债券违约个案进行总结分析的基础上,通过梳理债券违约事件从萌芽到最终发生所经历发展链条后发现,债券违约面临处置困境主要是由如下原因造成的:

在风险萌芽阶段,债券违约处置困局从单薄的募集说明书开始就埋下了隐患,募集说明书中往往缺乏对违约事项和救济方式细致、全面的约定。而相比于募集说明书,认购协议的内容往往更加单薄,一般仅包含债券数量和利率等关键条

① 参见联合信用管理有限公司:《中国债券市场违约问题研究》,载 iamac. org. cn/xxy/ktyi/iamackt/202003/t2020306-6396. html/,2021年8月24日访问。

款。对于一些构成借款合同关系的实质条款,如债券期限、起息日期、付息方式、增信措施(如担保措施等)、交叉违约条款以及债券持有人保护机制等,认购协议中往往都缺乏明确约定。导致发生争议时,需要从募集说明书中寻找依据,然而很多时候,募集说明书对于上述内容也是语焉不详。

在风险显现阶段,一方面,如前所述,债券认购、债券交易合同文本中往往缺乏交叉违约条款和提前到期条款等;另一方面,债券发行人无法兑付和违约的情形通常会引发不良的市场反应。在两方面因素的作用下,法院或仲裁机构对预期违约和交叉违约的认定往往非常谨慎。与此同时,不少债券发行人在即将到期前会与和债券持有人沟通要求展期或撤销回售条款,甚至通过闪电开会①的方式通过展期方案,穷尽各种手段以避免到期日无法偿还本息的实质性违约。

在风险处置阶段,一旦发生实质违约,很多债券发行人早已没有可供执行的财产,基本无力偿还债务。若仅就债券发行人与债券持有人之间的债权债务关系采取诉讼或仲裁等救济措施,往往导致债券持有人即使胜诉也获得不了实质的执行财产,还需承担诉讼或仲裁有关的人力、物力成本,使得其债权回收情况较差,维权难度加大。

上述问题在不同的债券违约处置方式中均有体现。通常情况下,发生债券违约时,债券持有人可以通过自主协商解决与诉讼仲裁途径两种方式进行追偿。一般来说,若发行人仅是因为暂时性问题导致无法按期支付利息且最终偿债可能性较高的,可以考虑协商解决,并给予债务人一定的履行宽限期;如果债权人和债务人就偿债事宜未达成一致,债券持有人可以通过司法诉讼或仲裁的方式来保障自身利益。

其中,自主协商的处置路径往往依赖于商业博弈与各方利益权衡,司法诉讼或仲裁的处置路径则是传统民法理论发挥作用的领域。从民法角度分析,该处置方式的规制基础主要为违约责任和侵权责任。事实上,无论是《债券纠纷会议纪要》,还是 2020 年 6 月央行会同发改委与证监会联合发布的《中国人民银行、发展改革委、证监会关于公司信用类债券违约处置有关事宜的通知》,均确认了合同法律规则和侵权法律制度共同解决债券市场纠纷的可能性。因此,下文将从《民法典》的合同制度以及侵权制度对债券违约处置的影响两个方面进行分析。

---

① 如 2020 年 4 月 14 日晚,海航集团突击召开次日即将到期的“13 海航债”持有人非现场会议,表决将延期兑付一年。

第二节　《民法典》对债券违约处置的整体影响

一、《民法典》的合同制度对债券违约处置的影响

针对债券违约频发的情况，对于债券持有人而言，针对债券发行人的违约行为提起诉讼是最直接的主张权利手段。目前，债券违约纠纷主要依据《民法典》合同编相关条文解决，其中具有直接影响的条文为《民法典》第473条[①]、第563条[②]以及第578条[③]。

关于募集说明书的法律性质，此前司法实践中一直存在争议，此次《民法典》第473条将债券募集说明书定义为要约邀请。事实上，债券发行是由一系列复杂流程构成的活动。债券募集说明书在初期推介阶段只能作为要约邀请而存在，因此，以债券招标发行为例，如果将债券募集说明书认定为一种要约，则与后续债券认购中投资者的认购行为、发行人接受投资者交纳投资款行为存在冲突。《民法典》对债券募集说明书要约邀请性质的确认，是对立法滞后性的补正，如在(2019)京04民特135号案[④]、(2019)京03民初307号案[⑤]、(2019)粤03民终25490号案[⑥]中，法院均论述募集说明书的性质为要约邀请。同时，可以预见到的是，募集说明书的性质认定将会对未来的债券违约处置实践产生影响。

关于预期违约的规定，主要见于《民法典》第578条，同时辅以第563条合同解除的相关规定。预期违约是债券违约中一种常见的违约形态，在司法实践中也颇为多见，但不同法院对于预期违约的认定却存在不同理解，如在(2019)京03民初

---

① 《民法典》第473条规定："要约邀请是希望他人向自己发出要约的表示。拍卖公告、招标公告、招股说明书、债券募集办法、基金招募说明书、商业广告和宣传、寄送的价目表等为要约邀请。商业广告和宣传的内容符合要约条件的，构成要约。"

② 《民法典》第563条规定："有下列情形之一的，当事人可以解除合同：(一)因不可抗力致使不能实现合同目的；(二)在履行期限届满前，当事人一方明确表示或者以自己的行为表明不履行主要债务；(三)当事人一方迟延履行主要债务，经催告后在合理期限内仍未履行；(四)当事人一方迟延履行债务或者有其他违约行为致使不能实现合同目的；(五)法律规定的其他情形。以持续履行的债务为内容的不定期合同，当事人可以随时解除合同，但是应当在合理期限之前通知对方。"

③ 《民法典》第578条规定："当事人一方明确表示或者以自己的行为表明不履行合同义务的，对方可以在履行期限届满前请求其承担违约责任。"

④ 参见北京市第四中级人民法院民事裁定书(2019)京04民特135号。

⑤ 参见北京市第三中级人民法院民事判决书(2019)京03民初307号。

⑥ 参见广东省深圳市中级人民法院民事判决书(2019)粤03民终25490号。

307 号案、(2019)湘 01 民初 2988 号案中,法院对于预期违约有不同的认定。《民法典》的基础理论相关规定将会为长期困扰债券实务界的交叉违约和预期违约认定提供理论基础。

综上,在既有立法成果的基础上,《民法典》合同编的相关条款特别是对债券募集说明书性质的界定实质性地发展了债券的基础法律制度,也使得债券违约处置的"游戏规则"臻于完善。

二、《民法典》的侵权制度对债券违约处置的影响

我国债券市场信用违约频发,债券持有人在提起违约之诉的方式以外,还可以根据《民法典》的侵权责任编相关规定向债券发行人、债券发行人的控股股东、实际控制人、发行人的董事、监事、高级管理人员或者履行同等职责的人员以及参与信息披露文件制作的责任人员、中介机构等主张权利。因此,欺诈发行、虚假陈述的权利主张为债券持有人提供了除向发行人主张违约责任以外的权利主张路径。

近年来,多个有突破的证券/债券虚假陈述案件判决①相继出炉,首例银行间债券虚假陈述案件作为北京金融法院第一案也引发了热议,从这些案件可以管窥:对于债券类虚假陈述案件,诸多证券类案件的适用规则需重新考量;部分案件中,随着行政处罚作为考量因素在程序及实体层面逐渐弱化甚至取消,不仅监管与司法实践的交织与相互作用正悄然发生变化,更重要的是法院更加重视行为、过错、因果关系、损失、免责事由、责任比例的分配;发行人破产的情形下,损失确定等问题并无太多明确可以参考的具体规则依据,亦具有特殊性。因此,需从请求权基础和法理出发进行研究。

欺诈发行、债券虚假陈述案件的请求权基础主要为《民法典》的侵权法律体系。具体而言,主要是受《民法典》侵权责任编第一章"一般规定"相关条文的影响。《民法典》侵权责任编以归责原则为统领,以构成要件、责任承担规则为基本制度构架,其中第一章规定了侵权责任的界定、归责原则等一般规则,并在《侵权责任法》的基础上作了进一步完善,为欺诈发行、虚假陈述责任提供了理论基础。

同时,如前所述,有关欺诈发行、虚假陈述责任追究的司法实践非常有限,有关司法裁判的尺度与标准尚未完全明确。因此,相关纠纷当事人可以结合虚假陈述

---

① 参见浙江省杭州市中级人民法院民事判决书(2020)浙 01 民初 1691 号、上海市高级人民法院民事判决书(2020)沪民终 666 号、四川省高级人民法院民事判决书(2020)川民终 293 号、北京市第二中级人民法院民事判决书(2020)京 02 民初 357 号、广东省高级人民法院民事判决书(2019)粤民终 2080 号。

责任认定的专业法律法规,回归《民法典》侵权责任编的基本法律制度与原则,以对案件材料的深入挖掘为前提,通过诉讼程序中的充分举证及专业论证说服法官,以最大限度地维护自身合法权益。

第三节　《民法典》合同制度对债券违约处置的具体影响与应对

一、《民法典》对募集说明书与认购协议的影响与应对

在债券违约引发的众多争议中,长期存在的一个争议即为对债券募集说明书(或称“债券募集办法”)法律性质的认定。此前,对于债券募集说明书的性质,法律并未明确规定,司法和业务实践对于债券募集说明书的性质认定存在不同理解,主要有“要约说”和“要约邀请说”两种观点:部分法院认为,债券募集说明书从性质上讲属于要约[①],此种情况下,投资者认购的行为属于承诺,根据要约承诺的“镜像规则”[②],募集说明书的内容自然成为双方的合意;同时也有部分法院认为,债券募集说明书属于要约邀请[③],此种情况下,投资者认购的行为为要约。

此前,《合同法》第 15 条规定:“要约邀请是希望他人向自己发出要约的意思表示。寄送的价目表、拍卖公告、招标公告、招股说明书、商业广告等为要约邀请。商业广告的内容符合要约规定的,视为要约。”对此,《民法典》第 473 条规定:“要约邀请是希望他人向自己发出要约的表示。拍卖公告、招标公告、招股说明书、债券募集办法、基金招募说明书、商业广告和宣传、寄送的价目表等为要约邀请。商业广告和宣传的内容符合要约条件的,构成要约。”相比于《合同法》第 15 条,《民法典》第 473 条为上述争议给出了定论:债券募集说明书属于要约邀请。同时,最高人民法院进一步在《民法典理解与适用》中明确:债券募集办法是要约邀请,主要是吸引相对人进行购买。认购人认购债券为要约,公司卖出为承诺。[④]

《民法典》将募集说明书认定为发行人吸引债券持有人购买债券的要约邀

---

① 参见最高人民法院民事裁定书(2019)最高法民辖终 435 号、北京市西城区法院民事判决书(2017)京 0102 民初 17384 号。

② 注:镜像规则(mirror image rule),也称“完全一致规则”(ribbon matching rule)。根据此规则,承诺的内容与要约的内容必须完全一致,而没有任何改变或限制。如果承诺与要约有任何的不一致(某些法院要求是实质性的改变),则不视为有效承诺,而视为拒绝要约或构成反要约。

③ 参见湖北省高级人民法院民事判决书(2018)鄂民初 62 号。

④ 参见最高人民法院民法典贯彻实施工作领导小组主编:《中华人民共和国民法典合同编理解与适用(一)》,人民法院出版社 2020 年版,第 67 页。

请,不构成任何当事人与他人间的合同。事实上,债券发行人与债券持有人之间的合同内容并非单一且明确的法律文件,而是多个文件所涉及的权利义务关系的集合。

实务中,有学者认为,将债券募集说明书定性为要约邀请,还将引出新的问题:债券募集说明书中所涵盖的发行人的相关信息披露是否对发行人具有法律约束力。[①] 对此问题,部分学者认为,信息披露制度已经突破了合同法的性质,具备侵权责任和公法的某些性质[②],在我国《证券法》已将信息披露纳入特殊侵权保护体系中后,信息披露、如实陈述等承诺内容已经超越合同法,主要因为证券法系调整证券民事关系和证券监督管理关系,主要是以公法的方式调整原本由私法调整的领域,是渗透于公法和私法两个领域的法律。

因此,对于债券募集说明书中的具有私法性质的部分内容(如利率、期限、违约处置方式等),将可能在未来成为相关当事人间的合同约定,建立多个合同关系;而大量信息披露内容以及相关声明和承诺等,是发行人及承销商根据法律法规要求履行信息披露义务的手段,对于其中不具有合同法特征的部分,则多以侵权法的理论进行规制。

《民法典》对债券募集说明书的性质认定还会对其与认购协议之间的关系产生影响。

(一)未签订认购协议时,债券募集说明书的约束力

2012 年,上海证券交易所和深圳证券交易所分别发布《中小企业私募债券业务试点办法》,要求"合格投资者认购私募债券应当签署认购协议",因此早前债券违约处置实践中出现的认购协议多为该类债券的标准化文件。但 2015 年,证监会发布《公司债券发行与交易管理办法》,上述规定随之废止,认购协议应签署的要求仅散见于交易所的部分操作指南性文件中[③],不再具有强制性,债券发行人与债券持有人的缔约过程越来越不拘泥于双方签字确认的书面认购协议。

因此,在债券持有人不再签署书面认购协议的情况下,债券募集说明书作为要约邀请的约束力就涉及民法理论中要约和要约邀请的区别与转化。对此,《民法典理解与适用》指出:要约是旨在订立合同的意思表示,行为人在法律上须承担责任。要约邀请,又称要约引诱,是希望他人向自己发出要约的意思表示。要约邀请是

---

① 参见中央结算公司上海总部研发部刘昕畅:《债券市场视角下〈民法典〉对应条款与法律关系浅析》,载 https://www.chinabond.com.cn/cb/cn/yjfx/zybg/20200703/154808541.shtml,2021 年 8 月 24 日访问。

② 参见李东方:《证券监管法的理论基础》,载于《政法论坛》2019 年第 3 期。

③ 如上海证券交易所《公司债券发行上市业务操作指南》第二章第 2 条第 2 款。

一种缔约的预备行为,是事实行为,能唤起他人的要约。①

鉴于此,在债券持有人与债券发行人或债券承销商之间没有单独签订认购协议的情况下,债券持有人与债券发行人通过债券认购及售出的行为事实上已经确认按照募集说明书中可以成为合同的部分内容订立了合同,此时募集说明书上的该部分内容对于认购人与发行人当然存在约束力。

实践中,以债券发行常见的簿记建档发行为例,募集说明书发布后,产生了要约邀请,后续的缔约过程为:潜在债券认购者向发行人发出申购订单(单方申请,非协议),构成认购者的要约;根据簿记建档确定利率和配售比例后,簿记管理人将代表发行人向认购者发送配售确认,宣布簿记建档结果,构成发行人承诺。通过以上流程,簿记建档确认了债券借款合同关系的认购债券数量和利率,同时募集说明书的相关条款进入债券合同,构成完整的、对双方当事人具有约束力的合同。

因此,在没有书面认购协议的情况下,作为要约邀请的募集说明书的相关内容会通过要约和承诺被确认为相关当事人间的合同约定,从而对双方当事人产生约束力,例如,在(2019)京 03 民初 307 号案②中,法院认为《募集说明书》作为发行人与投资者之间仅有的书面文本,载明了投资者的权利和发行人的义务,系发行人发出的要约邀请。投资者的认购行为即为要约,该要约中的实质性内容与募集说明书中发行人陈述与承诺的内容相同。债券发行人接受投资者交纳投资款的行为则为对投资者具有明确内容邀约的承诺,双方之间的债券合同关系自投资者购买债券时成立,合同内容即为募集说明书约定的内容。

(二)与发行人签订认购协议时,募集说明书与认购协议约定不一致时的处理

《民法典理解与适用》指出,要约邀请中,要约邀请人对于相对人的意思表示,也即要约邀请人吸引相对人发出要约后,针对相对人的要约,要约邀请人行使的是承诺权,其有决定承诺与否的自由,要约邀请人承诺后不受原要约邀请内容的拘束。③

因此,在《民法典》第 473 条将募集说明书认定为要约邀请后,当募集说明书与认购协议约定不一致时,应视为债券持有人与债券发行人按照认购协议确认内容

① 参见最高人民法院民法典贯彻实施工作领导小组:《中华人民共和国民法典合同编理解与适用(一)》,人民法院出版社 2020 年版,第 65 页。

② 参见北京市第三中级人民法院民事判决书(2019)京 03 民初 307 号。

③ 参见最高人民法院民法典贯彻实施工作领导小组主编:《中华人民共和国民法典合同编理解与适用(一)》,人民法院出版社 2020 年版,第 67 页。

作出了新的要约与承诺,此时应将认购协议视为双方的合同,双方之间的权利义务也应以认购协议为准。

(三)与债券承销商签订认购协议时,募集说明书与认购协议约定不一致的处理

值得关注的是,实践中债券持有人并不一定均与债券发行人签订认购协议,债券持有人与债券承销商签订认购协议的情况也大量存在。此种情形中,发生两份协议约定不一致情况后,究竟以哪份文件为准,则需要区分不同的承销方式进行讨论。

1. 代销模式

如果债券承销方式是代销,那么债券承销商与债券发行人之间就构成委托代理法律关系。《民法典》第 162 条规定:“代理人在代理权限内,以被代理人名义实施的民事法律行为,对被代理人发生效力。”因此,债券认购协议属于债券持有人和债券发行人双方之间的合同,对债券发行人具有约束力,正如上文分析,双方之间的权利义务应以认购协议为准。

2. 全额包销模式

如果债券承销的方式是全额包销,那么债券承销商与债券发行人之间就构成债券买卖法律关系。在全额包销的模式下,承销商在向发行人认购全部债券后,再与债券持有人签订认购协议,将其对发行人的债权转让给债券持有人。此种情形下,认购协议实际上是债权转让协议。因此,债券承销商和债券持有人之间的债权转让关系与承销商和发行人之间的债券认购合同关系不是同一个法律关系,此时,债券承销商与债券持有人之间签订的认购协议就不能约束债券发行人,故当处理债券发行人与债券持有人之间关系时,则应以募集说明书为准。

3. 余额包销模式

如果债券承销的方式是余额包销,则在不同阶段具有不同的法律关系。具体而言,在前期针对其他债券持有人的销售阶段,债券承销商与债券发行人之间就构成委托代理法律关系,但是实务中,承销商往往会作为发行人的代理人,代理发行人发售证券,因而债券持有人可能会和承销商签署《认购协议》,但这并不意味着承销商就可以发行债券。此时,认购协议项下,三方法律关系如下:发行人与承销商之间的关系为委托代理法律关系,发行与认购的法律关系只能存在于发行人与债券持有人之间,认购协议实质是承销商受发行人委托作为发行人的代理人向投资者销售债券的协议,双方之间的权利义务应以认购协议为准。如果前期销售完成,余额包销的模式下债券承销商往往需要购买债券,债券承销商与债券发行人之间就构成债券买卖法律关系,此时,承销商鲜少再与发行人签署认购协议,故双方

的关系通常会以募集说明书为准。

(四)针对上述问题的应对建议

1. 给债券发行人的应对建议

对于债券发行人,如在认购过程中与债券持有人签订认购协议,在设置条款时,应注意保证认购协议与债券募集说明书的约定一致。

如在认购过程中不与债券持有人签订认购协议,应保证募集说明书对核心内容进行了详细列示,特别是一些构成借款合同关系的实质条款以及投资者保障条款,如债券利率、债券期限、起息日期、付息方式、增信措施(担保措施)、债券利率调整方式、交叉违约、提前到期条款等。

2. 给债券持有人的应对建议

对于债券持有人,在签署认购协议时,也应对于债券募集说明书是否与认购协议的内容一致予以充分注意;并应当了解,如果认购协议与募集说明书约定不一致,债券违约处置实践中会以认购协议为准;对于涉及自身利益的关键条款或违约处置、交叉违约以及投资者保障机制等重要条款,在募集说明书已经载明的情况下,应当要求债券发行人在认购协议中予以进一步确认。

在与债券承销商签署认购协议时,应当关注债券承销的方式是代销模式还是包销模式,并尽量在认购协议中对募集说明书的关键内容进行再次确认。

二、《民法典》对于预期违约与交叉违约的影响与应对

债券违约中针对违约通常存在三种形式:实质违约、预期违约及交叉违约。其中,“预期违约”与“交叉违约”的认定是实践存在较大争议的问题。有关预期违约与因违约产生的解除的问题,《民法典》第578条规定:“当事人一方明确表示或者以自己的行为表明不履行合同义务的,对方可以在履行期限届满前请求其承担违约责任。”《民法典》第563条规定:“有下列情形之一的,当事人可以解除合同:(一)因不可抗力致使不能实现合同目的;(二)在履行期限届满前,当事人一方明确表示或者以自己的行为表明不履行主要债务;(三)当事人一方迟延履行主要债务,经催告后在合理期限内仍未履行;(四)当事人一方迟延履行债务或者有其他违约行为致使不能实现合同目的;(五)法律规定的其他情形。以持续履行的债务为内容的不定期合同,当事人可以随时解除合同,但是应当在合理期限之前通知对方。”

基于上述内容,下文将从《民法典》出发,研究《民法典》合同编相关制度对于交叉违约和预期违约的影响。

(一)《民法典》对债券交叉违约的影响

交叉违约并非严格的法律概念,无论是《民法典》还是《合同法》均未对"交叉违约"这一概念作出明确界定,但在债券市场和债券违约处置的实务中,该概念却被经常提到。债券市场中,交叉违约条款最早出现于原世界银行于 1980 年制定的《国际复兴开发银行贷款协定和担保协定通则》之中,对应条文所体现的基本含义为:"如果本合同项下的债务人在其他借贷合同项下出现违约,此种违约情形也将被视为对本合同的违约,并且本合同的债权人可以对该债务人采取相应的反违约措施。"①在 1982 年的《亚洲开发银行特别贷款业务条例》中,交叉违约的概念亦有体现。② 之后,交叉违约条款开始广泛应用于信贷、证券等领域。

现阶段的司法实践中,交叉违约条款的触发主要有如下两种情形:

第一种情形:当债券募集说明书或认购协议明确约定了"交叉违约"事件导致提前清偿或加速到期的条款时,法院通常会支持持有人提前清偿的诉讼请求,此时法院的裁判逻辑通常为依据募集说明书中的相关约定来认定交叉违约已经构成提

---

① 《国际复兴开发银行贷款协定和担保协定通则》第 7 条第 7.01 节:"……(c)借款人(i)根据银行与借款人之间签订的任何其他贷款协定或担保协定,或(ii)经借款人同意,由银行向任何第三方承担的任何担保或任何种类的其他财务上的义务,(iii)借款人与协会之间的任何开发信贷协定,而应偿付银行或协会的到期本金或利息或任何其他款项发生拖欠,并且上述拖欠延续达 30 天之久。(d)担保人(i)根据担保人和银行之间的任何贷款协定或担保协定,或(ii)根据银行经担保人同意而向任何第三方承担的任何担保和任何种类的其他财务上的义务,或(iii)根据担保人和协会之间的任何开发信贷协定,而应偿付银行或协会的到期本金或利息或其他任何款项发生拖欠,并在担保人不大可能履行其在担保协定中承担的义务的情况下,且上述拖欠延续达 30 天之久。(e)借款人或担保人一方在履行其根据贷款协定或担保协定所规定的任何其他义务中违约,并且在银行就此通知了借款人和担保人后,该违约行为仍持续达 60 天之久。(c)借款人(i)根据银行与借款人之间签订的任何其他贷款协定或担保协定,或(ii)经借款人同意,由银行向任何第三方承担的任何担保或任何种类的其他财务上的义务,(iii)借款人与协会之间的任何开发信贷协定,而应偿付银行或协会的到期本金或利息或任何其他款项发生拖欠,并且上述拖欠延续达 30 天之久。(d)担保人(i)根据担保人和银行之间的任何贷款协定或担保协定,或(ii)根据银行经担保人同意而向任何第三方承担的任何担保和任何种类的其他财务上的义务,或(iii)根据担保人和协会之间的任何开发信贷协定,而应偿付银行或协会的到期本金或利息或其他任何款项发生拖欠,并在担保人不大可能履行其在担保协定中承担的义务的情况下,且上述拖欠延续达 30 天之久。(e)借款人或担保人一方在履行其根据贷款协定或担保协定所规定的任何其他义务中违约,并且在银行就此通知了借款人和担保人后,该违约行为仍持续达 60 天之久……"

② 《亚洲开发银行特别贷款业务条例》第 8 条第 2 款:"如果在贷款协定生效之后任何时间出现和继续存在下列任何情况,亚行可以通知借款人或担保人(如果有的话)全部或部分中止借款人从贷款帐户上提款的权利……(b)担保人(如果有的话)不能支付与亚行签定的(1)担保协定或(2)其他任何贷款协议或担保协议所规定的本金、手续费或任何其他收费。(c)借款人或担保人(如果有的话)不能履行贷款协定或担保协定所规定的其他义务……(e)由于借款人或担保人(如果有的话)不能履行其他任何贷款协定或与亚行签定的任何有关的担保协议所规定的义务,则亚行有全部或部分地中止借款人或者担保人〔如果有的话〕根据与亚行的其他贷款协议提款的权利……"

前清偿的条件，认定发行人构成实质违约。[①] 此时交叉违约条款的认定依据是实质违约制度，强调以合同自由、意思自治原则来确认交叉违约条款有效。

第二种情形：当债券募集说明书或认购协议中没有明确约定交叉违约事件导致提前清偿或加速到期条款时，法院则会考虑交叉违约的事实是否符合预期违约的情形，并据此决定是否支持债券持有人提前清偿的诉讼请求。[②] 此时，支持提前清偿请求主要是依据预期违约制度，强调在债务人（债券发行人）丧失履约能力或出现履约风险时，债权人（债券持有人）应当获得相应救济与对抗能力。

因此，在出现交叉违约事件时，可用《民法典》有关违约认定以及预期违约的认定相关条文与宗旨进行判断，具体将在下述“预期违约”的部分进一步探讨。

（二）《民法典》对债券预期违约的影响

对于预期违约制度的规定，主要见于《民法典》第 578 条和第 563 条。依据上述规定的文义，预期违约有如下两种情形：

1. 第一种情形：明示预期违约

债券到期前，如果债券发行人明确表示无法履行债券清偿义务，法院通常会判定其构成预期违约。债券持有人可以《民法典》第 578 条之规定主张涉诉债券兑付日提前到期。例如，最高人民法院认为，“鉴于山水公司 2015 年 12 月 20 日向招商银行明确表示无法履行本案涉诉债券清偿义务，同时一审审理中还认可招商银行有理由宣布本案涉诉债券提前到期，在此情形下，即使双方在涉诉票据募集说明书中未约定涉诉债券可以提前到期，但招商银行以《合同法》第 108 条之规定主张涉诉债券兑付日提前到期，应予支持。”[③]

2. 第二种情形：默示预期违约

司法实践中，法院在认定发行人构成默示预期违约时往往较为谨慎，通常需要考量多方面因素。如前所述，当债券募集说明书或认购协议中没有约定其他债券的交叉违约导致案涉债券提前清偿或加速到期等条款时，法院则会考虑交叉违约事实是否符合预期违约的情形，此时，部分法院认为公司发行多项债券的，每一项债券的发行和兑付均具有独立性，对于未到期债券，发行人在其他债券项下的违约

---

① 参见上海市第一中级人民法院民事裁定书（2015）沪一中民六（商）初字第 7 号、上海市第二中级人民法院民事判决书（2016）沪 02 民终 2271 号、上海金融法院民事判决书（2019）沪 74 民初 13 号、北京市第三中级人民法院民事判决书（2019）京 03 民初 308 号。

② 参见云南省高级人民法院民事判决书（2018）云民初 122 号。云南省高级人民法院在债券募集说明书对交叉违约没有进行约定的情况下，便根据预期违约的构成要件去考量持有人要求发行人提前清偿的诉讼请求是否应该得到支持。

③ 参见最高人民法院民事判决书（2016）最高法民终 394 号。

事实不能轻易认定为“以自己的行为表明不履行合同义务”的情形,即不构成对未到期债券之兑付义务的默示拒绝履行行为,此种情况下,未到期债券的持有人不能以发行人默示拒绝履行行为由要求其提前兑付债券。[①] 但同时,也有部分法院会综合考量发行人是否被多个债券持有人提起诉讼、出现交叉违约后发行人是否采取相应补救措施、主体长期信用等级是否下调等因素谨慎认定交叉违约构成预期违约。[②]

实践中,债券持有人主张预期违约的另一个较为常见的情形是,在债券本金未到期的情况下发行人不能支付已到期利息。此时,如果债券募集说明书中未明确约定某一期利息的违约构成整个债券的实质违约,对已到期部分的利息,法院通常会认定债券发行人构成对利息的实质违约;针对未到期的本金及利息,法院则会考量其他因素认定发行人是否构成预期违约,如果债券发行人不能提供进一步的担保措施,会被认定构成预期违约。例如,部分法院认为,被告对于已经到期的利息不能支付,已经存在实际违约行为,对未到期债务无法确保能如期支付,也不能提供进一步的保证措施,原告认为被告存在预期违约的行为,具有事实依据。[③]

值得注意的是,在债券持有人认为债券发行人已经构成预期违约的情况下,通常会同时提出提前清偿的请求,但如果该请求的依据仅为《民法典》第 578 条,而从法理来看提前清偿并不属于违约责任的承担方式,该请求恐怕难以获得支持。

此时,债券持有人可依据《民法典》第 563 条第 2 款的规定请求解除双方合同关系,从而使得提前清偿的诉讼请求获得支持。事实上,在(2019)皖 01 民初 1515 号案[④]、(2018)京民终 410 号案[⑤]、(2017)京民初 54 号案[⑥]中,法院在认定债券发行人构成预期违约后,均会认定债券持有人与债券发行人的合同关系解除,此后再进一步作出要求债券发行人提前清偿的相关判决。

预期违约导致合同解除后,债券持有人可能需要对违约金及未到期利息进一步主张,对此,《民法典》提供法律依据如下:

对于违约金的主张,《民法典》第 566 条第 2 款规定:“合同因违约解除的,解除

---

① 参见上海市浦东新区人民法院民事判决书(2015)浦民六(商)初字第 4310 号。

② 参见北京市高级人民法院民事判决书(2018)京民终 410 号、安徽省合肥市中级人民法院民事判决书(2019)皖 01 民初 1515 号。

③ 参见上海市第二中级人民法院民事判决书(2016)沪 02 民初 638 号。

④ 参见安徽省合肥市中级人民法院民事判决书(2019)皖 01 民初 1515 号。

⑤ 参见北京市高级人民法院民事判决书(2018)京民终 410 号。

⑥ 参见北京市高级人民法院民事判决书(2017)京民初 54 号。

权人可以请求违约方承担违约责任,但是当事人另有约定的除外。”因此,即使合同已经解除,债券持有人仍然可以依据合同约定(如募集说明书或其他相关协议中约定的违约金条款等)主张债券发行人的其他违约责任。

对于未到期利息的主张,《民法典》第584条规定:“当事人一方不履行合同义务或者履行合同义务不符合约定,造成对方损失的,损失赔偿额应当相当于因违约所造成的损失,包括合同履行后可以获得的利益;但是不得超过违约一方订立合同时预见到或者应当预见到的因违约可能造成的损失。”因此,即使合同已经解除,债券持有人仍可将未到期的利息视为债券合同履行后可以获得的利益要求债券发行人予以赔偿。例如在(2019)皖01民初1515号、(2018)京民终410号、(2017)京民初54号以及(2018)沪02民终3136号①案件中,法院均采用上述审判逻辑支持了债券持有人关于未到期利息的主张。

(三)针对交叉违约与预期违约的应对建议

预期违约制度更多是债券持有人在没有合同约定情况下行使权利的依据,对于债券持有人而言,在认购债券时,应注意在合同文件中约定明确的交叉违约及提前到期条款,并尽量详尽地列举违约情形及相应违约责任。

如果募集说明书中或其他债券合同有关违约的约定较为粗糙,且债券发行人已经存在交叉违约或预期违约等情形时,债券持有人应尽量多方面搜集如利息支付是否违约、是否被多个债券持有人提起诉讼、出现交叉违约后发行人是否采取相应补救措施、是否明确拒绝了持有人增加担保的请求、发行人主体长期信用等级是否下调等证据,以证明债券发行人已经构成预期违约;同时,如债券持有人希望要求债券发行人提前清偿,则可请求解除双方合同关系,并同步提出要求支付违约金以及未到期利息等相关主张。

第四节　《民法典》侵权制度对债券违约处置的具体影响与应对

债券纠纷的处置方式以违约诉讼或仲裁为主,但也不乏欺诈发行、虚假陈述等侵权诉讼或仲裁。处理债券侵权案件主要以《民法典》总则编和侵权责任编的基本原则为基础,一定程度上沿用2003年2月1日生效的《虚假陈述若干规定》,同时,也受《证券法》的约束。

---

① 参见上海市第二中级人民法院民事判决书(2018)沪02民终3136号。

此外,基于《民法典》确立的基本规则,《债券纠纷会议纪要》第22条债券欺诈发行和虚假陈述的损失计算①、第23条损失赔偿后债券的交还与注销②、第24条因果关系抗辩③、第26条债券发行增信机构与发行人的共同责任④、第27条发行人与

---

① 《债券纠纷会议纪要》第22条规定:"债券欺诈发行和虚假陈述的损失计算。债券信息披露文件中就发行人财务业务信息等与其偿付能力相关的重要内容存在虚假记载、误导性陈述或者重大遗漏的,欺诈发行的债券认购人或者欺诈发行、虚假陈述行为实施日及之后、揭露日之前在交易市场上买入该债券的投资者,其损失按照如下方式计算:(1)在起诉日之前已经卖出债券,或者在起诉时虽然持有债券,但在一审判决作出前已经卖出的,本金损失按投资人购买该债券所支付的加权平均价格扣减持有该债券期间收取的本金偿付(如有),与卖出该债券的加权平均价格的差额计算,并可加计实际损失确定之日至实际清偿之日止的利息。利息分段计算,在2019年8月19日之前,按照中国人民银行确定的同期同类贷款基准利率计算;在2019年8月20日之后,按照中国人民银行授权全国银行间同业拆借中心公布的贷款市场报价利率(LPR)标准计算。(2)在一审判决作出前仍然持有该债券的,债券持有人请求按照本纪要第21条第1款的规定计算损失赔偿数额的,人民法院应当予以支持;债券持有人请求赔偿虚假陈述行为所导致的利息损失的,人民法院应当在综合考量欺诈发行、虚假陈述等因素的基础上,根据相关虚假陈述内容被揭露后的发行人真实信用状况所对应的债券发行利率或者债券估值,确定合理的利率赔偿标准。"

② 《债券纠纷会议纪要》第23条规定:"损失赔偿后债券的交还与注销。依照本纪要第21条、第22条第二项的规定请求发行人承担还本付息责任的,人民法院应当在一审判决作出前向债券登记结算机构调取本案当事人的债券交易情况,并通知债券登记结算机构冻结本案债券持有人所持有的相关债券。人民法院判令发行人依照本纪要第21条、第22条第二项的规定承担还本付息责任的,无论债券持有人是否提出了由发行人赎回债券的诉讼请求,均应当在判项中明确债券持有人交回债券的义务,以及发行人依据生效法律文书申请债券登记结算机构注销该债券的权利。"

③ 《债券纠纷会议纪要》第24条规定:"因果关系抗辩。债券持有人在债券信息披露文件中的虚假陈述内容被揭露后在交易市场买入债券的,对其依据本纪要第22条规定要求发行人承担责任的诉讼请求,人民法院不予支持。债券投资人在债券信息披露文件中的虚假陈述内容被揭露后在交易市场买入该债券,其后又因发行人的其他信息披露文件中存在虚假记载、误导性陈述或者重大遗漏导致其信用风险进一步恶化所造成的损失,按照本纪要第22条的规定计算。人民法院在认定债券信息披露文件中的虚假陈述内容对债券投资人交易损失的影响时,发行人及其他责任主体能够证明投资者通过内幕交易、操纵市场等方式卖出债券,导致交易价格明显低于卖出时的债券市场公允价值的,人民法院可以参考欺诈发行、虚假陈述行为揭露日之后的十个交易日的加权平均交易价格或前三十个交易日的市场估值确定该债券的市场公允价格,并以此计算债券投资者的交易损失。发行人及其他责任主体能够证明债券持有人、债券投资者的损失部分或者全部是由于市场无风险利率水平变化(以同期限国债利率为参考)、政策风险等与欺诈发行、虚假陈述行为无关的其他因素造成的,人民法院在确定损失赔偿范围时,应当根据原因力的大小相应减轻或者免除赔偿责任。人民法院在案件审理中,可以委托市场投资者认可的专业机构确定欺诈发行、虚假陈述行为对债券持有人和债券投资者损失的影响。"

④ 《债券纠纷会议纪要》第26条规定:"债券发行增信机构与发行人的共同责任。债券发行人不能如约偿付债券本息或者出现债券募集文件约定的违约情形时,人民法院应当根据相关增信文件约定的内容,判令增信机构向债券持有人承担相应的责任。监管文件中规定或者增信文件中约定增信机构的增信范围包括损失赔偿内容的,对债券持有人、债券投资者要求增信机构对发行人因欺诈发行、虚假陈述而应负的赔偿责任承担相应担保责任的诉讼请求,人民法院应当予以支持。增信机构承担责任后,有权向发行人等侵权责任主体进行追偿。"

其他责任主体的连带责任①、第28条发行人内部人的过错认定②、第29条债券承销机构的过错认定③、第30条债券承销机构的免责抗辩④、第31条债券机构的过错认定⑤等内容从侵权责任构成要件出发细化解决了债券欺诈发行、虚假陈述案件面临的实务难题。

一、《民法典》对欺诈发行、虚假陈述民事责任性质认定的影响与应对

根据《证券法》的规定，通常情况下，欺诈发行、债券虚假陈述的责任主体包括

① 《债券纠纷会议纪要》第27条规定："发行人与其他责任主体的连带责任。发行人的控股股东、实际控制人、发行人的董事、监事、高级管理人员或者履行同等职责的人员，对其制作、出具的信息披露文件中存在虚假记载、误导性陈述或者重大遗漏，足以影响投资人对发行人偿债能力判断的，应当与发行人共同对债券持有人、债券投资者的损失承担连带赔偿责任，但是能够证明自己没有过错的除外。"

② 《债券纠纷会议纪要》第28条规定："发行人内部人的过错认定。对发行人的执行董事、非执行董事、独立董事、监事、职工监事、高级管理人员或者履行同等职责的人员，以及参与信息披露文件制作的责任人员所提出的其主观上没有过错的抗辩理由，人民法院应当根据前述人员在公司中所处的实际地位、在信息披露文件的制作中所起的作用、取得和了解相关信息的渠道及其为核验相关信息所做的努力等实际情况，审查、认定其是否存在过错。"

③ 《债券纠纷会议纪要》第29条规定："债券承销机构的过错认定。债券承销机构存在下列行为之一，导致信息披露文件中的关于发行人偿付能力相关的重要内容存在虚假记载、误导性陈述或者重大遗漏，足以影响投资人对发行人偿债能力判断的，人民法院应当认定其存在过错：(1)协助发行人制作虚假、误导性信息，或者明知发行人存在上述行为而故意隐瞒的；(2)未按照合理性、必要性和重要性原则开展尽职调查，随意改变尽职调查工作计划或者不适当地省略工作计划中规定的步骤；(3)故意隐瞒所知悉的有关发行人经营活动、财务状况、偿债能力和意愿等重大信息；(4)对信息披露文件中相关债券服务机构出具专业意见的重要内容已经产生了合理怀疑，但未进行审慎核查和必要的调查、复核工作；(5)其他严重违反规范性文件、执业规范和自律监管规则中关于尽职调查要求的行为。"

④ 《债券纠纷会议纪要》第30条规定："债券承销机构的免责抗辩。债券承销机构对发行人信息披露文件中关于发行人偿付能力的相关内容，能够提交尽职调查工作底稿、尽职调查报告等证据证明符合下列情形之一的，人民法院应当认定其没有过错：(1)已经按照法律、行政法规和债券监管部门的规范性文件、执业规范和自律监管规则要求，通过查阅、访谈、列席会议、实地调查、印证和讨论等方法，对债券发行相关情况进行了合理尽职调查；(2)对信息披露文件中没有债券服务机构专业意见支持的重要内容，经过尽职调查和独立判断，有合理的理由相信该部分信息披露内容与真实情况相符；(3)对信息披露文件中相关债券服务机构出具专业意见的重要内容，在履行了审慎核查和必要的调查、复核工作的基础上，排除了原先的合理怀疑；(4)尽职调查工作虽然存在瑕疵，但即使完整履行了相关程序也难以发现信息披露文件存在虚假记载、误导性陈述或者重大遗漏。"

⑤ 《债券纠纷会议纪要》第31条规定："债券服务机构的过错认定。信息披露文件中关于发行人偿付能力的相关内容存在虚假记载、误导性陈述或者重大遗漏，足以影响投资人对发行人偿付能力的判断的，会计师事务所、律师事务所、信用评级机构、资产评估机构等债券服务机构不能证明其已经按照法律、行政法规、部门规章、行业执业规范和职业道德等规定的勤勉义务谨慎执业的，人民法院应当认定其存在过错。会计师事务所、律师事务所、信用评级机构、资产评估机构等债券服务机构的注意义务和应负责任范围，限于各自的工作范围和专业领域，其制作、出具的文件有虚假记载、误导性陈述或者重大遗漏，应当按照证券法及相关司法解释的规定，考量其是否尽到勤勉尽责义务，区分故意、过失等不同情况，分别确定其应当承担的法律责任。"

以下几类:(1)发行人;(2)发行人的控股股东、实际控制人、发行人的董事、监事、高级管理人员或者履行同等职责的人员,以及参与信息披露文件制作的责任人员;(3)中介机构,包括债券承销机构和债券服务机构(会计师事务所、律师事务所、信用评级机构、资产评估机构)。对于上述三类主体欺诈发行或虚假陈述的责任性质,有“侵权说”和“合同说”等不同观点。

有关“合同说”,此前理论界有部分学者认为,侵权责任的客体应是绝对权,不包含债权等相对权。① 债权不具有社会典型公开性,由于缺乏相应的公示方法,债权人与债务人之外的人难以得知债权的存在。如果对于债权这一相对权也给予同绝对权一样的保护,就会对行为人的合理的行为自由构成不当干预。因此,因欺诈发行、虚假陈述而承担的责任属于债券合同或相关承诺约定的合同违约责任。

然而随着理论研究的深入,理论界和实务界多数认为,相关主体欺诈发行、虚假陈述承担的是侵权责任。

《民法典》关于侵权责任保护范围的变化也为该观点提供了依据。此前,《侵权责任法》第 2 条第 2 款规定:“侵害民事权益,应当依照本法承担侵权责任。本法所称民事权益,包括生命权、健康权、姓名权、名誉权、荣誉权、肖像权、隐私权、婚姻自主权、监护权、所有权、用益物权、担保物权、著作权、专利权、商标专用权、发现权、股权、继承权等人身、财产权益。”《侵权责任法》列举的权利中并没有虚假陈述侵害的权益,因此,在原有侵权责任法体系中对虚假陈述侵害的权益如何保护以及保护到什么程度,实践中仍有较大争议。

《民法典》第 1164 条规定:“本编调整因侵害民事权益产生的民事关系。”该条实际将侵权责任保护的范围由《侵权责任法》第 2 条第 2 款的“概括+列举式”规定,改成了一个概括式的规定。看似并没有特别大的变化,但正是通过这一条纠正了《侵权责任法》通过列举方式规定侵权责任保护范围导致的“挂一漏万”。

《民法典理解与适用》指出,侵权法保护债权是通过对第三人故意侵害债权的行为课以侵权责任的方式来救济债权人,以达到保护债权的目的。债务人作为债权关系中的特定人,其侵害债权是通过不履行制度来规制,如果对此亦适用侵权责任编会严重混淆违约责任和侵权责任的界限。② 可以看出,侵权责任保护债权,不是在债务人不履行债务使得债权人受到损害的情况中,而是在第三人侵害债权而《民法典》合同编却又没有办法保护时,必须用《民法典》侵权责任编保护。

实务中,债券欺诈发行和虚假陈述的责任主要源自信息披露义务人(发行人、

---

① 参见程啸:《侵权责任法》,法律出版社 2021 年版,第 117—118 页。

② 最高人民法院民法典贯彻实施工作领导小组主编:《中华人民共和国民法典侵权责任编理解与适用》,人民法院出版社 2020 年版,第 17 页。

发行人的控股股东、实际控制人、发行人的董事、监事、高级管理人员或者履行同等职责的人员，以及参与信息披露文件制作的责任人员、中介机构等）违反证券法律法规的相关规定，在债券发行或交易过程中，对重大事件作出违背事实真相的记载、误导性陈述、在披露信息时发生重大遗漏或不正当披露信息的行为。上述主体在明知自己的行为会导致债券持有人权利损害的情况下，故意或重大过失侵害债券债权，同时侵害了债券持有人如实获取信息的权利，是合同不履行制度所不能解决的。因此，欺诈发行和虚假陈述的责任类型应当是侵权责任。

此外，最高人民法院在《关于审理证券市场虚假陈述案件司法解释的理解与适用》（以下简称《虚假陈述司法解释理解与适用》）中明确表示，《虚假陈述若干规定》将发行与交易阶段的虚假陈述行为统一作为侵权行为来对待，是因为虚假陈述行为人违反的是向公众披露证券真实情况的法定义务，侵犯的是投资者公平、完整、及时、准确获知证券信息的基本权利，而且将虚假陈述定性为过错推定的侵权行为有利于追究承销商、保荐人等与投资者不存在直接合同关系的行为人的责任，最大限度保护投资者合法权益①，也体现了司法机关对此类案件属于侵权行为性质的理解。

鉴于此，在债券发生违约以及债券发行人存在虚假陈述的情况下，违约责任和侵权责任产生了责任竞合，债券持有人可以选择以侵权名义提起诉讼，也可以选择以违约名义提起诉讼。另外，由于侵权责任属于法定责任，如果以侵权名义不仅可以向债券发行人主张权利，还可以向合同相对主体外的债券发行人控股股东、实际控制人、发行人的董事、监事、高级管理人员或者履行同等职责的人员，以及参与信息披露文件制作的责任人员、中介机构（包括债券承销机构和债券服务机构）主张权利，且并不以《募集说明书》以及合同的明确约定为要件。

二、《民法典》对欺诈发行、虚假陈述民事责任构成要件的影响与应对

欺诈发行、虚假陈述主要适用过错责任的归责原则，在举证责任则遵循过错推定的规则。此前，《侵权责任法》第 6 条规定："行为人因过错侵害他人民事权益，应当承担侵权责任。根据法律规定推定行为人有过错，行为人不能证明自己没有过错的，应当承担侵权责任。"《民法典》第 1165 条沿袭了上述规定。

根据《民法典》第 1165 条第 1 款的规定，按照过错责任原则，侵权责任的成立，必须具备违法行为、损害事实、因果关系和主观过错四个要件，四者缺一则不能

---

① 参见李国光主编，最高人民法院民事审判第二庭编著：《最高人民法院关于审理证券市场虚假陈述案件司法解释的理解与适用》，人民法院出版社 2015 年版，第 234—235 页。

构成侵权责任。①

(一)欺诈发行、虚假陈述的过错认定

正如前文所述,虚假陈述责任纠纷的本质是侵权责任纠纷,《债券纠纷会议纪要》第3条指出,应依法确定"相关各方的权利、义务和责任,将责任承担与行为人的注意义务、注意能力和过错程度相结合",该条文不仅体现出对侵权责任基本归责原则的回归,也体现出平等保护市场各方合法权益的审判精神。

关于侵权责任基本归责原则,依据《民法典》第1165条、第1166条规定,侵权责任归责原则为过错责任原则和无过错责任原则,其中过错责任原则又分为一般过错责任和过错推定责任。

根据《证券法》第85条规定,债券承销机构"应当与发行人承担连带赔偿责任,但是能够证明自己没有过错的除外"。即法律推定债券承销机构为有过错,债券承销机构应对其无过错承担证明责任。《债券纠纷会议纪要》第27、29、31、33条等与虚假陈述责任承担直接相关条款,都以"足以影响投资人对发行人偿债(偿付)能力判断"作为虚假陈述行为和过错判定的前提。

同时,《债券纠纷会议纪要》第6节前言部分也明确,"将责任承担与过错程度相结合",并进一步指出:"债券承销机构和债券服务机构对各自专业相关的业务事项未履行特别注意义务,对其他业务事项未履行普通注意义务的,应当判令其承担相应法律责任。"

该部分有关特别注意义务与普通注意义务的区分与中国证监会发布的《尽职调查指引》一脉相承,《尽职调查指引》第5条规定:"尽职调查过程中,对发行文件中无中介机构及其签名人员专业意见支持的内容,承销机构应当在获得充分的尽职调查材料并对各种尽职调查材料进行综合分析的基础上进行独立判断,履行特别注意义务。对发行文件中有中介机构及其签名人员出具专业意见的内容,承销机构应当结合尽职调查过程中获得的信息对专业意见的内容履行普通注意义务。对专业意见存有合理怀疑的,应当主动与中介机构进行沟通,要求其做出解释或出具依据;发现专业意见与尽职调查过程中获得的信息存在重大差异的,应当对有关事项进行调查、复核,并在承销商核查意见等发行文件中予以充分揭示。"

可见,一方面,债券承销商对自己职责范围内的内容要有特别注意义务,需要"对信息披露文件中没有债券服务机构专业意见支持的重要内容,经过尽职调查和独立判断,有合理、谨慎的理由相信该部分信息披露内容与真实情况相符";另一方面,对会计师事务所、律师事务所等其他中介机构的尽职调查报告也有普通注意义

① 参见最高人民法院民法典贯彻实施工作领导小组主编:《中华人民共和国民法典侵权责任编理解与适用》,人民法院出版社2020年版,第25页。

务,需要在"履行了审慎核查和必要的调查、复核工作的基础上,排除了原先的合理怀疑"。

在过往实践中,通过对认定承销商及其他中介机构违反注意义务而要求其承担赔偿责任的债券虚假陈述案例较少。值得关注的有,2020 年 3 月 18 日吉林省高级人民法院作出的(2019)吉民终 458 号案①(下称"吉粮债虚假陈述案")以及 2020 年 12 月 31 日杭州市中级人民法院作出的(2020)浙 01 民初 1691 号一审判决(下称"五洋债虚假陈述案")。

"五洋债虚假陈述案"是首个公开披露的公募债券虚假陈述由承销商及其他中介机构承担连带赔偿责任的案例。此案中,法院对承销商和中介机构是否存在过错的分析是基于相应主体注意义务违反的认定,体现了承销商、中介机构等主体的特别注意义务对其行为的规范作用,也体现了金融审判的专业化要求,其过错的具体认定如下:

德邦证券作为承销商,在关注到应收账款回收风险时未充分履行核查程序,在发现投资性房地产在资产中占比较高时未充分履行调查、复核程序;在知悉低价出售资产等情况时未将此风险作为重大事项写入核查意见。其未勤勉尽责,故存在重大过错,应就约 7.4 亿债券本息的 100%承担连带赔偿责任。

大信会计师事务所作为审计机构,在未获取充分、适当的审计证据加以验证的前提下,认可发行人关于应收账款和应付账款"对抵"的账务处理,为发行人财务报表出具了标准无保留意见的审计报告;在得知审计报告用于发债目的时,未调整项目风险级别并追加相应的审计程序。其出具了存在虚假记载的审计报告,未勤勉尽职,存在重大过错,应就约 7.4 亿债券本息的 100%承担连带赔偿责任。

大公国际作为评估公司对发行人低价出售房产这一可能影响发债条件、偿债能力的重大事项,未进一步核实关注并合理评定信用等级,存在过错。判决认定其就 7.4 亿债券本息的 10%承担连带赔偿责任。

锦天城律所作为提供法律意见的律师事务所,在发行人子公司出售投资性房产事项的情况下,未对该重大合同及所涉重大资产变化事项关注核查,对不动产权属尽职调查不到位,未能发现占比较高的重大资产减少情况对发行人偿债能力带来的法律风险。其未勤勉尽职,存在过错,应就 7.4 亿债券本息的 5%承担连带赔偿责任。

从"五洋债虚假陈述案"判决书的内容可知,法院用了大量的篇幅论证各中介机构的核查义务,应当核查哪些内容,实际核查过程有哪些过错。无论是承销商、

---

① 吉林省高级人民法院民事判决书(2019)吉民终 458 号、吉林省长春市中级人民法院民事判决书(2017)吉 01 民初 250 号,唯一一个公开披露的私募债券虚假陈述由承销商承担连带赔偿责任的案例。

会计师事务所、评级机构还是律师事务所,其过错均在于对关键事项没有进行核查,这与《债券纠纷会议纪要》中体现的审判理念是一致的。

此外,(2020)京02民初357号案[①](以下简称14富贵鸟案)也值得注意。该案中介机构毕马威在未受到行政处罚的情况下被判决承担责任。毕马威的过错在于未函证定期存款是否被质押、用于担保或存在其他使用限制情况,也未在审计工作底稿中说明未函证的理由。法院在考量其过错的情况下,判决毕马威承担约3%的责任,体现了《债券纠纷会议纪要》的"责任承担与过错程度相结合"精神。

对于如何认定中介机构的过错,根据《债券纠纷会议纪要》第31条的规定,中介机构是否尽到"勤勉义务谨慎执业"是认定其是否存在过错的关键。但是,勤勉尽责的标准仍较为抽象,现行"勤勉尽责"的标准是在遵守"执业规则"的基础上演变而来,如(2020)川民终293号[②](以下简称华泽钴镍案),(2019)粤民终2080号[③](以下简称保千里案)等案件中,法院均从中介机构执业规范出发,对中介机构未能勤勉尽责进行了论述。

(二)欺诈发行、虚假陈述的行为认定

行为违法就是指行为人实施的行为在客观上违反法律规定,主要表现为违反法律规定的义务,违反保护他人的法律和故意实施违背善良风俗而造成他人损害的行为。[④]

在争议解决领域中,虚假陈述无疑是专业性较强的领域之一,虚假陈述行为的认定也具备一定的专业性。长期以来,我国司法机关在虚假陈述行为的认定方面,非常看重监管部门的意见,这也是《虚假陈述若干规定》第6条以行政处罚决定或者法院刑事裁判文书为前置条件的原因之一。正如前文所述,来自监管部门和公安部门的调查结果,曾经是认定发行人及承销商虚假陈述行为的必要证据。

但值得注意的是,此前的《虚假陈述若干规定》第6条要求投资人提起虚假陈述证券民事赔偿诉讼,需要提交有关行政处罚决定或者法院刑事裁判文书。然而,2015年立案登记制度改革后,最高人民法院曾于当年的《最高人民法院关于当前商事审判工作中的若干具体问题》中提出此类案件不再以行政处罚和生效刑事判决为立案前置条件,人民法院可以在诉讼程序中对是否存在虚假陈述侵权行为

---

① 参见北京市第二中级人民法院民事判决书(2020)京02民初357号。

② 参见四川省高级人民法院民事判决书(2020)川民终293号、北京市高级人民法院行政判决书(2020)京行终618号。

③ 参见广东省高级人民法院民事判决书(2019)粤民终2080号。

④ 参见最高人民法院民法典贯彻实施工作领导小组主编:《中华人民共和国民法典侵权责任编理解与适用》,人民法院出版社2020年版,第28页。

进行独立判断。[①]

对此,《债券纠纷会议纪要》第 9 条明确规定:“欺诈发行、虚假陈述行为人以债券持有人、债券投资者主张的欺诈发行、虚假陈述行为未经有关机关行政处罚或者生效刑事裁判文书认定为由请求不予受理或者驳回起诉的,人民法院不予支持。”因此,《债券纠纷会议纪要》变更了原有《虚假陈述若干规定》的规定。该纪要生效后,债券持有人提起虚假陈述诉讼不再以行政处罚或刑事判决为前提。

不过《债券纠纷会议纪要》发布后,虽然行政处罚或刑事判决不再是程序前提,但在实体层面,行政处罚、刑事判决以及监管和公安经济侦查部门的调查结果仍对虚假陈述认定有着至关重要的作用。例如,此前涉及证券的虚假陈述案件中,被追责的中介机构多受到了行政处罚;在作为债券虚假陈述第一案的五洋债虚假陈述案中,承销商也受到了行政处罚。同时,法院在论述虚假陈述行为时也大量引用了监管意见。

但是,近期出现的案例似乎表明行政处罚已不再是法院确认虚假陈述责任的必要条件。如上文提到的 14 富贵鸟案,审计机构毕马威在未受到行政处罚的情况下被判决承担责任;在股票领域,(2020)沪民终 666 号案[②](以下简称中安消案)中,证券公司在并未受到行政处罚的情况下被判决承担责任。可见,司法实践中行政处罚或刑事判决不再前置将逐渐成为常态。

针对警示函等行政监管措施,以往的案件中,部分法院认为,监管机构采取的警示函在性质上不属于行政处罚决定书,不能直接作为中介机构承担赔偿责任的依据[③],中介机构甚至可以据此抗辩:在监管机关采取监管谈话等措施后,并未进一步做出行政处罚,足以证明相关主体行为符合规范,尽到职业谨慎的义务,监管机关认为不应被处罚等。但是,从上述的中安消案、14 富贵鸟案可以看出,该种局面或将发生改变,与此同时,该趋势也将导致法院对于过错、因果关系、损失、免责事由等侵权构成要件的裁判考量因素更加重视。

同时,《债券纠纷会议纪要》第 21 条第 3 款也指出,在债券持有人以发行人欺诈发行、虚假陈述为由要求发行人还本付息并解除合同时,人民法院应综合考量欺诈发行、虚假陈述等行为是否存在足以导致合同目的不能实现等因素。

---

① 《最高人民法院关于当前商事审判工作中的若干具体问题》:依法受理和审理虚假陈述、内幕交易和市场操纵行为引发的民事赔偿案件,维护证券交易市场上投资者的合法权益。根据立案登记司法解释规定,因虚假陈述、内幕交易和市场操纵行为引发的民事赔偿案件,立案受理时不再以监管部门的行政处罚和生效的刑事判决认定为前置条件。

② 参见上海市高级人民法院民事判决书(2020)沪民终 666 号。

③ 参见辽宁省大连市中级人民法院民事判决书(2019)辽 02 民初 1794 号、湖南省高级人民法院民事判决书(2020)湘民终 121、122 号。

(三)欺诈发行、虚假陈述的损失计算

《民法典》第1165条基本沿用了《侵权责任法》第6条第1款的规定,但在第1款的规定中增加了"造成损害的"这一表述,以损害作为承担责任的必备要件之一,强调了过错责任原则必须造成损害的要求。[①]

关于债券虚假陈述责任纠纷中债券持有人损失的认定,是《债券纠纷会议纪要》征求意见稿与《债券纠纷会议纪要》正式稿规定之间存在较大差异的一个条文。征求意见稿主要以《虚假陈述若干规定》为参考依据进行规定,以投资者买入价与基准价(揭露日至基准日的平均交易价格)之间的差额计算损失;其逻辑在于"如果发行人进行了准确的信息披露,那么投资者就不会以现实中的价格认购/购买债券,那么其遭受的损失就是认购/购买债券的实际价格与准确信息披露的拟制的债券价格的差价。"[②]《虚假陈述若干规定》体现的是股票购买逻辑,债券的损失情形与之相比有较大差异。

在债券虚假陈述责任纠纷的司法实践中,存在按照债券发行人应付未付本息的全部金额计算损失的情形。[③] 因此,《债券纠纷会议纪要》之后将损失计算规则进行了调整,其逻辑在于"如果发行人进行了准确的信息披露,那么投资者就不会认购/购买债券,自然也不可能遭受任何损失,而损失既应当包括实际损失,也应当包括预期收益的损失,就债券而言,也就是本息。"[④]

基于此,《债券纠纷会议纪要》的计算方式调整如下:(1)取消基准日及有效估值;(2)欺诈发行的债券认购人或欺诈发行/虚假陈述行为实施日及之后、揭露日之前在交易市场上买入该债券的投资者,其损失按照如下方式计算:其一,在起诉日前已经卖出债券,或在起诉时虽然持有债券,但在一审判决作出前已经卖出的,则本金损失=投资人购买该债券所支付的加权平均价格-持券期间获得偿付的本金(如有)-卖出该债券的加权平均价格。而损失赔偿数额=本金损失[⑤]+本金损失产生的利息(按照同期同类贷款利率或LPR计算)[⑥];其二,在一审判决作出前仍然持有该债券的,损失赔偿数额=到期本息或当期利息+逾期利息(违约金)+实现债权

---

① 参见最高人民法院民法典贯彻实施工作领导小组主编:《中华人民共和国民法典侵权责任编理解与适用》,第24页。

② 杨培明:《十问十答:惊喜还是惊吓,债券会议纪要后的违约处置走向何方》,载微信公众号"大队长金融",2020年7月16日访问。

③ 参见上海市第二中级人民法院(2018)沪02民终3136号民事判决书。

④ 杨培明:《十问十答:惊喜还是惊吓,债券会议纪要后的违约处置走向何方》,载微信公众号"大队长金融",2020年7月16日访问。

⑤ 债券的交易机制为全价结算,每次债券交易后,应付利息已经由新买受人预先承接,因此变化的主要是本金因素。

⑥ 部分主要为本金损失的资金占用费。

的合理费用。

近期的债券违约案件中,发行人进入破产程序已经屡见不鲜,例如五洋债虚假陈述案、14富贵鸟案,债券持有人往往会在申报债权后,向承销商和其他中介机构基于虚假陈述而主张权利。

然而,实践中破产重整往往周期较长,破产清偿率亦无法在短期内确定,基于民事损害赔偿的填平原则,虚假陈述案件的审理法院往往会对损失的确定以及是否会双重受偿产生疑问。对此,五洋债虚假陈述案件中,债券发行人处于破产重整程序,部分投资者也已经在破产程序中确认对发行人申报的债权,但是,法院在认定该部分投资者的损失时,并未考虑投资者在破产程序中已经确认债权可能获得清偿的比例,仍然认定该部分投资者的损失为债券到期后未能获得本息兑付而产生的损失。其法律依据应当为《企业破产法》第92条第3款①以及《债券纠纷会议纪要》第22条第(2)款。

尽管如此,司法实践中亦有破产管理人开始考虑到此问题,或在重整计划中提供对偿债资源保管而暂不清偿的保管函,以方便相关主体向破产之外的主体主张权利。

(四)欺诈发行、虚假陈述的因果关系认定

正如《民法典理解与适用》指出,因果关系是侵权责任法乃至整个民法领域最复杂的问题之一。目前对于侵权责任纠纷,往往需要运用相当因果关系的规则来判断,即仅要求法官依法查明违法行为与损害事实之间在通常情况下存在因果关系即可。②

实务中,关于欺诈发行和债券违约的因果关系,一般分为两个层次:第一个层次是虚假陈述与债券持有人购买决策之间的因果关系,即交易因果关系;第二个层次是虚假陈述与债券持有人损失之间的因果关系,即损失因果关系。

针对第一个层次,遵循了"推定信赖原则",即投资者在虚假陈述实施日及以后,至揭露日之前买入的交易行为,都推定为受虚假陈述行为的影响,存在因果关系。举证上,投资者只需要证明其买入的交易行为客观上处于虚假陈述行为实施后未被揭露的期间内即可。《债券纠纷会议纪要》第24条明确了可主张有因果关系的期间:(1)"债券持有人在债券信息披露文件中的虚假陈述内容被揭露后在交易市场买入债券的,对其依据本纪要第22条规定要求发行人承担责任的诉讼请求,人民法院不予支持";(2)"债券投资人在债券信息披露文件中的虚假陈述内容

---

① 《企业破产法》第92条第3款:"债权人对连带债务人所享有的权利,不受重整计划的影响。"

② 参见最高人民法院民法典贯彻实施工作领导小组主编:《中华人民共和国民法典侵权责任编理解与适用》,人民法院出版社2020版,第30页。

被揭露后在交易市场买入该债券,其后又因发行人的其他信息披露文件中存在虚假记载、误导性陈述或者重大遗漏导致其信用风险进一步恶化所造成的损失,按照本纪要第22条的规定计算。"

虚假陈述揭露时间的确定,事关投资者能否主张虚假陈述行为与损失存在因果关系。《九民纪要》第84条明确,虚假陈述的揭露日和更正日,是指虚假陈述被市场所知悉、了解,其精确程度并不以"镜像规则"为必要,不要求达到全面、完整、准确的程度。原则上,只要交易市场对监管部门立案调查、权威媒体刊载的揭露文章等信息存在明显的反应,对一方主张市场已经知悉虚假陈述的抗辩,人民法院依法予以支持。根据最高法院民二庭对该条的解释,对"揭露日"的认定,应把握三个原则:其一,虚假陈述行为系首次公开,但不要求达到全面、完整、准确的程度;其二,在全国范围内发行、传播;其三,揭露对证券交易产生了实质性影响。①

针对第二个层次,《债券纠纷会议纪要》相比于《虚假陈述若干规定》扩大了减/免责事由范围,第24条第4款规定"市场无风险利率水平变化(以同期限国债利率为参考)、政策风险等与欺诈发行、虚假陈述行为无关的其他因素",也可以作为考量因素,同时规定"人民法院在确定损失赔偿范围时,应当根据原因力的大小相应减轻或者免除赔偿责任的范围"。这是符合债券市场规律的,因为与股票市场相比,影响债券价格的因素不只有"系统性风险"。

此外,在计算虚假陈述内容对债券投资人交易损失的影响时,该条第3款也明确:"发行人及其他责任主体能够证明投资者通过内幕交易、操纵市场等方式卖出债券,导致交易价格明显低于卖出时的债券市场公允价值的,人民法院可以参考欺诈发行、虚假陈述行为揭露日之后的十个交易日的加权平均交易价格或前三十个交易日的市场估值确定该债券的市场公允价格,并以此计算债券投资者的交易损失。"同时第5款指出:"人民法院在案件审理中,可以委托市场投资者认可的专业机构确定欺诈发行、虚假陈述行为对债券持有人和债券投资者损失的影响。"这些条款也是基于债券市场规律作出的,值得债券发行人、债券持有人、债券承销商在考量损失因果关系时予以充分注意。

实践中也出现了从因果关系衍生出的"比例连带责任"判决,引起了业界的广泛讨论,如前文提到的中安消案以及华泽钴镍案。上海市高级人民法院在中安消案判决书中详细分析了独立财务顾问某证券公司、审计机构某会计师事务所的虚假陈述行为。某证券公司在"班班通"项目虚增估值,财务顾问报告结论失实,该项目虚假陈述金额占中安消公司当年预测营收的26%;某会计师事务所在"智慧石

---

① 参见最高人民法院民事审判第二庭编著:《〈全国法院民商事审判工作会议纪要〉理解与适用》,人民法院出版社2020年版,第447页。

拐”项目虚增营收，审计报告虚假记载、在 4 个“BT”项目虚增营收，财务报告虚假记载，会所虚增收入金额占到当年度母公司营收的 19. 4%。该案独立财务顾问被判决在 25%范围内承担连带赔偿责任，审计机构在 15%范围内承担连带赔偿责任。该裁判思路在 2019 年 12 月 25 日成都市中级人民法院作出的判决书中早现端倪，在华泽钴镍案一审判决中，法院认为保荐人某证券公司仅需对与其关联的虚假陈述行为承担责任，判决其在 40%的范围内承担连带赔偿责任；审计机构某会计师事务所仅对其出具无保留意见的年度财务审计报告承担责任，判决其在 60%的范围内承担连带赔偿责任。虽然该案二审判决认为上述中介机构在华泽钴镍虚假陈述案中的行为对于损失因果关系的作用程度已经到了需要承担全部连带责任的程度，故而改判，但是从一审判决中也能清晰体现“比例连带责任”的新裁判路径。

因此，近期的裁判思路在于在共同侵权的架构下，仍需要考察各中介机构的具体虚假陈述行为对损失因果关系的原因力来确定连带责任的范围。上述比例连带责任的裁判思路是在当前证券市场环境下演变出来的一种柔性的司法路径，其合理性在于避免了中介机构因为一次并不重大的过错而承受巨额的连带赔偿责任，有效避免对其经营稳定性和金融安全性的影响。

(五)针对欺诈发行、虚假陈述案件的应对建议

从争议解决视角近距离观察证券公司以及相关中介机构的虚假陈述行为与责任承担，证券公司需要做好准备应对欺诈发行及虚假陈述案件。

证券公司作为投资者，应注意如下问题：相较于自然人投资者，法院对机构投资者的举证能力有着更高的要求，故证券公司起诉前应做好相关证据搜集；行政处罚或刑事判决前置弱化的趋势下，要注意全面从行为、过错、因果关系、损失及免责抗辩出发进行举证或责任主张；从中介机构执业规范出发搜集其虚假陈述行为的证据，并寻找过错；机构投资者需保存好文件及相关记录(如尽调或决策资料)，以证明是基于对该债券的合理信赖才购买债券并因此遭受损失；虚假陈述追责过程中，如果发行人破产重整周期较长，可采取与破产管理人签署保管协议或签署保管函等方式，以方便进一步向承销商和其他中介机构主张权利。

证券公司作为承销商，应注意如下问题：保存好相关底稿文件；对照执业规范，完善风控体系；重点关注发行人财务状况、偿债能力、主要资产状况的核查；高度重视内核部门意见，做好复核修改工作；如承销公募债券或涉及众多自然人投资者的债券，需提高核查标准；如出现虚假陈述行为，可从因果关系以及其他免责事由角度搜集证据提出抗辩。

后　记

本书由北京卓纬律师事务所金融争议解决团队撰写，撰写团队长期深耕于金融争议解决领域，始终关注金融争议解决领域的理论和实践问题。在本书的成稿过程中，各位撰稿者在繁重的案牍工作之余以诚挚的热情、敬畏的态度对《民法典》进行了细致的研读，结合司法实务和学术理论对金融领域热点法律问题开展了详尽的研讨，并在此基础上撰写形成本书，力图以准确、生动、体系化的方式展现《民法典》时代金融争议解决的实貌。此外，基于处理金融争议解决案件的丰富经验以及对难点、热点问题的持续研究，本书也期待能就最新行业动态以及司法裁判趋势等前瞻性问题与读者分享探讨。

本书的完成离不开事务所及管委会的大力支持，事务所对编委会成员的长期培养，帮助作者们在业务上不断精进，持续产出研究成果。

在本书写作过程中，我们就相关实务问题向多家金融机构进行了调研，在此感谢金融机构同仁为本书提供重要实务素材。

此外，就书中的许多前沿专业问题，我们参考了多位专家学者的意见。其中特别感谢在百忙之中为本书作序的王利明教授，以及推荐本书的王轶教授、高圣平教授、叶林教授及李志刚先生。

同时，多位同仁为本书基础资料的收集和研析作出了贡献，我们在此衷心感谢（排名不分先后）：梁丽丽、王梓业、毛金虎、仇可欣、刘虹璐、刘钰湘、刘雯、刘婷婷、杜畅、李洋、吴悠、赵浦伊、戴雨勤、林婉婷、李彦卓、严阿俊。

特别感谢北大出版社的蒋浩副总编辑和刘文科、刘照二位编辑，他们奖腋后学，鼓励年轻作者的成长，为本书的出版做了大量的工作，提出了很多宝贵意见。

最后，本书在写作过程中力求严谨、审慎、精益，但囿于资料收集、作者能力之局限，难免有疏漏之处，敬请广大读者批评指正，以期共同为准确地理解和适用《民法典》，推进金融行业长期、稳定、健康发展贡献力量。

郑小敏　胡宇翔